新編諸子集成續編

意林校釋

上

王天海
王　韌　撰

中華書局

圖書在版編目(CIP)數據

意林校釋/王天海,王韧撰. —北京:中華書局,2014.1
(2024.2 重印)
(新編諸子集成續編)
ISBN 978-7-101-09854-9

Ⅰ.意… Ⅱ.①王…②王… Ⅲ.古典哲學-研究-中國-唐代 Ⅳ.B241.05

中國版本圖書館 CIP 數據核字(2013)第 277094 號

責任編輯:石 玉
責任印製:管 斌

新編諸子集成續編
意 林 校 釋
(全二册)
王天海 王 韧 撰
*
中 華 書 局 出 版 發 行
(北京市豐臺區太平橋西里 38 號 100073)
http://www.zhbc.com.cn
E-mail:zhbc@zhbc.com.cn
三河市宏盛印務有限公司印刷
*
850×1168 毫米 1/32 · 23½印張 · 4 插頁 · 510 千字
2014 年 1 月第 1 版 2024 年 2 月北京第 4 次印刷
印數:6501-7400册 定價:92.00 元

ISBN 978-7-101-09854-9

新編諸子集成續編出版緣起

新編諸子集成叢書，自一九八二年正式啟動以來，在學術界特別是新老作者的大力支持下，已形成規模，成爲學術研究必備的基礎圖書。叢書原擬分兩輯出版，第一輯擬目三十多種，後經過調整，確定爲四十種，今年將全部出齊。第二輯原來只有一個比較籠統的規劃，受各種因素限制，在實施過程中不斷發生變化，有的項目已經列入第一輯出版，因此我們後來不再使用第一輯的提法，而是統名之爲新編諸子集成。

隨着新編諸子集成這個持續了二十多年的叢書劃上圓滿的句號，作爲其延續的新編諸子集成續編，現在正式啟動。它的立意、定位與宗旨同新編諸子集成一脈相承，力圖吸收和反映近幾十年來國學研究與古籍整理領域的新成果，爲學術界和普通讀者提供更多的子書品種和哲學史、思想史資料。

續編堅持穩步推進的原則，積少成多，不設擬目。希望本套書繼續得到海內外學者的支持。

中華書局編輯部

二〇〇九年五月

目録

卷二

卷三

附録

前言

一

春秋、戰國時期，是我國歷史上諸子百家争鳴的時代。各種思想應運而生，諸多流派自然形成。諸子著書立説成風，積極宣揚和傳播各自的主張和學説，給後人留下了大批珍貴的歷史文獻。令人扼腕的是，先有秦火之焚，後有楚、漢相争，不知有多少先秦古籍毁於一旦。西漢之際，碩學名士繼承了先秦諸子著書立説之遺風，不斷有新作問世。據隋書經籍志載劉向所整理著録的圖書就有三萬三千九十卷，可惜「王莽之末，又被焚燒」（見隋書經籍志）。自劉秀中興以來，著書聚書爲光武所重，宫廷藏書勝於西漢三倍，然遭董卓移都之劫，後繼長安之亂，「一時焚蕩，莫不泯焉」（見後漢書儒林傳）。三國鼎立，魏、晉相繼，文士輩出，諸子之書林林總總，然而戰争頻仍，「惠、懷之亂，京華蕩覆，渠閣文籍，靡有孑遺」（見隋書經籍志）。八王之亂後，魏、晉宫廷藏書損失殆盡。南北朝時期，數南梁蕭繹焚書最爲慘劇，三國要略載「周師陷江陵，梁王知事不濟，入東閣行殿，命舍人高善寶焚古今圖書十四萬卷」（見太平御覽六百一十九引）。隋朝的短暫統一，也曾大規模地進行過聚書藏書活動，成效顯著，然而隋末戰亂，「煬帝聚書三十七萬，皆焚於廣陵，其目中並無一頁傳於後代」（見揮麈後録卷七）。唐代開天盛世，大治文事，撰成古今書録二百四十卷，著録圖書五萬一千八百五十二卷。不幸「禄山之亂，兩都覆没，乾元舊籍，亡散殆盡」（見舊唐書經籍志）。此上所述，皆政權更迭、戰火頻仍給古代存留文獻造成的無可挽回的損失。另一方面，也由於古代典籍的鈔寫、刊刻、印製與保存等方面的條件受到限制，再加上年代久遠，諸子書的流傳和保存就顯得極爲艱難。於是從漢朝起，歷代朝廷都有專門機構、專門人員負責收集、整理、校刊、著録先朝與當代的文獻典籍。在民間，除了那些碩學大師埋頭於儒家經傳外，尚有雅好典籍的文人學士也致力於對古代諸子書的鈔録與保存。這不僅可以彌補官府收集的闕漏，而且許多皇家館閣不載之書也常賴此得以存世流傳。但其中摘章尋句的撰書方式往往不被世人重視，故這類作品能保存並流傳至今的並不多見。正因爲這種輯録性的著作存世稀少，又由於它的内容常常爲别書所不及，也就更顯出它的重要價值。我們今天要閲讀和研究先秦至兩晉的諸子著作，唐代馬總撰寫的意林，正是這樣一部不可多得的珍貴文獻。

馬總的生平事蹟，兩唐書本傳所載略同。馬總，字會元，扶風（今陝西省鳳翔一帶）人，生年不詳，卒於唐穆宗長慶三年（八二三年）。據本傳載，馬總的主要經歷及活動在唐貞元至長慶年間。歷唐德宗、順宗、憲宗、穆宗四代皇帝，屬中唐時期人。馬總幼年孤貧好學，性情剛直，不妄交遊。貞元中，由鎮守滑州的姚南仲徵爲幕府屬吏。姚南仲與監軍薛盈珍不睦，被薛誣告不法而罷官，馬總受到牽連，被貶爲泉州别駕。薛盈珍後入朝掌樞密，福州觀察使柳冕趨附權貴，迎合薛的旨意，命從事穆贊拘審馬總，欲治其死罪。但穆贊認爲馬總無罪，設法爲他解脱，馬總方得免死。後來馬總遇赦，酌情就近安置爲恩王傅（唐代宗李豫第六子封恩王，見舊唐書肅宗代宗諸子列傳）。元和初年，馬總升任虔州刺史。四年後兼御史中丞，充嶺南都護，本管經略使。馬總崇尚儒學，長於政術，在南海爲官多年，清正廉明，剛直不撓，深受當地百姓擁戴。他還在漢朝建立過銅柱的地方，用銅一千五百斤專門澆鑄銅柱二根，刻寫大唐威德，並表明自己是漢伏波將軍馬援之後，以紹先祖業績。朝廷因爲他治理少數民族地區功勞顯著，加授紫衣及金魚袋，以示尊寵。他在嶺南數年，不以邊地爲苦，爲開發蠻荒地區的經濟、文化，加强民族團結，作出了卓越的貢獻。當淮西吴元濟作亂之時，宰相裴度受詔任淮西宣慰招討處置使，前去平叛，並表奏馬總擔任宣慰副使。吴元濟被誅後，裴度命馬總留蔡州任彰義軍留後。不久又遷檢校工部尚書、蔡州刺史兼御史大夫，充淮西節度使。馬總爲改變當地舊習俗，嚴法明教，恩威並用，徹底剷除了長期盤踞的軍閥殘餘勢力，安撫了賊陷區内廣大民衆。這對維護唐王朝的統一，加强中央集權，消除割據分裂局面，無疑具有進步的歷史作用。從此以後，馬總歷任方鎮，仕途一帆風順，屢次升遷。後加檢校尚書左僕射，入朝爲户部尚書。正當唐穆宗準備對他委以重任之際，馬總卻於長慶三年與世長辭，死後贈右僕射，謚號曰懿。

馬總爲官之時，精通治道，文韜武略，莫不得心應手，故不僅屢建政績，且於公務之餘手不釋卷，書册不去前，勤於筆耕。計著有奏議集、年曆、通曆、子鈔（即意林）等書百餘卷行於世。故新唐書本傳讚語稱馬總「有大臣風，才堪宰相而用不至。果時有不幸邪」。今考馬總傳世著述，有意林六卷、意樞二十卷（見宋志、明焦竑國史經籍志）、唐年小録八卷（見元陶宗儀説郛卷四十二，作唐年補録）、大唐奇事一卷（見説郛卷四十八）、通曆十卷（見日本國見在書目。四庫全書史部作通紀，因避乾隆弘曆名諱而改），全唐文還收有他所寫表、狀、記等文章四篇。這些累計起來的卷數，還不及本傳所載之半，餘皆亡佚不存。

二

意林爲諸子雜鈔之書，查考史志所載，隋志雜家始録此類著作，皆爲南北朝時人所撰。如未題撰著者姓名的雜事鈔二十四卷、雜書鈔四十四卷，梁有庾仲容子鈔三十卷，又有沈約子鈔十五卷（兩唐志皆作三十卷）、殷仲堪論集八十六卷、繆襲等皇覽一百二十卷、崔安帝王要集三十卷。舊唐志亦載孟儀子林三十卷、薛克構子林三十卷、魏徵等羣書治要五十卷。此外，唐志類書類尚有歐陽詢藝文類聚一百卷、虞世南北堂書鈔一百七十三卷、徐堅等初學記三十卷等書，都是類似的著述。但是上述著作能完整保留至今的已寥寥無幾。南朝梁庾仲容的子鈔三十卷就早已不存，幸有意林存世而略知其概。意林本於子鈔，共摘録晉代以前的諸子書一百十一家，故歷代整理、校勘晉以前子書者，多會徵引意林。由此可見意林的重要價值及其歷史地位。但從現存史料看，意林一書自問世以來，傳本稀少而又殘缺不全。校注家們忙於整理校勘名人名家大作，竟無暇顧及這位中唐時期才兼文武的封疆大吏「尋章摘句」的輯録之作了。直至清乾隆時，方有周廣業的意林注問世。雖然那只是簡而又簡的校注，但也聊勝於無了。其後又有清嘉慶時人嚴可均對意林作過一番考訂和整理，可惜只有手校本，而又未能刊行於世，只能從他身後刊行的全上古三代秦漢三國六朝文有關卷次中見到一些零星記載。

意林一書，新唐志以來的史志書目均列入雜纂之屬（新唐志雜家始載「馬總意林一卷」）。它是在子鈔的基礎上有所增損而成，所以實際上不能算是馬總的獨立創作。其内容完全是對晉以前諸子書的摘録，因而它實際上是一部諸子書的輯録著作。今傳本意林，前有與馬總同時代的戴叔倫、柳伯存序文各一篇。戴序稱馬總家藏子史百家之書，從小就研習誦讀，探尋其中情趣要旨，意有所得，便手自集録。其後又根據子鈔有所增損，裁成三軸，取名曰意林。戴序認爲此書上可以防範主持政教者的失誤，中可以排比史實的闕失，下可以有益於寫詩屬文的思緒，真可謂淳正廣博，要言不煩，以少爲貴。柳序稱馬總「精好前志，務於簡要，又因庾仲容之鈔，略存爲六卷，題曰意林。聖賢則糟粕靡遺，流略則精華盡在，可謂妙矣」。柳序還認爲，隋有李文博的治道集，唐有虞世南的帝王略論，武后時有朱敬則的十代興亡論，而意林究子史大略，合四人之意，故稱意林。柳序還稱馬總曾對他談過著述意林的體例和意圖，即「先務於經濟，次存作者之意。罔失篇目，如面古人」。並贊許馬總此書是「文約趣深，可謂懷袖百家，掌握千卷」。戴、柳二人的序文，雖不無推崇之意，但他們作爲馬總的好友，又是意林一書的最早讀者，必然見其完帙，所作的評述，應該是比較精當而合乎實際的。

意林不僅成書年代較早，而且是歷代古籍中囊括晉以前子書最多並保存至今的著作。就連意林所本之子鈔，也只録諸子一百零七家，且此書早佚，其書目僅見於宋高似孫子略目中（見一九八四年版臺灣新文豐出版公司叢書集成新編卷一）。又如明代歸有光所輯諸子匯函，採子書共九十三種，但收晉以前子書也只有七十一種。再如清光緒年間崇文書局刊行的百子全書，號稱「子書百家」，但收晉以前子書也只有六十七種。所以，無論是比成書年代之早，或論收録子書數量之多，很少有别的書可以和它相比。

意林採録條文最多的是抱朴子、淮南子二家，均在百條以上；録入注文最多的是道德經、莊子二家，可見唐人對老、莊道家思想的重視程度。其中第六卷存目多而正文少，大多三兩條，有的僅寥寥數語而已。其中有目無文者共十三家之多（新序重出，有目無文，實只十二家）。其他各卷所録，份量上也大體相當。卷一録二十家，從西周鬻子始，止於戰國韓非子，共録文三百一十四條，儒、道、墨、法數家並存。卷二録十五家（鶡冠子、王孫子有目無文，實録十三家。其中王孫子目下録文十四條，乃莊子文誤入，已正之；又以李遇孫據宋本補刻兩家逸文三條補之），始於戰國列子，止於西漢淮南子，共録文三百二十六條，且道、法、小説、縱横、儒、雜多家並載。卷三録九家，始於西漢鹽鐵論，止於東漢潛夫論，均爲兩漢時諸子，共録文二百二十二條，其中除王充論衡屬雜家外，餘皆爲儒家。卷四録七家，始於東漢末風俗通，止於東晉抱朴子，共録文二百零五條，其中除商君書爲戰國時人所撰外，餘皆漢末及魏、晉時諸子之書，同樣是兼録雜、法、儒、名、道各家。卷五録二十家，始於曹魏周生烈子，止於東晉梅子（卷五原止於物理論，係條文錯亂，已正之），共録文二百四十九條，皆魏、晉間人著作，多爲儒家，間有雜、名、道諸家。卷六録四十一家，其中有目無文者十三家（新序重出，實録目四十家，其中有目無文者十二家），共録文五十八條，以三國、兩晉人著作爲主，亦有傳爲先秦與漢之著述者十三家。除儒、法、道、農、兵、雜、小説諸家外，還有本草、相占、天文、曆算及藝術之類。觀意林全書所録，真可謂三教九流皆有所取。尤爲可貴的是，所録諸子著述存於今並收入四庫全書者只有四十七家，四庫全書未收、今無傳本或世所罕見者，多達六十四家。雖不能由此盡觀諸子原書舊貌，然亦可略知其大概。這對瞭解或研究我國亡佚古籍，無疑具有重要價值。即使是流傳至今的諸子書，歷經唐、宋、元、明、清幾個朝代，其散佚、脱失、傳鈔之誤也在所難免，意林録文當有補正、糾誤、定訛之功。如卷一太公六韜共録文十三條，對照今本原文，竟無一條相同。卷一墨子共録文十五條，後三條今本全無。卷四風俗通共録文五十七條，不見於今本者竟有四十五條之多。卷四抱朴子共録文一百零九條，不見於今本者亦有二十八條。其他所録與今本諸子書不同的地方亦很多，幾乎俯拾皆是。故歷代校勘晉以前子書者，多引意林以正訛誤。

儘管意林一書的歷史價值不容忽視，但是它同時也存在着明顯的缺陷。

首先是它採録的隨意性。先秦、兩漢、三國、魏、晉時舊籍流傳至唐的很多，據藝文類聚、北堂書鈔、羣書治要等書可知。考意林所録，不少地方憑己意好惡而斷章取義，甚至糾合原文幾篇所載連綴成文；有的與原書所記事同而文異，還有序文、注文混入正文的情況。這就與原書内容和文意大相徑庭。如卷一所録鬻子第四條，在唐逢行珪注本中原爲序文中語（見四庫全書子部唐逢行珪注本之序文），意林卻録作正文。又如卷二所録吕氏春秋第八條「櫻桃爲鳥所含，故曰含桃」，不見於今存諸本，但見於吕氏春秋仲夏紀高誘注文中。再如卷三所録論衡第十八條，散見於原書變虚、感虚、福虚三篇中，且文字多有不同。更有甚者，所録論衡第七十二條，本爲原書實知篇開頭一段話，是原作者先概舉儒生吹捧聖人的話，接着便批駁説「此皆虚也」，但意林録前不録後，變批駁爲讚同，有失原書本意。所録論衡第七十三條，王充原本是爲了説明古代唐、虞、夏、殷、周五個朝代的取名「皆本所興昌之地，重本不忘始，故以爲號」，極力反對那種望文生義、牽强附會及因聲求義的解釋方法，可是在意林中卻被掐頭去尾，只摘中間數語，變成對這種錯誤的解詞釋義法的維護和讚賞，大違原作者本意。這些地方如果不細檢原書，不聯繫原文上下相關的語句，很容易使讀者誤解原書作者著書爲文的宗旨。

在意林所録諸子中，其文句大多與今存諸子書不合。這種異文的形成，大約因爲以下兩種情況。一是馬總鈔録時所據底本原來就是這樣；二是馬總有意按自己的理解和喜好選擇節録。查考意林全書所録，後一種情況大量存在。因而在閲讀意林時，對所出現的異文也必須區别對待：一是所録條文中個别字句與原文有異，但整條所録則文意暢達，與原書的意義保持一致；二是所録條文與原書文句全異，但所記之事及大意又與原書相符；三是所録條文不僅字句有異，且因斷章取義，前後不屬，已失原書本意。在上述三種情形中，前兩種是主要的、基本的，後一種則是個别的、次要的。否則，意林一書作爲諸子百家的摘要輯録，將失去它自身存在的價值。

其次是它録文的錯亂。意林録文錯亂比較嚴重的地方有兩處：一是卷二所録莊子「舜讓天下」以下十四條，誤録入王孫子目下；二是卷五傅子目下所録之文皆屬物理論，而物理論目下所録之文除首四條外又屬於傅子。其原因或是鈔録之誤，或是錯簡粘連所致，清人周廣業、嚴可均對此皆有考證。筆者依周、嚴二氏之説，將錯録之文重新進行調整，使之各歸其主，文暢意達。

再次，此書在體例的編排與録文的多少上也存在一些問題。儘管馬總在排目時「一遵庾目」（見宋高似孫子略目子鈔序），大體上以時代先後爲序，但在目次編排、録文多寡上，有明顯失當之處。先從各卷所録諸子排列的順序看，卷一自西周鬻子始，卷六以西漢九章算術終，中間四卷大致上是先秦、兩漢之後列三國、魏、晉。故卷一所録皆先秦諸子，卷二至卷四爲先秦及兩漢諸子。但屬先秦的商君書與屬東晉的抱朴子，卻同時編排在卷四中。卷五和卷六所録基本上是三國、魏、晉諸子，但卷六中又有先秦的神農本草經、司馬兵法、孫子兵法、相牛經、相馬經、相鶴經、周髀以及漢代的黄石公記、氾勝之書、相貝經、淮南萬畢術、九章算術等。即使是同一時代之書，也未嚴格按諸子在世時間的先後列目。再者所録諸子書雖以儒家爲重點，但卻與道、墨、法、刑、名、農等諸家雜列，顯得分類不清，主次不明。各卷所録不僅書目多寡不均，且所録條文亦多少詳略懸殊。在前五卷中，多則二十家，少則七家，共録目七十一家，録文一千三百一十六條，其輕重差别尚不大。但在補刻第六卷中，收目四十家，其中十二家有目無文，總録文僅五十八條。所録書目約占全書十分之四，而録文卻不及全書的二十分之一。這樣懸殊的比例，當然會使人感到輕重失調。全書所録條文較多的有以下八家：抱朴子録一百零九條，淮南子録一百零五條，傅子録八十一條，論衡録七十六條，莊子録七十六條，風俗通録五十七條，吕氏春秋録四十九條，韓非子録四十四條。録文僅一條者，在前五卷中只有胡非子、王孫子、人物志、梅子四家。而在卷六中幾乎半數以上只録寥寥數語，還有十二家存目無文。特别是卷六所録數量與前五卷大不相類，録書目最多，録正文卻最少。清人李遇孫稱此卷乃照宋本補刻，但與説郛本對照，除極個别字句略異外，所録目次、原注與條文大多無異，令人懷疑所補刻第六卷非真正源於宋本，更非意林原書舊制，很可能是好事者將説郛本中所録意林卷六嫁於宋本卷六，然後補入意林五卷本之後。但這只是一種推測，尚待進一步考證。

儘管今存意林有上述缺陷，但因它採録晉以前各類子書最多、成書時代較早、保存較完整而成爲值得寶貴的歷史文獻，這是確定無疑的。

三

關於意林一書的面世，考之戴、柳二序，可知當在唐貞元二年或貞元三年（七八六年、七八七年）。此距馬總卒年（八二三年）尚有三十六年，可推知此書爲馬總青壯年時所撰。此書最早刊行於何時，已無可考知。清人李遇孫稱意林卷六乃照宋本補刻，黄以周亦認爲「元、明以來，流傳之本卷二殘闕兩家，卷六全缺四十一家。以仁和汪家禧所藏照宋本書六卷最爲完善，世間罕見其書」（見黄以周儆季子敍）。故宋本當爲今所知最早刊本。但此書久已不見。明正統十年（一四四五年）刊刻印行的道家叢書道藏中收有意林五卷，應該是保存至今的最早刊本。近人王重民中國善本書提要中所載明廖自顯序本刊於明嘉靖八年（一五二九年，簡稱廖本），徐元太序本刊於明萬曆十六年（一五八八年，簡稱徐本。此二本現藏於國家圖書館），可以説是今存最早的意林單行本。雖然徐本晚出廖本六十年，但徐序稱其本從道藏中録出，所以徐本仍屬於道藏本系統。元末明初人陶宗儀在他的説郛中也録有意林六卷，雖然時代早於上述三種本子，但所録條文不僅十分簡略，總計所録諸子短語也只有三百餘條，還不足道藏本的四分之一，這顯然不是意林舊本原貌。故清人校勘意林，所據本即以道藏本、廖本、徐本、范氏天一閣鈔本爲主。這四種都是明鈔五卷本。今傳五卷本多以清乾隆三十八年（一七七三年）天一閣范氏所獻舊藏寫本爲主。乾隆三十九年御覽此本後題詩四首。乾隆四十年鮑廷博據此寫本精製副本，乾隆四十四年周廣業據鮑廷博寫本做成意林注，載聚學軒叢書第五集（見范希曾書目答問補正）。乾隆四十五年四庫館臣據江蘇巡撫所採廖本收入四庫全書。乾隆四十七年四庫館臣又集武英殿銅活字精選四庫本若干種排印，稱爲聚珍本或殿本，意林亦在其中。嘉慶二十一年（一八一六年）有李遇孫補刻第六卷並卷二闕文（稱照宋本補刻）刊行。所補第六卷或源於宋本，或源於説郛本，有清人張海鵬刊刻陶貴鑒校本、李遇孫補校本。武英殿本與李遇孫補校本後爲商務印書館影印，一併收入四部叢刊初編子部，最爲時人所重，也是通行之本。此外，仁和許增刻意林補注六卷（此本未見），嚴可均有手校五卷、補録一卷，是據道藏本考其卷次，補其闕目，收入四録堂叢書（可惜嚴氏此本未曾刊行）。清光緒五年（一八七九年），定海黄以周有意林校注六卷，採集前説，考辨注釋，有較高學術價值。但因世人罕見其書，故學界少知其名，黄以周本人也以爲其稿遺失。其實，此書稿本現藏上海圖書館（二册，尺寸26.1×16.5釐米，編號T 43470－71）。

考清人對意林的整理校刊，周廣業校注過於簡略，間或有誤，且多考於書目，少有校勘與注釋。許本、嚴本、黄以周本又罕見於世，難以尋閲。嚴氏對意林的考訂，只能從他的全上古三代秦漢三國六朝文一書有關卷次中見到。

對意林一書的整理研究，根據現存資料所知，清乾隆以來有周廣業的意林注五卷，仁和許增所刻補注六卷，嚴可均的意林考證、馬總意林闕目敘（此二文見於嚴可均鐵橋漫稿），黄以周的意林校注六卷（上海圖書館藏稿本）、意林校本敘（見黄以周儆季文鈔），繆荃孫的意林跋（見繆荃孫藝風堂文集），譚獻的意林敘（見譚獻復堂文續），邵晉涵的周耕崖意林注序（見邵晉涵南江文鈔）等。除周、許、黄三注本外，餘皆意林校刊本的敘、跋，算不得是全面、深入的研究著作。至於近代以來，人們雖然常常徵引意林，卻很少有人重視對它的整理研究。

筆者此次對意林進行全面整理校釋，即以四部叢刊影印六卷爲底本，以明鈔道藏本爲主校本（明徐元太序本源於此本），以明廖自顯序本（四庫全書本源於此本）、説郛本、聚學軒叢書本（刊周廣業校注）、筆記小説大觀本等爲主要參校本；再參以北堂書鈔、羣書治要、藝文類聚、初學記、太平御覽、喻林等類書與通行諸子書，並嚴可均、馬國翰、洪頤煊等人所輯諸子佚書；如此，則庶無闕漏矣。

本校釋所用黄以周意林校注六卷（上海圖書館藏稿本），爲杭州科技學院張涅教授提供，附録部分所採意林逸文與意林附編，係清人周廣業所輯，原刊聚學軒叢書第五集，其文字由貴州大學中國文化書院博士王勝軍同志録入，一併致謝。

筆者對意林的校釋整理，必然存在疏漏或失誤，期待衆多有識之士不吝賜正，使意林這部珍貴的古典文獻能够發揮它應有的歷史作用。

王天海

二〇一二年六月六日於貴陽花溪

凡例

一、此次整理，所據底本爲四部叢刊子部所載意林六卷本，此本以上海涵芬樓縮印武英殿聚珍版五卷本爲主，採周廣業意林逸文五條，又用清嘉慶二十一年李遇孫照宋刻補意林卷二缺文、補意林卷六合刊而成。底本正文中夾有小字注文，全部收録，並依正文序次出校釋。底本中原有聚珍本館臣所加案語，在校釋中加以説明。

二、主校本爲明正統十年（一四四五年）刊道藏中所收意林五卷本（簡稱道藏本）。以文淵閣四庫全書所載五卷本（簡稱四庫本）、涵芬樓説郛卷十一中所載六卷本（簡稱説郛本）、聚學軒叢書刊周廣業意林注五卷本（簡稱聚學軒本）、清光緒五年黄以周意林校注稿本（簡稱黄校本）、筆記小説大觀所載五卷本（簡稱筆記大觀本）等爲主要參校本。另參以北堂書鈔、羣書治要、藝文類聚、初學記、太平御覽、喻林等類書與通行諸子書，並嚴可均、馬國翰、洪頤煊等人所輯諸子佚書。

三、體例方面

（一）卷次目録序列

卷次目録依從底本，分爲六卷。對於底本所録諸子正文，凡有錯亂處，在考證可信的情況下予以調整，並在題解中説明。至於所録諸子條文的分列，原則上依底本；凡底本條目分列有不當之處，即參考其他各本及今存諸子書，或依文意作適當調整，並在校釋中加以説明。爲方便讀者閲讀查檢，對意林全書所録諸子依次通編序號；對所録諸子各書條文，亦編列序號；非諸子正文而顯爲叙録、注文者，不編入序號，僅在校釋中考證其文。

（二）題解與案語

每種書目下均有題解，扼要考訂作者生平、版本大略、内容主旨，有的會列出主要參校本，以方便讀者使用。如對該書卷次、録文有所調整，亦在題解中説明。

（三）校勘與注釋

凡底本中有明顯訛誤處，改動並出校説明。凡徵引諸子書中的校注，均標明注家姓名。凡人名、地名、職官、典故、名物制度等，如有必要，均於首見處出注，其後重出者，僅在校釋中指明「見某卷某書某條校釋」，不再重複出注。對底本中小字原注，僅注明出處與文字之異同。凡徵引他書者，均標明出處或論著者姓名。

校釋中「明刊本」指的是明刊意林道藏本、廖本、徐本、范氏天一閣本；「諸本」、「他本」指的是所出校記之外的意林之本；在確指參校本時，「今本」、「别本」指的是意林所録諸子今存通行之本。對不影響文意的文字，如「曰」、「云」之類，一般不出校記。

（四）附録

爲方便讀者查檢，書末擇要輯録歷代與意林相關的著録與序跋。

原序二首〔一〕

一　唐貞元二年戴叔倫序

三聖相師，大易光著，天地之功立矣，經傳之功生焉。輔成一德，謂之六學。漢收秦業，其道方興，置講習訓授之官，明君臣父子之體。雖禮樂文缺，亦足以新忠孝仁義之大綱〔二〕。至如曾、孔、荀、孟之述〔三〕，其蓋數百千家，皆發揮隱微，羽翼風教；祖儒尊道，持法正名；縱横立權，變通其要。崇儉而有别，即農而得序〔四〕，傍行而不流小説，去泥而篇簡繁夥，罕備於士大夫之家。有梁潁川庾仲容略其要〔五〕，會爲子書鈔三十卷〔六〕。將以廣搜採異，而立言之本，或不求全。大理評事扶風馬總會元〔七〕，家有子史，幼而集録，探其旨趣，意必有歸，遂增損庾書，詳擇前體，裁成三軸，目曰意林。上以防守教之失，中以補比事之闕，下以佐屬文之緒。有疏通廣博、潔净符信之要，無僻放拘刻、激蔽邪盪之患。〔當篇籍散缺，人所未見之時，而先識其名，又得其語，斯足以廣見聞，助發揮，何止嘗鼎臠、啖雞蹠也哉！陸機氏曰「傾羣言之瀝液，漱六藝之芳潤」；唐韋展日月如合璧賦云「獵英華於百氏，漱芳潤於六籍」，是庶幾焉」〔八〕。君子曰：以少爲貴者，其是之謂乎。余會元之執友〔九〕，故序而記之。

貞元二年五月二十一日也，撫州刺史戴叔倫撰〔一〇〕。

〔一〕今存説郛本、廖自顯序本無此二序，道藏本、徐元太序本有。此二序之上，底本尚有「御製題武英殿聚珍版十韻（有序）」與「御題意林三絶句」二文，前者與意林無涉，本書不録；而「御題意林三絶句」本爲四絶句，參見本書附録四。二序原無題名，今加。

〔二〕「新」字，四庫本作「興」。

〔三〕「述」字下，底本標有一闕文符號□，無「其」字；聚學軒本「其」字下標一闕文符號□；四庫本「述」下無「其」字，作「相述」；筆記大觀本「述」下有「作」字，而無「其」字。此從道藏本。

〔四〕「農」字，底本無，標一闕文符號□，然道藏本、聚學軒本、四庫本皆不缺，故據補；「得」字，聚學軒本作「有」。即農：典出三國志魏志王肅傳：「記一歲有三百六十萬夫，亦不爲少。當一歲成者，聽且三年，分遣其餘，使皆即農。無窮之計也。」原意本爲王肅向魏文帝獻計，合理有序地安排閑散人員從農，以富國財。後指合理安排佈局，使之有序。

〔五〕梁：此指南北朝時蕭氏所建之梁。潁川：唐天寶、至德時改許州爲潁川郡，治在今河南許昌市。庾仲容：字仲容，南梁潁川鄢陵人。曾爲諮議參軍，後出爲黟縣令，客遊會稽，病卒，年七十四。鈔諸子書三十卷，史稱子鈔，又有衆家地理書二十卷等，皆亡佚不存。

〔六〕子書鈔：隋唐志皆作子鈔，三十卷，梁庾仲容撰，原書早亡。其書鈔録先秦至晉諸子書一百零七家，書目見於宋高似孫撰子略中。

〔七〕大理評事：唐代官職名，掌刑罰，爲大理寺屬官之一。兩唐書本傳皆未載馬總曾任此職；又案，「會元」爲馬總字，但現存諸本皆作「元會」，考兩唐書本傳皆稱馬總字「會元」，宋高似孫子略載子鈔序稱「總，唐貞元中任評事，字會元，扶風人」，此據改。扶風：唐代郡名，故址在今陝西省鳳翔縣等地。

〔八〕上文自「當篇籍散缺」至此，凡八十一字，底本原無，聚學軒本據明陳耀文天中記所引而補，今據補。高似孫子略中子鈔序文亦有此語。

〔九〕底本原作「元會」，參見上文校釋〔七〕。

〔一〇〕貞元：唐德宗李适年號。撫州：舊治在今江西撫州市。戴叔倫：字幼公，潤州金壇（今江蘇鎮江市金壇縣）人。師事蕭穎士，爲其門人之冠。他在撫州刺史任上作均水法，有政績，累官容管經略使。詔還，卒於道，年五十八。句末八字道藏本移作此序題名。

二　唐貞元三年柳伯存序

子書起於鬻熊，六韜盛於春秋〔一〕。六國時，莊老道宗起覆載之功，擴日月之照〔二〕，高視六經，爲天下式，故絶於稱言矣。墨翟大賢，其旨精儉，教〔垂後世〕〔三〕，名亞孔聖，至矣〔四〕。管、晏、文、〔荀，議論閎肆；淮南鴻烈，詞章華贍，皆纚纚數萬言〕〔五〕，可謂庶矣〔六〕。而部帙繁廣，尋覽頗難。梁朝庾仲容鈔成三帙，汰其沙石，簸其秕糠，而猶蘭蓀雜於蕭艾，瑶璵隱於璞石。扶風馬總精好前志，務於簡要。又因庾仲容之鈔，略存爲六卷，題曰意林。聖賢則糟粕靡遺，流略則精華盡在〔七〕，可謂妙矣。隋代博陵李文博攟摭諸子，編成理道集十卷〔八〕；唐永興公虞世南亦採前史，著帝王略論五卷〔九〕；天后朝宰臣朱翼祖，則又述十代興亡論一帙〔一〇〕。洎扶風意林，究子史大略者，蓋四人意矣。予扁舟塗水，留滯廬陵，扶風爲余語其本尚，且曰：編録所取，先務於經濟，次存作者之意，罔失篇目，如面古人。予懿馬氏之作，文約趣深，可謂懷袖百家〔一一〕，掌握千卷。之子用心也，遠乎哉！旌其可美，述於篇首，俾傳好事。

貞元丁卯歲夏之晦，文廢瞍河東柳伯存重述〔一二〕。

〔一〕鬻熊：周文王時人，傳説年九十知道，爲周文王師。其曾孫熊繹於周成王時封於楚，是爲楚人先祖。事見史記楚世家。六韜：古代兵書名，託名西周吕尚編撰，故又稱太公六韜。其書分爲文韜、武韜、龍韜、虎韜、豹韜、犬韜六部分，故稱爲六韜。唐人自通典以下談兵者多引其説。

〔二〕「擴」字，底本原作「横」，四庫本同；道藏本、聚學軒本皆作「擴」，今據改。

〔三〕「教」下，底本標三個闕文符號，道藏本、聚學軒本同。四庫本補作「垂後世」三字，今據補。

〔四〕「至矣」下，底本標兩個闕文符號，道藏本、聚學軒本標三個闕文符號，四庫本不標。

〔五〕「管、晏、文」下，底本原標十七個闕文符號，道藏本、聚學軒本皆標十三個闕文符號；四庫本於此補「荀」至「萬言」十九字，今據補。

〔六〕「庶」字，四庫本作「富」。

〔七〕「精華」，聚學軒本作「英華」。

〔八〕李文博：博陵（今河北蠡縣）人，性貞介梗直，好學不倦。隋開皇中爲羽騎尉，長於議論，亦善屬文。著治道集十卷，大行於世。理道集：舊唐志法家類有治道集十卷，隋李文博撰。唐人因避唐高宗李治名諱，故改治道集爲理道集。

〔九〕虞世南：字伯施，越州餘姚（今浙江餘姚）人。在隋官秘書郎，入唐官至秘書監，封永興公。他精通書法，輯有北堂書鈔一百七十三卷，兩唐書皆有傳。帝王略論：舊唐志雜史類有帝王略論五卷，題虞世南撰，今已不存。

〔一〇〕朱翼祖：此人兩唐書不見載。武后時有人名朱敬則，字少連，亳州永城人，長安三年累遷正諫大夫，兼修國史，又拜鳳閣鸞臺平章事（即宰相）。因得罪張易之而被貶，卒於家，年七十五。舊唐書本傳載：「敬則嘗採魏晉以來君臣成敗之事，著十代興亡論。」舊唐志雜史類載有朱敬則所撰十代興亡論。天海案：唐本意林今已不可見，現存最早的明道藏本柳伯存序文亦有「天后朝宰臣朱翼祖」一句。朱翼祖，史籍不載，疑是宋人因避趙匡胤之祖趙敬的名諱而改。其人本名朱敬則，而趙匡胤祖父是趙敬，被封爲簡恭皇帝，廟號翼祖。由此可知，明本必源於宋本，而且直至清刻本，這個避諱都未能回改。

〔二〕道藏本「可」上有「誠」字。

〔三〕貞元丁卯：即貞元三年，公元七八七年。柳伯存：名並，字伯存。師事蕭穎士，兼好黄老。大曆中辟河東府掌書記，後遷殿中侍御史。因目盲，自稱文廢瞍，終於家。新唐書有傳。

意林校釋卷一

一　鬻子一卷

藝文志云：「名熊，著子二十二篇。」今一卷六篇。

鬻子，即鬻熊，羋姓，名熊。最早見於左傳僖公二十六年，云夔子「不祀祝融與鬻熊」。史記楚世家稱：「子事文王，早喪。」

鬻子一書，舊題爲西周鬻熊撰。漢書藝文志道家著録鬻子二十二篇，班固自注云：「鬻子爲周師，自文王以下問焉，周封爲楚祖。」文心雕龍諸子第十七：「至鬻熊知道，而文王諮詢。餘文遺事，録爲鬻子。子自肇始，莫先於兹。」關於鬻子之文，自唐代羣書治要鈔録以來，明清以後皆有整理研究。今人嚴靈峰周秦漢魏諸子知見書目輯有鬻子歷代注疏三十三種之多，可供參考。

意林録鬻子僅四條，前三條見於今存唐逄行珪注本正文之中，而第四條則見於其序文中。此篇題目下小字爲意林本注，廖本録作大字正文。表示篇目序號之「一」字，底本無，爲方便閲讀，全書順次加上。

1　發政施令，爲天下福，謂之道〔一〕；上下相親，謂之和；不求而得〔二〕，謂之信；除天下之害，謂之仁。信而能和者，帝王之器〔三〕。

〔一〕道藏本、廖本皆無「爲」字；「福」下，治要録鬻子有「者」字；宋高似孫子略鬻子引作「發政施仁謂之道」。

〔二〕「不求而得」，御覽同，治要作「民不求而得所欲」。

〔三〕「信而能和者」，治要作「仁與信，和與道」。此句下逢行珪注曰：「此四者，帝王有天下之器，所以樂用也。苟有違之，而天下離叛，非其所有也。」

2　聖王在位，百里有一士猶無有也〔一〕；王道衰，千里一士則猶比肩也〔二〕。

〔一〕此句下逢行珪注曰：「言聖王在上，化被蒼生，德周萬物，雖百里而有一賢士，以聖道廣宣，賢跡不見，其賢雖多，則若無有也。」

〔二〕此句下聚學軒本周廣業注曰：「此與下節並見賈誼新書大政篇，不言出鬻子。」

3　知善不行，謂之狂〔一〕；知惡不改，謂之惑〔二〕。

〔一〕此句下逢行珪注曰：「善者體道懷德也。人主行善於上，百姓變善於下，堯之日比屋可封。知善道之爲善而不行用者，是狂悖之人也。」「行」，聚學軒本周廣業注曰：「舊作『信』，據李善文選注改，今亦作『行』。」天海案：「行」，底本原作「信」，據治要與聚學軒本改。治要「行」下有「者」字；「謂」上有「則」字。狂：愚頑。韓非子解老：「心不能審得失之地，則謂之狂。」

〔二〕此句下逢行珪注曰：「惡者賊以傷軀。人主爲惡於上，則百姓爲惡而不悛者，是昏惑之人也。」天海案：「改」下，治要與逢本有「者」字，「謂」上亦有「則」字。又，道藏本、四庫本以上三條併作一條。

4　昔文王見鬻子年九十，文王曰：「嘻，老矣〔一〕。」鬻子曰：「若使臣捕虎逐麋，臣已老矣〔二〕；坐策國事，臣年尚少〔三〕。」

〔一〕此上所録見於逢本原序第一句，作「鬻子名熊，楚人，周文王之師也，年九十見文王。王曰：『老矣』」。

〔二〕聚學軒本周廣業注曰：「陳耀文天中記『虎』作『獸』，唐諱『虎』，作『獸』爲是。」天海案：此上之文，逢本原序作「使臣捕獸逐麋，已老矣」。「獸」，回改作「虎」爲是。

〔三〕聚學軒本周廣業注曰：「子略云：魏相奏記載霍光曰：文王見鬻子云云，言『文王善之，遂以爲師』。則非鬻子本文甚明。蓋與荀子後序同例。」天海案：此二句逢本原序作「使臣坐策國事，尚少也」；宋高似孫子略引魏相奏記載霍光語作「若使坐策國事，臣年尚少」；御覽引此文末句作「因立爲師」。此條非鬻子正文，見於逢本原序開篇之語。其事與意林卷三新序記楚丘先生見孟嘗君事略同。說郛本有此條，文同。

二　太公金匱二卷

太公，生卒年不可確考，姓姜名尚，字子牙，東海人，四嶽之後。初事商紂王，後隱北海。相傳垂釣於渭水之濱而遇周文王，因立爲師，號曰「太公望」。事見史記齊太公世家。

文選注引七略曰：「太公金版玉匱，雖近世之文，然多善者。」是其書本名金版，亦名金版玉匱；本是周書，亦言太公，後人還稱太公金匱。太公金匱一書今已不存，清人洪頤煊、嚴可均皆有輯佚本，可資參閱。

意林所録五條，不外謀事治國、用賢安民、防微杜漸、謹言慎行之類，出入儒道權謀之中，故又略見於太公六韜、太公陰謀、太公兵法諸書。治要鈔録有六韜、陰謀之文，亦記周文王、武王與太公問答之事；藝文類聚引太公金匱六條，初學記引有四條。

1　武王問太公曰：「殷已亡其三人〔一〕，今可伐乎。」太公曰：「臣聞之，知天者不怨天，知己者不怨人；先謀後事者昌，先事後謀者亡。且天與不取，反受其咎；時至不行，反受其殃；非時而生，是爲妄成〔二〕。故夏條可結，冬冰可釋〔三〕，時難得而易失也。」

〔一〕三人：指殷商的三個賢臣商容、梅伯、比干，均因勸諫商紂王而被殺。黄以周案：「亡三人，謂大師、少師及内史向摯。本文首有『大師、少師抱其祭器、樂器奔周，内史向摯載其圖法亦奔周』數語。御覽、繹史並引此文，互有詳略。」

〔二〕妄成：無成。妄，通「亡」，音、義同「無」。陸德明釋文：「妄，鄭音亡。亡，無也。」

〔三〕聚學軒本周廣業注曰：「歐陽詢藝文類聚引六韜有此二句。『釋』作『折』。」夏條：陸機從軍行：「夏條集鮮藻，寒冰結衡波。」南梁蕭統答湘東王求文集詩苑書：「夏條可結，睠於邑而屬詞；冬雪千里，覩紛霏而興詠。」劉勰新論：「春角可卷，夏條可結。」夏條可結：指夏天茂盛的枝條也能彎曲盤結。

2 武王平殷還，問太公曰：「今民吏未安，賢者未定，如何？」太公曰：「無故無新，如天如地〔一〕；得殷之財，與殷之民共之，則商得其賈，農得其田也。一目視則不明，一耳聽則不聰〔二〕，一足步則不行〔三〕。選賢自代，上下各得其所。」

〔一〕聚學軒本周廣業注曰：「以上御覽引作六韜。」天海案：「無故無新」，無論舊人或新人。意指武王滅商後，不論是西周故舊還是新降服的商民，都要一視同仁。「如天如地」，像天地一樣無私。

〔二〕此二句下，聚學軒本周廣業注曰：「二句御覽引。」

〔三〕「步」字，徐元太喻林引作「少」，且引「一目不明」以下之文。治要引虎韜，有「武王勝殷，召太公問曰」一段，文字與此條不同。

3 武王問：「五帝之戒可得聞乎〔一〕？」太公曰：「黃帝云：予在民上〔二〕，搖搖恐夕不至朝，故金人三緘其口，慎言語也〔三〕。堯居民上，振振如臨深淵〔四〕。舜居民上，兢兢如履薄冰〔五〕。禹居民上，慄慄如恐不滿〔六〕。湯居民上，翼翼懼不敢息〔七〕。」

〔一〕「可」字下，聚學軒本周廣業注曰：「御覽有『復』字。」

〔二〕此上之文，治要作「尚父曰：『黄帝之時戒曰：吾之居民之上也』」；此句道藏本作「余在民上」。

〔三〕聚學軒本周廣業注曰：「羅苹注路史云：『世謂太公作金人，昔孔子見之后稷之廟。』案：太公金匱太公對武王之言，明黄帝所作。皇覽記陰謀曰：『黄帝金人器銘曰：武王問尚父五帝之戒，對曰：黄帝之戒曰：吾之居民上，摇摇恐朝不及夕。故爲金人三封其口，曰：我古之慎言人也。』羅又引金匱云：『禹居民上，慄慄如不滿日，乃立諫鼓。』據此，則金人，黄帝之戒也；諫鼓，禹之戒也。管子、淮南子稱堯置敢諫之鼓，舜立誹謗之木，湯有司直之人。乃堯、舜與湯之戒也，特意林不備載耳。」天海案：相傳孔子至周，進太廟，見有金人三緘其口，背有銘曰：「古之慎言人也。」説苑敬慎亦有此語。聚學軒本於此處單列一條，「堯居民上」下之文另作一條。

〔四〕「堯居民上」，聚學軒本周廣業注曰：「後漢書光武紀注引金匱作『堯作黄帝』。」「振振」，周廣業曰：「後書注作『惴惴』。」天海案：「堯」字下，治要有「之」字；「淵」，治要作「川」，避唐高祖李淵名諱而改。

〔五〕「兢兢」，聚學軒本周廣業注曰：「後書注作『矜矜』，類聚同。」天海案：「舜」字下，治要有「之」字。

〔六〕「慄慄如恐不滿」，聚學軒本周廣業注曰：「後漢書有『日』字，無上『恐』字。」天海案：治要作「慄慄恐不滿日」。

〔七〕聚學軒本周廣業注曰：「天中記『懼』作『恐』，廖本同。」天海案：「湯」字下，治要有「之」字。此句治要作「戰戰恐不見旦」，其下尚有「王曰：寡人今新併殷，居民上，翼翼懼不敢怠」之文。「懼」，徐元太喻林引作「恐」；且「太公曰」以下與下條，徐元太喻林併作一條。治要卷三十一録陰謀中有此文，略異。

4 道自微而生，禍自微而成，慎終與始，完如金城〔一〕。

〔一〕聚學軒本周廣業注曰：「孫子、墨子俱有金城湯池之説。酈道元水經注引漢書集注云：金者，取其堅固也。」天海案：「慎終與始」，老子六十四章有「慎終如始，則無敗事」，又見尚書太甲下：「無輕民事惟艱，無安厥位惟危，慎終於始。」據此可知，「與」或「於」字之音訛。荀子王制：「辨功苦，尚完利，便備用。」楊倞注曰：「完，堅也。」此條道藏本、説郛本與上條併作一條。

5 行必慮正，無懷僥倖；書履。忍之須臾，乃全汝軀；書鋒。刀利皚皚，無爲汝開；書刀。源泉滑滑〔一〕，連旱則絶；取事有常，賦斂有節〔二〕。書井。

〔一〕「滑滑」，説郛本作「混混」。滑滑：讀如「骨骨」，同「汩汩」，水湧流不止貌。

〔二〕聚學軒本周廣業注曰：「御覽『武王曰：吾隨師尚父之言，因爲慎言語，隨身引誡。書履』云云；又有門、户、鑰、硯等書。獨不引鋒、刀、井。」

三　太公六韜六卷

太公六韜又稱六韜、太公兵法、素書，舊題周太公呂望撰。一般認爲是後人依託，作者已不可考。現在大多認爲此書成於戰國時代。太公六韜，隋書經籍志始載，作五卷，注曰：「梁六卷，周文王師姜望撰。」一九七二年在山東臨沂銀雀山西漢古墓中發掘了大批竹簡，其中就有六韜五十多枚，由此證明六韜至少在西漢時就已廣泛流傳。

太公六韜雖依託所爲，然亦爲秦漢時古籍，當在漢書藝文志所載太公二百三十七篇之內。今本雖未必是秦漢時舊本，但唐人自通典以下談兵者多引用其説。意林採録十三條，分别論及國君舉賢任能、握權治民、防微杜漸、尊天敬鬼、任將用兵等事，非只兵戰之事。文與今本六韜所載略有異同。

1　文王曰〔一〕：「君務舉賢，不獲其功〔二〕，何也？」太公曰：「舉而不用〔三〕，是有求賢之名，而無用賢之實也〔四〕。」文王曰：「舉賢若何？」太公曰：「按賢察名，選才考能，名實俱得之也〔五〕。」

〔一〕「文王曰」上，道藏本、四庫本將下文「有求賢之名，而無用賢之實」二句移出，單作一條。「文王曰」，治要作「文王問太公曰」。

〔二〕治要此句下尚有「世亂愈甚，以至危亡者」九字。

〔三〕此句道藏本、四庫本皆作「舉不容易」，下接「文王曰」；治要作「舉賢而不用」。

〔四〕此二句治要作「是有舉賢之名也，無得賢之實也」。

〔五〕聚學軒本周廣業注曰：「太平御覽作『名實俱得也』，與今本稍異。」天海案：道藏本、四庫本此句作「名實得之也」，治要作「令能當其名，名得其實，則得賢人之道」。

2　文王曰：「國君失民者，何也？」太公曰：「不慎所與也。君有六守三寶。六守者：仁、義、忠、信、勇、謀。三寶者：農、工、商。六守長則君安，三寶完則國昌。」

3　國柄借人，則失其威。淵乎無端〔一〕，孰知其源。涓涓不塞〔二〕，將成江河；兩葉不去，將用斧柯〔三〕；熒熒不救，炎炎奈何〔四〕。

〔一〕淵：深潭之水。

〔二〕涓涓：細小的水流。

〔三〕兩葉：指樹木初生、萌芽之時。斧柯：斧柄。指代斧子。

〔四〕「涓涓不塞」以下六句，道藏本、四庫本皆録在「名實得之也」條下。熒熒：如螢小火。炎炎：火光猛烈貌。賈誼新書審微「焰焰弗滅，炎炎奈何。萌芽不伐，將折斧柯」，或出此文。

4　天下非一人天下，天下之天下也；取天下者若逐野鹿，而天下共分其肉〔一〕。

〔一〕史記淮陰侯列傳「秦失其鹿，天下共逐之」，裴駰集解引張晏曰：「以鹿喻地位也。」文選李善注引六韜曰：「遊説之士，至比天下於逐鹿，幸捷而得之。」上句道藏本、四庫本無「者」字。此二句御覽引六韜作「得鹿，天下共分其肉」，今本作「而天下皆有分肉之心」；治要略同今本，而無「之心」二字。以上四條，道藏本、四庫本併作一條。

5 太公云：「伏羲、神農教而不誅〔一〕，黃帝、堯、舜誅而不怒〔二〕。」

〔一〕聚學軒本周廣業注曰：「御覽『教』下有『民』字。」

〔二〕怒：逾越、超過。荀子君子：「刑罰不怒罪，爵賞不逾德。」王念孫荀子雜誌：「怒、逾，皆過也。」

6 聖人恭天，静地〔一〕，和人，敬鬼。

〔一〕「恭天」，奉行天意。尚書甘誓：「今予惟恭行天之罰。」孔安國傳：「恭，奉也。」静地：使國土安寧。

7 文王在岐〔一〕，召太公曰：「吾地小，奈何〔二〕？」太公曰：「天下有粟，賢者食之〔三〕；天下有民，賢者牧之〔四〕；屈一人下，伸萬人上，惟聖人能行之〔五〕。」

〔一〕「岐」，治要作「岐周」。岐：岐山，在今陝西岐山縣東北。山狀如柱，亦稱天柱山。周文王之祖古公亶父由豳（今陝西旬邑縣西）遷至岐山下之周原，故又稱岐周。

〔二〕此二句治要作「吾地小而民寡，將何以得之」。

〔三〕此二句上，治要有「天下有地，賢者得之」二句；「天下有粟」以下，説郛本與前文「炎炎奈何」連成一條。

〔四〕「牧」，治要作「收」；作「牧」於義爲長。

〔五〕上二句兩「人」下，治要有「之」字；「上」下，有「者」字；末句作「唯聖人而後能爲之」。聚學軒本周廣業注曰：「後三句見選注，作『唯聖人能焉』。」

8　冠雖敝，加於首；履雖新，履於地〔一〕。

〔一〕「加於首」、「履於地」，聚學軒本周廣業分別注曰：「御覽作『禮加之於首』，『法踐之於地』。」天海案：「敝」，道藏本作「弊」。敝：破舊。賈誼新書「履雖鮮，不加於枕；冠雖敝，不以苴履」，與此文意同。

9　武王問太公曰：「士高下有差乎〔一〕？」太公曰：「人有九差〔二〕：惡口舌，爲衆所憎〔三〕；夜卧早起，此妻子之將〔四〕；知人飢渴，習人劇易〔五〕，此萬人之將；戰慄慄，日慎一日，此十萬之將〔六〕；知天文，悉地理，理四海如妻子，此天下之將〔七〕。」

〔一〕此二句治要作「武王曰：士高下豈有差乎」。

〔二〕此句治要無「人」字。九差：九種等級差別。意林此文所録僅五等差别，治要録此正有九等差别。

〔三〕此二句治要作「多言多語，惡口惡舌，終日言惡，寢卧不絶，爲衆所憎，爲人所疾」。

〔四〕聚學軒本周廣業注曰：「御覽云：雖劇不悔。」天海案：此二句治要作「夜卧早起，雖遽不悔，此妻子將也」，其下尚有論及「十人之將」、「百人之將」、「千人之將」之文。妻子之將：統率妻子之將領。

〔五〕「習」字，聚學軒本周廣業注曰：「御覽作『念』。」天海案：「飢渴」，治要作「飢飽」。劇：艱難。後漢書列女曹世叔妻傳「執務私事，不辭劇易」，李賢注曰：「劇，猶難也。」劇易：即難易，此指艱難。

〔六〕此句下治要尚有論「百萬之將」的文字。

〔七〕此四句，治要作「上知天文，下知地理，四海之内皆如妻子，此英雄之率，乃天下之主也」；末句「將」字，道藏本、四庫本皆作「主」。

10 軍中之事不聞君命〔一〕。

〔一〕「不」字下，治要有「可」字；道藏本此條與上條併作一條。

11 武王問太公曰：「吾欲令三軍親其將如父母〔一〕，攻城則争先登，野戰則争先赴〔二〕，聞金聲而怒，聞鼓音而喜，可乎？」太公曰：「作將，冬日不服裘〔三〕，夏日不操扇，天雨不張蓋幔〔四〕；出隘塞，過泥塗〔五〕，將先下步；軍未舉火，將不食〔六〕。士非好死而樂傷，其將知飢寒勞苦也〔七〕。」

〔一〕此句「三軍」下，羣書治要有「之衆」二字。

〔二〕此二句治要作「攻城争先登，野戰争先赴」。

〔三〕此句上治要有「將有三禮」四字。

〔四〕上句藝文類聚引作「夏不操扇」；下句「蓋幔」，道藏本、四庫本作「幔」，治要作「蓋幕」，御覽無「幔」

字。

〔五〕「出隘塞，過泥塗」，道藏本作「寒過泥塗」，四庫本無「寒」字，藝文類聚、治要作「出隘塞，犯泥塗」。

〔六〕此句治要作「將亦不火食」。黄石公三略引軍讖有此語。

〔七〕此句治要作「爲其將，念其寒苦之極，知其飢飽之審，而見其勞苦之明也」。

12 用兵之害，猶豫最大〔一〕。起之若驚〔二〕，用之若狂；當之者破，近之者亡；使如疾雷不暇掩耳也〔三〕。

〔一〕上句治要無「用」字；「猶豫」，道藏本作「猶與」，義同。

〔二〕「起」，底本原作「赴」，意林别本與治要皆作「起」，此據改。驚：馬突然受到刺激而急奔。比喻兵貴神速，如受驚之馬。

〔三〕此句治要作「故疾雷不及掩耳」。道藏本與四庫本將此條與上條併作一條。

13 貧窮忿怒、欲決其志者〔一〕，名曰必死之士；辯言巧辭、善毁善譽者，名曰間諜飛言之士〔二〕。

〔一〕「決」，聚學軒本作「快」。

〔二〕間諜：離間、搬弄是非。尉繚子原官：「遊説間諜無自入，正議之術也。」飛言：即流言蜚語。此條説郛本接上文「天下有粟」、「涓涓不塞」兩條合爲一條。

四　曾子二卷

曾子（前五〇五年至前四三五年），名參，字子輿，春秋末年魯國南武城人，其事跡散見於論語、史記仲尼弟子列傳。

漢書藝文志載有曾子十八篇，注曰：「名參，孔子弟子。」隋志載曾子二卷、目一卷，注曰：「魯國曾參撰。」其後唐宋史志書目皆作二卷。宋時原有傳本，然汪晫未見，故重輯曾子一卷十二篇，後收入四庫全書中。四庫簡目提要稱此本「强立篇目，頗爲杜撰，然宋代舊本已佚，存之尚具曾子之崖略也」。清人阮元據北周盧辯所注曾子，博考經書，正其文字，參以諸家之説，擇善而從，重新注釋曾子十篇，稱爲精審。

意林所録曾子四條，皆見於阮元注本，分别論及進業修德、立身處世之道。

1　君子愛日以學，及時而成〔一〕，難者不避，易者不從。旦就業，夕自省，可謂守業〔二〕。年三十、四十無藝〔三〕，則無藝矣。至五十不以善聞〔四〕，則無聞矣。

〔一〕「而成」，大戴禮作「以行」，治要與阮本亦皆作「以行」。此二句高似孫子略所引無「以學」二字。

〔二〕「旦就業」、「可謂守業」，治要分别作「日旦就業」、「亦可謂守業矣」。

〔三〕藝：即六藝。孔子以禮、樂、射、御、書、數六藝教育弟子。此指六藝中任何一種才能。高似孫子略所引，與此文略異。

〔四〕「至」，道藏本誤作「云」，廖本、四庫本皆作「年」。

2 鄙夫鄙婦相會於牆之陰，可謂密矣，明日或有知之〔一〕。故士執仁與義，莫不聞也〔二〕。

〔一〕「矣」，治要作「者」；「明日或有知之」，大戴禮作「明日則或揚其言矣」，羣書治要同。

〔二〕「故士」，說郛本作「曷云」，道藏本、廖本、四庫本皆作「故云」；下句羣書治要作「而不聞，行之未篤也」。說郛本、道藏本、四庫本録此條，與上條併作一條。

3 蓬生麻中，不扶自直，白沙在涅，與之皆黑〔一〕。君子之遊，苾乎如入蘭芷之室，久而不聞，則與之化矣；小人之遊，膱乎如入鮑魚之室〔二〕，久而不聞，則亦化矣〔三〕，故君子慎其去就也〔四〕。與君子遊，如日之長，加益不自知也〔五〕；與小人遊，如履薄冰，幾何而不行陷乎〔六〕。

〔一〕「自直」，治要作「乃直」。上二句亦見大戴禮與荀子勸學篇。「涅」，羣書治要作「泥」。此以上四句皆見治要録曾子制言之文。據王念孫荀子雜誌，褚少孫續三王世家引「傳曰」有此四句；洪範正義引「荀卿書云」亦有此四句。

〔二〕「膱」，底本原作「戲」，阮本作「貸」。此句大戴禮作「貸乎如入鮑魚之次」，治要作「膩乎如入魚次之室」。阮元釋曰：「馬總意林誤作『戲』，文選注引作『臭』，亦誤。蓋古本作『䏝』字，『貸』、『膩』、『戲』皆形近之訛。」天海案：考「䏝」字，音直，臭也。廣雅釋器：「䏝，臭也。」上文言「苾乎如入蘭芷之室」（苾，芳香），此文與之相對而言，必當作「䏝」，故據阮元之說改之。

〔三〕「久而」，意林他本多作「久亦」；「則亦化矣」，治要與阮本皆作「則與之化矣」；徐元太喻林引作「久亦不聞，而亦化矣」。天海案：「君子之遊」至「久而不聞，則亦化矣」數語又見孔子家語六本、大戴禮曾子疾病、説苑雜言，文各有異。

〔四〕此句治要與阮本皆作「是故君子慎其所去就」。徐元太喻林引「君子愛日」至此作一條。

〔五〕此三句治要與阮本作「與君子遊，如長日加益，而不自知也」。

〔六〕此句説郛本作「幾何而不陷乎」，治要與阮本作「每履而下，幾何而不陷乎哉」，且只引「與君子遊」以下六句。此條前四句見治要與阮本制言，餘皆見治要所録曾子疾病篇，文略異。

4　天圓地方〔一〕，則是四角不掩也。聞之夫子曰：「天道曰圓，地道曰方〔二〕。」

〔一〕此句阮本作「如誠天員而地方」，文意較勝。

〔二〕古人講究以規矩（即方圓）治理天下，故此處講「天圓地方」，實際上是借喻爲人處世的態度既要方正不苟，又要圓通靈活。

五　晏子八卷

晏子（？—年至前五〇〇年），名嬰，字平仲，春秋時齊國夷維（今山東高密）人。史記管晏列傳載其

「節儉力行重於齊」，故名顯於諸侯。

晏子一書又名晏子春秋，始見於史記管晏列傳與孔叢子執節篇。西漢劉向有校本，並著有晏子叙録一篇。漢志儒家著録晏子八篇，注曰：「名嬰，字平仲，相齊景公，孔子稱善與人交，有列傳。」今本晏子，有清乾隆時孫星衍校定的晏子春秋七卷，稱爲善本；又有民國年間張純一據元刻本與孫校本所作的晏子春秋校注八卷。意林録晏子，多爲晏嬰節儉力行之事與勸諫齊景公之言，與今本所載，文字略有出入。本書主要參校以張純一校注本。

1　景公作臺〔一〕，臺成，復欲作鐘。晏子諫曰：「斂民作鐘，民必哀；斂哀以謀樂，不祥〔二〕。」

〔一〕景公：春秋時齊國國君，名杵臼，公元前五四七年至前四九〇年在位。

〔二〕斂民：聚斂民財。斂哀：聚集民衆的悲哀。

2　景公嬖妾死，名曰嬰子。公守之，三日不食，膚著於席而不去〔一〕。晏子曰：「外有良醫，將作鬼神之事〔二〕。」公信之，屏而沐浴。晏子令棺人入殮死者〔三〕，公大怒。晏子曰：「已死不復生。」公乃止。仲尼聞之曰：「星之昭昭，不如日月之𣝕𣝕〔四〕。」

〔一〕陶鴻慶曰：「膚著於席不去」六字，語不可曉。疑「不食」之「食」本作「殮」，「殮」字闕其左偏爲「僉」，遂訛爲「食」矣。「不去」二字當在「公守之」下，其文云「公守之不去，三日不殮，膚著於席」，言三日不小殮而屍膚著於席也。天海案：此句張本無「而」字。依陶說，當是屍體停放三日，肌膚粘於席上。然亦可理解爲齊景公守之三日，其肌膚粘於席上而不忍離去。

〔二〕將作鬼神之事：將死者靈魂與形體聚合而使之復生的法事；一說爲祭祀鬼神之事。

〔三〕棺人：古代負責殯葬的官員。底本原脱「人」字，此據張本補。

〔四〕靉靉：雲氣濃郁。此形容日月被陰雲遮蔽。後句張本作「不若月之曀曀」。此條又見說苑正諫。

3　景公時，雨雪三日〔一〕，被狐白之裘坐於堂側〔二〕，謂晏子曰：「三日雨雪，天下何不寒〔三〕？」晏子曰：「夫賢君飽則知人飢，温則知人寒〔四〕。」公乃去裘〔五〕。

〔一〕此二句治要作「景公之時，雨雪三日而不霽」。雨雪：下雪、落雪。

〔二〕此句治要作「公被狐白之裘坐於堂側階」。王念孫晏子春秋雜誌云：「經傳皆言『側階』，無言『側陛』者，當依羣書治要、北堂書鈔作『坐於堂側階』。」

〔三〕此以上治要作「晏子入見，立有間，公曰：『怪哉，雨雪三日而天不寒』」。

〔四〕此二句治要作「嬰聞古之賢君，飽而知人之飢，温而知人之寒」，其下尚有「逸而知人之勞」數句。

〔五〕此句治要作「乃令出裘發粟，與飢寒」。王念孫晏子春秋雜誌云：「『與』上有『以』字，『寒』下有『者』字，而今本脱之，則語意不完。」

4 冠，足以修敬，不務其飾；衣，足以掩形，不務其美。土事不文，木事不鏤，足以示民也〔一〕。

〔一〕「土事」、「木事」二句，上下互文成意，指土木工程，即修建宫殿房屋、園林池臺之事。文：指彩繪。鏤：指精雕細刻。示民：給民衆作示範。

5 景公曰：「吾欲霸諸侯，若何。」晏子曰：「官未具也。臣聞仲尼處陋巷，廉隅不正，則原憲侍〔一〕；志意不通，則仲由侍；德不辱，則顔回侍〔二〕。今君未有能侍，故未具也〔三〕。」

〔一〕黄以周案：「『陋巷』，本書作『隋倦』。」廉隅：指棱角，此喻指人的品行。原憲：字子思，又叫原思，春秋時魯國人，孔子弟子，以安貧著稱。侍：此指進諫、進言。史記趙世家云：「荀欣侍以選練舉賢，任官使能。」

〔二〕「德不辱」，廖本作「德不長」，徐元太喻林引此亦作「德不長」；聚學軒本作「德不厚」。聚珍本館臣案曰：「『德不辱』，今本晏子作『德不盛，行不厚』。」「辱」，通「溽」，濃厚、滋潤。此比喻德行深厚。

〔三〕此句張純一校本作「臣故曰：官未具也」。

6 君擇臣使之。臣雖賤，亦擇君事之〔一〕。

〔一〕說郛有此條，且與下條併爲一條。

7　一心可以事百君，百心不可以事一君〔一〕。

〔一〕「百心」，張校本作「三心」。聚學軒本周廣業注曰：「風俗通過譽篇引傳及孔鮒詰墨並作『百心』；類聚、御覽及俞安期唐類函引晏子亦作『百心』。」此句下，道藏本、廖本、四庫本將下文「事貴人不能過禮，貴人惡之」二句誤録於此。

8　晏子治阿三年，毁聞於國〔一〕。景公召而問之，對曰：「嬰築蹊徑，急門閭之政，淫民惡之〔二〕；舉儉罰偷〔三〕，墮民惡之；決獄不畏强貴，强貴惡之〔四〕；左右取求，非法不予，左右惡之〔五〕；事貴人不能過禮，貴人惡之〔六〕。是三邪毁於外，二讒毁於内〔七〕。臣請改轍更治，三年必有譽也〔八〕。」

〔一〕「毁聞於國」，道藏本、廖本、四庫本皆作「毁聲於國」，治要「毁」上有「而」字。

〔二〕以上十三字，道藏本、廖本、四庫本皆無。築：堵也。築蹊徑：堵塞小路，防止盜竊。急門閭之政：加强對鄉里的行政管理。

〔三〕「舉儉罰偷」，治要作「舉儉力孝弟，罰偷窳」。

〔四〕治要作「決獄不避貴强，貴强惡之」。

〔五〕此三句治要作「左右之所求，法則與，非法則否，而左右惡之」。

〔六〕此二句治要作「事貴人，體不過禮，而貴人惡之」。以上二十三字，道藏本、廖本、四庫本皆無。

〔七〕「毀」，底本原作「去」，聚學軒本作「毀」。天海案：作「毀」義勝，此據改。道藏本、廖本、四庫本「三」誤作「二」，「外」、「内」二字互乙。

〔八〕聚學軒本周廣業注曰：「此條見韓非子，言『晏子宰阿三年，以毀召還。因請更治，三年而譽聞於國。景公將賞之，乃對』云云。未言『今悉更其政，故致譽』。此蓋因威王烹阿，賞即墨事而附會之，晏子必不出此也。馬氏改之甚有意，惜訛闕太甚。」

9 景公病水〔一〕，數十日，夢與二日鬥而不勝，使占夢者占之〔二〕。占者至門，晏子使對曰：「公病，陰也〔三〕；與二日鬥，日，陽也；不勝，疾將退也。」三日而愈，公賞占夢者。占夢者辭曰：「晏子之力也。」公問晏子，晏子曰：「臣若自對，則不信也。」

〔一〕病水：得了水腫病。御覽引作「景公水疾」。

〔二〕「占夢者」，道藏本作「召夢者」。廖本、四庫本並張校本作「請召占夢者」。占夢者：古代專爲君王預測夢兆的人。

〔三〕公病，陰也：我國中醫理論認爲人的病症分陰陽兩類，水屬陰，故言「病陰」。此條見張校本内篇雜下，文繁不引。

10　景公病疽在背，欲見不得。問國子〔一〕，國子曰：「熱如火，色如日，大如未熟李也〔二〕。」公問晏子，晏子曰：「色如蒼玉，大如璧〔三〕。」公曰：「不見君子，不知野人之拙也〔四〕。」

〔一〕國子：齊國有高氏、國氏，皆姜太公之後，其子孫稱高子、國子。

〔二〕黄以周案：當依本書作「色如未熟李，大如豆」。

〔三〕黄以周案：當依本書增「熱如日」三字。蒼玉：青黑色的玉。此形容瘡癰的顔色。璧：玉器名，扁平形圓，中有孔。此形容瘡癰的形狀。

〔四〕野人：粗野之人，此指國子。此條見張校本内篇雜下，文多異，不具引。

11　晏子使楚。楚王令左右縛一人作盜者過王〔一〕，問：「何處人也？」對曰：「齊人也。」王視晏子：「齊國善盜乎？」晏子曰：「橘生江南，江北則作枳，地土使然也。今民生長於齊不盜，入楚則盜，臣不知也〔二〕。」楚王自取弊〔三〕。

〔一〕作盜者：扮作偷盜的人。過王：拜見楚王。

〔二〕此四字張校本作「得無楚之水土使民善盜耶」。

〔三〕説郛本「弊」下有「耳」字。自取弊：自取其辱。此句張校本作「王笑曰：聖人非所與熙也，寡人反取病焉」。此文又見韓詩外傳卷十、説苑奉使。此條見張校本内篇雜下，文多異，不具引。

12 晏子使楚，楚王以晏子短〔一〕，作小門於大門之側。晏子曰：「往詣狗國，從狗門入。今來使入楚，不可從狗門入也。」遂大門入〔二〕。楚王問：「齊之臨淄都無人耶〔三〕？」對曰：「臨淄三百閭，張袂成帷〔四〕，揮汗成雨，比肩繼踵，何容無人也〔五〕。」

〔一〕「短」，聚學軒本作「短小」。

〔二〕底本於此與下文分列爲二條，現據文意合之。此上之文，又見説苑奉使，多有異。

〔三〕臨淄：春秋、戰國時齊國都城，在今山東淄博市東北。

〔四〕閭：古代以二十五家爲閭。「成帷」，張校本作「成蔭」，張純一校曰：「成蔭」較「成帷」義長。

〔五〕「何容無人也」，張校本作「何爲無人」。

13 曾子將行，晏子送之曰〔一〕：「贈人以財，不若以言〔二〕。和氏之璧，井里璞耳〔三〕。良工修之，則成國寶。習俗移性，可不慎乎〔四〕。」

〔一〕晏子卒於公元前五〇〇年，曾子（曾參）生於公元前五〇五年，晏子卒時曾子方五歲，應不能與晏子交往而有此送別贈言。荀子大略篇楊倞注認爲晏子先於曾子，此乃好事者爲之。張純一認爲此曾子不必爲曾參，或史記所載不足據，故存疑。

〔二〕「贈人以財」，藝文類聚作「君子贈人以軒」；説苑雜言、文選注、家語六本等皆作「送人以財」。「不若以言」，道藏本、四庫本、聚學軒本皆無「若」字，類聚、御覽作「不若贈人以言」。聚珍本館臣案：「今本晏子作『贈人以軒，不若以言』。」孔子世家孔子適周見老子，老子送之曰：「吾聞富貴者送人以財，仁人者送人以言。吾不能富貴，竊仁人之號，送子以言。」案：或好事者之所仿與？此與下條，又見於荀子大略、説苑雜言，皆在同一章之内，事同而文異；底本於此處與下文分列爲二條，現合爲一條。

〔三〕「井里璞耳」，張校本作「井里之困也」。荀子大略：「和之璧，井里之厥也。人琢之，爲天子寶。」楊倞注曰：「井里，里名。厥也未詳，或曰厥石也。」謝墉曰：「厥同橛，説文：『橛，門梱也；梱，門橛也。』荀子以厥爲橛，晏子以困爲梱，皆謂門限。意林不解，改爲璞矣。」孫星衍曰：「宋人刻石，稱門限爲闔根。厥與困，蓋言石塊耳。」

〔四〕此句張校本作「故君子慎所修也」。

14　晏子歿後十有七年〔一〕，景公射〔二〕，諸侯大夫皆稱善〔三〕。公曰：「自晏子歿後，不復聞不善之事〔四〕。」弦章對曰〔五〕：「君好之則臣服之，君嗜之則臣食之。尺蠖食黄則黄、食蒼則蒼是也〔六〕。」公曰：「善。吾不食諂人之言也。」以魚五十車賜弦章，固不受。是弦章有晏子之遺行也〔七〕。

〔一〕據史記齊世家載，晏子卒後十年（前四九〇年），齊景公死。此云十七年，未知孰是；或「十」與「七」當有一衍文。此條見張校本外篇，文繁不引。

〔二〕此句説苑、治要皆作「景公飲諸大夫酒，公射出質」。

〔三〕此與上句，道藏本與四庫本皆作「景公封諸侯，大夫皆稱善」。聚學軒本周廣業注曰：「『封』乃『射』之訛，『侯』字衍。」張校本與説苑、治要、御覽皆作「堂上唱善，若出一口」。

〔四〕此句治要作「未嘗聞吾不善」，御覽同。

〔五〕弦章：春秋時齊國賢士，生平不詳。齊桓公時另有名弦章者，字子旗，桓公用爲大司理。

〔六〕此上二句治要作「尺蠖食黄其身黄，食蒼其身蒼。君其猶有食諂人之言乎」，類聚、御覽作「尺蠖食黄則其身黄，食蒼則其身蒼」。尺蠖：蛾類幼蟲，又名屈伸蟲，似蠶而小，行走時一屈一伸，如用尺量布，故名。

〔七〕遺行：前人遺傳的品行。説苑君道引此文較詳；羣書治要引文略異。

六　子思子七卷

子思，名孔伋，字子思，孔子嫡孫。生於周敬王三十七年（公元前四八三年），卒於周威烈王二十四年（公元前四〇二年），終年八十二歲。

漢書藝文志有子思二十三篇，本注曰：「名伋，孔子孫，爲魯穆公師。」隋唐志、通志藝文略均載爲七卷。隋書音樂志載沈約曰：「禮記中庸、表記、坊記、緇衣，皆取子思子。」梁啓超認爲此説當可信。

四庫全書子部儒家收有子思子一卷，爲宋汪晫所編定。四庫總目提要認爲「晁公武讀書志載有子思子七卷，蓋亦未見其本，故別作是書，凡九篇。書中所録雖真贋互見，然多先賢之格言。故雖編次躪駁，至今不得而廢焉」。意林所録子思子十條，其中六條皆見於汪本外篇過齊第九篇，文同。

1　慈父能食子〔一〕，不能使知味；聖人能悦人，不能使人必悦。

〔一〕食子：飼養子女。

2　國有道，以義率身；無道，以身率義，荀息是也〔一〕。

〔一〕荀息：字叔，春秋時晉國公族，食邑於荀，故以爲氏。晉獻公時爲大夫，曾帥師借道伐虢。獻公死，輔公子奚齊；里克殺奚齊，荀息又立公子卓；里克又殺公子卓，荀息殉死。

3　言而信，信在言前；令而化，化在令外〔一〕。聖人在上，而遷其化〔二〕。

〔一〕聚學軒本周廣業注曰：「後漢書宣秉等傳論引『語曰：同言而信，則信在言前；同令而行，則誠在令外』。注：『此子思子累德篇之言，故稱語曰。』案四句見文子、淮南子，並作『同令而民化』。徐幹中論貴驗篇引之，『誠』亦作『化』。」

〔二〕「遷其化」，御覽作「民遷如化」。説郛本此條接上條「使人必悦」下，合爲一條。

4　終年爲車，無一尺之軫，則不可馳〔一〕。

〔一〕「一尺之軫」，説郛本、道藏本、四庫本、廖本、徐本皆作「一人之輪」，或誤。聚珍本館臣案曰：「一尺之軫，據考工記考定，從御覽改。」黄以周案：「不可」下，周、李校本有「以」字。軫：本爲車廂底部後面横木，車做成後，必以横木收合。周禮考工記「車軫四尺」，注曰：「軫，輿後横木。」「則不可馳」，御覽作「則不可以馳」。

5 百心不可得一人，一心可得百人〔一〕。

〔一〕二句又見淮南子，「百心」作「兩心」；「一心可得百人」，御覽作「一心可得百心」。

6 君，本也；臣，枝葉也。本美則葉茂，本枯則葉凋。

7 君子不以所能者病人，不以人之不能者愧人〔一〕。

〔一〕此文又見於禮記表記。

8 小人溺於水，君子溺於口也〔一〕。

〔一〕溺於口：比喻被讒言淹滅。此與上二條，道藏本、聚學軒本皆併作一條。

9 繁於樂者重於憂〔一〕，厚於義者薄於行〔二〕。見長不能屈其色，見貴不能盡其辭。雖有風雨，吾不入其門也。

〔一〕繁：通「般」，讀盤。繁於樂，即「般樂」。孟子盡心上：「般樂飲酒，驅騁田獵。」注：「般，大也，大作樂而飲酒。」

〔三〕「行」，説郛本作「利」。説郛本此上二句與「終年爲事」條合爲一條。

10 君子以心導耳目，小人以耳目導心〔一〕。

〔一〕道藏本此條與上二條併作一條；説苑雜言有此文，略異。

七　孟子十四卷

蜀郡趙臺卿作章句〔一〕。「章句」曰「指事」〔二〕。

孟子，名軻，字子輿，又字子車、子居。戰國時鄒人。其生卒年因史傳未載而説法多異，孟氏宗譜所載生於公元前三七二年、卒於公元前二八九年之説，爲多數學者所採用。

漢志儒家載孟子十一篇，本注曰：「名軻，鄒人，子思弟子。」隋志儒家有趙岐注十四卷，鄭玄、劉熙各注七卷；兩唐志載同隋志。今通行本有南宋朱熹孟子集注十四卷、清焦循孟子正義十四卷。

意林所本，即趙岐所注七卷本。此本今已不存，趙注散見於各本之中。意林共録孟子二十九條，大多與今本詳略有異，此以朱熹孟子集注、焦循孟子正義二本參校之。

1 孟子謂惠王曰〔三〕：「虐政殺人，何異刃耶？庖有肥肉，廐有肥馬，民有飢色，野有餓莩。此謂率獸食人，且人惡之，況虐政乎！」

〔一〕趙臺卿：東漢京兆長陵人，原名嘉，字臺卿。曾與中常侍唐衡不洽，避禍北海，藏於安丘孫嵩家複壁中，後更名岐，字邠卿。唐衡死後，徵拜議郎、太傅。曾出使劉表，以老病留於荆州。建安六年卒，年九十餘。後漢書有傳。

〔二〕此二句注文經義考載之，稱是馬總之言，意林諸本録作正文第一條，然顯非孟子正文，當爲馬總原注或原書之序，現移作注文。説郛本録此十三字作大字正文，餘皆不録。指事：謂斷章而別其旨，離句而正以事。聚學軒本周廣業案：「後漢書：趙岐字邠卿，京兆人，初名嘉，字臺卿。延熹初避難變姓名，遍歷江、淮、海、岱，安邱孫嵩藏之複壁中數年，遇赦乃出。章句之作，何異孫謂在夾柱中注孟子，三年始成。此題蜀郡，疑以避禍改籍也。」

〔三〕惠王：梁惠王，即戰國時魏國國君，魏武侯子，名罃。公元前三六九年繼位，九年後自安邑遷都大梁（今開封西北），故魏又稱梁，魏惠王亦稱梁惠王，在位五十一年。孟子梁惠王篇有上下兩卷，記孟子以仁義、王道之術説梁惠王及列國諸侯，皆以問答形式記述。

2 敬老愛幼，推心於民，天下運掌中也〔一〕。故推恩足以保四海，不推恩不足以保妻子。

〔一〕此句下，焦本引章句曰：「敬吾之老，亦敬人之老；愛吾之幼，亦愛人之幼。推此心以惠民，天下可轉之掌上。」天海案：此三句似非孟子原文，或馬總參用趙岐注文爲之。

3 孟子云：「齊人譏管、晏〔一〕。」

〔一〕聚學軒本周廣業注曰：「『譏』當作『識』」，蓋删改『子誠齊人』一節之文。舊在『不如待時』下，似誤。」聚珍本館臣注曰：「此八字有誤，馬驌繹史因之。」天海案：此條明刊意林諸本插在下條「不如待時」句下。考今本孟子公孫丑上，有「孟子曰：子誠齊人也，知管仲、晏子而已矣」之文。此條或傳鈔有誤，故文意不全。

4 雖有智慧，不如乘勢〔一〕；雖有鎡基，不如待時〔二〕。飢者易爲食，渴者易爲飲〔三〕；若久塗炭，則易政，如渴不擇飲也〔四〕。

〔一〕焦本引趙岐注曰：「居富貴之勢。」

〔二〕焦本引趙岐注曰：「齊人諺語也。」天海案：鎡基，戰國時農具，猶今鋤頭類。

〔三〕焦本引趙岐注曰：「言王政不興久矣，民患虐政甚矣，若飢者食易爲美，渴者飲易爲甘。」

〔四〕聚學軒本周廣業注曰：「廖本無此句。朱氏經義考亦止引『若久塗炭』句。」天海案：「易政」，依上文之例，「爲」字疑脱，當作「易爲政」。以上四條道藏本併作一條。

5 宋人有閔其苗不長，揠拔之，使其長。其子趨而視之，苗則槁矣。非但無益，乃有害也。

6 見孺子入井，非孺子之父母，亦有惻隱之心。無惻隱之心，非人也；無羞惡之心，亦非人也；無辭讓之心，亦非人也；無是非之心，亦非人也。

7　孟子云：「子路，人告之有過則喜〔一〕，禹聞善言則拜〔二〕。」

〔一〕焦本引趙岐注曰：「子路樂聞其過，過而能改也。」子路：姓仲，名由，一字季路，春秋時卞人，孔子弟子，仕衛，在衛國内亂中被殺。相傳子路有勇力，後常作勇士代稱。史記有傳。

〔二〕此句下焦本引趙岐注曰：「尚書曰：禹拜讜言。」

8　用夏變夷，不聞用夷變夏〔一〕。

〔一〕底本無此條，亦不見於今本孟子，但意林之道藏本、四庫本、聚學軒本皆有，據補。此條或馬總所見孟子外篇之文。

9　枉己者未能直人，當以直矯枉。若自曲，何以正人〔一〕？

〔一〕焦本引趙岐注文作「己自枉曲，何能正人」。天海案：此二句或非孟子原文，疑爲舊本注文。

10　景春曰〔一〕：「公孫衍、張儀〔二〕，豈不誠大丈夫？一怒而諸侯懼，安居而天下息。」孟子曰：「是焉得爲大丈夫乎？富貴不能淫，貧賤不能移，威武不能屈，此之謂大丈夫。」

〔一〕景春：焦本引趙岐注曰：「孟子時人，爲縱横之術者。」

〔二〕公孫衍：焦本引趙岐注曰：「秦王之孫，故曰公孫。」天海案：公孫衍，戰國時魏人，入相秦，曾佩五國相印，爲約長。爲秦説齊魏攻趙，破蘇秦縱約，與張儀不善而去秦。張儀死後復歸秦，秦欲封相，爲甘茂所間，又歸魏。焦本引趙岐注云「秦王之孫」，不知何據。張儀：戰國時魏人，傳説與蘇秦同師鬼谷子。在公孫衍之前入秦，爲秦惠王相，説六國連横以事秦。後不被秦武王信用，離秦去魏，相魏一年而卒。

11 天子不仁，不保四海；諸侯不仁，不保社稷；士不仁，不保四體。今惡死亡而樂不仁，猶惡醉而强酒〔一〕。

〔一〕焦本引趙岐注曰：「保，安也；四體，身之四肢。强酒則必醉也。章指言人所以安，莫若爲仁；惡而勿去，患必在身。自上達下，其道一焉。」

12 民之歸仁，猶水就下〔一〕。

〔一〕焦本引趙岐注曰：「民之思明君，猶水樂埤下。」

13 存乎人〔一〕，莫良於眸子，眸子不能掩其惡。胸中正，則眸子瞭焉；胸中不正，則眸子眊焉〔二〕。

〔一〕焦本引趙岐注曰：「存人，存在人之善惡也。」疏曰：「説文土部『存，在也』。禮記文王世子云：『必在視寒煖之節。』注云：『在，察也，蓋察人之善惡也。』」

〔二〕眊：目光昏暗不明之貌。

14 淳于髡曰〔一〕：「男女不親授受，若嫂溺，援之手乎？」孟子曰：「若不援，是豺狼也。天下溺則援之以道，嫂溺必援以手。」

〔一〕淳于髡：戰國時齊國稷下人，以博學、善辯、滑稽著稱。齊威王在稷下招攬學者，任之爲大夫。常諷諫齊威王改革内政，多次出使諸侯，不辱使命。事見史記滑稽列傳、孟荀列傳。

15 子産以其乘輿，濟人於溱、洧〔一〕。孟子聞之曰：「不知政也〔二〕」。不如以時修橋梁〔三〕。

〔一〕子産：姓公孫，名僑，字子産，又字子美，春秋時鄭人，鄭穆公之孫，孔子稱爲「古之遺愛」。事見左傳、史記鄭世家。此句下焦本引趙岐注曰：「子産，鄭卿，爲政，聽訟也。溱、洧，水名。見人有冬涉者，仁心不忍，以其乘車度之也。」

〔二〕焦本引趙岐注曰：「以爲子産有惠民之心，而不知爲政。當以時修橋梁。」

〔三〕此句底本録作正文，聚珍本館臣案曰：「句本趙注。」天海案：此句意林明刊諸本録作注文，疑是。此條又見説苑政理載「景差相鄭」，事與此略異。

16 齊人有一妻一妾〔一〕，其良人出行，則饜飽而反〔二〕。欺其妻云：「與富貴人共飲食耳。」夫出，妻後伺之，見乞人祭餘食之。妻乃告妾，相與泣於中庭〔三〕。其夫自外來，未知，猶驕其妻妾。由君子枉道，得富貴而驕人也〔四〕。

〔一〕此句上，道藏本有「良人出饜酒肉」六字。

〔二〕上句「良人」二字，意林明刊本皆作「夫」；下句聚學軒本作「饜酒肉而反」。

〔三〕焦本引趙岐注曰：「妻妾於中庭悲傷其良人，相對泣啼而謗毁之。」

〔四〕焦本引趙岐注曰：「由，用也。用君子之道觀察今求富貴者，皆以枉曲之道，昏夜乞哀而求之，以驕人於白日。」此句下道藏本、四庫本有注文「良人即夫也」五字。

17 非其道，伊尹不以一芥與人，亦不取一芥於人〔一〕。

〔一〕焦本引趙岐注曰：「伊尹初隱之時，耕於有莘之國，樂仁義之道。非仁義之道者，雖以天下之禄加之，不一顧而覛也。一介草不以與人，亦不以取於人也。」伊尹：商湯時大臣，名伊，一名摯，尹是官名。相傳出生於伊水，故名。原爲湯妻陪嫁之奴，後受重用助湯滅夏，湯尊爲阿衡。

18 在野曰草莽之臣，在國曰市井之臣〔一〕。

〔一〕焦本引趙岐注曰：「在野，野居之人。莽，亦草也。在國，謂都邑也。民會於市，故曰市井之臣。」天海案：草莽之臣，指庶民百姓。

19 性猶湍水〔一〕，決東則東，決西則西。

〔一〕焦本引趙岐注曰：「湍者，圜也。謂湍湍瀠水也。告子以喻人性若是水也，善惡隨物而化，無本善不善之性也。」

20 白羽白，性輕；白雪白，性消；白玉白，性貞。雖俱白，其性不同也〔一〕。

〔一〕此條焦本作「白羽之白也，猶白雪之白；白雪之白，猶白玉之白與」。其下引趙岐注曰：「孟子以爲羽性輕、雪性消、玉性堅，雖俱白，其性不同，問告子，子以三白之性同邪。」天海案：此文又見文選雪賦注引劉熙注，與此略異，故周廣業、聚珍本館臣都認爲此文乃馬總參用趙岐、劉熙二家之注而爲之。

21 冬日飲湯，夏日飲水。欲問寒暑者，中心也〔一〕。

〔一〕此爲意林本注，焦本引趙岐注爲「湯、水雖異名，其得温寒者，中心也」。

22 仁義忠信，樂善不倦，天爵也〔一〕；公卿大夫，人爵也。古之人，修天爵而人爵從之〔二〕；今之人，修天爵以要人爵〔三〕。得人爵棄天爵，終亦亡矣〔四〕。

〔一〕焦本引趙岐注曰：「天爵以德，人爵以禄。」天爵：上天賜給的爵位。比喻高尚的道德修養。

〔二〕焦本引趙岐注曰：「人爵從之，人爵自至也。」人爵：君主所賜的爵位。

〔三〕道藏本「今之」下脱「人」字。焦本引趙岐注曰：「要人爵，要，求也。」

〔四〕焦本引趙岐注曰：「得人爵棄天爵，惑之甚也。棄善忘德，終必亡之。」亡：通「無」。

23 孟子曰：「仁之勝不仁也，猶水勝火。今之爲仁者〔一〕，猶一杯水救一車薪之火也，不熄，則謂水不勝火。此又與於不仁之甚者也。亦終必亡而已矣〔二〕。」

〔一〕此句道藏本脱「仁」字。

〔二〕此文下焦本引趙岐注曰：「水勝火，取水足以制火。一杯水何能勝一車薪之火也，以此謂水不勝火。爲仁者亦若是，則與作不仁之甚者也。亡，猶無也。亦終必無仁矣。」

24 君子有三樂〔一〕：父母具存，一樂；仰不愧天，俯不怍人，二樂〔二〕；得天下英才而教育，三樂〔三〕。

〔一〕焦本引趙岐注曰：「天下之樂，不得與此三樂之中。」

〔二〕焦本引趙岐注曰：「不愧天，又不怍人，心正無邪也。」

〔三〕焦本引趙岐注曰：「育，養也。教養英才，成之以道，皆樂也。」

25 雞鳴而起，孜孜爲善者，舜之徒也；雞鳴而起，孜孜爲利者，跖之徒也〔一〕。

〔一〕焦本引趙岐注曰：「跖，盗跖也。跖、舜之分，以此别之。」天海案：跖，柳下屯人，傳説爲春秋末大盗，故稱爲盗跖。莊子中有盗跖篇。

26 九仞無泉，猶棄井也〔一〕。

〔一〕焦本引趙岐注曰：「仞，八尺也；雖深而不及泉，喻有爲者中道而盡棄前行也。」

27 古人之關禦暴，今人之關爲暴〔一〕。今之關，出入徵税〔二〕。

〔一〕焦本引趙岐注曰：「古之爲關，將以禦暴亂，譏閉非常也；今之爲關，反以徵税，出入之人，將以爲暴虐之道也。」

〔三〕此意林本注，或馬總縮略趙注而爲之。

28 惡似而非者〔一〕，惡莠亂苗，惡佞亂義〔二〕，惡利口亂信，惡鄭聲亂雅樂〔三〕，惡紫亂朱，惡鄉原亂德〔四〕。

〔一〕焦本引趙岐注曰：「似真而非真者，孔子之所惡也。」

〔二〕焦本引趙岐注曰：「莠莖葉似苗；佞人詐飾，似有義者。」

〔三〕焦本引趙岐注曰：「利口辯辭，似若有信；鄭聲淫人之聽，似若美樂。」

〔四〕焦本引趙岐注曰：「紫色似朱。朱，赤也。鄉原惑衆，似有德者。此六似者，皆孔子之所惡也。」天海案：鄉原，貌似誠信，實與流俗合污的僞善者。

29 堯至湯，湯至文王，文王至孔子，孔子至孟子，各五百餘歲〔一〕。

〔一〕孔子至孟子只百餘歲，不能曰「各五百餘歲」，此或鈔録致誤。聚珍本館臣案：「孔子至孟子纔百餘歲，當依原書。」

八　管子十八卷

管仲（約前七二三年至前六四五年），名夷吾，字仲，謚曰敬，春秋時齊國潁上人。經鮑叔牙力薦，爲齊桓公之相，佐齊「九合諸侯，一匡天下」，使之成爲春秋五霸之首，因而被後人稱爲「春秋第一相」。管仲事跡見於史記管晏列傳中，其言論見於國語齊語。

管子一書，司馬遷管晏列傳稱「至其書，世多有之」。管子原有三百八十九篇，劉向校書删除重複部分，重新編次定爲八十六篇，至宋時實存七十六篇。四庫全書所收管子有四種，其中以戴望管子校正最爲通行。

管子一書當成於戰國至漢初，爲戰國時人依託之作。然亦先秦古籍，多存秦漢之時寶貴史料，不可輕廢。意林所録管子共二十二條，皆見於今本管子中。今以戴望管子校正對勘。

1　倉廩實，知禮節〔一〕；國多財，遠者來〔二〕；衣食足，知榮辱〔三〕。

〔一〕「廩」，原作「庫」，據説郛本、道藏本、聚學軒本與戴本改。「知禮節」，戴本作「則知禮節」，下接「衣食足，則知榮辱」二句。

〔二〕「遠者來」，戴本作「則遠者來」；且此二句在「倉廩實」句上。

〔三〕「知榮辱」，戴本作「則知榮辱」；且此二句在「知禮節」句下。此文史記管晏列傳引作「倉廩實而知禮節，衣食足而知榮辱」。

2　野無積草，府不積貨；市不成肆，朝不合衆〔一〕，治之至也〔二〕。

〔一〕肆：陳列商品的店鋪。朝：朝廷。合衆：聚會羣臣。

〔二〕此文戴本作「故野不積草，農事先也；府不積貨，藏於民也；市不成肆，家用足也；朝不合衆，鄉分治也」。

3 觀其交遊，則賢不肖可察。

4 一年之計，莫若樹穀〔一〕；十年之計，莫若樹木〔二〕；終身之計，莫若樹人〔三〕。

〔一〕樹穀：種穀。種穀一年一獲，故曰「一年之計」。

〔二〕樹木：種果樹。種果木至少有十年收穫，故曰「十年之計」。

〔三〕戴本注曰：「樹人，謂濟而成立之。人有百年之壽，故曰終身之計。」

5 爵祿滿，則忠衰〔一〕；室富足，則行衰〔二〕；釜鼓滿〔三〕，則人概之；人滿，則天概之〔四〕。故先王不滿也。

〔一〕衰：逐漸減弱。此句下戴本有「唯賢者不然」句，注曰：「賢者有始有卒。」

〔二〕行衰：品行衰敗。

〔三〕釜鼓：古代兩種量器名稱。釜，也叫鬴，春秋戰國時流行於齊國，罎形，小口大腹，有兩耳作提手。鼓，其形亦同釜，無耳。一説四鈞爲石，四石爲鼓。

〔四〕概：容器盛滿後，用來刮平的器具。人滿：人驕傲自滿。天概之：上天制裁他。

6　凡赦者，小利而大害，故久而不勝其禍〔一〕；無赦，小害而大利，久而不勝其福〔二〕。惠者多赦，先易後難〔三〕；法者無赦，先難後易〔四〕。惠者，民之仇讎〔五〕；法者，民之父母〔六〕。

〔一〕上句戴本作「小利而大害者也」，注曰：「苟悦衆心，故曰小利。人則習而易犯法，故曰大害也。」下句戴本注曰：「犯法漸廣，轉欲危君，故曰不勝其禍。」

〔二〕上句戴本作「毋赦者，小害而大利者也」，注曰：「人初不悦，故曰小害。創而修德，故曰大利也。」下句「久」上，戴本有「故」字，注曰：「家正而天下定，則太平可致，故曰不勝其福也。」聚學軒本周廣業注曰：「事正而天下定，太平可致。」

〔三〕此二句戴本作「惠者多赦者也，先易而後難」，句下尚有「久而不勝其禍」句。惠者：施行小恩小惠之人。

〔四〕此二句戴本作「法者先難而後易」，句下尚有「久而不勝其福」句。

〔五〕此二句戴本作「故惠者，民之仇讎也」，注曰：「惠者生其禍，故爲仇讎也。」

〔六〕「法者」，道藏本作「法令」；此句下戴本注曰：「法者生其福，故爲父母也。」道藏本、廖本、四庫本「惠者，民之仇讎」及次二句，在「惠者多赦」句上。

7　堂上遠於百里，有事十日而君不知〔一〕；堂下遠於千里，有事一月不知〔二〕；門庭遠於萬里，有事期年不聞〔三〕。

〔一〕此二句戴本作「堂上有事，十日而君不聞」，注曰：「其事適在堂上耳，而君遂十日不聞。」其下尚有「此所謂遠於百里也」句。

〔二〕此二句戴本作「堂上有事，一月而君不聞，此所謂遠於千里也」。

〔三〕此二句戴本作「門庭有事，期年而君不聞，此所謂遠於萬里也」。期年：周年。

8 桓公謂管仲曰〔一〕：「寡人有大邪三：不幸好畋，晦夜從禽不反〔二〕，一；不幸好酒，日夜相繼〔三〕，二；寡人有污行，不幸好色，姑姊妹有未嫁者，三〔四〕。」管仲曰：「惡則惡矣，非其急也，人君惟不愛與不敏不可耳〔五〕。不愛則亡衆，不敏則不及事〔六〕。」

〔一〕桓公：即齊桓公，吕氏，名小白。春秋時齊國第十五位國君。

〔二〕大邪：大過錯。畋：圍獵。從禽：追逐禽獸。此句戴本作「晦夜而至禽側，田莫不見禽而後反」，注曰：「言夙興晦夜之時，已至禽之側畔也。其田必見禽，多獲而後反。」

〔三〕此二句戴本作「寡人不幸而好酒，日夜相繼；諸侯使者無所致，百官有司無所覆」。

〔四〕上二句戴本作「不幸而好色，而姑姊有不嫁者」。意指齊桓公不嫁姑姊妹，留宫中同居。事亦見荀子仲尼篇：「內行則姑姊妹不嫁者七人。」論衡書虛篇：「妻姑姊妹七人。」以上文中一、二、三字，戴本皆無。以上之文，道藏本、廖本、四庫本並作「寡人有大邪三不幸，好畋，晦夜從禽不反，一不幸；好酒，日夜相繼，寡人污行，二不幸；好色，姑姊妹有未嫁者，三不幸」。

〔五〕「非其急也」，戴本作「然非其急者也」，其下尚有「公作色曰：此三者且可，則惡有不可者矣。對曰」。下句戴本作「人君惟優與不敏爲不可」，注曰：「優，謂逶隨不斷。」宋翔鳳云：「宋本『優』皆作『優』，優，訓隱，言人君自隱其情，使不可知，則人不附之，故曰優則亡衆也。」

〔六〕此二句戴本作「優則亡衆，不敏不及事」。「優」與「優」形近易誤。

9　地大而不耕，非其地〔一〕；卿貴而不仁，非其卿〔二〕；民衆而不親，非其民〔三〕。

〔一〕此句「地」下戴本有「也」字，注曰：「地大不耕則無所穫。」

〔二〕「仁」，戴本作「臣」；「非其卿」，戴本作「非其卿也」，注曰：「卿貴不臣，化爲敵也，謂卿大夫。」

〔三〕二「民」字，戴本皆作「人」，注曰：「人衆不親，欲亡者也。」此與下條，道藏本、廖本、四庫本皆録於下文二十二條「桓公謂管仲曰」之下。

10　無翼而飛者〔一〕，聲也；無根而固者，情也〔二〕；公但謹聲耳〔三〕。

〔一〕此句上戴本有「管仲復於桓公曰」句，注曰：「出言門庭，千里必應，故曰無翼而飛。」

〔二〕「情」，道藏本、四庫本作「慎」，戴本亦作「情」，其下注曰：「同舟而濟，胡越不患異心，知其情也，故曰無根而固。」

〔三〕此句戴本作「公亦固情謹聲，以嚴尊生」，注曰：「言當固物情，謹聲教，嚴爲防禦，以尊其生。」公：此指齊桓公。謹聲：説話要謹慎。

11 齊水躁而復，故民貪而勇〔一〕；楚水溺而清，其民輕果好賊〔二〕；越水濁而重，其民疾妒〔三〕；秦水泔而滯〔四〕，其民貪戾〔五〕；晉水滯而雜，其民好詐〔六〕；宋水勁而清，其民簡易〔七〕。

〔一〕此二句戴本作「夫齊之水道躁而復，故其民貪麤而好勇」，注曰：「以水道迴復，故令人貪；以其躁速，故令人麤勇也。」

〔二〕此二句戴本作「楚之水淖弱而清，故其民輕果而賊」，注曰：「以其淖弱，故輕佚；清則明察，故人果賊也。」溺：與「弱」同。「賊」，道藏本、四庫本誤作「賦」。輕果好賊：輕率果敢，好與人鬥狠。

〔三〕此二句戴本作「越之水濁重而洎，故其民愚疾而垢」，注曰：「洎，浸也。濁重故愚，浸則多所漸入，故疾垢也。」疾妒：同「嫉妒」。

〔四〕聚珍本館臣案：「泔，舊作『汨』，據本書注秦水絶泔，今改。」

〔五〕此二句戴本作「秦之水，泔冣而稽，淤滯而雜，故其民貪戾，罔而好事」，注曰：「冣，絶也。稽，停留也。謂秦水絶甘而味停留，又泥淤沈滯，與水相雜也。以其泔而稽，故貪戾；以其滯雜，故誣而好事。」

〔六〕此二句戴本作「齊、晉之水枯旱而運，淤滯而雜，故其民諂諛葆詐，巧佞而好利」，注曰：「齊、晉，謂齊之西而晉之東。枯旱，謂其水慘澀而無光也。以其運，故諂諛；以其枯旱，故葆詐；以其淤雜，故巧佞而好利。」

〔七〕此二句戴本作「宋之水，輕勁而清，故其民閒易而好正」，注曰：「輕，故易清；勁，故好正也。」

12 先王治國，威不兩措，政不二門〔一〕。有法度之制者，不可巧以詐僞〔二〕；有權衡之稱者，不可欺以輕重〔三〕；有尋尺之數者，不可差以短長也〔四〕。

〔一〕道藏本、廖本、四庫本「先王治國」三句並誤植於「輕重」句下。「措」，戴本作「錯」，音義同，注曰：「臣行君威爲兩置。」二門：戴本注曰：「臣出政，是爲二門也。」

〔二〕「有」字上，戴本有「是故」二字，注曰：「非法度不聽，則詐僞何施。」

〔三〕戴本注曰：「以權衡稱之，輕重立見。」

〔四〕「尋尺」，戴本作「尋丈」；下句戴本作「不可差以長短」。

13 桓公問廐吏何事最難，吏未荅〔一〕。管仲曰：「臣嘗作圉人，唯傅馬棧最難〔二〕。先傅曲木，則直無所施〔三〕；先傅直木，則曲無所施〔四〕。」

〔一〕上二句戴本作「桓公觀於廐，問廐吏曰：廐何事最難？廐吏未對」。

〔二〕上二句戴本作「管仲對曰：夷吾嘗爲圉人矣」，注曰：「圉，養馬者。」下句「唯」字戴本無，注曰：「謂編次之棧馬所立木也。」傅：通「縛」，捆紮。馬棧：圈馬的木柵欄。天海案：「傅」，道藏本、廖本、四庫本並作「賦」。

〔三〕此二句戴本作「先傅曲木，曲木又求曲木；曲木已傅，直木無所施矣」，注曰：「喻小人用則君子退也。」

〔四〕此二句戴本作「先傅直木，直木又求直木：直木已傅，曲木亦無所施矣」，注曰：「喻君子用則小人退。」天海案：二「傅」字，道藏本、廖本、四庫本並作「搏」。

14 楚王好小腰，美人省食〔一〕；吳王好劍，國士輕死〔二〕。故主好宮室，則工匠巧；主好文彩，則女工靡〔三〕。

〔一〕楚王：墨子兼愛中、晏子春秋外篇、韓非子二柄、戰國策楚策、淮南子主術訓皆作「楚靈王」，尹文子、荀子作「楚莊王」。「腰」字，道藏本、廖本、四庫本皆無。省食：減少飲食。

〔二〕吳王：聚學軒本周廣業注曰：「闔廬。」天海案：此以上四句，戴本在「則女工靡」下。

〔三〕「女工」，道藏本、廖本、四庫本並作「工女」，下接「利之所在」條。文彩：有彩色圖案的刺繡。靡：疲憊不堪。

15 冬日不盥，非愛水也〔一〕；夏日不煬〔二〕，非愛火也，爲不適於身〔三〕。明王不治宮室，非愛小也，爲傷於本事而妨於教也〔四〕。

〔一〕此二句戴本作「夫冬日之不濫，非愛冰也」，注曰：「濫，謂泛冰於水以求寒，所謂濫漿。」盥：本爲洗手，此似指用冷水沐浴。愛水：惜水。

〔二〕煬：烤火取暖。

〔三〕此句戴本作「爲不適於身便於體也」，注曰：「冬之水，夏之火，皆於身體不適便。」

〔四〕前二句戴本作「夫明王不美宫室，非喜小也」，句下尚有「不聽鐘鼓，非惡樂也」二句。末句戴本注曰：「美宫室，聽鐘鼓，則傷事而妨教。」末句意林明刊諸本皆作「爲本矣」。本事：此指農事。

16　利之所在，雖千仞之山，無所不上；深泉之下，無所不入〔一〕。商人通賈，倍道兼行，夜以繼日，千里不遠，利在前也〔二〕。漁人入海，海水百仞〔三〕，衝波逆流，日夜不出，利在水也〔四〕。

〔一〕此上五句戴本作「故利之所在，雖千仞之山，無所不上；深源之下，無所不入焉」，且在此條末句「利在水也」之下。

〔二〕倍道兼行：日夜兼程，加倍趕路。「繼日」，戴本作「續日」。「利在前也」句下，戴本注曰：「疾至則得利，故速行而不倦也。」

〔三〕此二句戴本作「漁人之入海，海深萬仞」。

〔四〕「衝波逆流」，戴本作「就彼逆流」，注曰：「謂海潮起則水逆流。」「日夜不出」，戴本作「乘危百里，宿夜不出者」。天海案：底本將此條與上條併作一條，四庫本分列作兩條。據文意，現分爲兩條。

17　蛟龍得水而神立，人主得民而威成〔一〕。海不辭水，故能成大；山不辭土，故能成高〔二〕；主不厭人，故能成衆〔三〕；士不厭學，故能成聖。

〔一〕「立」，底本原作「力」，意林他本皆作「立」，此據改。此二句戴本作「蛟龍待得水而後立其神，人主待得民而後成其威」，且單作一條。

〔二〕此二句戴本「土」下有「石」字，「高」上有「其」字。

〔三〕此二句戴本作「明主不厭人，故能成其衆」。史記李斯列傳：「太山不讓土壤，故能成其大；河海不擇細流，故能就其深；王者不卻衆庶，故能明其德。」

18 烏合之衆，初雖有歡〔一〕，後必相咄〔二〕。雖善不親也〔三〕。

〔一〕上句戴本作「烏集之交」。「有歡」，說郛本作「有鄰」，戴本作「初雖相驩」。

〔二〕「咄」，底本原作「吐」，疑形似而誤，據聚學軒本、戴本改。說郛本「咄」作「妒」。咄：指責、呵斥。

〔三〕此句戴本作「故曰烏集之交，雖善不親」。說郛本此條與上條併爲一條。

19 殺生之柄不制於主〔一〕，而在羣下，此寄生之主也〔二〕。

〔一〕「殺生」，戴本、意林聚學軒本倒作「生殺」。殺生之柄：生殺之權。

〔二〕底本此條與上條併作一條，不妥。道藏本、四庫本、聚學軒本皆單作一條，故據改。

20 五穀〔一〕，民之司命；黃金刀幣，民之通施〔二〕。

〔一〕戴本作「五穀食米」。

〔二〕通施：流通交易。施，通「移」。一說：施，行也。亦通。說郛本此條與上條併爲一條。

21 農有常業，女有常事〔一〕。一農不耕，民有飢者〔二〕；一女不織，民有寒者〔三〕。

〔一〕常業：固有之業。我國古代以農業立國，此特指耕種之業。常事：固有的事情。此專指婦女紡織之事。

〔二〕戴本作「民有爲之飢者」。

〔三〕戴本作「民有爲之寒者」。

22 桓公謂管仲曰〔一〕：「吾欲伐楚，楚强不可下，如何〔二〕？」曰〔三〕：「公但鑄錢於莊山，往楚貴市生鹿〔四〕。楚王聞之喜，必廢農而獵鹿。公藏粟五倍，楚足錢而無粟〔五〕，公閉關，楚降者十分有四〔六〕。」

〔一〕「公」，道藏本誤作「王」，當時齊桓公未稱王。此句戴本作「桓公問於管子曰」。

〔二〕此三句戴本作「楚者，山東之强國也。其人民習戰鬥之道，舉兵伐之，恐力不能過，兵弊於楚，功不成於周，爲之奈何」。

〔三〕戴本作「管子對曰」。

〔四〕此二句戴本無，另作「桓公令左司馬伯公將白徒而鑄錢於莊山，令中大夫王邑載錢二千萬，求生鹿於楚」。莊山：在今四川榮經縣北，其地多銅，成湯曾於此採銅鑄幣。漢文帝時以賜幸臣鄧通，許其自鑄錢。此處非實指，或借稱銅山。貴市生鹿：高價收購活鹿。

〔五〕此上四句戴本無，或馬總縮略管子文意而爲之。

〔六〕此二句戴本作「因令人閉關不與楚通，楚人降齊者十分之四，三年而楚服」。道藏本、廖本、四庫本於此下接前文「地大而不耕」、「無翼而飛」二條。

九　道德經二卷

老子生卒年不詳，約生活於春秋、戰國之際。史記老莊申韓列傳云：「楚苦縣厲鄉曲仁里（今河南鹿邑）人，姓李氏，名耳，字伯陽，謚曰聃，周守藏室之史也。」老子之書，又稱道德經，凡八十一章，五千七百餘言。歷代注老子者不乏其人。相傳戰國時有河上丈人注老子，雖今人證爲僞書，但史記明載河上丈人修習黄老之術。隋志道家載漢文帝時河上公注老子道德經二卷，曹魏時有王弼注老子二卷，後人注老子者多據王弼注本。

意林所録道德經，多依河上公注本，採入注文甚多，又時有增損，且不列篇次，不分條目。現依四庫全書所收河上公注本、諸子集成所收王弼注本，考其章次，分爲三十六條。注釋方面，多參考了陳鼓應老子注譯及評介。

1　生而不有，爲而不恃〔一〕。元炁生萬物不有，道所施不求其報〔二〕。

〔一〕上句四庫本河上公注曰：「元氣生萬物而不有。」下句注曰：「道所施爲，不恃望其報也。」下句今本王弼注曰：「智慧自備，爲則僞也。」天海案：上二「不」字，帛書老子皆作「弗」。

〔三〕聚學軒本録注文作「元炁生萬物不有其功，道所施爲不求其報」。元炁：同「元氣」。

2　挫其鋭，解其紛〔一〕，鋭，進也。人欲鋭，慎進，取功名，當挫止之。法道不自見也。紛，結恨也。當念道无上。解，釋也。和其光〔二〕，雖有獨見之明，當如暗昧，不曜亂人也。同其塵〔三〕。當與衆同垢塵，不自別殊。

〔一〕四庫本河上公注曰：「鋭，進也。人欲鋭精，進取功名，當挫止之。法道不同也。紛，結恨也。當念道無爲，以解釋。」

〔二〕四庫本河上公注曰：「言雖有獨見之明，當如暗昧，不當以曜亂人也。」

〔三〕四庫本河上公注曰：「當與衆庶同垢塵，不當自別殊。」此上四句王弼注曰：「鋭挫而無損，紛解而不勞，和光而不污其體，同塵而不渝其真。」天海案：正文四句又見於老子五十六章，陳鼓應疑是錯簡重出。

3　多言數窮〔一〕，口開舌舉，必有禍患。不如守中〔二〕。不如守德於中，育養精神，愛氣希言也〔三〕。

〔一〕四庫本河上公注曰：「多事害神，多言害身。口開舌舉，必有禍患。」陳鼓應注曰：「多言，意指政令繁多；數，通速。」天海案：數，理也；窮，困也。數窮，理屈詞窮也。

〔二〕中：中心也。守中：保持內心虛無清静。

〔三〕愛氣希言：惜氣少言。

4 聖人後其身而身先〔一〕，先人後己，天下之先，以官長也。外其身而身存〔二〕。薄己而厚人，人愛之如父母，神明祐之如赤子，故身外而長存也。

〔一〕四庫本河上公注曰：「先人而後己者也。天下敬之，先以爲長。」後其身：自己甘居人後。

〔二〕外其身：置身於世事之外。

5 金玉滿堂，莫之能守〔一〕，嗜欲傷神，財多累身〔二〕。富貴而驕，自遺其咎〔三〕。夫富當賑貧，貴當憐賤，反驕恣，必被禍患也。

〔一〕王弼注曰：「不若其已。」

〔二〕此與下注文，爲馬總録河上公注，治要亦同。

〔三〕此句治要作「還自遺咎」。王弼注曰：「不可長保也。」

6 絶仁棄義，民復孝慈〔一〕。德化淳也。絶巧棄利，盜賊無有〔二〕。上化公正，下無私邪。

〔一〕四庫本河上公注曰：「絶仁之見恩義，棄義之尚華信。」

〔二〕四庫本河上公注曰：「絶巧者，詐僞亂真也；棄利者，塞貪路、閉權門也。」

7 曲則全〔一〕，曲己從衆，不自專，則全也〔二〕。枉則直〔三〕；枉曲己而伸人，久久自得直。少則得〔四〕，天道祐謙，自受少則得多。多則惑〔五〕。財多者惑於守身〔六〕，學多者惑於所聞。

〔一〕王弼注曰：「不自見其明，則全也。」

〔二〕注文「曲己」，道藏本、廖本、四庫本作「曲則」；末句注文四庫本河上公注作「則全其身也」。

〔三〕王弼注曰：「不自是，則是彰也。」

〔四〕四庫本河上公注曰：「自受取少則得多也。天道祐謙，神明託虛。」

〔五〕王弼注曰：「多則遠其真，故曰惑也；少則得其本，故曰得也。」

〔六〕「守身」，四庫本河上公注文作「所守」。

8　善行無轍跡〔一〕，善行道者求之身，不下堂，不出門，故無轍跡。善言者無瑕謫〔二〕。擇言而出之，故無瑕謫〔三〕。

〔一〕王弼注曰：「順自然而行，不造不始，故物得至而無轍跡也。」轍跡：本指車轍痕跡，此比喻人的行跡。

〔二〕四庫本河上公注曰：「善言，謂擇言而出則無瑕疵，謫過於天下。」王弼注曰：「順物之性，不別不析，故無瑕謫，可得其門也。」陳鼓應注曰：「善言，指善於行『不言之教』。」天海案：老子别本此句無「者」字。

〔三〕此或馬總節録河上公注文。

9 知足者富〔一〕，知足則長保禄位，故富也。死而不亡者壽〔二〕。目不妄視，耳不妄聽，口不妄言，則無怨於天下，故能長壽也。

〔一〕四庫本河上公注曰：「人能知足之爲足，則長保福禄，故爲富也。」王弼注曰：「自足自不失，故富也。」

〔二〕王弼注曰：「雖死而以爲生之道不亡，乃得全其壽。身没而道猶存，況身存而道不卒乎。」天海案：「亡」，底本原作「妄」，四庫本河上公注、王弼注本皆作「亡」，據改。

10 將欲噏之〔一〕，必固張之；先開張之，欲令極其奢淫。將欲弱之，必固强之〔二〕；先强大之，欲使遇害。將欲廢之，必固興之〔三〕；先興之，使驕危。將欲奪之〔四〕，必固與之。先與之者，欲極其貪心也。是謂微明〔五〕。此四事，其道微〔六〕，其效明也。

〔一〕「噏」，王弼注本作「歙」，音義同。陳鼓應注曰：「歙：歙，合。韓非子喻老引作『翕』，『翕』和『歙』古字通用。」

〔二〕四庫本河上公注曰：「先强大者，欲使遇禍患。」

〔三〕四庫本河上公注曰：「先興之者，欲使其驕危也。」

〔四〕「奪」，陳鼓應本據范應元本與彭耜本改作「取」。天海案：韓非子喻老亦作「取」。

〔五〕王弼注曰：「將欲除强梁，去暴亂，當以此四者。因物之性，令其自戮，不假刑爲大，以除將物也，故曰微明也。」陳鼓應注曰：「微明，幾先的徵兆。」天海案：微明，道理微妙而功效顯明。

〔六〕「其」，底本原作「具」，據四庫本河上公注改。「其道」，意林道藏本、廖本、四庫本作「道明」。此條下道藏本、廖本、四庫本接以下文二十八「人之不善」、二十九「報德以怨」二條。

11 失道而後德〔一〕，道衰德生。失德而後仁〔二〕，德衰而仁愛見。失義而後禮〔三〕。義衰即施禮聘，行玉帛也。夫禮者，忠信之薄〔四〕，禮廢本治末，忠信日以消薄。而亂之首〔五〕。禮賤質貴文，故正直日以消，邪亂日以生。

〔一〕四庫本河上公注曰：「言道衰而德化生也。」

〔二〕四庫本河上公注曰：「言德衰而仁愛見也。」

〔三〕此句下黄以周案曰：「李校照宋本有此正文五字，注六字，各本並脱，今據補。」天海案：此句之上四庫本河上公注有正文「失仁而後義」五字，聚學軒本補之，並補注文「仁衰而分義明」。此句四庫本河上公注曰：「言義衰則施禮聘，行玉帛。」

〔四〕四庫本河上公注曰：「言禮廢本治末，忠信日以衰薄。」陳鼓應注曰：「薄，衰薄，不足。」天海案：薄，當讀爲「落」，没落、衰落。

〔五〕四庫本河上公注曰：「言禮賤質而貴文，故正直日以少，邪亂日以生。」天海案：亂之首，禍亂的開始。

12 貴必以賤爲本〔一〕，言欲尊貴，當以賤薄爲本〔二〕，禹、稷躬耕〔三〕、舜陶河濱、周公下白屋是也。

高必以下爲基〔四〕。言欲高立，先以下爲基，如築牆造功，因卑成高，下不堅固，高必傾危也。

〔一〕四庫本河上公注本、王弼本皆作「故貴以賤爲本」。聚學軒本周廣業注曰：「原無『必』字，選注有，下同。」

〔二〕四庫本河上公注曰：「言必欲尊貴，當以薄賤爲本。」

〔三〕四庫本河上公注曰：「若禹、稷躬稼。」

〔四〕四庫本河上公注曰：「言必欲尊貴，當以下爲本基，猶築牆造功，因卑成高，下不堅固，後必傾危。」

13 上士聞道，勤而行之〔一〕；中士聞道，若存若亡〔二〕；下士聞道，大笑之；不笑不足以爲道〔三〕。不爲下士笑，不足名曰道。明道若昧〔四〕，明道之人，若暗昧無所見也。進道若退〔五〕，進取道者，若退不及。夷道若纇〔六〕。夷，平也。大道之人，不自別殊，若多比類。上德若谷，若深谷不恥垢辱也。廣德若不足〔七〕；德行廣大之人，若愚頑不足也。大方無隅，大方正之人，無委曲廉隅也。大器晚成〔八〕；成器之人，如瑚璉不可卒成〔九〕。大音希聲，如雷電待時而動，喻常愛氣希言也。大象無形〔一〇〕。大法象道之人，質樸無形容也〔一一〕。

〔一〕四庫本河上公注曰：「上士聞道自勤苦，竭力而行之。」王弼注曰：「有志也。」

〔二〕四庫本河上公注曰：「中士聞道，治身以長存，治國以太平，欣然而存之。退見財色榮譽，或於情欲，而復亡之也。」

〔三〕四庫本河上公注曰：「下士貪狠多欲，見道柔弱，謂之恐懼；見道質樸，謂之鄙陋，故大笑之。不爲下士所笑，不足以名爲道。」聚學軒本周廣業注曰：「道德指歸云：『堂堂之衆，不遺於衆庶；棲棲之事，不悦於大夫。』又云：『中士、下士，非喜凶而惡吉、貴禍而賤福也。性與之遠，情與之反，若處黄泉聽聞九天，遼遠絶滅，不能見聞而已矣。』」

〔四〕王弼注曰：「光而不耀。」

〔五〕王弼注曰：「後其身而身先，外其身而身存。」

〔六〕「類」，王弼注本作「纇」，注曰：「纇，埆也。大夷之道，因物之性，不執平以割物，其平不見，乃更反。若纇，埆也。」天海案：「埆」，廣雅：「深也，空也。」此引申爲不平。

〔七〕四庫本河上公注曰：「上德之人，若深谷不恥垢濁也。」王弼注曰：「不德其德，無所懷也。廣德不盈，廓然無形，不可滿也。」

〔八〕王弼注曰：「方而不割，故無隅也。大器成，天下不持全别，故必晚成也。」陳鼓應注曰：「大方無隅，最方正的卻没有棱角。」四庫本河上公注曰：「大器之人，若九鼎瑚璉，不可卒成也。」

〔九〕瑚璉：古代祭祀時盛粟稷的貴重器皿，常用以比喻擔當重任的大才。

〔一〇〕四庫本河上公注曰：「大音猶雷霆待時而動，喻常愛氣希言也。」王弼注曰：「聽之不聞，名曰希，不可得聞之音也。有聲則有分，有分則不宫而商矣。分則不能統衆，故有聲者，非大音也。有形則有分，有分者，不温則炎，不炎則寒，故象而形者，非大象。」天海案：希聲，極細微的聲音，一説無聲。大象，天象之母，指一切事物的本原。

〔一〕四庫本河上公注文無「道」字、「也」字。

14 物或損之而益〔一〕，取之不得，推讓必遠。益之而損〔二〕。曾高者崩，貪禄致患也。

〔一〕此句四庫本、王弼注本「物」上皆有「故」字。四庫本河上公注曰：「引之不得，推之必還。」治要録河上公注文「推之」作「推讓」。

〔二〕四庫本、王弼注本、治要「益」字上皆有「或」字。四庫本河上公注曰：「夫增高者崩，貪富者致患。」道藏本録注文作「大增者崩，食禄致患也」。

15 名與身孰親〔一〕，名遂則身退也。身與貨孰多〔二〕，財多則害身也。得與亡孰病〔三〕；好得貨利，則病於行。甚愛必大費〔四〕，甚愛色費精神，甚愛財遇患害〔五〕。所愛者少，所費者多，故言必大費〔六〕。多藏必厚亡〔七〕。生多藏於府庫，死多藏於丘墓；生有攻劫之憂，死有掘塚探柩之患。

〔一〕王弼注曰：「尚名好高，其身必疏。」

〔二〕王弼注曰：「貪貨無厭，其身必少。」陳鼓應注曰：「多，作『重』的意思。」

〔三〕四庫本河上公注曰：「好得利則病於行也。」王弼注曰：「得多利而亡其身，何者爲病也？」陳鼓應注曰：「得，指得名利；亡，指亡失生命。」

〔四〕「甚愛」上，王弼注本有「是故」二字，帛書甲本無。陳鼓應注曰：「甚愛必大費，過於愛名就必定要付出很大的耗費。」

〔五〕「患害」，四庫本河上公注文作「禍患」。

〔六〕此二句四庫本河上公注文作「所亡者多，故言大費」。

〔七〕王弼注曰：「甚愛不與物通，多藏不與物散，求之者多，攻之者衆，爲物所病，故大費厚亡也。」陳鼓應注曰：「豐厚的藏貨就必定會招致慘重的損失。」

16 大成若缺，缺者，滅名藏譽如不備〔一〕。大巧若拙〔二〕，不見其然〔三〕。大辯若訥〔四〕。知無疑，口無辯。

〔一〕正文及注文二「缺」字，底本與道藏本、廖本、四庫本皆誤作「鈌」，聚學軒本作「缺」；道德經諸本亦作「缺」，此據改。四庫本河上公注曰：「謂道德大成之君，若缺者，滅名藏譽，如毀缺不備也。」王弼注曰：「隨物而成，不爲一象，故若缺也。」陳鼓應注曰：「大成，最完美的東西。」

〔二〕四庫本河上公注曰：「大巧謂多才術也，如拙者，亦不敢見其能。」王弼注曰：「大巧因自然以成器，不造爲異端，故若拙也。」

〔三〕此爲馬總意林原注，未知所本。

〔四〕四庫本河上公注曰：「大辯者，智無疑；如訥者，口無辭。」王弼注曰：「大辯因物而言，己無所造，故若訥也。」聚學軒本周廣業注曰：「道德指歸云：無爲者，有爲之君而成功之主，政教之元而變化之母也。」

17 不出户以知天下〔一〕，以己身知人身，以己家知人家。不窺牖以見天道〔二〕。天道與人道同。其出彌遠，其知彌少〔三〕。謂去其家觀人家，去其身觀人身，其視雖遠，而所見至少也〔四〕。

〔一〕四庫本河上公注曰：「聖人不出户以知天下者，以己身知人身，以己家知人家，所以見天下也。」天海案：此句與下句正文中「以」字，四庫本河上公注本、王弼注本皆無。

〔二〕四庫本河上公注曰：「天道與人道同。天人相通，精氣相貫。人君清净，天氣自正。人君多欲，天氣煩濁。吉凶利害，皆由於此。」王弼注曰：「道有大常，理有大致；執古之道，可以御今；雖處於今，可以知古，故不出户不闚牖可知也。」

〔三〕王弼注曰：「若其不知，出愈遠，愈迷也。」

〔四〕後二句四庫本河上公注作「所觀益遠，所用益少也」。

18　爲學日益，爲政教禮樂之學，情欲文飾日以多〔一〕。爲道日損〔二〕；謂自然之道，情欲文飾日以消。損之又損之，以至於無爲；無爲而無不爲〔三〕。情欲斷絶，德與道合，則無所不施，無所不爲。

〔一〕四庫本河上公注曰：「學，謂政教、禮樂之學也；日益者，情欲文飾日以益多。」王弼注曰：「務欲進其所能，益其所習。」陳鼓應注曰：「『爲學』，是指探求外物的知識活動。這裏的爲學，範圍狹窄，僅指對於仁義聖智禮法的追求。這些學問是能增加人的知見與智巧的。」

〔二〕四庫本河上公注曰：「道，謂自然之道也；日損者，情欲文飾日以消損。」王弼注曰：「務欲反虚無也。」

〔三〕上句四庫本河上公注本、王弼注本皆作「損之又損」，河上公注曰「損情欲，又損之，所以漸去」，治要所録注文與此略異。次句四庫本河上公注曰：「當恬澹如嬰兒，無所造爲。」末句王弼注曰：「有爲則有所失，故無爲乃無所不爲也。」陳鼓應注曰：「不妄爲，就没有什麼事情做不成的。」

19 善者，吾善之〔一〕；不善者，吾亦善之〔二〕。不善則教道使就善。信者，吾信之〔三〕；不信者，吾亦信之〔四〕。亦以教道。

〔一〕四庫本河上公注曰：「百姓爲善，聖人因而善之。」天海案：上「善」字爲善良，下「善」字爲善待。下文同此。

〔二〕四庫本河上公注曰：「百姓雖有不善者，聖人化之使善也。」王弼注曰：「各因其用，則善不失也。」

〔三〕四庫本河上公注曰：「百姓爲信，聖人因而信之。」天海案：上「信」字爲誠實守信，下「信」字爲信任、相信。下文同此。

〔四〕四庫本河上公注曰：「百姓爲不信，聖人化之使信也。」

20 善攝生者〔一〕，陸行不遇兕虎〔二〕，自然合遠避。入軍不被甲兵〔三〕。不好戰殺〔四〕。

〔一〕四庫本河上公注曰：「攝，養也。」天海案：「善攝生」上，陳鼓應注本有「蓋聞」二字。

〔二〕四庫本河上公注曰：「自然遠避，害不干也。」

〔三〕四庫本河上公注曰：「不好戰以殺人。」王弼注曰：「善攝生者，無以生爲生，故無死地也。器之害者，莫甚於戈兵。獸之害者，莫甚於兕虎。而令兵戈無所容其鋒，兕虎無所措其爪角，斯誠不以欲累其身者也，何死地之有乎？」陳鼓應注曰：「入軍不被甲兵，戰爭中不會受到殺傷。」

〔四〕此爲馬總節録河上公注文。

21 塞其兑〔一〕，兑，目也，不妄視。閉其門〔二〕，門，口也，不妄言。終身不勤〔三〕；終身不勤若也。開其兑〔四〕，視情欲。濟其事〔五〕，濟益情欲之事。終身不救〔六〕。禍亂成也。

〔一〕王弼注曰：「兑，事欲之所由生。」天海案：兑，孔穴。此指眼睛、口、鼻、耳等。淮南子道應訓：「王者欲久持之，則塞民於兑。」高誘注曰：「兑，耳目鼻口也，老子曰『塞其兑』是也。」

〔二〕四庫本河上公注曰：「門，口也，使口不妄言。」王弼注曰：「門，事欲之所由從也。」陳鼓應注曰：「塞其兑，閉其門：塞住嗜欲的孔竅，閉起嗜欲的門徑。」天海案：門，此喻指思想、精神的門户。

〔三〕四庫本河上公注曰：「人當塞目不妄視，閉口不妄言，則終身不勤苦。」王弼注曰：「無事永逸，故終身不勤也。」聚學軒本周廣業注曰：「指歸云：不聽之聞與天同聰，不視之見與天同明。」

〔四〕四庫本河上公注曰：「開目視情欲也。」

〔五〕四庫本河上公注曰：「濟，益也。益情欲之事。」陳鼓應注曰：「開其兑，濟其事：打開嗜欲的孔竅，增添紛雜的事件。」

〔六〕王弼注曰：「不閉其原，而濟其事，故雖終身不救。」

22 大道甚夷，而民好徑〔一〕。徑，邪不平正也。

〔一〕四庫本河上公注曰：「夷，平易也。徑，邪不平正也。大道甚平易而民好從邪徑也。」王弼注曰：「言大道蕩然正平，而民猶尚舍之而不由，好從邪徑，況復施爲以塞大道之中乎！故曰：大道甚夷，而民好徑。」天海案：夷，平坦、端直。徑，小路，此指彎曲不正之路。「民」，陳鼓應注認爲當作「人」，指人君。

23　善建者不拔〔一〕。善以道建身、建國者，不可得引而拔之。

〔一〕四庫本河上公注曰：「建，立也。善以道立身、立國者，不可得引而拔也。」王弼注曰：「固其根而後營其末，故不拔也。」天海案：建，指建立信念，修練德行。

24　知者不言〔一〕，貴其行也。言者不知〔二〕。駟不及舌，多言多患也。

〔一〕四庫本河上公注曰：「知者，貴行不貴言也。」王弼注曰：「因自然也。」天海案：知，含義雙關。既指知道，又指智慧。

〔二〕王弼注曰：「造事端也。」

25　其政悶悶〔一〕，音門。政教寬大，悶悶昧昧，似不明。其民淳淳〔二〕；淳淳，親厚。其政察察，政急疾，言決于口，聽決于身〔三〕。其民缺缺。民不聊生。缺缺，日以疏薄也〔四〕。直而不肆〔五〕，肆，申也。聖人雖直，曲己從人不自申。光而不耀。雖有獨見之明，如暗昧，不炫耀〔六〕。

〔一〕四庫本河上公注曰：「其政教寬大，悶悶昧昧，若不明也。」悶悶：愚昧昏噩。此喻爲政寬緩。

〔二〕四庫本河上公注曰：「政教寬大，故民醇醇。富貴相親睦也。」王弼注曰：「言善治政者，無形、無名、無事，無政可舉，悶悶然卒至於大治，故曰其政悶悶。其民無所爭競，寬大淳淳，故曰其民淳淳也。」陳鼓應注曰：「淳淳，淳厚的意思。淳淳，帛書乙本作『屯屯』。」

〔三〕正文「察察」，陳鼓應注曰：「嚴苛。」四庫本河上公原注曰：「其政教急疾，言決於口，聽決於耳也。」黄以周注：「『政急疾』當依廖本作『政教疾』，『聰』亦當作『聽』，藏本同。天海案：注文「政急疾」，聚學軒本亦作「政教疾」；「身」當作「耳」，形誤。

〔四〕此馬總節録河上公注文。四庫本河上公注曰：「政教急，民不聊生，故缺缺，日以疏薄。」王弼注曰：「立刑名，明賞罰，以檢奸僞，故曰察察也；殊類分析，民懷爭競，故曰其民缺缺。」正文「缺缺」，陳鼓應注曰：「狡猾。」黄以周案曰：「注文各本作『民不聊生缺缺』。藏本、廖本皆如此作。」天海案：正文「缺缺」，黄校本改注文作「政教急，民不聊生；政教缺，日以疎薄也」。

〔五〕四庫本河上公注曰：「肆，申也。聖人雖直，曲己從人，不自申之也。」王弼注曰：「以直導物，令去其僻，而不以直激沸於物也，所謂大直若屈也。」陳鼓應注曰：「直而不肆，直率而不放肆。」

〔六〕黄以周案曰：「獨，一本作『燭』。」四庫本河上公注曰：「聖人雖有獨知之明，常如暗昧，不以耀眩人也。」王弼注曰：「以光鑒其所以迷，不以光照求其隱慝也。所謂明道若昧也。」陳鼓應注曰：「光而不耀，光亮而不刺耀。」

26 深根固蒂〔一〕，長生久視之道〔二〕。人以氣作根，以精作蒂。如樹根不深則拔，蒂不堅則落。言能深藏氣，固守精，無所泄露，乃長生久視之道。

〔一〕此句四庫河上公注本作「是謂深根固蒂」。王弼注本「蒂」作「柢」，餘同。韓非子解老引作「深其根，固其柢」。

〔二〕四庫本河上公注曰：「人能以氣爲根，以精爲蒂。如樹根不深，則枝蒂不堅，不堅則落。言深藏其氣，固守其精，使無漏泄。深根固蒂者，乃長生久視之道。」陳鼓應注曰：「長生：長久維持，長久存在。久視，就是久立的意思。」

27 以道莅天下者，其鬼不神〔一〕。鬼不敢干犯其精神。非其鬼不神，其神不傷人〔二〕。聖人在位不傷害人，故鬼不干人。夫兩不相傷，故德交歸焉。人能治於陽，全其性命；鬼得治於陰，保其精神；故德交歸也〔三〕。

〔一〕上句河上公注本、王弼注本皆無「者」字。莅：面臨，此言治理。帛書乙本作「立」。四庫本河上公注曰：「以道德居位治天下，則鬼不敢見其精神，以犯人也。」王弼注曰：「治大國則若烹小鮮，以道莅天下，則其鬼不神也。」陳鼓應注曰：「神，這裏作『伸』講。」天海案：不神：不靈。

〔二〕黄以周案曰：「李校照宋本正文有『非其神不傷人，聖人亦不傷人』十二字，各本脱。注文『鬼』下脱『亦』字。」四庫本河上公注曰：「其鬼非無精神也，邪不入正，不能傷自然之人。」王弼注曰：「神不害自然也。物守自然，則神無所加；神無所加，則不知神之爲神也。」

〔三〕黄以周案曰：「注文『故德交歸也』，廖本作『而德交歸者』。」四庫本河上公注曰：「鬼與聖人俱，兩不相傷也。」王弼注曰：「神不傷人，聖人亦不傷人；聖人不傷人，神亦不傷人，故曰兩不相傷也。神聖合道，交歸之也。」陳鼓應注曰：「德交歸焉：韓非子說：『德交歸焉，言其德上下交盛而俱歸於民也。』意即人民相安無事。」

28 人之不善，何棄之有〔一〕？當以道伏之。蓋三皇之前無棄民，德化厚也〔二〕。故立天子，置三公〔三〕。欲化不善人也。

〔一〕有：通「又」。此句四庫本作「又何棄之」。

〔二〕四庫本河上公注曰：「人雖不善，當以道化之。蓋三皇之前無有棄民，德化淳也。」王弼注曰：「不善當保道以免放。」

〔三〕四庫本河上公注曰：「欲使教化不善之人。」王弼注曰：「言以尊行道也。」陳鼓應注曰：「三公：太師、太傅、太保。」

29 報怨以德〔一〕，修身行善〔二〕，絶禍於未生也。圖難於易〔三〕。圖難事先於其時未成也。夫輕諾必寡信〔四〕，多易必多難。不慎患也。

〔一〕王弼注曰：「小怨則不足以報，大怨則天下之所欲誅。順天下之所同者，德也。」陳鼓應注曰：「『報怨以德』，這句和上下文似不關聯，馬叙倫認爲當在七十九章『和大怨』上，嚴靈峰認爲當在七十九章『必有餘怨』句下。」

〔二〕「身」字，意林道藏本、廖本、四庫本老子河上公注本皆作「道」。

〔三〕「易」上，四庫本河上公注本、王弼注本皆有「其」字。一作「圖難乎，其易也」。四庫本河上公注曰：「欲圖難事，先於易者，未及成也。」

〔四〕四庫本河上公注曰：「不重言也。」

30 其安易持，治國治身〔一〕，安靜者，易守持也。其未兆易謀〔二〕；爲之於未有〔三〕，治之於未亂〔四〕。

〔一〕「治國治身」，四庫本河上公注作「治身治國」。

〔二〕四庫本河上公注曰：「情欲禍患，未有形兆時，易謀正也。」王弼注曰：「以其安不忘危，持之不忘亡，謀之無功之勢，故曰易。」

〔三〕四庫本河上公注曰：「欲有所爲，當於未有萌芽之時塞其端也。」王弼注曰：「謂其安未兆也。」

〔四〕四庫本河上公注曰：「治身治國於未亂之時，當豫閉其門也。」王弼注曰：「謂微脆也。」

31 以智治國，國之賊；使智慧之人治國，必背道德，妄作威福，乃是國之賊〔一〕。不以智治國，國之福〔二〕。民守正直，不作邪飾，上下相親〔三〕，君臣同力。

〔一〕四庫本河上公注曰：「使智惠之人治國之政事，必遠道德，妄作威福，爲國之賊。」王弼注曰：「智猶治也，以智而治國，所以謂之賊者，故謂之智也。民之難治，以其多智也。」

〔二〕黄以周案曰：注文「必背道德」以下，廖本誤作正文。四庫本河上公注曰：「不使智惠之人治國之政事，則民守正直，不爲邪飾，上下相親，君臣同力，故爲國之福也。」

〔三〕「上下」，原作「日下」，此據四庫本河上公注文改。

32 善爲士者不武〔一〕，貴道德，不好武力也。善戰者不怒〔二〕。善以道戰者，禁邪於心胸，絶禍於未萌，無所怨怒〔三〕。

〔一〕王弼注曰：「士，卒之帥也。武，尚先陵人也。」天海案：士：武士，此指將帥。不武：不逞武力。

〔二〕王弼注曰：「後而不先，應而不唱，故不在怒。」天海案：不怒：不被激怒。

〔三〕「心胸」、「怨怒」，四庫本河上公注文作「胸心」、「誅怒」，餘皆同此文。

33 代大匠斲者，希有不傷其手矣〔一〕。人君行刑罰，猶拙人代大匠斲，則方圓不得其理，還自傷。代天殺者失紀綱，不得其紀綱，還受其殃也〔二〕。

〔一〕「手」下，四庫本河上公注本有「者」字。王弼注曰：「爲逆順者，人之所惡忿也；不仁者，人之所疾也，故曰常有司殺也。」

〔二〕四庫本河上公注文同，意林道藏本未録，僅用「云云」二字代替。

34 天之道，損有餘而補不足〔一〕；天道益謙，常以中和是尚。人之道則不然〔二〕，損不足以奉有餘。世俗之人，損貧以奉富，奪弱以益强也。

〔一〕四庫本河上公注曰：「天道損有餘而益謙，常以中和爲上。」

〔二〕四庫本河上公注曰：「人道則與天道反也。」王弼注曰：「與天地合德，乃能包之。」陳鼓應注曰：「人之道，指社會的一般規則。」

35　鄰國相望，雞犬之聲相聞，民至老死不相往來〔一〕。無情欲也。

〔一〕四庫本河上公注曰：「相去近也。其無情欲。」王弼注曰：「無所欲求。」

36　知者不博，博者不知〔一〕。知道守一，則不必博。多見聞，失要真，故不知。

〔一〕四庫本河上公注曰：「知者，謂知道之士；不博者，守一元也。博者，多見聞；不知者，失要真也。」王弼注曰：「極在一也。」

一〇　荀卿子十二卷　三十二篇。

荀子（約前三一三年至前二三八年），名況，字卿，戰國後期趙國猗氏（今山西安澤）人，時人尊稱荀卿，一稱孫卿。他曾三任齊國稷下祭酒，後爲楚蘭陵令，終老於此。荀子之書，據史記呂不韋列傳云：「是時諸侯多辯士，如荀卿之徒，著書布天下。」西漢成帝時，劉向據中秘所集荀卿書，去其重複，刪定爲荀卿新書三十二篇。唐代楊倞據此本首次爲荀子作注，是爲今傳荀子祖本。

荀子一書，其學説源於孔門，而博採衆家，總結和發揚了先秦哲學思想，成爲後世儒學、經學的宗師。意林録荀子十六條，均見於今本荀子中。現以四部叢刊影印宋台州本楊倞所注荀子主校，並以清人校勘本參校。

1 青出於藍而青於藍〔一〕，冰生於水而寒於水〔二〕。君子居必擇鄉，遊必擇士〔三〕，防邪僻也〔四〕。

〔一〕盧文弨曰：「元刻作『青出之藍』，無『於』字。」天海案：「出於」，楊倞注本與治要皆作「取之」。

〔二〕楊倞注曰：「以喻學，則才過其本性也。」天海案：「生於水」，楊倞注本與治要皆作「水爲之」，大戴禮作「水則爲冰」。

〔三〕此二句楊倞注本與治要作「故君子居必擇鄉，遊必就士」。

〔四〕此句楊倞注本與治要皆作「所以防邪僻而近中正也」。

2 肉腐出蟲，木枯生蠹〔一〕；驕慢在身，災禍作矣〔二〕。

〔一〕楊倞注本「出」作「生」，「木」作「魚」。

〔二〕此二句楊倞注本作「怠慢忘身，災禍乃作」。

3 君子之學，入乎耳，著乎心〔一〕，布乎四支，動靜皆可法則〔二〕。小人之學，入乎耳，出乎口，口耳之間才四寸耳〔三〕，何足以美七尺之軀〔四〕？

〔一〕「學」下，楊倞注本有「也」字。著：同「貯」，聚積。

〔二〕此二句楊倞注本作「布乎四體，形乎動静，一可以爲法則」。四支：四肢。動静：運動和居止，此指行止。法則：效法的榜樣。

〔三〕楊倞注曰：「韓侍郎云：則，當爲『財』，與『纔』同。」天海案：「才」，楊倞注本作「則」；「寸」下，楊倞注本無「耳」字。

〔四〕此句楊倞注本作「曷足以美七尺之軀哉」。

4　夫驥一日千里，駑馬十駕，則亦及之〔一〕。窮無窮，極無極也〔二〕。跬步不休〔三〕，跛鼈千里；累土不輟，丘山崇成〔四〕。

〔一〕「日」下，楊倞注本有「而」字；「之」下，楊倞注本有「矣」字。

〔二〕此二句楊倞注本作「將以窮無窮，逐無極與。其折骨折筋，終身不可以相及也」。

〔三〕此句楊倞注本作「故蹞步而不休」。跬步：半步，即今一步。喻行走很慢。跬，與「蹞」音義同。

〔四〕「土」下，楊倞注本有「而」字。崇：通「終」，最終。朱駿聲説文通訓定聲豐部：「崇，假借爲終。」

5　天不言，人推其高〔一〕；地不言，人歸其厚〔二〕；四時不言，百姓期焉〔三〕。

〔一〕「高」，道藏本、四庫本作「意」。此句楊倞注本作「而人推高焉」。

〔二〕此句楊倞注本作「而人推厚焉」。上句「推」與此句「歸」，皆推崇、稱許之意。

〔三〕「百」上，楊倞注本有「而」字，注曰：「期，謂知其時候。」期：預知。焉：此指代四季的週期變化。

6 與人善言，煖若錦帛〔一〕；與人惡言，深於矛戟〔二〕。

〔一〕此二句楊倞注本作「故與人善言，煖於布帛」。

〔二〕此二句楊倞注本作「傷人之言，深於戈戟」。藝文類聚引此作「傷人之言，甚於戈戟」。又見說苑談叢：「言人之善，澤於膏沐；言人之惡，痛於矛戟。」

7 三不祥〔一〕：幼而不肯事長，賤而不肯事貴，不肖而不肯事賢是也〔二〕。

〔一〕此句楊倞注本作「人有三不祥」。祥：善也。

〔二〕事：服事、事奉。此二句楊倞注本作「賤而不肯事貴，不肖而不肯事賢，是人之三不祥也」，注曰：「言必有災禍也。」兩「而」字底本原無，據楊倞注本補。意林明刊諸本此條原録在前「丘山崇成」條下。

8 枉木而求直影〔一〕，猶不能察明，而務見幽也〔二〕。

〔一〕此句楊倞注本作「譬之是猶立枉木而求景之直也」。黄以周案曰：「藏本作『枉而不求』，誤。廖本脱此條。」天海案：「枉木而求直影」，四庫本脱「木」字。

〔二〕此二句楊倞注本作「不能察明，又務見幽」。

9 伯樂不可欺以馬，君子不可欺以人〔一〕。

〔一〕上句「伯」上，楊倞注本有「故」字。下句「君子」上，楊倞注本有「而」字。伯樂：春秋秦穆公時人，姓孫名陽，以善相馬著稱。

10 川泉深而魚鼈歸之〔一〕，山林茂而禽獸歸之，刑政平而百姓歸之，禮義備而君子歸之。

〔一〕「泉」，疑應作「淵」，馬總避唐高祖李淵之諱而改。

11 天行有常〔一〕，不爲堯存，不爲桀亡〔二〕。

〔一〕楊倞注曰：「天自有常行之道也。」天海案：天行：天道。常：常軌、常規。

〔二〕楊倞注曰：「吉凶由人，非天愛堯而惡桀也。」

12 淺不足與測深〔一〕，愚不足與謀智，埳井之蛙，不可與語東海之樂〔二〕。

〔一〕「淺」上，楊倞注本有「語曰」二字。

〔二〕「埳」，楊倞注本作「坎」，同。埳井：壞井、廢井。此句下，楊倞注本尚有「此之謂也」句，其下注曰：「言小不知大也。司馬彪曰：坎井，壞井也。鼃，蝦蟆類也。事出莊子。」

13 聖人無兩心，天下無二道〔一〕。

〔二〕兩心：是與非同存的思想。二道：治世與亂世並存的世道。此二句楊倞注本上下互乙。

14 鳥獸失亡其匹，越月逾時必反〔一〕。過故鄉，徘徊、鳴號〔二〕、躑躅、踟躕〔三〕，然後去，何況人乎〔四〕！

〔一〕此二句楊倞注本作「今夫大鳥獸，則失亡其羣匹，則必反鉛」。

〔二〕此上之文，楊倞注本作「過故鄉則必徘徊焉，鳴號焉」。徘徊：楊倞注曰：「迴旋飛翔之貌。」

〔三〕楊倞注曰：「躑躅，以足擊地也；踟躕，不能去之貌。」躑躅：徘徊不前貌。踟躕：猶豫不決、欲行又止貌。

〔四〕上句楊倞注本作「然後能去之也」，下句楊倞注本無。

15 妻子具，而愛衰於親〔一〕；爵禄盈，而忠衰於君。唯舜及賢者不然〔二〕。

〔一〕「愛」，楊倞注本作「孝」。具：俱全。衰：減退。親：父母。

〔二〕此句楊倞注本作「唯賢者爲不然」。鄧析子轉辭篇曰「忠殆於宦成，孝衰於妻子」，與此文意略同。參見本書鄧析子第十條。

16 歲不寒，無以知松柏；事不難，無以知君子〔一〕。

〔一〕此句下楊倞注本有「無日不在是」句。語本論語子罕：「歲寒，然後知松柏之後凋也。」

荀卿子名況，齊宣王時人〔一〕。春申君再請作蘭陵令，因家焉〔二〕。爲李斯師〔三〕，後卒於蘭陵〔四〕。

〔一〕盧文弨曰：「案史記，威王在宣王之前，風俗通窮通篇作『齊威、宣王之時』是也。」天海案：此句劉向孫卿書録作「孫卿，趙人，名況」。方齊宣王、威王之時」。齊宣王：齊威王之子，姓田，名辟彊，戰國時齊國君王。公元前三一九年至前三〇一年在位。

〔二〕此句劉向孫卿書録作「春申君死而孫卿廢，因家蘭陵」。春申君：楚國人，姓黃名歇。楚考烈王立爲相，封春申君，相楚二十五年，食客三千餘人，爲戰國四公子之一。蘭陵：戰國時楚邑，當時在春申君封地内。故地在今山東蒼山縣西南。令：城邑長。

〔三〕此句劉向孫卿書録作「李斯嘗爲弟子」。李斯：戰國末年楚國上蔡人。曾從荀卿學，後入秦，助秦王政滅六國，爲丞相。秦二世時被趙高誣謀反，腰斬於咸陽市。史記有傳。

〔四〕此句劉向孫卿書録作「老於蘭陵」，又曰「序列著數萬言而卒」。此「爲李斯師，後卒於蘭陵」九字，道藏本、廖本、四庫本作小字注文。此條非荀子正文，或馬總鈔録劉向校孫卿書録中文而作後序，故不標序號，以與荀子正文相區别。

一一　魯連子五卷

魯仲連，又名魯仲連子、魯連子、魯仲子和魯連，是戰國末年齊國稷下學派後期代表人物。魯仲連的生卒年月不見史籍，據錢穆先生推算，應在公元前三〇五年至前二四五年。關於魯仲連的生平事跡，司馬遷在其本傳中竟用了三千餘字來叙述，主要讚揚他高蹈不仕、喜爲人排難解紛而不圖報答的高風亮節。

漢志儒家有魯仲連子十四篇，在隋志中載有魯連子五卷，録一卷。舊唐志作五卷，新唐志作一卷。鄭樵通志藝文略所載與隋志同，但時人已不見其書。意魯連子一書或亡於唐、宋之際，四庫全書未收，今已不存。清人嚴可均全上古三代秦漢三國六朝文有魯連子輯佚文三十餘條，可資參閲。意林録魯連子僅五條，彌足珍貴。

1 白刃交前，不救流矢，急不暇緩也〔一〕。

〔一〕聚学軒本周廣業注曰：「史記本傳正義引云『仲連請田巴曰：臣聞堂上不糞，郊草不耘。白刃』云云。末句舊作小注，誤。御覽一作『急者不收，則緩者非務』。」天海案：前二句又見荀子强國篇，作「白刃捍乎胸，則目不見流矢」。末句五字，道藏本、廖本録作小字注文。

2 財者，君之所輕；死者，士之所重〔一〕。君不能以所輕與士，欲得士之所重〔二〕，不亦難乎〔三〕。

〔二〕此上之文，藝文類聚所引無兩「之」字。

〔三〕此上二句，藝文類聚引作「君不以所輕與人，而欲得人所重」。

〔三〕嚴可均全上古三代秦漢三國六朝文輯魯連子佚文有此條，稱引自文選注、類聚、意林。

3 百足之蟲，斷而不蹶〔一〕，持之者衆也〔二〕。

〔一〕聚學軒本周廣業注曰：「文子曰：『蚈之足衆而不相害。』注：『蚈，百足蟲。』高誘注淮南子曰：『蚈，馬蚿也。』張華博物志注：『馬蚿一云百足，中斷，其頭尾各異行而去。』」天海案：後句文選注、太平御覽皆引作「至斷不蹶者」，埤雅作「三斷不蹶」。百足：昆蟲名，又名馬陸。節肢動物，體圓而長，由很多環節構成。除一、四節和末節外，每節都有足兩對，故稱「百足」。其身折斷後，仍能直立或行走。蹶：顛仆、跌倒。

〔二〕曹冏六代論、三國志裴松之注引魏氏春秋云：「故語曰：百足之蟲，至死不僵，以扶之者衆也。」成語「百足之蟲，死而不僵」或本於此。

4 人心難知於天。天有春夏秋冬以作時，人皆深情厚貌以相欺〔一〕。

〔一〕此條或本於莊子列禦寇：「孔子曰：『凡人心險於山川，難於知天。天猶有春夏秋冬旦暮之期，人者厚貌深情。』」深情厚貌：隱藏實情，多飾僞裝。喻指虛情假意，善於僞裝。

5 不知宜與不宜，將以錦純薦〔一〕；不知時與不時，猶冬耕也；不知行與不行，猶以方作輪也〔二〕。

〔一〕聚學軒本周廣業注曰：「純，上聲，緣也。御覽作『緣』。」天海案：錦純薦，即錦緣薦，用錦繡飾邊的褥墊。

〔二〕此條類聚録作「魯連子曰：君所察者三，不可以不知。不知時與不時，譬猶春不耕也；不知行與不行，譬以方爲輪也；不知宜與不宜，譬以錦純薦也」。徐元太喻林引此條，文同。

一二　文子十二卷

周平王時人，師老君〔一〕。

文子生平不可考。傳爲老子弟子。或曰姓辛名鈃，字文子，號計然，葵丘濮上人，爲范蠡師。意林卷一録范子十二卷，其題下注文可參閲。

漢志道家著録文子九篇，注曰：「老子弟子，與孔子並時，而稱周平王問，似依託者也。」隋志載文子李暹注十二卷，新唐志道家載徐靈府注文子十二卷。宋有朱弁注七卷，杜道堅所撰文子纘義十二卷。四庫簡目提要曰：「文子不知其名字，漢志但稱老聃弟子而已。或曰計然者，誤也。書凡十二篇，皆述老子之説。柳宗元稱其多竊取他書以合之，然要是唐以前之古本也。」聚學軒本周廣業注曰：是書漢志已疑其依託，但平王問答本書無有，只見徐靈府序中，班氏據七略言之，靈府亦得之劉氏也。其書多稱老子，雜取鄧析、莊、列諸家，舊注謂是范蠡師辛文子所述，洪容齋辨之已詳。而杜伯堅又以葵邱宋地，一稱宋鈃，傅會之。今觀「狡兔盡而獵犬死，高鳥得而强弩藏」，已用范子語。又言「墨子無煖席」，夫墨子書稱昔越王勾踐者非一，而謂計然述其事，尤無是理。竊謂文子在當時固自著書，韓非子内儲罰篇引其説云：「齊王問文子曰：治國何如？對曰：賞罰之爲道，利器也；君固握之，不可以示人。

若臣也者，猶獸鹿也，唯薦草而就。」是其文也。其人蓋本黄、老而歸刑名者。原書已亡，後人氾濫捃拾，反遺此文不録。正柳州所謂駁書，衆爲聚斂以成者也，然亦有難强解者。文子師事老子，劉録、班志並然，而史記索隱引劉向别録云墨子書有「文子，子夏之弟子，問於墨子」。今墨子書殘缺，未知所謂文子者是否此人。若即此人，則文子之人，儒而墨矣。劉彦和論諸子嘗言「博辨以深，文子擅長」，柳州則詆爲謬惡雜亂，何所見不同乃爾。隋志注云：「七略有九篇，梁七録十卷，亡。」似隋所有十二卷已非梁本，何意林卷帙卻與隋同，且其文與今書無異也？靈府作注在元和間，序不言先有李暹注，柳州亦不之及。唐志列李於徐後，而讀書志以暹爲元「魏人」。考唐宗室表，有兩李暹，一爲靈州刺史，一爲汧源令。則安知李暹非唐人？洪氏辨文子非計然而引子建表及選注「今不爲福始，不爲禍先」二語，正見文子凡守篇，未免矛盾。諸説俟宏達者辨。

意林鈔録文子三十八條，然文句多與今本不同。今以治要所録與鐵華館影刻本唐徐靈府注本（簡稱徐本）、四庫收宋杜道堅注本（簡稱杜本）校之。

1　齒堅於舌，而齒先敝〔二〕。剛强者，死之徒〔三〕；柔弱者，生之幹〔四〕；先唱者，窮之路；後動者，達之源〔五〕。

〔一〕此爲意林小字注文，或本於漢志之注。考周平王遠在公元前七百多年前，文子與孔子大略同時，焉能生於周平王之時？宋杜道堅文子纘義原序認爲當爲楚平王時。又，説郛本標目作「文仲子十二卷」，不知何據。

〔二〕「潎」，徐本作「斃」；徐本、杜本「而」下皆無「齒」字。徐本注曰：「觀夫齒舌之理，可察剛柔之道，是剛者先斃，柔者復全矣。」

〔三〕「剛强」，徐本、杜本皆作「堅强」。徐本注曰：「事勢相召，死生可驗。」

〔四〕此二句徐本作「故柔弱者，生之幹也」；杜本在「剛强者，死之徒」之上。此四句本於老子七十六章「故堅强者死之徒，柔弱者生之徒」。

〔五〕「源」，徐本、杜本皆作「厚」，形誤。徐本注曰：「持後則不屈也。」此以上四句，道藏本、廖本、四庫本録在「齒堅於舌」上。

2 立井而飲，耕田而食〔一〕；不布施以求德，不高下以相傾〔二〕，此古人之德也。

〔一〕「立井」，杜本作「鑿井」。徐本注曰：「衣食之外，餘無所求。」

〔二〕上句「以求德」，徐本、杜本皆作「不求德」，即不求别人感恩戴德；下句徐本、杜本皆作「高下不相傾」，語本老子第二章「長短相形，高下相傾」。

3 河不滿溢，海不湧波〔一〕，景雲見，黄龍下，祥風至，醴泉出〔二〕，聖人順天道也〔三〕。晝冥夜光〔四〕，山崩川涸，冬雷夏霜，此國之將亡也〔五〕。

〔一〕此二句徐本、杜本皆在「醴泉出」下。徐本注曰：「聖人體道育物，惟德動天，内發於心，上應於天。

故龍鳳翔集，河海清溢，非夫精誠，何能至此？」

〔二〕「景雲見」，徐本、杜本作「景星見」。景雲：又名慶雲。吉祥的雲氣。禮記疏引孝經援神契：「德至山陵則景雲出，德至深泉則黃龍見。」黃龍：古人認爲黃龍下就有聖人降世。祥風：徐本、杜本作「鳳皇」。醴泉：甘美的泉水。一説及時雨。

〔三〕「聖人」上，意林道藏本、廖本、四庫本皆有「此」字。此句今本文子皆無，或注文誤入正文。

〔四〕「晝冥夜光」，徐本作「晝冥宵光」，杜本作「晝明宵光」。

〔五〕此句徐本、杜本作「故國之殂亡也」。

4　水濁則魚噞〔一〕，政苛則民亂〔二〕。上多欲，下多詐〔三〕。

〔一〕聚學軒本周廣業注曰：「高誘注：魚短氣，出口於水。」天海案：此句治要作「夫水濁者魚噞」，徐本、杜本與之同。噞：魚口一張一合，呼吸吃力貌。

〔二〕此句「則」字，治要作「即」，徐本、杜本作「者」。

〔三〕「下多詐」，治要、徐本、杜本皆作「即下多詐」。

5　冬日之陽，夏日之陰，萬物歸之而莫使〔一〕。

〔一〕聚學軒本周廣業注曰：「此鄧析子之文。」天海案：此句治要作「萬物歸之而莫之使也」，徐本、杜本同，但無「也」字。

6 皋陶瘖而爲大理〔一〕，天下無虐刑。何貴言乎〔二〕？

〔一〕皋陶：也稱咎繇，傳説爲舜之臣，掌刑獄之事。瘖：啞。此指無言或少言寡語。大理：古代掌刑政之官。

〔二〕此句徐本作「有貴乎言者也」，杜本作「何貴乎言者也」。

7 君子猶射〔一〕，差此毫末，於彼尋丈〔二〕。

〔一〕此句徐本、杜本作「故君子者，其猶射者也」。此用射箭比喻治國治民。

〔二〕上句「差」字，徐本、杜本作「於」；下句「丈」下，徐本、杜本皆有「矣」字。

8 神者智之淵〔一〕，神清則智明；智者心之府，智公則心平〔二〕。

〔一〕「淵」下，治要有「也」字，徐本、杜本同。

〔二〕此二句治要作「智者心之符也，智公即心平」，徐本、杜本同。「符」下，徐本注曰：「鑒無遺物。」「平」下，徐本注曰：「動不私己。」

9 量腹而食，度形而衣〔一〕；節乎己者，貪心不生〔二〕。

〔一〕此二句徐本、杜本皆作「量腹而食，制形而衣」。

〔二〕此二句徐本、杜本作「節乎己而貪污之心無由生也」。徐本注曰：「絶貪污而情可適，節衣食而情可全。」天海案：此條意林原在「神者智之淵」條前，現據今本篇次移正。

10 精神難清而易濁，猶盆水也，清之終日〔一〕，乃能見眉睫；不過一撓〔二〕，即不能見方圓也。

〔一〕前二句徐本、杜本作「人之精神難清而易濁，猶盆水也」，且在「方圓也」句下。「清之終日」作「今盆水若清之經日」。徐本注曰：「凡人之情，易染於俗，知易染之，情必固難行之道。水之性難清於器，審難清之性，去易昏之鑒也。」

〔二〕此句徐本、杜本皆作「濁之不過一撓」。荀子解蔽曰：「故人心譬如槃水，正錯而勿動，則湛濁在下而清明在上，則足以見鬚眉而察理矣。微風過之，湛濁動乎下，清明亂於上，則不可以得大形之正也。心亦如是矣。」

11 山生金，反自刻〔一〕；木生蠹，還自蝕〔二〕；人生事，還自賊〔三〕。

〔一〕此二句徐本、杜本皆作「老子曰：山生金，石生玉，反相剥」。

〔二〕此二句徐本、杜本皆作「木生蟲，還自食」。

〔三〕此句下徐本注曰：「名顯道喪，事起害生。」

12 善游者必溺，善騎者必墜〔一〕。

〔一〕此上二「必」字，徐本、杜本皆無。「墜」，徐本、杜本作「墮」。此條道藏本録在下條「不如無心之不平」後。

13 使信士分財，不如探籌〔一〕；使廉士守財，不如閉戶全封〔二〕。有心於平，不如無心之不平〔三〕。

〔一〕「分財」，聚學軒本作「守財」；「探籌」上，聚學軒本有「定分」二字。此二句徐本、杜本作「老子曰：使信士分財，不如定分而探籌」。探籌：如今之抽籤。

〔二〕「全」上，徐本、杜本有「而」字，且此二句徐本、杜本在「不如無心」句下。

〔三〕此二句徐本作「何則有心者之於平，不如無心者」，杜本「不如無心者」下有「也」字，餘與徐本同。

14 上學以神聽之〔一〕，學在骨髓矣；中學以心聽之，學在肌肉矣；下學以耳聽之，學在皮膚矣〔二〕。

〔一〕上學：上等求學之人。下文「中學」、「下學」以此類推。

〔二〕此條徐本、杜本作「上學以神聽，中學以心聽，下學以耳聽。以耳聽者，學在皮膚；以心聽者，學在肌肉；以神聽者，學在骨髓」。「神听」句下，徐本注曰：「玄覽無餘。」「心聽」句下，徐本注曰：「或存或亡。」「耳聽」句下，徐本注曰：「譬若風過。」

15 鐸以聲自毀，膏以明自煎〔一〕。

〔一〕徐本、杜本作「老子曰：鳴鐸以聲自毀，膏燭以明自煎」。鐸：古代一種大鈴。

16 一淵無兩蛟，有必爭〔一〕。

〔一〕此二句徐本作「一淵不兩蛟，一雌不二雄。一即定，兩即争」。注曰：「君主一則國安，人主一則心泰。」

17 得鳥者，羅之一目〔一〕；一目之羅，不可得鳥〔二〕。

〔一〕目：網的孔眼。

〔二〕此二句徐本作「今爲一目之羅，則無時得鳥」，注曰：「任一人之才，難以御衆；一目之羅，無由獲鳥。」聚學軒本周廣業注曰：「二句亦見鶡冠子。」

18 欲致魚者，先通谷〔一〕；欲來鳥者，先樹木〔二〕。水積魚聚，木茂鳥集〔三〕。

〔一〕「欲」上，徐本有「故」字。道藏本「谷」上有「於」字。「先通谷」，淮南子作「先通水」。

〔二〕「來」，杜本作「求」。道藏本「木」上有「於」字。

〔三〕「魚」、「鳥」二字上，徐本、杜本皆有「而」字。

19 目見百步之外，不能自見其眥〔一〕。

〔一〕徐本注曰：「視大者，亡其細；見遠者，遺其近。」聚學軒本周廣業注曰：「類聚引胡非子文，高誘曰：喻人能有爲而不能自爲。」天海案：眥：眼眶或眼角。此條又見藝文類聚引胡非子。

20 水之勢勝火，一杓不能救一車之薪〔一〕；金之勢勝木，一刃不能殘一林〔二〕；

土之勢勝水，一塊不能塞一河〔三〕。

〔一〕「杓」，徐本、杜本皆作「酌」，且此二句在本條之末。

〔二〕「林」下，徐本有「之木」二字。

〔三〕此句徐本作「一掬不能塞江河」。注曰：「用一人之直，不能移衆枉；任一人之智，不能化羣迷也。」

21 飢馬在廄，寂然無聲〔一〕。投芻其傍，爭心乃生〔二〕。

〔一〕「寂然」，徐本、杜本皆作「漠然」。

〔二〕「傍」，徐本、杜本皆作「旁」。芻：草料。徐本注曰：「乏芻豢者，投之乃爭；渴名位者，居之必競。故君子護其禄，小人競其位也。」

22 農夫勞而君子食之，愚者言而智士擇之〔一〕。

〔一〕「君子食之」，徐本作「君子養」；「智士擇之」，徐本作「智者擇」。注曰：「耕也，勞在其中；學也，禄在其中。」

23 日月欲明，浮雲翳之〔一〕；河水欲清，沙土穢之〔二〕；叢蘭欲茂，秋風敗之〔三〕；人性欲平，嗜慾害之。

〔一〕此句徐本作「濁雲蓋之」，杜本作「浮雲蔽之」。類聚、初學記引作「浮雲蓋之」。

〔二〕穢之：使之渾濁、污穢。

〔三〕「茂」，徐本、杜本皆作「修」，初學記引作「發」。敗之：使之衰敗、凋零。

24 濟溺者以金石，不如尺索〔一〕。

〔一〕此二句徐本、杜本皆作「故與弱者金玉，不如與之尺素」。徐本注曰：「弱，謂愚弱也。與之尺素或可保，與之金玉則爲害。猶小人不可乘大位，必致危亡也。」溺者：落水之人。「弱」與「溺」爲古今字。金石：泛指金玉財寶。天海案：「素」字或「索」之形誤。淮南子：「與拯溺者金玉，不若尋常之纆索。」高誘注曰：「金石雖寶，非拯溺之具，不如纆索。」正與此文意同。

25 花太早者，不須霜而自落〔一〕。

〔一〕「花」，徐本作「華」，二字通。「自」字，徐本、杜本皆無。徐本注曰：「再榮不實，陽極自零。」

26 入水憎濡，懷臭求芳，不可得也〔一〕。

〔一〕「水」下、「臭」下，徐本、杜本有一「而」字。末句徐本作「雖善者不能爲之」。注曰：「腐鼠猶奸佞也，言君昵近佞人而求國之治，猶入水致溺，挾臭求芳，熏鼠燒堂，其禍不小也。」

27 乳犬噬虎，伏雞搏狸〔一〕。

〔一〕「犬」下、「雞」下，徐本、杜本有「之」字。此二句下徐本尚有「恩之所加，不量其力」二句。注曰：「顧恩育者，所以不覺忘生。」乳犬：哺乳幼犬的母犬。伏雞：孵小雞的母雞。伏，與「孵」通。狸：狸貓，俗稱黃鼠狼。

28 治不能銷木，匠不能斲冰〔一〕。

〔一〕「斲」，意林廖本作「鏤」。此二句徐本、杜本皆作「巧冶不能銷木，良匠不能斲冰」。

29 金石有聲，不扣不鳴〔一〕；簫管有音，不吹不聲〔二〕。

〔一〕「扣」，徐本、杜本皆作「動」。

〔二〕「簫管」，徐本、杜本皆作「管簫」；「不聲」，徐本、杜本皆作「無聲」。徐本注曰：「金石簫管，不能自鳴，皆因吹擊，乃能有聲。猶人皆禀道德，不學終不得成成也。」

30 事者，難成而易敗〔一〕；名者，難立而易廢〔二〕。

〔一〕此二句徐本、杜本作「易爲而難成者，事也」。

〔二〕此二句徐本、杜本作「難成而易敗者，名也」。

31 往古來今謂之宙，四方上下謂之宇〔一〕。

〔一〕聚學軒本周廣業注曰：「三蒼本此。釋文引尸子：『天地四方曰宇，往古來今曰宙。』又揚子太玄曰：『闔天謂之宇，闢宇謂之宙。』」

32 孔子無黔突，墨子無煖席〔一〕，非其貪禄慕位，欲爲天下除害耳〔二〕。

〔一〕黔突：黑色煙囪。此喻孔子周遊列國，四處奔走，居處不定，煮炊未能燒黑煙囪。無煖席：坐不煖席。此喻墨子辛勤奔波，不能安坐。

〔三〕上句「其」字，徐本、杜本作「以」。「無」，徐本作「无」。上句「貪禄慕位」，杜本作「貪位慕禄」。下句徐本作「將欲事起於天下之利，除萬民之害也」，杜本「天」上無「於」字，「萬民」作「萬物」，餘與徐本同。

33 獸窮則觸，鳥窮則啄，人窮則詐〔一〕。

〔一〕此條三「則」字，徐本、杜本皆作「即」。此文參見荀子哀公篇顔淵對哀公曰：「臣聞之：鳥窮則啄，獸窮則攫，人窮則詐。」

34 人主之有民，猶城之有基，木之有根，根深則本固，基厚則上安〔一〕。

〔一〕「上安」，原作「土安」，據道藏本改。此上二「則」字，徐本、杜本皆作「即」。徐本「城」下有「中」字。徐本注曰：「根基猶道德也。夫根深基廣而見毀拔者，未之有也；道高德盛而百姓不崇戴者，未之聞也。」治要引此，文皆同。淮南子、文選注皆有此文，略異。

35 屈寸而伸尺，小枉而大直，聖人爲之。今人君不計其大功〔一〕，而求其小善，失賢也〔二〕。

〔一〕此句道藏本作「今人貴不許其大功」，徐本、杜本與治要皆作「今人君之論臣也，不計其大功」；此句下，徐本、杜本、治要皆有「總其細行」四字。

〔二〕「小善」，治要作「不善」。「失賢也」，徐本、杜本與治要皆作「即失賢之道也」。

〔三〕此句治要與杜本皆作「窮即觀其所不受」，徐本作「窮即觀其所受」，注曰：「非義不爲。」天海案：爱，或「受」字形误。

36　貴則觀其所舉〔一〕，富則觀其所欲〔二〕，貧則觀其所愛〔三〕。

〔一〕此句徐本作「故論人之道，貴即觀其所舉」，注曰：「舉賢才也。」

〔二〕徐本、杜本、治要皆作「富則觀其所施」，徐本注曰：「濟物也。」

37　霸王之道，扶義而動〔一〕。尊其秀士，顯其賢良，百姓開户而待之〔二〕，漬米而儲之〔三〕。不義之兵，至於伏尸流血而不服也〔四〕。

〔一〕「扶義」，徐本、杜本作「挾義」。

〔二〕「待之」，徐本作「内之」，杜本作「納之」。内：通「納」。

〔三〕此句下，徐本、杜本有「唯恐其不來也，義兵至於境，不戰而止」三句。漬米：淘米。儲：準備。

〔四〕「服」，意林道藏本、廖本、四庫本皆作「伏」。此句徐本、杜本作「至於伏屍流血相交於前」，無「而不服也」四字。

38　冬日之扇，夏日之裘，無用於己，則生塵垢〔一〕。

〔一〕此句徐本作「萬物變爲塵垢矣」，杜本作「萬物變爲塵埃矣」，治要作「則萬物之變爲塵垢」。徐本注曰：「道備無爲之事，害歸有欲之人。」

一三　鄧析子一卷　二篇。

鄧析（約前五四五年至前五〇一年），春秋時鄭國大夫，好刑名，曾作竹刑。左傳定公九年載「鄭駟歂殺鄧析，而用其竹刑」。竹刑今已不傳。

漢志名家載鄧析二篇，注曰：「鄭人，與子産並時。」今本鄧析子有無厚、轉辭兩篇，合爲一卷，四庫全書列法家。四庫簡目稱「其説在申、韓、黄、老之間。大旨在勢統於尊，事覈於實」。清人朱修伯曰：「此書大約與淮南子相同，可據以校正。」且藝文類聚、文選注、初學記諸書所引，多與今本相同，則唐以前舊本即如此。諸本作一卷者，兩篇合一卷；作二卷者，篇即爲卷，其實無異。

意林共録鄧析子十條，與今本大同小異，皆言執政者謀略權變、刑賞之術。今據清道光時錢熙祚校刊本參校之。

劉向云〔一〕：「非子産殺鄧析，推春秋驗之〔二〕。」

〔一〕劉向：公元前七七年至前六年，本名更生，字子政，西漢沛人。漢高祖劉邦之弟楚元王劉交四世孫。漢成帝時，曾任光禄大夫，領校中五經秘書，整理校定皇家所藏典籍，有别録二十卷，已佚。其著述頗多，今存有新序、説苑、列女傳三書。

〔三〕子產：春秋時鄭國大夫。複姓公孫，名僑，字子產，歷鄭簡公、定公，執國政二十餘年，爲我國古代著名政治家。推春秋驗之：參見左傳定公九年所載。此條非鄧析子正文，亦非其原序之文。今本鄧析子有原序一篇，乃劉向校書奏文。四庫總目提要誤改爲劉歆，近人余嘉錫於此辯證頗詳，文繁不引，今從之。此條或馬總鈔録鄧析子時，據劉向奏書所言而撰小字注文，爲傳鈔者誤録爲正文，故不列入正文序號。

1　修名責實〔一〕，君之事也；奉法宣令，臣之職也。

〔一〕聚學軒本周廣業注曰：「『循』，舊作『修』。宋方崧卿鈔韓昌黎集，『循』，或改『修』；『修』，或作『循』。云：唐人書『修』似『循』，楚辭亦有誤者。」聚珍本館臣案曰：「方崧卿校韓昌黎集云：唐人書『修』似『循』，故『修』、『循』字通用不別。」天海案：「修」，今本作「循」，聚學軒本從之。「修」，可通「循」，早在唐人之前。韓非子五蠹：「是以聖人不期修古。」「修」，即「循」也。

2　君有三累〔一〕：親所信，以名取士，近故疏親〔二〕。臣有四責〔三〕：受重賞而無功，居大位而不治，爲理官而不平，在軍陣而奔北〔四〕。

〔一〕此句下錢本有「臣有四責，何謂三累」二句。三累：三種過失。

〔二〕「疏親」，錢本作「親疏」，聚學軒本作「疏新」。此三句錢本作「惟親所信，一累也；以名取士，二累也；近故親疏，三累也」。

〔三〕此句錢本作「何謂四責」。四責：四種罪責。

〔四〕此四句錢本作「受重賞而無功，一責也；居大位而不治，二責也；爲理官而不平，三責也；御軍陣而奔北，四責也」。

3 勢者，君之輿；威者，君之策；臣者，君之馬；民者，君之輪。勢固則輿安，威定則策勁，臣順則馬馴〔一〕，民和則輪利。治國者失此，必有覆輿、奔馬、折策、敗輪之患〔二〕。輪敗、策折、馬奔、輿覆，則載者亦傾矣〔三〕。

〔一〕「馴」，錢本作「良」。

〔二〕上句錢本作「爲國失此」；「覆輿」，錢本作「覆車」。「之患」二字，道藏本、廖本、四庫本皆無。

〔三〕此句「輪敗」以下之文，錢本僅作「安得不危」四字。韓非子亦有此文。

4 慮不先定，不可以應卒〔一〕；兵不預整〔二〕，不可以當敵。廟筭千里〔三〕，帷幄之奇，百戰百勝，黄帝之師。

〔一〕慮：謀略。卒：通「猝」，突然的事變。

〔二〕預整：預先休整、訓練。此二字，錢本作「閑習」。

〔三〕廟筭：由朝廷制定的克敵策略。廟，廟堂，指代朝廷。筭，古代計數的籌碼。説文：「筭，長六寸，計曆數者。」中國歷代精粹大典科技數學：「（説文所記）爲西漢算籌，長十三釐米左右，截面爲圓形，徑零點二三釐米，出土骨籌與此相符。」天海案：筭，與「算」同，引申爲策劃、謀劃。

5 凶饑之歲，父死於室，子死於户，而不相怨者，無所顧也。同船涉海〔一〕，中流遇風，救患若一，所憂同也〔二〕。張羅之畋〔三〕，唱和不差者，其利等也〔四〕。故體病者，口不能不唾〔五〕；心悦者，顏不得不笑。

〔一〕此句錢本作「同舟渡海」。
〔二〕「憂」，錢本一作「患」。
〔三〕「之」，錢本作「而」。張羅：布網。畋：打獵。
〔四〕「等」，道藏本作「同」。唱和：彼此呼應。
〔五〕「病」，錢本作「痛」；「唾」，錢本作「呼」。此句下聚珍本館臣案曰：「一作『口不能呼』。」

6 自見則明，借人見則暗〔一〕；自聞則聰，借人聞則聾〔二〕。

〔一〕上句錢本作「夫自見之明」；下句作「夫借人見之，暗也」。
〔二〕上句「則」字，錢本作「之」；下句錢本作「借人聞之，聾也」。黄以周案：「借人見」、「借人聞」，廖本並作「借人者」。

7 一言而非，駟馬不能追；一言而急，駟馬不能及〔一〕。

〔一〕「不能及」，錢本作「不及」。論語顏淵：「子貢曰：惜乎，夫子之説君子也，駟不及舌。」「及」字，聚珍本館臣注曰：「一作『反』。」黄以周案：二「而」字，廖本作「之」。

8 明君之治民，若御奔而無轡〔一〕，負重而履冰〔二〕。

〔一〕上句「治」字，錢本作「御」；下句「御」字，藝文類聚引作「策」。

〔二〕「重」，道藏本、四庫本脱此字。此句錢本作「履冰而負重」。

9 喜而便賞，不必當功；怒而便誅〔一〕，不必值罪〔二〕。

〔一〕此上二「便」字，錢本皆作「使」；聚珍本館臣案曰：「便，一本並作『使』」。

〔二〕值罪：與罪過相當。

10 忠怠於宦成，孝衰於妻子〔一〕。

〔一〕宦成：仕途成功，指官居高位。上句錢本作「患生於宦成」。此二句參見荀子性惡篇：「妻子具而孝衰於親，爵禄盈而忠衰於君。」黄以周案：廖本無此條。

一四　范子十二卷

並是陰陽曆數也。

范子，即范蠡，春秋時楚國宛（今河南南陽）人，字少伯。大約出生於前五三六年，卒於前四四八年。史記越王勾踐世家與貨殖列傳中多記載其事。

范子一書，漢志兵權謀家有范蠡二篇，隋志、舊唐志不見載，新唐志農家首列范子計然十五卷，注曰：「范蠡問，計然答。」宋高似孫子略稱：「此編卷十有二，往往極陰陽之變，窮曆數之微。」此説正合馬總注文，可見此書宋時尚存。然范子、計然各爲一書，自新唐志誤將范子、計然合爲一書後，加之范子早亡佚，故引出不少猜測與歧説，洪邁容齋隨筆已辨之。

意林録范子僅叙計然出處及問答四事，皆論陰陽變化之道，惜其原書早佚，難窺全貌。清洪頤煊、馬國翰、嚴可均等人皆有輯佚文，可參閲。

1 計然者，葵丘濮上人〔一〕，姓辛，名文子，其先晉國公子也〔二〕。爲人有内無外，形狀似不及人〔三〕。少而明，學陰陽，見微而知著〔四〕。其形浩浩，其志汎汎〔五〕，不肯自顯諸侯，陰所利者七國〔六〕。天下莫知，故稱曰計然〔七〕。時遨遊海澤，號曰「漁父」〔八〕。范蠡請見越王〔九〕，計然曰：「越王爲人鳥喙，不可同利也〔一〇〕。」

〔一〕「者」，説郛本作「子」。葵丘：春秋時宋地，後屬楚。濮上：濮水之濱或濮水上游一帶地區。濮水：古黄河、濟水分流，源出今河南，入山東。

〔二〕「名」，宋洪邁容齋續筆録意林此文作「字」。文子：參見前文子題解。「晉國」，説郛本作「吴國」，史記集解作「晉國亡公子」。

〔三〕有内無外：指凡事心中有數而不形於外表。「形狀」，容齋隨筆録作「狀貌」。

〔四〕陰陽：此指日月運轉變化的學問，即陰陽曆數。見微而知著：發現事物的細微跡兆，就能認識它的實質和發展結果。

〔五〕浩浩：開闊坦蕩。説郛本與容齋隨筆所引皆無此句。汎汎：廣大無邊貌。聚珍本館臣案：「容齋續筆作『沈沈』。」聚學軒本從之，説郛本無此句。

〔六〕「陰」字下，廖本有「取」字。説郛本與容齋隨筆所引皆無此句。

〔七〕聚學軒本周廣業注曰：「史記注引有『南遊於越，范蠡師之』，選注同。御覽有『博學無所不通，蠡請受道藏於石室，巧刑白鷸而盟焉』。」

〔八〕「號曰」，説郛本作「名曰」，聚學軒本作「稱曰」。

〔九〕「請」字下，容齋隨筆引有「其」字。越王：此指勾踐。

〔一〇〕「鳥喙」，道藏本與四庫本皆作「鳥啄」。此語又見史記越世家范蠡遺文種書曰：「越王爲人長頸鳥喙，可與共患難，不可與共安樂。」「不可」下，聚珍本館臣案曰：「容齋續筆『不可』下有『與』字。」聚學軒本有「與」字。周廣業注曰：「徐廣史記注曰：『計然者，范蠡之師，名研。』索引謂即計倪，亦作計硯，實一人。硯、倪與『研』音近相亂耳。今觀范子之言，則計然未嘗仕越，而越絶書記越王謀伐吴時，計倪官卑年少，居諸臣之後，吴越春秋入八大夫之列，與此絶不同。意計然自爲辛文子，而計倪别一人也。」

2　掩目别白黑，雖時時一中〔一〕，猶不知天道。論陰陽有時誤中耳〔二〕。

〔一〕此句説郛本作「雖時而中」，聚學軒本作「雖時或一中」。

〔二〕此句御覽所引無，徐元太喻林引此文同。

3 范子問：「何用九宮〔一〕？」計然曰：「陰陽之道，非獨於一物也〔二〕。」

〔一〕東漢以前易緯家有九宮八卦之説，以離、艮、兑、乾、坤、坎、震、巽八卦之宫，再加上中央宫，共爲九宫。「九宫」之説又見於後漢書張衡傳注。三國時吴人趙達亦治九宫術。

〔二〕玉函山房輯佚書採此條，文同。

4 聖人之變，如水隨形〔一〕。形平則平，形險則險〔二〕。

〔一〕此二句高似孫子略引之，文同。

〔二〕御覽、喻林、玉函山房輯佚書皆引此文，略異。

一五 胡非子一卷

胡非，爲複姓，齊國人，西周陳國胡公滿之後。風俗通姓氏上：「胡非氏，胡公之後有公子非，其後子孫因以胡非爲氏。戰國有胡非子著書。」可見胡非子爲戰國時人。此外胡非氏名字、籍貫、生平皆不詳。

漢志墨家有胡非子三篇，注曰：「墨翟弟子。」隋志墨家有胡非子一卷，注曰：「非似墨翟弟子。」兩唐志均載爲一卷，宋高似孫子略目録子鈔目、鄭樵通志藝文略皆載爲一卷。宋洪邁容齋三筆稱隨巢子、胡非子二書「今不復存」，所引胡非之言，與意林略異，並稱「其説亦卑陋無過人處」。

意林僅録胡非子一條，容齋三筆引之，今以容齋所録相對勘。玉函山房輯佚書有墨家書目序胡非子一卷，可參閱。

1 勇有五等〔一〕：負長劍，赴榛薄，析兕豹，傅熊羆，此獵徒之勇也〔二〕；負長劍，赴深泉，斬蛟龍，搏黿鼉〔三〕，此漁人之勇也；登高陟危，鵠立四望〔四〕，顏色不變，此陶缶之勇也〔五〕；剽必刺，視必殺，此五刑之勇也〔六〕。昔齊桓公以魯爲南境，魯公憂之〔七〕，三日不食，曹沫請擊頸以血濺桓公〔八〕。公懼，不知所措，管仲乃勸與之盟〔九〕。夫曹沫匹夫之士〔一〇〕，布衣柔履之人〔一一〕，一怒卻萬乘之師〔一二〕，存千乘之國，此君子之勇也。

〔一〕此四字意林明刊本皆無。聚珍本館臣案曰：「舊無此四字，從容齋三筆補。」御覽引作「吾聞勇有五等乎」。

〔二〕「析」，御覽、容齋三筆與説郛本皆作「折」；「傅」，道藏本、説郛本、四庫本皆作「搏」，容齋三筆引亦作「搏」。「獵徒」，説郛本作「獵人」。御覽引無「此」字，下文四「此」字亦無。

〔三〕「泉」，容齋三筆引作「淵」。「斬」，文選注引作「斷」，聚學軒本據改；御覽、容齋皆引作「折」。黿鼉：讀如元脱，大鱉和鱷魚。

〔四〕「登高陟危」，御覽與容齋三筆皆引作「登高危之上」，天中記引作「登高山之上」；「陟」，喻林引作「涉」；「鵠」，廖本、御覽作「鶴」。「望」，喻林作「顧」。

〔五〕聚學軒本周廣業注曰：「説苑林既對齊景公語與此略同，云『此工匠之勇也』。」天海案：「陶缶」，御覽作「陶匠」，聚學軒本據改；容齋三筆、天中記皆引作「陶岳」。作「陶匠」於義爲長。

〔六〕「視必殺」，御覽作「若忤視必殺」。五刑：原指甲兵、斧鉞、刀鋸、鑽笮、鞭撲五種刑具，此指代兵器。道藏本於此處與下文分作二條。

〔七〕「齊桓公」，容齋三筆作「齊威公」。「以魯爲南境」，説郛本作「侵魯南境」。魯公：即魯國國君魯莊公。容齋三筆作「公憂之」。御覽作「昔齊桓公伐魯」，無「魯公」二句。

〔八〕「曹沫」，左傳莊公十年作「曹劌」，吕氏春秋作「曹翽」，容齋引作「曹劌」，然實爲一人。此從史記作「曹沫」，其事見於史記刺客列傳。曹沫：春秋時魯人。齊桓公伐魯，魯莊公請和，會盟於柯，曹沫以匕首劫桓公，迫其盡歸侵地。此句御覽引無「請擊頸」三字，而作「曹劌聞之，觸齊軍見桓公曰：『臣聞君辱臣死，君退師則可；不退，則臣以血濺君矣。』」

〔九〕「公懼，不知所措」六字，御覽不引。「管仲乃勸與之盟」，御覽作「管仲曰：許與之盟。而退」。上文「三日不食」句至此，容齋三筆未録。

〔一〇〕「夫」字，道藏本、四庫本、説郛本皆無，御覽有。「匹夫」下，御覽有「徒步」二字。

〔一一〕柔履：草鞋。説郛本正作「草履」。容齋三筆所引無此句。此句御覽引作「布衣柔履之人也」，其下有「唯無怒」三字。

〔一二〕「卻」，御覽、容齋皆作「而劫」。

一六　墨子十六卷

墨子，姓墨，名翟。一説爲魯人，一説爲宋人，一説爲楚人。生卒年不詳。史記孟荀列傳：「或曰並孔子時，或曰在其後。」今據孫詒讓墨子閒詁所附墨子年表推定，墨子大約生於周貞定王元年（公元前四六八年），卒於周安王二十六年（前三七六年），享壽九十三歲。

墨子一書，漢志著録七十一篇，隋、唐志以來著録皆十五卷、目一卷。宋時已亡數篇，止六十三篇，後又亡十篇，實止五十三篇，即今所見本。清代畢沅以道藏本爲底本，參校他本，加以整理。此後，又有孫詒讓墨子閒詁，多所發明，最爲通行。

意林録墨子共十五條，前十二條皆見於今本，然文字多異。後三條今本全無，或馬總所見另有所本。現以畢本、孫本參校之。

1　君子自難而易彼，衆人自易而難彼〔一〕。

〔一〕「君子」上，畢本有「是故」二字，注曰：「言自處於難，即躬自厚而薄責人之義。」二「彼」字，意林明刊本無，聚學軒本據今本補。

2　靈龜先灼，神蛇先暴〔一〕。

〔一〕二「先」字，畢本皆作「近」。靈龜：古人認爲大龜有靈應，其甲可卜，故稱。灼：燒烤。古代用龜甲占卜，即燒灼龜甲，視其裂紋以測吉凶。神蛇：能顯神靈的蛇，又稱靈蛇。古代傳説蛇能化龍，興雲致雨，故以神稱之。暴：讀如鋪，曬。古代因久旱不雨，常紮草蛇曬於烈日之下以求雨。春秋繁露求雨：「春旱求雨，暴巫聚蛇。」

3 君子雖有學，行爲本焉〔一〕；戰雖有陣，勇爲本焉〔二〕；喪雖有禮，哀爲本焉〔三〕。

〔一〕此二句孫本作「士雖有學，而行爲本焉」，且在「哀爲本焉」句下。

〔二〕此二句孫本作「君子戰雖有陣，而勇爲本焉」，且在本條之首。

〔三〕「哀」上，孫本有「而」字。説苑建本篇、孔子家語六本篇亦有此語，略異。

4 墨子見染絲而歎曰〔一〕：「染於蒼則蒼，染於黄則黄〔二〕。非獨染絲然也，人固亦有染〔三〕。舜染許由，桀染干辛，紂染崇侯也〔四〕。」

〔一〕此句孫本作「子墨子言見染絲者而歎曰」。

〔二〕此二句亦見淮南子説林，文略異。

〔三〕此句孫本作「國亦有染」。

〔四〕此三句孫本作「舜染於許由、伯陽，夏桀染於干辛，殷紂染於崇侯、惡來」。許由：上古高士，隱於箕山。相傳堯讓天下不受，遁耕箕山之下。堯又召爲九州長，許由不欲聞，乃洗耳於潁水之濱。事見莊子逍遥遊、高士傳。淮南子高誘注：「許由，陽城人，堯聘之不至。」「干辛」，原作「子辛」，吕覽、説苑、漢書古今人表、抱朴子諸書皆作「干辛」，聚珍本館臣案曰：「説苑作『干辛』。」此據改。干辛：考之吕氏春秋慎大覽高誘注：「干辛，桀之諛臣。」漢書顔師古注：「干莘，桀之勇人也。」崇侯：與惡來同爲紂之諛臣，後被周武王所殺。淮南子高誘注曰：「崇國侯爵，名虎。」

5 聖人爲舟車〔一〕，完固輕利〔二〕，可以任重致遠。

〔一〕此句孫本作「其爲舟車也」，治要同。

〔二〕「完」，孫本作「全」；「利」，道藏本、四庫本皆作「則」，或誤。荀子王制：「辨功苦，尚完利，便備用。」楊倞注：「完，堅也；利，謂便於用，若車之利轉之類也。」完固輕利：堅固輕便。

6 子自愛，不愛父，欲虧父而自利；弟自愛，不愛兄，欲虧兄而自利〔一〕，非兼愛也〔二〕。盜愛其室，不愛異室〔三〕，故竊異室以利其室，亦非兼愛〔四〕。

〔一〕上文二「欲」字，孫本皆作「故」，明徐元太喻林引此亦作「故」。

〔二〕此四字孫本無。

〔三〕此句「愛」下，孫本有「其」字。

〔四〕「亦非兼愛」，道藏本、四庫本作「亦能兼愛」，孫本無此四字。

7 節葬之法：三領之衣〔一〕，足以朽肉；三寸之棺〔二〕，足以朽骸；深則通於泉〔三〕。

〔一〕此二句孫本作「古者聖王制爲節葬之法曰：衣三領」。

〔二〕此句孫本作「棺三寸」。荀子正論云：「世俗之爲説者曰：太古薄葬，棺厚三寸，衣衾三領。」

〔三〕此句孫本作「堀穴深不通於泉」。黄以周案：當依原書作「不」，云「堀穴深，不通於泉」。

8 諸侯不得恣己爲政，有三公政之；三公不得恣己爲政，有天子政之〔一〕；天子不得恣己爲政，有天下政之〔二〕。

〔一〕此上「恣」、「政」字，孫本分别作「次」、「正」，並注曰：「次，當依馬讀爲恣。」爲政：執政。三公：周朝天子下設的最高官職，掌全國政事，即太師、太傅、太保。「政之」之「政」通「正」，匡正。

〔二〕此句孫本無「下」字，疑意林衍此字。此句下聚珍本館臣案曰：「此文原書兩見，皆作『有天政之』。」

9 斷指以存脛〔一〕，以免於身者利〔二〕。

〔一〕「脛」，孫本作「掔」，並引畢校云：此「捥」字，正文舊作「脛」，誤。揚雄曰：「掔，握也。」鄭玄注士喪禮云：「手後節中也。古文『掔』作『捥』。」

〔二〕此句孫本作「遇盜人而斷指以免身，利也」。淮南子説山「斷指而免頭，則莫不爲利也」，義正與此同。

10 君子如鐘〔一〕，扣則鳴，不扣則不鳴。美女處不出，則争求之〔二〕；行而自衒，人莫之娶〔三〕。

〔一〕此句孫本作「君子共己，待問焉則言，不問焉則止，譬若鐘然」。

〔二〕此二句孫本作「譬若美女，處而不出，人争求之」。

〔三〕列女傳辯通篇：「齊鍾離春衒嫁不售。」畢沅曰：「説文云『衒，行且賣也』。衒，或字。」天海案：「娶」，孫本作「取」，可通。自衒：自我炫耀；一説沿街叫賣。

11 墨子勸弟子學，曰：「汝速學，君當仕汝〔一〕。」弟子學期年，就墨子責仕。墨子曰〔二〕：「汝聞魯人乎？有昆弟五人〔三〕，父死，其長子嗜酒，不肯預葬〔四〕。其四弟曰：『兄若送葬，我當爲兄沽酒〔五〕。』葬訖，就四弟求酒〔六〕。四弟曰：『子葬父，豈獨吾父也？吾恐人笑，欺以酒耳。』今不學，人自笑子，故勸子也〔七〕。」遂不復求仕〔八〕。

〔一〕此上之文孫本作「子墨子曰：姑學乎，吾將仕子」。仕汝：讓你作官。

〔二〕「責仕」二字，道藏本、廖本、四庫本皆無。此上之文孫本作「勸於善言而學，其年，而責仕於子墨子。子墨子曰」。其，通「期」。期年：一周年。責仕：要求做官。

〔三〕此二句孫本作「不仕子，子亦聞夫魯語乎？魯有昆弟五人者」。

〔四〕此三句孫本作「亓父死，亓長子嗜酒而不葬」。亓：「其」之古文。

〔五〕此二句孫本作「子與我葬，當爲子沽酒」。

〔六〕此二句孫本作「勸於善言而葬，已葬，而責酒於其四弟」。

〔七〕「四弟曰」以下之文，孫本作「吾未予子酒矣，子葬子父，我葬吾父，豈獨吾父哉？子不葬，則人將笑子，故勸子葬也。子不學，則人將笑子，故勸子於學」。

〔八〕此句孫本無。

12 墨子謂門人曰：「汝何不學〔一〕？」對曰：「吾族無學者〔二〕。」墨子曰：「不然，豈謂欲好美而曰吾族無此，辭不欲邪〔三〕；欲富貴而曰吾族無此，辭不用邪〔四〕；强自力矣〔五〕。」

〔一〕此上之文，孫本作「有遊於子墨子之門者，子墨子曰：盍學乎」。

〔二〕「族」下，孫本有「人」字。

〔三〕此上四句，孫本作「子墨子曰：夫好美者，豈曰吾族人莫之好，故不好哉」。

〔四〕此上二句，孫本作「夫欲富貴者，豈曰吾族人莫之欲，故不欲哉」。

〔五〕此句今本無，其下孫本有「好美欲富貴者，不視人，猶强爲之」三句。此條亦見太平御覽所引，文略異。

13 甘瓜苦蒂。天下物，無全美〔一〕。

〔一〕此條孫本無。見埤雅所引。

14 古之學者，得一善言，附於其身；今之學者，得一善言，務以說人；言過而行不及〔一〕。

〔一〕此條孫本無。北堂書鈔引新序齊威王問墨子一事，文略同此。荀子勸學篇有「古之學者爲己，今之學者爲人」之文。

15 君子服美則益敬，小人服美則益驕〔一〕。

〔一〕此條孫本無。

一七 纏子一卷

纏子一書，不見史志著録。宋高似孫子略目載梁子鈔目有纏子一卷，日本國見在書目（古逸叢書十九）墨家亦有纏子一卷，列於隨巢子、胡非子之後。漢志儒家載董子一篇，注曰：「名無心，難墨子。」故有論者認爲纏子與董子原爲一書，主墨者則題纏子，主儒者則題董子；或謂纏子一書本於董子。今考風俗通卷九怪神載有董無心辟墨子語，又文選注、太平御覽引纏子亦有董無心論難語。王充在論衡福虛篇中較早論及纏子，云：「儒家之徒董無心，墨家之役纏子，相見講道。」可見纏子、董子各是一人，曾有辯難之説存世。因董子、纏子二書早佚，故馬總所録纏子二條，雖僅存其片鱗隻羽，實爲可珍。

1 纏子修墨氏之業，以教於世〔一〕。儒有董無心者，其言修而謬，其行篤而庸〔二〕。言謬則難通，行庸則無主〔三〕。欲事纏子，纏子曰：「文言華世，不中利民〔四〕，傾危繳繞之辭者，並不爲墨子所修〔五〕；勸善兼愛，則墨子重之。」

〔一〕纏子：墨子弟子，生平事不詳，爲戰國時人。

〔二〕「修」、「篤」二字，説郛本作「悠」、「偏」。董無心：其人不詳，與纏子同時。漢志儒家有董子一篇，注：「名無心，難墨子。」董子一書或亡於明時。修而謬：華美而荒謬。篤：專一，引申爲偏頗、固執、拘泥。

〔三〕此二句説郛本無。

〔四〕文言華世：言辭華美粉飾現實。「中」，説郛本作「足」。中：能，得，符合。

〔五〕傾危：險詐。繳繞：糾纏，煩瑣。墨子：此指墨家學派。修：擅長，實行。

2 董子曰：「子信鬼神，何異以踵解結？終無益也。」纏子不能應〔一〕。

〔一〕此與上條，馬國翰玉函山房輯佚書採入纏子佚文，孫詒讓墨子閒詁亦引之。

一八　隨巢子一卷

隨巢子，生卒年不詳，只知生當戰國初期，與墨子爲同時之人，且爲墨子弟子。其生平事亦未詳。漢書藝文志注：「墨翟弟子。」隋書經籍志注：「巢，似墨翟弟子。」

隨巢子一書，相傳是隨巢子的著作。漢書藝文志墨家著録六篇，隋志、新唐書皆著録一卷。文心雕龍諸子稱「墨翟、隨巢，意顯而語質」。洪邁容齋三筆稱「隨巢子、胡非子二書今不復存」。宋葉夢得曰：「吾嘗從趙全僉得隨巢子一卷，其間乃載唐太宗造明堂事。初不曉名書之意，因讀班固藝文志墨家有隨巢子六篇，注言墨翟弟子，乃知後人因公輸之事假此名耳。」明代有歸有光輯評本，清代有馬國翰、王仁俊兩種輯佚本，意林所録二條皆在其中，可並參閱。

1　執無鬼者曰越蘭，問隨巢子曰〔一〕：「鬼神之智何如聖人？」曰：「聖也〔二〕。」越蘭曰：「治亂由人，何謂鬼神邪〔三〕？」隨巢子曰：「聖人生於天下〔四〕，未有所資。鬼神爲四時八節以紀育人，乘雲雨潤澤以繁長之〔五〕，皆鬼神所能也。豈不謂賢於聖人〔六〕。」

〔一〕執無鬼者：堅持無鬼論的人。越蘭：生平事皆未詳。「隨巢」下，道藏本、四庫本無「子」字。

〔二〕宋洪邁容齋三筆引此作「鬼神賢於聖人」，説郛本此句作「賢於聖人也」。據此條文意，當如容齋、説郛本所引。

〔三〕此句説郛本作「何須鬼神耶」。

〔四〕此句説郛本作「聖人與天下」。

〔五〕上句「紀」字，説郛本作「繼」；「人」字，據下文，或「之」字之誤。紀育：料理、養育。下句「乘雲雨潤澤以繁長之」，説郛本作「乘雲而澤以繁長之」，聚軒學本作「乘雲潤雨澤以繁長之」。

〔六〕此條或本於墨子明鬼篇「鬼神明於聖人，猶聰明耳目之與聾瞽也」之文。

2 有疏而無絶，有後而無遺〔一〕。大聖之行，兼愛萬民〔二〕，疏而不絶。賢者欣之，不肖者則憐之〔三〕。賢而不欣，是賤德也；不肖不憐，是忍人也。

〔一〕此二句洪邁容齋三筆未録。

〔二〕「大聖之行」以下洪邁容齋三筆全録，文同。「萬民」，御覽引作「萬物」。

〔三〕此二句御覽引作「賢則欣之，不肖則矜之」。

一九　尸子二十卷

尸子，名佼，戰國時楚人。劉向别録説「楚有尸子」，又説他爲「晉人」，後入秦爲商鞅門客。聚學軒本周廣業注曰：「史記云楚有尸子、長盧。今考長盧之不士，見於鄧析書，而穀梁傳春秋已述尸子之言，則知尸後於長盧，而穀梁復後於尸也。」事又見史記荀孟列傳裴駰集解引。

尸子一書，劉向荀子書録説尸子著書「非先王之法，不循孔氏之術」，似曾有法家傾向。漢書藝文志雜家記爲二十篇，注曰：「名佼，魯人。秦相商君師之。鞅死，佼逃入蜀。」隋書經籍志雜家記載：「秦相衛鞅上客尸佼撰。其九篇亡，魏黄初中續。」可見原書在三國時已有亡佚，所以黄初中才續補了九篇。清代輯尸子的有許多家，汪繼培校本最爲精審。汪本以治要所録十三篇佚文爲上卷，散見於諸書者爲下卷，收於湖海樓叢書中。

意林録尸子十八條，皆見於今傳汪繼培輯本中，現以治要、汪本等參校之。

1　鹿馳走無顧〔一〕，六馬不能望其塵。所以及者，顧也〔二〕。

〔一〕「馳」字，御覽所引無。御覽「走」下有「而」字。

〔二〕此六字御覽九百六引作「謂不反顧也」。呂氏春秋博志篇曰：「使獐疾走，馬弗及至。已而得者，其時顧也。」文義略同此。

2　水積則生吞舟之魚〔一〕，土積則生豫章之木〔二〕，學積亦有生焉〔三〕。

〔一〕文選子虚賦注引此作「水積成川，則吞舟之魚生焉」，且在下文「土積」一句之下。

〔二〕文選注引此作「土積成嶽，則楩枏豫章生焉」；又見淮南子修務訓：「豫章之生也，七年而後知，故可以爲棺舟。」

〔三〕文選注引此作「夫學之積也，亦有所生也」，御覽引此略同。荀子勸學、説苑建本有類似之文。

3 農夫比粟，商賈比財，烈士比義〔一〕。卑牆來盜，榮辱由中出，敬侮由外生。

〔一〕此三句治要、御覽所引文皆同。論語里仁、莊子徐無鬼、説苑談叢皆有類似之文。

4 樹葱韭者，擇之則蕃，仁義亦不可不擇也。唯善無基〔一〕，義乃繁滋；敬災與凶，禍乃不重〔二〕。

〔一〕基：圖謀。尚書康誥：「周公初基作新大邑於東國洛。」爾雅釋詁：「基，謀也。」

〔二〕敬：讀爲「慎」，謹慎。重：重複，再次。

5 雞司夜，狸執鼠，日燭人，此皆不全自全〔一〕。

〔一〕「雞司夜，狸執鼠」二句，又見韓非子揚權篇。類聚引此曰：「星司夜，日司時，猶使雞司晨也。」「不全」，汪本作「不令」，意林道藏本同，廖本作「不能」。

6 日在井中，不能燭十步〔一〕；目在足下，不可以視遠，雖明何益〔二〕。

〔一〕「日」，御覽引作「火」。「十步」，御覽引作「遠」。此句汪本作「使日在井中，不能燭十步矣」，注曰：「荀子天論『日月不高，則光輝不赫』。」

〔二〕「遠」，類聚引無此字，御覽作「近」。「雖明何益」，御覽作「君之有國，猶天之有日，居不高則不尊，視不遠則不明」。

7　堯瘦舜黑，皆爲民也〔一〕。

〔一〕「黑」，路史注、汪本皆作「墨」；下句汪本無。「堯瘦舜黑」之説，又見於文子自然篇：「神農形悴，堯瘦癯，舜黧黑，禹胼胝。」淮南子修務訓亦有類似之文。

8　陳繩〔一〕，則木之枉者有罪；措準，則地之廢險者有罪〔二〕；審名分，則羣臣不審者有罪〔三〕。

〔一〕「陳」上，汪本有「故」字。

〔二〕措準：安放水準儀。準，古代測平儀器。「廢」，治要與汪本無。

〔三〕「羣臣」下，汪本有「之」字。審：确定。不審：未經審定，不合名分。

9　農夫之耨，去害苗者；賢者之治，去害義者〔一〕。

〔一〕此文二「者」字下，汪本皆有「也」字。淮南子説山「治國者若耨田，去害苗者而已」，或本於此。此條亦見治要引，文略異。

10　虎豹之駒，未成文而有食牛之炁〔一〕；鴻鵠之鷇，羽翼未合而有四海之心〔二〕。

〔一〕文：指虎豹身上的斑紋。炁：同「氣」，氣概。

〔二〕「鴻鵠」，説郛本作「鳴鵠」。鷇：讀扣，未出窩的幼鳥。「合」，類聚與汪本皆作「全」。此句下類聚、汪本尚有「賢者之生亦然」六字。此文又見御覽引。

11 見人有善，如己有善；見人有過，如己有過。此虞氏盛德也〔一〕。

〔一〕此句治要作「有虞氏盛德」，且在本條作首句。虞氏：即有虞氏，古代部落名。古史傳説，有虞氏部落首領舜受堯禪位，都於蒲阪。此虞氏，指的是虞舜。此文又見文選注、路史注所引，略異。

12 買馬不論足力，而以白黑爲儀，必無走馬矣〔一〕；買玉不論美惡，而以大小爲儀〔二〕，必無良寶矣；舉士不論賢良，而以貴勢爲儀〔三〕，則無士矣〔四〕。

〔一〕「買」字上，汪本有「夫」字。儀：準，標準。走馬：善於奔跑的馬。

〔二〕「而以大小爲儀」底本原無，依文例當有，據類聚、汪本補。

〔三〕「賢良」，聚學軒本作「貴賤」；類聚引作「才」，汪本從之。「而以貴勢爲儀」底本原無，依文例當有，據類聚、汪本補。

〔四〕汪本無此句，類聚引作「則伊尹、管仲不爲臣矣」。

13 孔子云〔一〕：「誦詩、讀書，與古人居；讀詩、誦書，與古人謀〔二〕。」

〔一〕「云」，汪本作「曰」。金樓子自叙引此作曾子語。

〔二〕金樓子自叙引此，「謀」作「期」。謀：商議，諮詢，比喻交流思想。此文御覽亦引，文略異。黄以周案：此有韻之文，「書」、「居」相叶，「詩」、「謀」相叶。各本下句並誤「讀詩誦書」。御覽六百十六引同。

14 玉者，色不如雪，澤不如雨，潤不如膏，光不如燭。取玉甚難，越三江五湖，至崑崙之山。千人往，百人反；百人往，十人反〔一〕。至中國覆十萬之師，解三千之圍〔二〕。

〔一〕「十人反」，底本作「千人」，道藏本、四庫本、聚學軒本皆作「十人反」；「反」字原脱，據文意當有，今據以補正。

〔二〕此二句指於崑崙所採美玉，回到中原後，其價值與作用可以使十萬之師覆滅，解三千敵軍的圍困。此條御覽亦引，文同。

15 車輕道近，鞭策不用；鞭策所用〔一〕，道遠任重〔二〕。

〔一〕上句「鞭策」上，汪本有「則」字；下句「鞭策」下，汪本引御覽有「之」字。

〔二〕此句汪本引御覽作「遠道重任也」，句下還有「刑罰者也，民之鞭策也」二句。書鈔、後漢書虞詡傳注亦引此文。「遠道重任」作爲成語，尚見於論語泰伯「士不可以不弘毅，任重而道遠」；墨子親士「良馬難乘，然可以任重致遠」；商君書弱民「背法而治，此任重道遠而無馬牛，濟大川而無船楫」。

16 見驥一毛，不知其狀；見畫一色，不知其美。

17 屠者割肉，則知牛長少；弓人剺筋〔一〕，則知牛長少；雕人裁骨〔二〕，則知牛長少，各有辨焉〔三〕。

〔一〕弓人：製弓的工匠。剺筋：用刀子剥離牛筋。
〔二〕雕人：雕刻工匠。裁：割。
〔三〕辨焉：辨别牛的年齒長少技巧。此條又見廣韻、御覽引，文略異。

18 草木無大小，必待春而後生，人待義而後成。

二〇 韓子二十卷

韓子（約前二八〇年至前二三三年），名非，戰國時韓國公子，曾與李斯俱師事荀子，李斯常自認爲不及。前二三四年，秦王政讀韓非書而欲得其人，借機攻韓國，於是韓王派韓非出使秦國。後遭李斯、姚賈陷害，在獄中被逼服毒而死。史記有傳。

漢書藝文志載韓子五十五篇，隋志載二十卷，其篇數、卷數皆與今本相符，可見今本並無殘缺。自漢志以來，歷代史志書目均有著録。

意林鈔録韓非子四十四條，每條多則百餘言，少則數字，文與今本或全同，或小異，皆見於今本韓非子中。現以清人王先慎韓非子集解（簡稱集解）參校之。

劉向云〔一〕：秦始皇重韓非書，曰：「寡人得與此人遊，死不恨矣〔二〕。」李斯、姚賈害之〔三〕，與藥令自殺。始皇悔，遣救之，已不及〔四〕。

〔一〕聚學軒本周廣業注曰：「此別録之文，本史記。」天海案：今存宋乾道本韓非子序中亦有類似之文，亦云本史記，不言「劉向云」。

〔二〕上句史記老莊申韓列傳作「寡人得見此人與之遊」。此二句本於史記老莊申韓列傳，文小異。不恨：不遺憾。

〔三〕姚賈：據戰國策秦策載，姚賈爲秦王使，退四國之兵，封千户，爲上卿。韓非鄙其爲人，稱他爲梁監門子，被趙國所逐。故姚賈記恨於心，與李斯合謀害死韓非。

〔五〕此條非韓非子正文，或馬總鈔録劉向校本叙録，或意林本韓子原序，故不列入正文序號。

1　無與禍鄰，禍乃不存。

2　臣所以難言者〔一〕：滑澤洋洋，見者以謂華而不實〔二〕；敦厚祇恭，見者以謂拙而不倫〔三〕；多言繁稱，連類比物，見者以謂虛而無用〔四〕；省而不飾，見者以謂訥而不辯〔五〕；激意近親，探知人情，見者以謂譖而不讓〔六〕；宏大廣博，深而不測，見者以謂夸而無用〔七〕。臣所以爲難言而重患也〔八〕。

〔一〕此句集解作「臣非非難言也，所以難言者」。

〔二〕上句集解作「言順比滑澤，洋洋纚纚然」。滑澤：指語言流利而有文采。下句集解作「則見以爲華而不實」。以謂：即以爲、認爲。

〔三〕「拙而不倫」下十六字，道藏本、廖本、四庫本無。上句集解作「敦厚恭祇」，其下尚有「鯁固尚完」四字。敦厚祇恭：誠樸寬厚、恭敬謙順。下句集解作「則見以爲拙而不倫」。不倫：不類，不像樣。

〔四〕以上三句，道藏本、廖本、四庫本無。繁稱：廣泛援引事例，反復稱道。此句集解作「則見以爲虛而無用」。

〔五〕省而不飾：簡省而不華飾。上句集解作「經省而不飾」。訥而不辯：口舌遲鈍而無辯才。下句集解作「則見以爲劌而不辯」。

〔六〕「激意近親」，道藏本、廖本、四庫本作「激忽近親」，集解作「激急親近」。「人情」、「譖而」，道藏本分別作「人意」、「憯而」。激意近親：激烈抨擊親近君王的小人。激意：此作抨擊解。人情：人心世情。末句集解作「則見以爲憯而不讓」。

〔七〕「深而不測」，集解作「妙遠不測」；末句集解作「則見以爲夸而無用」。

〔八〕「重患」，道藏本作「患重」。此句集解作「此臣非之所以難言而重患也」。

3 二柄，刑德也〔一〕。虎所以能伏犬者〔二〕，爪牙也。若虎釋其爪牙，則反伏於犬也〔三〕。故田常請爵祿，大斗斛施百姓〔四〕。此齊簡公失德，而田常得之〔五〕。

〔一〕「刑德」，說郛本、道藏本、四庫本皆作「刑罰」。

〔二〕此句集解作「夫虎之所以能服狗者」。

〔三〕此二句集解作「使虎釋其爪牙，而使狗用之，則虎反服於狗矣」。

〔四〕上句集解作「故田常上請爵禄，而行之羣臣」，乾道本注曰：「請君爵禄而與羣臣，所以樹私恩於衆官。」田常：即田成子，又名田恒。春秋時陳國公子完因内亂，自陳奔齊，改陳氏爲田氏。其後宗族益强，至齊簡公時，陳完後人田乞專齊政。田乞死後，田常繼之。以大斗出貸，以小斗回收，用以收買人心。齊簡公四年，田常殺簡公，擁立平公，自爲齊相。齊國之政盡落田氏。見史記田敬仲完世家。下句集解作「下大斗斛而施於百姓」，乾道本注曰：「於下用大斗斛施於百姓，所以樹私恩於衆庶也。」㪷斛：即斗斛，量器名。古代以十斗爲一斛。

〔五〕上句「此」字，底本原作「比」，據集解改。齊簡公：齊悼公之子，名壬。公元前四八五年田乞殺悼公，立簡公。簡公在位四年，前四八一年被田常所殺。下句集解作「而田常用之也」。

4　韓昭侯醉甚而卧，典冠見君寒〔一〕，加衣其上，昭侯覺〔二〕，乃罪典衣，殺典冠〔三〕。以典衣失事，以典冠侵官甚於寒也〔四〕。故明王畜臣，不得越官而有功〔五〕，不得陳言而無當。越官則死，不當則罪。

〔一〕上句集解作「昔者韓昭侯醉而寢」，下句作「典冠者見君之寒也」。韓昭侯：戰國時韓國國君，公元前三六三年至前三三三年在位。典冠：古代專門負責國君冠冕的官吏。

〔二〕此二句集解作「故加衣於君之上，覺寢而説」。

〔三〕此二句集解作「因兼罪典衣，殺典冠」。典衣：古代負責國君衣服的官吏。

〔四〕此二句集解作「其罪典衣，以爲失其事也；其罪典官，以爲越其職也。非不惡寒也，以爲侵官之事甚於寒」。「侵官」二字，道藏本、廖本、四庫本並重。失事：失職。侵官：越職侵犯他人職守。

〔五〕上句集解作「故明主之畜臣」；下句「不得」上有「臣」字。

5 香美病形，皓齒損精〔一〕，去甚去泰〔二〕，身乃無害。使雞司夜，令狸執鼠〔三〕，物有所宜，才有所施〔四〕，各處其宜，故上下無爲〔五〕。

〔一〕此二句集解作「夫香美脆味，厚酒肥肉，甘口而病形；曼理皓齒，説情而損精」。乾道本注曰：「香肥所以甘口也，用之失中則病形；皓齒所以悦情也，耽之過度則損精；賢才所以助理也，用之失宜則危君也。」

〔二〕去甚去泰：去其過分。老子曰：「是以聖人去甚、去奢、去泰。」

〔三〕「使雞司夜，令狸執鼠」，集解在「故上下無爲」句下。此二句參見前文尸子所録。

〔四〕此二句集解作「夫物者有所宜，材者有所施」。

〔五〕無爲：道家指順應自然，不求刻意所爲。老子曰：「爲無爲，則無不治。」

6 上失膚寸，下失尋常〔一〕，君不可不慎〔二〕。

〔一〕「膚寸」，集解作「扶寸」。膚寸：一作「扶寸」。長度單位，古代以一指寬爲一寸，四指爲膚。此處比喻極微小的過失。下句「失」字，集解作「得」，乾道本注曰：「上於度量少有所失，下之得利已數倍多矣。」尋常：長度單位。古代以八尺爲尋，倍尋爲常。

〔三〕此句集解無。

7 託宴處之娛〔一〕，乘醉飽之時，求其所欲，則必聽也〔二〕。

〔一〕此句集解作「託於燕處之虞」。「娛」與「虞」可通。

〔二〕「求」上，集解有「而」字，「聽」下有「之術」二字，「則」作「此」。乾道本注曰：「乘，因也。夫人、孺子等，由因君醉飽之時，進以燕娛之具，以求其所欲事，無不聽。」

8 鄰國有聖人，敵國之憂也〔一〕。

〔一〕此二句集解作「寡人聞鄰國有聖人，敵國之憂也」，句下還有「今由余，聖人也，寡人憂之，吾將奈何」數句。原爲秦穆公對内史廖所言。說苑尊賢作「王子廖」。鄰國：此指秦國的鄰國西戎。聖人：此指西戎的由余。聚學軒本周廣業注稱亦見史記、晏子春秋。

9 彌子瑕有寵於衛君，竊駕君車〔一〕。君聞之曰〔二〕：「子瑕母病而矯駕，孝子也〔三〕。」與君遊果園，食桃不盡，以半啖君〔四〕。君曰：「愛我也〔五〕。」及其色衰〔六〕，得罪於君。君曰：「是矯駕吾車者，啖我餘桃者〔七〕。」以前所賢而後獲罪，愛憎變也〔八〕。

〔一〕「彌」字上，集解有「昔者」二字。彌子瑕：春秋時衛靈公的幸臣。衛君：即衛靈公，名元，公元前五三四年至前四九三年在位。下句集解作「彌子矯駕君車以出」。矯駕：假託君命而駕用君車。

〔二〕此句集解作「君聞而賢之曰」。

〔三〕此二句集解作「孝哉，爲母之故，忘其犯刖罪」。

〔四〕此上三句集解作「異日與君遊於果園，食桃而甘，不盡，以其半啗君」。

〔五〕此句集解作「愛我哉，忘其口味，以啗寡人」。

〔六〕此句集解作「及彌子色衰愛弛」。

〔七〕此二句集解作「是固嘗矯駕吾車，又嘗啗我以餘桃」。

〔八〕此二句集解作「而以前之所以見賢，而後獲罪者，愛憎之變也」。此條又見於左傳定公六年、淮南子泰族、治要等，文各異。

10 愛人不得獨利〔一〕，待譽而後利之；憎人不得獨害，待非而後害之〔二〕。

〔一〕「利」下，集解有「也」字。獨：私自。

〔二〕上句「害」下，集解有「也」字。非：同「誹」，誹謗。

11 輿人欲人富貴，棺人欲人死喪〔一〕。人不貴則輿不用，人不死則棺不買〔二〕。非有仁賊，利在其中〔三〕。

〔一〕上句集解作「故輿人成輿，則欲人之富貴」，下句作「匠人成棺，欲人之夭死也」，句下尚有「非輿人仁而匠人賊也」一句。輿人：造車的人。棺人：做棺材的人。

〔二〕上句「用」字，集解作「售」；下句「買」字，道藏本、四庫本作「價」。

〔三〕此二句集解作「情非憎人也，利在人之死也」。

12 相愛者，則比周而相譽〔一〕；相憎者，則比黨而相誹〔二〕。誹譽交争，則主惑矣〔三〕。

〔一〕此二句集解作「則相愛者，比周而相譽」。比周：結黨營私。

〔二〕此二句集解作「相憎者，朋黨而相非」，聚學軒本同。比黨：結黨營私。

〔三〕「主」，道藏本、四庫本作「生」。上二「誹」字，集解皆作「非」；「惑」下有「亂」字。交争：互相攻擊。惑：迷亂、困惑。

13 家有常業，雖饑不餓〔一〕；國有常法，雖危不亡。若捨法從私意，則臣下飾其智能〔二〕；飾其智能，則法禁不立矣〔三〕。

〔一〕「家」上，集解有「語曰」二字。饑：指災荒。詩小雅雨無正：「降喪饑饉，斬伐四國。」毛傳：「穀不熟曰饑，蔬不熟曰饉。」淮南子天文：「四時不出，天下大饑。」高誘注曰：「穀不熟爲饑也。」

〔二〕上句集解作「夫舍法而從私意」；下句「其」字作「於」。

〔三〕上句集解作「臣下飾於智能」。底本此條與上條原作一條，此據集解分之。

14 君以計畜臣，臣以計事君〔一〕；害身而利國，臣不爲也〔二〕；害國而利身，君不爲也。

〔一〕此句下集解尚有「君臣之交計也」。

〔二〕此句「不」字，集解作「弗」。

15 道譬之如水，溺者飲之則死〔一〕，渴者飲之則生〔二〕。

〔一〕「道」字，底本原無，此據集解補；集解作「道譬諸若水，溺者多飲之即死」。

〔二〕此句集解作「渴者適飲之即生」。

16 桓公伐孤竹失道〔一〕，管仲曰：「老馬之智可用〔二〕。」遂縱馬，從而得歸〔三〕。行出山中無水，隰朋曰〔四〕：「蟻冬居山之陽，夏居山之陰，蟻壤寸而有水〔五〕。」使掘之，果得水焉〔六〕。

〔一〕此句集解作「管仲、隰朋從桓公伐孤竹。春往冬反，迷惑失道」。孤竹：古代諸侯小國，殷商時所封。

〔二〕「用」下，集解有「也」字。

〔三〕此二句集解作「乃放老馬而隨之，遂得道」。

〔四〕上句集解無「出」字。「從而得歸」下，道藏本、廖本、四庫本分節。「行出山中」上，道藏本、廖本、四庫本有「桓公伐孤竹」五字。隰朋：春秋時齊國大夫，助管仲相齊桓公，以成霸業。

〔五〕山之陽：山南面向陽。山之陰：山北面背陽向陰。蟻壤：蟻穴。

〔六〕此二句集解作「乃掘地，遂得水」。

17 以人言善我者，必以人言罪我也〔一〕。

〔一〕上句「以」上，集解有「夫」字，「者」字、「也」字無。善我：善待我，認爲我好。罪我：怪罪我，認爲我有罪。

18 置猿於檻，則與㹠同〔一〕，勢不能逞能也〔二〕。

〔一〕檻：關牲畜的栅欄。上句集解作「置猿於柙中」。㹠：同「豚」，小豬，集解正作「豚」。

〔二〕此句集解作「故勢不便，非所以逞能也」。勢：地勢、形勢。

19 刻削之道，鼻莫如大，目莫如小。鼻大可小，小不可大〔一〕；目小可大，大不可小〔二〕，舉事亦然。

〔一〕「大」下，集解有「也」字。

〔二〕「小」下，集解有「也」字。

20 古人目短於自見〔一〕，故以鏡觀面；身短於自知〔二〕，故以道正己。失鏡無以正鬚眉，失道無以知迷惑〔三〕。西門豹性急，佩韋以自緩〔四〕；董安于性緩，佩弦以自急〔五〕。

〔一〕「古」下，治要與集解皆有「之」字。

〔二〕「身」，治要與集解皆作「智」。身：自己。

〔三〕上句「失」上，治要與集解皆有「目」字，「鏡」下皆有「則」字；下句「失」上，治要與集解皆有「身」字，「道」下皆有「則」字。

〔四〕「豹」下，集解有「之」字。「佩」上，集解有「故」字；「自緩」，治要作「緩己」。西門豹：戰國時魏人，魏文侯時任鄴令，懲女巫，興水利，有政績。性情急躁，常佩韋以自警。韋：皮繩，性柔韌。

〔五〕「性緩」，集解作「之心緩」。董安于：春秋時晉國趙孟家臣，後死於晉國内亂。事見左傳定公十三年。「佩弦」上，集解有「故」字。弦：弓弦、琴弦。凡弦皆緊急方能射箭、發聲，故性緩之人常佩弦以自警。

21 斷手續之以玉，故世有易身之患〔一〕。

〔一〕上句集解作「是斷手而續以玉也」。易身：改變身份、地位；猶易位，指君位被篡奪。

22 舜爲匹夫，不能正三家〔一〕。有才而無勢，雖賢不能制也〔二〕。故立木於高山之上〔三〕，下臨千仞之溪，材非長也，其位高也〔四〕。

〔一〕「舜」，集解作「堯」；且此二句在「其位高也」句下。

〔二〕此二句集解作「夫有才而無勢，雖賢不能制不肖」。

〔三〕此句集解作「故立尺材於高山之上」。

〔四〕此句集解無「其」字。「故立木於高山」以下之文，似源於荀子勸學：「西方有木焉，名曰射干，莖長四寸，生於高山之上，而臨百仞之淵，木莖非能長也，所立者然也。」

23 不蔽人之美〔一〕，不言人之惡。

〔一〕「不」上，集解有「君子」二字。「蔽」，道藏本、四庫本作「敝」。

24 韓昭侯握爪而佯亡〔一〕，求之甚急，左右取而備之〔二〕。昭侯以此察左右之虛實〔三〕。

〔一〕「握爪」，意林明刊諸本皆作「掘瓜」。此句集解作「韓昭侯握爪而佯亡一爪」。天海案：「握爪」與「掘瓜」字形相似而易誤，作「握爪」義長。

〔二〕「取而」，原作「而取」，詞意不屬，徑改。此句下，聚珍本館臣案曰：「一作左右因割其爪而效之。」

〔三〕「虛實」，集解作「不誠」。虛實：虛僞與誠實。

25 衛嗣君使人過關市〔一〕，關吏乃呵之，因以金與關吏，關令乃捨〔二〕。嗣君謂關吏曰：「汝何得受金〔三〕？」以明察之〔四〕。

〔一〕「君」，集解作「公」。「人」字下，集解有「爲客」二字。衛嗣君：戰國時衛成侯之孫，立五年，貶號爲君，在位四十二年卒。事見戰國策衛策。關市：交通要道處的集市。此指關防要卡。

〔二〕此三句集解作「關市苛難之，因事關市，以金與關吏，乃舍之」。

〔三〕此二句集解作「嗣公爲關吏曰：某時有客過而所，與汝金，而汝因遣之」。

〔四〕此句集解作「關市乃大恐，而以嗣公爲明察」。此句下，聚珍本館臣案曰：「一本作『關吏以爲明察』，『受』下有『察』字。」

26 僖侯時〔一〕，宰人上食，羹中有生肝，乃問之〔二〕。宰人曰〔三〕：「當是人置之，欲去宰自處也〔四〕。」後僖侯將浴〔五〕，湯中有礫，僖侯曰：「有人欲代湯者〔六〕。」

〔一〕集解作「昭僖侯之時」。僖侯：即韓昭侯，又稱昭釐侯。「釐」與「僖」通。

〔二〕上句集解作「而羹中有生肝焉」，下句作「昭侯召宰人之次而誚之曰：若何爲置生肝寡人羹中」。

〔三〕此句集解作「宰人頓首服死罪曰」。

〔四〕此二句集解作「竊欲去尚宰人也」。

〔五〕此句集解作「一日僖侯浴」。

〔六〕此句集解作「尚浴免，當有代者乎」。湯者：此指侍候國君沐浴的官員。

27 文公時〔一〕，宰人上食，炙而有髮繞之〔二〕。文公召宰人曰：「汝使吾哽乎〔三〕。」宰人頓首曰〔四〕：「臣有三罪：刀利如干將，切肉而髮不斷，臣罪一也〔五〕；援錐貫臠，而不見髮，臣罪二也；熾爐炮肉盡赤，而髮尚繞〔六〕，臣罪三也。有人欲代臣也〔七〕。」

〔一〕此句集解作「文公之時」。文公：春秋、戰國時期稱文公者有十多人，此「文公」爲誰，未詳。集解此文之下又載晉平公「進炙而髮繞之」，事與此同。

〔二〕首二句意林明刊諸本僅作「文公宰上食」。炙：燒烤的肉。此二句集解作「宰臣上炙，而髮繞之」。

〔三〕此二句集解作「文公召宰人而譙之曰：女欲寡人之哽邪，奚爲以髮繞炙」。

〔四〕此句集解作「宰人頓首再拜請曰」。

〔五〕以上四句集解作「臣有死罪三：援礪砥刀，利猶干將也，切肉肉斷而髮不斷，臣之罪一也」。後二「臣」字下，集解亦有「之」字。干將：本爲人名。相傳春秋時吳人干將與妻莫邪善鑄劍，曾鑄二寶劍，取名干將、莫邪，以獻吳王闔廬，後遂以爲寶劍名。

〔六〕此二句集解作「奉熾爐炭，肉盡赤紅，炙熟而髮不焦」。「熾爐」，道藏本、廖本、四庫本作「熾洪」，誤。熾爐：熾熱的洪爐。炮肉：烤肉。

〔七〕此句集解作「堂下得微有疾臣者乎」。

28　齊景公惡仲尼爲魯政，黎且曰〔一〕：「去仲尼如吹毛耳〔二〕。」乃使黎且以女樂二八遺魯哀公〔三〕。哀公樂之，果怠於政。仲尼諫不納，去而之楚〔四〕。

〔一〕此二句集解作「仲尼爲政於魯，道不拾遺，齊景公患之。梨且謂景公曰」。齊景公：見本卷晏子條注。「黎且」，道藏本作「梨沮」。亦作「梨且」、「犂鉏」，齊景公時幸臣。事又見史記孔子世家。仲尼爲魯政：孔子於魯定公時任中都宰、司寇。

〔二〕「如」，集解作「猶」。

〔三〕「二八」，原作「六」，此據御覽卷四七八引文改。古代舞伎八人一列，二八即十六人，故作「二八」是。此上之文，道藏本、廖本、四庫本無「黎且以女樂六」六字、「哀公樂之果」五字。孔子執魯政在定公時，此云哀公，或有誤。女樂：歌舞伎女。魯哀公：名蔣，定公之子，公元前四九五年繼位。

〔四〕「納」，集解作「聽」；下句道藏本作「而之齊」。此事又見史記孔子家語。

29 鄭人相與争年〔一〕。一人云：「吾與堯同年。」一人云〔二〕：「吾與黄帝兄弟同年〔三〕。」争此不決，以後罷爲勝〔四〕。

〔一〕此句集解作「鄭人有相與争年者」。争年：争論年紀大小。

〔二〕此上二「云」字，集解皆作「曰」。

〔三〕此句集解作「我與黄帝之兄同年」。

〔四〕此二句集解作「訟此而不決，以後息者爲勝耳」。罷：讀作疲，義亦同疲。

30 客有爲齊王畫者，王問：「何者最難〔一〕？」對曰：「畫狗馬爲最難，鬼魅最易〔二〕。狗馬人共知，鬼魅無形像也〔三〕。」

〔一〕此句集解作「齊王問曰：畫孰最難者」。

〔二〕此三句集解作「曰：犬馬最難。孰易者？曰：鬼魅最易」。

〔三〕此二句集解作「夫犬馬，人所知也，旦暮罄於前，不可類之，故難。鬼魅，無形者，不罄於前，故易之也」。此條又見類聚、御覽所引。

31　冠雖穿決，必戴於上〔一〕；履雖五采，必踐之地〔二〕。

〔一〕「穿決」，集解作「穿弊」；「上」，集解作「頭」。穿決：穿，破洞；決，裂口，形容破爛。

〔二〕「之」下，集解有「於」字。此條兩見集解卷十二外儲説左下：一爲趙簡子語，一爲費仲説紂王語，文略異。

32　齊宣王問匡倩曰〔一〕：「儒者鼓瑟乎〔二〕？」對曰〔三〕：「不也。瑟者，小弦大聲，大弦小聲〔四〕。大細易位，貴賤易序，故儒者不爲〔五〕。」

〔一〕道藏本「匡」字脱，「倩」誤作「情」。齊宣王：齊威王之子，田氏，名辟疆，公元前三二〇年至前三〇一年在位。他褒儒尊學，曾任孟軻爲卿。公元前三一四年，乘燕國内亂，派匡章率軍攻入燕國，後被迫撤退。匡倩：或匡章之誤，説見朱起鳳辭通。匡章乃孟子之友，曾助齊宣王伐燕，事見戰國策。

〔二〕「鼓瑟」，道藏本作「鼓琴」。

〔三〕「對」字，集解無。

〔四〕此三句集解作「夫瑟以小弦爲大聲，以大弦爲小聲」。

〔五〕此三句集解作「是大小易序，貴賤易位，儒者以爲害義，故不鼓也」。

33 以骨去蟻〔一〕，蟻愈多；以魚驅蠅，蠅愈至〔二〕。

〔一〕「骨」，集解作「肉」。

〔二〕此二句意林明刊諸本皆無。此條又見類聚、御覽所引。

34 桓公問管仲曰〔一〕：「官少而索者多，如何〔二〕？」管仲曰：「君勿聽。人有請〔三〕，因能而授禄，録功而與官〔四〕。」

〔一〕「問」，集解作「謂」。

〔二〕「多」，集解作「衆」；「如何」，集解作「寡人憂之」。

〔三〕此句下聚珍本館臣案曰：「本作『君勿聽左右之請』。」

〔四〕「授」，集解作「受」。此條御覽亦引之。

35 宋人有酤酒者，斗概甚平〔一〕，遇客甚謹，醞酒甚美〔二〕，懸幟甚高，而酒不售，遂致於酸〔三〕。問閭長者楊倩，倩曰：「汝狗惡也〔四〕。孺子懷錢挈壺往酤，輒有狗齧之〔五〕，猶大臣齧有道之士也〔六〕。」故桓公問管仲：「治國何患〔七〕？」「患社鼠，焚則木焚也〔八〕。」

〔一〕「斗概」，集解作「升概」，爲古代量酒容器。

〔二〕「醖」，集解作「爲」。

〔三〕懸幟：懸掛的酒簾標幟。上句集解作「然而不售」，下句作「酒酸」。

〔四〕楊倩：人名。類聚作「揚青」，生平事未詳。此上之文，集解作「怪其故，問其所知閭長者楊倩。倩曰：『汝狗猛耶』」，此下尚有「曰：狗猛則酒何故而不售？曰：人畏焉」數語。

〔五〕此二句集解接上文「人畏焉」，作「或令孺子懷錢挈壺甕而往酤，而狗迓而齕之」。此下尚有「此酒所以酸而不售也。夫國亦有狗，有道之士，懷其術而欲以明萬乘之主」數語。

〔六〕此句集解作「大臣爲猛狗迎而齕之，此人主之所以蔽脅，而有道之士所以不用也」。

〔七〕上句「管仲」下，集解有「曰」字；下句作「治國最奚患」。

〔八〕此二句集解作「最患社鼠矣，熏之則恐焚木」。社鼠：寄身於土地廟的老鼠，比喻仗勢作惡的人。木：木主，指土地神。此條又見晏子春秋問上、韓詩外傳卷七、説苑政理，事皆同而文各異。

36　税勿輕勿重〔一〕。重則利入於上，輕則利歸於民也〔二〕。

〔一〕此句集解作「趙簡主出税，吏請輕重，簡主曰：勿輕勿重」。

〔二〕「輕」上，集解有「若」字。

37 晉文公與楚戰，問舅犯曰〔一〕：「楚衆我寡，奈何〔二〕？」對曰：「君其詐之〔三〕。」又問雍季〔四〕，曰：「以詐御民，一時之利也〔五〕。」與楚戰，大勝而歸，行賞先雍季而後舅犯〔六〕。曰：「舅犯之言，權也；雍季之言，萬世之利也〔七〕。」

〔一〕此二句集解作「晉文公將與楚人戰，召舅犯問之」。晉文公：春秋時晉國國君，晉獻公之子，名重耳，曾在外流亡十九年。公元前六三八年至前六二八年在位。晉文公繼位後整頓内政，加强軍備，國力强盛，平定周王室内亂，迎周襄王復位。與楚國大戰於城濮，勝而大會諸侯，繼而成爲霸主。事見左傳僖公二十八年。舅犯：姓狐名偃，字子犯。晉文公舅父，故稱舅犯，一作咎犯，晉國上卿。晉國内亂時，曾隨重耳在外流亡十九年，助重耳回國繼位，後任上軍之佐，在城濮戰勝楚軍。

〔二〕此二句集解作「吾將與楚人戰，彼衆我寡，爲之奈何」。

〔三〕此句集解作「君其詐之而已矣」。

〔四〕此句集解作「因召雍季而問之」。「雍季」下，聚學軒本重「雍季」二字。

〔五〕此二句集解作「以詐遇民，偷取一時，後必無復」。

〔六〕此上三句集解作「文公曰：『善。』辭雍季，以舅犯之謀與楚人戰，以敗之。歸而行爵，先雍季而後舅犯」。

〔七〕此上四句集解作「夫舅犯言，一時之權也；雍季言，萬世之利也」。

38 齊桓公飲酒，醉遺其冠，耻之，三日不朝。管仲曰：「此有國之耻也〔一〕，公何不雪之以政〔二〕？」因發倉賜貧窮，三日〔三〕，而民歌之曰：「公何不更遺其冠也〔四〕？」

〔一〕「有國」，即有國者，指國君。此二字集解作「非有國」，王先慎認爲意林脱「非」字。天海案：據文意，無「非」字是。

〔二〕「何」，集解作「胡」。

〔三〕此二句集解作「因發倉囷，賜貧窮，論囹圄，出簿罪，處三日」。

〔四〕此句集解作「公乎，公乎，胡不復遺其冠乎」。

39 古諺曰〔一〕：「政若沐，雖有棄髮之費，而有長髮之利也〔二〕。」

〔一〕此句集解作「古者有諺曰」。

〔二〕此三句集解作「爲政猶沐也，雖有棄髮，必爲之。愛棄髮之費，而忘長髮之利，不知權者也」。

40 饑歲之春，從弟不讓〔一〕；穰歲之秋，疏客必食〔二〕。非疏骨肉，多少之心異也〔三〕。

〔一〕此二句集解作「故饑歲之春，幼弟不饟」。此句下聚珍本館臣案曰：「一作『幼弟不讓』。」從弟：堂弟。

〔二〕穰歲：豐收之年。疏客：遠客。此句下聚珍本館臣案曰：「一作『過客必養』。」

〔三〕「骨肉」下，集解有「愛過客也」四字。多少：此指糧食與食物的多少。

41 墨子死後〔一〕，有相里氏之墨、相芬氏之墨、鄧陵氏之墨〔二〕。孔、墨之後，儒分爲八，墨離爲三也〔三〕。

〔一〕此句集解作「自墨子之死也」。

〔二〕相里氏：相里爲複姓。此指戰國時相里勤，爲三墨之一，多主勤儉力行。莊子天下有相里勤，釋文曰：「姓相里，名勤，墨師也。」「相芬氏」，集解作「相夫氏」，元和姓纂引作「伯夫氏」。廣韻二十中「陌伯」字注曰：「韓子有伯夫氏，墨家流。」或古本中「相」字誤作「伯」。鄧陵氏：鄧陵子，南方墨家代表，楚人。參見莊子天下、元和姓纂。

〔三〕儒分爲八：此條之上，集解論及孔子死後儒家學派分爲子張、子思、顔氏、孟氏、漆雕氏、仲良氏、孫氏、樂正氏八家。墨離爲三：即相里氏、相芬氏、鄧陵氏三家。此句下聚珍本館臣案曰：「相芬氏，韓非子顯學篇作相夫氏。」

42 待自直之箭，則百世無矢矣〔一〕；待自圓之木，則千歲無輪矣〔二〕。

〔一〕此二句集解作「夫必恃自直之箭，百世無矢」。

〔二〕此二句集解作「恃自圓之木，千世無輪矣」。此條御覽、困學紀聞亦引之。

43 法度賞罰〔一〕，國之脂澤粉黛也〔二〕。

〔一〕此句集解作「明吾法度，必吾賞罰者」。

〔三〕脂澤粉黛：胭脂、香油、麵粉、墨黛之類，爲古代婦女化妝用品。此喻修飾美化。

44　三寸之管，無當不可滿也〔一〕。

〔一〕「三寸」，商子作「四寸」。無當：無底，無阻擋。「無」，集解作「毋」。乾道本原注：「雖受不多，然無當則不可滿也。」

意林校釋卷二

二一　列子八卷

列子，戰國初期鄭國人，名禦寇，一作圄寇、圉寇。漢劉向所校列子書録認爲與鄭繆公同時，蓋有道之人，其學本於黄老，號稱道家。唐成玄英南華真經注疏、柳宗元辨列子皆説與鄭繻公同時。列子終生致力於道德學問，傳説曾師從關尹子、壺丘子、老商氏、支伯高子等。隱居四十年，不求名利，清静修道。汉志道家録有列子八卷，注曰：「名禦寇，先莊子，莊子稱之。」隋志道家亦載列子八卷，注曰：「鄭之隱人列禦寇撰，東晉光禄勳張湛注。」聚學軒本周廣業注曰：「是書爲漆園寓言之祖，其事絶少徵實。吕覽所謂列子貴虚也。然穆王、湯問之誕詭，力命、楊子之乖背，劉子政既以爲譏，而柳州亦言書多增竄，不足盡信。如所稱亢倉子者，其人有無且不可知，安得有書？而天寶初，襄陽王士元僞撰二卷，遂乃尊爲洞靈真經，則安知增竄列子不有先於士元者乎？王弇州謂後人取莊子之文而加劘琢，以補其闕，理或然也。天寶時稱經者，列子爲沖虚，文子爲通元，莊子爲南華，並洞靈爲四云。」今傳本列子八卷，前有劉向書録、東晉張湛注列子序。意林録列子二十六條，皆見於今本列子中，文或同或異或略。現以晉張湛注本參校之。

1 天有所短〔一〕，地有所長，聖有所否，物有所通〔二〕。

〔一〕「天」上，張注本有「然則」二字。

〔二〕張湛注曰：「夫體適於一方者，造餘塗則闕矣。王弼曰：『形必有所分，聲必有所屬。若温也，則不能涼；若宫也，則不能商。』」天海案：否：讀匹，閉塞不通。治要引張湛注文作「夫職適於一方者，餘塗則罔矣」，並録有「王弼曰」以下之文。

2 思士不妻而感〔一〕，思女不夫而孕〔二〕。

〔一〕思士：思戀異性的男子。不妻：不娶妻。感：精氣感應。

〔二〕思女：思戀異性的女子。不夫：不嫁丈夫。張湛注曰：「大荒經曰：有思幽之國，思士不妻，思女不夫，精氣潛感，不假交接而生子也。此亦白鵠之類也。」天海案：説郛本此條與上條併爲一條。

3 鬼者，歸也〔一〕。歸其真宅〔二〕。真宅，太虚也〔三〕。

〔一〕張注本無「者」字。天海案：鬼、歸音通，此古人釋詞所用音訓之法。歸：此指人死回歸自然，歸於虚無。

〔二〕真宅：古人認爲人死後的真正歸宿就是自然。

〔三〕太虚：空寂玄奥之境。張湛注曰：「真宅，太虚之域。」天海案：此注文五字爲意林原注，或本於張注。説郛本、道藏本、四庫本皆録作正文。

4 貧者，士之常；死者，民之終〔一〕。

〔一〕此條張注本作「貧者，士之常也；死者，人之終也」。

5 醉者墜車，雖疾不死〔一〕。死生驚懼，不入其胸中〔二〕。

〔一〕上句張注本作「夫醉者之墜於車也」；「不死」下，張注本尚有「骨節與人同，而犯害與人異，其神全也。乘亦弗知也，墜亦弗知也」數句。疾：傷勢嚴重。

〔二〕此句張注本作「不入乎其胸」，注曰：「向秀曰：醉，故失其所知耳，非自然無心也。」

6 禽獸之智，亦有與人同者〔一〕。牝牡相偶，母子相親；避平依險，違寒就温；居則有羣，行則有列；飲則有攜，食則鳴侶〔二〕。

〔一〕此句张注本作「有自然與人同者」。

〔二〕「有攜」，張注本作「相攜」。攜：攜帶幼小。「鳴侶」，張注本作「鳴羣」。

7 宋人養猿，號曰狙公〔一〕。欲與狙芧，先誑之曰：「朝三而暮四〔二〕。」衆狙皆怒。又許朝四而暮三，而衆狙皆喜〔三〕。聖人以智籠羣愚〔四〕，亦猶狙公以智籠羣狙矣。

〔一〕上二句張注本作「宋有狙公者，愛狙，養之成羣」，注曰：「好養猿猴者，因謂之狙公也。」天海案：事又見莊子齊物論「狙公賦芧」，釋文曰：「司馬云：狙公，典狙官也。」

〔二〕此上三句張注本作「恐衆狙之不馴於己也，先誑之曰：與若芧朝三而暮四，足乎」，注曰：「音序。芧，栗也。」天海案：「芧」，原誤作「茅」，據張注本改。埤雅：「江南有小栗，謂之芧栗。人謂芧爲茅，誤。」芧：木名，即櫟樹，此指櫟實，俗稱橡子。

〔三〕此上三句張注本作「衆狙皆起而怒。俄而曰：與若芧，朝四而暮三，足乎。衆狙皆伏而喜」。

〔四〕此句之上，张注本有「物之以能鄙相籠，皆猶此也」二句。

8　覺有八徵，夢有六候〔一〕。陰氣壯，則夢涉水而恐懼〔二〕；陽氣壯，則夢涉火而燔焫〔三〕。飽夢與，飢夢取〔四〕；藉帶而寢，則夢蛇；鳥銜髮〔五〕，則夢飛；天將陰，則夢火；身將疾，則夢食〔六〕；飲酒者憂，歌舞者哭〔七〕；晝想夜夢，神形所遇〔八〕。

〔一〕張湛注曰：「徵，驗也；候，占也。六夢之占，義見周官。」天海案：此二句下張注本尚有「奚謂八徵：一曰故，二曰爲，三曰得，四曰喪，五曰哀，六曰樂，七曰生，八曰死。此者八徵，形所接也。奚謂六候：一曰正夢，二曰噩夢，三曰思夢，四曰寤夢，五曰喜夢，六曰懼夢。此六者，神所交也」之文。莊子齊物論：「覺而後知其夢。」覺：讀作教，睡醒。八徵：八種人生徵兆。

〔二〕此二句張注本作「故陰氣壯，則夢涉大水而恐懼」，注曰：「失其中和，則濡弱恐懼也。」

〔三〕張湛注曰：「火性猛烈，遇則燔焫也。」聚學軒本周廣業注曰：「語出素問。」天海案：「火」，張注本作「大火」。燔焫：燃燒。「焫」，道藏本誤作「炳」。

〔四〕此二句張注本作「甚飽則夢與，甚飢則夢取」，注曰：「有餘故欲施，不足故欲取。此亦與覺相類也。」

〔五〕「鳥」上，張注本有「飛」字，注曰：「此以物類致感。」

〔六〕聚學軒本周廣業注曰：「關尹子曰：『將陰夢水，將晴夢火。』從『夢水』爲長。」天海案：此上四句張注本作「將陰夢火，將疾夢食」。

〔七〕張湛注曰：「此皆明夢，或因事致感，或造極相反。即周禮六夢六義，理無妄然。」天海案：「舞」，張注本作「儛」，二字同，莊子在宥「鼓歌以儛之」。

〔八〕此二句張注本作「子列子曰：神遇爲夢，形接爲事。故晝想夜夢，神形所遇」，注曰：「此想謂覺時有情慮之事，非如世間常語，晝日想有此事，而後隨而夢也。」

9 陳大夫云〔一〕：「吾國有亢倉子〔二〕，能以耳視而目聽〔三〕。」魯侯聞之大驚〔四〕，以上卿禮致之〔五〕。亢倉子曰：「臣，體合於神，心合於無〔六〕。」

〔一〕「云」，張注本作「曰」。陳大夫：陳國大夫，未詳姓氏。此條見張注本仲尼篇記「陳大夫聘魯」事，即陳大夫見魯叔孫氏時的對話。

〔二〕此句張注本作「吾國亦有聖人，子弗知乎？曰：聖人孰謂？曰：老聃之弟子，有亢倉子者，得聃之道」，注曰：「音庚桑，名楚，史記作『亢倉子』。賈逵姓氏英覽云：吴郡有庚桑姓，稱爲七族。」亢倉子：人名，傳説爲老聃弟子。今存亢倉子二卷，乃唐王士源雜取老、莊、列子、文子、商君書、吕覽、説苑、新序等書編輯而成。

〔三〕此句張湛注曰：「夫形質者，心智之室宇；耳目者，視聽之户牖。神苟徹焉，則視聽不因户牖，照察不閡牆壁耳。」

〔四〕此句張湛注曰：「不怪仲尼之用形，不怪耳目之易任，跡同於物，故物無駭心。」天海案：此魯侯若與孔子、叔孫氏同時者，或爲定公，或爲哀公，然未詳所指。

〔五〕此句張注本作「使上卿厚禮而致之」。

〔六〕此上之文張注本作「我體合於心，心合於氣，氣合於神，神合於無」。此四句之下，張湛分别注曰「此形智不相違者也」；「此又遠其形智之用，任其泊然之氣也」；「此寂然不動，都忘其智，智而都忘，則神理獨運，感無不通矣」；「同無則神矣，同神則無矣，二者豈有形乎？直有其智者，不得不親無以自通，忘其心者，則與無而爲一也」。

10 顏回能仁而不能反〔一〕，賜能辯而不能訥〔二〕，由能勇而不能怯〔三〕，師能莊而不能同〔四〕。兼四子之有以易仲尼〔五〕，仲尼不許也〔六〕。

〔一〕張湛注曰：「反，變也。夫守一而不變，無權智以應物，則所適必閡矣。」天海案：「顏回」，張注本作「夫回」。顏回：字子淵，故又稱顏淵。春秋時魯人，孔子弟子，好學，樂道安貧，在孔門中以德行著稱。後世儒家尊爲「復聖」。史記有傳。

〔二〕張湛注曰：「辯而不能訥，必虧忠信之實。」天海案：賜，姓端木，名賜，字子貢，也作子贛。春秋時衛人，孔子弟子，能言善辯，善經商，家累千金，富比王侯。史記有傳。

〔三〕張湛注曰：「勇而不能怯，必傷仁恕之道。」天海案：由，姓仲，名由，字子路，一字季路。注見本書上文卷一孟子第七條注。

〔四〕張湛注曰：「莊而不能同，有違和光之義。此皆滯於一方也。」天海案：師，複姓顓孫，名師，字子張。春秋時陳國陽城人，孔子弟子，曾從孔子周遊列國，困於陳、蔡之間。論語有子張篇。

〔五〕「仲尼」，張注本作「吾」，下同此。此條原爲孔丘對子夏所言，故孔子自稱「吾」。馬總或以意節之，故改稱「仲尼」。

〔六〕張湛注曰：「四子各是一行之極，設使兼而有之，求變易吾之道，非所許。」天海案：此句張注本作「吾弗許也」。

11 目將眇者〔一〕，先睹秋毫；鼻將窒者，先覺焦朽〔二〕，故物不至則不反〔三〕。

〔一〕眇：偏盲，一隻眼瞎。

〔二〕「燋」，同「焦」，張注本正作「焦」，注曰：「焦朽有節之氣，亦微而難別也。」古代稱孟夏之月火氣有焦臭味，仲冬之月水氣有腐朽味。燋朽：指水與火微弱的焦臭氣味。

〔三〕張湛注曰：「要造極而後還。故聰明强識，皆爲暗昧衰迷之所資。」天海案：「反」，同「返」。至：極點，極至。

12 荆南冥靈〔一〕，以五百歲爲春，五百歲爲秋。上古有大椿〔二〕，以八千歲爲春，八千歲爲秋。菌芝生於朝，死於晦〔三〕，蠓蚋因雨而生，見陽而死〔四〕。

〔一〕此句張注本作「荆之南有冥靈」，注曰：「木名也，生江南，以葉生爲春，葉落爲秋。」荆南：楚國南方，在今湖北、湖南一帶。冥靈：傳説中的樹木名。

〔二〕大椿：張湛注曰：「木名也，一名橓。」天海案：莊子釋文：「司馬云：木，一名橓。橓，木槿也。」

〔三〕此二句張注本作「朽壤之上有菌芝者，生於朝，死於晦」，注曰：「崔譔云：糞土之芝也，朝生暮死。簡文云：欻生之芝。」聚學軒本周廣業注曰：「釋文：菌，大芝也。天陰生糞土，見日則死，一名『日及』。」

〔四〕蠓蚋：張湛注曰：「謂蠛蠓、蚊蚋也，二者小飛蟲也。」天海案：此二句張注本作「春夏之月有蠓蚋者，因雨而生，見陽而死」。莊子逍遥遊有類似之文。

13　越東有輒沐國〔一〕，生長子則食之，謂之宜弟〔二〕。其大父死，則負其大母棄之〔三〕，謂之鬼妻〔四〕。

〔一〕「輒沐」，道藏本、四庫本作「輒休」；此句張注本作「越之東有輒木之國」。越東：在今江浙一帶，古屬越國。輒沐國：古代國名。

〔二〕張湛注曰：「杜預注左傳云：人不以壽死，曰鮮。謂少也。」天海案：此句張注本作「其長子生，則鮮而食之，謂之宜弟」。宜弟：有利於兄弟的成長。

〔三〕此二句張注本作「其大父死，負其大母而棄之」。大父：祖父。大母：祖母。

〔四〕此句張注本無，另作「曰：鬼妻不可以同居處」。此句道藏本、四庫本作「謂鬼餘」；且「其大父死」

以下單作一條。

14 孔子東遊，見兩小兒辯鬥。問其故，一兒曰：「我以日始出去人近，日中時去人遠〔一〕。」一兒云：「日初出遠，日中時近〔二〕。」一兒曰：「日初出大如車輪，及日中纔如盤盂〔三〕。豈不爲近則大、遠則小者乎〔四〕？」一兒曰：「日初出蒼蒼涼涼，至日中有若探湯〔五〕。豈不爲近而熱、遠而涼者乎〔六〕？」孔子不能決。小兒曰：「丘，誰謂汝多智乎〔七〕。」

〔一〕張注本上句「始出」下有「時」字；下句作「而日中時遠也」。

〔二〕此三句張注本作「一兒以日初出遠，而日中時近也」。

〔三〕「輪」，張注本作「蓋」，類聚亦引作「蓋」；「纔如」，張注本作「則如」。盤盂：盤類器皿，圓者爲盤，方者爲盂。

〔四〕此二句張注本作「此不爲遠者小而近者大乎」。

〔五〕張湛注曰：「周書曰：天地之間有滄熱，善用道者終無竭。孔晁注云：滄，寒也。桓譚新論亦述此事，作『蒼涼』。」天海案：蒼蒼涼涼，即蒼涼、寒涼。張注本作「滄滄涼涼」，義同。下句張注本作「及其日中如探湯」。湯：熱水、沸水。

〔六〕此二句張注本作「此不爲近者熱而遠者涼乎」。

〔七〕張湛注曰：「所謂六合之外，聖人存而不論，二童子致笑，未必不達此旨，或互相起予也。」天海案：

此二句張注本作「兩小兒笑曰：孰爲汝多知乎」。桓譚新論亦載此事。

15　楊朱曰〔一〕：「人得百年之壽者，千中無一，疾病哀苦居其半矣〔二〕。慎耳目之觀聽，規死後之餘榮〔三〕，失當年之樂，不肆意于一時〔四〕。何異乎纍梏也〔五〕！」

〔一〕楊朱：字子居，又稱楊子、陽子或陽生。戰國時魏人，生當墨翟之後、孟軻之前。其學説重在「愛己」，與墨子「兼愛」正相反，被當時儒家斥爲異端。著述不傳，其説散見於孟子、莊子、荀子、韓非子諸書中。列子楊朱篇所記，不可盡信。

〔二〕此三句張注本作「百年，壽之大齊，得百年者，千無一焉。痛疾哀苦，亡失憂懼，又幾居其半矣」。

〔三〕上句張注本作「偶偶爾慎耳目之觀聽」，注曰：「一本作『順耳』。」下句張注本原在「慎耳目」句上。規：謀劃。餘榮：死後留下的榮耀。

〔四〕上句張注本作「徒失當年之至樂」，句之上有「惜身後之是非」一句。下句作「不能自肆於一時」。肆意：放縱心志。

〔五〕此句張注本作「重囚纍梏，何以異哉」。「纍梏」，張湛注曰：「手械也。」纍梏：纍，通「縲」，捆人的繩索；梏，桎梏，木制手銬。

16　勤能使逸，寒能使温〔一〕。

〔一〕「逸」，原作「益」，意林他本與張注本皆作「逸」，據改。此文摘録太略，张注本原文作「勤能使逸，飢能使飽，寒能使温，窮能使達也」。

17 晏子曰：「吾一死之後，豈關我耶〔一〕？焚之亦可，沈之亦可，瘞之亦可〔二〕，露之亦可，棄之溝壑亦可，納諸石槨亦可〔三〕，唯所遇耳〔四〕。」

〔一〕此上之文張注本作「平仲曰：既死，豈在我哉」。

〔二〕沈：沈入水中。瘞：用土埋葬。

〔三〕露：露屍野外。此二句张注本作「衣薪而棄諸溝壑亦可，袞衣繡裳而納諸石槨亦可」。

〔四〕張湛注曰：「晏嬰，墨者也，自以儉省治身，動遵法度，非達生死之分。所以舉此二賢以明治身者，唯取其奢簡之異也。」天海案：「耳」，張注本作「焉」。此文原記管仲與晏子論生死之事。考史記管晏列傳：「管仲之後，百有餘年而有晏子焉。」此爲寓言甚明。

18 楊朱曰：「生民之不得休息，爲四事故：一爲壽，二爲名，三爲位，四爲貨〔一〕。有此四者，畏鬼，畏人，畏威，畏刑。此之謂遁人也〔二〕。」

〔一〕張湛注曰：「不敢恣其嗜欲，不敢恣其所行，出意求通，專利惜費。」天海案：想要長壽，故不敢放縱自己的嗜好與欲求；想要立名於世，故不敢放縱自己的言行。爲位：爲了權勢地位、仕途通達。貨：錢財。

〔二〕張湛注曰：「違其自然者也。」天海案：「此之謂」，張注本作「此謂之」。遁人：心多疑畏、違背自然本性的人。

19 人不婚宦，情欲失半；人不衣食，君臣道息〔一〕。

〔一〕聚學軒本周廣業注曰：「此古語。」天海案：道藏本原録在「晏子曰」一條下。

20 出不由門，行不從徑也；以是求利，不亦難乎〔一〕。

〔一〕張湛注曰：「違理而得利，未之有也。」

21 晉文公欲伐衛，公子鋤笑之〔一〕。問其故，對曰〔二〕：「臣笑臣鄰之人，有送妻歸家者〔三〕，道見桑婦，悦而與之言〔四〕。顧視其妻，已有人招之〔五〕。」公乃引師還〔六〕，未至，而有伐其北鄙者〔七〕。

〔一〕此二句張注本作「晉文公出，會欲伐衛，公子鋤仰天而笑」。衛：春秋時姬姓諸侯小國。初爲周武王之弟康叔的封地，在今河南淇縣、滑縣、沁陽一帶，後被秦國所滅。公子鋤：生平未詳。考左傳中稱爲「公子鋤」者有三人，皆不與晉文公同時。

〔二〕此五字張注本作「公問何笑，曰」。

〔三〕此二句道藏本作「臣笑臣鄰人也，有人送妻歸家」。四庫本無第二個「臣」字，餘同道藏本。

〔四〕此句張注本無「之」字。

〔五〕此二句張注本作「然顧視其妻，亦有招之者矣」。

〔六〕此句張注本作「公寤其言，乃止，引師而還」。

〔七〕張湛注曰：「夫我之所行，人亦行之，而欲騁己之志，謂物不生心，惑於彼此之情也。」天海案：「者」下，張注本有「矣」字。北鄙：北方邊城。說苑權謀篇亦記此事，「公子鋤」作「公子慮」；說苑正諫篇有被甲之士公盧勸諫趙簡子攻齊之事，亦與此大同小異。

22 孔子之勁，能舉國門之關〔一〕，而不肯以力聞〔二〕。

〔一〕上句道藏本、四庫本作「孔子曰」；下句「能」字上，道藏本有「力」字。「舉」，張注本作「拓」。國門：都城之門。關：閉門之横木，即門閂。都城城門之關沉重，力小者不能舉。

〔二〕張湛注曰：「勁，力也；拓，舉也。孔子力能舉門關，而力名不聞者，不用其力也。」聚學軒本周廣業注曰：「淮南子『孔子力招城關』，高誘注：『招，舉也。』又曰『孔子勁杓國門之關』，注：『杓，引也。以一手招城門關端能舉之。』今文選注引列子作『招』，與『翹』同，扛舉也。今列子作『拓』，誤。」天海案：「聞」，道藏本誤作「門」。此條見張注本卷八說符篇，文略同。事又見淮南子，文略異。

23 狐丘大夫謂孫叔敖曰〔一〕：「人有三怨，子知之乎〔二〕？爵高者，人妒之；官大者，主惡之；祿厚者，人怨之〔三〕。」孫叔敖曰：「吾爵益高，吾志益下；吾官益大，吾心益小〔四〕；吾祿益厚，吾施益溥，可以免乎〔五〕？」

〔一〕狐丘：複姓，一作壺丘。張湛注曰：「狐丘，邑名。」孫叔敖：春秋時楚國令尹。相傳三任令尹不喜，三去職不悔。事又見呂氏春秋、史記循吏列傳。張湛注曰：「楚大夫也。」「狐丘大夫」，張注本作「狐丘丈人」，聚學軒本周廣業注曰：「亦見淮南子，高誘云『老而杖於人者』。舊作『大夫』，誤。」天海案：世本曰：「晉大夫狐丘林之後。」英賢傳曰：「出自狐丘封人之後。」

〔二〕此句下張注本有「孫叔敖曰：何謂也？對曰」九字。

〔三〕「人怨之」，張注本作「怨逮之」。

〔四〕「心」，道藏本作「志」。

〔五〕上句「溥」字，張注本作「博」，義同；「可以免乎」，張注本作「以是免於三怨，可乎」。荀子堯問篇、說苑皆有類似之語。

24 楊子鄰人亡一羊，相率追之〔一〕。岐路之中復有岐矣，曰〔二〕：「大道以多岐亡羊，學者以多方喪生〔三〕，本一末異也〔四〕。」

〔一〕此二句張注本作「楊子之鄰人亡羊，既率其黨，又請楊子之豎追之」。楊子：即楊朱。

〔二〕此上之文張注本作「岐路之中又有岐焉，心都子曰」。

〔三〕多方：學識淵博。莊子天下曰：「惠施多方，其書五車。」

〔四〕此句張注本作「學非本不同，非本不一，而末異若是」。

25 人有亡鈇者，意鄰子盜之〔一〕。視鄰子行步、顏色，皆將竊也〔二〕。俄而扣其谷〔三〕，得鈇，見鄰子無似竊鈇者〔四〕。

〔一〕此句張注本作「意其鄰之子」。鈇：斧。意：猜測，懷疑。

〔二〕以上二句，張注本作「視其行步，竊鈇也。顏色，竊鈇也。言語，竊鈇也。作動態度，無爲而不竊鈇也。」將：像。像，邪母陽部；將，精母陽部；二字韻部同，邪、精皆爲齒頭音，故「將」與「像」可通。

〔三〕「扣」，道藏本作「拍」，四庫本作「相」。荀子堯問：「深扣之，而得甘泉焉。」扣：讀穀，挖掘。

〔四〕此二句張注本作「而得其鈇，他日復見其鄰人之子，動作態度，無似竊鈇者」；説郛本作「見鄰子，無復竊鈇之容」。

26 齊人有欲得金者，清旦往市〔一〕，適見貨金者，因攫奪而去〔二〕。吏捕問之〔三〕，對曰：「取金之時，不見人，但見金也〔四〕。」

〔一〕此二句張注本作「昔齊人有欲金者，清旦衣冠而之市」。

〔二〕此二句張注本作「適鬻金者之所，因攫其金而去」。

〔三〕此句張注本作「吏捕得之，問曰：人皆在焉，子攫人之金何」。

〔四〕此句張注本作「徒見金」，注曰：「嗜欲之亂人心，如此之甚也。」

二二　莊子十卷

莊子（約前三六九年至前二八六年），名周，一説字子休，戰國時宋國蒙人。莊子原係楚國公族，爲楚莊王後裔，後因避亂遷至宋國蒙邑，曾爲梁漆園吏。與魏惠王、齊宣王、楚威王同時，齊、楚嘗聘以爲相，不應。依老氏之旨，著書十萬餘言，大抵皆寓言，歸之於理，不可案文責也。漢書藝文志著録莊子五十二篇，經典釋文序録曰：「郭象所注三十三卷三十三篇。」即今存之本。馬總鈔録莊子共七十六條，僅次於抱朴子、淮南子、傅子三家，且所引録注文也僅次於老子的道德經。現以經典釋文所録及王先謙莊子集解、郭慶藩莊子集釋參校之。

1　水之積也不厚，則其負大舟也無力。

2　至人無己〔一〕，神人無功〔二〕，聖人無名〔三〕。

〔一〕郭象注曰：「無己故順物，順物而王矣。」天海案：至人：道德修養達到最高境界的人。無己：即無我。

〔二〕郭象注曰：「夫物未嘗有謝，生於自然者，而必欣賴於針石，故理至則跡滅矣。今順而不助，與至理爲一，故無功。」天海案：神人：次於至人，指達到神化不測境界的人。無功：不求建立功業。

〔三〕郭象注曰：「聖人者，物得性之名耳。未足以名，其所以得也。」無名：不追求名位。

3　日月出矣，而爝火不息〔一〕，其於光也，不亦難乎！時雨降矣〔二〕，而猶浸灌，其於澤也，不亦勞乎〔三〕！

〔一〕成玄英疏曰：「熠火，猶炬火也，亦小火也。」聚學軒本周廣業注曰：「釋文：熠亦作燋。司馬云：然也。向云：人所燃火也。一云：小火也。字林云：熠，巨火。」

〔二〕成玄英疏曰：「神農時十五日一雨，謂之時雨也。」天海案：時雨：應時之雨。

〔三〕成玄英疏曰：「且以日月照燭，詎假炬火之光？時雨滂沱，無勞浸灌之澤。」天海案：此條見内篇逍遥遊，爲堯讓天下與許由時堯對許由所言。

4 鷦鷯巢于深林〔一〕，不過一枝；偃鼠飲河〔二〕，不過滿腹〔三〕。

〔一〕成玄英疏曰：「鷦鷯，巧婦鳥也。一名工雀，一名女匠，亦名桃雀，好深處而巧爲巢也。」天海案：鷦鷯：鳥名，俗稱黄腹鳥，全身灰色，有斑，常取茅葦、毛髮做巢。又有桃雀、黄雀、巧婦等名。

〔二〕成玄英疏曰：「偃鼠，形大小如牛，赤黑色，獐脚，脚有三甲，耳似象耳，尾端白，好入河飲水。」天海案：偃鼠：鼠名，也作「鼴鼠」，即田鼠。成玄英説「形大小如牛」不知何據，或文有脱誤。

〔三〕郭象注曰：「性各有極，苟足其極，則餘天下之財也。」天海案：此條見内篇逍遥遊，爲許由答復堯的話。

5 瞽者無以與乎文章之觀〔一〕，聾者無以與乎鐘鼓之聲。豈唯形骸有聾盲哉？夫智亦有之。不知至言之極妙，以爲狂而不信，此智之聾盲〔二〕。

〔一〕文章：錯雜的色彩和花紋。古代以青與赤相配爲文，赤與白相配爲章。此泛指色彩。

〔三〕此爲馬總所録郭象注文。此條見内篇逍遥遊，爲連叔答肩吾之問。

6　形固可使如槁木，心固可使如死灰〔一〕。取其寂寞無形耳〔二〕。

〔一〕郭象注曰：「死灰、槁木，取其家莫無情耳。」釋文曰：「家，音寂，本亦作寂。」天海案：下句今本作「而心固可使如死灰乎」。死灰：火熄滅之後的冷灰。

〔二〕此爲馬總節録原注，「形」或「情」之音誤。此條見内篇齊物論，文略同；亦見於徐無鬼、庚桑楚；又見文子道原引老子「形若槁木，心如死灰」。

7　大智閑閑，小智間間〔一〕。其寐也魂交，其覺也形開〔二〕。

〔一〕郭象注曰：「此蓋知之不同。」成玄英疏曰：「閑閑，寬裕也。間間，分别也。夫智惠寬大之人，率性虚淡，無是無非。小知狹劣之人，性靈褊促，有取有捨，故間隔而分别。無是無非，故閒暇而寬裕也。」天海案：閑閑：廣博的樣子。間間：有所分别之意；一説好察人之過。集釋此二字作「閒閒」。

〔二〕郭象注曰：「此蓋寤寐之異。」釋文曰：「司馬云：目開意悟也。」天海案：魂交：意指魂牽夢繞。釋文曰：「司馬云：精神交錯也。」形開：眼開意明。

8　道惡乎隱，而有真僞〔一〕；言惡乎隱，而有是非〔二〕。此自是而非彼，彼亦自是而非此，與彼各有一非於體中也〔三〕。

〔一〕成玄英疏曰：「惡乎，謂於何也。虚通至道，非真非僞，於何逃匿，而真僞生焉。」

〔二〕郭象注曰：「道焉不在，言何隱蔽而有真僞，是非之名紛然而起。」王先謙集解曰：「隱，蔽也。道何以蔽而有真有僞，言何以蔽而有是有非。」

〔三〕此馬總録郭象注文，有誤。郭象此注原在「彼亦一是非，此亦一是非」二句下，前兩句與意林所録同，後一句郭注作「此與彼各有一是一非於體中也」。聚珍本館臣案曰：「此注今在「彼亦一是非，此亦一是非」下，疑本文脱二句也。」黄以周案曰：「此與彼」，各本脱「此」字，不重。周校本作「彼此互非」四字。

9 可乎可，可于己者，即謂之可。不可乎不可〔一〕。不可于己者，即謂之不可。

〔一〕成玄英疏曰：「夫理無是非而物有違順，故順其意者則謂之可，乖其情者則謂之不可。違順既空，故知可不可皆妄也。」

10 六合之外，聖人存而不論〔一〕；六合之内，聖人論而不議〔二〕；春秋經世，先王之志，聖人議而不辨〔三〕。

〔一〕郭象注曰：「夫六合之外，謂萬物性分之表耳。夫物之性表雖有理存焉，而非性之内，則未嘗以感聖人也，故聖人未嘗論之。則是引萬物使學其所不能也。故不論其外，而八畛同於自得也。」成玄英疏曰：「六合者，謂天地四方也。六合之外，謂衆生性分之表，重玄至道之鄉也。夫玄宗罔象出四句之端，妙理希夷超六合之外，既非神口所辯，所以存而不論也。」天海案：存而不論：有所保留但不論説。

〔二〕郭象注曰：「陳其性而安之。」成玄英疏曰：「六合之内，謂蒼生所禀之性分。」天海案：論而不議：論説而不評價。

〔三〕郭象注曰：「順其成跡，而凝乎至當之極，不執其所是以非衆人也。」成玄英疏曰：「春秋者，時代也。經者，典誥也。先王者，三皇、五帝也。誌，記也。夫祖述軒、頊，憲章堯、舜，記録時代以爲典謨，軌轍蒼生，流傳人世，而聖人議論，利益當時，終不執是辯非，滯於陳跡。」天海案：春秋經世：歷代典籍傳世。辨：分辨、區别，集釋作「辯」，二字可通。

11　不就利，不違害〔一〕。

〔一〕郭象注曰：「任而直前，無所避就。」成玄英疏曰：「違，避也。體窮通之關命，達利害之有時。故推理直前，而無所避就也。」

12　夢飲酒者，旦而哭泣；夢哭泣者，旦而畋獵〔一〕。此寤寐之事變也。方其夢也，不知其夢。由此觀之，當死之時，不知其死，而自適其志。夢之中又占其夢焉，則無以異於寤也〔二〕。覺而後知其夢〔三〕。當所遇，無不足也，何爲方生而憂死哉〔四〕。

〔一〕「畋」，集釋作「田」，音義同。

〔二〕此爲馬總節録郭注末句，郭注作「夫夢者乃復夢中占其夢，則無以異於寤者也」。

〔三〕「夢」下，集釋有「也」字。

〔四〕成玄英疏曰：「夫人在睡夢之中，謂是真實，亦復占候，夢想思度吉凶，既覺以後，方知是夢。是故生時樂生，死時樂死，何爲當生而憂死哉？」

13 昔者莊周夢爲胡蝶，栩栩然胡蝶也，自喻適志與〔一〕，不知周也〔二〕；俄然覺，則蘧蘧然周也〔三〕。不知周之夢爲胡蝶與，胡蝶之夢爲莊周與〔四〕。

〔一〕郭象注曰：「自快得意，悦豫而行。」成玄英疏曰：「栩栩，忻暢貌也。喻，曉也。」天海案：栩栩然：歡暢的樣子。喻，通「愉」；自喻即自愉，成玄英疏非是。

〔二〕郭象注曰：「方其夢爲蝴蝶，而不知周，則與殊死不異也。然所在無不適志，則當生而係生者，必當死而戀死矣。由此觀之，知夫在生而哀死者，誤也。」

〔三〕郭象注曰：「自周而言，故稱覺耳，未必非夢也。」成玄英疏曰：「蘧蘧，驚動之貌也。」天海案：蘧蘧然：驚惶的樣子。

〔四〕郭象注曰：「今之不知蝴蝶，無異於夢之不知周也。」

14 吾生也有涯，而知也無涯〔一〕。以有涯隨無涯，殆已〔二〕。以有限之性尋無極之智，安得不困哉〔三〕？

〔一〕郭象注曰：「所稟之分，各有極也。夫舉重攜輕，而神氣自若，此力之所限也。而尚名好勝者，雖復絶脊，猶未足以慊其願，此知之無涯也。」成玄英疏曰：「涯，分也。」

〔二〕已：同「矣」。釋文曰：「向（秀）云：殆，疲困之謂。」

〔三〕「之性」，聚學軒本作「之生」。

15 遁天倍情〔一〕，忘其所受。天性所受，各有本分，不可逃，亦不可加也〔二〕。適來，夫子時也〔三〕，時自生也。適去〔四〕，夫子順也。理當死也〔五〕。安時而處順，哀樂不能入。哀樂生於得失也，若任其所受，哀樂無所措其間也。

〔一〕遁：逃避。倍：加倍。釋文曰：「倍，加也。」遁天倍情：逃避自然，增加人情。

〔二〕此爲馬總照録郭象原注，其下成玄英疏曰：「是指斥哭人也。倍，加也。言逃遯天然之性，加添流俗之情，妄見死之可哀，故忘失所受之分也。」

〔三〕夫子：此指老聃，下同。適來：指適時而生。

〔四〕適去：指適時而死。

〔五〕此馬總照録郭象原注，其下成玄英疏曰：「夫子者，是老君也。秦失歎老君大聖，妙達本源，故適爾生來，皆應時而降誕，蕭然死去，亦順理而反真耳。」

16 顔回曰：「回之家貧，唯不飲酒、不茹葷者數月矣〔一〕，若此則可以爲心齋乎〔二〕？」曰：「是祭祀之齋，非心齋也〔三〕。」回曰：「敢問心齋〔四〕。」仲尼曰：「若一志〔五〕，無聽之以耳，而聽之以心；無聽之以心，而聽之以炁〔六〕。聽止於耳，心止於符〔七〕。炁也者，虛而待物也〔八〕，唯道集虛。虛者，心齋也〔九〕。」虛其心，則其道集於懷也。

〔一〕成玄英疏曰：「茹，食也。葷，辛菜也。」天海案：茹葷：吃辛辣的蔬菜，此泛指葷腥類食物。

〔二〕成玄英疏曰：「齋，齊也。謂心跡俱不染塵境也。」天海案：「若此」，集釋作「如此」。心齋：排除一切思慮和雜念，保持心境的清净純一。

〔三〕成玄英疏曰：「尼父答言，此是祭祀神君獻宗廟、俗中致齋之法，非所謂心齋者也。」

〔四〕成玄英疏曰：「向（秀）云：家貧事當祭祀，心齋之術，請示其方。」

〔五〕郭象注曰：「去異端而任獨者也乎。」成玄英疏曰：「志一汝心，無復異端，凝寂虛忘，冥符獨化。此下答於顏子，廣示心齋之術也。」天海案：若一志：你心志要專一。若：你也，此作代詞。

〔六〕成玄英疏曰：「耳根虛寂，不凝宮商，反聽無聲，凝神心符。心有知覺，猶起攀緣。氣無情慮，虛柔任物。」

〔七〕成玄英疏曰：「不著聲塵止於聽，此釋無聽之以耳也。符，合也。心起緣慮，必與境合，庶令凝寂，不復與境相符，此釋無聽之以心者也。」

〔八〕「物」下，集釋有「者」字。郭象注曰：「遺耳目，去心意，而符氣性之自得，此虛以待物者也。」

〔九〕郭象注曰：「虛其心，則至道集於懷也。」成玄英疏曰：「唯此真道集在虛心。故如虛心者，心齊妙道也。」

17 天下有大戒二〔一〕：其一，命也；其一，義也〔二〕。子之愛親，命也，不可解於心〔三〕；臣之事君，義也，無適而非君也，無所逃於天地之間〔四〕。

〔一〕成玄英疏曰：「戒，法也。寰宇之內，教法極多，要切而論，莫過二事。」天海案：此句上，集釋有「仲尼曰」三字。

〔二〕命：天命，天性。義：道義，原則。

〔三〕郭象注曰：「自然固結，不可解也。」成玄英疏曰：「夫孝子事親，盡於愛敬，此之性命出自天然，中心率由，故不可解。」天海案：解：通「懈怠」之「懈」。

〔四〕郭象注曰：「千人聚，不以一人爲主，不亂則散。故多賢不可以多君，無賢不可以無君，此天人之道，必至之宜。」天海案：無適：無往。非君：不會没有君主。無所：没有誰。此條見内篇人間世，爲孔子語。

18 顔闔將傅衛靈公太子，而問蘧伯玉曰〔一〕：「與之無方則危吾國，與之有方則危吾身，如何〔二〕？」小人之性，引之軌制則憎己，縱其無度則亂邦。伯玉曰：「善哉問乎，正汝身哉〔三〕。形莫若就，心莫若和〔四〕。形不乖逆，和而不同〔五〕。就不欲入，就者形順，入者遂與同也。和不欲出。」和者義清，出者自顯伐也〔六〕。

〔一〕「問」下，集釋有「於」字；「曰」下，有「有人於此，其德天殺」二句。顔闔：春秋時魯國賢人，隱居不仕。亦見於莊子讓王。衛靈公：衛襄公之子，名元。公元前五三四年至前四九三年在位。衛靈公太子：即蒯聵，因與靈公夫人南子不睦而奔晉，後劫孔悝，自立爲君，三年後被殺。蘧伯玉：名瑗，字伯玉，春秋時衛人，年五十而知四十九年非，有賢名而不得重用。

〔二〕二「之」字下，集釋均有「爲」字；「如何」二字集釋無。與：此指輔導。方：法則，道理。

〔三〕此二句集釋作「善哉問乎，戒之慎之，正女身也哉」，郭象注曰：「反復與會，俱所以爲正身。」王先謙集解曰：「先求身之無過。」

〔四〕形莫若就：外表不如遷就。心莫若和：内心不如平和。

〔五〕「逆」，集釋郭象注作「迕」，成玄英疏曰：「身形從就，不乖君臣之禮；心智和順，跡混而事濟之也。」

〔六〕郭象原注「義」上有「以」字。成玄英疏曰：「心智和順，方便接引，推動儲君，不顯己能，斯不出也。」

19 山木自寇也，膏火自煎也〔一〕。桂可食，故伐之；漆可用，故割之〔二〕。人皆知有用之用，而莫知無用之用〔三〕。有用則與彼爲功，無用則自全其生。

〔一〕釋文曰：「司馬云：木生斧柄還自伐，膏起火還自消。崔云：山有木，故火焚也。」成玄英疏曰：「寇，伐也。山中之木，楸梓之徒，爲有材用，橫遭寇伐；膏能明照以充燈炬，爲其有用，故被煎燒。豈獨膏木，在人亦然。」

〔二〕成玄英疏曰：「桂心辛香，故遭斫伐；漆供器用，所以割之，俱爲才能夭於斤斧。」天海案：此以上之文説郛本單作一條。

〔三〕「無用之用」下，集釋有「也」字。此二句説郛本與下條併作一條，不録注文。

20 人不忘其所忘，而忘其所不忘，此謂誠忘〔一〕。生則愛之，死則棄之。故德者，世之所不忘也；利者〔二〕，理之所不存也。故忘形者非忘也，不忘形而忘德，乃誠忘也。

〔一〕成玄英疏曰：「誠，實也。所忘形也，不忘德也。忘形易而忘德難也。」王先謙集解曰：「形宜忘，德不宜忘，反是，乃真亡也。」

〔二〕「利者」，集釋作「形者」。

21 古之真人〔一〕，其寢不夢，無意想也。其覺無憂。當所遇而安。不知悦生，不知惡死。與化爲體〔二〕。其心志〔三〕，所居而安曰志。其容寂，雖行而無傷於靜。淒然似秋，煖然似春〔四〕。殺物非爲義也〔五〕，生物非爲仁也。

〔一〕真人：道家謂存養本性而得道的人。

〔二〕郭象注「體」下有「者也」二字。成玄英疏曰：「氣聚而生，生爲我時；氣散而死，死爲我順；既冥變化，故不以悦惡存懷。」

〔三〕「其」上，集釋有「若然者」三字。

〔四〕淒然：寒涼貌。此喻嚴肅冷靜之貌。煖然：温暖貌。此喻温和熱情之貌。

〔五〕義，郭象原注作「威」。

22 役人之役，適人之適〔一〕。捨己效人，殉彼傷義〔二〕。

〔一〕此二句集釋作「申徒狄，是役人之役、適人之適，而不自適其適者也」。

〔二〕郭象原注作「斯皆捨己效人，徇彼傷我者也」。此句下聚珍本館臣案曰：「郭注作『殉彼傷我』。」

23 泉涸，魚相與處於陸，相呴以濕〔一〕，相濡以沫，不如相忘於江湖。與其不足而相愛，豈若有餘而相忘？與其譽堯而非桀，不如兩忘而化其道。忘善惡，遺死生，與化一者，安知堯、桀所在耶〔二〕。夫大塊，載我以形〔三〕，勞我以生，佚我以老，息我以死〔四〕。

〔一〕呴：讀作許，吐氣，吹氣。

〔二〕郭象原注作「夫非譽皆生於不足，故至足者忘善惡、遺死生，與變化爲一，曠然無不適矣。又安知堯、桀之所在耶」。

〔三〕成玄英疏曰：「大塊者，自然也。」

〔四〕郭象注曰：「夫形生老死，皆我也。故形爲我載，生爲我勞，老爲我佚，死爲我息，四者雖變，未始非我，我奚惜哉？」天海案：佚，同「逸」。此條見內篇大宗師、外篇天運。

24 得者，時也〔一〕；失者，順也〔二〕。所過之時，世謂之得。時不暫停，順往而去，世謂之失〔三〕。安時處順，哀樂不能入也〔四〕。

〔一〕成玄英疏曰：「得者，生也。」天海案：時：應時運。

〔二〕成玄英疏曰：「失者，死也。」天海案：順：順應自然。

〔三〕此馬總録郭象原注，唯集釋「時不暫停」以下三句原在正文「不能入也」句下。

〔四〕成玄英疏曰：「是以安於時則不欣於生，處於順則不惡於死。既其無欣無惡，何憂樂之入乎？」天海案：此二句道藏本、四庫本作小字注，廖本無此句。

25 父母於子〔一〕，東西南北，唯命之從。陰陽於人，不翅爲父母也〔二〕。自古或有能違父母之命，未有能違陰陽之變而拒晝夜之節也〔三〕。

〔一〕此句上，集釋有「子來曰」三字。

〔二〕此句集釋作「不翅於父母」。陰陽：此指天地造化。翅：同「啻」，只、僅。

〔三〕成玄英疏曰：「自此以下，是子來臨終答子犁之詞也。夫孝子侍親，尚驅馳唯命，況陰陽造化，何啻二親乎？故知違親之教，世或有焉，拒於陰陽，未之有也。」

26 魚相忘於江湖，人相忘於道術〔一〕。各自足而相忘，天下莫不皆能〔二〕。至人常足，故常忘也〔三〕。

〔一〕道術：道路。宋孫奕履齋示兒編：「途之大者謂之道，小者謂之術。」又曰：「莊周以『江湖』對『道術』而言，則直指爲道路無疑矣。」天海案：句中兩「於」字，集釋皆作「乎」。

〔二〕此句郭象原注作「天下莫不然也」。

〔三〕成玄英疏曰：「此結釋前義也。夫深水游泳，各足相忘，道術内充，偏愛斯絶，豈與夫呴濡仁義同年而語哉。」

27 長於上古而不爲老〔一〕。日新也〔二〕。

〔一〕此句爲許由所言。長：生長，出生。

〔二〕易繫辭上：「富有之謂大業，日新之謂盛德。」

28 隳肢體，黜聰明〔一〕，離形去智，同於大通〔二〕，此謂之坐忘〔三〕。

〔一〕「隳」，集釋作「墮」，音義同。此二句上，集釋有「顔回曰」三字。成玄英疏曰：「墮，毁廢也。黜，退除也。雖聰屬於耳，明關於目，而聰明之用本乎心靈。既悟一身非有，萬境皆空，故能毁廢四肢百體，屏黜聰明心智者也。」

〔二〕成玄英疏曰：「大通，猶大道也。道能生萬物，故謂道爲大通。」天海案：大通：猶大道，無所不通。

〔三〕郭象注曰：「夫坐忘者，奚所不忘哉？既忘其跡，又忘其所以跡者，内覺其一身，外不識有天地，然後曠然與變化爲體，而無不通也。」天海案：坐忘：道家謂物我兩忘、與道合一的精神境界。

29 至人之用心若鏡〔一〕，不將不迎，應而不藏〔二〕，故能勝物而無傷〔三〕。物來則鑒，鑒不以心，故雖天下來照，而無勞心〔四〕。

〔一〕郭象注曰：「鑒物而無情。」成玄英疏曰：「夫懸鏡高堂，物來斯照，至人虛應，其義亦然。」

〔二〕郭象注曰：「來即應，去即止。」成玄英疏曰：「將，送也。夫物有去來，而鏡無迎送。來者即照，必不隱藏。」天海案：將：送。詩召南鵲巢：「之子於歸，百兩將之。」毛傳曰：「將，送也。」

〔三〕勝物：承受萬物。「無傷」，集釋作「不傷」。

〔四〕此以上郭象原注作「物來乃鑒，鑒不以心，故雖天下之廣，而無勞神之累。」

30 鳧脛雖短〔一〕，續之則憂；鶴脛雖長，斷之則悲〔二〕。自三代以下，天下莫不以物易其性矣〔三〕。小人則以身殉利，士則以身殉名，大夫則以身殉家，聖人則以身殉天下〔四〕。此數者，事業不同，殉身一也〔五〕。臧與穀二人〔六〕，相與牧羊而俱亡羊。問臧奚事，則挾策讀書〔七〕；問穀奚事，則博塞以遊〔八〕。二人者事不同，亡羊均也〔九〕。伯夷死名於首陽之下，盜跖死利於東陵之上〔一〇〕。二人死雖不同，其於殘生傷性，一也〔一一〕，何必伯夷之是而盜跖之非〔一二〕？則天下盡殉也。彼其所殉仁義也，則俗謂之君子；其所殉貨財也，則俗謂之小人，其所殉一也〔一三〕。至於殘生損性，又惡取君子、小人於其間哉〔一四〕？夫不自見而見彼，不自得而得彼，是得人之得而不自得其得也〔一五〕，適人之適而不自適其適也。雖盜跖、伯夷，是同爲淫僻〔一六〕。

〔一〕此句上集釋有「是故」二字。成玄英疏曰：「鳧，小鴨也。鶴，鵠之類也。脛，脚也。」

〔二〕郭象注曰：「各自有正，不可以此正彼而損益之。」

〔三〕郭象注曰：「自三代以上，實有無爲之跡，亦有爲者之所尚也。」

〔四〕郭象注曰：「夫鶉居而鷇食、鳥行而無章者，何惜而不殉哉？」

〔五〕此上三句集釋作「故此數子者，事業不同，名聲異號，其於傷性，以身爲殉，一也」。

〔六〕成玄英疏曰：「臧，善學人；穀，孺子也。」天海案：臧：男奴之子。穀：良家子弟。此處泛指作奴僕的小孩。

〔七〕策：鞭子；一説通「册」，指簡策。

〔八〕博塞：古代兩種遊戲。博爲六博，黑白子各六，二人對弈；塞爲格五，黑白子各五，二人對弈，均以堵塞對方之路爲勝。

〔九〕此二句集釋作「二人者事業不同，其於亡羊均也」。

〔一〇〕伯夷：商紂時孤竹國國君長子，與弟叔齊互讓君位，先後逃避到西周。周武王滅商後，恥食周粟，逃到首陽山，採薇而食，後餓死。後人以伯夷、叔齊爲守節義的典型。事見孟子萬章下、史記伯夷列傳。首陽：在今山西永濟縣南，即雷首山，又名首山，相傳爲伯夷、叔齊採薇及餓死處。盜跖：春秋末期柳下人，名跖，一作蹠，傳爲當時大盜。孟子、荀子皆有載。東陵：即泰山。成玄英疏曰「東陵者，山名」，又曰「即太山也。在齊州界，去東平十五里，跖死其上也」。

〔一一〕此三句集釋作「二人者所死不同，其於殘生傷性均也」。成玄英疏曰：「伯夷殉名，死於首陽之下；盜跖貪利，殞於東陵之上。乃名利所殉不同，其於殘傷，未能相異也。」

〔一二〕此句末集釋有「乎」字，「何」作「奚」。郭象注曰：「天下之所惜者，生也。今殉之太甚，俱殘其生，則所殉是非不足復論。」

〔一三〕「所」字集釋無；其下有「則有君子焉，有小人焉」二句。成玄英疏曰：「此總結前文以成後義，但道喪日久，並非適當。」

〔一四〕此二句集釋作「若其殘生損性，則盜跖亦伯夷已」，郭象注曰：「天下皆以不殘爲善，今均於殘生，則雖所殉不同，不足復計也。」

〔一五〕上句「得彼」下，集釋有「者」字；此句「其得」下，集釋有「者」字。

〔一六〕「淫僻」下，集釋有「也」字。郭象注曰：「苟以失性爲淫僻，則雖所失之塗異，其於失之一也。」此條散見於外篇駢拇，文略異。

31 純樸不殘，孰爲犧罇〔一〕？白玉不毀，孰爲珪璋〔二〕？道德不廢，安取仁義〔三〕？性情不離，安用禮樂〔四〕？夫殘樸以成器〔五〕，工匠之罪也；毀道德以成仁義，聖人之過也〔六〕。

〔一〕成玄英疏曰：「純樸，全木也。不殘，未雕也。」又曰：「犧罇，酒器，刻爲牛首以祭宗廟也。」天海案：「純樸」上，集釋有「故」字；「罇」，集釋作「尊」。

〔二〕成玄英疏曰：「上鋭下方曰珪，半珪曰璋。此略舉譬喻以明澆競之治也。」天海案：珪璋：古代諸侯朝會天子時所執的兩種玉器。

〔三〕成玄英疏曰：「此合譬也。夫大道之世，不辨是非，非至德之時未論憎愛。無愛則人心自息，無非則本跡斯忘。故老經云：大道廢，有仁義。」

〔四〕成玄英疏曰：「禮以檢跡，樂以和心，情苟不散，安用和心？性苟不離，何勞檢迹？是知和心、檢迹，由乎道喪也。」天海案：性情：天性與人情。禮樂：周代制定的各種行爲與道德規範的制度叫做「禮」，用音樂來教化臣民的制度叫做「樂」。

〔五〕「成器」，集釋作「爲器」。

〔六〕郭象注曰：「工匠則有規矩之制，聖人則有可尚之迹。」天海案：「過」，聚學軒本作「道」。

32 跖之徒問於跖曰〔一〕：「盜亦有道乎？」跖曰：「夫妄意室中之藏〔二〕，聖也；入先，勇也；出後，義也；知可否，智也；分均，仁也〔三〕。五者不備而能成盜者〔四〕，天下未之有也。」五者所以禁盜，不爲盜資也〔五〕。由是觀之，善人不得聖人之道不立，跖不得聖人之道不行〔六〕。天下善人少而不善人多，則聖人之利天下者少，而害天下者多〔七〕。

〔一〕成玄英疏曰：「假設跖之徒，類以發問之端。」

〔二〕「夫」上，集釋有「何適而无有道邪」七字。

〔三〕成玄英疏曰：「輕財重義，取少讓多，分物均平，是其仁也。」

〔四〕「盜」上，集釋有「大」字。

〔五〕此與郭象注文略有異，原注作「五者所以禁盜，而反爲盜資也」。此句以下之文，道藏本、四庫本全作小字注文，底本則從「由是觀之」以下另作一條正文，現依文意並據集釋併爲一條。

〔六〕成玄英疏曰：「聖人之道謂五德也。」

〔七〕上二句中兩「者」字，集釋皆作「也」。郭象注曰：「信哉斯言。斯言雖信，而猶不可亡聖者，猶天下之知未能都亡，故須聖道以鎮之也。」

33 絶聖棄智，大盜乃止〔一〕；擿玉毁珠，小盜不起〔二〕；焚符破璽，而民樸鄙〔三〕；剖斗折衡，而民不争〔四〕。

〔一〕郭象注曰：「去其所資，則未施禁而自止也。」成玄英疏曰：「棄絶聖知，天下之物各守其分，則盜自息。」

〔二〕郭象注曰：「賤其所寶，則不加刑而自息也。」成玄英疏曰：「藏玉於山，藏珠於川，不貴珠寶，豈有盜濫？」天海案：「擿」，意林諸本皆作「摘」，此據集釋改。釋文曰：「擿，義與擲同。崔云：猶投棄之也。」

〔三〕郭象注曰：「除矯詐之所賴者，則無以行其姦巧。」成玄英疏曰：「符璽者，表誠信也，矯詐之徒賴而用之，故焚燒毀破，可以反樸還淳而歸鄙野矣。」

〔四〕「剖」，集釋作「掊」。郭象注曰：「夫小平乃大不平之所用也。」成玄英疏曰：「斗衡者，所以量多少、稱輕重也。既遭斗竊，翻爲盜資，掊擊破壞，合於古人之智守，故無忿争。」

34 喜怒相疑〔一〕，愚智相欺，善否相非，誕信相譏〔二〕，而天下衰矣〔三〕。

〔一〕此句上集釋有「於是乎」三字。成玄英疏曰：「喜是怒非，更相疑貳。」

〔二〕成玄英疏曰：「飾智驚愚，互爲欺侮；善與不善，彼此相非；誕虚信實，自相譏誚。」天海案：誕信：荒誕與真實。

〔三〕郭象注曰：「莫能齊於自得。」成玄英疏曰：「相仍糾紛，宇宙衰也。」天海案：衰：音崔，逐漸衰落。

35 至道之精，杳杳冥冥〔一〕；至道之極，昏昏默默〔二〕。

〔一〕「至道」上，集釋有「來，吾語女至道」六字；「杳杳」，集釋作「窈窈」，音義同。杳杳冥冥：深遠幽暗貌。

〔二〕郭象注曰：「窈冥昏默，皆了無也。」成玄英疏曰：「至道精微，心靈不測，故寄窈冥深遠，昏默玄絶。」天海案：昏昏默默：形容虚無寂静。此條見外篇在宥，文略異。原爲黄帝向廣成子請教治身之道，廣成子答黄帝之語。

36 慎汝内，全真也〔一〕。閉汝外，守其分也〔二〕。多智爲敗。智無涯，故敗也〔三〕。

〔一〕「汝」，集釋作「女」，下文與此同。郭象原注作「全其真也」，成玄英疏曰：「忘心全漠也。」

〔二〕成玄英疏曰：「絶視聽，守分也。」

〔三〕郭象原注作「知無崖，故敗」。成玄英疏曰：「不慎智慮，心神既困，耳目竭於外，何不敗哉？」

37 世俗之人，皆喜人之同乎己，而惡人之異於己也〔一〕。大人之教〔二〕，若形之於影，聲之於響〔三〕，有問而應之，盡其所懷〔四〕。

〔一〕成玄英疏曰：「染習之人，迷執日久，同己喜懽，異己嫌惡也。」

〔二〕成玄英疏曰：「大人，聖人也。」天海案：此上之文與此下四句，散見於今本前後兩處，馬總録之併爲一條。

〔三〕郭象注曰：「百姓之心，形聲也；大人之教，影響也。大人之於天下何心哉，猶影響之隨形聲耳。」

〔四〕郭象注曰：「使物之所懷，各得自盡也。」成玄英疏曰：「聖人心隨物感，感又稱機，盡物懷抱。」

38 子貢教漢陰爲圃者作桔橰〔一〕。圃者忿然作色而笑〔二〕，曰：「夫有機械者必有機事，有機事者必有機心〔三〕。機心存乎胸中，則純白不備〔四〕；純白不備，則神生不定；神生不定，則道不載〔五〕。吾非不知，羞而不爲〔六〕。」

〔一〕此句集釋無，原作「子貢南遊於楚，反於晉，過漢陰，見一丈人方將爲圃畦」云云。漢陰：漢水之南。桔橰：井上汲水的工具。

〔二〕「圃」上，集釋有「爲」字。

〔三〕「夫」上，集釋有「吾聞之吾師」五字。機械：靈巧的器具，引機而發的器械。此亦暗指機關、巧詐。機事：機巧的事。機心：智巧機變的心計。

〔四〕此語又見淮南子原道：「故機械之心藏於胸中，則純白不粹，神德不全。」純白：純粹潔白。

〔五〕神生：精神、本性。生，通「性」。此二句集釋作「神生不定者，則道之所不載」。載：裝載，容納。

〔六〕郭象注曰：「夫用時之所用者，乃純備也。斯人欲修純備，而抱一守古，失其旨也。」成玄英疏曰：「夫有機關之器者，必有機動之務；有機動之務者，必有機變之心；機變存乎胸，則純粹素白不圓備矣。」

39 事求可〔一〕，功求成。用力少，見功多者，聖人之道也〔二〕。

〔一〕此句上集釋原有「吾聞之夫子」五字。

〔二〕郭象注曰：「聖人之道，即用百姓之心耳。」成玄英疏曰：「夫事以適時爲可，功以能遂爲成，故力少而見功多者，則是適時能遂之機。譏子貢述昔時所聞，以爲聖人之道。」天海案：集釋無「也」字。此條見外篇天地。原爲子貢答弟子語前半節，莊子本意是要譏諷儒家的這種所謂「聖人之道」，但馬總以意節之，有失莊子本旨。

40 三人行而一人惑，所適者猶可致也〔一〕，惑者少也。二人惑則勞而不至，惑者多也〔二〕。

〔一〕惑：困惑，迷路。適：往，去。致：同「至」，到達。
〔二〕「多」，集釋作「勝」。

41　視而可見者，形與色〔一〕；聽而可聞者，名與聲〔二〕。悲夫，世人以形色名聲爲足以得彼之情。夫形色名聲，果不足以得彼之情也〔三〕。則知者不言，言者不知，而世豈識之哉〔四〕？

〔一〕集釋「視」上有「故」字，「色」下有「也」字。
〔二〕集釋「聲」下有「也」字。
〔三〕郭象注曰：「得彼情，唯忘言遺書者耳。」
〔四〕以上三句，道藏本、四庫本皆無。二「知」字，同「智」。郭象注曰：「此絕學去知之意也。」成玄英疏曰：「知道者忘言，貴德者不知。而聾俗愚迷，豈能識悟？唯當達者，方體之矣。」

42　夫播糠眯目〔一〕，則天地四方易位矣。蚊虻噆膚，則通夕不寢〔二〕。外物加之雖小，而傷性已大也。

〔一〕此句上集釋有「老聃曰」三字。播，通「簸」；糠，集釋作「穅」，音義同。
〔二〕「通夕」，集釋作「通昔」，音義同。「寢」，集釋作「寐」。

43　鵠不日浴而白，烏不日黔而黑〔一〕。自然已各足矣〔二〕。

〔一〕成玄英疏曰：「染緇曰黔。黔，黑也。」天海案：鵠：天鵝。日浴：每天沐浴。烏：烏鴉。日黔：每天染黑。

〔二〕郭象原注作「自然各已足」。

44 平易恬憺〔一〕，則憂患不能入，邪氣不能襲〔二〕，故其德全而神不虧矣〔三〕。

〔一〕「憺」，集釋作「惔」。恬憺：安靜閑適。

〔二〕郭象注曰：「泯然與正理俱往。」成玄英疏曰：「心既恬惔，迹又平易，唯心與迹一種無爲。故殷憂患累，不能入其靈臺；邪氣妖氛，不能襲其藏府。襲，猶入也，互其文也。」

〔三〕郭象注曰：「夫不平不惔者，豈唯傷其形哉？神德並傷於内也。」天海案：「矣」字，集釋無。

45 不爲福先，不爲禍始，感而後應，無所倡也〔一〕。迫而後動，會至乃動〔二〕。不得已而後起〔三〕。故無天災，無物累〔四〕，無人非，無鬼責〔五〕，其生若浮，其死若休〔六〕。

〔一〕「倡」，郭象注原作「唱」，音義同；道藏本亦作「唱」。成玄英疏曰：「夫善爲福先，惡爲禍始。既善惡雙遣，亦福禍兩忘。感而後應，豈爲先始者也？」

〔二〕成玄英疏曰：「迫，至也，逼也。動，應也。和而不唱，赴機而遇。」

〔三〕郭象注曰：「任理而起，吾不得已也。」成玄英疏曰：「已，止也。機感通至，事不得止，而後起應，非預謀。」天海案：此句下集釋尚有「去知與故，循天之理」八字。

〔四〕郭象注曰：「災生於違天，累生於逆物。」成玄英疏曰：「合天，故無災也。順物，故無累也。」天海案：物累：爲外物羈絆、束縛。

〔五〕郭象注曰：「與人同者，衆必是焉。同於自得，故無責。」成玄英疏曰：「同人，故無非也。」

〔六〕郭象注曰：「汎然無所惜也。」成玄英疏曰：「夫聖人動静無心，死生一貫，故其生也，如浮漚之暫起，變化俄然；其死也，若疲勞休息，曾無繫戀也。」天海案：浮：浮漚，水面上的泡沫。

46 喜怒者，道之過〔一〕；好惡者，德之失〔二〕。一而不變，静之至也。静而一者，不可變也〔三〕。不與物交，淡之至也〔四〕。物自來耳〔五〕，無交物之情。形勞而不休則弊，精用而不已則勞〔六〕。

〔一〕成玄英疏曰：「稱心則喜，乖情則怒，喜怒不忘，是道之罪過。」

〔二〕成玄英疏曰：「無好爲好，無惡爲惡，此之忘心，是德之愆咎也。」

〔三〕成玄英疏曰：「抱真一之玄道，混囂塵而不變，自非至静，孰能如斯？」

〔四〕「淡」，集釋作「惔」。

〔五〕「耳」下，郭象原注有「至惔者」三字。

〔六〕此句下，集釋尚有「勞則竭」三字。其下郭象注曰：「物皆有當，不可失也。」

47 野語有之曰：「衆人重利，廉士重名，賢士尚志，聖人貴精〔一〕。」

〔一〕「賢士」，集釋作「賢人」，郭象注曰：「與神爲一，非守神也。不遠其精，非貴精也。然其迹則貴守之也。」

48 附之以文〔一〕，益之以博。文滅質，博溺心〔二〕。

〔一〕此句之上，集釋原有「心與心識。知，而不足以定天下，然後」數語，馬總節録此文，斷章取義。附：附着，添附。文：文飾。

〔二〕郭象注曰：「文博者，心質之飾也。」天海案：溺：淹没。此指困惑、沉溺。

49 古之所謂得志者，非軒冕之謂也〔一〕。今之所謂得志者，軒冕之謂也〔二〕。軒冕之在身，非性命也。物之儻來，寄也〔三〕。寄之，其來不可禦，其去不可止〔四〕。故不爲軒冕肆志，不爲窮約趨俗〔五〕。

〔一〕此句下，集釋有「謂其无以益其樂而已矣」一句。軒冕：古代卿大夫的車輿冠服。此指代爵位與俸禄。

〔二〕成玄英疏曰：「今世之人，澆浮者衆，貪美榮位，待此適心，是以戴冕乘軒，用爲得志也。」

〔三〕集釋「軒冕」下無「之」字，「寄」下有「者」字。成玄英疏曰：「儻者，意外忽來者耳。軒冕榮華，身外之物。物之儻來，非我性命，暫寄而已，豈可長久也？」

〔四〕「禦」，集釋作「圉」，音義同。郭象注曰：「在外物耳，得失之非我也。」

〔五〕郭象注曰：「澹然自若，不覺寄之在身；曠然自得，不覺窮之在身。」天海案：肆志：縱情快意。窮約：窮困潦倒。趨俗：迎合世俗。

50　井蛙不可以語於海者，拘於墟也〔一〕；夏蟲不可以語於冰者，篤於時也〔二〕；曲士不可以語於道者，束於教也〔三〕。

〔一〕「井蛙」上，集釋有「北海若曰」四字；「墟」，集釋作「虚」。

〔二〕夏蟲：生長在夏天，不能過冬的昆蟲。篤：固守。此指局限。

〔三〕曲士：鄉野之人。釋文曰：「司馬云：鄉曲之士也。」此指見識淺薄之人。此句下郭象注曰：「夫物之所生而安者，趣各有極。」

51　自細視大者不盡，自大視細者不明〔一〕。

〔一〕「自細」上，集釋有「北海若曰」四字。不盡：不完全。不明：不清楚。此句下郭象注曰：「目之所見有常極，不能無窮也。」

52　騏驥、驊騮〔一〕，一日而馳千里，捕鼠不如狸狌〔二〕，言殊伎也〔三〕。鴟鴞夜撮蚤〔四〕，察毫末，晝出瞋目，而不見丘山，言殊性也〔五〕。

〔一〕成玄英疏曰：「騏驥、驊騮，並古之良馬也。」

〔二〕成玄英疏曰：「狸狌，野貓也。」天海案：狸狌：似狐而小，短而肥，俗稱黄鼠狼。

〔三〕「伎」，集釋作「技」，音義同。

〔四〕「鴟鴞」，集釋作「鴟鵂」，即貓頭鷹。撮：抓取。

〔五〕郭象注曰：「就其殊而任之，則萬物莫不當也。」

53 道無終始，物有死生〔一〕。

〔一〕郭象注曰：「死生者，無窮之變耳，非終始也。」

54 莊子釣於濮水〔一〕，楚王使大夫二人往，先焉〔二〕，曰：「願以境内累矣〔三〕。」莊子持竿不顧，曰：「吾聞楚有神龜〔四〕，死已三千歲矣，王巾笥而藏之廟堂之上〔五〕。此龜者，寧其死爲留骨而貴乎，寧其生而曳尾塗中乎〔六〕？」

〔一〕濮水：古黄河濟水支流，原在今河南濮陽縣境内，今已湮没。

〔二〕釋文曰：「楚王，司馬云：威王也。」楚王：此指楚威王，名商，公元前三三九年至前三二九年在位。先焉：事先致意。釋文曰：「先，謂宣其言也。」

〔三〕成玄英疏曰：「先述其意，願以國境之内委託賢人。王事殷繁，不無憂累之也。」天海案：此句爲古人禮聘時的委婉敬辭。境内：國境之内。累：拖累，指委以國事。

〔四〕神龜：古代認爲龜神異長壽，其甲可卜吉凶，故稱神龜。

〔五〕巾笥：用巾覆蓋的箱篋。釋文曰：「李云：藏之以笥，覆之以巾。」

〔六〕曳尾：拖着尾巴。塗：通「途」，泥路。

55 惠子曰〔一〕：「子非魚，安知魚之樂耶〔二〕？」莊子曰：「子非我，安知我不知魚之樂耶〔三〕？」惠子曰：「我非子，固不知子矣；子固非魚也，子之不知魚之樂，全矣〔四〕。」

〔一〕惠子：即惠施，戰國時宋人，名家代表人物之一。他主張「合同異」之説，認爲事物的差别、對立是相對的，誇大其同一性而流於詭辯。漢志名家有惠子一篇，今佚。

〔二〕「耶」字，集釋無。成玄英疏曰：「惠施不體物性，安起質疑。」

〔三〕此句集釋亦無「耶」字。郭象注曰：「欲以起明相非而不可以相知之義耳。子非我，尚可以知我之非魚，則我非魚，亦可以知魚之樂也。」

〔四〕郭象注曰：「捨其本，言而給辯，以難也。」天海案：此句道藏本脱「矣」字。全矣：全在於此。

56 奚爲奚據？奚避奚處？奚就奚去？奚樂奚患〔一〕？擇此八者，莫足以活身。唯無擇而任其所遇，乃全也〔二〕。

〔一〕「患」，道藏本、集釋皆作「惡」。

〔二〕「全」，道藏本誤作「舍」。「也」，集釋作「耳」。此下成玄英疏曰：「奚，何也。今欲行至樂之道以活身者，當何所爲造，何所依據，何所避諱，何所安處，何所從就，何所捨去，何所歡樂，何所嫌惡，而合至樂之道乎？此假設疑問，下自曠顯。」黄以周案：據、處、去、惡相韻。「惡」，各本作「患」，周校本作「惡」。廖本脱此條。

57 髑髏曰〔一〕：「死，無君於上，無臣於下，亦無四時之事，從然以天地爲春秋〔二〕，雖南面王樂，不能過也〔三〕。」莊子不信，曰：「吾使司命，復生汝骨肉、肌膚〔四〕，反汝父母、妻子、閭里、知識，子欲之乎〔五〕？」髑髏曰〔六〕：「吾安能棄南面王樂，而復爲人間之勞乎〔七〕？」

〔一〕髑髏：死人的頭骨，即骷髏。

〔二〕從然：從容自得、瀟灑飄逸貌。釋文：「從然，從容也。」

〔三〕成玄英疏曰：「夫死者魂氣升於天，骨肉歸乎土，既無四時炎涼之事，寧有君臣上下之累乎？從容不復死生，故與二儀同其年壽。雖南面稱孤，王侯之樂，亦不能過也。」

〔四〕此句集釋作「復生子形，爲子骨肉肌膚」。司命：主管生命之神。

〔五〕上句「汝」字，集釋作「子」。反：同「返」，歸還。閭里：鄉里，此指鄉親。知識：此指故交、熟悉的人。成玄英疏曰：「莊子不信髑髏之言，更説生人之事，欲使司命之鬼復骨肉、反妻子、歸閭里，頗欲之乎。」

〔六〕此句集釋作「髑髏深矉蹙額曰」。

〔七〕郭象注曰：「舊説云莊子樂死惡生，斯説謬矣，若然，何謂齊乎？所謂齊者，生時安生，死時安死，生死之情既齊，則無爲當生而憂死耳。此莊子之旨也。」

58 夫畏途者〔一〕，十殺一人，則父子兄弟相戒也，必盛卒徒而後出焉，不亦智乎〔二〕！故人之所畏者〔三〕。衽席之上，飲食之間，而不知戒者〔四〕，過也。十殺一人，人大畏之。至於色欲之害，而莫肯畏之，斯愚民也〔五〕。

〔一〕釋文曰：「司馬云：阻險道，可畏懼者也。」

〔二〕「後」下，集釋有「敢」字。盛：增多，加强。卒徒：士兵、隨從。成玄英疏曰：「夫路有劫賊，險難可畏，十人同行，一人被殺，則親情相戒，不敢輕行，强盛卒伍，多結徒伴，斟量平安，然後敢去。豈不知全身遠害乎？」

〔三〕故：同「固」，集釋無。「所」下，集釋有「取」字。

〔四〕「知」下，集釋有「爲之」二字。衽席：卧席。此隱指床上淫樂之事。

〔五〕此所録注文與郭象原注略異。郭象原注作「十殺一耳，便大畏之。至於色欲之害，動皆之死地，而莫不冒之，斯過之甚也」。

59 莊子行於山中，見大木枝葉茂盛，伐木者止其旁而不取〔一〕。問其故，曰：「無所可用。」莊子曰：「此木以不材得終其天年〔二〕。」出山，舍故人之家〔三〕。故人命豎子殺鴈〔四〕。豎子曰〔五〕：「其一能鳴，其一不能鳴，請奚殺？」主人曰：「殺不鳴者〔六〕。」明日，弟子問莊子，曰：「山中之木以不材得終，主人之雁以不材死，先生將何處焉〔七〕？」莊子曰〔八〕：「周將處夫材與不材之間〔九〕，似之而非也，故未免乎異〔一〇〕。」

〔一〕「茂盛」，集釋作「盛茂」。「取」下集釋有「也」字。

〔二〕成玄英疏曰：「不材無用，故終其天年也。」

〔三〕此二句廖本作「夫子出山，舍故人之家」，集釋作「夫子出於山，舍於故人之家」。此處原有聚珍本館臣案語，云：「『出山』上，原書有『夫』字，釋文：『夫者，夫子，謂莊子也。』藏本有『夫子』字。」

〔四〕「故人」下，廖本有「喜」字。此句集釋作「故人喜，命豎子殺鴈而烹之。豎子請曰」，其下成玄英疏曰：「門人呼莊子爲夫子也。豎子，童僕也。」鴈：即今之鵝。說文曰：「鵝，鴈也；鴈，鵝也。」

〔五〕「子」下，集釋有「請」字。

〔六〕「不」下，集釋有「能」字。

〔七〕「終」下，廖本有「天命」二字。此三句集釋作「昨日山中之木以不材得終其天年，今主人之鴈以不材死，先生將何處」。正文末句，廖本無「先生」二字。

〔八〕「曰」上，集釋有「笑」字。

〔九〕此句下，集釋尚有「材與不材之間」六字。

〔一〇〕郭象注曰：「設將處此耳。以此未免於累，竟不處。」「故未免乎異」，廖本作「不免乎累」。天海案：「異」，集釋作「累」。

60 直木先伐，甘泉先竭〔一〕。

〔一〕郭象注：「才之害也。」成玄英疏：「直木有材，先遭斫伐；甘井來飲，其流先竭。人銜才智，其義亦然。」

61 鳥莫知於鷾鴯〔一〕。其畏人也，襲諸人間〔二〕。未有自疏外於人而人存之者〔三〕。畏人而入於人間〔四〕，此鳥所以稱智也〔五〕。

〔一〕成玄英疏曰：「鷾鴯，燕也。實，食也，智能遠害全身，鳥中無過燕子。」釋文曰：「或云：鷾鴯，燕也。」

〔二〕「襲」上，集釋有「而」字。成玄英疏曰：「襲，入也。」

〔三〕「者」下，郭象原注有「也」字。

〔四〕「間」，郭象原注作「舍」。

〔五〕「鳥」下，郭象原注有「之」字，其下成玄英疏曰：「燕子畏懼於人，而依附人住。入人舍宅，寄作窠巢，是故人愛而狎之，故得免害。」

62 舜讓天下於子州支伯〔一〕。子州支伯曰：「余適有幽憂之病〔二〕，方且治之，未暇治天下也〔三〕。」

〔一〕成玄英疏曰：「舜之事迹，具在内篇，支伯猶支父也。」俞樾曰：「漢書古今人表有子州支父，無支伯，則支父、支伯是一人也。」天海案：子州支伯：姓子，名州，字支伯，傳説爲唐堯時懷道隱居之人。

〔二〕幽憂：深重的憂勞。一説指病沉重頑固。

〔三〕聚學軒本周廣業注曰：「考外篇山木後尚有田子方、知北遊二篇，雜篇起庚桑楚至寓言五篇，此並不録，當有亡闕。」

63 春耕種，足以勞動〔一〕；秋收斂，足以休息〔二〕。

〔一〕「足」上，集釋有「形」字。

〔二〕此句集釋作「身足以休食」。

64 能尊生者，雖富貴〔一〕，不以養傷身；雖貧賤，不以利累形〔二〕。

〔一〕「能」，道藏本作「然」。尊生：看重生命。「富貴」，集釋作「貴富」。

〔二〕釋文曰：「王云：富貴有養，而不以味養傷身；貧賤無利，而不以求利累形也。」累形：束縛形軀。
聚珍本館臣案曰：「此下舊訛作王孫子。」天海案：此説非也，從上文第六十二條開始，舊訛作王孫子。

65 帝王之功，聖人之餘事也，非所以完身養生也。今世俗之君子，多危身棄生以殉物，豈不悲哉〔一〕？有人於此，以隨侯之珠彈千仞之雀〔二〕，世必笑之，是何也？其以所用者重、所要者輕也〔三〕。夫生者，豈特隨侯珠之重哉〔四〕？

〔一〕此句下集釋有「凡聖人之動作也，必察其所以之與其所以爲」二句。殉物：追求身外之物。

〔二〕上句集釋作「今且有人於此」。隨侯之珠：傳説春秋時隨國濮水中出寶珠，隨侯救治過受傷的靈蛇，其蛇銜珠報恩，故稱此珠爲隨侯之珠。

〔三〕「其以」，集釋作「則其」；「所要」上，集釋有「而」字。

〔四〕成玄英疏曰：「夫雀高千仞，以珠彈之，所求者輕，所用者重，傷生殉物，其義亦然也。」

66　列禦寇不受鄭子陽遺粟〔一〕，曰：「君非自知我也，以人之言而遺我粟。至其罪我也，又恐以人之言，吾所以不受也〔二〕。」

〔一〕此句集釋無，或馬總以意節録之。列禦寇：即列子，見前列子題解。鄭子陽：鄭繻公時國相，字子陽。俞樾曰：「子陽事見吕覽適威篇、淮南子氾論訓及史記鄭世家。」

〔二〕「恐」，集釋作「且」；「吾」上，集釋有「此」字。

67　子貢問原憲：「先生何病也〔一〕？」原憲應之曰：「吾聞無財之謂貧〔二〕，學而不能行之謂病。今憲貧也，非病也。」子貢退有愧色〔三〕。

〔一〕此二句集釋作「子貢曰：嘻，先生何病」。原憲：字子思，又稱原思，春秋時魯人，一説爲宋人，孔子弟子。傳説他安貧樂道，蓬户、褐衣、蔬食，不減其樂。

〔二〕此句集釋作「憲聞之，无財謂之貧」。

〔三〕此句集釋作「子貢逡巡而有愧色」，成玄英疏曰：「嘻，笑聲也。逡巡，卻退貌也。以儉繫奢，故懷慙愧之色也。」

68 知足者，不以利自累〔一〕；審自得者，失之而不懼；行修於内者，無位而不怍〔二〕。

〔一〕「累」下，集釋有「也」字。自累：束縛自己。累，通「縲」，捆人的繩索。

〔二〕成玄英疏曰：「怍，羞也。夫自得之士，不以得喪駭心，内修之人，豈復羞慙無位？」天海案：此條見雜篇讓王，原爲孔丘對顔回語。

69 窮於道之謂窮〔一〕。抱仁義之道〔二〕，而遭亂世之患，何窮之有〔三〕？

〔一〕此句上集釋有「孔子曰：是何言也。君子通於道之謂通」數語。

〔二〕「抱」上，集釋有「今丘」二字。抱：懷抱，堅守。

〔三〕上句「而」字，集釋作「以」；下句集釋作「其何窮之爲」。此條見雜篇讓王，原爲孔丘困於陳、蔡時對子路、子貢語。

70 智者謀之〔一〕，武者遂之，仁者居之，古之道也〔二〕。

〔一〕此句之上，集釋有「湯又讓瞀光曰」六字。之：此指代天下政權，下與此同。

〔二〕遂：成功奪取。居：佔據，掌握。此條見雜篇讓王，原爲商湯讓天下與瞀光時語。

71 廢上〔一〕，非義也；殺民，非仁也。人比其難〔二〕，我享其利，非廉也〔三〕。

〔一〕此句上集釋有「瞀光辭曰」四字，與上條爲同一段對話。上：在上位的君王，此指夏桀。

〔二〕「比」，集釋與聚學軒本皆作「犯」。

〔三〕成玄英疏曰：「享，受也。廢上，謂放桀也。殺民，謂征戰也。犯其難，謂遭誅戮也。我享其利，謂受禄也。」天海案：此條見雜篇讓王，原爲瞀光答商湯語。

72 摇脣鼓舌，擅生是非〔一〕。

〔一〕摇脣鼓舌：形容賣弄口才，大發議論。此條見雜篇盜跖，原爲盜跖面斥孔丘之語。

73 好面譽人者，亦好背而毁之也〔一〕。

〔一〕此二句上集釋有「且吾聞之」四字。末句「之」下無「也」字。面譽：當面奉承人。毁：詆毁，誹謗。此條見雜篇盜跖，亦爲盜跖面斥孔丘之語。

74 湯放其主，武王殺紂〔一〕。自是之後，以强凌弱，以衆暴寡。湯、武以來，皆亂人之徒也〔二〕。

〔一〕上句下成玄英疏曰：「放桀於南巢也。」湯：一名成湯、商湯，商代開國君主，滅夏建商，放逐夏桀於南巢。主：此指夏桀。下句下成玄英疏曰：「朝歌之戰。」

〔二〕成玄英疏曰：「征伐篡弒，湯武最甚。」亂人：犯上作亂之人。此條見雜篇盜跖，亦爲盜跖面斥孔丘之語。

75 人之情〔一〕，目欲視色，耳欲聽聲，口欲察味，志氣欲盈〔二〕。人上壽百歲，中壽八十，下壽六十，除病瘦死〔三〕。

〔一〕「人」上，集釋有「今吾告子以」五字。

〔二〕成玄英疏曰：「夫目視耳聽，口察志盈，率性而動，稟之造物，豈矯情而爲之哉？分内爲之，道在其中矣。」

〔三〕此句集釋作「除病瘦、死喪、憂患」。王念孫曰：「瘦，當爲『瘐』字之誤也。瘐，亦病也。『病瘐』爲一類，『死喪』爲一類，『憂患』爲一類。」天海案：此説是。此條見雜編盜跖，亦爲盜跖對孔丘語。

76 我悲人之自喪也〔一〕，吾又悲乎悲人者〔二〕，吾又悲乎悲人之悲也〔三〕。

〔一〕「也」，集釋作「者」。成玄英疏曰：「喪，猶亡失也。子綦悲歎世人捨己慕佗，喪失其道。」

〔二〕成玄英疏曰：「夫道無得喪而物有悲樂，故悲人之自喪者，亦可悲也。」

〔三〕「也」，集釋作「者」，其下尚有「其後而日遠矣」六字。此條見雜篇徐無鬼，文略同。然意林各本皆無此條，僅見於説郛本，現補録之。

二三　鶡冠子三卷

鶡冠子，戰國時楚人，隱居深山，以鶡羽爲冠，故有此號。鶡冠子一書，漢志道家著録一篇，隋、唐志均作三卷。其大旨本源於老子道德經，其學説雜用刑名、陰陽，其文博辯宏肆。劉勰文心雕龍稱：「鶡冠綿綿，亟發深言。」

今存鶡冠子三卷十九篇，有北宋陸佃注。意林總目載三卷，列莊子之後，存目無文，聚珍本館臣案曰：「書闕，舊不標目，今依録補之。」然文亦未録。説郛本録意林鶡冠子二條；清人周廣業輯有鶡冠子逸文一條，刻在聚學軒本附録中；清人李遇孫照宋本補刻鶡冠子缺文二條；四部叢刊本俱收在卷五之後、卷六之前。爲統一體例，現以説郛本爲主，去除重複，移録於此。

1　烏鵲之巢，可俯而窺〔一〕；麋鹿之居，可招而係〔二〕，此在上者慈心〔三〕。

〔一〕「窺」下，鶡冠子四部叢刊本有「也」字。

〔二〕「之居」，鶡冠子四部叢刊本作「羣居」。「可招而係」，説郛本作「可係而招」，鶡冠子四部叢刊本作

「可從而係也」，陸佃注曰：「鳥鵲性猜懼，麋鹿性驚決。故此主言之。」

〔三〕此句説郛本作「此在上者有慈心」，鶡冠子四部叢刊本無此句。説郛本録意林有此條，所見意林他本皆無。

2　扁鵲兄弟三人並善醫〔一〕。魏文侯問曰：「子三人其孰最善〔二〕？」扁鵲曰：「長兄視神，故名不出家〔三〕；仲兄親毫毛，故名不出閭〔四〕；扁鵲鍼人血脈，投人毒藥，故名聞諸侯〔五〕。」

〔一〕陸佃注曰：「扁鵲，勃海郡人，姓秦氏，名越人。」天海案：此句治要與鶡冠子四部叢刊本無，另作「煖曰：王獨不聞魏文侯之問扁鵲耶」。周廣業所輯逸文作「鶡冠子云：扁鵲兄弟三人並醫」；李遇孫補刻本無「鶡冠子」三字。漢志有扁鵲内經九卷，外經十二卷，今皆不傳。事見史記。

〔二〕此二句鶡冠子四部叢刊本、治要作「子昆弟三人，其孰最善爲醫」，周廣業輯逸文作「魏文侯問曰：孰最善」。魏文侯：名斯，戰國時魏國國君，公元前四四五年至前三九六年在位。

〔三〕説郛本脱「名」字，此據治要、周氏輯逸文補。「視神」，周廣業輯逸文作「神际」。此二句鶡冠子四部刊本、治要作「長兄於病視神，未有形而除之，故名不出於家」。天海案：視神：治病人的精神。視：此指醫治。家：卿大夫采邑、封地。

〔四〕此二句鶡冠子四部叢刊本治要作「中兄治病，其在毫毛，故名不出於閭」，周廣業輯逸文作「仲兄神毫毛，故名不出門」。天海案：毫毛：毛髮，此指人的表皮、外表之病。閭：古代以二十五户爲一間，此指鄉里。

〔五〕「扁鵲」，周廣業輯逸文作「臣」。毒藥：用毒藥治病，以毒攻毒。此三句治要作「若扁鵲者，針血脈，投毒藥，割肌膚，而出聞於諸侯」；「割肌膚」，鶡冠子四部叢刊本作「副肌膚間」，餘皆與治要同。陸佃注曰：「其所能愈粗，其所聞愈遠。」天海案：此條「扁鵲曰」至「出聞」，李遇孫補刻本無。此據鶡冠子四部叢刊本世賢篇、治要、説郛本及周廣業輯逸文等補之。

二四　王孫子一卷

王孫子，複姓王孫，或戰國時人，生平事未詳。漢志儒家有王孫子一篇，注曰：「一曰巧心。」文心雕龍序志開篇即稱「昔涓子琴心，王孫巧心，心哉美矣，故用之焉」，或巧心又爲王孫子書名。隋志載孫卿子下附注：「梁有王孫子一卷，亡。」藝文類聚引作王孫子新書，北堂書鈔引數條，太平御覽亦引王孫書二事。

聚珍本館臣案曰：「書闕，諸本誤以莊子雜篇繫其下，今正之。」道藏本誤將莊子「舜讓天下」以後十四條録入王孫子目下。是書今已不存，現將四部叢刊本卷五所附清人李遇孫補刻王孫子缺文一條移此，並與説郛本、聚學軒本周廣業意林附編所輯參校。馬國翰玉函山房輯佚書亦有輯本，可參閲。

1　衛公重裘累茵，見負薪者而屢哭之〔一〕。問曰：「何故？」對曰：「雪下衣薄，故哭之〔二〕。」衛公顏色大懼，乃開府出金〔三〕，發倉粟以賑貧窮〔四〕。「吾恐鄰國貪，養賢以勝吾也〔五〕」。

〔一〕此二句御覽引作「昔衛君重裘累茵而坐，見路有負薪而哭者」，周廣業意林附編引同御覽。衛公：此或指衛靈公，名元，公元前五三四至前四九三年在位。

〔二〕「故哭之」，御覽引作「是以哭之」，説郛本作「故哭」，李遇孫補刻本作「故失薪」，此據周廣業意林附編作「故哭之」。

〔三〕此二句御覽引作「於是衛君懼見於顏色，曰：爲君而不知民，孰以我爲君？於是開府金」，周廣業意林附編引同御覽。「乃開府出金」，李遇孫補刻本無「出」字。

〔四〕「發」，周廣業意林附編、李遇孫補刻本皆作「出」，此從説郛本。

〔五〕此二句周廣業意林附編無，説郛本與李遇孫補刻本有。但此二句與此條文意不相屬，考御覽所引「趙簡子獵於晉陽之山」條，有「吾恐鄰國養賢以獵吾也」句，疑錯録於此。

二五　申子三卷

申子，名不害，戰國時鄭國京人。韓昭侯時用申不害爲相，内修政教，外應諸侯，十五年間國治兵强。事見史記本傳。

申子之學説，本於黃、老而主刑名。政治上主張循名責實，崇上抑下，以刑齊之。史記載其「著書二篇，號曰申子」，漢志法家載申子六篇，注曰：「名不害，京人，相韓昭侯，終其身，諸侯不敢侵韓。」隋志法家載商君書五卷，注曰：「梁有申子三卷，韓相申不害撰，亡。」此書今已不存，其説散見於各書中。清人嚴可均、黄以周、馬國翰等人皆有輯本，可參閲。

意林所録申子僅五條，今以類聚、治要、初學記、長短經、御覽諸書所引參校之。

劉向云：「申子名不害，河東人，鄭時賤臣，挾術以干韓昭侯〔一〕，秦兵不敢至。學本黄老，急刻無恩，非霸王之事〔二〕。」

〔一〕「挾術」，道藏本、廖本、四庫本皆作「學術」。干：干謁。韓昭侯：戰國時韓國國君，公元前三六三年至前三三三年在位。

〔二〕此條非申子正文，或馬總録劉向所著申子書録，故不編入正文序號。

1　三寸之篋運而天下定〔一〕，六寸之基正而天下治〔二〕。

〔一〕此句御覽引作「明君治國，三寸之機運而天下定」。此作「三寸之篋」，篋爲小竹箱，於此文意不明，疑爲「筴」字之訛。「筴」同「策」，爲古代用以計算的籌子。運策即運籌，史記高祖本紀：「運籌帷幄之中，決勝千里之外，吾不如子房。」

〔二〕「六寸之基」，御覽引作「方寸之謀」，句下尚有「一言正而天下定，一言倚而天下靡」二句。「六」或「方」之形誤。方寸，指人的心。御覽所引爲是。此條所録，類聚亦引，文略異。

2 妒妻不難破家，亂臣不難破國〔一〕。一妻擅夫，衆妻皆亂；一臣專君〔二〕，羣臣皆蔽。

〔一〕此二句治要、長短經引在下文「羣臣皆蔽」句下。「妻」，治要作「婦」，下文「妻」字亦同。

〔二〕擅夫：獨佔丈夫寵愛。專君：獨佔君王寵信。

3 智均不相使，力均不相勝〔一〕。

〔一〕尹文子有「兩智不能相使，兩貴不能相臨」之語，文意同此。相使：相互驅使。相勝：彼此制勝。御覽引此，文同。

4 鼓不預五音，而爲五音主〔一〕。

〔一〕不預：即「不與」，不在其中。五音：指我國古代音樂的五個音階，即宫、商、角、徵、羽。主：爲主，主宰。論衡定賢曰：「鼓無當於五音，五音非鼓不和。」或本於此文。治要、初學記、長短經亦引此文，略同。

5 百世有聖人猶隨踵，千里有賢人是比肩〔一〕。

〔一〕「隨踵」下，戰國策有「而至」二字，御覽有「而生」二字。「比肩」下，類聚有「而至也」三字，御覽有「而立也」三字。

二六　慎子十二卷　名到，學本黄、老。滕輔注。

慎子，名到，戰國時趙人，約當齊宣王、齊閔王時，與鄒衍、淳于髡、接予、環淵等人同爲齊國稷下學士。其著作大部分已散失，其説大抵以齊萬物爲首，循自然而立法，但法令的推行，要依仗統治者的權勢。事見史記。

慎子一書，史記曰十二篇，漢志法家載四十二篇，注曰：「名到，先申、韓，申、韓稱之。」隋志作十卷，兩唐志亦作十卷，注曰：「慎到撰，滕輔注。」滕輔是晉太學博士，意林所據應是此本，然此書今已不存。今存本乃明人捃拾雜録而成，而後收入四庫全書中。清人錢熙祚據羣書治書所録補爲七篇，是爲今存慎子通行之本，意林所録慎子十三條皆在其中，可參閲。

1　小人食於力，君子食於道〔一〕。

〔一〕諸子鴻藻引此稱出慎子隆治篇；御覽引此，文同。此條見錢熙祚本逸文中。

2　詩，往志也；書，往誥也；春秋，往事也〔一〕。

〔一〕此條見經義考引，在錢熙祚本逸文中。

3　愛赤子不慢其保〔一〕，絶險者不慢其御〔二〕。

〔一〕此句治要作「愛赤子者不慢於保」。赤子：嬰兒。慢：怠慢。保：保姆。

〔二〕此句治要作「絶險歷遠者不慢於御」。絶險：越過險路。御：車夫。錢熙祚本威德篇有此文，與治要文同。

4　措鈞石，使禹察之，不能識也〔一〕；懸於權衡，則毫髮辨矣〔二〕。

〔一〕措：安置，擺放。鈞：古以三十斤爲鈞。石：古以四鈞爲石。上二句御覽作「使禹察錙銖之重，則不識也」。識：辨别，區别。

〔二〕「毫髮」，道藏本作「釐髮」。此句御覽引作「則氂髮之微識矣」。

5　兩貴不相事，兩賤不相使〔一〕。

〔一〕此條見錢熙祚本逸文中，文同。又見荀子王制：「夫兩貴之不能相事，兩賤之不能相使，是天數也。」説郛本此條與下二條併爲一條。

6　家富則疏族聚，家貧則兄弟離〔一〕。非不相愛，利不足相容也〔二〕。

〔一〕「疏族」，説郛本作「宗族」。疏族：疏遠的族人。聚學軒本周廣業注曰：「二句選注、御覽皆引作鶡冠子，然今鶡冠子無此文。」

〔二〕「足」字，説郛本無。此條見錢熙祚本逸文引，文同。

7　不聰不明，不能爲王〔一〕；不瞽不聾，不能爲公。海與山争水，海必得之〔二〕。

〔一〕御覽引此文，首句上有「諺云」二字；此與下二「爲」字，所見意林他本皆無。

〔二〕錢熙祚本逸文引此條，與御覽所引文略同。

8　有權衡者，不可欺以輕重；有尺寸者，不可差以長短；有法度者，不可巧以詐僞〔一〕。

〔一〕此文與管子明法所述略同，參見本書卷一管子第十二條。御覽與錢熙祚本逸文引此，文同。

9　一兔走，百人追之〔一〕。積兔於市〔二〕，過而不顧。非不欲兔，分定不可争也〔三〕。

〔一〕上句後漢書袁紹傳注引作「一兔走街」，御覽所引亦有「街」字；「百人追之」，説郛本、道藏本、四庫本皆無「之」字，御覽所引有。此句下後漢書袁紹傳注引尚有「貪人具存，人莫之非者，以兔爲未定分也」三句。

〔二〕「於市」，後漢書袁紹傳注引作「滿市」，錢熙祚本逸文與之同。

〔三〕此句後漢書袁紹傳注引作「分定之後，雖鄙不争」。吕氏春秋慎勢、後漢書袁紹傳注、御覽與錢熙祚本並引此文，皆詳於此。

10　孝子不生慈父之家，忠臣不生聖君之下〔一〕。六親不和有孝慈，國家昏亂有忠臣〔二〕。

〔一〕此二句下治要分別録有注文「六親不和有孝慈也」；「國家昏亂有貞臣也」。

〔二〕聚學刊本周廣業注曰：「此二句出老子，且旦庵所無。」聚珍本館臣案曰：「二句出老子，長短經反經篇引之，入注中。」天海案：此二句爲原注，説郛本録作正文，聚學軒本從之。「孝慈」，説郛本作「孝子」。錢熙祚本知忠篇有此條，但無注文。

11 匠人成棺，不憎人死〔一〕，利之所在，忘其醜也〔二〕。

〔一〕此二句御覽引作「匠人成棺槨，而無憎於人」。

〔二〕上句御覽引作「利在人死也」，未引下句。醜：羞恥，慚愧。錢熙祚本逸文引此，文同。

12 廊廟之材，非一木之枝〔一〕；狐白之裘，非一狐之腋〔二〕。

〔一〕「廊」上，治要有「故」字。廊廟：此泛指朝廷宫殿。「非」上，治要有「蓋」字，「枝」下有「也」字。

〔二〕上句「狐」字，錢熙祚本作「粹」。狐白之裘：用狐狸腋下白色皮毛製成的皮裘，極爲珍貴。聚學刊本周廣業注曰：「選注『腋』作『皮』，下云：治亂存亡，榮辱之施，非一人之力。」天海案：下句治要引作「蓋非一狐之皮也」。文選注、御覽、錢熙祚本知忠篇皆有此文，略異。

13 藏甲之國，必有兵遁〔一〕，有意者必先作具〔二〕。市人可驅而戰，安國之兵，不由忿起〔三〕。

〔一〕藏甲：貯藏武器裝備。兵遁：軍隊隱藏。廣雅釋詁曰：「遁，隱也。」

〔二〕此爲馬總録慎子原注。具：準備。

〔三〕錢熙祚本愼子逸文引此，文同。

二七　燕丹子三卷

燕丹，姓姬名丹，生年不詳，死於公元前二二六年。戰國時燕王喜太子，故又稱燕太子丹。曾被迫入秦做人質，後逃歸，募荆軻刺殺秦王。事未成，秦發兵擊燕，逼燕王喜斬丹以獻。事見戰國策燕策、史記刺客列傳。

燕丹子一書，漢志未著録，始載於隋志小説家，一卷，不題撰者姓名。舊唐志小説家録作三卷，題燕太子撰。

意林所録五條，皆見於清人孫星衍所輯燕丹子傳中，其中荆軻刺秦條與戰國策、史記所載略異。此條所録長達五百餘字，在意林全書中僅此一例。明人胡應麟稱燕丹子爲「古今小説雜傳之祖」，實不爲過。今人程毅中有點校本，王天海有燕丹子全譯。

1　丹者，燕王喜之子〔一〕，身質於秦始皇之世〔二〕。

〔一〕史記刺客列傳索隱：「劉向云：丹，燕王喜之子。」燕王喜：戰國時燕惠王曾孫，名喜，太子丹之父，在位三十三年，爲秦所虐苦。太子丹刺秦王未成，秦師伐燕，逼其斬丹以獻，三年後燕滅於秦。

〔二〕此句戰國策燕策與孫星衍輯本皆作「燕太子丹質于秦」，永樂大典作「燕丹子質于秦」。天海案：太子丹約在秦王政十年入質于秦，秦王政二十年太子丹派荆軻刺秦王，秦王政二十一年太子丹被殺，秦王政二十六年始稱「始皇」。藝文類聚引燕丹子亦作「燕太子丹質於秦，秦王遇之無禮」。此條見孫星衍輯本上卷，僅作「燕太子丹質於秦」。聚珍本館臣案曰：「此下當有闕文。」

2 丈夫恥於受辱，貞女羞於節虧〔一〕。

〔一〕此二句孫星衍輯本作「丹聞丈夫所恥，恥受辱以生於世也；貞女所羞，羞見劫以虧其節也」。

3 田光云〔一〕：「血勇，怒而面赤〔二〕；脈勇，怒而面青〔三〕；骨勇，怒而面白〔四〕。光知荆軻者，神勇也，怒而不變〔五〕。」

〔一〕「田光云」三字，説郛本無，道藏本、四庫本録在下文「怒而面白」句下。田光：戰國時燕人，爲人足智多謀，向太子丹舉薦荆軻，後自刎以激荆軻刺秦。

〔二〕此二句孫星衍輯本作「夏扶，血勇之人，怒而面赤」。

〔三〕此二句孫星衍輯本作「宋意，脈勇之人，怒而面青」。

〔四〕此二句孫星衍輯本作「武陽，骨勇之人，怒而面白」。此句下之文，説郛本無。

〔五〕此三句孫星衍輯本作「光所知荆軻，神勇之人，怒而色不變」。荆軻：生年不詳，死於公元前二二七年。戰國時衛人，稱荆卿，又名慶卿。後爲燕太子丹賓客，拜上卿，受命刺秦王，未中，被殺。史記有傳。天海案：此條見戰國策燕策三、孫星衍輯本中卷，文略異。又見於史記刺客列傳正義、太平御覽。

4 荆軻之燕，謂太子曰〔一〕：「光揚太子高行厲天〔二〕，美聲盈耳。軻出衛都，望燕路，歷險不以勤，望遠不以遐〔三〕。今太子禮之以舊故之恩，接之以新人之敬，所以不復讓者，信知己故也〔四〕。」

〔一〕「荆軻之燕」下，孫星衍輯本另有數句，言太子丹親自駕車迎接荆軻，並設宴款待。「謂太子曰」，孫星衍輯本作「軻言曰」。

〔二〕「揚」，原作「揣」，於義不屬，此據道藏本改。此句孫星衍輯本作「田光褒揚太子仁愛之風，説太子不世之器，高行厲天」。厲天：至天。莊子大宗師「且汝夢爲鳥而厲乎天」，成玄英疏：「厲，至也。」厲，通「戾」。詩小雅采芑：「其飛戾天。」毛傳：「戾，至也。」

〔三〕二「不以」下，孫星衍輯本皆有「爲」字。

〔四〕此句孫星衍輯本作「士信於知己也」。信：通「伸」。此條見孫星衍輯本下卷，文略異。

5 軻曰：「太子若以燕當秦，猶以羊捕狼〔一〕。」軻乃請樊於期，曰〔二〕：「將軍得罪於秦，父母妻子皆見焚〔三〕，軻爲將軍痛之。今願得將軍之首，與燕督亢地圖進之，秦王必喜，喜必見軻〔四〕。軻因左手把其袖，右手揕丁鴆切。其胸〔五〕，數以負燕之罪，責以將軍之讐〔六〕。」於期執刀自刎〔七〕，頭墜背後，兩目不瞑。太子聞之，伏尸而哭〔八〕。函盛於期首與燕督亢地圖以獻秦〔九〕。武陽爲副，軻不擇日而發〔一〇〕。太子、賓客皆素衣冠送之易水之上，軻起爲壽〔一一〕，歌曰：「風蕭蕭兮易水寒，壯士一去兮不復還。」高漸離擊筑，宋意和之〔一二〕，爲壯聲，則髮怒衝冠〔一三〕；作哀歌〔一四〕，則士皆流涕。二人皆升車，終已不顧也〔一五〕。

〔一〕此二句孫星衍輯本作「太子率燕國之衆而當之，猶使羊將狼、使狼追虎耳」。

〔二〕此二句孫星衍輯本作「於是軻潛見樊於期，曰」。樊於期：戰國時秦將，避罪逃燕，秦王政曾懸賞千金購其頭。事見史記刺客列傳。

〔三〕「將軍」之上，孫星衍輯本有「聞」字；「焚」下，孫星衍輯本有「燒」字；句下孫星衍輯本尚有「求將軍邑萬户，金千斤」二句。

〔四〕此以上數句戰國策燕策作「願得將軍之首以獻秦，秦王必喜而善見臣」。督亢：地名，戰國時爲燕國膏腴之地，在今河北涿縣東。

〔五〕此二句戰國策燕策作「臣左手把其袖，而右手揕抗其胸」。揕：音震，擊刺。

〔六〕此二句戰國策燕策作「然則將軍之仇報，而燕國見陵之恥除矣。將軍豈有意乎」；其下孫星衍輯本有「而燕國見陵雪，將軍積忿之怒除矣」二句。

〔七〕此句孫星衍輯本作「於期起，扼腕執刀曰：『是於期日夜所欲，而今聞命矣。』於是自刭」。

〔八〕此二句孫星衍輯本作「太子聞之，自駕馳往。伏於期屍而哭，悲不自勝，良久，無奈何」。

〔九〕「盛」上，孫星衍輯本有「遂」字。

〔一〇〕此句孫星衍輯本作「荆軻入秦，不擇日而發」。武陽：史記刺客列傳：「秦舞陽，燕國勇士，年十三能殺人，人不敢忤視。」後隨荆軻入秦，爲副使。

〔一一〕此二句孫星衍輯本作「太子與智謀者皆素衣冠送之於易水之上，荆軻起爲壽」。易水：水名，源於今河北易縣，今已乾涸。

〔一二〕高漸離：戰國時燕人，與荆軻友善。軻刺秦王未遂身死，漸離改姓名，爲人幫工。秦王喜其善擊筑，刺瞎雙眼，乃使擊筑。漸離預置鉛塊於筑内，擊秦王不中，被殺。筑：古代絃樂器。宋意：戰國時燕人，善歌唱，太子丹門客。天海案：「宋意」，文選引作「宋如意」，陶潛詠荆軻、初學記均作「宋意」。

〔一三〕此二句戰國策燕策作「復爲忼慨羽聲，士皆瞋目，髮盡上指冠」。

〔一四〕此句孫星衍輯本作「爲哀聲」。

〔一五〕此二句戰國策燕策作「於是荆軻遂就車而去，終已不顧」。此段原與下文共爲一條，爲便於讀者檢閲，據文意分爲二段，不增加編號。

軻至咸陽，秦王大喜，陛戟見荆軻〔一〕。軻捧樊於期首柙並地圖，以次進〔二〕。羣臣皆呼萬歲，秦武陽大恐，荆軻顧笑武陽〔三〕，前謝曰：「北蕃蠻夷之鄙人〔四〕，未見天子，願陛下少假借之，使得畢事於前〔五〕。」秦王曰：「軻起，督亢圖進之〔六〕。」荆軻發圖〔七〕，圖窮而匕首見。因左手把秦王袖，右手揕其胸〔八〕，數之曰：「從我計則生，不從則死〔九〕。」秦王曰：「乞聽琴聲而死〔一〇〕。」召姬人鼓琴。琴聲曰：「羅縠單衣，可掣而絶；八尺屏風，可超而越；轆轤之劍，可負而拔。」軻不解音，秦王從琴聲，負劍拔之〔一一〕。秦王斷軻兩手〔一二〕，軻因倚柱而笑，箕踞而罵，曰：「吾爲豎子所欺，事不濟也〔一三〕。」

〔一〕此三句孫星衍輯本作「入秦，至咸陽，因中庶子蒙白得見秦王，秦王喜。百官陪位，陛戟數百，見燕使者」。咸陽：戰國時秦國都城，故址在今陝西咸陽市東北二十里處。陛戟：臺階上有武士持戟警衛。

〔二〕此二句孫星衍輯本作「軻奉於期首，武陽奉地圖，鐘鼓並發」。

〔三〕上句戰國策燕策作「秦武陽色變振恐」；孫星衍輯本無「秦」字，其下尚有「兩足不能相過，面如死灰色，秦王怪之」三句；下句孫星衍輯本無「笑」字。

〔四〕此二句戰國策燕策作「前爲謝曰：北蠻夷之鄙人」。

〔五〕此三句戰國策燕策作「未嘗見天子，故振慴。願大王少假借之，使畢使於前」。假借：寬容。畢事：完成出使的任務。

〔六〕此三句戰國策燕策作「秦王謂軻曰：起，取武陽所持圖」。

〔七〕此句戰國策燕策作「軻既取圖，奉之，發圖」，孫星衍輯本作「秦王發圖」。

〔八〕此二句戰國策燕策作「因左手把秦王之袖，而右手持匕首揕抗之」，孫星衍輯本作「軻左手把秦王袖，右手揕其胸」。

〔九〕「我」，孫星衍輯本作「吾」。此二句上，孫星衍輯本尚有荊軻數落斥責秦王罪行數語，文繁不引。

〔一〇〕此句上孫星衍輯本有「今日之事，從子計耳」二句。

〔一一〕此句下孫星衍輯本有「於是奮袖，超屏風而走。軻拔匕首擲之，決秦王耳，入銅柱，火出」數句。

〔一二〕此句孫星衍輯本作「然秦王還斷軻兩手」。

〔一三〕此二句戰國策燕策作「事所以不成者，乃欲以生劫之，必得約契以報太子也」，孫星衍輯本作「吾坐輕易，爲豎子所欺。燕國之不報，我事之不立哉」。

二八　鬼谷子五卷　樂氏注，名壹〔一〕。

鬼谷子，楚人，籍貫姓名皆不詳，或説姓王，名詡，因隱居鬼谷中，自號「鬼谷子」。傳説鬼谷子爲戰國時縱横家之祖，蘇秦、張儀曾師之。

鬼谷子一書，漢志不見載，隋志縱横家始載有皇甫謐、樂壹注各三卷。考史記蘇秦列傳已載蘇秦師鬼谷先生事，而説苑善言亦引鬼谷子語。由此可知，鬼谷子一書或出於秦、漢之際，撰者不可考。

今存鬼谷子總計二十三篇，實存二十一篇。是書所載，皆縱横捭闔、揣摩權謀之術，其文辭亦奇變詭譎，非後世所能爲。意林録文九條，前七條今存，後二條不見載。現以明萬曆刊本參校之。

總按：其序云〔二〕：「周時有豪士隱者居鬼谷，自號鬼谷先生〔三〕，無鄉里、族姓、名字。」此蘇秦作書記之也〔四〕。鬼之言遠，猶司馬相如假無是公云爾〔五〕。

〔一〕此爲意林原注。樂壹：據鬼谷子序「梁有陶弘景注三卷，又有樂壹注三卷」，知樂壹爲南朝梁人，其事未詳。「壹」，隋志原作「一」，兩唐志皆作「臺」，或因「一」之大寫爲「壹」而形近致誤，故後遂訛作「臺」。底本原作「臺」，明萬曆本鬼谷子已改作「壹」，故從之。今本有鬼谷子序，乃照録長孫無忌所撰隋志縱横家叙文，實非鬼谷子原序。

〔二〕馬總直接加按者，意林全書僅此一例。「其序云」，道藏本、四庫本作「其書云」。

〔三〕鬼谷：地名。史記蘇秦列傳「東事師於齊，而習之於鬼谷先生」，司馬貞索隱曰：「鬼谷，地名也。扶風池陽、潁川陽城並有鬼谷墟，蓋是其人所居，因爲號。」「隱者居鬼谷」，文選注引作「隱於鬼谷者」。文選注曰：「自號鬼谷子，言其自遠也。然鬼谷之名，隱者通號也。」

〔四〕漢志縱横家有蘇子三十一篇，此序或見於蘇子中所記。蘇秦：戰國時東周洛陽人。初遊説秦惠王吞併天下，不被用。後師事鬼谷子，發憤苦讀，習揣摩、縱横、捭闔之術。後遊説六國合縱抗秦，佩六國相印，爲縱約之長。後被張儀連横術所破。蘇秦至齊爲客卿，因與齊大夫争寵被刺死。事見史記。

〔五〕此或爲馬總所録樂壹原注。司馬相如（公元前一七九年至前一一八年）：西漢人，字長卿，擅長文章辭賦。漢武帝時，因獻賦任命爲郎，後交通邛、筰有功。著作以子虛、上林、大人等賦著稱。其賦文詞華麗雕琢，爲漢大賦代表作。史記、漢書皆有傳。無是公：亦作「亡是公」，乃司馬相如子虛賦中假託之人名。天海案：馬總此按語又見於高似孫子略，文同。四庫總目提要稱：「玉海引中興書目曰：周時高士，無鄉里、族姓、名字，以其所隱，自號鬼谷先生。蘇秦、張儀事之，授以捭闔至符言等十有二篇。」因此條爲馬總按語，故不列入正文序號。

1　自古及今〔一〕，其道一也。變化無窮，各有所歸。或陰或陽，或柔或剛，或開或閉〔二〕，或弛或張。是以聖人守司其門户〔三〕，審察其先後。

〔一〕「及」，明萬曆刊本作「至」。

〔二〕「閉」，底本誤作「閑」，據明萬曆刊本改。

〔三〕上句「是以」，明萬曆刊本作「是故」；「守」上，明萬曆刊本有「一」字。門户：此喻事物變化的原由、關鍵；又以口舌比作心之門户。

2　口者，心之門户，智謀皆從之出〔一〕。

〔一〕此條明萬曆刊本作「口者，心之門户也；心者，神之主也；志意喜欲，思慮智謀，此皆由門户出入」。

3　或遥聞而相思，或前進而不御〔一〕。

〔一〕此二句明萬曆刊本作「日進前而不御，遥聞聲而相思」。

4　世無常貴，事無常師〔一〕。

〔一〕「貴」，道藏本、四庫本作「責」，疑形誤。天海案：此條見明萬曆刊本忤合，高似孫子略亦引此二句。

5　抱薪赴火，燥者先燃〔一〕；平地注水，濕者先濡〔二〕，此類相應也〔三〕。

〔一〕赴火：明萬曆刊本作「趨火」。「先燃」上，説郛本有「必」字。聚學軒本周廣業注曰：「王楙野客叢書謂賈誼『積薪厝火』語出於此，似不若晏子『抱薪爇火，燥者先著』二句爲古。」

〔二〕「先濡」上，説郛本有「必」字。濡：浸潤。此上四句北堂書鈔亦引。

〔三〕此句明萬曆刊本作「此物類相應」。荀子勸學曰：「施薪若一，火就燥也；平地若一，水就濕也；草木疇生，禽獸羣焉，物各從其類也。」荀子大略曰：「均薪施火，火就燥；平地注水，水就濕，夫類之相從也。」又見鄧析子轉辭篇，文略異。

6　智者不用其所短，而用愚人之所長也〔一〕；不用其所拙，而用愚人之所工也〔二〕。

〔一〕此與下文二「也」字，明萬曆刊本俱無。

〔二〕「工」，聚學軒本作「巧」。御覽引此作量權篇。

7　牆壞於有隙，木毀於有節〔一〕。

〔一〕二「有」字，明萬曆刊本皆作「其」。此條見明萬曆刊本謀篇，文同。御覽引此作謀慮篇。

8 人動我靜，人言我聽〔一〕。能固能去，在我而問。知性則寡累，知命則不憂。憂累去則心平，心平而仁義著矣〔二〕。

〔一〕此二句與下文「知性」、「知命」二句，高似孫子略亦引之。

〔二〕此條不見於明萬曆刊本鬼谷子。

9 以德養民，猶草木之得時；以仁化人，猶天生草木，以雨潤澤之〔一〕。

〔一〕此條不見於明萬曆刊本鬼谷子。

二九　尹文子二卷　劉歆注〔一〕。

尹文，戰國時齊國隱士，生卒年不詳。莊子天下篇將其與宋鈃並稱，呂覽高誘注曰：「尹文，齊人，作名書一篇，在公孫龍前，公孫龍稱之。」

尹文子一書，漢志名家作一篇，隋志、舊唐志俱作二卷，新唐志作一卷。治要録此書，有上篇大道、下篇聖人；今傳本尹文子分爲大道上下兩篇。原序稱是書原多脱誤，三國魏黄初末由山陽仲長氏撰定爲上下兩篇。前人考稱，此仲長氏或非漢獻帝末年之仲長統，或漢、魏之際人託名作此序。聚學軒本周廣業注曰：「容齋隨筆謂尹文子僅五千言。以今本計之，實六千五百六十字，合意林所載。『兩智』以下四條又增百餘字。再考藝文巧藝部引云『以智力求者，喻如弈，弈進退取與、攻劫放舍在我者也』，又云『博盡關塞之宜，得周通之路，而不能制齒之大小，在遇者也』。書鈔引云『鐘鼓之聲，怒而擊之則武，憂而擊之則恐，喜而擊之則樂。其意變，其音亦變。意誠感之達於金石，而況於人乎』。荀子注引云『禹之勞，十年不窺其家，手不爪，脛不生毛』，又曰『舜、禹眸子是謂重明』。御覽『中黄伯余左執太行之獶，右執雕虎』云云數條，亦今本所無，計其字，又百餘，則六千六百六十字尚非定本。」因爲尹文子内容淆雜，故四庫全書將其列入雜家。意林録尹文子十二條，現以羣書治要、清汪繼培輯校本、錢熙祚校本參校之。

序云：「文子出於周之尹氏〔二〕，齊宣王時居稷下〔三〕。余黄初末始到京師，繆熙伯以此書見示〔四〕，聊定之〔五〕。」

〔一〕此三字爲底本注文，意林明刊諸本作「劉歆注尹文子」，清鮑廷博疑「尹文子」三字爲衍文。其下聚珍本館臣案曰：「歆奏七略，不聞注尹文子，疑有訛。」周廣業認爲劉歆未曾注尹文子，「劉歆注」三字亦有訛。顔師古注漢志，尹文子目下引劉向語，意林或誤「向」爲「歆」；或將「劉向序」誤爲「劉歆注」，亦未可知。劉歆：西漢劉向之子，字子駿，後改名秀，字穎叔。河平中，與父劉向總校羣書。向死，歆爲中壘校尉，繼父業整理六藝羣書，編成七略，爲經籍目録學做出了貢獻。王莽時，任國師，後參與謀殺王莽，事敗自殺。漢書有傳。

〔二〕此句錢熙祚校本原序作「尹文子者，蓋出於周之尹氏」。尹氏：少昊之子，封於尹城，因以爲氏，子孫世爲周卿士，食采於尹。見通志氏族略以邑爲氏。

〔三〕稷下：古地名，在齊國都城臨淄稷門。齊宣王喜文學遊説之士，於稷門設館，招鄒衍等七十六人，賜第，爲上大夫，不治事而議論。顔師古注漢志「尹文子一篇」：「劉向云：與宋鈃俱遊稷下。」

〔四〕黄初：魏文帝曹丕年號，即公元二二〇年至公元二二六年。繆熙伯：名襲，漢末魏初人，生平事未詳。據魏志劉劭傳及注稱：繆熙伯爲仲長統友人，曾爲統撰昌言表。「統延康元年（二二〇年）卒，時年四十餘」。

〔五〕此句錢熙祚校本原序作「聊試條次，撰定爲上下篇」。句下聚珍本館臣注曰：「此仲長統序文。」又案稱：「統卒於漢獻帝延康元年，則安得於魏黄初末定此書？恐序出僞託。」天海案：此序文見於錢熙祚校本原序首尾二處，文略異，或馬總以意節録。

1　名有三科：一曰命物之名，方圓黑白是也〔一〕；二曰毀譽之名，善惡貴賤是也；三曰況謂之名，賢愚愛憎是也〔二〕。

〔一〕命物：給事物形狀、性質、顔色等命名。「黑白」，道藏本、四庫本作「白黑」。

〔二〕況謂：比況和評説。聚學軒本周廣業注曰：「釋文引無『愛憎』二字，荀子注引有。」

2　法有四呈〔一〕：一曰不變之法，君臣上下是也；二曰齊等之法〔二〕，能鄙同異是也；三曰理衆之法〔三〕，慶賞刑罰是也；四曰平準之法，律度權量是也〔四〕。

〔一〕汪繼培注曰：「程之省，説文云：程，品也。」天海案：錢熙祚校本此句在「名有三科」句下。呈：同「程」，程式，等級。

〔二〕「齊等」，錢熙祚校本作「齊俗」，此指區别等次。

〔三〕「理衆」，錢熙祚校本作「治衆」，意林避唐諱而改，指治理衆人。

〔四〕汪繼培注曰：「按漢時大司農屬官有平準令，其名蓋本於此。」天海案：平準之法是古代官府轉輸物資、平抑物價的法令。平準：計量的標準。律度：指製作器物的標準、長短的尺度，如分、寸、尺、丈等。權量：重量和容量。

3 有理而無益於治者，君子不言；有能而無益於事者，君子不爲〔一〕。

〔一〕「不言」、「不爲」，治要與錢熙祚校本皆作「弗言」、「弗爲」。

4 工倕不貴獨巧，貴與衆共巧〔一〕。今世之人，行欲獨賢，事欲獨能，辯欲出羣，勇欲絶衆。

〔一〕上句道藏本作「倕不貴獨工」，治要作「所貴工倕之巧，不貴其獨巧」，錢熙祚校本無「所」字，餘同治要。工倕：相傳爲堯時的巧匠，名倕，亦稱工倕。下句治要作「貴其與衆共巧也」，錢熙祚校本「其」下有「能」字；容齋續筆引此文，「其」下亦有「能」字。

5 田駢曰〔一〕：「天下之士，莫肯處其門庭，臣其妻子〔二〕，必遊宦諸侯之朝，名利引之也〔三〕。」

〔一〕田駢：戰國時齊人，齊宣王時稷下學士。莊子天下篇彭蒙、田駢、慎到三人並稱。經典釋文：「田駢，齊人也，遊稷下，著書十五篇。」聚學軒本周廣業注曰：「釋文引慎子云：名榮。」

〔二〕門庭：此指家中。臣：使妻子兒女爲臣，猶治理。

〔三〕「朝」下，錢熙祚校本有「者」字。「名」字，錢熙祚校本無。遊宦：以遊學求官。

6　彭蒙曰〔一〕：「雉兔在野，衆皆逐之〔二〕，分未定也。雞豕滿市，莫有志者，分定故也〔三〕。」

〔一〕彭蒙：生平未詳，與田駢同爲稷下學士，彭蒙或爲田駢之師。莊子天下篇：「田駢學於彭蒙。」成玄英莊子疏曰：「彭、田、慎，皆齊之隱士，俱遊稷下，各著書數篇。」

〔二〕「皆」，錢熙祚校本作「人」。

〔三〕此條見錢熙祚校本大道上篇，慎子亦有類似之文。

7　兩智不能相使，兩貴不能相臨，兩辯不能相屈〔一〕，力均勢敵故也。

〔一〕「使」，御覽引作「救」。相使：彼此驅使。荀子王制曰：「夫兩貴之不能相事，兩賤之不能相使，是天數也。」與此義同。相臨：彼此制約。臨：統管，治理。「辯」，説郛本作「辨」。相屈：彼此屈服。

8　專用聰明則功不成，專用晦昧則事必悖〔一〕。一明一晦，衆之所載〔二〕。

〔一〕聰明：耳聰目明，此指智慧聰明。晦昧：昏暗，不明，此指糊塗愚昧，或指採用陰謀手段。悖：謬誤，錯亂。

〔二〕「載」，同「戴」，擁戴。釋名釋姿容：「載，戴也，戴之於頭也。」

9　禄薄者不可與經亂〔一〕，賞輕者不可與入難，處上者不可不慎也〔二〕。

〔一〕禄薄：俸禄少。經亂：經歷動亂。

〔二〕此句治要、錢熙祚校本皆作「處上者所宜慎者也」。處上者：指處上位的君主。此條文或本管子法法：「爵不尊、禄不重者，不與圖難犯危。」

10　尹文子見宣王，宣王不言而歎〔一〕。尹文子曰：「何歎？」王曰：「吾歎國中寡賢。」尹文子曰：「國中悉賢，誰處王下？誰爲王使〔二〕？」

〔一〕「宣王」，錢熙祚校本逸文作「齊宣王」，下句作「宣王歎國寡賢」。

〔二〕此上二「誰」字，錢熙祚校本逸文皆作「孰」。此條見錢熙祚校本逸文引類聚與御覽。

11　人有字長子曰「盜」，少子曰「毆」。盜出行，其父在後追而呼之曰：「盜，盜。」吏聞，因而縛之〔一〕。其父呼毆喻吏，遽而聲不轉〔二〕，但言「毆，毆」，吏因而毆之，幾至於死〔三〕。

〔一〕「而」字，錢熙祚校本無。

〔二〕喻：解説明白。遽而聲不轉：因急促説話，語音轉不過彎。

〔三〕此二句錢熙祚校本作「吏因毆之，幾殪」。此條見錢熙祚校本大道下篇，文略異。

三〇　公孫尼子一卷〔一〕

「公孫尼子」原作「公孫文子」，考之古籍書目，未見有公孫文子一書。明胡應麟少室山房筆叢卷三搜羅先秦、兩漢間子書，有七種稱公孫子的，但未見公孫文子。清周廣業援引諸書爲據，認爲「文子」乃「尼子」之誤，且高似孫子略目載梁子鈔目亦作公孫尼子一卷，故「文子」蓋「尼子」之誤。聚學軒本、四部叢刊本皆認爲當作公孫尼子，今據改。聚學軒本周廣業注曰：「御覽引公孫尼子，分見人事部、骨肉等門，天中記引全文，陳禹謨説儲引『多食甘者』六句，並三出意。又御覽食部引公孫尼子曰『太古之人飲露，食草木實，聖人爲火食，號燧人，飲食以通血氣』，此言飲食之始，類附於此。」又注曰：「是書早佚，賴意林得傳數條。明以來又訛爲文子，胡氏雖嘗致疑，亦未能辨。然遍稽羣籍，從未聞公孫文子，況馬氏所録，其半尚有御覽可覈，烏忍使聖門緒論久湮於不知誰何乎？再考是篇，除樂記已入小戴列在正經外，初學記引『屈倒貊冠』、『殷紂爲肉圃』二條。文選注『家人役物而忘情』；路史注『舜牧羊於潢陽之野，堯舉之以爲天子』；御覽『道爲智者設，賢爲聖者用』；又『君子怒則説之以智，喜則收之以正』；又『孔子有病，哀公使醫視之，醫曰：子居處飲食何如？孔子曰：某春居葛室，夏居密陽，秋不風，冬不煬，飲食不饋，飲酒不勤。醫曰：是良藥也』，共五條，雖一鱗片羽，均堪寶貴。至小戴緇衣，劉瓛以爲公孫尼子作，當亦在二十八篇之内，今無可考矣。」

公孫尼，生平事未詳。一説字子石，孔子弟子。漢志儒家載公孫尼子二十八篇，雜家又載公孫尼一篇。隋志儒家有公孫尼子一卷，兩唐志載同隋志。公孫尼子書或亡於唐、宋之際，意林所録六條，見於史記樂書四條，見於太平御覽二條，足見其寶貴。

1　心者，衆智之要，物皆求於心〔一〕。

〔一〕此目下，聚珍本館臣案曰：「文」當作「尼」，王應麟漢藝文志考證、洪邁容齋續筆及太平御覽、初學記、隋書音樂志所援引可據。

〔二〕求：尋求，推究。御覽、淵鑒類函引公孫尼子有此文。

2　修心而不知命，猶無室而歸〔一〕。

〔一〕「心」，聚學軒本作「身」。明徐元太喻林引此條，文同。

3　君子行善必有報，小人行不善必有報〔一〕。

〔一〕「不善」下，聚學軒本有「亦」字。

4　樂者，先王所以飾喜也；軍旅者，先王所以飾怒也〔一〕。

〔一〕飾：表現，表達。荀子樂論曰：「且樂者，先王之所以飾喜也；軍旅斧鉞者，先王之所以飾怒也。」史記樂書載此文，正義曰：「此樂化章第四段也。」又曰：「樂記者，公孫尼子撰次也。」

5　舟從流於河而無維檝，求安不可得也〔一〕。

〔一〕從流：猶縱流，任意泛流。説郛本有此條，文同。

6　人有三百六十節，當天之數〔一〕；形體有骨肉，如地之厚〔二〕；有孔竅血脈，如川谷也〔三〕。多食甘者，有益於肉而骨不利；多食苦者，有益於骨而筋不利〔四〕；多食辛者，有益於筋而氣不利。

〔一〕節：骨節，關節。當：相當。天之數：一年三百六十天之數。

〔二〕此句與下句二「如」字，御覽皆引作「當」。厚：厚能載物。

〔三〕此句下，御覽有「血氣者，風雨也」六字。孔竅：此指人身上的口耳眼鼻等。

〔四〕「有益於骨」四字，御覽無。

三一　陸賈新語二卷　太中大夫陸賈也。

陸賈，約出生於前二四〇年至前一七〇年，其先爲楚人。劉邦起事時，以陸賈有口才，善辯論，常派他出使諸侯各國，擢爲太中大夫。高祖死後，吕后擅權。陸賈説丞相陳平深結太尉周勃，誅諸吕，立漢文帝劉恒。後陸賈再次出使南越，勸説趙佗廢去帝號，重新恢復其臣屬關係。

陸賈著新語十二篇，史記、漢書皆有傳，隋、唐志皆作二卷。此書至宋末時已非完帙，但今存明弘治十五年錢福序本仍有十二篇，故清王謨跋文認爲此本爲元、明以來裒集而成。意林明刊本標目皆作「新書」，或因此下晁錯、賈誼書名而誤。意林録新語共八條，皆見於今本中。現以明弘治間錢福序本參校之。

1 陽出雷電，陰成雪霜〔一〕。

〔一〕「出」，錢本作「生」。説郛本此條與下條併爲一條。

2 善言古者，合之於今；能述遠者〔一〕，考之於近。道爲智者設〔二〕，馬爲御者良，賢爲聖者用，辯爲智者通〔三〕。

〔一〕述：錢本作「術」，省視之意。禮記祭義：「結諸心，形諸色，而術省之。」疏：「術，述，省視也。」

〔二〕「設」，錢本作「譏」。

〔三〕此條散見於錢本術事，文略異。

3 秦以刑罰爲巢，故有覆巢破卵之患。

4 文公種米，曾子枷羊〔一〕。智者所短，不如愚者所長〔二〕。

〔二〕「種米」，淮南子作「樹米」，高誘注曰：「晉文公樹米而欲生之。」「枷」，説郛本、道藏本、四庫本皆作「牧」，錢本作「駕」，藝文類聚作「枷」。此條下聚珍本館臣案曰：「枷，原書作『駕』。淮南子注『連枷所以備之』，舊訛『牧』。今從藝文類聚。」聚學軒本周廣業注語略同此。

〔三〕二「者」字下，錢本皆有「之」字；且二句錢本在「文公種米」句上。

5　近河之地濕，近山之木長〔一〕。山出雲而丘阜生氣，四瀆東流而百川無西〔二〕。

〔一〕此句錢本作「近山之土燥」，句下尚有「以類相及也」五字。

〔二〕上句錢本作「故山川出雲雨，丘阜生氣」；「生」下，錢本有注曰「缺一字」。下句「無西」，錢本作「無不從」。四瀆：古時長江、淮河、黄河、濟水皆獨流入海，故稱「四瀆」。

6　衆口毀譽，浮石沈木〔一〕。羣邪相抑〔二〕，以直爲曲。

〔一〕「毀」上，錢本有「之」字。句下周廣業注曰：「變亂物性。」

〔二〕「相」，錢本作「所」。

7　犬不夜吠，雞不夜鳴〔一〕，家若無聲，官府若無事〔二〕，亭落若無人〔三〕，閭里不訟，耆老不愁，君子之治也〔四〕。

〔一〕「雞」，錢本作「烏」。

〔二〕此二句治要作「寂然無聲，官府若無人」，錢本作「寂然若無聲，官府若無吏」。

〔三〕「人」，治要作「吏」，錢本作「民」。亭落：此指村落。漢書：「秦制十里一亭。」廣雅：「落，居也。」

〔四〕上句錢本作「閭里不訟於巷」。閭里：古代二十五家爲閭，二十五閭爲里。此泛指鄉里、民間。次句治要作「耆老甘味於堂」，錢本作「老幼不愁於庭」。耆老：六十歲稱耆，七十歲稱老。末句錢本作「是以君子之爲治也」，且在「寂然若無聲」句上。君子：此指有道明君。

8 玉斗酌酒，金椀刻鏤，所以誇小人，非厚己也〔一〕。

〔一〕「金椀」，治要作「金罍」；末句治要作「所以誇小人之目者也」。後三句錢本作「酌金銀刻鏤，可以誇小人，非所以厚於己而濟於事也」。

三二　晁錯新書三卷

晁錯（公元前二〇〇年至前一五四年），一作「朝錯」。西漢潁川人。漢文帝時爲太常掌故，又遷爲太子家令，時號「智囊」。景帝時，先任内史，後任御史大夫，力主削藩以加强中央集權。後吴、楚七國起兵叛亂，漢景帝用袁盎之計，斬晁錯而亂兵不息。事見史記、漢書本傳。

漢志法家著録「晁錯三十一篇」，隋志法家韓子下注稱：「梁有朝氏新書三卷，漢御史大夫錯撰，亡。」舊唐志作三卷，宋史志書目皆不見載，是書或亡於唐、宋之際。

意林録四條，觀之可知晁氏政治上崇尚術數，重兵勸農；思想上以儒家之德爲其形，以法家刑賞爲其實。史志雖列晁錯於法家，但他實際上是外儒内法、德主刑輔的政治家。

1　高皇帝不用同姓爲親〔一〕，故能以誅暴亂。令之所加，莫不從；兵之所誅，莫不服〔二〕。

〔一〕高皇帝：此指漢高祖劉邦。不用：不以。

〔二〕此與下三條，均見馬國翰輯晁氏新書雜篇，文略同。

2　吕后專制，社稷不傾若髮〔一〕。漢書云「如帶」，公羊云「如綫」〔二〕。

〔一〕吕后：名雉，劉邦之妻，單父人。漢惠帝死後，臨朝稱制，主政柄八年，排斥劉邦舊臣，立諸吕爲王。吕雉死，周勃、陳平等盡滅諸吕，擁立文帝，恢復劉氏政權。若髮：如懸於髮絲。

〔二〕此二句意林諸本皆作正文。聚珍本館臣案曰：「『漢書云如帶』十字疑是小注。」聚學軒本周廣業認爲「公羊句終費解」。天海案：漢書爲東漢班固所撰，晁錯新書不當引其文；公羊氏注春秋與吕氏事無涉，故此疑爲馬總自撰注文，或傳鈔時誤作正文，清馬國翰玉函山房輯佚書已將此十字改爲小字注文，今從之。

3　善爲政者，士實於朝野，牛馬實於陸，鳥獸實於林；上及飛鳥，下及蟲魚〔一〕；載之如地，包之如海。陛下之地，東西盡冠蓋之民〔二〕，南北極寒暑之和，匈奴不得當一縣〔三〕。

〔一〕此二句漢書本傳作「德上及飛鳥，下及水蟲」。

〔二〕陛下：此或指漢景帝。冠蓋：禮服與車乘，此指代仕宦、豪富之人。

〔三〕賈誼治安策亦有此語。當：抵，相當。此條或爲晁錯奏漢景帝之言。

4 號令不時，命曰傷天；焚林斬木不時〔一〕，命曰傷地；斷獄立刑不當，命曰傷人〔二〕。

〔一〕首句「不時」，指不合時事；此句「不時」，指不按時令。

〔二〕此條或爲晁錯奏漢景帝之言。

三三　賈誼新書八卷

賈誼（公元前二〇一年至前一六九年），漢初洛陽人，以年十八能屬文稱於郡中。漢文帝召爲博士，又遷爲太中大夫。後出爲長沙王太傅，又遷梁王太傅。因梁王墜馬死，悔怨自責，憂懼而亡，年僅三十三歲。世稱賈太傅、賈長沙或賈生。其著述今存賈子十卷、集四卷。史記、漢書皆有傳。

賈誼論著，漢志載賈子五十八篇，隋志作十卷，舊唐志作九卷，新唐志作賈誼新書十卷。今存十卷五十八篇，乃盧文弨據兩宋本、明刊本合校之，其中闕文二篇。四庫簡目稱：「多取賈誼本傳之文，割裂章段，顛倒次序，又加以標題而成，實非原本。」意林録七條，散見於今本各篇。現以盧文弨校本參校之。

1 寒者利裋褐，飢者甘糟糠〔一〕。秦二世立，天下莫不引領而觀其政〔二〕。是故勞民易爲政也〔三〕。

〔一〕「寒」上，盧校本有「夫」字。「飢」上，盧校本有「而」字。此二句盧校本與「勞民」句相連，在「秦二世立」句下。利：愛也。裋褐：短小的粗布衣服。

〔二〕「秦二世立」上，盧校本有「今」字。秦二世：公元前二一〇年，秦始皇病死於沙丘，宦官趙高脅迫左相李斯矯詔立其少子胡亥，即位後稱秦二世。在位三年後，趙高迫其自殺。「政」，盧校本作「亡」。盧文弨案曰：「潭本從史記作『莫不引領而觀其政』，然於上文卻少收煞，今故從建本作『亡』。意林引作『政』，當亦因史記改。」

〔三〕「政」，廖本、聚學軒本皆作「治」。此句盧校本作「此言勞民之易爲仁也」。勞民：撫慰人民。易井：「君子以勞民相勸。」

2 主之與臣，若日與星；貴之與賤，若白與黑〔一〕；如身之使臂，臂之使指。天子如堂，羣臣如陛，衆庶如地。若經制不定，猶渡江無維檝也〔二〕，中流遇風波，船必覆矣〔三〕。

〔一〕前二句盧校本服疑篇作「於是主之與臣，若日之與星」；後二句盧校本數寧篇作「尊卑貴賤，明若白黑」。

〔二〕此句盧校本俗激篇作「是猶渡江河無維檝」。經制：治國的制度。維檝：纜繩和船槳。

〔三〕上句盧校本作「中流而遇風波也」。此條所録，散見於盧校本服疑、數寧、五美、階級、俗激五篇中，文略異。聚學軒本周廣業注認爲：「此集五篇語，使以類從。」

3 採銅者，棄其田疇；家鑄者，損其農事〔一〕。

〔一〕家鑄：私人家中鑄錢。西漢初年，國家允許私人採銅鑄錢。

4 建武、函谷、臨晉三關，以備山東諸侯也〔一〕。不如定地勢，使無可備〔二〕，天下一通也〔三〕。

〔一〕上句盧校本作「所謂建武關、函谷、臨晉關者」。三關：秦時南有武關，秦昭王詐楚懷王處，又稱建武關；有函谷關，因關在谷中得名，地在今河南靈寶東北；東北方向有臨晉關，地在今陝西大荔縣東。下句盧校本作「大抵爲備山東諸侯也」。山東：古稱崤山以東的中原地區。

〔二〕上句盧校本作「豈若定地勢」，下句作「使無可備之患」。

〔三〕此句盧校本作「因行兼愛無私之道，罷關一通天下」。一通：即「一統」。

5 與正人居，不能無正人也〔一〕，猶生長於楚，不能無楚語〔二〕。

〔一〕此二句盧校本作「習與正人居之，不能無正也」。

〔二〕此二句盧校本作「猶生長於楚之不能不楚言也」。

6 志有四興〔一〕：朝廷之志清以嚴，祭祀之志思以和，軍旅之志精以厲〔二〕，喪紀之志憂以愁〔三〕。言有四術：敬以正，朝廷之言；和以序，祭祀之言；併聲氣，軍旅之言；悲不足，喪紀之言〔四〕。

〔一〕「興」，説郛本作「具」，聚學軒本作「與」。四興：四種表現。

〔二〕「清以嚴」、「思以和」、「精以厲」，盧校本分别作「淵然清以嚴」、「愉然思以和」、「佛然愠然精以厲」。清以嚴：清正而嚴肅。思以和：緬懷而祥和。精以厲：精鋭而振奮。管子七法：「兵弱而士不厲。」

〔三〕「憂以愁」，盧校本「愁」作「湫」；此三字上，盧校本有「漻然懋然」四字。喪紀：喪事。禮記文王世子：「喪紀以服之輕重爲序。」注：「紀猶事也。」

〔四〕「四術」以下之文，盧校本作「言敬以和，朝廷之言也；文言以序，祭祀之言也；屏氣折聲，軍旅之言也；言若不足，喪紀之言也」。

7 翟王使使至楚，楚王誇使者以章華之臺〔一〕。臺甚高，三休乃至〔二〕。楚王曰：「翟國亦有此臺乎？」對曰〔三〕：「翟王茅茨不翦，綵椽不刻〔四〕，猶以爲作之者勞，居之者佚〔五〕。」楚王大怍〔六〕。

〔一〕上句治要作「翟王使者之楚」，下句作「楚王欲誇之，故饗客于章華之臺上」，盧校本亦同。翟王：即

「狄王」，我國古代北方狄族首領。章華臺：春秋時楚靈王所造，故地在今湖北監利縣西北。

〔二〕此二句治要、盧校本皆作「上者三休，而乃至其上」。三休：休歇多次。

〔三〕「對曰」，治要作「使者對曰」，盧校本作「使者曰」。

〔四〕「茅茨不翦」，治要作「葍茸弗剪」，盧校本作「翟王之自爲室也，堂高三尺，壤陛三壘，茆茨弗翦」。「綵椽不刻」，治要與盧校本作「采椽不刮」。韓非子五蠹：「堯之王天下也，茅茨不翦，采椽不斲。」史記李斯列傳：「堯之王天下也，堂高三尺，采椽不斲。」索隱：「采，木名，即今之櫟木也。」綵椽不刻：屋椽不加砍削。綵：同「采」，即柞木。刻：砍削。

〔五〕此二句治要與盧校本皆作「且翟王猶以作之者大苦，居之者大逸，翟國惡見此臺也」。佚：通「逸」，安逸。

〔六〕治要作「楚王媿焉」，盧校本同治要，無「焉」字。大作：極爲慚愧。

三四　吕氏春秋二十六卷

吕不韋，戰國末年衛國人，居河南濮陽。原爲陽翟大賈，他在趙都邯鄲見到入質於趙的秦國公子異人，便助他歸國嗣位，是爲秦莊襄王。吕不韋因功拜相，封爲文信侯。莊襄王死，秦王政年幼繼位，尊不韋爲仲父，並委以國政。後因嫪毐獲罪牽連，被罷官。秦王政十二年，流放四川，途中自殺身亡。

漢志載吕氏春秋二十六篇，注曰：「秦相吕不韋輯智略士作。」隋、唐志皆作二十六卷。説郛本意林則作二十二卷，或筆誤所致。今傳吕氏春秋爲二十六卷，漢高誘注，清人畢沅有新校本，近人許維遹有集釋本，皆稱精審，可資參閲。意林録吕氏春秋共四十九條，皆見於今本中。現以畢沅校本、許維遹集釋本及治要所載參校之。

1　靡曼皓齒，鄭、衛之音，伐命之斧〔一〕；肥肉厚酒，爛腸之食〔二〕。

〔一〕高誘注：「靡曼，細理弱肌，美色也；皓齒，詩所謂齒如瓠犀者也。」鄭、衛之音：春秋時鄭、衛兩國的民間俗樂。儒家因論語衛靈公有「鄭聲淫」之語，便指斥鄭、衛之音爲淫靡的音樂。命：即「性」。畢本孟春紀本生篇正作「性」。天海案：首二句下畢本有「務以自樂，命之曰」二句，且在「爛腸之食」句下。

〔二〕上句下畢本有「務以自强，命之曰」二句；下句高誘注曰：「老子曰：五味適口，使口爽傷，故謂之爛腸之食也。」

2　雷則掩耳，電則掩目〔一〕。耳聞所惡，不如不聞；目見所惡，不如無見〔二〕。

〔一〕此二句畢本原在「不如無見」句下。

〔二〕此與上二「如」字，畢本作「若」。

3　强令之笑則不樂，强令之哭則不悲〔一〕。不由中心也〔二〕。

〔一〕此上二「則」字，治要、畢本皆無。

〔二〕治要引注文作「皆無其中心也」；御覽與底本文字同，引作正文。畢本引高誘注曰：「無其中心，故不樂不悲。」

4 流水不腐，户樞不蠹〔一〕，動也。形氣亦然〔二〕。

〔一〕畢本引高誘注曰：「腐，臭敗也。」「蠹」，畢本作「螻」，或傳寫之誤。

〔二〕形氣：人的形體和元氣。

5 水泉東流，日夜不休。上不竭，下不滿〔一〕。

〔一〕高誘注曰：「水從上流而東，不竭盡也。下至海，受而不滿溢也。」聚珍本館臣案曰：「『滿』當作『漏』。」

6 耳有所聞，不學而不如聾〔一〕；目有所見，不學而不如盲〔二〕。

〔一〕此二句畢本作「使其耳可以聞，不學，其聞不若聾」。

〔三〕此二句畢本作「使其目可以見，不學，其見不若盲」。畢沅引梁仲子曰：「或馬氏以意節之。」

7 戎人生乎楚，楚人生乎戎〔一〕，則楚人戎言，戎人楚言〔二〕。亡國之主，則可化成賢主也〔三〕。

〔一〕上二「生」字，畢本皆作「長」。戎：我國古代西部少數民族。禮記王制：「西方曰戎。」下句畢本作

「使楚人長乎戎」，且與上句互乙。

〔二〕「言」下畢本有「矣」字。

〔三〕此二句畢本作「由是觀之，吾未知亡國之主不可以爲賢主也」。

8 櫻桃爲鳥所含，故曰含桃〔一〕。

〔一〕上句「櫻桃」下，道藏本、四庫本有「之」字。天海案：此條非畢本正文。畢本仲夏紀第五正文爲「羞以含桃，先薦寢廟」，下有高誘注曰：「羞，進；含桃，鶯桃。鶯鳥所含食，故言含桃。」初學記引高注曰：「含桃，櫻桃。爲鳥所含，故曰含桃。」聚珍本館臣案曰：「此係『羞以含桃』下高誘注文。」據此可知，此條爲高氏注文，意林誤録入正文；又知唐本高誘注與畢本或多有不同，惜唐本不存。

9 勇，凶德〔一〕；兵，凶器〔二〕。

〔一〕畢本作「勇，天下之凶德也」。凶德：違背仁義的惡行。

〔二〕畢本作「凡兵，天下之凶器也」，且與上句互乙。高誘注曰：「兵者，戰鬥有負敗；勇者，凌傲有死亡，故皆謂之凶。」此條又見國語越語下「夫勇者，逆德也；兵者，凶器也」，文近似。

10 今有利劍，刺則不中〔一〕，擊則不及，與惡劍無異也〔二〕。

〔一〕此二句畢本作「今有利劍於此，以刺則不中」。

〔二〕上句道藏本、四庫本作「刺則不及」，且無上句「刺則不中」四字；下句畢本作「與惡劍無擇」。

11 水出於山而歸於海〔一〕，非惡山而欲海，高下使然也〔二〕。

〔一〕「歸」，畢本作「走」，高誘注曰：「走，歸也。」

〔二〕「非」上，畢本有「水」字；「使」下，畢本有「之」字。

12 人謂兔絲無根〔一〕，其根不連屬耳，茯苓是也〔二〕。磁石召針皆相引，猶聖人南面而立〔三〕，則天下莫不延頸〔四〕。

〔一〕「人」下，畢本有「或」字。兔絲：即菟絲，一名女羅，子可入藥。淮南子說山：「千年之松，下有茯苓，上有兔絲。」

〔二〕上句畢本作「兔絲非無根也，其根不屬也」；許維遹認爲「屬」下之「也」乃「地」字之誤。連屬：連接，連續。淮南子說山：「茯苓掘，菟絲死。」茯苓：菌類植物，別名松腴。寄生於山林松樹之根，塊球狀，可入藥。菟絲子又常寄生於茯苓上，故有此說。

〔三〕上句畢本作「慈石召鐵，或引之也」。下句畢本無「猶」字。召：通「招」，引，聚。聖人：此指聖明的君王。

〔四〕此句畢本作「而天下皆延頸而舉踵矣」，語又見莊子胠篋：「今遂至使民延頸舉踵曰。」延頸：伸長脖子，形容殷切盼望。

13 周文王使人相地，得枯骨，令吏衣冠葬之〔一〕。天下聞之，曰：「文王賢矣，澤及於枯骨〔二〕。」

〔一〕「相」，聚珍本館臣案曰：「疑『扣』字之訛，即古『掘』字。」御覽亦引作「扣」，畢本同。相地：勘察地形。「得枯骨」，畢本作「得死人之骸」。下句畢本作「遂令吏以衣冠更葬之」。

〔二〕此句畢本作「澤及髊骨」，高誘注曰：「骨有肉曰髊，無曰枯。」

14 齊人好勇者，其一人居東郭〔一〕，一人居西郭，卒然相遇〔二〕，飲酒曰：「酒須肉乎〔三〕。」各抽刀自割相啖，遂至於死〔四〕。

〔一〕上句「人」字，畢本作「之」；下句「一人」上，畢本有「其」字。

〔二〕「卒然」，道藏本、四庫本作「幸而」。此句畢本作「卒然相遇於途曰」。卒然：同「猝然」，突然。

〔三〕此句畢本無，另有數句，意略同而文異，文繁不引。

〔四〕此二句畢本作「因抽刀而相啖，至死而止」，其下尚有「勇若此，不若無勇」二句。

15 石可破，不可奪堅〔一〕；丹可磨，不可奪赤〔二〕，性受於天也。

〔一〕此二句畢本作「石可破也，而不可奪堅」。奪堅：改變堅硬的性質。

〔二〕畢本「磨」下有「也」字，「不」上有「而」字。高誘注曰：「磨，猶化也。」奪赤：改變朱紅的顏色。

16 魯有醜者，其父出見美者商咄〔一〕，反而告其鄰曰：「商咄不如吾子也〔二〕。」是至美不如至惡，愛子不知其醜也〔三〕。

〔一〕「醜」，畢本作「惡」，高誘注曰：「惡，醜也。」下句畢本作「其父出而見商咄」。商咄：即宋朝，春秋時宋國公子，仕衛爲大夫，與衛靈公夫人南子私通，事見左傳定公十四年杜預注。後常以商咄作美男子的代稱。章太炎曰：「商咄即是宋朝。宋亦稱商。朝、咄，聲轉也。」

〔二〕「也」，畢本作「矣」，句下尚有「且其子至惡也，商咄至美也」二句。

〔三〕上句畢本作「彼以至美不如至惡」；下句無，有「尤乎愛也」四字。

17 人有臭者〔一〕，其親戚、兄弟、妻妾、知識〔二〕，無能與居者。自屏於海〔三〕。海上有人悦其臭者，晝夜隨之不離也〔四〕。

〔一〕「臭」上，畢本有「大」字，梁玉繩曰：「大，一本作『犬』，蓋腋病也。」

〔二〕錢大昕曰「古人稱父母爲親戚」，並舉大戴禮、孟子爲證，文繁不引。知識：熟知、認識的人。

〔三〕「屏」，同「摒」，摒棄。自屏：自暴自棄。此句畢本作「自苦而居海上」。

〔四〕「悦」，畢本作「説」，與「悦」通。「不離也」，畢本作「晝夜隨之，而弗能去」。高誘注曰：「去，離也。」

18 趙襄子攻翟，勝，方飲而有憂色〔一〕，曰：「江河之大，不過三日〔二〕。一朝而下翟，勝兩城，亡將及我矣〔三〕。」孔子聞之曰：「憂所以昌，喜所以亡〔四〕。」

〔一〕「勝」下，畢本有「老人中人」四字，句下高誘注曰：「襄子，趙簡子之子無恤也，使辛穆子伐狄，勝之，下老人、中人城。」天海案：國語晉語九「趙襄子使新稚穆子伐狄，勝左人、中人」，知「老」爲「左」字形訛。其下畢本有「使使者來謁之」一句。趙襄子：即趙無恤，一作毋恤。趙簡子之子，春秋末年晉國大夫，他與韓、魏合謀滅智氏，三分其地，爲趙國的實際建立者。下句畢本作「襄子方食摶飯，有憂色」，其下尚有「左右曰，一朝而兩城下，此人之所以喜也。今君有憂色何」，下接「襄子曰」云云。

〔二〕「不」上，畢本有「也」字。大：發大水。高誘注曰：「大，長；三日則消也。」

〔三〕此以上三句畢本作「一朝而兩城下，亡其及我乎」，句下高誘注曰：「傳曰：知懼如此，斯不亡矣。」

〔四〕此以上二句畢本作「趙氏其昌乎，夫憂所以爲昌也，而喜所以爲亡也」。天海案：孔子死於公元前四七九年，左傳載趙襄子公元前四七五年立，史記載趙襄子公元前四五七年繼位，孔子皆不在世，此或爲趙簡子之事。

19 管仲爲魯所縛，檻車載之〔一〕，使役人送於齊，皆謳歌而引車〔二〕。管仲恐魯悔而止之，又欲速至齊國〔三〕，謂役人曰：「我爲汝唱，汝和我也〔四〕。」役人不倦，取道甚速〔五〕。管仲可謂能因矣。因役人用勢欲走，乃爲歌唱，勸令走也〔六〕。

〔一〕此二句畢本作「管子得於魯，魯束縛而檻之」。管仲：見本書卷一管子題解。檻車：有木欄的囚車。

〔二〕此二句畢本作「使役人載而送之齊，其謳歌而引」。謳歌：唱歌。引車：拉車。

〔三〕此二句畢本作「管子恐魯之止而殺己也，欲速至齊」。

〔四〕此三句畢本作「因謂役人曰：我爲汝唱，汝爲我和」。

〔五〕「役人」句上，畢本有「其所唱適宜走」一句。取道：趕路。取，通「趨」，疾走。

〔六〕此爲意林原注，高誘注文作「因役人用勢欲走，而爲唱歌，歡之令走也」，畢沅認爲高注「『歡之』，疑當作『勸之』」。

20 有道之士，貴以近知遠，以今知古，以所見知所不見〔一〕。故審堂下之陰，而知日月之行〔二〕；見瓶水之冰，知天下之寒〔三〕；嘗一臠之肉，知一鑊之味〔四〕。

〔一〕「以所見」，畢本作「以益所見」。

〔二〕「行」下，畢本有「陰陽之變」四字。

〔三〕「知」上，畢本有「而」字，其下有「魚鱉之藏也」五字。

〔四〕臠：畢本作「脟」，盧文弨曰：「脟與臠同。」末句下畢本尚有「一鼎之調」四字。

21 有人方且過江，引嬰兒欲投於水〔一〕。人問其故，對曰：「其父善游〔二〕。」其父雖善游，其子未必能邪〔三〕。楚國之政，有似如此〔四〕。

〔一〕此二句畢本作「有過於江上者，見人方引嬰兒而欲投之江中，嬰兒啼」。引：拉，手牽。嬰兒：此指小孩。

〔二〕此二句畢本作「曰：此其父善游」。

〔三〕此句畢本作「其子豈遽善游哉」，句下尚有「此任物，亦必悖矣」二句。

〔四〕此二句畢本作「荆國之爲政，有似於此」，高誘注曰：「似此悖也。」聚學軒本周廣業注曰：「喻楚守成法而不知變。」

22 周公旦云〔一〕：「不如吾者，吾不與處〔二〕；與我齊者，吾不與處，無益我也〔三〕。」

〔一〕「周公旦云」之「公」字原無，且在下條句首，此據畢本正之。周公旦：姬姓，周武王之弟，名旦，亦稱叔旦。因采邑在周（今陝西岐山東北），稱爲周公。曾助武王滅商建周，封於魯。武王死後，成王年幼繼位，由他攝政。後平定武庚之亂，建成周洛邑。相傳周代的禮樂制度都由周公制定。

〔二〕此句之下，畢本有「累我者也」四字。

〔三〕此句「我」下，畢本有「者」字，高誘注曰：「齊，等也。等則不能勝己，故曰無益我者也。」

23 越石父曰〔一〕：「君子屈於不知己而伸於知己〔二〕。」

〔一〕此四字原作「周旦云」，畢本作「越石父曰」。考晏子春秋、史記管晏列傳、新序節士等，皆作越石父語，故移「周旦云」至上條句首，據畢本作「越石父曰」。越石父：春秋時齊國賢士，在牢獄中，晏子救之而不謝。因久不見用而請辭，後被晏子延爲上客。

〔二〕此句畢本作「吾聞君子屈乎不己知者而伸乎己知者」。考之晏子春秋雜上、新序節士，皆作「知己」，史記管晏列傳亦作「知己」，故知作「知己」近是。

24 穴深一尋，則人臂不及，智亦有不至者〔一〕。

〔一〕此上之文，畢本作「穴深尋，則人之臂必不能及矣，智亦有所不至」，高誘注曰：「八尺曰尋。」

25 樂羊伐中山，歸而有責功之色〔一〕，魏文侯以謗書兩篋示之〔二〕。樂羊北面再拜曰〔三〕：「一寸之書亦亡，何須兩篋〔四〕。」

〔一〕此二句畢本作「魏攻中山，樂羊將，已得中山，還反報文侯，有責功之色」。樂羊：也作「樂陽」，戰國時魏將，封於靈壽。樂羊伐中山事，戰國策、淮南子、説苑皆有載。中山：周諸侯小國名，戰國時被趙武靈王所滅。責功：求功，邀功。畢沅曰：「盧文弨云：疑是負功。」説苑復恩作「喜功」。

〔二〕此句與畢本文異，文繁不引。魏文侯：參見前鶡冠子第二條注。謗書：誹謗、攻擊的信函。

〔三〕此句畢本作「將軍還走，北面再拜曰」。

〔四〕此二句畢本作「中山之不取也，奚宜二篋哉，一寸而亡矣」。「亡」同「無」，道藏本、四庫本作「止」。畢沅曰：「秦策作『謗書一册』。」

26 人驥俱走，則人不勝驥〔一〕；居於車上，則驥不勝人〔二〕。猶人主爭官事，與驥俱走無異也〔三〕。

〔一〕上句畢本「人」下有「與」字，治要作「今與驥俱走」；下句末畢本有「矣」字。

〔二〕此二句畢本作「居於車上而任驥，則驥不勝人矣」。

〔三〕上句治要作「人主好人官」，其下有小字注曰：「好爲臣之官事。」此二句畢本作「人主好治人官之事，則是與驥俱走也」，其下高誘注曰：「言君好爲人臣之官事，是謂與驥俱走，無以勝之也。」

27　目之見也藉於照，心之智也藉於理〔一〕。

〔一〕「照」，畢本作「昭」，高誘注曰：「昭，明也。非明，目無所見，故藉明以見物。」「智」，畢本作「知」，音義同。高誘注曰：「處物斷義，非理不決，故藉理以決物。」

28　無骨之蟲〔一〕，不可令知冰。春生秋死，不知冬冰〔二〕。

〔一〕此句畢本作「無骨者」。

〔二〕畢本高誘原注作「亡國之主，不知去貪暴施仁惠，若無骨之蟲，春生秋死，不知冬寒之有冰雪」。

29　十里之間，耳不能聞〔一〕；帷牆之外，目不能見〔二〕；三畝之間，心不能知〔三〕。而欲東至開悟，南撫多鶪〔四〕，西服壽靡，北懷儋耳〔五〕，何以得哉〔六〕？四極之國名。

〔一〕「耳」上，畢本有「而」字。

〔二〕「目」上，畢本有「而」字。

〔三〕「間」，畢本作「宮」，即房屋；「心」上，畢本有「而」字。三畝：古人以三畝指代住宅。

〔四〕上句畢本作「其以東至開梧」。開梧：傳説中最東方小國。高誘注曰：「東極之國。」「多鶡」，畢本作「多鸜」。聚珍本館臣案曰：「原作『顒』。」多鶡：傳説中最南方小國。高誘注曰：「南極之國。」

〔五〕上句高誘注曰：「西極之國。靡亦作麻。」壽靡：一作「壽麻」，傳説中最西方小國。見山海經大荒西經。下句高誘注曰：「北極之國。」儋耳：道藏本、四庫本作「弭耳」，傳説中最北方小國。見山海經大荒北經：「有儋耳之國，任姓。」

〔六〕此句畢本作「若之何哉」。

30 管夷吾、百里奚，霸王之船驥〔一〕，絶江者託於船，致遠者託於驥〔二〕。

〔一〕此二句畢本與治要皆作「伊尹、吕尚、管夷吾、百里奚，此霸王者之船驥也」，且在下二句之後。管夷吾：即管仲，見本書卷一管子題解。百里奚：春秋時秦穆公賢相。原爲虞國大夫，晉滅虞，虜奚，以爲秦穆公夫人陪嫁之臣。奚以爲恥，逃至宛，被楚人所執。秦穆公聞其賢，用五羖羊皮將其贖回，後委以國政，助秦穆公成霸業。

〔二〕此條又見説苑尊賢、治要引。

31 楚王問詹何治國之道，對曰〔一〕：「何聞治身，不聞治國〔二〕。國之本在身也〔三〕。」詹何，隱者〔四〕。

〔一〕此上畢本作「楚王問爲國於詹子，詹子對曰」。詹何：古代善術數的人，相傳他在室内聞牛鳴而知牛的形態。又見韓非子解老。

〔二〕高誘注曰：「身治國亂，未之有也，故曰爲身。」畢沅曰：「爲，訓治也。」天海案：此二句中兩「治」字，治要與畢本皆作「爲」。

〔三〕此句畢本作「詹子豈以國可無爲哉？以爲爲國之本在於爲身」。

〔四〕此馬總録高誘注文，畢本原在「楚王問爲國於詹子」下。

32 管仲曰：「君子有三色〔一〕：懽然喜樂者，鐘鼓之色；愀然清净者，縗絰之色；沸然充盈者，兵革之色〔二〕。」

〔一〕此二句畢本作「對曰：臣聞君子有三色」。

〔二〕此以上畢本作「顯然喜樂者，鐘鼓之色也；湫然清净者，衰絰之色也；艴然充盈手足矜者，兵革之色也」。沸然：惱怒貌。天海案：此條見畢本審應覽重言，文略異。原爲齊桓公與管仲謀伐莒事，管仲詢問東郭牙，東郭牙回答管仲之語，並非管仲之言。此或馬總誤録。韓詩外傳卷四、説苑權謀、論衡知實皆載此，事略同而文小異。

33 洧水大，有富人溺者〔一〕。有人得富者尸，請贖而求金甚多；富人黨以告鄧析〔二〕。析曰：「但安之，必無買此者〔三〕。」得尸者患其不贖，又告鄧析〔四〕。析曰：「但安之，必無人更賣〔五〕，義必無不贖〔六〕。」

〔一〕此二句畢本作「洧水甚大，鄭之富人有溺者」。洧水：水名，即今雙洎河。發源於河南登封縣，東流至新鄭縣，會溱水爲雙洎河，入於賈魯河。

〔二〕上句畢本作「人得其死者，富人請贖之，其人求金甚多」。畢沅曰：「死，與尸同。」下句畢本作「以告鄧析」。

〔三〕此以上畢本作「鄧析曰：安之，人必莫之賣矣」。

〔四〕此二句畢本作「得死者患之，以告鄧析」。

〔五〕此以上畢本作「鄧析又答之曰：安之，此必無所更買矣」。

〔六〕畢沅曰：「『義必無不贖』五字，疑是注。」聚珍本館臣案曰：「原書無末句，疑是注文。」天海案：義：此指道義，説郛本、道藏本、四庫本皆作「又」。

34 言不欺心，言所以喻心〔一〕。言心相離，則不祥也〔二〕。

〔一〕此二句畢本作「言不欺心，則近之矣。凡言者以諭心也」。

〔二〕此二句畢本作「言心相離，而上無以參之，則下多所言非所行也，所行非所言也，言行相詭，不祥莫大焉」。

35 以繩墨取木，則宮室不成〔一〕。材難得也〔二〕。

〔一〕此二句畢本作「故以繩墨取木，則宮室不成矣」，高誘注曰：「正材難得，故宮室不成也。」

〔二〕此馬總以意節録高誘注文。

36　引其紀，萬目起；引其綱，萬目張〔一〕。治民如此也〔二〕。

〔一〕此以上畢本作「壹引其紀，萬目皆起；壹引其綱，萬目皆張」。

〔二〕畢本無此句，疑是馬總注文。

37　決積水於千仞之溪，誰能當者〔一〕。

〔一〕高誘注曰：「七尺曰仞。」天海案：「決」上畢本有「若」字。下句畢本作「其誰能當之」。説郛本録此條在「淯水大」條之上。

38　戎夷去齊往魯，天大寒〔一〕，與弟子一人宿於郭外。寒轉甚〔二〕，謂其弟子曰：「可以衣活我〔三〕。我，國士也，天下所惜。子，不肖也，不足惜也〔四〕。」弟子曰：「不肖人安能與國士衣乎〔五〕？」戎夷歎息〔六〕，乃解衣與弟子，戎夷至夜半而死，弟子乃活〔七〕。

〔一〕此二句畢本作「戎夷違齊如魯，天大寒而後門」，高誘注曰：「違，去，去齊至魯也。後門，日夕門已閉也。」戎夷：人名。漢書古今人表作「視夷」，顏師古認爲即「式夷」，梁玉繩認爲「戎」乃「式」之訛字。

〔二〕「轉」，畢本作「愈」。

〔三〕此句畢本作「子與我衣，我活也；我與子衣，子活也」。

〔四〕此以上畢本作「我，國士也，爲天下惜死；子，不肖人也，不足愛也」，高誘注曰：「惜，愛也；愛，亦惜也。」

〔五〕此句畢本作「夫不肖人也，又惡能與國士之衣哉」。

〔六〕此句畢本作「戎夷太息歎曰：嗟乎，道其不濟夫」，高誘注曰：「死之，道其不濟也。」

〔七〕上二句畢本作「解衣與弟子，夜半而死」；末句「乃」字，畢本作「遂」。

39 晏子遭崔杼之患，援綏而乘〔一〕。其僕將馳，晏子曰：「安之〔二〕，疾不必生，徐不必死。鹿生於山，命懸於廚。今晏命有所懸矣〔三〕。」

〔一〕此以上畢本作「崔杼曰：此賢者不可殺也，罷兵而去。晏子援綏而乘」。此或馬總以意節録之。晏子：即晏嬰。參見本書卷一晏子題解。崔杼：春秋時齊國大夫，娶美女棠姜，齊莊公與姜私通，崔杼怒而殺莊公，立景公，自爲相，後崔杼被慶封殺死。崔杼殺莊公立景公，事在左傳魯襄公二十五年，本文背景即指此事。援綏：手拉車繩。綏：登車時手拉的繩索。

〔二〕此以上畢本作「晏子撫其僕之手曰：安之，毋失節」。

〔三〕此句畢本作「今嬰之命有所懸矣」。此條又見晏子雜上、韓詩外傳卷二、新序義勇，事略同而文異。

40 以龍致雨，以形逐影，類同則相召〔一〕，氣同則相合，聲比則相應〔二〕，故鼓宮宮應，鼓角角動〔三〕。

〔一〕高誘注曰：「龍，水物也，故致雨。影出於形，形行日中，則影隨之，故曰以形逐影。召，致也。」上二句畢本在本條「鼓角角動」句下，末句「則」字畢本無。
〔二〕高誘注曰：「合，會也，和也。」天海案：此二句中二「相」字，畢本無。
〔三〕此二句畢本作「故鼓宮而宮應，鼓角而角動」，高誘注曰：「鼓大宮小宮應，擊大角小角動。」天海案：道藏本、四庫本作「故鼓宮商應」，而無末句。

41　王德不通〔一〕，民欲不達，此國之鬱也〔二〕。樹鬱則蠹，水鬱則污〔三〕，國鬱則萬災聚矣〔四〕。

〔一〕「王德」，治要作「主德」，聚學軒本從之；畢本作「生德」，畢沅案曰：「生德，疑主德。」
〔二〕高誘注曰：「鬱，滯不通也。」此上三句畢本在「樹鬱」句下。
〔三〕高誘注曰：「蠹，蝎，木中之蟲也。水淺不流，污也。」此二句「則」字下，畢本皆有「爲」字，且上句在「水鬱」句下。樹鬱：此指樹木氣機不暢，生長遲緩。
〔四〕此句畢本作「國鬱處久，則百惡並起而萬災叢至矣」。

42　天爲高矣，日月星辰〔一〕，雲氣雨露，未嘗休也〔二〕；地爲大矣，水泉草木，毛羽裸鱗〔三〕，未嘗息也。

〔一〕「日」上，畢本有「而」字。「頭」，畢本作「首」。

〔二〕「休也」，畢本作「休矣」，高誘注曰：「休，止也。」

〔三〕「水」上，畢本有「而」字；「裸鱗」二字，道藏本、四庫本無。毛羽：指飛禽走獸。裸：指蹄角裸顯的牛馬羊鹿之類。鱗：指龍蛇魚及帶甲的動物。

43 冠所以飾頭，衣所以飾身〔一〕。今人斷首以易冠，殺身以易衣〔二〕，則不知所爲矣，世之趨利似此，亦不知所爲也〔三〕。

〔一〕「頭」、「身」下，畢本均有「也」字。「頭」，畢本作「首」。

〔二〕「今人」，畢本作「今有人於此」；此句下，畢本尚有「世必惑之，是何也」二句。

〔三〕高誘注曰：「爲，謂相爲之爲。」天海案：上句之上，畢本尚有「冠所以飾首也，衣所以飾身也，殺所飾要所以飾」三句；中一句畢本作「世之走利有似於此」，句下尚有「危身傷生、刈頸斷頭以徇利」一句；末句「亦」上，畢本有「則」字。

44 黄帝之貴亦死〔一〕，堯、舜之賢亦死，孟賁之勇亦死〔二〕。

〔一〕「亦」，畢本作「而」，下二「亦」字同此。高誘注曰：「黄帝得道，仙而可貴，然終歸於死。」

〔二〕此句下，畢本尚有「人固皆死」四字。孟賁：齊國勇士，後歸秦武王。傳説他能生拔牛角，不避龍虎。孟子公孫丑、史記秦本紀皆有載。

45 相玉者患石似玉，相劍者患劍似吴干將〔一〕，賢主患辯者似通人〔二〕，亡國之主似智，亡國之臣似忠。

〔一〕上句治要、畢本皆作「玉人之所患，患石之似玉者」；下句畢本作「相劍者之所患，患劍之似吴干者」，治要所録無此句。高誘注曰：「吴干，吴之干將者也。」

〔二〕此句治要與畢本皆作「賢主之所患，患人之博聞辯言而似通者」。

46 子夏過衛，有讀史記者〔一〕，曰：「晉師三豕渡河〔二〕。」子夏曰：「非也，是己亥〔三〕。」

〔一〕上句畢本作「子夏之晉過衛」。子夏：名卜商，字夏。春秋時衛人，孔子弟子，長於文學。相傳曾講學於西河，序詩，傳易，爲魏文侯師。有子早夭，痛哭失明。事見史記仲尼弟子列傳。史記：此指古文春秋，即孔子所修春秋之原本。梁玉繩曰：「史記之名始此。」

〔二〕「渡河」，畢本作「涉河」。今本春秋及三傳皆無此文，此或古本春秋，今已不存。考今本春秋定公八年（己亥年）載：「晉士鞅帥師侵鄭，遂侵衛。」即指此渡河侵鄭、衛之事。

〔三〕「非」下，道藏本、四庫本有「者」字；「己亥」下，畢本有「也」字。考春秋左傳，此爲魯定公八年，即公元前五〇二年。此句下畢本尚有「夫『己』與『三』相近，『豕』與『亥』相似。至於晉而問之，則曰：『晉師己亥涉河也』」數句。

47 得十良馬，不如得一伯樂〔一〕；得十良劍，不如得一歐冶〔二〕；得地千里，不如得一賢人〔三〕。

〔一〕高誘注曰：「伯樂善得馬，得伯樂則得良馬，不但十也，故曰不若得一伯樂也。」「如」，畢本作「若」，下文二「如」字同此。伯樂：春秋時秦穆公時人，以善相馬著名。

〔二〕歐冶：又稱歐冶子。春秋時著名鑄劍師，與吴干將齊名。曾爲趙王、楚王鑄名劍多種。事見吴越春秋、越絶書。

〔三〕「賢」，畢本作「聖」。

48 夏不衣裘，非不愛裘也，煖有餘〔一〕。冬不用箑，非不愛箑也，清有餘〔二〕。

〔一〕次句畢本無「不」字；「餘」下，畢本有「也」字。

〔二〕箑：扇子，畢本作「翣」，高誘注曰：「翣，扇也。翣與箑同。」「非」下，畢本無「不」字，「餘」下有「也」字。高誘注曰：「清，寒。」

49 火燭一隅，則半室無光〔一〕；骨節早成，身必不長〔二〕。吕不韋，始皇時相國〔三〕，乃集儒士爲十二紀、八覽、六論〔四〕，曝於咸陽市〔五〕。有能增損一字與千金，無敢易者〔六〕。十二紀之禮此不抄〔七〕。

〔一〕「半室」，畢本作「室偏」，高誘注曰：「偏，半也。」

〔二〕此句之上，畢本尚有「空竅哭歷」四字。高誘注曰：「長，大也。」

〔三〕畢本高誘序文作「太子正立，是爲秦始皇帝，尊不韋爲相國」。

〔四〕高誘序文作「乃集儒書，使著其所聞爲十二紀、八覽、六論訓解各十萬餘言」。天海案：「儒書」，諸校家皆以爲誤，作「儒士」是。十二紀：以一年十二月先後爲次而立名。八覽：分爲有始、孝行、慎大、先識、審分、審應、離俗、恃君。六論：分爲開春、慎行、貴直、不苟、似順、士容。以上共計二十六卷，一百六十篇，十萬餘言。畢本高誘序文稱「十七萬三千五十四言」。

〔五〕畢本高誘序文作「曝之咸陽市門」。

〔六〕此二句高誘序文作「懸千金其上，有能增損一字者與千金，時人無能增損者」。

〔七〕此句應爲馬總自注之文，與高誘原序無涉。此以上雖爲意林注文，但實與本條正文内容無關，可視爲馬總鈔録吕氏春秋後參考高誘序文所寫的跋文。

三五　淮南子二十二卷

淮南子一書，爲漢淮南王劉安召集門客方士集體撰寫，後由他統稿編定。劉安（公元前一七九年至前一二二年），漢高祖劉邦之孫，漢文帝十六年，襲父爵封爲淮南王。元狩元年，有人告劉安謀反，下獄後自殺。事見漢書本傳。

漢志雜家載：「淮南内二十一篇，淮南外三十三篇。」此書原名鴻烈，經劉向校定後稱淮南。隋志始稱淮南子，録二十一篇，即漢志所謂内篇。意林仍子鈔作二十二卷，此或將高誘原序合計在内。淮南子在漢代曾有多人作注，今僅存高誘注文。

意林鈔録淮南子一百零五條，所録條文之多，僅次於抱朴子，可見淮南子一書在唐代的影響。今以清乾隆時莊逵吉校本參校。

1 以湯沃沸〔一〕，亂乃愈甚，猶鞭噬狗，捶踶馬〔二〕，而欲教之，雖伊尹、造父不能化〔三〕。故體道者逸而不窮，任數者勞而無功〔四〕。

〔一〕「以」字上，莊本有「若」字。沃沸：止沸。沃：澆。

〔二〕「猶」，莊本作「是故」；「狗」，道藏本誤作「天」，聚學軒本作「犬」。鞭噬狗：鞭打咬人的狗。捶踶馬：鞭打踢人的馬。捶：通「箠」，指鞭打。「踶」，道藏本誤作「提」。「捶踶馬」，莊本作「策蹏馬」。

〔三〕「不」，莊本作「弗」。造父：周時善御者。傳説曾取駿馬獻周穆王，王賜造父以趙城，由此爲趙氏之始。

〔四〕此二句説郛本無。上句意林明刊本皆無。體道：履行正道。此二句見文子道原：「體道者佚而不窮，任數者勞而無功。」任數：依靠算計，運用權謀。

2 色者，白立而五色成〔一〕；道者，一立而萬物成〔二〕。

〔一〕「成」字下，莊本有「矣」字。高誘注曰：「白者所在以染之，故五色可成也。」五色：指青黄赤白黑五種顔色。

〔二〕「成」，莊本作「生矣」。一：事物的原始狀態。道：此指自然規律、事理。老子：「道生一，一生二，二生三，三生萬物。」

3 聾者學歌，無以自樂〔一〕。夫内心不開而强學問，如聾者效歌〔二〕，出於口，越而散矣〔三〕。

〔一〕此二句莊本作「此何以異於聾者之歌也，效人爲之，而無以自樂也」。

〔二〕「學問」二字，道藏本、四庫本無；上句莊本作「夫内不開於中而强學問者，不入於耳，而不著於心」；下句莊本無。效歌：學人唱歌。

〔三〕上句莊本作「聲出於口」；下句「越」上莊本有「則」字，高誘注曰：「散去耳不聞也。」

4 冰迎春則釋爲水，水向冬則凝爲冰〔一〕。

〔一〕此二句莊本作「夫水向冬則凝而爲冰，冰迎春則泮而爲水」。

5 以道爲竿，以德爲綸，禮樂爲鉤，仁義爲餌，投之江，浮之海，萬物皆得〔一〕。

〔一〕上文二「之」字下，莊本皆有「於」字；末句莊本作「萬物紛紛，孰非其有」。

6 歷陽之都，一夕成湖〔一〕。歷陽，淮南縣也。有一人告歷陽母曰：「見城門有血，則有走無顧。」此後門吏故污血於門限，母便上北山，縣果陷水中，母遂化作石也〔二〕。

〔一〕此二句莊本作「夫歷陽之都，一夕反而爲湖」。歷陽：秦置縣，屬九江郡，縣南有歷水，故名。在今安徽和縣境内。此指淮南王劉安封地内的屬縣。都：邑，縣城。

〔二〕此以上爲意林注文，高誘原注曰：「歷陽，淮南國之縣名，今屬江都。昔有老嫗常行仁義，有二諸生過之，謂曰：此國當没爲湖。謂嫗視東城門閫有血便走上北山，勿顧也。自此，嫗便往視門閫。閽者問之，嫗對曰如是。其暮，門吏故殺雞，血塗門閫。明旦，老嫗早往，視門見血，便上北山。國没爲湖，與門吏言其事，適一宿耳。一夕，旦而爲湖也，勇怯同命，無遺脱也。」意林本注與莊本高誘注文不同，文簡略而異，或馬總以意節之。

7 越舼蜀艇，不能無水而浮〔一〕；烏號弓，溪子弩〔二〕，不能無弦而射。

〔一〕「舼」，莊本作「舲」，高誘注曰：「舲，小船也；蜀艇，一版之舟。」舼：音窮，一種身長艙深的小船。艇：輕便小船。此二句莊本原在「無弦而射」句下。

〔二〕此二句莊本作「烏號之弓，谿子之弩」。戰國策韓策一：「天下之强弓勁弩，皆自韓出。谿子、少府、時力、距來，皆射六百步之外。」烏號弓：良弓名。又見淮南子原道訓高誘注曰：「烏號，柘桑，其材堅勁，烏跱其上，及其將飛，枝必撓下，勁能復起，巢烏隨之，烏不敢飛，號呼其上。伐其枝以爲弓，因曰烏號之弓也。」溪子弩：强弓名。高誘注曰：「谿子，爲弩所出國名也。或曰谿，蠻夷也，以柘桑爲弩，因曰谿子之弩也。一曰谿子陽，鄭國善爲弩匠，因以爲名也。」

8 人主誅暴則多飄風，法苛則多蟲螟〔一〕，殺不辜則多赤地，令不時則多淫雨〔二〕。

〔一〕莊本上句作「人主之情，上通於天，故誅暴則多飄風」，下句「法苛」作「枉法令」。高誘注曰：「暴，虐也。飄風，迅也。食心曰螟，穀之災也。」飄風：旋風，狂風。蟲螟：蝗蟲。

〔二〕莊本上句「多」作「國」，下句「時」作「收」，高誘注曰：「干時之令不收納，則久雨爲災。」

9 南方有不死之草，北方有不釋之冰〔一〕。

〔一〕莊本高誘注曰：「南方温，故草有不死者；北方寒，故冰有不泮釋者。」聚學軒本周廣業注曰：「寒温異也。」

10 食水者善浮而耐寒，魚屬也〔一〕；食土者無心而惠，蚯蚓是也〔二〕；食木者多力而奰，熊羆是也〔三〕；食草者善走而愚，麋鹿是也〔四〕；食桑者有絲而蛾，蠶是也〔五〕；食肉者勇敢而悍，虎豹是也〔六〕；食氣者神明而壽，龜蛇之類〔七〕，王喬、赤松是也〔八〕；食穀者智慧而夭，人是也〔九〕。

〔一〕「浮而耐寒」，莊本作「善遊能寒」；「魚屬也」三字莊本無，高誘注文作「魚鱉鷺鶿之屬是也」。

〔二〕「惠」，莊本作「慧」，二字可通，即靈慧。「蚯蚓是也」，高誘原注作「蚯蚓之屬是也」。

〔三〕此「奰」字以下十一字，意林明鈔本皆脱。奰：音必，壯大。玉篇大部：「奰，壯也。」「熊羆是也」，高誘原注作「熊羆之屬是也」。

〔四〕「麋鹿是也」，高誘原注作「麋鹿之屬是也」。

〔五〕「蠶是也」，道藏本作「蠶屬也」。「桑」，莊本作「葉」。

〔六〕「虎豹是也」，高誘原注作「虎豹鷹鸇之屬是也」。

〔七〕「龜蛇之類」，莊本正文、注文皆無。

〔八〕此六字，高誘原注作「仙人松、喬之屬是也」。王喬：傳説中仙人王子喬。傳説爲周靈王太子晉，事見逸周書太子晉，又見列仙傳。赤松：傳説中仙人赤松子。神農時爲雨師，能入火不燒，隨風雨上下。

〔九〕「人是也」，莊本正文、注文皆無。夭：身體和順，精神舒暢。論語述而：「子之燕居，申申如也，夭夭如也。」此條見莊本卷四墜形訓，文略異，且與高誘注文混雜不分。

11 晝生者類父，莫生者似母〔一〕。

〔一〕莫：通「暮」，莊本作「夜」，聚學軒本從之。

12 勇士一人，爲三軍雄〔一〕。

〔一〕「勇士」，莊本作「勇武」。高誘注曰：「武士也。江、淮間謂士爲武。」莊逵吉曰：「意林引作『勇士一人』，是徑改『武』爲『士』，非異本也。」

13 聖人若鏡，不將不迎，應而不藏〔一〕。

〔一〕首句莊本作「故聖若鏡」。將：高誘注曰：「送也。」末句高誘注曰：「應，猶隨也。謂鏡隨人形好醜，不自藏匿者也。」

14 乞火不若取燧，寄汲不如鑿井〔一〕。譬羿請不死之藥於西王母，姮娥竊而食之〔二〕，不知不死之藥所由生也。

〔一〕「乞火」上，莊本有「是故」二字；「不如」，莊本作「不若」；二句原在本條「所由生也」句下。寄汲：借別人水井打水。

〔二〕「譬」下，莊本有「若」字。「竊而食之」，莊本作「竊以奔月」。高誘注曰：「姮娥，羿妻。羿請不死之藥於西王母，未及服之，姮娥盜食之，得仙奔入月中，爲月精。」

15 生有七尺之形，死爲一棺之土〔一〕，安知喜憎利害耶〔二〕？

〔一〕上句莊本作「吾生也有七尺之形」，下句作「吾死也有一棺之土」。

〔二〕此句莊本作「吾又安知所喜憎利害其間者乎」，高誘注曰：「不知喜生之利，不知憎死之害，守其正，性也。」

16 天地雖大，可以矩表知之〔一〕；星月之行，可以律曆知之〔二〕。

〔一〕上句莊本作「天地之大」。「矩表」，道藏本、四庫本皆作「短長」；「知之」，莊本作「識也」。矩表：矩，有刻度的尺子；表，古代測日影時的標杆。

〔三〕此句莊本作「可以曆推得也」，高誘注曰：「曆，術也；推，求也。」律曆：樂律與曆法，此專指曆法。

17 倉頡作字，天雨粟，鬼夜哭〔一〕。倉頡，黄帝史臣也。造文字則詐僞生，故鬼哭也〔二〕。

〔一〕首句莊本作「昔者蒼頡作書」，次句「天」字上有「而」字。倉頡：又作「蒼頡」，傳説爲漢字創造人，史記據世本説是黄帝時史官。

〔二〕此爲馬總縮略高注所作注文，高誘原注曰：「蒼頡始視鳥跡之文，造書契則詐僞萌生，詐僞萌生則去本趨末，棄耕作之業，而務錐刀之利。天知其將餓，故爲雨粟。鬼恐爲書文所劾，故夜哭也。鬼或作兔，兔恐見取毫作筆，害及其軀，故夜哭。」

18 今執政者薄德增刑，有似執彈而欲來鳥〔一〕，揮棁而欲狎犬〔二〕。揮棁，挾杖也〔三〕。

〔一〕上句莊本作「執政有司不務反道，矯拂其本而事修其末，削薄其德，曾累其刑，而欲以爲治」，下句「有似」二字作「無以異於」，「而」下無「欲」字。薄德：使德行減少。執彈：握着彈弓。

〔二〕「揮」，道藏本作「柙」，四庫本與莊本作「捭」，聚學軒本作「押」。揮棁：揮動木棒。狎犬：戲弄狗。

〔三〕此注文莊本無，或爲馬總原注。聚學軒本周廣業案稱「此許注」，然孫馮翼校勘許慎淮南子注亦未見此注文。

19 假輿馬者，足不勞而致千里〔一〕；乘舟檝者，不假游而絶江海〔二〕。譬智不任己才力〔三〕。

〔一〕高誘注曰：「假，或作駕。」假：憑藉，利用。輿馬：車馬。

〔二〕此句「假」字，莊本作「能」。絶：横渡。高誘注曰：「絶，猶過也。」荀子勸學篇：「假輿馬者，非利足也，而致千里；假舟楫者，非能水也，而絶江河。」

〔三〕此句莊本作「而不任己之才者也」，且在「假輿馬者」句上。天海案：此條底本原在下文第二十五「天下之物」條下，據道藏本、四庫本移此。

20 木擊折軸，水戾破舟，不怨木石而罪巧拙〔一〕，何也，智有不周〔二〕。

〔一〕「軸」，車軸，莊本作「轊」，指車軸頭。戾：勁疾，猛烈。「拙」下，莊本有「者」字。高誘注曰：「罪御者、刺舟者之巧拙也。」罪：怪罪。巧拙：此指駕馭車船者技藝的好壞。

〔二〕此二句莊本無，另作「知故不載焉」，其下高誘注曰：「言木石無巧詐，故不怨也。」天海案：此條又見於鄧析子無厚篇。

21 債少者易償，職寡者易守〔一〕。

〔一〕「債」，莊本作「責」，二字可通；「責」字上，莊本尚有「夫」字。守：治理，管理，此指盡職。

22 文王智而好問，故聖；武王勇而好問，故勝〔一〕。

〔一〕高誘注曰：「好問，欲與人同其功。勝殷也。」

23 力勝其任，則舉之者不重〔一〕；智能其事，則爲之者不難〔二〕。

〔一〕任：負擔，負荷。「重」下，莊本有「也」字。

〔二〕上句莊本作「能稱其事」；下句「難」下，莊本有「也」字。

24 風疾而波興，木茂而鳥集，相生之勢也〔一〕。

〔一〕「風疾」，莊本作「夫疾風」；「勢」，莊本作「氣」。相生：互相促成。

25 天下之物，莫凶於溪毒，良醫藏之〔一〕，有所用也。草莽猶不可棄，況復人乎〔二〕。

〔一〕「溪毒」，莊本作「雞毒」，高誘注曰：「雞頭，烏頭也。」烏頭：中藥名，亦名土附子、烏喙、奚毒，其莖、葉、根均有毒。治要引此正作「奚毒」，注曰「附子」。今考烏頭別名稱「芺」，芺又稱「雞頭」，莊本或據此稱之爲「雞毒」。末句莊本作「然而良醫槖而藏之」，治要所引與之同。

〔二〕此二句莊本作「是故林莽之材，猶無可棄者，而況人乎」，治要作「是故竹木草莽之材，猶有不棄者，而又況人乎」。草莽：泛指荒野。

溪毒，附子也。

26 十圍之木，能持千鈞之屋〔一〕；五寸之楗，能制開闔之門〔二〕。非材有巨細，所居要耳〔三〕。使孔、墨爲天下，天下盡儒墨，得其要也〔四〕。

〔一〕「十圍」上，莊本有「是故」二字；「持」上，莊本無「能」字。十圍：形容極粗大。一圍長度，説法不一，有三寸、五寸、八寸之説，亦有徑尺、兩手合抱之説。千鈞：形容物體極重。古代三十斤爲一鈞。

〔二〕「楗」，莊本作「鍵」，關閉門的門閂。「制」上莊本無「能」字。

〔三〕此二句莊本作「豈其材之巨小足哉，所居要也」。

〔四〕此上之文，莊本作「孔丘、墨翟，修先聖之術，通六藝之論，口道其言，身行其志，慕義從風，而爲之服役者不過數十人，使居天子之位，則天下徧爲儒墨矣」。

27　聖人之道，若中衢置罇〔一〕，過者斟酌。雖多少不同，而各得其宜也〔二〕。衢，六通；罇，酒罇。

〔一〕此句莊本作「猶中衢而致尊邪」，高誘注曰：「道六通謂之衢；尊，酒器也。」莊逵吉案曰：「六通應作四通，字之誤也。」中衢：四通八達的道路交匯處。罇：酒缸或酒甕。

〔二〕上句莊本無「雖」字；下句作「各得其所宜」。天海案：此條與上條底本原作一條，此據莊本分作二條。

28　慈父愛子，聖王養民〔一〕，若火自熱，若冰自寒，性使然也〔二〕。及其用力，賴其功，如失火舟中矣〔三〕。同心救火也〔四〕。

〔一〕「父」下，莊本有「之」字，句下尚有「非爲報也，不可内解於心」二句；「王」下，莊本有「之」字，句下尚有「非求用也，性不能已」二句。

〔二〕上二句莊本作「若火之自熱，冰之自寒」。「性使然也」，莊本作「夫有何修焉」。

〔三〕上三句莊本作「及恃其力、賴其功者，若失火舟中」。

〔四〕此爲馬總節録高注，高誘注原作「言舟中之人，同心救火，不相爲賜也」。此條見今本卷十繆稱訓，因馬總以意節録，文意似不全。

29 車無三寸轄，則不可馳〔一〕；户無五寸楗，則不可閉〔二〕，故君子所須要也〔三〕。

〔一〕此二句莊本作「故終年爲車，無三寸之轄，不可以驅馳」。轄：固定車軸與車輪位置、插入軸端孔穴的銷釘。

〔二〕此二句莊本作「匠人斫户，無一尺之楗，不可以閉藏」。

〔三〕此句莊本無，另作「故君子行思乎其所結」，高誘注曰：「結，要終也。」

30 三月嬰兒，未知利害〔一〕，而慈母愛焉，情也〔二〕。

〔一〕「害」下，莊本有「也」字。

〔二〕此二句莊本作「而慈母之愛諭焉者，情也」。天海案：道藏本録此條在上文「慈父愛子」條上。

31 治國者若設網，引其綱，萬目張〔一〕。

〔一〕此文莊本作「成國之道，譬若設網者，引其綱而萬目開矣」。此語又見吕氏春秋離俗覽：「用民有紀有綱，壹引其紀，萬目皆起；壹引其綱，萬目皆張。」

32　治國者若張琴瑟，大絃絙，小絃絶〔一〕。

〔一〕首句莊本作「治國譬若張瑟」。琴瑟：琴與瑟同時彈奏，比喻事物和諧。「絙」，原作「組」，聚學軒本與之同，道藏本、四庫本皆作「絙」，此據改。「大絃絙」下，高誘注曰：「絙，急也。」「小絃絶」，莊本作「則小絃絶矣」。絶：斷。此句下底本與聚學軒本皆有此小字注文，不知何據；道藏本、四庫本皆無。又案：底本録此條原在下文「虎豹以文」條下，現據道藏本移此。組，音綻，急也。

33　多欲虧義，多憂害智，多懼妨勇〔一〕。

〔一〕首句「多」上，莊本有「人」字，高誘注曰：「欲則貪，貪損義。」次句高誘注曰：「貪憂閉塞，故害智也。」末句「妨」字，莊本作「害」。

34　虎豹以文彩來射，猨狖以捷來刺〔一〕，故子路以勇死，萇弘以智困〔二〕。

〔一〕此二句莊本作「虎豹之文來射，猨狖之捷來措」，高誘注曰：「措，刺也。」四庫本脱「來」字。來射：招來獵人射殺。刺：捉取。猨狖（音右）：泛指猿猴。

〔二〕「萇弘」，道藏本誤作「長幼」，四庫本則作「武仲」，不知何據。子路以勇死：高誘注曰：「死衛侯輒之難。」萇弘以智困：高誘注曰：「欲以術輔周，周人殺之。」子路：參見本書卷一孟子第七條注。萇弘：春秋時周敬王大夫，因幫助晉國指責周王，被殺。

35 吹灰而欲無眯，涉水而欲無濡，不可得也。

36 廣廈宏屋，連闥通房，人所安也〔一〕，鳥入之而憂。深林蓁薄〔二〕，人入之而畏，鳥入之則安〔三〕。深溪峭岸，峻木尋枝，猨狖所樂，人則慄也〔四〕。

〔一〕宏屋，莊本作「閎屋」；「人」下有「之」字。

〔二〕蓁薄：草木叢生的地方，莊本作「叢薄」。「深」上莊本有「高山險阻」一句。「薄」下莊本有「虎豹之所樂也」一句。

〔三〕此句莊本無。

〔四〕峻木：高聳的樹木。尋枝：粗長的樹枝。末二句莊本作「猨狖之所樂也，人上之而慄」。

37 翻棊丸於地，圓者走澤〔一〕，方者處高。

〔一〕「棊」，同「棋」，又作「碁」，道藏本、四庫本誤作「基」；莊本作「譬若播棊丸於地」。棊丸：棋子。澤：此指低窪之處。

38 戴哀者，聞歌而泣；戴樂者，見哭則笑〔一〕。强戚者，雖哭不哀；强歡者，雖笑不樂〔二〕。

〔一〕此四句莊本作「夫載哀者，聞歌聲而泣；載樂者，見哭者而笑」。戴哀：行哀，舉哀。戴，通「載」。

〔二〕此四句莊本作「故强哭者，雖病不哀；强親者，雖笑不和」。强戚：强作悲傷。

39 芻狗土龍始成，則衣以綺繡〔一〕；及其用畢，則棄之土壤〔二〕。芻狗，事以謝過；土龍，事以請雨。

〔一〕此二句莊本作「譬若芻狗土龍之始成，文以青黄，絹以綺繡」，高誘注曰：「芻狗，束芻爲狗，以謝過求福；土龍，以請雨。」芻狗：古代用草紮成狗，供祭祀之用。土龍：用泥土塑成的龍，供求雨時用。綺繡：華麗的彩繡，聚學軒本作「文繡」。

〔二〕此二句莊本作「及其已用之後，則壤土草薊而已」；莊逵吉案曰：「薊，太平御覽作『芥』。芥，正字；薊，奇字。」

40 稟道通物，所爲各異，得道一也〔一〕。猶屠牛而烹其肉，或甘劑萬方，本一牛也〔二〕；伐豫章，或爲棺槨，或爲梁柱，亦一木也〔三〕。

〔一〕「所爲各異」，道藏本、四庫本皆作「名異」；此三句莊本作「所爲者各異，而所道者一也。夫稟道以通物者」。稟道通物：承受正道，通曉物理。

〔二〕上句「猶」字，莊本作「今」；次句作「或以爲酸，或以爲甘，煎熬燎炙，齊味萬方」；末句作「其本一牛之體」。甘劑：甘美的滋味。劑：調味。此以上之文，道藏本誤録作小字注文，並與上條注文「事以請雨」連屬。

〔三〕「伐豫章」，莊本作「伐楩柟豫樟而剖梨之」。豫章：大樟樹。「梁柱」，莊本作「柱梁」；末句作「然一木之樸也」。

41 蕭條者，形之君〔一〕；寂寞者，音之主〔二〕。

〔一〕「蕭」上，莊本有「故」字，高誘注曰：「蕭條，深静也。」

〔二〕「寂」上，莊本有「而」字，高誘注曰：「微音生於寂寞。」

42 客有見子賤，子賤曰〔一〕：「客獨有三過〔二〕：望我而笑，是慢也〔三〕；交淺而言深，是患也〔四〕；語不稱師，是反也〔五〕。」賓答曰〔六〕：「望君而笑，公也〔七〕；語不稱師，通也〔八〕；交淺而言深，忠也〔九〕。」客一體耳，或以爲君子，或以爲小人，此視之異也〔一〇〕。

〔一〕此二句莊本作「故賓有見人於宓子者，宓子曰」，高誘注曰：「宓子，子賤也。」治要作「客有見人於季子者，季子曰」，注曰：「季子，子賤也。」未詳孰是。子賤：姓宓，名不齊，字子賤，春秋時魯人，孔子弟子，曾作單父宰，鳴琴不下堂而治，孔子稱之曰「君子」。

〔二〕此句莊本作「子之賓獨有三過」，治要作「子之所見客，獨有三過」。

〔三〕「慢」，輕慢無禮，治要作「僈」，注曰：「慢。」莊本作「攓」，高誘注曰：「攓，慢也。」

〔四〕「患」，憂患，莊本作「亂」，治要同；聚學軒本改作「亂」。聚珍本注稱「藏本作『亂』」，此説誤，道藏本亦作「患」。此二句治要與莊本皆在「是反也」句下。

〔五〕「師」，原作「名」，與下文不合。底本有聚珍本館臣案曰：「原作『師』。」治要與莊本皆作「談語而不稱師」，據改。「反」，莊本作「返」，或誤；治要作「反」，御覽引作「叛」。

〔六〕「賓答曰」，莊本作「賓曰」，治要作「客曰」。

〔七〕「公」上，莊本與治要有「是」字。

〔八〕上二句莊本與治要皆作「談語而不稱師，是通也」。通：融會貫通。

〔九〕「忠」，原作「志」，莊本與治要皆作「忠」，據改。天海案：此以上至「賓答曰」二十二字，道藏本、四庫本皆無。

〔一〇〕「客一體耳」，治要作「故客之容一體也」，莊本「客」作「賓」，餘同治要。一體：一身，一人。「或以爲」，道藏本作「或爲」。末句治要作「所自見之異也」，莊本「見」作「視」，餘同治要。

43 待騕褭、飛兔而駕之，則世莫有乘者〔一〕；待毛嬙、西施而配之，則終身無家矣〔二〕；待古英俊而用之，則無人矣〔三〕。騏驥千里，一日而通；駑馬十駕，旬日亦至〔四〕，猶人才不足專恃〔五〕。

〔一〕「待」上，莊本有「夫」字；下句治要與莊本皆作「則世莫乘車」。高誘注曰：「騕褭，良馬；飛兔，其子。褭、兔走蓋一日萬里也。」廣雅釋獸：「飛兔、騕褭，古之駿馬也。」

〔二〕「而配之」，莊本作「而爲妃」；治要作「待西施、絡慕而爲妃」，注曰：「西施、絡慕，古好女也。」毛嬙：古代美女名。莊子齊物論：「毛嬙麗姬，人之所美也。」釋文：「司馬云：毛嬙，古美人。一云越王美姬也。」西施：春秋時越國苧蘿人，一作先施，又稱西子。傳説由越國獻給吳王夫差，吳滅後歸范蠡，從遊五湖而去。「無家」，治要與莊本皆作「不家」。

〔三〕此二句莊本作「然非待古之英俊而人自足者，因所有而並用之」，治要作「然不待古之英俊而人自足者，因其所有，而遂用之也」。

〔四〕「騏」，底本原脱，此據莊本補。「十駕」，駕車走十天的路程，莊本作「十舍」，文意似長。「旬日亦至」，莊本作「旬亦至之」，高誘注曰：「旬，十日也。」

〔五〕此句莊本作「由是觀之，人才不足專恃」。專恃：專門依靠某一方面。

44 鳥窮則啄，獸窮則觸，人窮則詐〔一〕，峻刑嚴法不可以禁奸〔二〕。

〔一〕「啄」，莊本作「噣」，義同。窮：陷於困境。「觸」，用角頂撞，莊本作「觕」，古之「觸」字。此文又見於荀子哀公篇，乃顏淵對魯哀公所言。

〔二〕此句莊本作「故雖峭法嚴刑不能禁其奸」，且在「鳥窮」三句之上。

45 道德之論，譬如日月〔一〕，江南河北不能易其指，馳騖千里不能改其處〔二〕。

〔一〕此句莊本作「譬猶日月也」。

〔二〕「改」，莊本作「易」。

46 趣舍禮俗，猶宅之居也〔一〕，東家謂之西，西家謂之東〔二〕。

〔一〕「趣舍」，莊本作「趨舍」，音義同。「俗」，道藏本誤作「裕」。「宅」上，莊本有「室」字。

〔二〕「之西」下、「之東」下，莊本皆有「家」字。

47 扣門求火，無不與者，饒足也〔一〕。故林中不貨薪、湖上不鬻魚者，有餘也〔二〕。

〔一〕首句「火」，莊本作「水」，治要作「火水」；次句莊本作「莫弗與者」，治要作「莫不與者」；「饒足」上，莊本與治要皆有「所」字。

〔二〕「貨薪」，莊本與治要皆作「賣薪」；「魚」下，莊本與治要皆無「者」字；末句治要與莊本皆作「所有餘也」。

48 叔向云〔一〕：「不乘人之利，不迫人之險〔二〕。」

〔一〕此三字莊本作「襄子曰：吾聞之叔向曰」；「叔向云」三字，道藏本、四庫本原録在下條「墨者」句上。叔向：複姓羊舌，名肸，字叔向，春秋時晉國人，博議多聞，能以禮讓治國。鄭人鑄刑書，曾致書子産以非之。孔子稱爲「遺直」。

〔二〕上句莊本作「君子不乘人於利」，下句「之」作「於」。

49 墨者田鳩，欲見秦惠王，三年不得見〔一〕。一至楚，楚王悦之〔二〕。物固有近之而遠，遠之而近〔三〕，故大人之行不可掩以繩〔四〕。

〔一〕首句莊本作「墨者有田鳩者」，高誘注曰：「田俅，學墨子之術也。」「三年不得見」，莊本作「約車束轅，留於秦，周年不得見」。田鳩：亦作田俅，齊人，墨子弟子。吕覽興時：「墨者有田鳩，欲見秦惠王，留秦三年而不得見。」秦惠王：名駟，秦孝公之子。即位後車裂商鞅，以張儀爲相，極力擴張。

公元前三二四年更元始稱王，又稱秦惠文王，公元前三三七年至前三一一年在位。

〔二〕此二句莊本作「客有言之楚王者，往見楚王，楚王甚悦之」，其下又有「予以節，使於秦。至，因見，予之將軍之節，惠王見而悦之。出舍，喟然而歎，告從者曰：吾留秦三年不得見，不識道之可以從楚也」。天海案：莊本先説「留秦周年」，此又説「留秦三年」，未詳孰是。

〔三〕固：通「故」，莊本正作「故」。「近之而」，道藏本作「近而之」；「而近」下，莊本有「者」字。

〔四〕此句莊本作「故大人之行，不掩以繩」，高誘注曰：「掩，猶揮也。」此句道藏本作「故大丈夫行不可掩」。大人：德行高尚的人。繩：稱譽。左傳莊公十四年：「（蔡哀侯）繩息嬀，人以語楚子。」注曰：「繩，譽也。」

50 未得獸者，惟恐創少〔一〕；已得，惟恐創多〔二〕。

〔一〕此句莊本作「唯恐其創之小也」，高誘注曰：「獵禽恐不能殺，故恐其創小也。」

〔二〕此二句莊本作「已得之，唯恐傷肉之多也」。

51 古人婚禮不稱主人，必稱父母兄弟〔一〕，舜不告瞽叟而娶〔二〕，非禮；立子以長，文王舍伯邑考〔三〕，非制；禮，三十而家，文王十六而生武王，非法〔四〕。

〔一〕首句莊本作「古之制，婚禮不稱主人」，高誘注曰：「當婚者之身，不稱其名也，稱諸父兄師友。」次句莊本無，聚學軒本、聚珍本皆案曰：「句是注文，原作『諸父兄師友』。」主人：當婚者本人。

〔二〕此句莊本無「瞽叟」二字，高誘注曰：「堯知舜賢，以二女妻舜，不告父。父頑，常欲殺舜。舜知告則不得娶也。」瞽叟：舜父之別名，又作「瞽瞍」。傳説舜父是個瞎子，堯時擔任樂官。又堯典孔安國傳：「舜父有目不能別好惡，故時人謂之瞽，配字曰瞍。」

〔三〕「考」，道藏本誤作「可」。此句莊本作「立子以長，文王舍伯邑考而用武王，非制也」，高誘注曰：「伯邑考，武王之兄，廢長立聖，以庶代嫡，聖人之權耳。」伯邑考：周文王長子，相傳爲質於殷，被紂王烹殺。

〔四〕「家」，莊本作「娶」；「十六」，莊本作「十五」；「法」下，莊本有「也」字。

52 治國有常，利民爲本〔一〕；政教有經，令行爲上〔二〕。苟利於民，不必法古〔三〕；苟周於事，不必循常〔四〕。法度制令，各因其宜。變古未可非，循俗不足多〔五〕。百川異源，皆歸於海〔六〕；百家異業，皆務於治〔七〕。

〔一〕「本」，道藏本與下句「政」字互乙。「利」上，莊本有「而」字。

〔二〕「令」上，莊本有「而」字，高誘注曰：「經，常也；上，最也。」

〔三〕「苟利於民」，道藏本作「苟利其心」。法古：效法古人。

〔四〕常：常規舊制，莊本作「舊」。高誘注曰：「舊，常也。傳曰：『舊不必良。』舊，或作『咎』也。」

〔五〕上句「變」上莊本有「故」字。此句莊本作「而循俗未足多也」，高誘注曰：「循，隨也；俗，常也。」循俗：迎合世俗。多：稱讚。

〔六〕「皆」上，莊本有「而」字，高誘注曰：「以海爲宗。」

〔七〕異業：事業不同，莊本作「殊業」。「皆」上，莊本有「而」字，高誘注曰：「業，事也，以治爲要也。」

53 盲者行於道〔一〕，人謂左則左，謂右則右〔二〕，遇君子則得其平易，遇小人則陷於溝壑〔三〕。

〔一〕「盲者」上，莊本有「今夫」二字。

〔二〕此上二「謂」字下，莊本皆有「之」字。

〔三〕上句莊本作「遇君子則易道」；下句無「於」字。平易：平坦的道路。

54 東面而望，不見西牆；南向而視〔一〕，不覩北方；唯無向者，無所不通也〔二〕。

〔一〕「東」上，莊本有「故」字。「向」，聚學軒本與莊本皆作「面」。

〔二〕「也」字，道藏本無。此二句莊本作「唯無所向者，則無所不通」，高誘注曰：「無所向，則可以見四方，故曰無所不通。」

55 父溺，則攬父髮而拯之〔一〕，非敢驕侮，以救死也〔二〕。

〔一〕此上之文莊本作「孝子之事親，和顏卑體，奉帶運履。至其溺也，則捽其髮而拯」，高誘注曰：「拯，升也。出溺曰拯。」

〔二〕「救」下，莊本有「其」字。

56 至賞不費，至刑不濫〔一〕。

〔一〕至賞：適當的賞賜。至刑：適當的刑罰。高誘注曰：「賞當賞，不虛費；刑當刑，不傷善。」天海案：此二句或本於商君書賞刑：「明賞不費，明刑不戮。」

57 楚人乘船遇風〔一〕，波至而恐死，自投於水中〔二〕。非不貴生畏死，惑於畏死而反忘生也〔三〕。人之嗜慾，亦復如此〔四〕。

〔一〕此句道藏本、四庫本無「楚人」二字；治要作「有人乘船而遇大風者」，莊本作「楚人有乘船而遇大風者」。

〔二〕此二句治要作「波至而恐，自投水中」，莊本作「波至而自投於水」。

〔三〕上句治要作「非不貪生而畏死也」，莊本「死」下無「也」字。下句「畏」，治要與莊本皆作「恐」。

〔四〕此二句治要與莊本皆作「故人之嗜慾，亦猶此也」。

58 溜水足以溢壺榼，江河不能滿漏巵〔一〕。

〔一〕「溜水」，説郛本作「漏水」；「溜」，莊本作「霤」，其上尚有「今夫」二字。聚珍本館臣案曰：「藏本作『霤』。」溜水：屋簷水。壺榼：古代貯水或盛酒的器具。「江」上，莊本有「而」字；「滿」，治要與莊本皆作「實」。

59 醉者超江淮，以爲尋常之溝〔一〕；俛入城門，以爲七尺之閨，酒濁其神也〔二〕。

〔一〕「江淮」，道藏本作「赴淮」。此二句莊本作「超江淮，以爲尋常之溝也」，且在「七尺之閨」句下。

〔三〕此上之文，莊本作「醉者俛入城門，以爲七尺之閨也」。俛：同「俯」，低頭。閨：內室。濁：使昏亂，此指神志不清。此文或本於荀子解蔽：「醉者越百步之溝，以爲蹞步之澮也；俯而出城門，以爲小之閨也，酒亂其神也。」

60 馬免人於難者，死，葬之以蓋，蒙之以衾〔一〕；牛有德於人，葬之以大車〔二〕。

〔一〕後三句莊本僅作「其死也葬之」。蓋：用白茅編成的草苫，用來覆蓋；或說「蓋」爲車蓋。衾：被子。

〔二〕此二句莊本作「牛其死也，葬以大車爲薦」。德：恩惠。大車：古代大夫乘坐的牛車。詩王風大車：「大車檻檻，毳衣如菼。」鄭箋：「大車，大夫之車。」

61 用兵之道：示之以柔，乘之以剛〔一〕；示之以弱，乘之以强；若欲西者，示之以東〔二〕；使知吾所出，而不知吾所入〔三〕。若鬼無跡，若水無創〔四〕；若電之激，不可備也〔五〕。高城深池，矢石如雨；廣澤平原〔六〕，白刃交接；士卒争先者，爲其賞信罰明也〔七〕。古之善將者〔八〕，暑不張蓋，寒不被裘，所以程寒暑也〔九〕。軍通井而後飲，軍食熟而後食〔一〇〕，所以同飢渴也。合戰必立矢石所及之處，所以同安危也〔一一〕。

〔一〕「用」上，莊本有「故」字；「乘之以剛」，莊本作「而迎之以剛」。

〔二〕「乘」上，莊本有「而」字。此二句莊本作「將欲西而示之以東」。
〔三〕此二句莊本無，疑是馬總自注之文混入正文。
〔四〕「鬼」、「水」二字下，莊本皆有「之」字。
〔五〕此二句莊本作「若雷之擊，不可爲備」。
〔六〕「如雨」，莊本作「若雨」；「廣澤平原」，莊本作「平原廣澤」。
〔七〕「士卒争先者」，莊本作「而卒争先合者」；「信」下，莊本有「而」字。
〔八〕「者」，道藏本、四庫本作「也」，且將此句誤録於下文「軍通井」句上。
〔九〕此句道藏本、四庫本皆無。程：衡量的標準。荀子致仕：「程者，物之準也。」此處引申爲均平、一樣。
〔一〇〕此二句莊本作「軍食熟，然後敢食；軍井通，然後取飲」。通井：鑿通水井。
〔一一〕上句莊本作「合戰必立矢射之所及」。合戰：交戰。矢石：飛箭流石。下句莊本作「以共安危也」。

62　天下莫相憎於膠漆，膠漆相賊〔一〕；膠漆相抱，不得還其本也〔二〕。天下莫相愛於冰炭，冰炭相息〔三〕。冰得炭則解，故得歸其本也〔四〕。

〔一〕上句之下，莊本有高誘注曰：「膠漆相持不解，故曰相憎。一説膠入漆中則敗，漆入膠亦敗，以多少推之，故曰相憎。」下句莊本在「天下而莫相愛於冰炭」句下。
〔二〕此爲意林原注，未知所本。

〔三〕上句莊本作「而莫相愛於冰炭」，上與「相憎於膠漆」句相連，高誘注曰：「冰得炭則解，歸水復其性；炭得冰則保其炭，故曰相愛。」「息」下，莊本有「也」字；「息」，道藏本、四庫本皆作「思」。

〔四〕此爲意林原注，與高誘注文不盡相同，或意林另有所本。

63 蘭生幽谷，不爲莫服而不芳〔一〕；舟在江河，不爲莫乘而不浮〔二〕。

〔一〕莫服：没人佩戴。高誘注曰：「性香。」

〔二〕「江河」，莊本作「江海」。高誘注曰：「性浮。」

64 人有嫁其女者，教之曰：「慎無爲善〔一〕。」女問其故〔二〕，曰：「善尚不爲〔三〕，況不善乎。」

〔一〕此上之文，莊本作「人有嫁其子而教之曰：爾行矣，慎無爲善」。

〔二〕此句莊本作「曰：不爲善，將爲不善邪」。

〔三〕此二句莊本作「應之曰：善且由弗爲」。

65 拘囹圄者，患日長〔一〕；當死市者，患日短〔二〕。

〔一〕此句莊本作「以日爲修」。修：長也。

〔二〕此句莊本作「以日爲短」。

66 嫁女於消渴者〔一〕，夫死則言女妨〔二〕。

〔一〕消渴：中醫病名，即今糖尿病。莊本作「病消」。

〔二〕女妨：女人克夫。此句莊本作「夫死則後難復處也」，高誘注曰：「以女爲妨夫，後人不敢娶，故難復嫁處也。一説，女以天下人皆消，不肯復嫁之也。」底本有聚珍本館臣案曰：「句參注文。」

67 狐白之裘，天子被之〔一〕；爲狐計者，不如走澤〔二〕。

〔一〕「被之」下，莊本有「而坐廟堂」四字。被：服用。

〔二〕此二句莊本作「然爲狐計者，不若走於澤」，高誘注曰：「言物貴於生也。」

68 先鍼而後縷，可以成帷；先縷而後鍼，不可以成衣。

69 因媒而嫁，不因媒而成〔一〕；因人而交，不因人而親〔二〕。

〔一〕「不」上，莊本有「而」字。高誘注曰：「媒人以禮，成爲家室也。」

〔二〕二「因」字，道藏本、四庫本皆作「顧」。高誘注曰：「以德親也。」

70 君子不容非類，日月不應非氣〔一〕。

〔一〕此二句莊本作「日月不應非其氣，君子不容非其類也」，高誘注曰：「陽燧取火，方諸取水，氣相應也；非此不得，故曰不應非其氣也。」

71 被羊裘而賃顧，其事過也〔一〕；衣貂裘而負籠，甚可怪也〔二〕。

〔一〕此二句莊本作「披羊裘而賃，固其事也」。賃顧：請人作傭工。

〔二〕「貂」，道藏本、四庫本作「貉」。上句莊本無「衣」字。籠：土筐。高誘注曰：「籠，土籠也。」聚學軒本周廣業注曰：「賃顧者，役人而予之值也。羊裘本賤者之服，不當顧人，故曰其事過也。原文則謂披羊裘而爲人賃，宜也。華服而執賤役，可異矣。」

72 非禮爲禮，譬躶而追狂人〔一〕，盜而與乞者，竊簡寫法律〔二〕，蹲踞誦詩、書〔三〕。

〔一〕「爲」，道藏本、四庫本作「而」。上句莊本作「以非禮爲禮」，下句作「譬猶倮走而追狂人」。「躶」、「倮」皆同「裸」，音義同。

〔二〕上句莊本作「盜財而予乞者」；「簡」下有「而」字。簡：竹片、木片，古代書寫用。

〔三〕「踞」下，莊本有「而」字。蹲踞：蹲而不坐，輕慢隨便貌。

73 馬似鹿者千金〔一〕，天下無千金之鹿。

〔一〕「馬」下，莊本有「之」字。

74 畫孟賁之目，大而不可畏〔一〕；畫西施之面，美而不可悦〔二〕。

〔一〕「畫」，莊本作「規」。此二句莊本在「美而不可悦」句下。孟賁：古代勇士名，一作「孟説」。下句道藏本、四庫本皆作「大而不可不畏」。

〔三〕「悦」上，道藏本、四庫本皆有「不」字。

75 同污無異塗〔一〕，衆曲不容直，衆枉不容正，故人衆則食狼，狼衆則食人。

〔一〕「塗」，道藏本、四庫本作「泥」，且將此句單作一條；莊本此句作「此所謂同污而異塗者」。

76 郢人買屋棟，與之車轂〔一〕，大雖可而長不足〔二〕。

〔一〕此二句莊本作「楚人有買屋棟者，而人予車轂」。郢人：楚國郢都人。郢：楚國都城，在今湖北江陵北。車轂：本指車輪中心插軸的部分，此借指車輪。

〔二〕此句莊本作「巨雖可而修不足」，高誘注曰：「巨，大也；修不足，言其短。」

77 孕婦見兔，則子缺脣〔一〕。

〔一〕「則」，莊本作「而」。缺脣：脣裂似兔。

78 文公棄衽席，咎犯辭歸〔一〕。晉文公棄席之黑者，捐故舊也，故咎犯辭去〔二〕。

〔一〕上句莊本作「文公棄荏席後黴黑」。高誘注曰：「晉文棄其卧席之下黴黑者，咎犯感其損舊物，因曰：『臣從君周旋，臣之罪多矣，臣猶自知之，況君乎，請從此亡。』故曰辭歸。」衽席：坐席。咎犯：人名，即「舅犯」。

〔二〕此爲馬總原注，或以意節録高誘注文。

79 知天將赦而多殺人，或知天赦而多活人〔一〕。其望赦同，刑罪異也〔二〕。

〔一〕上句莊本作「或曰知其且赦也，而多殺人」，高誘注曰：「不仁。」下句莊本作「或曰知其且赦也，而多活人」，高誘注曰：「乃仁人也。」活人：使人活命。

〔二〕此二句道藏本、四庫本作「人望欲同，刑罰異也」。下句莊本作「所利害異」。道藏本此條原録作小字注文，與上條注文連在一起。

80 侏儒問天高於長人，長人曰：「吾不知也〔一〕。」曰：「爾去天近於我也。」問事當問近者〔二〕。

〔一〕此上之文莊本作「朱儒問徑天高於修人，修人曰：不知」，高誘注曰：「修人，長人也。」侏儒：亦作「朱儒」。

〔二〕此上之文莊本作「曰：『子雖不知，猶近之於我。』故凡問事，必於近者」。

81 郢人自賣其母，而語買者曰〔一〕：「此母老矣，望善飴之〔二〕。」此大不義而欲爲小義〔三〕。

〔一〕道藏本、四庫本脱「郢人」二字；「語」皆作「請」。此二句莊本作「郢人有鬻其母，爲請於買者曰」，高誘注曰：「郢，楚都；鬻，賣也。」

〔二〕飴：通「飼」，拿食物給人吃，此指奉養。此句莊本作「幸善食之而勿苦」，高誘注曰：「食，養也。」

〔三〕此句莊本作「此行大不義而欲爲小義者」。

82　佳人不同體，美人不同面，而皆悦於目；梨、橘、棗、栗不同味，皆調於口〔一〕。

〔一〕莊本録高誘注曰：「調，適。」天海案：調，適合。此句「皆」字上，莊本有「而」字；「調」，道藏本作「訓」。

83　一棊不足以見智，一絃不足以見悲〔一〕。

〔一〕上句「一」上，莊本有「行」字。下句「一」上，莊本有「彈」字。見：同「現」，顯示。

84　遺腹子不思父，無愛心也〔一〕。

〔一〕道藏本、四庫本皆脱「子」字。「思」下，莊本有「其」字。下句下底本有聚珍本館臣案曰：「原作『無貌於心也』。」莊本正如此作，高誘注曰：「不知父貌。」遺腹子：父親死後才出生的子女。

85　湯沐具而蟣蝨相弔，大廈成而鷰雀相賀〔一〕。

〔一〕「蟣」，原作「蟻」，此據莊本改。蟣蝨：虱子及卵。相弔：相互致哀。此句下高誘注曰：「廈，屋也。」

86　釣者静之，網者動之〔一〕，罩者抑之，罾者舉之〔二〕，爲道異，得魚一也〔三〕。

〔一〕此句莊本作「罛者扣舟」。罛（音餘）者：撒網的人。

〔二〕罩：捕魚的竹器，沉入水中以取魚。罾：捕魚的網，四角方形，沉入水中，魚入網後扳起，故又稱扳網。「罾」，莊本作「罜」，懸掛之網，或與「罾」類似。

〔三〕「道」，莊本作「之」；「也」字道藏本無。

87 屠者食籗羹，爲車者多步行〔一〕；陶人用缺盆，匠人居狹廬〔二〕。

〔一〕上句莊本作「屠者羹藿」，下句無「多」字。藿羹：豆葉菜湯。

〔二〕「陶人」，莊本作「陶者」；「居」，莊本作「處」。

88 田中之水流入海，附耳之語聞千里〔一〕。

〔一〕此二句莊本作「田中之潦，流入於海；附耳之言，聞於千里也」，高誘注曰：「附，近也。近耳之言，謂竊語。聞於千里，千里知之。語曰：欲人不知，莫如不爲。」

89 中夏用箑，至冬不去〔一〕；舉衣過水，至陸不下，此不知變也〔二〕。

〔一〕此二句莊本作「中夏用箑快之，至冬而不知去」。中夏：即「仲夏」，盛夏。箑：同「箑」，扇子。

〔二〕此三句莊本作「褰衣涉水，至陵而不知下，未可以應變」。

90 靨輔在頰則好，在顙則醜〔一〕；繡爲被則宜，爲冠則譏〔二〕。

〔一〕莊本高誘注曰：「靨輔，著頰上窐也。窐者在顙似槩，故醜。」聚學軒本周廣業注曰：「頰上窐也。」靨輔：臉上酒窩。顙：額頭；道藏本、四庫本皆作「顏」，或「額」字形誤。

〔三〕此二句莊本作「纚以爲裳則宜，以爲冠則譏」，高誘注曰：「詩曰『袞衣纚裳』，故曰宜。譏，譏非之也。」穢：醜陋。底本句下有聚珍本館臣案曰：「原書『穢』作『譏』，注：人非之也。」

91 山雲蒸，柱礎潤〔一〕，茯苓掘，兔絲死〔二〕。

〔一〕莊本高誘注曰：「礎，柱下石碩也。」柱礎：柱下基石。下雨前柱下石返潮。

〔二〕「掘」，原作「抽」，或誤，此據莊本改。兔絲：寄生於茯苓的一種植物，可入藥。挖掉茯苓，兔絲必死。高誘注曰：「所生者亡，故死。」

92 兔絲無根而生，蛇無足而行，魚無耳而聽，蟬無口而鳴。

93 鶴千歲極其樂〔一〕，蜉蝣朝生暮死，亦盡其樂〔二〕。

〔一〕莊本作「鶴壽千歲，以極其游」。

〔二〕「蜉蝣」，道藏本無。「生」下，莊本有「而」字；「亦」，莊本作「而」。高誘注曰：「修短各得其志。」

94 林木茂而斧斤入，質的張而弓矢集〔一〕。

〔一〕質的：射箭的標靶。莊本此二句上下互乙。文又見荀子勸學：「是故質的張而弓矢至焉，林木茂而斧斤至焉。」

95 明珠，蚌之病也，我之利也〔一〕。

〔一〕此條莊本作「明月之珠，蚌之病而我之利」，高誘注曰：「我，猶人也。」

96 舟覆乃見善游，馬奔乃見良馭〔一〕。

〔一〕「馭」，莊本作「御」。高誘注曰：「善游，故覆舟不溺；良御，馬奔車不敗，故見之。」見：同「現」，發現。馬奔：馬受驚而狂奔。道藏本、四庫本此條原録在「匠人居狹廬」條下，「林木茂」條上。

97 百星之明，不如一月之光；十牖之開，不如一戶之明〔一〕。

〔一〕聚學軒本周廣業注曰：「語出文子。」

98 披蓑救火〔一〕，鑿瀆止水，乃益多也〔二〕。

〔一〕「蓑」下，莊本有「而」字。蓑：蓑衣，棕草編成，舊時雨衣。

〔二〕此二句莊本作「毀瀆而止水，乃愈益多」。

99 狂人傷人莫之怨〔一〕，嬰兒詈老莫之疾，無心也〔二〕。

〔一〕此句莊本作「狂者傷人，莫之怨也」。

〔二〕此二句道藏本、四庫本作「嬰疾無心也」；上句「疾」下，莊本有「也」字；末句莊本作「賊心吂」。天海案：吂，或爲「亡也」二字之訛，說見王念孫淮南子雜誌。詈：罵。疾：恨。道藏本、四庫本録此條在前第八十二「郢人自賣其母」條下。

100　鴻鵠在卯也，一指蔑之則破〔一〕，及其羽翅成也〔二〕，背負青天，膺摩赤霄，哺且子不能得也〔三〕。

〔一〕「卯」，道藏本誤作「卵」。此二句莊本作「夫鴻鵠之未孚於卵也，一指篾之，則靡而無形矣」。鴻鵠：天鵝。蔑：拋棄，此指按或摁。

〔二〕此句莊本作「及至其筋骨之已就，羽翮之既成也」。

〔三〕莊本高誘注曰：「赤霄，飛雲也。」赤霄：紅色雲霄，形容極高的天空。天海案：末句莊本作「蒲且子之巧，亦弗能加也」。「哺且子」，或作「蒲且子」，楚國善射之人。亦見於列子湯問、淮南子覽冥訓、説苑談叢所記。

101　戟以攻城，鏡以照形〔一〕。宫人得戟，則以刈葵〔二〕；盲人得鏡，則以蓋巵〔三〕。

〔一〕此二句莊本作「夫戟者，所以攻城也；鏡者，所以照形也」。

〔二〕莊本高誘注曰：「宫人，宦侍也。」刈葵：割葵菜。葵：又名冬葵子，可入藥。

〔三〕「盲人」，莊本作「盲者」。巵：古代盛酒器。

102　堯八眉〔一〕。眉理八字也〔二〕。

〔一〕此句莊本作「若夫堯眉八彩」。八眉：眉毛有八種顏色。傳説堯眉有八種顏色。見春秋演孔圖。

〔二〕此馬總自注，認爲「八眉」乃眉毛形同「八」字。此雖與舊説不同，但可備一説。

103 楚人有烹狙召鄰〔一〕，鄰者以爲狗羹，食甚美〔二〕。後聞其狙，據地吐之，未始知味也〔三〕。

〔一〕此句莊本作「楚人有烹猴而召其鄰人」，高誘注曰：「召，猶請也。」狙：猴子。

〔二〕此二句莊本作「以爲狗羹也，而甘之」。

〔三〕上句莊本作「後聞其猴也」，末句作「此未始知味者也」。據地：雙手按地。「地」下莊本有「而」字。

104 邯鄲有吹者，託名李奇，人争學之〔一〕。後知其非，皆棄其曲，未始知音也〔二〕。

〔一〕此三句莊本作「邯鄲師有出新曲者，託之李奇，諸人皆争學之」。李奇：高誘注曰：「古之名倡也。」莊逵吉案曰：「太平御覽引許慎注云：李奇，趙之善樂者也。」邯鄲：戰國時趙國都城，在今河北省。吹者：吹曲的人。

〔二〕莊本「非」下有「也」字，「皆」上有「而」字，末句作「此未始知音者也」。高誘注曰：「知非李奇所作，而皆棄之，故未始知音也。」

〔三〕此爲意林原注，道藏本、四庫本録作正文，莊本無。此條原與上條合爲一條，此據道藏本改。

李奇，趙之善音者〔三〕。

105 原蠶一歲再熟〔一〕，非不利也，王法禁之，爲其殘桑〔二〕。離先稻熟，農夫耨之，不以小利傷大穫也〔三〕。稻米落地而生曰離稻〔四〕。

〔一〕「熟」，莊本作「收」。高誘注曰：「原，再也。」原蠶：二道蠶，即夏秋第二次孵化的蠶。再熟：兩熟。

〔二〕此二句莊本作「然而王法禁之者，爲其殘桑也」。

〔三〕「農」上，莊本有「而」字。高誘注曰：「稻米隨而生者爲離，與稻相似。耨之爲其少實。」離：穀子落地再長出的稻子。離比稻成熟早，但結實少，故言「小利」。

〔四〕此爲意林原注，與高誘注文略異。

意林校釋卷三

三六　鹽鐵論十卷

桓寬。並是文學與大夫相難〔一〕。

桓寬，字次公，西漢汝南（在今河南上蔡西南）人。治公羊春秋。漢宣帝時爲郎，後任廬江太守丞。漢昭帝始元六年，詔使丞相、御史大夫與所舉賢良、文學之士問民間疾苦，皆請罷鹽鐵榷酤，後只罷榷酤而鹽鐵不變。至漢宣帝時，桓寬集其所論，推衍增廣而爲一家之言，著鹽鐵論十卷六十篇。意林録二十三條，其中賢良、文學之言十四條，大夫之言九條，亦可見馬總仍傾向於儒家德主刑輔的政治主張。鹽鐵論一書，漢志載六十篇，其後史志書目皆作十卷。四庫全書所收乃明代張之象十二卷注本，增訂四庫簡目標注續録稱該本「卷第割裂，字句訛謬」，反不如明弘治年間涂禎所刊十卷本爲佳。今據涂禎本參校之。

1　善剋者不戰，善戰者不師，善師者不陣〔二〕。

〔一〕「桓寬」二字底本無，此據説郛本、道藏本、四庫本補。此句爲馬總原注，道藏本、四庫本録作正文第一條，非是。

〔二〕「陣」，聚學軒本周廣業注曰：「原作『陳』，注：故『陣』字。」又案曰：「『善師者不陳』，本穀梁傳文。漢書刑法志引孫卿語亦作『陳』。師古注云：『戰陳之義，本以陳列爲名而音變耳。末代學者輒改從車，非也。』羅泌路史國名記據説文石經曰：『車列阜旁，所以爲陣，轉爲平聲。古無從東，後世謬車爲東，隸遂爲東。』世不知之，反以陳爲正，陣爲俗。二説似羅爲長。」天海案：不師：不用軍隊。不陣：不列陣廝殺。

2　工不出則物用乏，商不出則寶貨絶〔一〕。

〔一〕「物用乏」，涂本作「農用乖」。寶貨：貨幣，泛指金錢。

3　川源不能實漏巵，山海不能贍溪壑〔一〕。

〔一〕「源」，原作「原」，此據涂本改；「溪壑」，原作「谿欲」，此據涂本、聚學軒本改。底本句下有聚珍本館臣案曰：「『谿欲』，今本鹽鐵論作『溪壑』，道藏本亦作『溪壑』。」上句周廣業注曰：「韓非子：千金之玉巵，通而無當，漏不可盛水。」下句周廣業注曰：「國語：『叔魚生，其母視之曰：溪壑可盈，是不可饜也，必以賄死。』」

4　宅近市則家富，富在術數，不在力耕〔一〕。

〔一〕「則」，涂本作「者」；「力耕」，涂本作「勞身」。術數：權術策略。

5　善歌者，使人續其聲；善作者，使人紹其功〔一〕。

〔一〕紹：繼承，道藏本、四庫本作「治」，或誤。

6 孔子能方不能圓，故飢於黎丘〔一〕。

〔一〕黎丘：地名。一在今河南虞城縣北，一在今湖北宜城縣西，此或在河南境内。

7 茂林之下無豐草，大塊之間無美苗。

8 行遠者假於車〔一〕，濟江海者因於舟，成名者因於資〔二〕。歐冶能因國君銅鐵作金爐大鐘，而不能自作壺鼎盤盂〔三〕。

〔一〕「遠」下，治要有「道」字。此與下句或本於荀子勸學：「假輿馬者，非利足也，而致千里；假舟楫者，非能水也，而絶江河。」

〔二〕此句涂本作「故賢士之立功成名，因資而假物者也」，治要同。底本句下有聚珍本館臣案曰：「原書無此句。」

〔三〕上句「作」，涂本作「以爲」，下句作「而不能自爲一鼎盤」。歐冶：參見本書卷二呂氏春秋第四十七條注。

9 香餌非不美〔一〕，龜龍聞而深藏，鸞鳳見而高逝〔二〕。

〔一〕「美」下，涂本有「也」字。

〔二〕此句涂本作「鸞鳳見而高逝者，知其害其身也」。高逝：高飛遠去。

10 玉屑滿篋，不成其寶〔一〕。仲尼之門七十子〔二〕，去父母，捐室家，負荷而隨孔子。不耕而學，其亂愈滋，猶玉屑滿篋也〔三〕。若能安國利人，寧須文辭者哉〔四〕！

〔一〕「玉」上，涂本有「故」字。此句涂本作「不爲有寶」，且此二句在「亂乃愈滋」句下。

〔二〕此句涂本作「仲尼之門，七十子之徒」。

〔三〕上句涂本作「亂乃愈滋」，下句涂本無。

〔四〕此二句涂本作「要在安國家，利人民，不苟文繁衆辭而已」。

11 有粟而不能食〔一〕，無益於飢；覩賢而不能用〔二〕，無益於削〔三〕。

〔一〕此句涂本作「有粟不食」。

〔二〕「覩」，説郛本作「親」，道藏本、四庫本作「覩」；此句涂本作「覩賢不用」。

〔三〕「削」，道藏本、四庫本作「利」。此條涂本與上條相屬。

12 歌者不期於利聲〔一〕，而貴在中節；論者不期於麗辭，而務在事實。

〔一〕「歌」上，涂本有「大夫曰」三字。

13 公卿者，四海之儀表〔一〕，神化之丹青也。上有輔明主之任，下有隨聖化之治〔二〕。

〔一〕「儀表」，涂本倒作「表儀」。

〔二〕此句涂本作「下有遂聖化之事」。

14 諸生抱枯竹，守空言〔一〕，不知趨舍之宜、時世之變。

〔一〕此二句涂本作「諸生無能出奇計，遠圖匈奴，安邊境之策，明枯竹，守空言」。諸生：此指衆儒生，即參加鹽鐵會議的賢良、文學等人。枯竹：此喻竹簡舊書，猶今謂「死書」。

15 林中多疾風，富貴多諛言。

16 古者君子思德，小人思利〔一〕。今人堅額健舌，或以致業〔二〕。

〔一〕此二句涂本作「古者君子夙夜孳孳思其德，小人晨昏孜孜思其力」。

〔二〕「或」，道藏本、四庫本作「代」。此句涂本作「或以成業致富」。堅額健舌：厚顏利舌，指臉皮厚，又好花言巧語以騙人。

17 九層之臺傾，公輸子不能正〔一〕。大朝一邪，伊、望不能復〔二〕。

〔一〕「傾」上，涂本有「一」字。公輸子：複姓公輸，名般，又稱爲魯班。春秋時魯國著名工匠。

〔二〕大朝：强大的王朝，一説居於正統的朝廷，涂本作「本朝」。邪：通「斜」。伊、望：指商湯賢臣伊尹、周武王賢臣呂望。

18 吏道雜而不選，富者以財買官〔一〕，垂青綬，擐銀龜〔二〕，擅殺生之柄，專萬民之命。

〔一〕「雜」，涂本作「壅」。底本有聚珍本館臣案曰：「道藏本作『壅』。」選：量才授官。吏道：取用官員的途徑。「富者」，道藏本、四庫本作「富貴」；「買」作「賈」，涂本亦作「賈」。

〔三〕青綬：青色印帶，涂本作「青繩」。漢代相國、丞相、太尉賜金印紫綬；御史大夫位上卿，賜銀印青綬。見漢書百官公卿表。擐：音涓，繫。集韻：「擐，繫也。」銀黿：銀印黿形紐。

19　乘堅驅良〔一〕、列騎成行者，不知負擔步行之勞〔二〕。

〔一〕「堅」，道藏本、四庫本誤作「肩」。乘堅驅良：乘堅固的車，馳驅良馬。

〔二〕此句治要作「不知負擔步行者之勞也」，涂本同，唯「勞」作「難」。負擔：背和挑。

20　中國與邊境，猶支體與腹心也。肌膚寒於外，腹心疾於内〔一〕。内外之相勞，非相爲助也〔二〕。

〔一〕「腹心」，涂本作「腹腸」。

〔二〕此二句道藏本、四庫本無。

21　以仁義阻之，道德塞之〔一〕，賢人守之，則莫能入也〔二〕。

〔一〕此二句涂本作「誠以行義爲阻，道德爲塞」。

〔二〕上句涂本作「賢人爲兵，聖人爲守」，下句無「也」字。此條原與上條併爲一條，此據涂本分改。

22　秦法繁於秋荼，網密於凝脂〔一〕，然而上下相遁，姧僞並生〔二〕。

〔一〕「秦」上，涂本有「昔」字；「荼」原誤作「茶」，據涂本改。秋荼：荼至秋天花葉繁密，常用以形容事物繁盛。「綱」上，涂本有「而」字；道藏本「綱」作「罔」。綱：此指法網。凝脂：凝結的油脂細密無隙，常用以形容事物嚴密。

〔二〕「並生」，涂本作「萌生」。

23 廐焚，孔子問人不問馬，賤畜貴人也〔一〕。秦法盜馬者死，盜牛者刑，苛也〔二〕。

〔一〕此三句，涂本作「魯廐焚，孔子罷朝，問人不問馬，賤畜而重人也」。

〔二〕此三句，涂本作「今盜馬者罪死，盜牛者加」；「苛也」二字涂本無。

三七　説苑二十卷　劉向。

説苑作者劉向，原名更生，字子政，沛縣人。漢宣帝時任散騎諫大夫，元帝時爲中壘校尉。因反對宦官弘恭、石顯而下獄。漢成帝時，改名爲向，任光禄大夫、中壘校尉，負責校閲經傳、諸子、詩賦等典籍，寫成别録一書，爲我國分類目録之始。漢書有傳。

漢志著録劉向所序六十七篇，注曰：「新序、説苑、世説、列女傳、頌圖也。」隋志載説苑二十卷，兩唐志皆作三十卷。至宋崇文總目只載五卷，稱「説苑二十篇，今存者五卷，餘皆亡」。曾鞏校書序曰：「得十五篇於士大夫之家，與舊爲二十篇。」

意林録三十一條。今以治要、向宗魯説苑校證參校之。

1 東風則靡而西，西風則靡而東〔一〕；上之化下，如風靡草〔二〕。

〔一〕二「則」字下，向本皆有「草」字，且此二句在「猶風靡草」句下。

〔二〕「上」上，向本有「夫」字；「如」，向本作「猶」。

2 禹見罪人，下車而泣〔一〕。左右曰：「此人不恭，故得罪，君王何痛之〔二〕？」禹曰：「堯民以堯爲心〔三〕，今百姓各以其心爲心，故痛之〔四〕。」

〔一〕此二句治要與向本皆作「禹出見罪人，下車問而泣之」。

〔二〕「此人不恭，故得罪」，向本作「夫罪人不順道，故使然焉」；此三句治要作「罪人不順道使然，君王何爲痛之至於此也」。

〔三〕此句治要作「堯、舜之民皆以堯、舜之心爲心」；向本「民」作「人」，餘同治要。

〔四〕上句「各」下，治要與向本皆有「自」字；下句治要與向本皆作「是以痛之也」。越絶書無餘外傳記此事甚詳，認爲是大禹南巡蒼梧事。

3 齊景公出獵，上山見虎，下山見蛇〔一〕。問晏子曰：「此不祥耶〔二〕？」晏子曰：「有賢而不知，知而不用，用而不任，此不祥也〔三〕。山是虎之室，澤是蛇之穴，何不祥也〔四〕。」

〔一〕「下山」，向本作「下澤」。天海案：作「下澤」是，方與下文相符。

〔二〕此上二句，向本作「歸，召晏子而問之『今日寡人出獵，上山則見虎，下澤則見蛇，殆所謂之不祥也』」。

〔三〕此上四句向本作「國有三不祥，是不與焉。夫有賢而不知，一不祥；知而不用，二不祥；用而不任，三不祥。所謂不祥者，乃若此者也」。

〔四〕此三句向本作「今上山見虎，虎之室也；下澤見蛇，蛇之穴也。如虎之室，如蛇之穴，曷爲不祥也」。此條所記又見於晏子春秋内篇諫下。

4 晏子侍景公，公曰〔一〕：「朝寒，請進煖食於寡人〔二〕。」對曰：「嬰非廚養之臣，社稷之臣〔三〕。」

〔一〕上句「侍」下，向本有「於」字；下句「曰」字原脱，據晏子春秋補。

〔二〕此句向本作「請進熱食」，御覽作「請子進煖食於寡人」。

〔三〕此二句向本作「嬰非君之廚養臣也，敢辭」。廚養之臣：爲國君掌管廚房膳食的臣子。此條所記又見晏子春秋内篇雜上。

5 晉平公問師曠曰〔一〕：「吾年七十，欲學，恐晚，如何〔二〕？」師曠曰：「日暮豈不炳燭耶〔三〕？臣聞少而好學者〔四〕，如日出之陽；壯而好學者，如日中之光；老而好學者，如炳燭之明。豈不愈于暗行乎〔五〕？」公曰〔六〕：「善哉。」

〔一〕「問」下，向本有「於」字。晉平公：名彪，春秋時晉國國君，公元前五五七年至前五三二年在位。師曠：晉國樂師。楚辭章句：「師曠，聖人，字子野，生無目而善聽，晉主樂太師。」

〔二〕此上四字，向本作「恐已暮矣」。

〔三〕此句向本作「何不炳燭乎」，其下尚有平公與師曠問答語。「炳燭」，尚書大傳作「執燭」；陳本引王伯申曰：「執，當爲爇，古爇字，説苑作『炳』，乃『焫』字之訛。焫與爇同。」此説甚是。

〔四〕此句向本作「臣聞之，少而好學」；此與下文三「者」字，向本皆無。

〔五〕此句向本作「炳燭之明，孰與昧行乎」。

〔六〕「公」上，向本有「平」字。此條尚書大傳有載，或出於師曠六篇，金樓子立言亦引此文。

6 曾子衣敝而耕，魯君使人致其下邑，不受〔一〕。曰：「吾聞受人者畏人，與人者驕人。安知君能不我驕，我能不畏乎〔二〕？」遂不受〔三〕。

〔一〕此上三句，向本作「曾子衣敝衣以耕，魯君使人往致邑焉，曾子不受」，其下尚有「使者曰」數句，文繁不引。下邑：國都以外所屬城邑。

〔二〕此上四句，首句向本作「臣聞之，受人者畏人」；次句「與」，向本作「予」；後二句向本作「縱君有賜，不我驕也，我能勿畏乎」。尸子明堂引曾子曰：「取人者必畏，與人者必驕。」慎子外篇曰：「受人者常畏人，與人者常驕人。」不我驕：不向我示驕。

〔三〕此句向本作「終不受」。此條又見尸子、慎子、孔子家語。

7 夫仕者，身歸於君，禄歸於親〔一〕。

〔一〕此上三句向本作「申鳴曰：聞夫仕者，身歸於君，而禄歸於親」。此條見向本卷四立節，原記楚士人申鳴赴白公勝亂之前對其父所言。事亦見韓詩外傳卷十。

8 忠臣不仕二君，貞女不更二夫〔一〕。

〔一〕「仕」，向本作「事」。此條見向本卷四立節，原爲齊人王歜對入侵的燕將樂毅所言。事又見史記田單列傳。

9 居無垣牆，人莫之毁傷；行無防衛，人莫之暴害〔一〕，此君子之行也〔二〕。

〔一〕此上之文，向本作「居不爲垣牆，人莫能毁傷；行不從周衛，人莫能暴害」。

〔二〕此條見向本卷五貴德，原爲莊辛回答楚王之語。

10 楚莊王賜羣臣酒，燭滅，有引美人之衣者〔一〕。美人援絶其纓，告王〔二〕。王曰：「賜人酒，醉，乃顯婦人之節，吾不取也〔三〕。」乃命左右：「勿上火。凡與寡人飲者，不絶纓者不盡歡也〔四〕。」羣臣遍絶纓而後舉火〔五〕。後與晉戰〔六〕，引美人衣者，五合以報莊王〔七〕。

〔一〕「燭滅」，道藏本誤作「燭或」，治要作「華燭滅」；後二句向本作「日暮酒酣，燈燭滅，乃有人引美人之衣者」。楚莊王：姓芈，名旅，春秋時楚國國君，公元前六一三年至前五九一年在位，爲春秋五霸之一。

〔二〕「纓」上，向本與治要皆有「冠」字。援絶其纓：扯斷那人冠帽的帶子。「告王」，説郛本、向本與治要皆作「告王曰」，其下尚有「今者燭滅，有引妾衣者，妾援得其冠纓，持之，趣火來上，視絶纓者」數句。

〔三〕此上四句向本作「賜人酒，使醉失禮，奈何欲顯婦人之節而辱士乎」；「吾不取也」一句向本無，或意林另有所本。

〔四〕「勿上火」三字向本無，後二句作「今日與寡人飲，不絶冠纓者不歡」。

〔五〕此句治要作「羣臣皆絶纓而上火，盡歡而罷」，向本作「羣臣百有餘人皆絶其冠纓而上火，卒盡歡而罷」。

〔六〕此句治要與向本皆作「居二年，晉與楚戰」。

〔七〕此二句向本無，或馬總以意節録。五合：五次與敵人交戰。此條見向本卷六復恩，事又見韓詩外傳卷七。

11 陽虎得罪於衛，北見趙簡子曰〔一〕：「自今以後〔二〕，不復樹人矣。堂下之人，臣所樹者過半，今反危臣矣〔三〕。」簡子曰：「樹桃李者，夏得休息〔四〕；樹蒺藜者，秋得其刺〔五〕；今子所樹蒺藜也〔六〕。自今以後，擇人而樹之〔七〕。」

〔一〕首句治要無「於衛」二字，次句治要與向本無「趙」字。盧文弨曰：「外傳七作『魏文侯之時，子質仕而獲罪焉』。」向宗魯曰：「韓子作『陽虎去齊走趙』，於事爲合，本書『衛』字亦誤。」陽虎：字貨，春秋時魯國人，季氏家臣，事季平子，專季氏政，失敗後叛逃，先奔齊，又奔宋，後奔晉。事詳左傳，未見得罪衛國之事。趙簡子：名鞅，春秋末期晉國上卿。

〔二〕「後」，治要與向本皆作「來」。

〔三〕此上三句，向本作「夫堂上之人，臣所樹者過半矣」，治要同；末句向本無。

〔四〕「樹」上，向本有「夫」字；「息」下，向本有「秋得食焉」四字。

〔五〕「刺」下，向本有「焉」字；句下尚有「夏不得休息」五字。

〔六〕「樹」下，向本有「者」字；句下尚有「非桃李也」四字。

〔七〕「後」，向本作「來」；「樹之」下尚有「毋已樹而擇之」六字。此條所記之事又見韓非子外儲説左下、韓詩外傳卷七，文皆有異。

12 夫政者，無迎而拒，無望而許〔一〕。

〔一〕「夫政者」三字，向本無，另作「夫子曰：毋迎而距也，毋望而許也」。其下尚有數句，文繁不引。迎：同「逆」，對立。此條見向本卷七政理，原爲孔子對宓子賤言。

13 臨財莫如廉，臨官莫如平〔一〕，廉平之守莫能攻〔二〕。

〔一〕此二句今本互乙。臨財：理財。臨官：居官。

〔二〕「莫能攻」，向本作「不可攻也」。守：泛指官吏。此條見向本卷七政理，原爲孔子對子貢言。

14 國不務大，務得民心；佐不務多，務得賢俊〔一〕。

〔一〕此句「務」上，向本有「而」字。治要亦引此文。

15 齊宣王謂淳于髡曰：「先生論寡人何好〔一〕？」對曰〔二〕：「古者所好者四，而王所好者三〔三〕。古者好馬，王亦好馬；古者好味，王亦好味〔四〕；古者好色，王亦好色；古者好士，王獨不好士〔五〕。」王曰：「國無士耳，若有，寡人亦好之〔六〕。」對曰：「驊騮騏驥本無，王求之〔七〕；豹象之胎本無，王求之〔八〕；毛嬙、西施本無，王求之〔九〕；而不求士，何也〔一〇〕？」

〔一〕上句向本作「齊宣王坐，淳于髡侍。宣王曰」；下句「論」，道藏本、四庫本作「云」。齊宣王：見本書卷一韓子第三十二條注。淳于髡：見本書卷一孟子第十四條注。

〔二〕「對曰」，向本作「淳于髡曰」，治要作「髡曰」。

〔三〕此二句治要與向本皆作「古者所好四，而王所好三焉」。其下向本尚有「宣王曰：古者所好，何與寡人所好？淳于髡曰」數句。治要則作「王曰：可得聞乎？髡曰」。

〔四〕此與上句二「味」字，道藏本、四庫本皆作「玉」。

〔五〕「獨」字，道藏本、四庫本無。

〔六〕此上之文，治要與向本皆作「宣王曰：國無士耳，有則寡人亦悦之矣」。

〔七〕此上之文，向本作「淳于髡曰：古者驊騮騏驥，今無有，王選於衆，王好馬矣」，治要所録同。

〔八〕此二句治要與向本皆作「古者有豹象之胎，今無有，王選於衆，王好味矣」。豹象之胎：取豹、象胎兒做成食物。

〔九〕此二句治要與向本皆作「古者有毛嬙、西施，今無有，王選於衆，王好色矣」。毛嬙、西施：古代二美女。參見本書卷二淮南子第四十三條注。

〔一〇〕此二句向本無。此條又見治要、長短經論士引。戰國策齊策載王斗事略同此文。

16 楊回見趙簡子曰〔一〕：「臣居鄉三逐，事君五去。聞君好士，故來〔二〕。」左右曰〔三〕：「居鄉三逐，是不容於衆也；事君五去，是不忠於上也〔四〕。」簡子曰：「美女者〔五〕，醜婦之仇也；盛德君子者，亂世所疏也；正直之行，邪枉所憎也。」遂用之作相〔六〕。

〔一〕「楊回」，向本作「楊因」，書鈔引作「因」，春秋末晉人，事略如本文。「趙簡子」，向本作「趙簡主」。

〔二〕「故來」，向本作「故走來見」，其下尚有「簡主聞之，絶食而歎，跽而行」三句。

〔三〕「左右曰」，向本作「左右進諫曰」。

〔四〕此句下向本尚有「今君有士，見過八矣」二句。

〔五〕此句向本作「子不知也，夫美女者」。

〔六〕此句向本作「遂出見之，因授以爲相，而國大治」。此條所記之事與列女傳辯通記齊國逐孤女事略同。

17 周公誡伯禽曰〔一〕：「爾無以魯驕人〔二〕。衣成則缺衽，宮成則缺隅〔三〕，示不成也，鬼神害滿也〔四〕。」

〔一〕此句向本作「周公誡之曰」，道藏本、四庫本皆無「曰」字。周公：即周公旦。參見本書卷二呂氏春秋第二十二條注。伯禽：亦稱禽父，周公長子，被封爲魯國第一代國君。

〔二〕「爾」，道藏本、四庫本皆誤作「示」。此句向本作「子其無以魯國驕士矣」。此上二句，道藏本、四庫本單作一條，録在「鬼神害滿也」句下。

〔三〕「衣成」上，向本有「是以」二字。缺衽：謂做衣服使兩襟長短不齊，示有缺陷，以啓迪人不應自滿。宮：指房屋。缺隅：牆缺角。

〔四〕此二句向本作「示不成者，天道然也」，「鬼神害滿而福謙」。此條見向本卷十敬慎，文多異。又見韓詩外傳卷三、荀子堯問、尚書大傳。

18 國有五寒，凍不預焉〔一〕：一曰政外，二曰女厲〔二〕，三曰謀泄，四曰不敬士而國敗，五曰不能治内而務外也〔三〕。

〔一〕下句向本作「而冰凍不與焉」。五寒：五種令人心寒的事。不預焉：不在其中。預：同「與」。

〔二〕上句道藏本、四庫本皆脱「外」字，下句皆脱「女」字。政外：政權旁落。女厲：女人爲禍。

〔三〕上句向本作「四曰不敬卿士而國家敗」；「士」，道藏本作「一」。務外：致力於向外擴張。此條見向本卷十敬慎，爲周大夫單快所言。

19 官不與勢期，而勢自至〔一〕；勢不與富期，而富自至；富不與貴期，而貴自至；貴不與驕期，而驕自至；驕不與罪期，而罪自至〔二〕。

〔一〕此二句向本作「君知夫官不與勢期，而勢自至乎」，下文四「至」字下，向本皆有「乎」字。期：相約，在一起。下同此。

〔二〕句下向本尚有「罪不與死期，而死自至乎」二句。此條見向本卷十敬慎，原爲魏公子牟告别秦國穰侯魏冉時説的話。又見於戰國策趙策引公子牟對應侯范雎語。

20 魯有恭士〔一〕，行年七十，其恭益甚。魯君問曰：「長年恭，可以釋也〔二〕。」對曰：「君子恭以成名，小人恭以除刑〔三〕。一言不安，尚有蹉跌〔四〕；一飯雖美，尚有哽咽；鴻飛於天，矰者得之〔五〕；虎豹雖猛，人食其肉〔六〕。譽人者少，惡人者多。得不恭乎〔七〕！」

〔一〕此句下向本尚有「名曰机氾」四字。恭士：處世恭謹的人。

〔二〕此二句向本作「机子年甚長矣，不可釋恭乎」。

〔三〕此上之文，向本作「机氾對曰：君子好恭，以成其名；小人學恭，以除其刑」。

〔四〕此二句向本作「對君之坐，豈不安哉，尚有蹉跌」。蹉跌：失足跌倒，引申爲失誤。

〔五〕此四句向本作「一食之上，豈不美哉，尚有哽噎」；「鴻鵠飛衝天，豈不高哉，矰繳尚得而加之」。矰：箭上繫絲繩，以射飛鳥，此指射鳥的箭。

〔六〕此二句向本作「虎豹爲猛，人尚食其肉，席其皮」。

〔七〕此句向本無，另有「行年七十，常恐斧質之加於氾者，何釋恭爲」三句。此條見向本卷十敬慎；初學記亦引此文。

21 歲饑民疾疫，不足患也〔一〕。大臣祿重而不極諫，近臣畏罪而不敢言〔二〕，此大患也〔三〕。

〔一〕「疾」字，道藏本、向本皆無。此二句向本原作「晉平公問叔向曰：『歲饑民疫，翟人攻我，我將若何？』對曰：『歲饑，來年而反矣；疾疫，將止矣；翟人，不足患也』」。

〔二〕上句向本作「夫大臣重祿而不極諫」；下句之下尚有「左右顧寵於小官而君不知」一句。

〔三〕此句向本作「此誠患之大者也」。此條見向本卷十一善説，原爲叔向對晉平公所言。

22 趙襄子謂子路曰〔一〕：「吾嘗問孔子曰：先生事七十君，豈無明君耶？孔子不對。何謂賢也〔二〕？」子路曰：「建天下之鳴鐘，撞之以梃，豈能發其聲乎〔三〕？」

〔一〕「謂」，向本作「見」。趙襄子：見本書卷二吕氏春秋第十八條注。

〔二〕「也」，道藏本作「耶」，義同。此以上數句向本作「嘗問先生以道，先生不對。若信不知，安得爲聖」。

〔三〕「撞」上，向本有「而」字，下句下尚有「君問先生，無乃猶以梃撞乎」二句。建：假設。梃：木杖；聚學軒本作「莛」，草莖。向宗魯説苑校證引諸説，亦認爲當作「莛」。此條見向本卷十一善説。天海案：趙襄子與孔子、子路不同時代，豈可問答？此或爲趙簡子之事。

23 善夜居者，不能早起〔一〕；盛于彼者，衰于此；長于左者，短于右〔二〕。

〔一〕此二句向本作「喜夜卧者，不能蚤起也」，且在「短於右」句下。

〔二〕「衰」上、「短」上，向本皆有「必」字。

24 一貴一賤，交情乃見；一死一生，乃知交情〔一〕。

〔一〕後二句向本在「一貴一賤」上。

25 口者，兵也〔一〕，出言不當反自傷〔二〕。

〔一〕此四字向本作「口者關也，舌者兵也」。

〔二〕「當」，原誤作「常」，意林明刊本不誤，此據改。「傷」下，向本有「也」字。

26 丹所藏者赤，漆所藏者黑，君子慎所藏也〔一〕。

〔一〕向本「赤」下有「之」字；「漆」作「烏」，下有「之」字；「藏」下無「也」字。此條見向本卷十七雜言，原爲孔子所言。

27 飛鳥愛羽，虎豹愛爪，所以輔身也〔一〕。

〔一〕「飛鳥」，向本作「孔雀」；末句作「此皆所以治身法也」。輔：輔助，引申爲保護。

28 積恩曰愛，積愛曰仁，積仁曰靈〔一〕。靈臺者，積仁也；神靈者，天之本〔二〕。

〔一〕此上三「曰」字，向本皆作「爲」。「靈」，意林他本皆作「靈臺」，疑涉下文衍「臺」字，向本此句正無「臺」字，據刪。靈：即聖明，指思想品德修養的最高境界。

〔二〕「靈臺者」，向本作「靈臺之所以爲靈者」；「天之本」，向本作「天地之本，而爲萬物之始也」。靈臺：西周臺名，爲周文王所造。詩大雅有靈臺篇讚美此事。傳曰：「神之精明者稱靈，四方而高曰臺。」神靈：神異靈驗。此條見向本卷十九修文，原爲讚美周文王之語。

29 晏子爲上卿〔一〕，妾不衣帛，馬不食粟，何以華國？對曰〔二〕：「德以華國〔三〕，不聞以妾與馬。」

〔一〕此句向本作「季文子相魯」。此文所記之事又見國語魯語，原爲仲孫它與季文子問答語。周廣業認爲「當因史記『晏子相齊，食不重肉，妾不衣帛』之文而誤録也」。

〔二〕以上四句向本作「仲孫它諫曰：『子爲魯上卿，妾不衣帛，馬不食粟，人其以子爲愛，且不華國也。』」

文子曰」。華國：使國家榮耀、光彩。

〔三〕此句向本作「且吾聞君子以德華國」。

30 趙簡子乘敝車瘦馬，衣羖羊之裘〔一〕。其宰曰〔二〕：「車新則安，馬肥則疾，狐裘則温，君宜改也〔三〕。」簡子曰：「君子服善則益恭，小人服善則益踞〔四〕。」

〔一〕「之」字，向本無。向宗魯曰：「渚宮舊事卷一載此事，趙簡子作孫叔敖。」羖羊：黑色公羊。

〔二〕「其」，底本原誤作「具」，此從道藏本、向本改。此句向本作「其宰進諫曰」。宰：古代奴隸主家中主管家務的家臣。

〔三〕此上三句向本作「馬肥則往來疾，狐白之裘温且輕」，末句向本無。「君宜改也」下，底本有聚珍本館臣案曰：「原書無此句。」盧文弨曰：「御覽有『君宜服之』四字。」向宗魯曰：「御覽宋本、鮑本作『君宜改之』，是也。」

〔四〕此句向本作「細人服善則益倨」。意林卷一所録墨子有「君子服美則益敬，小人服美則益驕」二句。向宗魯曰：「今本墨子佚此語，此文似出於墨子也。」

31 子貢謂子石曰：「何不學詩〔一〕？」子石曰：「父母求吾孝〔二〕，兄弟求吾悌，朋友求吾信，何暇學哉〔三〕？」子貢曰：「損吾詩，學子詩〔四〕。」

〔一〕上二句向本作「子貢問子石：子不學詩乎」。子貢：見本書卷二列子第十條注。子石：複姓公孫，名龍，字子石，春秋時楚國人，孔子弟子。

〔二〕此句之上向本有「吾暇乎哉」四字。

〔三〕此句向本作「吾暇乎哉」。

〔四〕此二句向本作「請投吾詩，以學於子」。「學子詩」，道藏本誤作「學于詩」。損吾詩：減少我學詩的時間。學子詩：學習你學詩的行爲。

三八　新序三十卷〔一〕　河平四年，都水使者、諫議大夫劉向上〔二〕。

漢書劉向傳稱：「向采傳記行事，著新序、説苑凡五十篇。」隋志、兩唐志著録新序三十卷、録一卷，崇文總目及宋志皆作十卷，今存新序亦只十卷，爲宋曾鞏校定。其體例與説苑同，大旨亦復相類，只是新序進呈在前，説苑進呈在後。新序進呈於漢成帝陽朔元年，即前二四年；説苑進呈於漢成帝鴻嘉四年，即前二十年，見曾鞏校本，故新序在内容和體例上都不如説苑嚴整、精密。

意林舊本漏標「新序三十卷」之目，四部叢刊本據意林卷首總目補足。

意林所録新序六條，除第六「子奇治阿」條不見於今本外，餘皆見於今本。此以鐵華館刊宋本參校之。

1　曲彌高者，和彌寡〔三〕。

〔一〕此目下，聚珍本館臣案曰：「隋、唐志新序三十卷列説苑前，宋時亡二十卷，故崇文總目及宋志止十卷，今存。馬氏所録太略，當有闕佚。舊本遂以連上，不復標目，誤。」

〔二〕此非新序原文，原作大字正文，現移於目下作注文，以與全書體例統一。「上」下原有「言」字，疑爲衍文。曾鞏校本卷首作「陽朔元年二月癸卯護左都水使者、光禄大夫臣劉向上」，據此删去「言」字。此文之下，聚珍本館臣案曰：「此蓋奏上新序之文，故馬氏録以弁首，而今失之。舊以『曲彌高』二節綴其下，亦誤。」河平四年：西漢成帝年號，即前二五年。關於劉向奏上新序的時間，曾鞏校本每卷之首皆作「陽朔元年二月癸卯」，即前二四年。都水使者：秦、漢時有都水長、都水丞，主管陂地灌溉。漢太常、少府、水衡都尉、三輔均設都水官。漢武帝以都水官多，乃置左右使者各一人管轄之。據漢書劉向傳載，劉向於宣帝朝爲諫大夫，元帝時擢給事中，成帝時初任郎中，使領護三輔都水，遷光禄大夫。曾鞏校本正作「護左都水使者」。諫議大夫：當作「諫大夫」。秦時置諫大夫掌議論，屬郎中令，漢時仍之，屬光禄勳。劉向任諫大夫早在漢宣帝之初，而不在奏上新序之時。曾鞏校本作「光禄大夫」爲是。

〔三〕「和」上，宋本有「其」字。此條見宋本卷一雜事，原爲宋玉對楚襄王語。

2　水所以載舟，亦能以覆舟〔一〕。

〔一〕此二句宋本作「水則載舟，水則覆舟」，其上有「丘聞之：君者舟也，庶人者水也」數句。原本於荀子王制篇：「傳曰：君者舟也，庶人者水也，水則載舟，水則覆舟。」荀子哀公篇亦有此語。此條見宋本卷四雜事，原爲孔子對魯哀公語。又見於孔子家語五儀解。

3　楚丘先生年七十，被裘見孟嘗君。君曰〔一〕：「先生老矣，何以教寡人〔二〕？」先生曰〔三〕：「欲使追車趁馬，逐鹿搏虎，吾即死矣，何暇老耶〔四〕？若使決嫌疑，定猶豫，吾即少也〔五〕，何老之有？」孟嘗乃有愧色〔六〕。

〔一〕此上之文，宋本作「昔者，楚丘先生行年七十，披裘帶索，往見孟嘗君，欲趨不能進。孟嘗君曰」。楚丘先生：楚丘爲複姓，戰國時齊人。孟嘗君：姓田，名文，戰國時齊人，繼承其父田嬰封爵爲薛公。以好客著稱，門下有食客數千人，爲戰國四公子之一。

〔二〕此二句宋本作「春秋高矣，何以教之」。

〔三〕「先生」上，宋本有「楚丘」二字。

〔四〕趁馬：追馬。「趁」，道藏本作「趂」，俗字。此上四句宋本作「將使我追車而赴馬乎，逐麋鹿而搏豹虎乎，吾已死矣，何暇老哉」。

〔五〕此三句宋本作「決嫌疑而定猶豫乎，吾始壯矣」。嫌疑：疑惑難明的事理。

〔六〕此句宋本作「孟嘗君逡巡避席，面有愧色」。此條見宋本卷五雜事、韓詩外傳卷十。本書卷一鬻子第四條中亦有類似之語，爲周文王與鬻子問答事。

4　魏王欲築中天之臺，曰：「敢有諫者死〔一〕。」許綰負蔂操畚入〔二〕，曰：「聞王欲爲中天之臺，願效力焉〔三〕。臣聞天去地一萬五千里〔四〕，今王因而半之，應高七千五百里，基廣八千里〔五〕。盡王之地，不足以成臺址〔六〕。王宜起兵伐諸侯〔七〕，盡有其地，猶不足也；又伐西夷，乃足之矣〔八〕。須具材木、人徒稱此，然可作也〔九〕。」魏王默然，後乃罷築〔一〇〕。

〔一〕此上之文，宋本作「魏王將起中天臺，令曰：敢諫者死」。魏王：御覽引此文作「魏襄王」。魏襄王名嗣，魏惠王之子，公元前三一八年至前二九六年在位。

〔二〕許綰：戰國時魏人，生平不詳。虆：盛土的竹筐。畚：撮土的工具，宋本作「鍤」。

〔三〕此二句宋本作「聞大王將起中天臺，臣願加一力」。

〔四〕此句宋本作「臣聞天與地相去萬五千里」。

〔五〕此二句宋本作「當起七千五百里之臺，高如是，其址須廣八千里」。

〔六〕「成」，宋本作「爲」。

〔七〕此句宋本作「王必起此臺，先以兵伐諸侯」。

〔八〕「西夷」，宋本作「四夷」；「乃足之矣」四字無。

〔九〕此上三句宋本作「材木之積，人徒之衆，倉廩之儲，數以萬億，乃可以作」。

〔一〇〕此二句宋本作「魏王默然無以應，乃罷起臺」。此條見宋本卷六刺奢。類聚、御覽亦引之。

5 有遺鄭相魚，不受，人曰〔一〕：「子嗜魚，何故不受？」對曰：「惟嗜魚，故不受〔二〕。受魚失禄，無以食魚；不受魚得禄〔三〕，終身食魚〔四〕。」

〔一〕此上之文，宋本作「昔者，有饋魚於鄭相者，鄭相不受。或謂鄭相曰」。鄭相：韓非子、韓詩外傳、淮南子記載此事，又作「魯相」。

〔二〕「惟」，道藏本作「謂」。此二句宋本作「吾以嗜魚，故不受魚」。

〔三〕此句宋本無「魚」字。

〔四〕聚學軒本周廣業注曰：「韓非、淮南作魯公孫儀事，疑公孫休。」天海案：此條見宋本卷七節士。此事又見韓非子外儲説右下、韓詩外傳卷三、淮南子道應訓、史記循吏傳。

6 子奇年十六，齊君使治阿〔一〕。既而君悔之，遣使追。追者反曰：「子奇必能治阿，共載皆白首也。夫以老者之智，以少者決之，必能治阿矣〔二〕。」子奇至阿，鑄庫兵以作耕器，出倉廩以賑貧窮，阿縣大治〔三〕。魏聞童子治邑，庫無兵，倉無粟，乃起兵擊之，阿人父率子，兄率弟，以私兵戰〔四〕，遂敗魏師。

〔一〕子奇：戰國時齊人，生平不詳。阿：戰國時齊邑，即今山東東阿。

〔二〕此上三句，前二句道藏本、四庫本誤録在本條之首，作「以老者智，少者決」；末句「阿」下，道藏本、四庫本無「矣」字。

〔三〕此二句，道藏本、四庫本無。

〔四〕私兵：私人的兵器。此條宋本新序無，或早佚。後漢書邊讓傳注、藝文類聚、文選注、古文苑左思白髮賦注引此文，稱出於説苑，然今本説苑亦無此文。

三九　法言十五卷

揚雄撰，李軌弘範注。

揚雄（前五三年至前一八年），字子云，西漢蜀郡成都人。漢成帝時，大司馬王音召爲門下史，後除給事黄門郎。王莽時爲太中大夫，校書天禄閣，因事被株連，投閣自殺，幾死。天鳳五年卒，年七十一。揚雄爲人簡易佚蕩，口吃不能劇談，著述頗多。漢書有傳。

漢書揚雄傳具列法言十三篇，篇目甚詳，與漢志合。宋晁公武稱：「雄好古學，見諸子各以其知舛駁，不與聖人同是非，頗謬於經，故人時有問雄者，常用法言應之。譔以爲十三卷，象論語，號曰法言。」意林録八條，所據晉李軌注本。李軌，字弘範，江夏人，東晉尚書郎，所注法言，或存或亡。今據諸子集成所刊宋刻李軌注本與漢魏叢書所刊宋咸注本參校之。

1　務學不如務求師〔一〕。師者，人之模範。睎顔之人，亦顔之徒〔二〕；睎驥之馬，亦驥之乘。

〔一〕李軌注曰：「求師者，就有道而正焉。」務：致力於，努力。

〔二〕宋咸注：「晞，慕也。」聚學軒本周廣業注曰：「文選李康運命論注引李軌曰：『晞，望也。言顏回嘗望孔子也。』集注云：『慕也。』」天海案：顏，此指孔子弟子顏淵，爲孔門德行最著者。此二句今本在「亦驥之乘」句下。

2 詩人之賦麗以則〔一〕，辭人之賦麗以婬〔二〕。若孔氏之門而用賦〔三〕，則賈誼升堂，相如入室矣〔四〕。

〔一〕李軌注曰：「陳威儀，布法則。」宋咸注曰：「詩人之賦，雅有典則。」

〔二〕李軌注曰：「奢侈相勝，靡麗相越，不歸於正也。」婬：通「淫」，縱逸。

〔三〕此句李注本作「如孔氏之門用賦也」。

〔四〕「升堂」「入室」，語出論語先進：「由也升堂矣，未入於室也。」司馬相如賦文勝過賈誼，故有此語。

3 四重〔一〕。何謂四重？言重則有法，行重則有德，貌重則有威，好重則有觀〔二〕。四輕。何謂四輕〔三〕？言輕則招憂，行輕則招辜，貌輕則招辱，好輕則招婬〔四〕。

〔一〕此二字李注本作「取四重，去四輕，則可謂之人」。重：珍重，重視。

〔二〕好：玩好，喜好。觀：李軌注曰：「可觀望也。」天海案：李注未安。觀，於此有鑒戒之義。左傳莊公二十三年：「書而不法，後嗣何觀？」注：「觀，鑒戒。」

〔三〕此上六字李注本作「敢問四輕，曰」。

〔四〕「婬」，同「淫」，放縱淫亂。此句下李注本有「禮多儀」三字，其下李注曰：「美其多威儀也。」

4 刀不利，筆不銛，宜加砥削〔一〕。

〔一〕銛：音先，尖銳，鋒利。李軌注曰：「刀鈍，礪之以砥；筆秃，挺削以刀。申、韓行法，欲以救亂，如加刀砥，亦所以利也。」下句李注本作「而獨加諸砥，不亦可乎」。

5 天可度，則覆物淺矣；地可測，則載物薄矣〔一〕。

〔一〕此條李注本作「天俄而可度，則其覆物也淺矣；地俄而可測，則其載物也薄矣」。

6 説天者莫辯乎易，説地者莫辯乎書〔一〕，説體者莫辯乎禮〔二〕，説志者莫辯乎詩，説理者莫辯乎春秋〔三〕。

〔一〕「地」，李注本作「事」，據李注，作「事」是。此二句李軌注曰：「惟變所適，應四時之宜。尚書論政事也。」

〔二〕李軌注曰：「正百事之體也。」天海案：「禮」，道藏本作「詩」，誤。此句四庫本作「説禮者莫辯乎詩」，恐亦誤。體：事物的法式、規矩以及人的行爲規範。

〔三〕上句意林明刊本無，李軌注曰：「在心爲志，發言爲詩。」下句李軌注曰：「屬辭比事之義。」宋咸注曰：「明事理之是非。」

7 柳下〔一〕，東國之逐臣；夷、齊，西山之餓夫〔二〕。李仲元不屈其志，不辱其身〔三〕，不夷不惠，可否之間〔四〕。

〔一〕「柳下」，道藏本、四庫本皆作「孔子」，或誤。柳下：即柳下惠。春秋時魯國大夫展禽，名獲，字季，魯僖公時人，因食邑柳下屯，謚惠，故又稱柳下惠。他在魯任士師時三次被黜而不離故鄉。與伯夷、叔齊並稱夷、惠，是古代廉潔之士的榜樣。

〔二〕此上二句李注本作「無仲尼，則西山之餓夫與東國之絀臣惡乎聞」，且在「可否之間」句下。李軌注曰：「餓夫，夷、齊也；絀臣，柳下惠也。」可知意林舊本鈔録有誤。聚學軒本周廣業注曰：「袁宏後漢紀：太尉袁湯曰：『不值仲尼，夷、齊，西山餓夫，柳下惠，東國絀臣，致聲名不泯者，篇籍使然也。』正用此語。」東國：此指魯國，因位於中原之東，故稱。夷、齊：即伯夷、叔齊。西山：指首陽山，夷、齊二人餓死處。參見本書卷二莊子第三十條注。

〔三〕「李仲元」三字，意林明刊本皆無。此二句李注本作「李仲元者，人也，其爲人也奈何？曰：不屈其意，不累其身，是夷、惠之徒與？曰」。宋咸注曰：「李仲元，名弘。」天海案：李仲元，名弘，字仲元，西漢蜀郡人，廉讓有名，曾被召爲令，後酣飲月餘遁去。

〔四〕李軌注曰：「隨時之義，治亂若鳳。」聚學軒本周廣業注曰：「後漢李固與黄瓊書『傳曰：不夷』云云，注引鄭玄論語注云：『不爲夷、齊之清，不爲惠、連之屈。』」

8 仲尼之道猶四瀆〔一〕，經營中國，終入大海。

〔一〕「瀆」下，李注本有「也」字。四瀆：古稱長江、黄河、淮河、濟水爲四瀆，因獨流入海，故稱「瀆」。

四〇　太玄經十卷

揚雄撰，虞翻注。

太玄經，漢志著録十九篇，隋、唐志所載注本、卷次各異，然虞翻注本皆作十四卷。自宋以後，史志書目皆載作十卷。今傳本有四庫全書所收晉范望注十卷本，列子部術數類。漢書揚雄傳贊曰：「以爲經莫大於易，故作太玄；傳莫大於論語，作法言。」劉歆觀此二書，曾有「吾恐後人用覆醬瓿也」之譏。桓譚許其必傳，信驗矣。此二書今並傳於世。

意林録七條，其中三條不見於今本。其自注稱所據乃虞翻注本，今已不存。虞翻，字仲翔，三國時東吴餘姚人。少好學，有高氣。孫權時任騎都尉，常犯顔進諫，又因失酒徙交州。常聚門徒數百人，講學不倦。所注太玄經，隋志載爲十四卷，今已不存。此據晉范望注本（明萬玉堂翻宋本）參校之。

1　鷕踤於林，獺入於泉〔一〕。

〔一〕范望注曰：「此二物，時之候也。」聚珍本館臣案曰：「鷕，音焦；舊作『鷹萃』，誤。」古今韻注曰：「踤，音翠。」天海案：鷕：音笑，即野雞，説文作「鷕」。踤：通「萃」，聚集，正字通曰：「踤，集也，通作萃。」此二字道藏本、四庫本作「鷹萃」。「泉」，范注本作「淵」，周廣業認爲避唐諱而改。

2　鵰鳩在林〔一〕，呅彼衆禽〔二〕。

〔一〕鵋鳩：即貓頭鷹，舊時認爲是惡鳥。意林明刊本皆作「鳴鳩」。

〔二〕聚珍本館臣案曰：「司馬光集注曰：『鵋鳩，惡鳥；㕭，怒也。』鵋，舊作鳴；㕭，作笑，並訛。」周廣業注同此。天海案：「㕭」，意林明刊本作「笑」。

3　淮南王安多華少實〔一〕。

〔一〕此條與下二條范注本皆無，底本有聚珍本館臣案曰：「此下三節，唯『出川』二句見續首，餘並無。」周廣業認爲「疑出章句或虞注」。淮南王安：即淮南子作者淮南王劉安，詳見本書卷二淮南子題解。多華少實：此指淮南子一書文采勝過樸實。

4　齊桓、晉文之霸，如日繼月。

5　孔子文足，老君玄足〔一〕。

〔一〕聚學軒本周廣業注曰：「西漢尚無老君之稱，則非揚子本文可知。」聚珍本館臣案曰：「西漢尚無老君之稱，疑非揚子本文。或出虞注，未可知也。」天海案：唐高宗乾封元年上老子尊號爲玄元皇帝，武后時改稱老君，故此條或非揚雄本文，或馬總注文闌入正文中者。玄足：充滿玄機。老君：俗稱老子爲老君或太上老君。

6　山川藪澤，萬物歸焉〔一〕。

〔一〕「歸焉」，范注本作「攸歸」。藪澤：大澤湖泊。此條與上條，聚學軒本併作一條；又見范注本卷五積篇開頭三、四句。

7 君子得位則昌，失位則良〔一〕；小人得位則横，失位則喪〔二〕。

〔一〕范望注曰：「昌，大其治；不苟欲也。」昌：盛大。良：善，好，此指潔身自好。

〔二〕范望注曰：「同時爲形勢也；如亡其親。」横：驕横。喪：死了父母親。

四一　新論十七卷　桓譚。

桓譚（約公元前二三年至公元五六年），字君山，沛國相人。西漢成帝時爲郎，經歷哀帝、平帝，位亦不過郎，王莽時爲掌樂大夫。更始帝立，召拜太中大夫。東漢光武帝劉秀登位，徵待詔，極言讖之非經，出爲六安郡丞，赴任途中病死。事見後漢書本傳。

隋志儒家始載十七卷，注曰：「後漢六安郡丞桓譚撰。」兩唐志仍之。唐章懷太子李賢注引新論篇目十六，並稱東觀記曰：「光武讀之，敕言卷大，令皆别爲上下，凡二十九篇。」清人嚴可均稱：「上下篇合爲十六卷，疑復有録一卷。」故爲十七卷。然是書宋志不見録，四庫全書亦不見收，或亡佚於宋時。意林録三十五條。現以嚴可均全後漢文所輯參校之。

1 三皇以道治，五帝以德化。三王由仁義〔一〕，五霸用權智。無制令刑罰謂之皇，有制令無刑罰謂之帝。賞善誅惡，諸侯朝事〔二〕，謂之王；興兵衆，約盟誓，謂之霸〔三〕。王者，往也，言其惠澤優游，天下歸往也〔四〕。王道純粹，其德如彼；霸道駁雜，其功如此。俱有天下而君萬民，垂統子孫，其實一也〔五〕。

〔一〕「五帝」上，嚴氏輯本有「而」字。由：採用。詩小雅小弁：「君子無易由言，耳屬於垣。」

〔二〕朝事：古代早晨祭祀宗廟之事，此指歸宗臣服。

〔三〕「謂之」上，嚴氏輯文據史記正義補「以信義矯世」五字，句下嚴氏注稱：「此下當説『皇』、『帝』字義，缺。」

〔四〕優游：遠而長。楚辭九章惜往日：「封介山而爲禁兮，報大德之優游。」此句下嚴可均案稱：「此下當説『霸』字義，缺。」嚴氏輯本其下尚有「五帝以上久遠，經傳無事。唯王霸二盛之義，以定古今之理焉。夫王道之治，先除人害，而足其衣食，然後教以禮義，使知好惡去就。是故大化四湊，天下安樂，此王者之術。霸功之大者，尊君卑臣，權統由一，政不二門，賞罰必信，法令著明，百官修理，威令必行，此霸者之術」一段文字。意林所録缺此段文字，文意難通。下文所言「王道純粹，其德如彼」與「霸道駁雜，其功如此」即此文所述。

〔五〕君萬民：爲萬民之君主。垂統：把帝王基業傳給後世子孫。此條見嚴氏輯桓子新論上卷王霸篇，稱採自意林、史記秦本紀正義、長短經通變、太平御覽，文詳於此。

2　圖王不成，亦可以霸〔一〕。

〔一〕「霸」，道藏本、四庫本作「伯」，可通。此二句之上，嚴氏輯本引御覽作「儒者或曰：圖王不成，其弊亦可以霸，此言未是也」。

3 治國者，輔佐之本〔一〕，其任用咸得大才。大才乃主之股肱、羽翮也〔二〕。

〔一〕「佐」，原作「作」，據道藏本改。

〔二〕嚴氏輯本求輔篇引此，文同。

4 明鏡，龜策也〔一〕；章程，斛斗也；銓衡，丈尺也〔二〕。

〔一〕龜策：龜甲和蓍草，古人用来占卜吉凶。禮記曲禮上：「龜爲卜、策爲筮者，先聖王之所以使民信時日、敬鬼神、畏法令也。」

〔二〕聚學軒本周廣業注曰：「文似連上，而義不甚明，姑仍之。」

5 前世俊士，立功垂名，圖畫於殿閣宮省，此乃國之大寶，亦無價矣。雖積和璧，累夏璜，囊隋侯，篋夜光〔一〕，未足喻也。伊、呂、良、平〔二〕，何世無之，但人君不知，羣臣勿用也〔三〕。

〔一〕和璧：即和氏璧。春秋時楚人卞和在山上所得璞玉，後傳爲無價之寶。夏璜：半壁形的美玉。相傳爲夏后氏時的珍寶，故名。事見左傳。隋侯：春秋時隋國諸侯於濮水邊救治受傷大蛇，後此蛇銜珠以報恩。後此珠稱爲隋侯珠。事見高誘淮南子注、搜神記、水經注。孟子疏則曰：「隋侯姓祝名元暢，往齊，見一蛇血出，以杖挑于水中而去。後到蛇所，此蛇銜珠來前，侯意不懌，其夜夢脚蹋一蛇，驚起，乃得雙珠。」夜光：寶珠名。聚學軒本周廣業注曰：「魏志云：出大秦國。」

〔二〕「呂」，道藏本誤作「宫」。伊呂良平：指商湯時伊尹，周武王時呂尚，漢高祖時張良、陳平。四人皆爲開國賢臣，故並稱。

〔三〕「但」下，道藏本衍一「知」字。嚴氏輯本求輔篇引此，文同。

6　賢有五品：謹敕於家事，順悌於倫黨，鄉里之士也；作健曉惠，文史無害，縣廷之士也〔一〕；信誠一作誠。篤行，廉平公正〔二〕，理下務上者，州郡之士也；通經術，名行高，能達于從政，寬和有固守者，公輔之士也〔三〕；才高卓絶，竦峙一作疎殊。于衆〔四〕，多籌大略，能圖世建功者，天下之士也。

〔一〕文史無害：聚學軒本周廣業注曰：「史記：『蕭何以文無害爲沛主吏掾。』漢書音義曰：『文無害，言文無所枉害也。』如今言公平吏。」天海案：文史無害：文書記事無人能勝過。史記蕭相國世家：「以文無害爲沛主吏掾。」漢書趙禹傳：「亞夫爲丞相，禹爲丞相史，府中皆稱其廉平，然亞夫弗任，曰：極知禹無害，然文深，不可以居大府。」注：「無害，言無人能勝也。」據此，周説非確。縣廷：縣衙，縣府。

〔二〕「信誠」，意林明刊本作「信誠」；「正」字原無，嚴氏輯文亦注稱「『公』下當有脱文」，此據文意補。篤行：品行淳厚。

〔三〕固守：堅定的操守。公輔：三公與輔相，皆爲國君重要輔臣，亦爲執掌軍政大權的最高官員。

〔四〕竦峙，聳立。意林明刊本與嚴氏輯文皆作「竦殊」。

7　賈誼不左遷失志，則文彩不發；淮南不貴盛富饒，則不能廣聘駿士，使著文作書〔一〕；太史公不典掌書記，則不能條悉古今；揚雄不貧，則不能作玄、言。

〔一〕「作書」，廖本作「著述」。

8　殷之三仁〔一〕，皆暗于前而章于後〔二〕，何益于事？何補于君〔三〕？

〔一〕三仁：指商紂王時的三個賢臣微子、箕子、比干，因勸諫紂王或被逐或被殺。

〔二〕暗：此指被埋没。章：同「彰」，此指名聲顯著。

〔三〕「補」，廖本作「輔」。

9　世有圍棊，或言兵法之類〔一〕。上者張置疎遠，多得道路而勝〔二〕；中者務相遮絶，争便求利〔三〕；下者守邊隅，趨作罫目，生於小地〔四〕。猶薛公之言黥布反也〔五〕：上計取吴、楚，廣道地〔六〕；中計塞成皋，遮要争利〔七〕；下計據長沙以臨越，守邊隅〔八〕，趨作罫目者也。更始將相不防衛，罫中死棊皆生也〔九〕。

〔一〕「圍棊」下，嚴氏輯文有「之戲」二字；「言」下，嚴氏輯文有「是」字。

〔二〕此二句嚴氏輯文作「上者遠棋疏張，置以會圍。因而伐之，成多得道之勝」。張置：佈局列子。

〔三〕上句嚴氏輯文作「中者則務相絶遮要」。下句「争」上，嚴氏輯文有「以」字。遮絶：佔据險要。

〔四〕上句「罫目」，意林各本皆誤作「罣目」，此據史記黥布列傳集解改；下文「罫」字同此。下句嚴氏輯文作「以自生於小地」。罫（音拐）目：圍棋盤上的方格，今稱之爲棋眼。

〔五〕此句嚴氏輯文作「然亦必不如察薛公之言黥布反也」。薛公：據史記黥布列傳，此人爲滕公門客，曾做過楚國令尹，生平事未詳。黥布：即英布，六縣人，秦時因犯法被黥面，故稱黥布。先隨項羽，封九江王，後歸劉邦，封淮南王，因謀反被殺。此以下之文爲漢高祖召見薛公，問及英布謀反事對答之語。

〔六〕「道地」，意林諸本與嚴氏輯文皆誤作「地道」，意不可通。考裴駰史記集解引桓譚新論正作「道地」，此據改。道地：本指圍棋中行子的路數，此喻打仗時廣開道路，擴大地盤。漢馬融圍棋賦中有此用法。此句嚴氏輯文作「上計云：取吴、楚，併齊、魯及燕、趙者，此廣地道之謂也」。

〔七〕上二句嚴氏輯文作「其中計云：取吴、楚，併韓、魏，塞成皋，據敖倉，此趨遮要争利者也」。成皋：春秋時名虎牢，爲軍事要塞，在今河南滎陽縣汜水鎮西。遮要：佔據要塞。

〔八〕上句嚴氏輯文作「下計云：取吴下蔡，據長沙以臨越」；下句「守」上，嚴氏輯文有「此」字。長沙：西漢郡國名。道藏本誤作「長江」。越：古代稱江蘇、浙江、福建、廣東一帶地區爲越。

〔九〕上句「更始」下，嚴氏輯文有「帝」字，且此句「不」下尚有「能」字；下句「罫」上，嚴氏輯文有「而令」二字。更始：王莽新朝末年劉玄稱帝的年號，爲公元二三年至二五年。道藏本此句原作「罣中死，碁中生也」。嚴氏輯本言體篇有此文，稱引自史記黥布列傳集解、文選注、長短經、意林。

10 文王葬枯骨〔一〕，無益衆庶，衆庶悦之，恩義動人也。王翁觀人五藏〔二〕，無損生人，生人惡之，殘酷也〔三〕。

〔一〕周文王葬枯骨事，又見於吕氏春秋孟冬紀異用篇。

〔二〕聚學軒本周廣業注曰：「王翁謂王莽以曾仕莽，不可斥名，又不可稱公故也。」底本此條下有聚珍本館臣案語，文同周廣業注。天海案：此句治要引作「王翁之殘死人」。嚴氏輯文亦加此六字。五藏：即五臟。

〔三〕治要與嚴氏輯文皆作「以殘酷示之也」。

11 東方朔短辭薄語〔一〕，以謂信驗，人皆謂朔大智，後賢莫之及。譚曰：「人有以狐爲狸〔二〕，以瑟爲箜篌，此非徒不知瑟與狐，又不知狸與箜篌〔三〕。乃非但言朔，亦不知後賢也〔四〕。」

〔一〕東方朔：平原郡厭次人，字曼倩。漢武帝時待詔金馬門，官至太中大夫。以奇計俳辭得寵倖，爲武帝弄臣。因他以詼諧滑稽著名，後人傳其異聞甚多。短辭薄語：簡陋淺薄的語言。

〔二〕「人」上，嚴氏輯文有「鄙」字。狸：似狐而小，身短肥，俗稱「狸貓」，又稱「黃鼠狼」。

〔三〕瑟：絃樂器。今瑟二十五絃，絃各有柱，可上下移動，以定聲音的清濁高低。箜篌：樂器名，似瑟而小，七弦，用撥彈，如琵琶。末句道藏本脱「與」字。

〔四〕聚學軒本周廣業注曰：「御覽引子思：『子思曰：謂狐爲狸者，非直不知狐也，勿得狐復失狸也。』」

淮南及新論俱本此。」

12　夫以人言善我，亦必以人言惡我。王翁使都尉孟孫往泰山告祠〔一〕，道過徐州。徐州牧宋仲翁道余才智，陳平、留侯之比也〔二〕。孟孫還，喜謂余曰：「仲翁盛稱子德，子乃此耶？」余應曰：「與僕遊四五歲，不吾見稱。今聞仲翁一言而奇怪之。若有人毁余，子亦信之。吾畏子也。」

〔一〕都尉：漢時州郡設太守、郡丞、都尉三職。都尉掌地方治安。朝廷中職事官、侍從官皆有都尉之職。孟孫：此或爲複姓，其人名字、生平皆未詳。

〔二〕牧：州太守、刺史稱爲「牧」。宋仲翁：其人未詳。陳平：西漢陽武人，先從項羽，後歸劉邦，因功封曲逆侯。漢惠帝時與太尉周勃合誅諸呂，立文帝。留侯：即張良，字子房，家五世相韓。後刺秦始皇未中，與陳平共助劉邦滅項羽，因功封留侯。

13　余前作王翁掌教大夫，有男子殺母〔一〕，有詔燔燒其子屍。余謂此事不宜宣佈。余封事云〔二〕：「宣帝時公卿大夫朝會，丞相語次云〔三〕：『梟生子〔四〕，子長，食其母，乃能飛〔五〕。』時有賢者應曰：『但聞烏子反哺其母〔六〕。』丞相大慚，自悔言之非也〔七〕。人皆少丞相多彼賢人，賢人之言益於德化也〔八〕。鳥獸尚與之諱，況于人乎。不宜發揚也〔九〕。」

〔一〕上句「夫」下，嚴氏輯文有「時」字。掌教大夫：漢書本傳作「掌樂大夫」，曹植辨道論作「典樂大夫」。此職在漢時屬禮部，執掌禮樂教化，故又稱掌教大夫。下句嚴氏輯文作「有男子畢康殺其母」。

〔二〕「余」，嚴氏輯文作「上」。封事：密封的奏章。

〔三〕上句嚴氏輯文作「昔宣帝時，公卿大夫朝會廷中」。宣帝：即漢宣帝劉詢，公元前七三年至前四九年在位。朝會：諸侯與臣子朝見君王。下句「云」字，嚴氏作「言」。語次：談話之間。

〔四〕「梟」上，嚴氏輯文有「聞」字。梟：俗稱貓頭鷹，本爲益鳥，舊傳梟長大食母，故常喻惡人。

〔五〕上句「食」上，嚴氏輯文有「且」字；此句下，聚學軒本有「寧有然邪」四字，嚴氏輯文有「寧然邪」三字。

〔六〕此句嚴氏輯文作「但聞梟子反哺其母耳」。

〔七〕道藏本此句作「自悔也」；「言」上，嚴氏輯文有「其」字。

〔八〕此句御覽作「是故君子掩惡揚善」；聚學軒本與嚴氏輯文「益」上均有「有」字。

〔九〕此句上，嚴氏輯文有「是故君子掩惡揚善」一句。發揚：發佈表彰。

14 龍無尺水，無以昇天〔一〕；聖人無尺土，無以王天下。

〔一〕聚學軒本周廣業注曰：「論衡龍虛篇謂『龍從水中昇天也』。袁暐獻帝春秋載孫榮教曰：『龍欲騰翥，先階尺水。』」

15 讖出河圖洛書，但有兆朕而不可知〔一〕，後人妄復加增依託，稱是孔丘，誤之甚也〔二〕。

〔一〕讖：即讖語，古代預言吉凶得失的話語、歌謡以及圖記。河圖洛書：關於周易卦形來源以及尚書洪範「九疇」創作過程的傳説。易繫辭上：「河出圖，洛出書，聖人則之。」古代迷信説法，認爲每當聖世，就會有黄河出圖、洛水出書的祥瑞。兆朕：亦作「朕兆」，指事物的形跡、預兆。

〔二〕聚學軒本周廣業注曰：「文心雕龍云：『符讖八十一篇，皆託於孔子。』又云：『桓譚疾其虚僞。』」天海案：嚴氏輯本啓寤篇引此，文同。

16 張子侯曰：「揚子雲，西道孔子也〔一〕，乃貧如此。」吾應曰：「子雲亦東道孔子也〔二〕，昔仲尼豈獨是魯孔子，亦齊、楚聖人也。」

〔一〕張子侯：生平事未詳。揚子雲：即揚雄，見本卷法言題解。西道：西路，西部。揚雄蜀人，地處西部。

〔二〕東道：東路，東部。魯國在中原東部，故有此説。

17 畫水鏤冰，與時消釋〔一〕。

〔一〕「水」，説郛本作「脂」。此或本桓寬鹽鐵論殊路：「故内無其質而外學其文，雖有賢師良友，若畫脂鏤冰，費日損功。」畫水鏤冰：在水上作畫，在冰上雕刻，比喻徒勞無功。消釋：畫消失，冰融化。

18 孔子，以四科教士〔一〕，隨其所喜。譬如市肆多列雜物，欲置之者並至。

〔一〕四科：德行、言語、政事、文學，爲孔子授徒所設四科。參見論語先進。後漢書鄭玄傳：「仲尼之門，考以四科。」

19 顏淵所以命短，慕孔子，殤其年也〔一〕。關東里語云〔二〕：「人聞長安樂，則出門西向而笑；知肉味美，對屠門而嚼〔三〕。」此猶時人，雖不別聖，亦復欣慕。如庸馬與良駿相追，銜尾至暮〔四〕，良馬鳴食如故，庸馬垂頭不食，何異顏、孔優劣〔五〕？

〔一〕顏淵：因他年三十而死，故言命短。殤：未成年而死，此指早亡。

〔二〕「關」，原作「聞」，御覽、聚學軒本、嚴氏輯文皆作「關」，據改。關東：函谷關以東。里語：即俚語、俗語。御覽作「鄙諺曰」，嚴氏輯文作「鄙語曰」。

〔三〕「知」字原無，聚學軒本、嚴氏輯文皆有，據補。嚼，道藏本作「哨」。此句聚學軒本、嚴氏輯文皆作「則對屠門而大嚼」。

〔四〕銜尾：咬着尾巴，此指尾隨相跟。

〔五〕道藏本「聞東里語云」至「亦復欣慕」單作一條，餘文合爲一條。嚴氏輯本祛蔽篇引書鈔、類聚、文選注、初學記、六帖、御覽諸書，文與此略異。

20 余少時見揚子雲麗文〔一〕，欲繼之，嘗作小賦，用思太劇，立致疾病〔二〕。子雲亦言：「成帝詔作甘泉賦，卒暴，遂倦卧〔三〕，夢五藏出地，以手收内之〔四〕。及覺，氣病一年〔五〕。」由此言之，盡思慮傷精神也〔六〕。

〔一〕「麗文」下，嚴氏輯文引類聚有「高論」二字。

〔二〕此以上四句，嚴氏輯文作「不自量年少新進，而猥欲逮及。嘗激一事而作小賦，用精思太劇，而立感動發病，彌日瘳」。太劇：過分劇烈。

〔三〕此上之文，嚴氏輯文作「趙昭儀方大幸，每上甘泉，詔令作賦。爲之卒暴，思精苦，賦成，遂困倦小卧」。成帝：漢成帝劉驁，公元前三二年至前七年在位。甘泉賦：甘泉，漢時宮殿名。揚雄此賦極力誇飾甘泉宮富麗華美，略帶諷諫之意。卒暴：指限期緊迫。卒，通「猝」。漢書成帝紀：「多賦斂繇役，興卒暴之作。」注：「卒，讀曰『猝』，謂之急也。」

〔四〕五藏：即五臟。內：通「納」。

〔五〕此句嚴氏輯文作「病喘悸，大少氣，病一歲」。氣病：損傷精氣的病。

〔六〕嚴氏輯本袪蔽篇引此，文略異。又見北堂書鈔、藝文類聚、文選注、白孔六帖、御覽所引。

21 莊周病劇，弟子對泣之。應曰：「我今死則誰先，更百年生則誰後，必不得免，何貪於須臾〔一〕。」

〔一〕今本莊子未見此文，嚴氏輯本袪蔽篇引此，文同。

22 子貢問蘧伯玉曰〔一〕：「子何以治國？」答曰：「弗治治之〔二〕。」

〔一〕子貢：見本書卷二列子第十條注。蘧伯玉：見本書卷二莊子第十八條注。

〔三〕聚學軒本周廣業注曰：「淮南子、論衡並作『以不治治之』。」

23 古孝經一卷，二十章，一千八百七十二字〔一〕，今異者四百餘字〔二〕。

〔一〕孝經：宣揚孝道與孝治思想的儒家經典。學者多認爲是戰國後期之書，或爲曾子門人所作。有今文、古文兩種本子。今文本稱鄭玄注，分爲十八章。古文本稱孔安國注，分爲二十二章。此指古文孝經。漢志亦作二十二章，疑此脱「二」字。漢志注作「千八百七十一字」。

〔二〕此下嚴氏輯文尚有「嘉論之林藪，文義之淵海也」二句。嚴氏輯本正經篇引御覽亦有此條，文略異。

24 左氏經與傳，猶衣之表裏〔一〕，相待而成〔二〕。

〔一〕「左氏」下，道藏本、廖本、四庫本皆有「云」字。下句道藏本無「之」字。左氏：即左丘明。春秋時魯國人，相傳爲魯國太史，爲春秋作傳，稱春秋左氏傳，簡稱左傳。

〔二〕相待：互相配合，相輔相成。此句下嚴氏輯文引御覽有「經而無傳，使聖人閉門思之，十年不能知也」三句。

25 劉子政、子駿、子駿兄弟子伯玉，俱是通人，尤重左氏〔一〕，教授子孫，下至婦女，無不讀誦。此亦蔽也〔二〕。

〔一〕「兄弟」之「弟」字疑衍，嚴氏輯本無。劉子政：即劉向。參見本卷説苑題解。子駿：劉向子，名歆，字子駿。伯玉：事未詳。「俱是通人」上，嚴氏輯文有「三人」二字。通人：學識淵博的人。「重」上，嚴氏輯文有「珍」字。

〔三〕嚴氏輯本識通篇引此，文略異。書鈔、御覽亦引此文。

26　堯能則天者〔一〕，貴其能臣舜、禹二聖〔二〕。

〔一〕則天：以天爲法。論語泰伯：「巍巍乎，唯天爲大，唯堯則之。」

〔二〕聚學軒本周廣業注曰：「御覽引作揚子法言。」嚴氏輯本正經篇引此，文同。

27　舉綱以綱，千目皆張；振裘持領，萬毛自整〔一〕。治大國者，亦當如此。

〔一〕聚學軒本周廣業注曰：「後漢書楊倫曰：『振裘持領，領正則毛理。』魏志崔林曰：『萬目不張，舉其綱；衆毛不整，整其領。』」荀子勸學：「若挈裘領，詘五指而頓之，順者不可勝數也。」

28　以賢伐賢謂之煩，以不肖伐不肖謂之亂〔一〕。

〔一〕黄以周案：御覽四百二「伐」作「代」，下同。「煩」作「順」。天海案：上句嚴氏輯文作「以賢代賢謂之順」，下句「伐」，嚴氏輯文作「代」，道藏本無「伐不肖」三字。嚴氏輯本雜事篇採御覽有此文，略異。

29　王平仲云〔一〕：「周譜言定王五年，河徙故道〔二〕。今所行處，非禹所穿〔三〕。」

〔一〕王平仲：王橫，字平仲，琅琊人，西漢時爲大司空掾。精研周易、尚書，通曉水利。事見漢書儒林傳。

〔二〕周譜：周朝世統譜諜。漢書溝洫志注：「世統譜諜也。」定王：周定王姬介，公元前四六八年至前四四一年在位。河徙故道：古代黃河泥沙淤積，河牀升高，河水經常改變舊道而行。

〔三〕傳説古代黃河堵塞，大禹鑿穿龍門，劈開伊闕，使黃河東流。嚴氏輯本雜事篇引此，文同。事又見漢書溝洫志，所記甚詳。

30 揚子雲工於賦，王君大習兵器〔一〕。余欲從二子學。子雲曰：「能讀千賦則善賦。」君大曰：「能觀千劍則曉劍。」喭曰：「伏習象神〔二〕，巧者不過習者之門。」

〔一〕「工」，嚴氏輯文作「攻」。王君大：漢時識劍名家，生平不詳。聚學軒本周廣業注曰：「書鈔引云：君大曉習萬劍之名，凡器遥望而知，不假手持熟察。」習：熟悉。

〔二〕「喭」，聚學軒本與嚴氏輯文皆作「諺」，二字通。伏習：即「服習」，反復練習，熟悉。此條下聚珍本館臣案曰：「道藏本亦作『伏習象神』。伏即服字，蓋言所服既習，則象自神也。今相承多用作『習伏衆神』。」天海案：嚴氏輯本道賦篇引此條，文小異。又見書鈔、類聚。

31 五福：壽、富、貴、安樂、子孫衆多。

32 百足之蟲〔一〕，共舉一身，安得不濟？

〔一〕百足之蟲：學名馬陸。節肢動物，體圓而長，多環節構成，除一至四節外，每節有脚兩對，故稱百足。

33　曲陽侯迎方士西門君惠，從其學卻老之術〔一〕。君惠曰：「龜稱三千歲，鶴言千歲〔二〕，以人之材，何乃不及蟲鳥邪？」余應曰：「誰當久與龜鶴同居，而知其年歲耳〔三〕！」

〔一〕曲陽侯：王根之封號。王根，字稚卿，漢元皇后庶弟，漢成帝之舅，封曲陽侯，爲驃騎將軍。西門君惠：漢道士，王莽時人，好天文讖記，與衛將軍王涉言劉氏當復興。「從」上，嚴氏輯文引御覽有「王根」二字。卻老之術：防止衰老的方法，即長生不老之術。

〔二〕「鶴言」，嚴氏輯文作「鶴稱」。

〔三〕嚴氏輯本辨惑篇引此，文略異。御覽亦引此文，略同。

34　聖人何不學仙，而令死耶？聖人皆形解仙去〔一〕。言死者，示民有終也〔二〕。

〔一〕形解：又稱「屍解」，靈魂與形體解脱。古代方士認爲修仙者死去，靈魂脱離形體，升天成仙。

〔二〕嚴氏輯本辨惑篇引此，文同。又見文選注、御覽。

35　昔神農繼伏羲王天下，梧桐作琴〔一〕，三尺六寸有六分，象朞之數〔二〕；厚寸有八，象三六數〔三〕；廣六寸，象六律〔四〕。上圓而斂，法天；下方而平，法地；上廣下狹，法尊卑之禮〔五〕。琴者禁也〔六〕。古者聖賢玩琴以養心〔七〕，窮則獨善其身而不失其操，故謂之操。達則兼善天下，無不通暢，故謂之暢。堯暢，經逸不存；舜操，其聲清以微〔八〕；微子操，其聲清以淳〔九〕；箕子操，其聲淳以激〔一〇〕。

〔一〕上句道藏本、廖本、四庫本無「繼」字；下句御覽有「上觀法於天，下取法於地，近取諸身，遠取諸物，於是削桐爲琴，繩絲爲絃，以通神明之德，合天人之和」數句。

〔二〕「三尺」上，嚴氏輯文有「琴長」二字。「朞」，同「期」，此指一周年。尚書堯典曰：「期，三百有六旬六日，以閏月定四時，成歲。」

〔三〕寸有八：一寸八分，即十八分。「八」下，嚴氏注曰：「當有分字。」三六數：即十八。古代占筮，三變成一爻，一卦六爻，三六即十八，爲一卦，因此十八之數常指事物變化的極點。

〔四〕「六寸」，原作「六分」，此據嚴氏輯文改。六律：樂律有十二，陰陽各六，陽爲律，陰爲呂，故又稱六律。黄帝時伶倫截竹爲管，以管之長短區别聲音之高低清濁，後演變爲十二律呂，樂器以此定音調之高低强弱。

〔五〕此句下嚴氏輯文另有數句，文繁不引。

〔六〕禁，此爲「琴」的諧音，暗含禁戒之意。此句嚴氏輯文作「琴之言禁也」，其下尚有「君子守以自禁也」數句，文繁不引。

〔七〕此句下嚴氏輯文有「夫遭遇異時」五字。

〔八〕清以微：高潔而幽深。

〔九〕嚴氏輯文詳於此，其下尚有「文王操」、「伯夷操」等文，繁而不引。微子：名啓，商紂王之庶兄，因見商將亡，諫紂王不聽，遂出走。武王滅商，乞降，封於宋。清以淳：高潔而純樸。

〔一〇〕箕子：商紂王叔父，官太師，因諫紂王而被囚。周武王滅商後放出。淳以激：質樸而高亢。嚴氏輯本琴道篇引諸書，文詳於此。天海案：聚學軒本周廣業案曰：「論衡曰：『仲舒之書，道德政治可嘉美也。質定世事，論説世疑，桓君山莫上也。仲舒之文可及，君山之論難追。』又玩揚子雲之篇『樂於居千石之官，挾桓君山之書，富於猗頓之財』。其讚美至矣。今董、揚之書並存，而新論獨亡，惜哉。」

四二　論衡二十七卷　王充。

王充（公元二七年至九七年），字仲任，東漢時會稽上虞人。少孤寒，曾師事班彪。州刺史辟爲從事，轉治中，後歸鄉里，從事教學與著述。歷三十年，完成論衡八十五篇，凡二十餘萬言。其中招致篇存目無文，實爲八十四篇。另著有養性書十六篇，佚而不存。後漢書有傳。

論衡除隋志載二十九卷外，其他史志書目多作三十卷。意林録作二十七卷。四庫總目稱王充「内傷時命之坎坷，外疾世俗之虚僞，故發憤著書，其言多激」。

意林録文條目達七十六條之多，可見馬總對此書的重視。現以明通津草堂本參校之。

1　操行有常賢，仕宦無常遇。賢不賢，才也；遇不遇，時也。才高行潔，不可保以必貴〔一〕；能薄操濁，不可保以必賤；或同操而異主〔二〕，伊尹、箕子是也，二人俱命世之臣〔三〕。伊尹遇成湯作相，箕子遇商紂作奴〔四〕，故知遇與不遇也〔五〕。

〔一〕「貴」上，通津草堂本有「尊」字。

〔二〕上句「賤」字，通津草堂本作「卑」；下句作「或操同而主異」。

〔三〕上句通津草堂本作「伊尹、箕子才俱也」。伊尹：商湯時賢臣。參見本書卷一孟子第十七條注。箕子：商紂時賢臣。參見本卷新論第三十五條注。命世：著名於世。

〔四〕此二句通津草堂本作「伊尹爲相，箕子爲奴。伊尹遇成湯，箕子遇商紂也」。

〔五〕此句通津草堂本無。

2 清受塵，白受垢〔一〕，青蠅所污，常在練素〔二〕。屈平潔白，邑犬羣吠，吠所怪也〔三〕。

〔一〕下「受」字，通津草堂本作「取」。

〔二〕青蠅：蒼蠅之一種，也稱金蠅。原誤作「青繩」，據四庫本、聚學軒本、道藏本改。練素：潔白的絲絹。

〔三〕道藏本無「屈平潔白」四字，「邑犬」下另作一條。屈平：名平，字原。戰國時楚人，楚懷王時任左徒、三閭大夫，主張聯齊抗秦。後遭靳尚等人誣諂，被放逐，作離騷。頃襄王時又遭讒毀，再謫江南。常著白衣冠吟於江畔。後見楚國將亡，自投汨羅江而死。史記有傳。潔白：表面上指一身潔白衣冠，實喻品行高潔。後二句本楚辭九章懷沙：「邑犬之羣吠兮，吠所怪也。」邑犬：喻指讒毀賢能、不辨是非的盲從者。

3　絃者思折伯牙之指，御者願斷王良之手，惡彼勝己也〔一〕。

〔一〕「己」，聚學軒本無。「斷」，通津草堂本作「摧」；「手」下有「何則？欲專良善之名」二句；「彼」下有「之」字。伯牙：春秋時人，傳説以精通琴藝著名。王良：春秋時晉人，以善馭馬著名。

4　玉變作石，石化作礫，毁謗使然也〔一〕。採玉者破石取玉〔二〕，選士者棄惡取善。

〔一〕聚學軒本周廣業注曰：「原無此三句，御覽卻引之。」天海案：此未審，考之通津草堂本，此三句原作「則玉變爲石，珠化爲礫，不足詭也。何則？昧心冥冥之知使之然也」。

〔二〕「採」上，通津草堂本有「夫」字；「取」作「拔」。

5　命不可勉也，智者歸之於天〔一〕。取富貴若鑿溝伐薪，鑿不休則溝深，斧不止則薪多〔二〕。亦有溝未成而遇湛，薪未多而逢火〔三〕。

〔一〕上句道藏本無「可」字，通津草堂本作「命則不可勉」，下有「時則不可力」五字。下句下，通津草堂本有「故坦蕩恬忽，雖其貧賤」二句。

〔二〕以上三句，首句「取」，通津草堂本作「使」，首句下有「加勉力之趨，致强健之勢」二句；「多」字下，尚有「無命之人，皆得所願，安得貧賤凶危之患哉」三句。

〔三〕上句通津草堂本作「然則或時溝未通而遇湛」；下句「逢火」作「遇虎」。湛：水潭。

6　樂貧勝禍，勉己勤事以致富〔一〕，砥才明操以取貴。農夫力耕得穀多，商賈遠行得利深〔二〕。命富之人，筋力自强；命貴之人，才智自高。若千里馬，氣力自勁，頭目蹄足自相副〔三〕。

〔一〕上句通津草堂本作「力勝貧，慎勝禍」；下句「已」，通津草堂本作「力」。

〔二〕聚學軒本周廣業注曰：「答佞篇云『力耕可以得穀，勉貿可以得貨』，即此意。」天海案：此二句通津草堂本無。

〔三〕通津草堂本無「氣力自勁」四字；「副」下有「也」字。

7 魯城門朽頓欲頹，孔子疾行而過之〔一〕。左右曰：「如此久矣〔二〕。」孔子曰：「吾惡其久也，脱遇壞則不幸〔三〕。」

〔一〕上句「朽頓欲頹」，通津草堂本作「久朽欲頓」；下句作「孔子過之，趨而疾行」。朽頓：朽壞。

〔二〕此句通津草堂本無「如此」二字。

〔三〕脱：假若，萬一。此二句通津草堂本作「孔子戒慎已甚，如過遭壞，可謂不幸也」。

8 蟲墮一器，酒棄不飲；鼠殘一筐〔一〕，飯捐不食。

〔一〕「殘」，通津草堂本作「涉」，意林説郛本作「踐」，於義爲長。

9 墨家云：「人死無命〔一〕。」儒家云：「人死有命〔二〕。」歷陽之郡，一宿化成湖〔三〕；白起坑趙卒四十萬衆，此並有命耶〔四〕？言有命者曰〔五〕：「命當溺死，故相聚于歷陽；命當壓死，故相聚于長平〔六〕。猶沛公初起，相工入豐、沛之市〔七〕，云：多封侯人也〔八〕。」人命繫于國，物命繫于人〔九〕。

〔一〕此二句通津草堂本作「墨家之論，以爲人死無命」。無命：不由命中注定。

〔二〕此二句通津草堂本作「儒家之議，以爲人死有命」。有命：由命中注定。

〔三〕此二句通津草堂本作「言無命者，聞歷陽之都，一宿沉而爲湖」。事或本於淮南子俶真訓。參見本書卷二淮南子第六條注。

〔四〕上句通津草堂本作「秦將白起，坑趙降卒于長平之下，四十萬衆，同時皆死」。下句通津草堂本無。白起：戰國時秦將，郿人，善用兵，秦昭王時因戰功封武安君。長平之戰，坑殺趙降卒四十萬。後因與應侯范雎不睦，稱病不起，免爲士卒，遷密後自殺而死。事見史記本傳。

〔五〕「有」字原脱，此據通津草堂本補。

〔六〕「聚」，通津草堂本作「積」；「長平」，意林道藏本、四庫本誤作「平原」。長平：地名，戰國時趙邑，在今山西高平西北。

〔七〕「沛公」，通津草堂本作「高祖」。沛公：即漢高祖劉邦。「工」，道藏本、四庫本誤作「攻」，其下又衍一「人」字。「市」，通津草堂本作「邦」。相工：古代以相面占卜爲業的人。豐、沛：地名。沛爲縣，豐爲邑。一説豐爲鄉。皆指劉邦故鄉。

〔八〕「人」上，通津草堂本有「之」字。

〔九〕此二句通津草堂本無，另作「故國命勝人命，壽命勝禄命」。

10 齊人舒緩，秦人慢易，楚人促急，燕人戇敢〔一〕。四國之民，更相出入〔二〕。

〔一〕此上四句「人」字，通津草堂本皆無。舒緩：從容緩和。慢易：傲慢輕率。「慢」，原作「漫」，此據道藏本改。促急：急躁。戇敢：剛直果敢，通津草堂本作「戇投」，其下尚有「以莊、嶽言之」五字。

〔二〕句下通津草堂本尚有「久居單處，性必變易」二句。此條見通津草堂本率性篇，本條節録太簡，文意似不全。

11 黄次公娶鄰巫女〔一〕，卜工曰：「女相當貴〔二〕。」公後位至丞相〔三〕，乃是次公亦貴，遂與女相合也〔四〕。

〔一〕「黄次公」，原作「張次公」，據聚學軒本改。考史記載張次公爲河東人，從軍有功，封岸頭侯，再爲將軍，未曾爲相，亦無娶巫女事。故「張」爲「黄」之訛，通津草堂本正作「黄」。「女」上，通津草堂本有「之」字。黄次公：黄霸，字次公，漢宣帝時丞相。曾爲陽夏遊徼，與善相者同車俱行，見一婦人，年十七八，相者言當大富貴。霸推問，乃其旁里人巫家女，即娶爲妻。事詳見漢書本傳與論衡骨相篇。

〔二〕上二句通津草堂本作「卜謂女相當貴」；下句無「當」字。

〔三〕此句通津草堂本作「故次公位至丞相」。

〔四〕上二句通津草堂本無，另作「其實不然，次公當貴，行與女會，女亦自尊，故入次公門。偶適然自相遭遇，時也」。

12 世謂宅有吉凶，徙有歲月〔一〕。余謂天道難知〔二〕，假令有觸犯者，命凶之人也〔三〕。

〔一〕句下通津草堂本有「實則不然」四句。

〔二〕「余謂」二字，通津草堂本無。

〔三〕意林道藏本「凶」上衍「吉」字。此二句通津草堂本作「假令有命凶之人，當衰之家，治宅遭得不吉之地，移徙適觸歲月之忌，一家犯忌，口以十數，坐而死者，必禄衰命薄之人也」。

13 按相〔一〕：黥布當先刑而後王〔二〕，衛青當封〔三〕，亞夫當餓死〔四〕，鄧通當貧餓〔五〕。此骨節皮膚各異也〔六〕。

〔一〕此二字，通津草堂本作「案骨節之法，察皮膚之理，以審人之性命，無不應者」。

〔二〕此句通津草堂本作「相工相黥布當先刑而乃王，後竟被刑乃封王」。黥布：即英布。秦末六縣人，因觸秦法而受黥面之刑，故稱黥布。秦末曾率驪山刑徒起事，先歸項羽，封九江王，後歸劉邦，封淮南王。彭越、韓信被誅後謀反，兵敗被殺。史記有傳。

〔三〕此句通津草堂本作「衛青父鄭季與陽信公主家童衛媼通，生青，在建章宮時，鉗徒相之，曰：『貴至封侯』」。衛青：河東平陽人，字仲卿。本姓鄭，其姊衛子夫後爲漢武帝皇后，故冒姓衛。因有功，封長平侯。

〔四〕此句通津草堂本作「周亞夫未封侯之時，許負相之，曰：君後三年而入將相，持國秉，貴重矣，於人臣無兩。其後九歲而君餓死」。亞夫：沛縣人，周勃之子，封條侯，漢景帝時爲太尉。後平亂，遷丞相。後被誣謀反，下獄不食，吐血而亡。

〔五〕此句通津草堂本作「當鄧通之幸文帝也，貴在公卿之上，賞賜億萬，與上齊體。相工相之曰：『當貧賤餓死』」。鄧通：南安人。因善濯船被封爲黄頭郎，嘗爲文帝吮癰得寵，貴在公卿之上。景帝時治以盜鑄錢之罪，寄死人家，不名一錢。

〔六〕此句通津草堂本無。

14 文王在母腹中便有四乳〔一〕，非長大修道德乃生也〔二〕。

〔一〕此句通津草堂本作「文王在母身之中已受命也，夫四乳，聖人證也。在母身中，禀天聖命」。「四乳」之説又見尸子、淮南子修務、論衡骨相等，乃傳説之詞。

〔二〕此句通津草堂本作「豈長大之後，修行道德，四乳乃生」。此説見初禀篇，文全異，乃馬總以意節録之。

15 后稷作兒〔一〕，以種樹爲戲；孔子能行，以俎豆而弄〔二〕。石生而堅，蘭生而香，生禀善氣，長大乃成就也〔三〕。

〔一〕此句通津草堂本作「稷爲兒」。后稷：周人祖先。相傳其母曾棄之不養，故名棄。後爲舜時農官，封于邰，號后稷，别姓姬氏。見史記周本紀。

〔二〕「而」，聚學軒本、通津草堂本作「爲」。俎豆：古代放肉的器皿稱「俎」，盛乾肉的稱「豆」，皆爲宴客、朝聘、祭祀時使用的禮器。弄：擺弄，玩弄。

〔三〕此句通津草堂本作「長大成就」，其下尚有「故種樹之戲爲唐司馬，俎豆之弄爲周聖師」之語。

16 蚊蝱不如牛馬之力，牛馬困於蚊蝱，有勢也〔一〕。十圍之牛爲牧豎所驅〔二〕，數仞之象爲越僮所鉤，無便也〔三〕。

〔一〕此三句，上句通津草堂本作「蚊蝱之力不如牛馬」；中句意林道藏本脱「牛」字；末句通津草堂本作「蚊蝱乃有勢也」。

〔二〕「十圍」，通津草堂本作「十年」。牧豎：牧童，放牛小兒。

〔三〕「數仞」，通津草堂本作「長仞」。越僮：泛指我國南方的僮僕。鉤：獲取，牽引。「無便也」，通津草堂本作「無便故也」。

17 孔子吹律，自知殷後〔一〕；項羽重瞳，自知虞舜苗裔〔二〕。聖人自有種族，堯與高祖安得是龍子也〔三〕？

〔一〕「孔子」上，通津草堂本有「聖人自有種族，如文、武各有類」二句。律：用竹管或金屬管做成的定音器，以管之長短確定音階之高低。殷後：殷人的後代。因始封於宋的是商紂王庶兄微子，孔子祖先原爲宋國貴族，故孔子亦爲殷商之後。事亦見史記孔子世家。

〔二〕「自知」二字，道藏本無。「苗裔」下，通津草堂本有「也」字。項羽：秦末下相人，名籍，字羽。力能扛鼎，才氣過人。秦末起兵，滅秦後自立爲西楚霸王，繼而與劉邦爭奪天下，四年後兵敗垓下，自刎於烏江。史記、漢書皆有傳。苗裔：後代子孫。古代傳説虞舜也是重瞳，故言項羽是虞舜後裔。

〔三〕「祖」，道藏本誤作「租」。高祖：此指漢高祖劉邦。此句通津草堂本無。

18 宋景公有三善言，獲二十一年〔一〕。燕丹執于秦，天雨粟，馬生角〔二〕。杞梁妻哭，城崩〔三〕。湯旱，翦髮作牲致雨〔四〕。南陽卓公作緱氏令，蝗蟲不入境〔五〕。孫叔敖埋兩頭蛇，有陰德〔六〕。已上並云虚也〔七〕。

〔一〕據通津草堂本變虚篇載，宋景公時，宋國上空出現災異星象，公懼，召子韋詢問。子韋讓宋景公移禍於宰相、百姓、收成，方可免災，但宋景公認爲有害國家、人民，寧肯自己接受天罰。故子韋稱宋景公説了三句有益的好話，天必賞宋景公多活二十一年。宋景公：名頭曼，春秋時宋國國君，在位六十四年。「二十一年」，道藏本作「三十一年」。聚學軒本周廣業注曰：「出吕氏春秋。」

〔二〕此與下二句見通津草堂本感虚篇，文異，或馬總以意節録之。事又見史記、戰國策。燕丹：即燕太子丹。參見本書卷二燕丹子題解。

〔三〕此二句通津草堂本感虚篇引傳書作「杞梁之妻向城而哭，城爲之崩」。杞梁：名殖，春秋時齊國大夫。齊莊公時攻伐莒國戰死。其妻枕其屍哭於城下，哭七日而城崩，遂投淄水而死。

〔四〕此二句通津草堂本感虛篇引傳書作「湯遭七年旱……於是剪其髮，麗其手，自以爲牲，用祈福於上帝。上帝甚説，時雨乃至」。

〔五〕此二句通津草堂本作「世稱南陽卓公爲緱氏令，蝗不入界」。南陽：郡名，戰國秦昭王所置，地在今河南南陽市。卓公：其人名字未詳。緱氏：古縣名，治所在今河南偃師東南。

〔六〕孫叔敖之事見通津草堂本福虛篇，文甚詳。孫叔敖：參見本書卷二列子第二十三條注。傳説在他年幼時曾見兩頭蛇，恐他人再見而死，便殺而埋之。其母曰：「吾聞有陰德者，天必報之。」故稱他有陰德。

〔七〕聚學軒本周廣業注曰：「此約舉數篇而總結之。」天海案：此條所録六件事，散見於通津草堂本變虛、感虛、福虛三篇中，與原文大異，或馬總以意節之，聯綴成文。

19 龍若遁逃在樹中，爲天所取〔一〕，則非神也。若必有神，則不應有龍肝豹胎。故知水火相薄作雷〔二〕，龍聞雷聲，即起而乘雲也〔三〕。

〔一〕「取」，道藏本作「敗」。此二句通津草堂本作「俗謂天取龍，謂龍藏於樹木之中」。

〔二〕「故」下，道藏本有「立」字。此句通津草堂本作「水火激薄則鳴而爲雷」。

〔三〕道藏本無「而乘雲也」四字。此二句通津草堂本作「龍聞雷聲即起，起而雲至，雲至而龍乘之」。

20 武王伐紂，兵不血刃，虛言也。兵到牧野〔一〕，晨舉脂燭，血流漂杵，何謂不血刃耶〔一〕？漢誅王莽，軍至漸臺〔二〕〔三〕，血流没趾。用天下兵，未有不血刃者也〔四〕。

〔一〕四字道藏本無。牧野：在今河南淇縣西南。一説爲商都朝歌郊外。武王大敗紂王於此。

〔二〕上句「漂」，通津草堂本作「浮」。下句通津草堂本無。

〔三〕王莽：西漢成帝王太后姪兒，漢末專權。公元八年即天子位，國號新。統治殘暴，羣盜蜂起，兵敗後被劉秀所殺，在位十五年。漸臺：臺名。漢武帝曾造建章宮，太液池中有漸臺，高二十餘丈。臺址在水中，故名。漢末劉玄兵從宣平門入，王莽逃至漸臺上，被衆兵所殺。

〔四〕此二句通津草堂本無，另作「而獨謂周取天下，兵不血刃，非其實也」。

21 紂糟丘酒池，牛飲者三千人〔一〕，長夜之飲，亡其甲子〔二〕。車行酒，騎行炙，百二十日爲一夜〔三〕。按紂或是覆酒滂沲于地，因名作池〔四〕；釀酒積糟，因名作丘〔五〕；以酒作池，以車載酒，以肉懸林，因謂騎行炙〔六〕。男女裸而相逐，林中奔走〔七〕。傳者惡之，故言三千人，實非也〔八〕。

〔一〕上句通津草堂本作「紂沉緬於酒，以糟爲丘，以酒爲池」。此二句見史記殷本紀正義引太公六韜，又見韓詩外傳卷二、卷四。

〔二〕「長夜」上，通津草堂本有「爲」字。亡，通「忘」。

〔三〕「爲一夜」，道藏本作「作一月」。

〔四〕上句通津草堂本作「或時紂沉湎覆酒，滂沲於地」。滂沲：即「滂沱」，此指酒倒在地上四處流淌。下句通津草堂本作「即言以酒爲池」。

〔五〕此二句通津草堂本作「釀酒糟積聚，則言糟爲丘」。

〔六〕此上四句，通津草堂本作「懸肉以林，則言肉爲林；或時載酒用鹿車，則言車行酒、騎行炙」。

〔七〕此上二句，通津草堂本作「林中幽冥，人時走戲其中，則言裸相逐」，且在「肉爲林」句下。

〔八〕傳者：寫書的人。道藏本、聚學軒本作「侍者」。通津草堂本正作「傳書家欲惡紂」。末句通津草堂本作「增其實也」。

22　町町若荆軻之閭〔一〕。言秦王誅軻九族，夷其一里〔二〕，一里皆滅，故曰町町。按秦雖無道，不應盡誅軻里也〔三〕。始皇遊梁山宫，見李斯車騎盛出，怪之〔四〕。左右私告李斯，斯損車騎〔五〕。始皇不知左右誰告，止殺在傍者〔六〕。荆軻之里，必不盡誅之〔七〕。

〔一〕此句上，通津草堂本有「傳語曰」三字。町町：平地，平坦貌，引申爲蕩然無存的樣子。荆軻：參見本書卷二燕丹子校釋。

〔二〕上句通津草堂本作「言荆軻爲燕太子丹刺秦王，後誅軻九族」。九族：語出尚書堯典：「以親九族。」漢代儒家有二説，一説九族爲異姓親族，即父族四、母族三、妻族二；一説認爲是同姓親族，從己身算起，上至高祖，下至玄孫，是爲九族。下句通津草堂本作「其後恚恨不已，復夷軻之一里」。夷：削平，消滅。

〔三〕上句「按」字，通津草堂本作「夫」；下句作「無爲盡誅荆軻之里」。

〔四〕此上三句，通津草堂本作「始皇幸梁山之宫，從山上望見丞相李斯車騎甚盛，恚，出言非之」。梁山宫：在梁山修建的始皇行宫。古代名梁山者多處，此指陝西境内的梁山。

〔五〕此二句通津草堂本作「其後左右以告李斯，李斯立損車騎」。

〔六〕此二句通津草堂本作「始皇知左右泄其言，莫知爲誰，盡捕諸在旁者，皆殺之」。

〔七〕此二句通津草堂本作「荆軻之閭，何罪於秦而盡誅之」。

23 魯班刻木鳶，飛三日不下〔一〕。爲母作木車，木人御之。機關之發，去而不還〔二〕。此恐不實〔三〕。

〔一〕「木鳶」，道藏本作「大鵰」。上句通津草堂本作「儒書稱魯班、墨子之巧，刻木爲鳶」。魯班：春秋時魯國能工巧匠。參見本書卷三鹽鐵論第十七條注。木鳶：木制大鳥。鳶，俗稱鷂鷹、老鷹。下句通津草堂本作「飛之三日而不集」。

〔二〕上五句通津草堂本作「言巧工爲母作木車馬，木人御者，機關備具，載母其上，一驅不還，遂失其母」。

〔三〕此句通津草堂本作「二者必失實者矣」。

24 孔子遊説七十餘國〔一〕。按孔子自衛反魯，在陳絶糧〔二〕，削跡於衛，伐樹於宋〔三〕，不過十國〔四〕。

〔一〕此句通津草堂本作「書説：孔子不能容於世，周流遊説七十餘國，未嘗得安」。

〔二〕「按」字下，通津草堂本尚有「論語之篇，諸子之書」八字。陳：春秋時諸侯小國，後爲楚國所滅。地在今河南淮陽及安徽亳縣一帶。

〔三〕上句之下，通津草堂本有「忘味於齊」四字，底本有聚珍本館臣案曰：「原書有『忘味於齊』。」下句之下，通津草堂本有「並費與頓牟」一句。削跡：滅跡，不見蹤跡，引申爲隱居避世。宋：春秋時諸侯小國，後爲齊國所滅。地在今河南東部與山東、安徽三省交界之處。史記孔子世家載孔子去衛過曹，去曹適宋，與弟子習禮大樹下。宋司馬桓魋伐其樹，欲殺孔子。

〔四〕此句通津草堂本作「至不能十國。傳言七十國，非其實也」。

25　子羔泣血三年，未嘗見齒，言其不笑〔一〕。語，豈得不見齒耶〔二〕？

〔一〕此上三句通津草堂本作「傳説言：高子羔之喪親，泣血三年，未嘗見齒」。子羔：春秋時衛國人，一作齊人。姓高，名柴，字子羔，亦作子臯，性仁孝。泣血：極其悲痛而無聲地哭泣。禮記檀弓上：「高子臯之執親之喪也，泣血三年。」注：「言泣無聲，如血出。」

〔二〕以上二句通津草堂本作「孝子喪親，不笑可也，安得不言？言，安得不見齒」。

26　禽息碎首薦百里奚於秦繆公〔一〕。恐是叩頭流血，謂之碎首〔二〕。

〔一〕禽息：春秋時秦國大夫，因薦百里奚不成，叩頭而死。秦穆公痛悔，乃用百里奚。百里奚：見本書卷二吕氏春秋第三十條注。秦繆公：即秦穆公，姓嬴，名任好，在位三十九年，爲春秋五霸之一。

〔二〕此二句通津草堂本作「言碎首而死，是增之也」。又見韓詩外傳，文有異。

27 祖伊諫紂云：「天下之人，無不欲王亡者〔一〕。」此增益也，恐紂不懼耳〔二〕。若天下皆願紂亡，即當時瓦解，不應與周戰，血流漂杵也〔三〕。

〔一〕此上之文，通津草堂本作「尚書曰：祖伊諫紂曰：今我民罔不欲喪」。考今本尚書商書西伯戡黎中祖伊告紂王語作「今我民罔弗欲喪」，意即商朝的百姓没有誰不希望商紂滅亡。祖伊：祖己的後代，商紂王時賢臣。周文王打敗黎國後，紂王諫臣祖伊以天命民情可畏來勸諫紂王。事見尚書商書。

〔二〕上二句通津草堂本作「而祖伊增語，欲以懼紂也」。

〔三〕上四句通津草堂本作「皆欲紂之亡也，土崩瓦解，安肯戰乎」。

28 子謂子貢曰：「汝與回也，孰愈〔一〕？」子貢曰：「回也聞一以知十〔二〕。」按孔子知顔淵愈子貢，則不須問，問則子貢何敢言勝〔三〕。孔子意者，恐子貢淩顔淵，故此問以抑之〔四〕。

〔一〕此二句見於論語公冶長。子貢：即端木賜。回：指顔淵。參見本書卷二列子第十條注。

〔二〕此上之文，通津草堂本作「曰：賜也何敢望回？回也聞一以知十，賜也聞一以知二」。

〔三〕此三句，上二句通津草堂本作「使孔子知顔淵愈子貢，則不須問子貢」，下句通津草堂本無。

〔四〕此三句通津草堂本作「當此之時，子貢之名淩顔淵之上，孔子恐子貢志驕意溢，故抑之也」。

29 鯉也死，有棺而無槨〔一〕。其時作大夫乘三馬，何不截而貨之作槨也〔二〕？作士之時乘二馬，截一以賻舊館〔三〕。舊館不賻未亂制，葬子無槨實非法〔四〕。何重舊人之恩，乃輕父子之禮〔五〕？不貨車以葬子，豈不以貪官仕乎〔六〕？

〔一〕此二句通津草堂本作「孔子曰：鯉也死，有棺無槨。吾不徒行以爲之槨」。鯉：孔子之子，名鯉，字伯魚。年五十，先孔子而死。

〔二〕此二句通津草堂本作「大夫乘三馬，大夫不可去車徒行，何不截賣兩馬以爲槨，乘其一乎」。三馬：周制，大夫乘三匹馬拉的車。

〔三〕上句通津草堂本作「爲士時乘二馬」。賻：拿財物幫助別人辦喪事，意即送喪禮。舊館：過去學館中的弟子。

〔四〕此二句通津草堂本作「不脱馬以賻舊館，未必亂制。葬子有棺無槨，廢禮傷法」。

〔五〕此二句通津草堂本作「孔子重賻舊人之恩，輕廢葬子之禮」。

〔六〕此二句通津草堂本作「然則孔子不鬻車以爲鯉槨，何以解於貪官好仕恐無車」。

30 伯夷、叔齊爲庶兄奪國，餓死首陽山〔一〕，非讓國與庶兄也，豈得稱賢人乎〔二〕？

〔一〕考史記伯夷列傳，伯夷、叔齊逃國後，「國人立其中子爲君」，不聞有庶兄奪國之事。

〔二〕聚珍版館臣案曰：「此似出刺孟篇，而文異，義亦未安，疑有誤。」天海案：通津草堂本作「伯夷不食周粟，餓死首陽山之下，豈一食周粟而以污其潔行哉」。或馬總意林所録另有所本。

31　共工與顓頊争天下不勝，怒而觸不周山〔一〕，天柱折，地維絶〔二〕，女媧煉五色石以補蒼天，斷鼇足以立四極〔三〕。按共工有力折山，戰何不勝〔四〕？女媧能以石補天，天審是玉石耶〔五〕？天本以山作柱，鼇足何能拄之〔六〕？鼇必長大，則女媧不能殺之〔七〕，必被其所殺，何能補天〔八〕？

〔一〕「争天下不勝」，通津草堂本作「争爲天子不勝」；「周」下有「之」字。共工：古代傳説中的天神，與顓頊争爲帝。國語周語、史記三皇本紀、淮南子天文等載有不同的傳説。顓頊：古代五帝之一。相傳爲黄帝之孫，在位七十八年而崩，號高陽氏。事見史記五帝本紀。不周山：古代傳説中的山名，在崑崙山西北。

〔二〕「天」上，通津草堂本有「使」字。地維：傳説是維繫大地的四根大繩。

〔三〕「煉」上，通津草堂本有「銷」字。四極：此指天上東南西北四個方位。

〔四〕此二句通津草堂本作「有力如此，天下無敵，安得不勝之恨，怒觸不周之山乎」。

〔五〕此二句通津草堂本作「女媧以石補之，是體也。如審然，天乃玉石之類也」。

〔六〕此二句通津草堂本作「夫天本以山爲柱，共工折之，代以獸足，骨有腐朽，何能立之久」。

〔七〕此二句通津草堂本作「且鼇足可以柱天，體必長大，不容於天地，女媧雖聖，何能殺之」。

〔八〕此二句通津草堂本無。「必被其所殺」下，聚珍本館臣案曰：「原無此句。有云『天去地甚高，女媧人也，雖長，無及天者』。」

32 天門在西北，地户在東南〔一〕。地最下者，揚、兗二州。洪水之時，二土最被水害〔二〕。

〔一〕此二句道藏本作「天降在北，地户在東方」，四庫本從之；廖本作「天門在北，户在東南」。

〔二〕「二土」，御覽作「此二州」。聚珍本館臣案曰：「此節原書缺，見太平御覽。」

33 天有日月辰星謂之文，地有山川陵谷謂之理〔一〕。地理上向，天文下向〔二〕，天地合氣而萬物生焉。天地，夫婦也〔三〕。

〔一〕聚學軒本周廣業注曰：「二句原書闕，天中記引論衡有之。吴淑事類賦注引曰：山川陵谷爲地之理。」句下底本有聚珍本館臣案曰：「二句原書缺，初學記引論衡有之。」可見馬總所據别有所本。文：即天文，指日月星辰等天體在宇宙間分佈運行等現象。理：即地理，指山川土地的環境形勢。

〔二〕此二句通津草堂本無。

〔三〕此句道藏本脱「天」字；此上三句通津草堂本作「然天地，夫婦也，合爲一體。天在地中，地與天合，天地並氣，故能生物」。又意林諸本原與下條併作一條，據文意分作二條。

34 天南方高，北方下〔一〕。日出高故見，日入下故不見〔二〕。天之形若倚蓋，蓋倚地則不能運，懸之樹然後能運〔三〕。日不入地，譬人把火夜行平地〔四〕，去人十里則不見，非滅也〔五〕。日亦如此〔六〕。

〔一〕此二句通津草堂本作「天高南方，下北方」。

〔二〕「入」上，通津草堂本無「日」字。聚學軒本周廣業注曰：「言日未嘗入地，特遠不復見，故謂之入。」

〔三〕此三句通津草堂本作「天之居若倚蓋矣，夫取蓋倚於地不能運，立而樹之然後能轉」。倚蓋：傾斜的車蓋。古人有天傾西北的説法，後便以倚蓋比喻天的形狀。

〔四〕上句通津草堂本無，下句通津草堂本作「試使一人把大炬火夜行於道，平易無險」。

〔五〕聚學軒本周廣業注曰：「晉書天文志引作十里。」天海案：此二句通津草堂本作「去人不一里，火光滅矣。非滅也，遠也」。

〔六〕此句通津草堂本無，另作「今日西轉不復見者，非入也」。

35 雲霧雨雪，皆由地發，不自天降〔一〕。夏則作霧〔二〕，冬則作霜，温則作雨，寒則作雪。

〔一〕此三句通津草堂本作「雨露凍凝者，皆由地發，不從天降也」，且在「寒則爲雪」句下。

〔二〕此句通津草堂本作「雲霧，雨之徵也，夏則爲露」，下文三句中「作」字，亦皆作「爲」。

36 才能之士〔一〕，隨世驅馳；節操之人，守隘逬竄〔二〕。驅馳日以巧，逬竄日以拙，非才智不及，狎習異也〔三〕。齊郡世刺繡，恒女無不能者〔四〕；襄邑能織錦，恒女無不巧者，目見而手狎也〔五〕。

〔一〕「才」，通津草堂本作「材」，義同。

〔二〕「迸竄」，通津草堂本作「屏竄」。迸：通「屏」。守隘：本指把守要道，此喻堅守節操。迸竄：隱伏躲藏，此喻受打擊無處安身。

〔三〕此二句通津草堂本作「非材頓知不及也，不狎習也」。狎習：熟練，習慣。

〔四〕「齊郡」，通津草堂本作「齊都」，此指齊國都城。恒女：平常的婦女。

〔五〕上三句，首句「能」，通津草堂本作「俗」；次句作「鈍婦無不巧」；末句作「目見之，日爲之，手狎也」。襄邑：縣名，故城在今河南睢縣西。漢時，襄邑以織錦著稱於世。

37 朝廷之人，幼稱幹吏者〔一〕，以朝廷作田畝，以刀筆作耒耜，以文書作農桑〔二〕。猶家人子弟，生長狎習〔三〕，具知曲折，愈於賓客〔四〕。賓客暫至，雖孔、墨之才，不能分別〔五〕。

〔一〕此二句通津草堂本作「朝廷之人也，幼爲幹吏」。幹吏：能幹的官吏。

〔二〕此三句中「作」字，通津草堂本皆作「爲」；「農桑」作「農業」。

〔三〕此句通津草堂本作「猶家人子弟生長宅中」。家人：家中的僕役、傭人。

〔四〕此二句通津草堂本作「其知曲折，愈於賓客也」。具知曲折：全知詳細情況。

〔五〕句下通津草堂本有「儒生猶賓客，文吏猶子弟也」二句。

38 手中無錢而欲市貨，貨主死不與之〔一〕。胸中無學而欲求仕，猶無錢市貨，不可得也〔二〕。

〔一〕此二句通津草堂本作「手中無錢之市，使貨主問曰錢何在，對曰無錢，貨主必不與也」。

〔二〕此三句通津草堂本無，另作「夫胸中不學，猶手中無錢也，欲人君任使之，百姓信向之，奈何也」。

39 知古不知今，謂之陸沈〔一〕；知今不知古，謂之盲瞽〔二〕。

〔一〕陸沈：愚昧，迂執。

〔二〕盲瞽：眼瞎耳聾，比喻無知之人。

40 見驥足不異衆馬之蹄，躡平陸而馳千里，方可知也〔一〕。

〔一〕此三句通津草堂本作「故望見驥足不異衆馬之蹄，躡平陸而馳騁，千里之跡，斯須可見」。

41 有人于此，其智如源〔一〕，其德如山，力不能自舉，須人舉之，人莫之舉〔二〕，竄於閭巷，無由達矣〔三〕。

〔一〕「此」，通津草堂本作「斯」；「源」作「京」。

〔二〕此三句通津草堂本作「力重不能自稱，須人乃舉，而莫之助」。

〔三〕「巷」下，通津草堂本有「之深」二字；末句通津草堂本作「何時得達」。竄：隱藏。

42 器空無食〔一〕，飢者不顧；胸虚無懷，朝廷不御〔二〕。

〔一〕「空」，聚學軒本作「虚」；「食」，通津草堂本作「實」。

〔二〕無懷：没有才學抱負。御：使用。此字下通津草堂本有「也」字。

43 蘭臺之史〔一〕，班固、賈逵、楊終、傅毅之徒〔二〕，名芳文美，無大用也〔三〕。

〔一〕「史」，原作「吏」，而意林明刊本皆作「史」，據改。蘭臺：本爲漢代宫廷藏書處，設御史中丞掌管，後設蘭臺令史，掌書奏。

〔二〕「楊終」，道藏本誤作「揚雄」。班固：字孟堅，東漢扶風安陵人。父班彪撰漢書未成，謀繼父業，被人告爲私改國史而入獄，弟班超上書後獲釋。明帝時詔爲蘭臺令史。後因竇憲事牽連，死獄中。後漢書有傳。賈逵：東漢扶風平陵人，字景伯，賈誼九世孫。逵弱冠能誦左傳與五經。章帝時爲衛士令，和帝時至侍中，以老病請歸。著經傳義詁及論難百餘萬言。後漢書有傳。楊終：成都人，字子山。年輕時爲郡小吏，太守賞識送京師習春秋。明帝時拜校書郎，永和中徵拜郎中。有春秋外傳十二篇，改定章句十五萬言。傅毅：東漢扶風茂陵人，字武仲。章帝時爲蘭臺令史，與班、賈同校内府藏書。後漢書有傳。

〔三〕「芳」，通津草堂本作「香」。下句通津草堂本作「大用於世」。

44 夫能説一經者，儒生；博覽古今者，通人〔一〕；採掇書傳能奏記者，文人〔二〕；

能精思著文、結連篇章者，鴻儒〔三〕。若劉子政父子、揚子雲、桓君山之徒，猶文、武、周公並出一時〔四〕。班叔皮續太史公書百篇已上〔五〕，紀事詳悉，讀者以謂甲，以太史公作乙〔六〕。子孟堅文比叔皮，非徒五百里也〔七〕。

〔一〕「儒生」、「通人」上通津草堂本皆有「爲」字。

〔二〕此上二句通津草堂本作「採掇傳書以上書、奏記者，爲文人」。

〔三〕「結連」，通津草堂本作「連結」。

〔四〕上句「若」字，通津草堂本作「近世」；「父」下「子」字，道藏本脱；「父子」二字聚學軒本無。通津草堂本無「之徒」二字；「猶」上，通津草堂本有「其」字；「一時」下，通津草堂本有「也」字。劉子政父子：即劉向父子。向字子政，其子劉歆字子駿。參見本書卷一尹文子題解及卷三説苑題解。揚子雲：即揚雄，字子雲。參見本書卷三法言題解。桓君山：即桓寬。參見本書卷三新論解題。又「若劉子政父子」至此，通津草堂本原在「夫能説一經者」句上。

〔五〕班叔皮：即班彪，字叔皮，東漢扶風安陵人。光武帝時舉茂才，拜徐令，因病免官。博採遺事異聞，作西漢史後傳六十五篇，以補史記太初以後之闕，未就。其子班固、女班昭先後續成，即今之漢書。事見後漢書本傳。

〔六〕「記事詳悉」句下，通津草堂本有「義淺理備」四字。此二句意林道藏本作「讀者以謂甲子，以太史公作己子」，四庫本作「讀者以謂甲子，以太史公作乙子」，通津草堂本作「觀讀之者以爲甲，而太史公乙」。

〔七〕此二句通津草堂本作「子男孟堅爲尚書郎，文比叔皮」，句下通津草堂本尚有「乃夫周召、魯衛之謂也」一句。

45 龜三百歲大如錢，蓍七十歲生一莖〔一〕。此神物故生遲，生亦長久〔二〕。賢儒在世〔三〕，猶靈蓍、神龜也。楓桐之樹，生而速長，故其皮肥不能堅〔四〕；檀、欒後榮，强勁可作車軸〔五〕。

〔一〕「龜」下，通津草堂本有「生」字，句下有「游於蓮葉之上，三千歲青邊緣，巨尺二寸」三句。「蓍」下，通津草堂本亦有「生」字，句下有「七百歲生十莖」六字。蓍：多年生草本植物，一本多莖。我國古代常用蓍草與龜甲占卜。

〔二〕此二句通津草堂本作「神靈之物也，故生遲留，歷歲長久，故能明審」。

〔三〕此句通津草堂本作「實賢儒之在世也」。

〔四〕「肥」，黄以周校本作「脆」，並案曰：「『脆』，陶校本作『脃』，俗。藏本作『肥』，誤。」天海案：此二句通津草堂本作「皮肌不能堅剛」。楓桐：楓樹、桐樹，皆爲落葉喬木。此二樹生長快，木質差，不堪大用。

〔五〕此二句通津草堂本作「樹檀以五月生葉，後彼春榮之木，其材强勁，車以爲軸」。檀欒：檀樹、欒樹。欒，又稱欒華，俗稱燈籠樹。此二樹木質堅硬，貴重。後榮：晚開花。

46 湍瀨迴沙轉石，而大石不動者，是石重而沙輕〔一〕。大儒、俗吏同在世，有如此也〔三〕。

〔一〕此三句通津草堂本作「是故湍瀨之流，沙石轉而大石不移，何者？大石重而沙石輕也」。湍瀨：石上急流。

〔三〕此二句通津草堂本作「賢儒、俗吏，並在世俗，有似於此」。

47 上天之心在聖人之胸，其譴告在聖人之口〔一〕。世無聖人，安能知天〔二〕？

〔一〕「其」上，通津草堂本有「及」字。

〔二〕此句通津草堂本作「安所得聖人之言」。

48 人在天地之間，如蚤蝨在衣裳之内，若蟻螻在巢穴之中〔一〕。

〔一〕「如」，通津草堂本作「猶」，下句作「螻蟻之在穴隙之中」。

49 以正月朝占四方之風〔一〕：風從南來旱，從北來湛〔二〕，從東來疫，從西來兵〔三〕。

〔一〕此句原作「正朝占四方風」，通津草堂本作「天官之書，以正月朝占四方之風」，此據改。朝：此指月初。

〔二〕上句原脱「風」字，據通津草堂本補；二「來」下，通津草堂本有「者」字。湛：久雨成澇災。

〔三〕此二句通津草堂本作「東方來者爲疫，西方來者爲兵」。兵：此指兵禍、戰争。

50 秦將滅，都門崩〔一〕；霍光將敗，第牆亦壞〔二〕；杞梁之妻崩城，何也〔三〕。

〔一〕此二句通津草堂本作「秦之將滅，都門内崩」。

〔二〕此句通津草堂本作「霍光家且敗，第牆自壞」。第：府邸，宅院。霍光：字子孟，西漢河東平陽人。霍去病異母弟，漢昭帝時受遺詔輔政，封博陸侯。秉國政二十年，權傾朝野。漢宣帝親政後，收霍氏兵權，以謀反罪滅族。漢書有傳。

〔三〕此二句通津草堂本作「然則杞梁之妻哭而城崩，復虚言也」。杞梁之妻：見本篇第十八條注。

51　亡獵犬於山林，大呼犬名，則號呼而應〔一〕。人犬異類而相應者，識其主也〔二〕。

〔一〕此句御覽引作「其犬則鳴號而應其主人」。

〔二〕聚學軒本周廣業注曰：「此下四節原書闕，蓋皆招致篇之文也，御覽並引之。」天海案：此與下四條，今本論衡皆無，或所闕招致篇之文。

52　東風至，酒湛溢〔一〕。按酒味從酸，東方木〔二〕，其味酸，故酒湛溢。

〔一〕湛：溢，漫溢，指酒漲多。語或本淮南子覽冥訓「故東風至而酒湛溢」，劉文典集解引王念孫曰：「酒性温，故東風至而酒爲之加長。」聚學軒本周廣業注曰：「二句亦見變龍篇，本董子春秋繁露同類相動篇之文。」天海案：考今存本論衡，有亂龍篇而無變龍篇，然亂龍篇仍無此二句。

〔二〕我國古代五行學説以金、木、水、火、土五種物質及其五色五味來附會宇宙間萬事萬物。如以方位論，東方屬木，色青，味酸；西方屬金，色白，味辛；南方屬火，色紅，味苦；北方屬水，色黑，味鹹；中央屬土，色黄，味甘。五行相生相克，促使事物變化發展。

53 將有赦，獄𨷂動，感應也〔一〕。

〔一〕聚學軒本周廣業注曰：「初學記引作『赦令將至，繫室𨷂動，獄中人當出。故其感應，令𨷂動也。』」天海案：此條不見於通津草堂本。

54 蠶合絲而商絃易〔一〕，新穀登而舊穀缺〔二〕，按子生而父母氣衰〔三〕。

〔一〕此語本淮南覽冥訓：「故東風至而酒湛溢，蠶咡絲而商絃絶，或感之也。」春秋繁露郊語篇：「蠶珥絲於室，而絃絶於堂。」合絲：結絲，即結繭。商絃：商音琴絃，此泛指琴絃。古代有宫、商、角、徵、羽五音，商音絃要用七十二根絲。

〔二〕此或本春秋繁露郊語篇：「穀實於野，而粟缺於倉。」登：進，此指新穀進倉。

〔三〕聚學軒本周廣業注曰：「御覽此下云：新絲既登，故舊者自壞耳。」

55 釣者刻木作魚〔一〕，丹漆其身，迎水浮之〔二〕，起水動作，魚謂之真，並來會聚〔三〕。土龍之事，何得不能致雨〔四〕？劉子駿、董仲舒説龍不盡，論衡終之，故曰亂龍〔五〕。亂龍者，亂有終也〔六〕。

〔一〕此句通津草堂本作「釣者以木爲魚」。

〔二〕此句通津草堂本作「近之水流而擊之」。

〔三〕「謂之」，通津草堂本作「以爲」；「會聚」，通津草堂本作「聚會」。

〔四〕此二句通津草堂本無，另作「見土龍之象，何能疑之」。土龍：古代天旱時用泥土塑成龍形以求雨。此指祭祀求雨之事。此以上之文，道藏本録於「故曰亂龍」句下。

〔五〕此句通津草堂本作「則劉子駿不能對，劣也。劣則董仲舒之龍説不終也」。董仲舒：西漢廣川人，講學著書，推崇儒術，抑黜百家，著有春秋繁露等書。史記、漢書皆有傳。亂龍，此指論衡亂龍篇。終：結束，總結。

〔六〕此二句通津草堂本作「故曰：亂龍者，終也」。亂：完結。古代樂曲最後一章叫做「亂」，文章辭賦篇末總結全篇要旨的一段也叫做「亂」，故「亂」即結尾的意思。亂龍：此指結束對龍的論説。

56 少政卯在魯與孔子並，孔子之門三盈三虚〔一〕，唯顔淵不去，知孔子聖也〔二〕。

〔一〕少政卯：春秋時魯國大夫。並：同時並稱。荀子宥坐篇曰：「孔子爲魯攝相，朝七日而誅少正卯。」三盈三虚：幾次人滿，幾次人空。傳説少正卯在魯講學時，多次把孔子的門徒吸收到自己門下。

〔二〕此句通津草堂本作「顔淵獨知孔子聖也」。

57 屈軼生於庭，見佞人則指〔一〕。必若如此，舜何用令皋陶陳知人之術〔二〕？

〔一〕此二句通津草堂本作「屈軼生於庭之末，佞人來，輒指知之」。屈軼：草名。傳説太平之世，生於庭前，能指向佞人，又稱指佞草。佞人：善於花言巧語、阿諛奉承的人。

〔二〕上句通津草堂本無，下句作「則舜何難於知佞人，而使皋陶陳知人之術」。皋陶：堯、舜時賢臣，曾作理獄刑官。

58 堯、湯水旱，豈二聖政所致也〔一〕？天理曆數自然耳。猶慈父治家，亦不能使子孫皆孝也〔二〕。

〔一〕此二句通津草堂本作「堯遭洪水，湯遭大旱，豈二聖政之所致哉」。

〔二〕此上三句，首句通津草堂本作「天地曆數當然也」；後二句作「慈父耐平教明令，耐使子孫皆爲孝善」，文意正相反，未詳孰是。天理曆數：天道運行的規律。

59 瑯琊兒子明〔一〕，兄曾爲飢人欲食，弟自縛叩頭代兄〔二〕。飢人善其義，皆舍之〔三〕。後兄卒，養其孤，遇歲凶〔四〕，餓殺己子〔五〕，活兄之子。臨淮許君升一作「叔」。亦餓殺己子，全兄之孤〔六〕。

〔一〕「兒」，道藏本誤作「兄」；此句下通津草堂本有「歲敗之時」四字。瑯琊：郡名，也作琅玡、琅邪，地在今山東諸城一帶。兒子明：姓兒，名萌，字子明，齊地人。西漢末年，曾與其兄同被赤眉軍飢民所擒，飢民將食其兄，子明乞代以己身，後皆獲釋。事見後漢書。

〔二〕上句通津草堂本作「兄爲飢人所食」，語義與下文不符。飢人：即飢民，馬總避唐諱，改「民」作「人」。下句通津草堂本作「自縛叩頭，代兄爲食」。

〔三〕此二句通津草堂本作「餓人美其義，兩舍不食」。

〔四〕此三句通津草堂本作「兄死，收養其孤，愛不異於己之子。歲敗穀盡，不能兩活」。

〔五〕「己」，通津草堂本作「其」。

〔六〕「許君升」下，聚學軒本周廣業注曰：「名荆。」天海案：許荆，東漢人，字少張。少爲郡吏，兄子殺人，被人圍攻，許荆跪求以己身代死，遂解圍。事與此異，字又不同，或非許荆。此二句通津草堂本作「臨淮許君叔亦養兄孤子。歲倉卒之時，餓其親子，活兄之子，與子明同義」。臨淮：郡名，漢置，治徐州。

60　人貴鵠賤雞者，謂鵠遠而雞近也〔一〕。畫工好畫上古之人，不畫秦、漢之士者，重古也〔二〕。揚雄作太玄、法言〔三〕，張伯松不肯一觀〔四〕，與其人並肩〔五〕，故賤其言也。若揚子雲生周，金匱矣〔六〕。

〔一〕此二句通津草堂本作「貴鵠賤雞，鵠遠而雞近也」。

〔二〕此三句通津草堂本作「畫工好畫上代之人，秦、漢之士，功行譎奇不肯圖。今世之士者，尊古卑今也」，且此數句原在「貴鵠賤雞」句上。

〔三〕此句通津草堂本作「揚子雲作太玄，造法言」。太玄、法言：揚雄所著書名。

〔四〕張伯松：名竦，字伯松，亦字德松，王莽時任丹陽太守。王莽死，爲亂兵所殺。

〔五〕此句通津草堂本作「與之並肩」。並肩：同時代名位相等的人。

〔六〕此二句廖本作「若揚子雲在伯松前，以爲金匱矣」，通津草堂本作「使子雲在伯松前，伯松以爲金匱矣』」。金匱：古代用銅做成藏書櫃，用來珍藏寶貴典籍。後亦指珍貴之書爲金匱，如太公金匱、金匱要略之類。聚學軒本周廣業注曰：「漢書桓譚謂嚴元曰：『凡人賤近而貴遠，親見子雲禄位容貌不足動人，故輕其書。若遭遇時君，更閱賢智，爲所稱善，則必度越諸子矣。』意與此同。又劉晝新論曰：『張伯松遠羨仲舒之博，近道子雲之美，豈非貴耳而賤目耶？』」

61 武王伐紂〔一〕，太公陰謀，食小兒以丹，令身赤〔二〕，長教言：「殷亡，殷亡〔三〕。」殷人見兒身赤，謂是天神〔四〕，又言「殷亡」，謂其必亡。周人諱其事〔五〕。

〔一〕此句上，通津草堂本有「傳書或稱」四字。

〔二〕「赤」上，通津草堂本有「純」字。丹：朱砂。

〔三〕此上三句，通津草堂本作「長大教言殷亡」。

〔四〕「謂是」，通津草堂本作「以爲」。

〔五〕「又言」，通津草堂本作「及言」；下句作「皆謂商滅」。末句通津草堂本作「周之所諱也」。

62 古之帝王建鴻德者，須鴻筆之臣，褒頌紀德也〔一〕。龍無雲雨不能參天，鴻筆之人，國之雲雨〔二〕。

〔一〕此句通津草堂本作「褒頌紀載，鴻德乃彰，萬世乃聞」。

〔二〕「雨」下，通津草堂本有「也」字。

63 文章載人之行，傳人之美〔一〕，豈徒調弄筆墨、空馭英麗哉〔二〕？

〔一〕此二句通津草堂本作「載人之行，傳人之名」，且在後二句之下。

〔二〕此二句通津草堂本作「文豈徒調墨弄筆，爲美麗之觀哉」。

64 人所以生者〔一〕，精氣也；能作精氣者，血脈也〔二〕。人死血脈竭，精氣亡，骨肉化灰土，何能作鬼耶〔三〕？

〔一〕此句道藏本作「人生者」；「人」下，通津草堂本有「之」字。

〔二〕此二句通津草堂本作「死而精氣滅，能爲精氣者，血脈也」。

〔三〕此上三句，通津草堂本作「人死血脈竭，竭而精氣滅，滅而形體朽，朽而成灰土，何用爲鬼」。

65 若言死者無知，聖人恐開不孝之門〔一〕，故不言死者無知。其實無知也〔二〕。

〔一〕「若」，原作「君」，據道藏本、聚學軒本改。此二句通津草堂本作「夫言死無知，則臣子倍其君父，聖人懼開不孝之源」。

〔二〕此二句通津草堂本作「故不明死無知之實」。

66 諱舉五月子，言不利父母〔一〕。按：田文不害田嬰〔二〕。

〔一〕此二句通津草堂本作「諱舉正月、五月子，以爲正月、五月子殺父與母」。舉：養也。

〔二〕田文：號孟嘗君，田嬰之子。參見本書卷三新序第三條注。田嬰：戰國時齊人，相齊十一年，封於薛。據史記孟嘗君列傳：「文以五月五日生，嬰告其母曰：『勿舉也。』其母竊舉生之。」此句通津草堂本無，或馬總鈔録時所加案語。

67 礪刀井上，恐墜井中〔一〕。又刀邊井，刑字；礪刀井上，恐被刑〔二〕。人意也〔三〕。

〔一〕「刀」，道藏本作「刃」；「礪」，通津草堂本作「厲」，下同此；「厲」上，通津草堂本有「諱」字。下句通津草堂本作「恐刀墮井中也」。

〔二〕此四句通津草堂本作「或説以爲刑之字，井與刀也；大礪刀井上，井刀相見，恐被刑也」。

〔三〕此三字，通津草堂本無。

68 無偃寢，爲象屍也〔一〕；無以著相受，爲不固也〔二〕。

〔一〕「象」字，道藏本無。「無」，通津草堂本作「毋」，下句同此。「象」上，通津草堂刊本有「其」字。偃寢：仰卧。

〔二〕「爲」字，道藏本無。「不」上，通津草堂本有「其」字。此條與上條原併作一條，此據道藏本分列。

69 子日沐〔一〕，令人愛；卯日沐，令人白頭。愛憎白黑不由沐耳〔二〕。使嫫母子日沐，人能愛乎〔三〕？使十五童子卯日沐，能令白髮乎〔四〕？

〔一〕此句上通津草堂本有「沐書曰」三字。

〔二〕此句通津草堂本無，另作「夫人之所愛憎，在容貌之好醜；頭髮白黑，在年歲之稚老」。

〔三〕此二句通津草堂本作「使醜如嫫母，以子日沐，能得愛乎」。聚學軒本周廣業注曰：「醜女，黃帝納爲次妃。」天海案：嫫母，古代傳説中的醜婦。荀子賦篇：「嫫母、力父，是之喜也。」楊倞注：「嫫母，醜女，黃帝時人。」

〔四〕此二句通津草堂本作「使十五女子以卯日沐，能白髮乎」。

70 子路問孔子曰〔一〕：「豬肩、牛膊可以得兆，何必蓍龜〔二〕？」孔子曰：「蓍者，耆也；龜者，舊也〔三〕。狐疑之事，當問耆舊〔四〕。」蓍龜者，未可神也，取其名耳〔五〕。武王伐紂，卜筮大凶，太公推蓍蹈龜曰〔六〕：「枯骨死草，何能知吉凶乎〔七〕？」

〔一〕「問」，道藏本、四庫本作「見」。

〔二〕「牛」，通津草堂本作「羊」，聚學軒本從之。「何必蓍龜」，通津草堂本作「何必以蓍龜」。豬肩牛膊：此指豬、牛的肩胛骨。兆：預兆，徵兆。古代占卜，在龜甲或獸骨上鑽刻，再用火燒灼，看裂紋定吉凶。預示吉凶的裂紋就叫做「兆」。

〔三〕此上八字，通津草堂本作「夫蓍之爲言耆也，龜之爲言舊也」。

〔四〕此二句通津草堂本作「明狐疑之事，當問耆舊也」。

〔五〕此三句通津草堂本作「由此言之，蓍不神，龜不靈，蓋取其名，未必有實也」。

〔六〕此三句，上二句通津草堂本作「周武王伐紂，卜筮之逆，占曰大凶」；後句「曰」上，通津草堂本有

「而」字。蹈：踩。

〔七〕此句通津草堂本作「何知而凶」。

71 商家門不宜向南〔一〕，徵家門不宜向北。堂盡南向，何不擇也〔二〕？

〔一〕句上通津草堂本有「圖宅術曰」四字。考論衡詰術載圖宅術：「宅有五音，姓有五聲。宅不宜其姓，姓與宅相賊，則疾病死亡，犯罪遇禍。」故知古人推衍五行學説，將姓氏讀音按宫商角徵羽五聲區別，以配合五行。如張姓人家，讀音屬商，歸金，火克金，南方屬火，故家門不宜向南。又如姓氏讀音歸徵類的，屬火，水克火，北方屬水，故家門不宜向北。

〔二〕此二句通津草堂本無，另作「五姓之門，各有五姓之堂，所向無宜何」。

72 聖人前知千歲〔一〕，後知萬世。孔子將死，遺書曰〔二〕：「有一男子，自云秦皇，上我之牀〔三〕，顛倒我衣裳，至沙丘而亡〔四〕。」後秦皇果至沙丘而亡〔五〕。孔子又云：「董仲舒，亂我書。」後仲舒論春秋，著傳記〔六〕。又云：「亡秦者胡〔七〕。」後胡亥亡秦〔八〕。此孔子後知萬世也〔九〕。吹律自知殷後，此孔子前知千歲也〔一〇〕。

〔一〕此句通津草堂本作「儒者論聖人，以爲前知千歲」。

〔二〕「遺書曰」，通津草堂本作「遺讖書曰」。讖書：古代記載各種徵兆與預言的書籍。

〔三〕此三句通津草堂本作「不知何一男子，自謂秦始皇，上我之堂，踞我之牀」。

〔四〕沙丘：舊址在今河北廣宗縣境内。秦始皇出巡病死於此地。

〔五〕此句通津草堂本作「其後秦王兼吞天下，號始皇。巡狩至魯，觀孔子宅，乃至沙丘，道病而崩」。

〔六〕此二句通津草堂本作「其後江都相董仲舒，論思春秋，造著傳記」。

〔七〕此二句通津草堂本作「又書曰：亡秦者胡也」。

〔八〕此句通津草堂本作「其後二世胡亥，竟亡天下」。

〔九〕此句通津草堂本作「用三者論之，聖人後知萬世之效也」。

〔一〇〕上句通津草堂本作「孔子生不知其父，若母匿之，吹律自知殷宋大夫子氏之世也」。下句，通津草堂本作「不案圖書，不聞人言，吹律精思，自知其世。聖人前知千歲之驗也。曰：此皆虚也」。此條見實知篇，文多異。馬總録文掐頭去尾，已失原文之意。

73 唐者，蕩蕩也〔一〕，民無得而名焉〔二〕；虞者，樂也；夏者，大也〔三〕；殷者，中也；周者，至也〔四〕。

〔一〕此二句通津草堂本作「故唐之爲言，蕩蕩也」。唐：指唐堯。蕩蕩：廣大，坦蕩。語本論語泰伯：「巍巍乎，唯天爲大，唯堯則之。蕩蕩乎，民無能名焉。」

〔二〕此句通津草堂本在下文「周者，至也」句下，且作「堯則蕩蕩，民無能名」。

〔三〕「虞」有愉悦之意，故言。虞：指虞舜。「夏」與「大」一聲之轉。夏：指夏禹。

〔四〕「殷」、「周」下「者」字，道藏本脱。盤庚遷都至殷，商朝中興，故言「中」；一説殷商政道居中。儒生認爲周武王功德無所不至，故言「至」。此條見正説篇，文略異。意林所録掐頭去尾，已失原文本意。王充原意是批駁儒生上述説法，認爲「唐、虞、夏、殷、周者，土地之名」；「皆本所興昌之地，重本不忘始，故以爲號，若人之有姓矣」。

74 志有所存，顧不見泰山〔一〕。知屋漏者，在宇下；知政失者，在草野〔二〕；知經誤者〔三〕，在諸子。

〔一〕顧：所以。禮祭統：「上有大澤，則惠必及下，顧上先下後耳。」

〔二〕草野：喻指民間、百姓。

〔三〕「經誤」，道藏本誤作「纏誤」。

75 論衡者，銓輕重，立真僞〔一〕，非苟論文飾奇麗，所以譏世俗也〔二〕。

〔一〕此三句通津草堂本作「故論衡者，所以銓輕重之言，立真僞之平」。銓輕重：權衡輕重。此指論衡的内容是權衡古今人與事的輕重、厚薄。

〔二〕譏，道藏本、四庫本作「弘」。此二句通津草堂本作「非苟調文飾辭，爲奇偉之觀也」。

76 王充，會稽上虞人，字仲任〔一〕。王充書，形露易觀，文語不與俗通〔二〕。「石多玉寡，寡者爲珍；龍少魚衆，少者爲神」〔三〕，人有難充書繁重如此者〔四〕。充答云：「文衆勝寡，財富愈貧〔五〕；世無一引〔六〕，吾有百篇；人無一字，吾有萬言，孰者可貴〔七〕？」充章和二年徙家避難〔八〕，筆札之思〔九〕，歷年寢廢；年漸七十，時可懸輿〔一〇〕；髮白齒落，儔倫彌索〔一一〕；貧無供養，志不虞快，乃作養性書十六篇〔一二〕。

〔一〕道藏本脱「任」字。此上之文，通津草堂本作「王充者，會稽上虞人也，字仲任」。會稽：東漢時郡名，治所在吴縣。地轄今江蘇東南及浙江西部一帶。上虞：縣名，在今浙江省内。

〔二〕此三句通津草堂本作「充書形露易觀，故其文語與俗不通」。

〔三〕此四句通津草堂本作「玉少石多，多者不爲珍；龍少魚衆，少者固爲神」，係王充假設他人非難論衡之辭。繁重：繁雜冗長。

〔四〕此句通津草堂本無。

〔五〕此二句通津草堂本作「蓋文多勝寡，財寡愈貧」。

〔六〕「一引」，通津草堂本作「一卷」。引：本爲樂章序曲，此爲文章之序。

〔七〕「可貴」，通津草堂本作「爲賢」。

〔八〕此文通津草堂本作「充以元和三年徙家」，下文又載「章和二年罷州家居」，可知「徙家」在前，「罷州家居」在後。馬總意林合併摘録，易生歧義。章和二年：即公元八八年。章和：東漢章帝劉炟年號。

〔九〕「筆札之思」原缺，據通津草堂本補。

〔一〇〕懸輿：同「懸車」。古人年七十辭官家居，廢車不用，故言「懸輿」，又稱七十歲爲「懸輿之年」。

〔二〕此句下通津草堂本有「鮮所恃賴」四字。儔倫彌索：同輩的人越來越少了。

〔三〕「虞快」，通津草堂本作「娛快」，同「愉快」；此句下通津草堂本有「歷數冉冉，庚辛域際，雖懼終徂，愚猶沛沛」四句。養性書：王充晚年所著，早佚。「十六篇」，原作「六十篇」，此據通津草堂本改。此句末，底本有符號「□」，意林諸本皆無，據删。此條所録，散見於通津草堂本自紀篇前後四處，文簡而異，且有脱誤處。聚學軒本周廣業案曰：「是書之成，人固有嫌其太煩者，抱朴子辨之詳矣。漢末王景興、虞仲翔輩俱盛讚之。蔡中郎直秘爲『談助』，或取數卷去，亟戒『勿廣』，其珍重如此。宋儒乃以爲『無奇』，且訾其『義乏精覈，詞少肅括』。此又稚川所謂『守燈燭之輝，遊潢汚之淺』者也。夫論之爲體，所以辨正然否，故仲任自言論衡以一言蔽之曰：『疾虛妄。』雖間有過當，然如九虛、三增之類，皆經傳宿疑，當世槃結，其文不可得略。況門户櫨椽，各置筆硯，成之甚非易乎。時會稽又有吴君高作越紐録，周長生作洞歷，仲任極爲推服；趙長君作詩細，蔡中郎以爲長於論衡。今越絶書，説者謂即越紐，而二書皆佚不傳，可惜也。」

四三　正論五卷

崔元始。

崔寔（一〇三年至一七〇年），字子真，一名台，字元始，冀州安平（今河北安平一帶）人。崔寔出身於名門高第，少沉静好典籍，漢桓帝時舉至孝獨行，任爲郎，後拜議郎，著作東觀。出爲五原太守，教民織績，厲士馬，嚴烽堠，邊敵不敢入境。後詔拜尚書，因時世混亂，稱疾不治事，免。歸家中卒。後漢書有傳。隋志法家載正論六卷，注曰：「漢大尚書崔寔撰。」范曄史論曰：「寔之政論，言當時理亂，雖晁錯之徒，不能過也。」舊唐志法家有崔氏政論五卷，新唐志作六卷，兩唐志均題崔寔撰。宋史志書目不見載，或此書宋時已亡。清人嚴可均、馬國翰皆輯有佚文，均可參閲。意林所録正論十五條，今以治要與嚴氏輯本參校之。

1 見信之臣，括囊守禄〔一〕；疏遠之臣，言以賤廢。是以王綱縱弛于上，智士伊鬱于下〔二〕。

〔一〕「臣」，聚學軒本周廣業注曰：「後漢書作『佐』。」治要亦作「佐」。括囊：本爲紮緊袋口，此比喻閉口不言。聚學軒本周廣業注曰：「袁宏後漢紀作『懷寵苟免』。」

〔二〕聚學軒本周廣業注曰：「袁宏後漢紀作『紀綱弛而不報，智士捐而不用』。」天海案：「伊鬱」，治要作「鬱伊」。伊鬱：憤懣，憂怨。道藏本、四庫本、嚴氏輯本將此條與下條併作一條；後漢書本傳有此文，略異。

2 夫君政陵遲，如乘敝車〔一〕。若能求巧工使葺理之〔二〕，折則接之，緩則楔之〔三〕，可復新矣〔四〕。

〔一〕「敝」，聚學軒本作「蔽」。此二句治要作「且守文之君，繼陵遲之緒，譬諸乘弊車矣」，嚴氏輯本從此。陵遲：衰落。

〔二〕此句治要作「當求巧工，使葺理之」。「葺理」，原誤作「耳理」，此據改。

〔三〕「接之」，原作「按之」，此據意林明刊諸本改。「楔之」，原作「揳之」，與此文意不屬；治要作「契之」，嚴氏輯本作「楔之」，楔與契通，緩者自當加楔使緊之，此據嚴氏輯本改。

〔四〕此句治要作「補琢換易，可復爲新」，嚴氏輯本從之。

3 世主莫不願得尼、軻以輔佐，及得之〔一〕，未必珍也。必待題其面曰魯仲尼、鄒子輿〔二〕，不可得也〔三〕。

〔一〕「軻」下，治要有「之倫」二字，「以」下有「爲」字。「及得之」，治要作「卒然獲之」，嚴氏輯本從之。世主：當代國君。尼軻：孔、孟並稱。孔子名丘，字仲尼。孟子名軻，字子輿。

〔二〕「必待題」，治要、嚴氏本作「自非題牓」。「子輿」，道藏本、四庫本作「孟軻」。此句下，治要、嚴氏輯本尚有「殆必不見敬信」六字。

〔三〕「必待題其面曰」至此，意林原録在下條「絶比周之黨」下，文意不屬，此據治要移正。

4 夫貞一之士，不曲道以媚時，不詭行以邀名〔一〕。恥鄉原之譽，絶比周之黨〔二〕。命世之士，常抑於當時，無不見思於後日〔三〕。以往揆來，亦何容易？

〔一〕「貞一」，治要作「淳淑」，嚴氏輯本從之。「邀名」，治要作「徼名」。

〔二〕鄉原：外博謹願之名，實與流俗合污的僞善者。

〔三〕此句治要作「而見思於後人」，嚴氏輯本從之。

5 圖王不成，弊猶足霸〔一〕；圖霸不成，弊將如何〔二〕？

〔一〕弊：衰敗、疲困，引申爲力衰。

〔二〕此句下原標闕文符五空格，所見意林它本皆無，據刪。天海案：此以上五條，嚴氏輯本稱引自後漢書本傳、治要與意林。

6 農桑勤而利薄，工商逸而利厚〔一〕，故農夫輟耒而彫鏤，女工投杼而刺繡〔二〕。

〔一〕「利」，治要、嚴氏辑本作「入」。逸：安閑，舒適。

〔二〕「繡」，治要作「文」。彫鏤：雕花鏤文，此借指做工匠。投杼：扔掉織布梭。

7 上行下效，斯謂之教〔一〕。陳兵策於安平之世，譬令未病者服藥〔二〕。

〔一〕「斯」，原作「期」，道藏本作「然」，聚學軒本已從廖本改作「斯」，此據改。上行下效：在上的人怎麽做，在下的人就跟着學，多用於貶義。班固白虎通三教：「教者，效也。上行之，下效之。」

〔二〕「譬令」，原作「猶合」，所見意林它本皆作「譬令」，此據改。

8 昔人有慕讓財之名，推田業與弟。俄而貧乏，反以威力就弟强貸。此不當也。

9 舉彌天之網，以羅海内之士〔一〕；同類翕集而蛾附，計士頻蹙而脅從〔二〕。黨成於下，君孤於上。

〔一〕「士」，嚴氏輯本注曰：「文選注作『雄』。」

〔二〕「蛾附」，嚴氏輯本作「蟻附」。翕集：聚合趨附。計士：智謀之士。頻蹙：又作「顰蹙」，皺眉蹙額，表示憂戚。

10 馬不素養，難以追遠；士不素簡，難以趨急〔一〕。

〔一〕素養：經常餵養。素簡：經常檢選。趨急：應付危急。聚學軒本周廣業注曰：「此當爲梁冀等擅權而發。」天海案：嚴氏輯本略同此文。

11 葉公之好攘羊，雖可發姦〔一〕，君子不貴也。

〔一〕論語子路：「葉公語孔子曰：黨有直躬者，其父攘羊，而子證之。」後以「攘羊」喻揚親之過。葉公：姓沈，名諸梁，楚國大夫，封地在葉城（今河南葉縣南），故稱葉公。攘羊：偷羊。發姦：揭發壞人壞事。

12 國不信道，工不信度，亡可待也〔一〕。

〔一〕信道：任用正道。信度：任用尺度與規矩。御覽引此，文同；嚴氏輯本亦本此文。

13 無賞罰之君，而欲世治，猶不著梳櫛而求髮治〔一〕，不可得也〔二〕。

〔一〕世治：社會太平。著：用，廖本作「事」，御覽引作「畜」。梳櫛：梳和篦。髮治：頭髮理順。

〔二〕北堂書鈔、御覽引此，文小異；嚴氏輯本與此略異。

14 術家曰：「冬榮者，春必殺。」里語曰：「州郡記〔一〕，如霹靂；得詔書，但掛壁〔二〕。」

〔一〕州郡記：此指州郡官府的文件。

〔二〕詔書：皇帝的文書。掛壁：供奉在牆壁上；此處諷刺不實行。初學記、御覽俱引「里語曰」數句，不與「術家曰」三句相連，嚴氏輯本亦分列二條。

15 洗濯民心，湔浣浮俗〔一〕。

〔一〕洗濯：洗除污垢，此喻清洗思想雜念。湔浣：洗滌清除。

四四　潛夫論十卷　王符，字節信。

王符（約公元八〇年至一六三年），字節信，安定臨涇人。少好學，終身隱居不仕，有志操，與馬融、張衡、崔瑗等友善。和、安二帝之後，世務遊宦，而王符發憤著書三十多篇，譏評時政。後漢書有傳。

自隋志儒家著録潛夫論十卷以後，歷代史志書目皆載之。此書現存共三十五篇，另有叙録一篇。後漢書以王符、王充、仲長統三人合傳，韓愈因作後漢三賢傳。今觀是書，其學源於孔、荀，次取刑名，間雜方技，指斥時弊，謂之博雜，名副其實。

意林録文二十一條，除第一條不見於今本潛夫論外，餘皆可從今本中查檢。清汪繼培箋注本稱爲精善，收入諸子集成中，現以治要所引及汪注本參校之。

1　仁義不能月昇，財帛而欲日增，余所惡也〔一〕。

〔一〕聚學軒本周廣業注曰：「此節原書無，疑正論之錯簡也。」天海案：此條不見於汪注本。

2　一犬吠形，百犬吠聲〔一〕。世之疾此，固已久矣〔二〕。

〔一〕「一犬」上，汪注本有「諺曰」二字。汪注曰：「晉書傳玄傳後咸傳云：『一犬吠形，羣犬吠聲。』皆本此諺。」天海案：此二句比喻人云亦云。

〔二〕道藏本脱「久」字。此句汪注本作「固久矣哉」。汪注曰：「論語云：『久矣哉，由之行詐也。』」

3　君之所以明者，兼聽〔一〕；所以闇者，偏信〔二〕。

〔一〕「所以」二字，道藏本無；「聽」下，汪注本有「也」字。汪注曰：「管子明法解云：『明主者，兼聽獨斷。』漢書梅福傳云：『博覽兼聽，謀及疏賤，令深者不隱，遠者不塞，所謂辟四門、明四目也。』」

〔二〕此二句道藏本作「所暗者信」，汪注本作「其所以闇者，偏信也」。汪注曰：「荀子不苟篇云：公生明，偏生闇。」天海案：治要録此文，與此略異。道藏本此與下條首四句録在第八「攻玉以石」條下。

4 南面之大務，莫急於知賢〔一〕；知賢之近塗，莫急於考功〔二〕。諺曰：「曲木惡直繩，重罰惡明證〔三〕。」

〔一〕「南面」上，汪注本有「凡」字。汪注曰：「漢書谷永傳云：『王事之綱紀，南面之急務。』」天海案：管子治國曰：「人主之大務，有人之途，治國之道也。」南面：此指君王治理朝政。大務：重大政務。

〔二〕「急」，道藏本作「若」。汪注曰：「谷永傳云：治天下者尊賢考功則治，簡賢違功則亂。」

〔三〕「明證」，道藏本、四庫本作「明政」。汪注曰：「鹽鐵論鍼石篇云：『語曰：五盜執一良人，枉木惡直繩。』申韓篇云：『曲木惡直繩，奸邪惡正法。』韓非子有度篇云：『繩直而枉木斲。』」聚學軒本周廣業注曰：「明證，猶言佐證。舊訛『政』。引此，言功過必以考察而得也。」天海案：道藏本「諺曰」以下單作一條。

5 欲知人將病，不嗜食；欲知國將亡，不嗜賢也〔一〕。人非無嘉饌，病不能食，至於死；國非無賢人，君不能用，故速亡。理世不得真賢，猶治病不得真藥〔二〕。治病當得真人參，反得蘿菔，服之增劇〔三〕，非藥無效也〔四〕。

〔一〕此上四句汪注本作「何以知人之且病也？以其不嗜食也；何以知國之將亂也？以其不嗜賢也」。汪注曰：「文子微明篇云：人之將疾也，必先不甘魚肉之味；國之將亡也，必先惡忠臣之語。」

〔二〕此上之文汪注本作「是故病家之廚，非無嘉饌也，乃其人弗之能食，故遂於死也；亂國之官，非無賢人也，其君弗之能任，故遂於亡也。夫治世不得真賢，譬猶治疾不得真藥也」。

〔三〕此三句汪注本作「治疾當得真人參，反得支蘿菔；合而服之，病以侵劇」。汪注曰：「支蘿菔，即蘿菔根也。」

〔四〕此句汪注本作「不自知爲人所欺也，乃反謂方不誠，而藥皆無益於療疾」。此條又見治要所録。

6 嬰兒有常病，貴臣有常禍〔一〕，父母有常失，人君有常過。嬰兒病飽，貴臣傷寵〔二〕；父母失於媚子，人君過於驕臣〔三〕。

〔一〕此二句汪注本作「嬰兒常病，傷飽也；貴臣常禍，傷寵也」。

〔二〕病飽：因飽食而得病。傷寵：因受寵而致禍。

〔三〕上句汪注本作「父母常失，在不能已於媚子」，汪注曰：「詩思齊毛傳：媚，愛也。」已於媚子：止於對子女的溺愛。下句今本作「人君常過，在不能已於驕臣」，汪注曰：「後漢書陳元傳云：人君患在自驕，不患驕臣。」驕臣：使臣子驕横。

7 十步之間，必有茂草〔一〕；十室之邑，必有俊士。

〔一〕「間」，聚學軒本作「内」，說苑談叢作「澤」；「茂草」，說苑談叢作「香草」。

8　攻玉以石，治金以鹽〔一〕；濯錦以魚，濯布以灰〔二〕，夫物固有以醜治好也〔三〕。

〔一〕語出詩小雅鶴鳴：「它山之石，可以攻玉。」「治」，後漢書作「洗」。
〔二〕濯錦以魚：義未詳；或以魚鱗洗錦，使之光鮮。濯布以灰：草木灰中含堿，故可洗布。
〔三〕「固有」下，汪注本尚有「以賤治貴」四字。

9　先世欲赦，先遣馬分行市里〔一〕，聽乎路隅，咸云當赦，是謂天赦，遂乃施行〔二〕。

〔一〕「先遣」上，汪注本有「常」字。先世：前朝。馬：此指騎馬出訪的差吏。市里：城市、鄉里。
〔二〕「是謂天赦」，汪注本作「以知天之赦也」；末句汪注本作「乃因施德」。路隅：路邊。

10　孝明帝嘗問曰：「今旦何故無上書者〔一〕？」左右曰：「爲反支日也〔二〕。」帝曰：「民庶遠來詣闕〔三〕，不可奪其日，使受章者無避反支〔四〕。」此明王爲民愛日也〔五〕。

〔一〕此二句汪注本作「孝明皇帝嘗問：今旦何得無上書者」。孝明帝：東漢明帝劉莊，公元五八年至七五年在位。
〔二〕此二句汪注本作「左右對曰：反支故」。反支：爲古代術數星命之説，以陰陽五行配合年月日時，以決定某日之吉凶。如以月朔爲正，以戌亥朔一日爲反支，申酉朔二日爲反支，餘類推。凡反支日爲凶日，官府均不受理公務。後漢書王符傳：「明帝時，公車以反支日不受章奏。」

〔三〕此句汪注本作「民既廢農，遠來詣闕」。民庶：即庶民、百姓。詣闕：赴皇宮、朝堂，此指進京上書。

〔四〕此二句汪注本作「而復使避反支，是則又奪其日而冤之也。乃敕公車受章，無避反支」。汪注曰：「續漢書百官志：公車，司馬令，屬衛尉，掌吏民上章。」

〔五〕「爲」，道藏本、四庫本作「謂」。此句汪注本作「上明聖主，爲民愛日如此」。愛日：愛惜時間。

11 聖王之政，普覆兼愛，不私近密，不忽疎遠〔一〕，吉凶禍福，與民同之〔二〕。排簾障風，探沙擁河，無益於事，徒自弊耳〔三〕。猶不命大將掃除醜虜，而州縣興兵不息也〔四〕。

〔一〕汪注曰：「鹽鐵論地廣篇云：王者包含並覆，普愛無私，不爲近重施，不爲遠遺恩。」

〔二〕「同之」，汪注本作「共之」。汪注曰：「易繫辭上傳云：吉凶與民同患。」

〔三〕此二句汪注本作「無所能禦，徒自盡爾」。以上四句，汪注本在「州縣興兵不息也」句下。排簾障風：分開簾子擋風。探沙擁河：掬取沙子堵河。自弊：自取其害。

〔四〕此二句汪注本作「不一命大將以掃醜虜，而州稍稍興役，連連不已」。醜虜：猶言羣虜，指衆多的邊敵。

12 扁鵲治病，審閉結而通鬱滯〔一〕，虚者補之，實者瀉之〔二〕，猶邊境犬羊不可久荒，以開敵心〔三〕。

〔一〕上句汪注本作「且扁鵲之治病也」。扁鵲：戰國時名醫，姓秦，名越人。史記有傳。閉結：中醫病症，指人氣血不暢，大小便受阻。鬱滯：指人精氣血脈鬱結停滯。

〔二〕此二句指中醫療病方法，久病體虚的要進補藥，以補氣血；新病體壯的要進瀉藥，以通鬱滯。

〔三〕此二句汪注本作「夫土地者，民之本也，誠不可久荒，以開敵心」，且在「扁鵲治病」句上。汪注曰：「漢避景帝諱，以啓爲開。」久荒：長久荒蕪不治。

13 一宅同姓相代〔一〕，或吉或凶；一官同姓相代〔二〕，或遷或免；一宫成康居之而興，幽厲居之而衰〔三〕。吉凶興衰，在人不由宅矣〔四〕。

〔一〕「一宅」，汪注本作「今一宅也」。相代：先後替代居住。

〔二〕「官」下，汪注本有「也」字。

〔三〕「一宫」二字原無，此據汪注本補。此二句汪注本作「一宫也，成、康居之日以興，幽、厲居之日以衰」。

〔四〕此二句汪注本作「由此觀之，吉凶興衰，不在宅明矣」。

14 師曠曰：「赤色不壽，火家性易滅也〔一〕。」

〔一〕此句道藏本、四庫本作「姓大者易滅」。汪注曰：「逸周書：太子晉解云：『汝色赤白，火色不壽。』」

15 昆弟世疎，朋友世親，此人情也〔一〕。

〔一〕此句汪注本作「此交際之理，人之情也」。道藏本此條與下四條録於本篇之末。

16 富貴，人争附之；貧賤，人争去之〔一〕。與富貴交者，上有稱舉之用〔二〕，下有貨財之益；與貧賤交者，大有賑貸之費，小有假借之損。夫官人有桀跖之惡，結駟過士〔三〕，士猶以爲榮，況實有益乎〔四〕！處子有顔閔之賢，被褐造門〔五〕，人猶以爲辱，況實有損乎〔六〕！故富貴易爲客〔七〕，貧賤難得適。好服謂之奢僭，惡衣謂之困阸；徐行謂之飢餒，疾行謂之逃責；不候謂之倨傲〔八〕，數來謂之求食；空造以爲無意，奉贄以爲欲貸〔九〕；恭謙以爲不肖，抗揚以爲不德〔一〇〕。此處子貧賤之苦酷也〔一一〕。

〔一〕此上之文汪注本作「富貴則人争附之，此勢之常趣也；貧賤則人争去之，此理之固然也」，汪注曰：「齊策：譚拾子曰：『理之固然者，富貴則就之，貧賤則去之。』風俗通窮通篇作『富貴則人争歸之，貧賤則人争去之，此物之必至而理之固然也』。」

〔二〕「與」字，道藏本脱；「舉」，原作「譽」，此據道藏本改。稱舉：讚譽與推舉。

〔三〕上句道藏本無「桀」字。此二句汪注本作「今使官人雖兼桀跖之惡，苟結駟而過士」。汪注曰：「史記仲尼弟子傳云：子貢相衛而結駟連騎，排藜藿，入窮閻，過謝原憲。」官人：居官者之統稱。桀跖：夏桀、盜跖。結駟：漢代太守以上官員乘坐四匹馬拉的車，故「結駟」常作高官與富貴的代稱。

〔四〕此二句汪注本作「士猶以爲榮而歸焉，況其實有益者乎」。

〔五〕此二句汪注本作「使處子雖苞顏閔之賢，苟被褐而造門」，汪注曰：「老子云：聖人被褐懷玉。說文云：褐，粗衣。」顏閔：顏淵、閔子騫。處子：即處士，隱居之士。被褐：穿粗布衣。造門：上門拜訪。

〔六〕此二句汪注本作「人猶以爲辱而恐其復來，況其實有損者乎」。

〔七〕「客」，道藏本作「容」。此句汪注本作「故富貴易得宜」。汪注曰：「得宜，意林作『爲客』；御覽『客』作『交』。按：宜、適義同。呂氏春秋適威篇高誘注：『適，宜也。』後漢書馮衍傳云：『富貴易爲善，貧賤難爲工。』」底本句下有聚珍本館臣案曰：「汪注本作『易得宜』。」

〔八〕責：通「債」。「倨傲」，汪注本作「倨慢」。不候：不進謁，不拜候。

〔九〕空造：空手拜訪。奉贄：送上禮物。

〔一〇〕不肖：不如父母，此指無才。抗揚：剛直不阿。不德：德行不好。

〔一一〕此句汪注本作「此處子之羈薄、貧賤之苦酷也」。苦酷：痛苦之極。

17 凡今之人，言方行圓，口正心邪〔一〕。

〔一〕此句下汪注本有「行與言謬，心與口違」二句。言方行圓：語言方正，行爲圓滑。

18 君上治世〔一〕，先其本，後其末，慎其心，治其行〔二〕。

〔一〕底本句下有聚珍本館臣案曰：「今本作『上君撫世。』」天海案：此句治要作「上君撫世」，汪注本作「是以上君撫世」。

〔二〕此四句治要與汪注本作「先其本而后其末，順其心而理其行」。

19 古訓著三皇五帝〔一〕，多以爲伏羲、神農二皇〔二〕，其一或云燧人，或云祝融，或云女媧〔三〕。我又聞古有天皇、地皇、人皇，未可知也〔四〕。

〔一〕「古訓著」，汪注本作「世傳」。古訓：先王的經典。

〔二〕淮南子原道「泰古二皇」，高誘注曰：「伏羲、神農也。」獨斷云：「上古天子，庖犧、神農氏稱皇。」

〔三〕道藏本、四庫本無「或云祝融」四字。燧人：傳説中古代部落酋長，發明鑽木取火，使民熟食，被推爲王。尚書大傳、禮緯將其與伏羲、神農並稱三皇。祝融：高辛氏火正，相傳死後爲火神。白虎通號稱他爲三皇之一。女媧：傳説爲伏羲之妹，春秋運鬥樞、風俗通皆稱她爲三皇之一。

〔四〕此三皇之稱見於史記秦始皇本紀，初學記、御覽亦引此説。下句今本作「其是與非，未可知也」，且在「我又聞」上。

20 姓或有因官、因號、因居、因地者〔一〕。司馬、司徒、中行、下軍，因官也〔二〕；東門、西都、南宫、北郭，因居也〔三〕；三烏、五鹿、青牛、白馬，因地也〔四〕。

〔一〕此句與今本全異，文繁不引。

〔二〕「因」，今本作「所謂」，後二「因」字同。司馬：春秋時晉國有三軍，每軍分列司馬之職。周宣王時程伯休父作司馬，其後爲司馬氏。見通志氏族略以官爲氏。司徒：周時六卿之一，掌教化。相傳舜爲堯司徒，後代以此爲氏。見帝王世紀。中行：春秋時晉軍有上中下三行，荀林父將中行，子孫以爲氏。見通志氏族略。下軍：春秋時晉國有上中下三軍，欒黶爲下軍大夫，子孫以爲氏。見通志氏族略。

〔三〕「西都」，汪注本作「西門」。東門：魯莊公子遂，字襄仲，居東門，後因以爲氏。見通志氏族略。西都：周人之後，因居爲氏。南宫：孟僖子之後，一説周文王四友南宫子之後。見通志氏族略。北郭：齊大夫北郭子車之後。見姓源。

〔四〕「地」，汪注本作「志」。三烏：風俗通「有三烏大夫，因氏焉」。漢有三烏郡。五鹿：春秋時衛國城邑，晉文公封其舅咎犯於五鹿，其後以爲氏。青牛：古代有青牛淵，或以此地爲氏。白馬：春秋時衛國曹邑。一説宋微子乘白馬朝周，後有白馬氏。見風俗通。天海案：意林舊本録此條與下條在第十四「師曠曰」條下。

21　季勝之後有造父，以善御事周穆王〔一〕。穆王遊西海忘歸，徐偃作亂〔二〕，造父御王，日行千里以征之〔三〕。王封造父於趙，因以得氏〔四〕。

〔一〕上句道藏本、四庫本無「之後有」三字。季勝：據史記趙世家，惡來弟曰季勝，季勝生孟增。孟增事周成王。孟增生衡父，衡父生造父。故季勝爲造父曾祖。造父：周穆王時善駕車的人。傳説曾取駿馬獻穆王，穆王賜趙城，由此爲趙氏。周穆王：周昭王之子，名滿。曾西征犬戎，東擊徐偃。事見國語周語、史記周本紀、穆天子傳。

〔二〕西海：傳説爲西方神海。今人據穆天子傳考證，或指今青海湖。「徐偃」上，汪注本有「於是」二字。徐偃：古代東方徐國國君，自稱徐偃王，江淮諸侯從者三十六國。周穆王聞之，東征徐偃，偃敗被殺。參見荀子非相，史記秦本紀。

〔三〕「御王」，道藏本、四庫本作「王御者」。此二句汪注本作「造父御，一日千里」。

〔四〕「得」，汪注本作「爲」。趙：即趙城，故城在今山西洪洞縣趙城鎮西南。史記趙世家：「周穆王賜造父以趙城。」

新編諸子集成續編

意林校釋

下

王天海
王韌 撰

中華書局

意林校釋卷四

四五　風俗通三十一卷　應劭。

應劭，字仲瑗，一字仲遠，汝南南頓（今河南項城西）人，生卒年不詳。應劭年少篤學，博覽多聞。東漢靈帝時舉孝廉，熹平二年爲郎，六年爲汝南主簿，中平六年出任泰山太守。興平初年依袁紹，詔爲袁紹軍謀校尉，後卒於鄴縣。事見後漢書應奉傳。

風俗通亦稱風俗通義，隋志雜家載三十一卷，録一卷，兩唐志作三十卷，宋志作十卷。今所存本以元大德刻本爲最早，乃殘闕之本，後收入四部叢刊。上海古籍出版社重印原中法漢學研究所編印的風俗通義通檢時，據四部叢刊本排印了風俗通義正文十卷，又將清人盧文弨、嚴可均輯佚文並張澍所補風俗通姓氏篇予以訂正增補，編爲佚文六卷，一併附後。本書即以此本參校。

意林所録五十七條，見於今傳本者僅十二條，其餘四十五條見於佚文中。

1　序云〔一〕：風者，天氣有寒煖，地形有險易〔二〕，水泉有美惡，草木有剛柔。俗者，含血之類，象之而生〔三〕。百里不同風，千里不同俗〔四〕。周秦常以八月遣輶軒使者〔五〕，採異代方言，藏之秘府〔六〕。及嬴氏之亡，遺棄殆盡〔七〕。蜀人嚴君平有千餘言，林閭翁孺者才有梗概，與揚雄注續〔八〕，云：「二十七年，凡九千字〔九〕。」張竦云〔一〇〕：「懸諸日月，不刊之書〔一一〕。」余雖不才，敢比隆於斯人〔一二〕。

〔一〕此二字爲馬總録文時所加。以下爲應劭原序之文，見今本。

〔二〕「險易」，御覽引作「陰陽」。

〔三〕含血之類：此指有血液的人及其他動物。象之：仿效萬物。

〔四〕此二句上，今本有「傳曰」二字，句下尚有「户異政，人殊服，由此言之，爲政之要，辨風正俗最其上也」數句。此爲應劭著書宗旨，故録之供參閲。

〔五〕「八月」上，今本有「歲」字；「使者」，今本作「之使」。輶軒：輕便小車，古代使者所乘。

〔六〕「方言」，道藏本作「芳言」，誤。「採」，今本作「求」；句下有「還奏籍之」四字。秘府：古代王室中專門收藏要籍的書庫。

〔七〕此句今本作「遺脱漏棄，無見之者」。嬴氏：秦始皇姓嬴名政，故秦朝亦稱嬴氏。

〔八〕此三句，上句「千」，道藏本誤作「十」；次句「者」，道藏本誤録於「才」字下；下句「云」道藏本誤録於「注」字下。此與上句，今本作「林閭翁孺才有梗概之法，揚雄好之。天下孝廉衛卒交會，周章質問，以次注續」。嚴君平：名遵，字君平，蜀郡人。以卜筮成都爲生，閑讀老子，稱爲逸民。一生不爲官，卒年九十。揚雄少時曾從其遊學。事見漢書王吉傳序。林閭翁孺：復姓林閭，字翁孺，名未詳。西漢臨邛人。隱居不仕，揚雄師之，因作方言。事見方言載揚雄答劉歆索方言書，又見華陽國志。

〔九〕「云」字原脱，據道藏本補。此二句今本作「二十七年，爾乃治正，凡九千字」。

〔一〇〕「云」，今本作「以爲」。張竦：與揚雄同時代人。參見本書卷三論衡第六十條注。

〔一一〕語又見古文苑揚雄答劉歆書：「是懸諸日月，不刊之書也。」不刊：不須刪削修改。古代文書刻於竹簡，有錯誤用刀削去叫「刊」。

〔一二〕此二句今本作「予實頑暗，無能述演，豈敢比隆於斯人哉」。比隆：一樣的興盛。

2　神農者：神，信也；農，濃也，其德濃厚若神〔一〕。五帝：黄帝、顓頊、帝嚳、堯、舜也〔二〕。黄，光也〔三〕；顓，專也；頊，信也〔四〕；嚳，考也〔五〕；堯，高也〔六〕；舜，推也，修原作「循」，下同。也，言推德行，修堯之緒〔七〕。三王：禮號謚記曰〔八〕：「夏禹、殷湯，周武王〔九〕。」禹，輔也〔一〇〕；湯，昌也〔一一〕；王，往也，言天下所歸往〔一二〕。五伯：春秋云：「齊桓、晉文、秦繆、宋襄、楚莊〔一三〕。」伯者，白也，長也，言其咸建五長，功實明白〔一四〕。伯者，把也，言其把持天下之政〔一五〕。

〔一〕此上之文見今本卷一皇霸篇三皇章，原作「神農：神者，信也；農者，濃也。德濃厚若神，故爲神農也」。

〔二〕以上見今本卷一皇霸篇五帝章，原作「易傳、禮記、春秋、國語、太史公記：黃帝、顓頊、帝嚳、帝堯、帝舜，是五帝也」。此五人爲傳説中上古五帝，實爲我國遠古部落聯盟酋長。

〔三〕「黃，光也」，今本作「黃者，光也，厚也。中和之色，德四季，與地同功，故先黃以別之也」。其下「顓」、「頊」、「嚳」、「堯」、「舜」五字下，今本亦皆有「者」字。

〔四〕此下，羣書拾補增「慤也」二字，並曰：「二字脱，御覽有。」句下今本尚有「言其承易，文之以質」等四句。

〔五〕句下今本尚有「成也，言其考明法度，醇美嚳然，若酒之芬香也」四句。

〔六〕句下今本尚有「饒也，言其隆興焕炳，最高明也」三句。

〔七〕此上五句今本作「舜者，推也，循也，言其推行道德，循堯緒也」。緒：功績。

〔八〕「記」字道藏本脱；「曰」，道藏本作「云」。

〔九〕「三王」至此，今本作「禮號謚記説：夏禹、殷湯、周武王，是三王也」。

〔一〇〕句下今本有「輔續舜後」數句，文繁不引。

〔一一〕「昌也」上，今本有「攘也」二字，其下有「言其攘除不軌，改亳爲商，成就王道，天下熾盛」數語。

〔一二〕上三句今本作「王者，往也，爲天下所歸往也」，且句上今本有「文、武皆以其所長。夫擅國之謂王，能制割之謂王，制殺生之威之謂王」數句。「三王」句至此，見今本卷一皇霸篇三王章。

〔一三〕此以上，今本作「春秋説：齊桓、晉文、秦繆、宋襄、楚莊，是五伯也」。

〔一四〕「長也」，今本在「白也」上。五長：五國諸侯之長。書益稷：「外薄四海，咸建五長。」孔傳曰：「至海諸侯，五國立賢者一人爲方伯，謂之五長，以相統治，以獎帝室。」功實：功業實績。

〔一五〕此上三句今本作「或曰：霸者，把也，駁也，言把持天子政令」。伯：同「霸」。「言」，道藏本作「而」。

3 按：秦昭王太后始臨朝也〔一〕。

〔一〕句下底本有聚珍本館臣案曰：「此條上下當有缺文。」周廣業注亦認爲有脱文，並引考要云：「漢唐以來，女主臨朝專制，自芈太后始。」又稱：「此下九條今本闕。」秦昭王太后：又稱宣太后，秦昭王之母，芈姓，叫做芈八子。楚國貴族出身。秦昭王年幼繼位，由她把持朝政。秦昭王：即秦昭襄王，戰國時秦國國君，名稷，一作側。先入質於燕，後回國即位，宣太后專權。後用范雎爲相，收回實權。天海案：戰國時趙威太后與秦宣太后同時，亦專朝政，事見戰國策齊策。嚴氏輯本引此條，文同。

4 牧、守長不宜數易。按：尚書有考績〔一〕。孔子曰：「如有用我者，期月而已〔二〕，三年有成。」鄭子産從政三年，民乃歌之。賢聖尚須漸進，況中才乎？數易豈不紛錯道路也〔三〕？

〔一〕考績：考覈官吏政績，見尚書舜典：「三載考績。三考，黜陟幽明。」

〔二〕期月：一年。論語子路：「苟有用我者，期月而已可也，三年有成。」疏：「期月，周月也，謂週一年之十二月也。」

〔三〕中才：中等才能的人，即一般的人。紛錯：紛亂、複雜。天海案：嚴氏輯本引此條，文同。

5 古制本無奴婢，奴婢皆是犯事者。奴者，頑劣；婢者，卑陋〔一〕。

〔一〕「頑」字道藏本、四庫本脱。卑陋：低賤鄙陋。天海案：嚴氏輯本引此條，文同。又見藝文類聚、初學記，文略異。

6 里語云：「取官漫漫，怨死者半〔一〕。」昔在清平之世，使明恕君子哀矜折獄〔二〕，尚有怨言，況在今時耶？應劭，三國時人。此當時語〔三〕。

〔一〕「取」，御覽作「縣」。「怨」，御覽作「冤」。取官：治官，即刑獄官。取：治理。老子：「取天下，常以無事。」河上公注：「取，治也。」漫漫：昏聵糊塗。

〔二〕明恕：明信寬厚。哀矜折獄：抱着同情心斷案，尚書呂刑作「哀敬折獄」。

〔三〕此爲意林自注之文。應劭爲東漢末年人，非三國時人，此或未審之故。説見題解。

7 光武車駕徙都洛陽，載素簡紙經凡二千兩〔一〕。董卓盪覆王室，天子西移，中外倉卒〔二〕，所載書七十車，於道遇雨，分半投棄。卓又燒焫觀閣，經籍盡作灰燼，所有餘者，或作囊帳。先王之道幾湮滅矣〔三〕。

〔一〕光武：即東漢光武帝劉秀。漢高祖劉邦九世孫，少長民間，王莽地皇三年起兵，更始三年即帝位，定都洛陽，建立東漢，號光武帝。素簡紙經：絹帛、竹簡、紙書，泛指典籍文獻。兩：通「輛」。尚書牧誓序：「武王戎車三百兩。」傳：「車稱兩。」

〔二〕董卓：字仲穎，臨洮人。漢少帝時，大將軍何進謀誅宦官，密召卓引兵入京，誅滅宦官後卓專權，廢少帝，立獻帝，兇暴淫亂。袁紹等舉兵討伐，董卓便挾獻帝西遷長安，自爲太師。後司徒王允設計誘呂布殺卓，棄屍於市。後漢書、三國志有傳。中外：宮廷內外。倉卒：即「倉猝」。

〔三〕聚學軒本周廣業注曰：「隋經籍志：『獻帝西遷，圖書縑帛，軍人皆取以爲帷幕。所收而西，猶七十餘載。兩京大亂，掃地皆盡。』據應氏，則載以西者已無七十車矣。」天海案：「湮滅」，道藏本作「煙滅」，嚴氏輯本作「堙滅」。嚴氏輯本引此條，文略異。御覽亦引之。

8 俗說有功得賜金者，皆黃金也。按：孫子兵書：「日費千金〔一〕。」千金，百萬錢也。陳平間楚千金，贈二疏金五十斤〔二〕，並黃金也。或云：一金亦是一萬錢也〔三〕。

〔一〕此語見孫子用間篇。

〔二〕「間楚」，道藏本、四庫本作「諫楚」。間楚：指陳平離間楚王項羽與范增、鍾離眛事。史記陳丞相世家：「漢王以爲然，乃出黃金四萬斤與陳平。」二疏：漢宣帝時名臣疏廣與其侄疏受。疏廣爲太傅，疏受爲少傅，並以年老辭官，皇上賜金二十斤，皇太子贈以五十斤。事見漢書疏廣傳。

〔三〕一金：一斤。史記平準書：「一黃金一斤。」索隱：「秦以一鎰爲一斤，漢以一斤爲一金。」天海案：

嚴氏輯本引此條，文同。御覽亦引之。

9 不養併生三子，俗説似六畜，妨父母〔一〕。按：春秋、國語，越王時，民生二子與之餼〔二〕，生三子與之乳母，遂滅强吴，何害之有〔三〕？

〔一〕「養」，御覽作「舉」。併生：同胎而生。此二句御覽作「俗説生子至於三，似六畜，言其妨父母，故不舉之也」。

〔二〕「餼」，此指糧食，道藏本作「餘」。此二句御覽作「越王勾踐令民生二子者與之餼」。

〔三〕上句「遂」，御覽引作「卒」；下句御覽無。

10 不舉父同月子，俗云妨父〔一〕。按：左傳，魯桓公子與父同月生，因名子同〔二〕。漢明帝亦與光武同月生〔三〕。

〔一〕聚學軒本周廣業注曰：「後漢書張奂傳：武威郡俗多妖，忌凡二月、五月生子及與父母同月生者，悉殺之。」

〔二〕此以上御覽引作「謹案：左氏傳，桓公之子與父同月生，因名子同」。「月」下「生」字原脱，據補。魯桓公：名軌，一名允，春秋時魯國國君，公元前七一一年至前六九四年在位。同：魯桓公之子，是爲魯莊公。

〔三〕漢明帝：名莊，光武帝劉秀第四子，公元五八年至七六年在位。善理刑，重儒學。

11 不宜歸生，俗云令人衰〔一〕。按：婦人好以女易他男，故不許歸〔二〕。

〔一〕聚學軒本周廣業注曰：「出嫁女不宜歸母家生子。」歸生：出嫁之女回娘家生子女。女子出嫁後回娘家，叫做歸。人衰：人丁減少。

〔二〕「婦人」，道藏本、四庫本作「人婦」。天海案：嚴氏輯本引此條，文同。以上九條，今本正文皆無。

12 封泰山。俗説岱宗上有金篋玉策〔一〕，能知人年壽修短。武帝探得十八〔二〕，因倒讀之曰八十〔三〕。按：岱宗封者，立石高一丈二尺，刻之曰〔四〕：「事天以禮，立身以義，事父以孝，成名以仁〔五〕。四方之内，莫不師服〔六〕。」刻石紀號，著功績也〔七〕。其時武帝已年四十七，因何更得十八〔八〕？若言倒讀，神無福矣〔九〕。余承乏東嶽，忝素六載，數經祈祀〔一〇〕，咨問長老更上泰山者，云：「無金篋玉牒探籌之事〔一一〕。」

〔一〕「封泰山」三字當爲本章小標題，今本卷二正失篇正有封泰山禪梁父一章。古代帝王在泰山上築土爲壇以祭天，報天之功，叫做「封泰山」；在泰山下梁父山上辟場祭地，叫做「禪梁父」。自秦漢以後，歷代帝王都把封禪作爲國家興盛大典。岱宗：泰山別稱岱，古人認爲是四岳之宗，故稱。金篋玉策：金箱玉書，極言絶密珍貴。

〔二〕「探」下，今本有「策」字。武帝：此指漢武帝劉徹。

〔三〕此句今本作「因讀曰八十」。

〔四〕「刻」，今本作「尅」，盧文弨拾補曰：「同刻。」

〔五〕「成名」，今本作「成民」，疑今本有誤。

〔六〕上句「方」，今本作「守」，盧文弨拾補曰：「續漢書作『海』。」下句今本作「莫不爲郡縣」。「師服」，聚學軒本周校作「帥服」。師服：率衆歸服。詩大雅文王「殷之來喪師，克配上帝」，鄭玄箋：「師，衆也。」

〔七〕「刻」，今本作「尅」；「功」，今本作「己」。

〔八〕「四十七」，道藏本、廖本、四庫本作「三十七」，誤。考漢書武帝紀，漢武帝十六歲即位，三十年後，即元封元年，始封泰山，應爲四十七歲。今本正作「武帝已年四十七矣」。下句今本作「何緣反更得十八也」。

〔九〕此二句今本作「權時倒讀，焉能誕招期乎」。

〔一〇〕「余」下，今本有「以空僞」三字。「經」，今本作「聘」。「祀」，今本作「祠」。承乏：謙詞，表示自己無才擔任此職，一時因無適當人選而暫時充任。東嶽：泰山别稱。忝素：謙詞，愧居官位，猶尸位素餐。祈祀：祭祀祈禱。應劭曾任泰山太守，故有此説。

〔一一〕此上之文，今本作「咨問長老賢通上泰山者，云：殊無有金篋玉牒探籌之事」。長老：年壽高的人的通稱。探籌：摸籌策，猶今抽籤。「，」道藏本、廖本、四庫本皆作「探壽」。天海案：此條散見於今本卷二正失篇封泰山禪梁父一章，文略異。

13 東方朔是太白精〔一〕，黄帝時作風后，堯時作務成子〔二〕，後又生於越〔三〕，在越作范蠡，在齊作鴟夷子，言其變化無常也〔四〕。按：朔滑稽之雄〔五〕，俗人因以怪語附之，安得神耶〔六〕？

〔一〕此句今本作「俗言東方朔太白星精」。東方朔：參見本書卷三桓譚新論第十一條注。太白精：即太白金星，又名啓明、長庚，傳説爲主殺伐之神。

〔二〕此條四「作」字，今本作「爲」。風后：相傳爲黄帝之相。務成子：複姓務成，名昭，相傳爲堯、舜之師。

〔三〕此句今本作「周時爲老聃」，聚學軒本此句作「後又生於周，爲老聃」。范蠡：參見本書卷一范子題解。

〔四〕「鴟夷子」，今本作「鴟夷子皮」。下句今本作「言其神聖，能興王霸之業，變化無常」。鴟夷子：范蠡浮海到齊國，改名鴟夷子皮。

〔五〕此句今本作「謹按：漢書，東方朔，平原人也……其滑稽之雄乎」，文繁不具引。

〔六〕此二句今本作「而後之好事者因取奇言怪語附著之耳，安在能神聖歷世爲輔佐哉」。天海案：此條見今本卷二正失篇東方朔一章。

14 彭城相袁元服，父伯楚作光禄卿，於服中生子〔一〕，自謂年長〔二〕，不孝莫大於無後，故收舉之。君子不隱其過，因以「服」作字。按：元服名賀，母汝南人〔三〕。祖名京〔四〕，作侍中時，安帝加元服〔五〕，百官來賀。垂出而孫兒生〔六〕，喜其嘉會〔七〕，因名作「賀」，字元服。服父伯楚歷典三郡〔八〕，早喪妻，不肯娶〔九〕。臨終敕子使留葬，「無取汝母喪柩〔一〇〕。若亡者有知，往來不難；若無知，只爲煩耳。」清高若此，豈有服中生子而名作「賀」〔一一〕？

〔一〕上句「袁」，道藏本誤作「表」。此句今本作爲此章小標題。彭城：東漢章和二年改稱彭城國，治在今江蘇銅山縣。相：官名。此爲諸侯國小相，漢時中央派往各諸侯國的行政官員。次句今本作「俗説元服父字伯楚，爲光禄卿」。伯楚：袁京之子，名彭，字伯楚，少傳家學，歷任廣漢、南陽太守。漢順帝時爲光禄勳，爲官清正。光禄卿：秦置此官，掌管宮殿門户。漢武帝時改名光禄勳，掌管宮中職事官吏，爲九卿之一。下句今本作「於服中生此子」。服中：居喪期間。

〔二〕此句今本作「時年長矣」。

〔三〕此句今本無「母」字，作「汝南人也」。黄以周案：各本「賀」下衍「母」字，周校本無。天海案：汝南：郡名，西漢劉邦時置，治在上蔡。東漢時移治平輿。

〔四〕此句今本作「祖父名原」，誤。據後漢書袁安傳「安子京，字仲譽；京子彭，字伯楚；彭子賀，汝南汝陽人」，故作「京」是。

〔五〕此二句道藏本、四庫本作「作侍中，安帝時生元服」；今本作「爲侍中，安帝始加元服」。安帝：東漢安帝劉祜，公元一〇七年至一二五年在位。元服：即冠、帽子。儀禮士冠禮：「令月吉日，始加元服。」漢書昭帝紀：「元鳳四年春正月丁亥，帝加元服。」注：「元者，首也。冠者首之所著，故曰元服。」加元服，即舉行加冠禮。

〔六〕垂出：將要出宮，道藏本、四庫本作「垂老」。此上二句今本作「百官會賀，臨嚴，垂出，而孫兒適生」。

〔七〕「嘉」，今本作「加」。嘉會：國運昌盛的際會，此指漢安帝加冠盛典。

〔八〕此句今本作「伯楚名彭，清擬夷叔，政則冉季，歷典三郡，至位上列」。歷典：歷任。三郡：未詳。後漢書袁安傳稱袁伯楚歷任廣漢、南陽二郡太守，未言三郡。

〔九〕此二句今本作「賀早失母，不復繼室」。

〔一〇〕此二句今本作「及臨病困，敕使：『留葬，侍衛先公，慎無迎取汝母喪柩』」。「使」，原作「便」，此據今本改。

〔一一〕此二句今本作「清高舉動，皆此類也，何其在服中生子而名之賀者乎」。此條散見於卷二正失篇彭城相袁元服一章。

15 汝南王叔漢，父子方出遊〔一〕，二十餘年不還。叔漢作尚書郎〔二〕，有人告子方死於汝南，即遣兄伯三往迎喪。叔漢即發哀，詔書賻錢二十萬〔三〕。既而子方從蒼梧還〔四〕，叔漢詣闕乞納賻錢，受虛妄罪〔五〕。靈帝詔將相大夫會議之，博士任敏議曰〔六〕：「凡人中壽七十，視父同儕亡，可製服也〔七〕。子方在遠，人指其處不可驗也，罪不可加焉。」詔書還錢，復本官〔八〕。

〔一〕王叔漢：叔漢爲其字，名未詳。子方：王叔漢父之字。

〔二〕尚書郎：秦漢時郎中令屬官有侍郎，東漢以後尚書屬官初任職稱郎中，一年後稱尚書郎，三年後稱侍郎。

〔三〕發哀：舉哀發喪，道藏本作「發衰」。賻錢：助喪的錢。

〔四〕蒼梧：東漢郡名，在今廣西東部。

〔五〕詣闕：赴皇上宮闕。虚妄罪：即欺君之罪。此指用荒誕不經的事來欺騙皇上。

〔六〕靈帝：東漢靈帝劉宏，公元一六八年至一八八年在位。會議：召集羣臣商議。「曰」，道藏本、四庫本作「云」。博士：戰國時始設的學官。西漢時設五經博士，可參預國政。東漢光武時立十四博士。任敏：人名，事未詳。

〔七〕中壽：古人説法不一。莊子盗跖以八十爲中壽，淮南子原道以七十爲中壽，吕氏春秋安死、抱朴子至理以六十爲中壽。同儕：同輩的人。製服：製辦喪事服裝。

〔八〕底本句下聚珍本館臣案及聚學軒本周廣業注並曰：「此下六條今缺。」天海案：此條今本無，嚴氏輯本引此，文同。

16　汝南張妙會杜士〔一〕，士家娶婦，酒後相戲，張妙縛杜士，捶二十〔二〕，又懸足指，士遂致死。鮑昱決事云〔三〕：「酒後相戲，原其本心，無賊害之意，宜減死也〔四〕。」

〔一〕張妙、杜士：皆人名，事未詳。

〔二〕「十」下，嚴氏輯本有「下」字。

〔三〕鮑昱：東漢光武帝時人，字文泉，有智謀。爲官仁愛，境内安寧。中元初（公元五五年）拜司隸校尉，漢明帝時任汝南太守，累遷司徒，後拜太尉。後漢書有傳。決事：獄案判決詞。

〔四〕賊害：故意殺害。減死：免死。天海案：嚴氏輯本引此，文略異。御覽亦引此文。

17 汝南周翁仲婦産一女，會屠者妻産一男〔一〕，翁仲妻密以錢易屠者之男。後翁仲作北海相，使見鬼主簿周光，與兒同祭先塋〔二〕。主簿回謂翁仲曰：「祭所但見屠兒敝衣繿縷，持刀割肉〔三〕，別有人帶青綬彷徨東廂不進〔四〕，何也？」翁仲乃持劍問妻，妻具陳其事。翁仲曰：「凡有子者，欲承先祖，先祖不享〔五〕，何用？」遂以車馬送還屠家，乃迎其女。女已嫁賣餅人，取歸，適安平李文思〔六〕。文思官至南陽太守〔七〕。神不歆非類，明矣，豈得養他人子乎〔八〕？

〔一〕「妻」字原脱，據道藏本、四庫本補。此二句御覽作「汝南周霸，字翁仲，爲太尉掾。婦於乳舍生女，自毒無男，時屠婦比卧得男」。周翁仲：名霸，字翁仲，漢汝南人。曾爲太尉掾。

〔二〕北海：西漢郡名。東漢時改爲北海國，治所在劇。主簿：官名。漢以後中央到地方各級官府中皆設此職，掌印鑒、文書簿籍，爲掾吏之首。周光：人名，事未詳。先塋：祖先的墳地。

〔三〕「屠兒」：疑當作「屠者」；「刀」，道藏本作「刃」。此二句御覽作「但見屠者弊衣蠡結，倨神坐」。

〔四〕青綬：青色印帶。漢朝三公以上佩金印紫綬，御史大夫位上卿，佩銀印青綬。

〔五〕承：奉承，指爲祖先捧上祭品。享：鬼神享用祭品。

〔六〕安平：縣名，在今河北省。李文思：人名，事未詳。

〔七〕南陽，郡名，治宛，地在今河南南陽。

〔八〕歆：即「享」。非類：不是同族類。天海案：此條見嚴氏輯本引御覽，文詳於此。

18 陳留有富翁，年九十無男〔一〕，娶田舍女，一宿身死，後産一男〔二〕。至長，女曰：「我父娶一宿身亡，此子非父之子〔三〕。」遂争財，數年不決。丞相邴吉決云〔四〕：「老翁兒無影，不耐寒〔五〕。」其時八月中〔六〕，取同歲小兒，俱解衣試之〔七〕，老翁兒獨呼寒〔八〕，日中行，果然無影，遂以財與之〔九〕。

〔一〕「富翁」，嚴氏輯本作「富室公」；「男」，嚴氏輯本作「子」。陳留：春秋時爲留地，屬鄭，後爲陳所併，故稱陳留。秦始皇時置縣，漢時置郡。今屬河南開封市。

〔二〕此上之文，書鈔作「娶田家女爲妾，一交接便氣絶，後生得男」，嚴氏輯本同書鈔。

〔三〕聚學軒本周廣業注引天中記：「謂其母曰：我父年尊，無復人道，一宿斯須何由有子。汝小家淫佚，乃欲污我種類乎。」此以上嚴氏輯本引作「其女誣其淫佚有兒，曰：我父死時年尊，何一夕便有子」。

〔四〕此句嚴氏輯本作「丞相邴吉出，上殿決獄，云」。邴吉：一作「丙吉」，魯人，字少卿，漢宣帝時爲丞相。

〔五〕此二句嚴氏輯本作「老公子不耐寒，又無影」。聚學軒本周廣業注引天中記：「曾聞真人無影，老翁子亦無影，又不耐寒，可共試之。」

〔六〕「中」字嚴氏輯本無。

〔七〕「試之」，嚴氏輯本作「裸之」。

〔八〕此句嚴氏輯本作「此兒獨言寒」。

〔九〕此上三句，嚴氏輯本作「復令並行日中，獨無影。大小歎息，因以財與兒」。天海案：此條今本闕，嚴氏輯本引御覽，文多異。

19 潁川有兄弟同居，兩婦俱懷妊〔一〕。長婦數月胎傷不言，知産期至，俱卧産房，候弟婦産得一男，夜盜之，因争，三年不決〔二〕。丞相黄霸殿前令以兒去兩母各十步〔三〕，叱兩婦，令争取之〔四〕。長婦抱持甚急，兒大啼，弟婦恐傷，放之〔五〕。長婦色喜〔六〕，弟婦愴然。霸曰：「此弟婦子也。」即劾長婦，果然伏罪〔七〕。

〔一〕此二句嚴氏輯本作「潁川有富室，兄弟同居，兩婦皆懷妊數月」；妊，一作「孕」。潁川：郡名，轄今河南省中南部。漢治陽翟，晉移治許昌。

〔二〕此上之文，嚴氏輯本作「長婦胎傷，因閉匿之；産期至，同到乳舍。弟婦産男，夜因盜取之；争訟三年，州郡不能決」。郡，一作「縣」。

〔三〕此句嚴氏輯本作「丞相黄霸出坐殿前，令卒抱兒去兩婦各十餘步」。黄霸：淮陽夏人，字次公，少學律令，宣帝時任揚州刺史、潁川太守。後爲御史大夫、丞相，封建成侯。人稱其治政「外寬内明」。漢代言治民吏，以黄霸爲第一。見漢書循吏傳。

〔四〕此二句嚴氏輯本作「叱婦曰：自往取之」。

〔五〕此上三句，嚴氏輯本作「長婦搶兒甚急，兒大啼叫。弟婦恐相害之，因乃放與」。

〔六〕此句嚴氏輯本作「長婦甚喜」。

〔七〕上句嚴氏輯本作「責問大婦」。下句「伏」上，嚴氏輯本有「乃」字。天海案：此條今本闕，嚴氏輯本引御覽，文多異。

20　臨淮有一人持一疋縑〔一〕，到市賣之，遇雨披之〔二〕。後有一人求庇蔭一頭之地，雨霽，共争之〔三〕。丞相薛宣決曰：「縑直數百，何用紛紛〔四〕。」遂中斷，各與半，續察之〔五〕，縑主稱冤不已，後人有喜色〔六〕。宣知其情，考而伏之〔七〕。

〔一〕臨淮：郡名。西漢置，治徐州。東漢廢。疋：同「匹」，漢書食貨志：「布帛廣二尺二寸爲幅，長四丈爲匹。」縑：雙絲織成微帶黄色的細絹。

〔二〕此句嚴氏輯本作「道遇雨披戴」。

〔三〕此上三句，嚴氏輯本作「後人求共庇蔭，因與一頭之地。雨霽當别，因共争鬥，各云我縑，詣府自言」。庇蔭：遮蓋。

〔四〕此二句嚴氏輯本作「縑直數百錢耳，何足紛紛自致縣官」。紛紛：争執不休。後一「紛」字，底本原誤作「粉」，逕改。薛宣：東海郯人，字贛君。曾任陳留太守、御史大夫，後代張禹爲相。因其子犯殺人罪，免爲庶人。漢書有傳。

〔五〕此三句嚴氏輯本作「呼騎吏，中斷縑，各與半，使追聽之」。

〔六〕上句「冤」字，嚴氏輯本作「怨」；下句作「後人曰受恩，前撮之」，且在「縑主稱冤不已」句上。

〔七〕此二句嚴氏輯本作「宣曰：固知當爾也。因詰責之，具服，俾悉還本主」。天海案：此條今本闕，嚴氏輯本引御覽，文詳於此。

21 周公樂曰勺，勺者斟酌先祖之道〔一〕。武王樂曰武，武功定天下也〔二〕。舜樂曰韶，韶者紹堯也〔三〕。堯樂曰大章，章者彰也〔四〕。帝嚳樂曰五英，英者華也〔五〕。劉向云〔六〕：「商，章也，物成就可章度也〔七〕；角，觸也，物觸地載芒角而生也〔八〕；宫者，中也；徵者，祉也，物盛大而繁祉〔九〕；羽者，宇也，物聚藏，宇覆之。聞宫聲使人温潤而廣大〔一〇〕，聞商聲使人方正而好義，聞角聲使人齊整而好禮，聞徵聲使人側隱而博愛，聞羽聲使人善養而好施〔一一〕。」

〔一〕此二句今本作「周公作勺，勺言能斟勺先祖之道也」。勺：古樂曲名，相傳爲周公旦所作。斟酌：吸取。

〔二〕此二句今本作「武王作武」，「武言以功定天下也」。論語八佾：「謂武，盡美矣，未盡善也。」武：古樂曲名，頌武王克殷武功之樂。

〔三〕「韶者」下，道藏本、四庫本有「紹」字，依文例，此字或衍。此句今本作「韶，繼堯也」。韶：傳説舜所作樂曲名。論語述而：「子在齊聞韶，三月不知肉味。」

〔四〕此二句今本作「堯作大章」，「大章，章之也」。大章：古樂曲名，相傳爲堯所作。禮記樂記：「大章，章之也。」鄭玄注：「堯樂名也，言堯德章明也。」

〔五〕「英者華也」，今本作「五英，英華茂也」。五英：亦作「五瑛」，古樂曲名，傳説爲帝嚳所作。

〔六〕「劉向云」，今本作「劉歆鐘律書」。聚學軒本周廣業注曰：「漢書律曆志亦作『歆』，此作『向』，疑誤。」

〔七〕「成就」，今本作「成熟」。漢書律曆志曰：「商之爲言章也，物成孰可章度也。」章度：衡量，計算。

〔八〕此句今本作「物觸地而出，戴芒角也」。芒角：指幼苗初生的尖葉。

〔九〕「祉」下，今本有「也」字。繁祉：多福。

〔一〇〕「聞」上，今本有「故」字。温潤而廣大：形容人温和寬厚。以下四句中四「聞」字下，今本皆有「其」字。

〔一一〕「齊整」，行爲端莊。今本作「整齊」。「側隱」，原作「隱側」，據今本乙正。「施」，道藏本作「聞」，四庫本作「問」。天海案：此條散見於今本卷六聲音篇，略有不同。

22　琵琶〔一〕，近世樂家所作，不知誰也〔二〕。以手批把，因以得名〔三〕。長三尺五寸，法天地人與五行也；四絃，象四時。

〔一〕「琵琶」，今本作「批把」。盧文弨拾補曰：「釋名皆从木。」琵琶：樂器名，曲首長頸，四絃，一手把絃，一手撥動，故名「批把」，亦作「枇杷」。

〔二〕「不知誰也」，盧文弨拾補曰：「初學記作『不知所起』，御覽同。」

〔三〕「批把」，原作「琵琶」，據今本改。此爲古人因形得聲、因聲求義的訓詁方法。「得」，今本作「爲」。

23 易云：「利見大人〔一〕。」大人與聖人，其義一也〔二〕。

〔一〕此句出自乾卦：「九二：見龍在田，利見大人。」

〔二〕嚴氏輯本引此，文同。底本句下有聚珍本館臣案曰：「此下十一條今缺。」

24 論語云：「君子上達〔一〕。」臧孫紇曰〔二〕：「後有達者，將在孔丘乎〔三〕。」

〔一〕語見論語憲問「子曰：君子上達，小人下達」，意爲君子通達仁義在上，小人通達財利在下。

〔二〕臧孫紇：單名紇，字武仲，春秋時魯國大夫。

〔三〕此二句非盡爲臧孫紇語，原爲孟僖子引用臧孫紇之言而論及孔丘的。事見左傳昭公七年：「九月，公自至楚。孟僖子病不能相禮，乃講學之，苟能禮者從之。及其將死也，召其大夫曰：『禮，人之幹也。無禮，無以立。吾聞將有達者曰孔丘，聖人之後也，而滅於宋。』……臧孫紇有言曰『聖人有明德者，若不當世，其後必有達人』，今其將在孔丘乎。」天海案：此與下條原作一條，依文意當分列二條。嚴氏輯本引此，文同，亦作二條。

25 儒者，區也，別古今賢愚〔一〕。章帝時以賈逵爲通儒〔二〕，時人語曰：「問事不休賈長頭〔三〕。」

〔一〕此句嚴氏輯本作「言其區別古今」，其下尚有十數句，嚴氏稱引後漢書杜林傳注、賈逵傳注。

〔二〕「帝」，道藏本誤作「家」；「爲」作「曰」。章帝：東漢肅宗劉炟，公元七六年至八八年在位。賈逵：參見本書卷三論衡第四十三條注。

〔三〕據本傳載，賈逵身高八尺二寸（漢尺約今八寸），時人戲稱賈長頭。因他自小在太學讀書，不通人間世事，常問人不休，故有此語。

26 禮云：「羣居五人，長者必異席〔一〕。」今呼權貴作長者，非也。

〔一〕此二句見禮記曲禮上第一，「長」上另有一「則」字。長者：年長德高的人。異席：另設一席。

27 管子云：「先生施教，弟子則之〔一〕。」非知古之道，是師者之稱〔二〕。諸生、弟子、學者非一，故曰諸。先生者當如醒，學者譬如醉。言生俱醉，獨有醒者。

〔一〕此二句見管子卷十九弟子職篇，「則之」作「是則」。

〔二〕聚學軒本周廣業注曰：「韓詩外傳：『古之謂知道者曰先生，何也？猶言先醒也。不聞道術之人，冥於得失，眊眊乎其猶醉也。』應氏語蓋本此，而文有脫誤，不可强解。」嚴氏注曰：「此二語疑有訛，大意謂古者以先生爲師之稱也。」天海案：此二句或有脱訛，故文意不屬。

28 祭酒〔一〕。禮云：「飲酒必祭，尊其先也〔二〕。」孫卿在齊，最是老師，故三稱祭酒〔三〕。

〔一〕祭酒：古時饗宴酹酒祭神，必由一尊者或老者舉酒祭地，此位尊年老者便稱爲祭酒。漢代設博士祭酒，爲博士之長，始爲官名。後世沿襲，遂以國學之長爲祭酒。

〔二〕此二句不見於今本禮記。

〔三〕「老師」，道藏本、四庫本誤作「師老」。此三句御覽作「孫卿在齊襄王時，最是老師，三爲祭酒」。史記荀卿傳：「田駢之屬皆已死，齊襄王時，而荀卿最爲老師。齊尚修列大夫之缺，而荀卿三爲祭酒焉。」應氏語應本此。

29 士〔一〕。詩云：「殷士膚敏〔二〕，髦士俊秀，雅士博達〔三〕，烈士有不易之分，處士隱居放言〔四〕。」

〔一〕士：古代四民之一。管子小匡：「士農工商四民者，國之石民也。」士亦指商、西周、春秋時最低一級的貴族階層。尚書多士：「用告商王士。」春秋時士多爲卿大夫家臣，春秋末至戰國時士多指具有文化知識的文人、武士。

〔二〕見詩大雅文王：「殷士膚敏，裸將於京。」傳：「膚，美也；敏，疾也。」殷士：原指殷商的臣子，此指富裕之士。膚敏：品德優秀，言行敏捷。

〔三〕此二句今本詩經未見，詩大雅棫樸有「髦士攸宜」一句。髦士：英俊之士。俊秀：才智出衆。雅士：品行高雅之士。博達：博識通達。

〔四〕此二句今本詩經未見。烈士：指堅貞不屈的剛强之士。不易之分：不可改變的素質、天分。劉劭人物志英雄：「夫聰明者，英之分也。」處士：隱居不仕的士人。放言：放棄言談，即不論説世事；一説爲放縱言談。天海案：應氏此條引詩五句，除首句見於今本詩經外，餘皆未見。且從文意看，是並論五種士人的特點，故不可按詩經原意理解。如「殷士」在詩經中指殷商之士，此當作「富裕之士」解；又如「髦士」在詩經中指英俊之士，此當作「賢能之士」解。嚴氏輯本注曰：「文選曹子建雜詩注引『烈士者，有不易之分』；又鸚鵡賦注引『處士者，隱居放言也』。」然此非詩經語甚明，不知是應氏之誤，還是馬總之誤。

30　易云：「師貞，丈人吉〔一〕。」非徒尊老，須德行先人也。傳云「杖德莫如信」者〔二〕，其恩德可信杖也。

〔一〕此句見今本周易師卦。師：卦名。本卦下卦爲坎，坎爲水；上卦爲坤，坤爲地；地下有水，順勢而行。這是軍旅勢衆之象，故卦名師。李鼎祚周易集解引何晏曰：「師者，軍旅之名。」貞：中正、公正。丈人吉：言指揮者有利。丈人，本指扶杖而行的老人，此借喻軍事指揮的長者。一説「丈」通「杖」，杖人，即持杖指揮者。

〔三〕先人：在人之前，超過別人。傳：此指左傳。「如」，原作「有」，據道藏本改。左傳襄公八年「杖莫如信」，意思是説沒有什麽比誠信更可依仗；「德」字或因下文而衍。

31 禮云：十尺曰丈，成人之長也；夫者，膚也〔一〕。言其智膚敏弘教也〔二〕，故曰丈夫。

〔一〕此文今本禮記未見。長：此指身高。周尺小於今尺，約今尺八寸。故用丈概指成年人的高度。膚：美。詩豳風狼跋：「公孫碩膚，德音不瑕。」毛傳：「膚，美也。」

〔二〕「弘」，嚴氏輯本作「宏」。膚敏：品德優秀，言行敏捷。弘教：光大教化。

32 論語云：「匹夫匹婦〔一〕。」傳云：「一晝一夜成一日，一男一女成一室〔二〕。」

按：古人男女作衣用二疋，今人單衣，故言匹〔三〕。

〔一〕語見論語憲問：「豈若匹夫匹婦之爲諒也？」匹夫匹婦：一男一女。

〔二〕此二句未詳所出。

〔三〕上句「疋」，同「匹」，嚴氏輯本正作「匹」。下句「匹」，道藏本、四庫本作「疋」，依文意當作「匹」。下句「匹」下，嚴氏輯本有「夫」字。

33 夫人當龍變起，不繫鄉里〔一〕。若止繫風俗〔二〕，見善不徙，故謂之俗人。

〔一〕「起」上，聚學軒本周校有「雲」字。龍變：比喻乘時興起。史記外戚世家褚少孫論：「丈夫龍變。

傳曰：『蛇化爲龍，不變其文；家化爲國，不變其姓。』丈夫當時富貴，百惡滅除，光耀榮華，貧賤之時，何足累之哉？」起：起事，興起。

不繫：不受束縛。

〔二〕「止」，聚學軒本周校作「上」。

34 禮言：「簡不肖〔一〕。」按：生子鄙陋，不似父母，曰不肖〔二〕；今人謙辭亦曰不肖〔三〕。

〔一〕此語本禮記王制：「簡不肖以絀惡。」簡：本爲選擇、區別，引申爲剔除。不肖：此指品行不端的人。

〔二〕嚴氏輯本注引文選報任安書注：「生子不似父母者，曰不肖。」不肖：此指不像、不似。孟子萬章上：「丹朱之不肖，舜之子亦不肖。」

〔三〕不肖：此指不才、不賢。

35 方言曰〔一〕：「人不事事而放蕩，謂之無賴，不可恃賴也〔二〕。」猶高祖謂太上皇云〔三〕：「大人以臣無賴也〔四〕。」

〔一〕方言：西漢揚雄撰，全名是輶軒使者絶代語釋别國方言。原爲十五卷，後定爲十三卷。該書依爾雅體例，彙集古今各地同義詞語，分别注明通行範圍。取材來自古籍或調查所得，从中可見漢代語言的分佈狀況，爲研究我國古代辭彙的珍貴文獻。

〔二〕事事：做事。無賴：没有才德，不可依賴。恃賴：依靠信賴。

〔三〕高祖：指漢高祖劉邦。太上皇：指劉邦之父。

〔四〕語見史記高祖本紀：「始大人常以臣無賴，不能治産業，不如仲力。」大人：舊時稱父親爲大人。

36 司徒中山祝恬，字伯休，公車徵〔一〕，在道得温疾〔二〕，過友人謝著〔三〕，鄴令。著拒不受。至汲郡止客舍，舍六七日〔四〕。諸生見恬轉劇，欲告汲令〔五〕。恬曰：「友人尚不相容，汲令不相識，告之何益〔六〕？死生，命也，不須醫藥〔七〕。」諸生潛告汲令，令即汝南應融〔八〕，聞之大驚，至疾所，泣曰〔九〕：「伯休不世英才，當作國家幹輔，何乃默止客舍，不遣人知〔一〇〕？」融遂躬御而歸，親自侍疾，疾漸損〔一一〕。融謂伯休曰：「吉凶不諱〔一二〕，憂怖交心，已備凶具〔一三〕。」對之悲喜〔一四〕。伯休停傳舍數十日〔一五〕，遂去拜侍中、尚書令，又拜司隸。薦融自代，歷典五郡〔一六〕。謝著不爲公府所取〔一七〕。

〔一〕司徒：官名，東漢時司徒主管教化，爲三公之一。中山：其地在今河北唐縣、定縣一帶，東漢時爲郡國名。祝恬：此人不見於史傳，事未詳。公車徵：朝廷派車召見。漢代官府用公車接送應舉之人或朝廷召見之人。

〔二〕此句今本作「道得温病」。温疾：温病、熱病的總稱。

〔三〕聚學軒本亦有小注「鄰令」二字，道藏本、四庫本均無。此與下句今本作「過友人鄰令謝著，著拒不通，因載病去」。過：拜訪。謝著：人名，不見於史傳，生平事皆未詳。

〔四〕此與上句今本作「至汲，積六七日，止客舍中」。汲郡：故地在今河南汲縣。舍：住宿。

〔五〕此二句今本作「諸生曰：今君所苦沈結，困無醫師，聞汲令好事，欲往語之」。

〔六〕此三句今本作「謝著，我舊友也，尚不相見視，汲令初不相知，語之何益」。

〔七〕此句今本作「醫藥何爲」。

〔八〕上句今本作「諸生事急，坐相守，吉凶莫見收舉，便至寺門口白」。應融：字義高，事未詳。

〔九〕此三句今本作「時令汝南應融義高，聞之驚愕，即嚴使出，經詣牀蓐，手自收摸，對之垂涕曰」。

〔一〇〕此二句今本作「人何有生相知者，默止客舍，不爲人所知」。其下文繁不引。

〔一一〕此三句今本作「伯休辭讓，融遂不聽，歸取衣車，厚其薦蓐，躬自御之，手爲丸藥，口嘗饘粥，身自分熱。三四日間，加甚劣極。便製衣棺器送終之具。後稍加損」。

〔一二〕吉凶不諱：死之委婉説法，意即人死難免，不可忌諱。

〔一三〕此句今本作「間粗作備具」。凶具：棺木等喪事用具。

〔一四〕此句今本作「相對悲喜」。

〔一五〕此句今本作「客止傳中。數十日，伯休彊健，入舍後，室家酣宴，乃別」。傳舍：古代官府爲出公差之人提供的食宿之處。

〔一六〕此以上數句今本作「伯休到，拜侍中尚書僕射令、豫章太守、大將軍從事中郎。義高爲盧江太守。

八年，遭母喪，停柩官舍。章百餘上，得聽行服。未闋，而恬拜司隸，薦融自代，歷典五郡，名冠遠近」。

〔一七〕「不爲」，道藏本作「不謂」。此句今本作「著去鄰，淺薄流聞，不爲公府所取」。

37 彭城孝廉張子矯議云〔一〕：「若君臣不得相襲作名，周穆王諱滿，至定王時有王孫滿〔二〕；厲王諱胡，莊王之子名胡〔三〕。」

〔一〕聚學軒本周廣業注曰：「三國志：『張昭，字子布，彭城人，弱冠察孝廉，與王朗共論舊君諱事。』裴松之注曰：『時汝南主簿應劭議宜爲舊君諱，論者皆互有異同。事在風俗通昭著論。略曰：周穆王諱滿，至定王時有王孫滿者爲大夫，是臣協君也。厲王諱胡，莊王之子名胡，其比衆多。』」彭城：西漢時爲郡，東漢章和二年改爲彭城國，轄今山東、江蘇、安徽三省交界地區，治在今徐州市。孝廉：漢代選拔官吏的科目之一，凡舉孝廉者，多任爲郎。東漢時州舉秀才，郡舉孝廉。

〔二〕句下底本有聚珍本館臣案曰：「此下二條今缺。」王孫滿：周定王時大夫，名滿。楚子觀兵於洛，欲問鼎之輕重。定王使王孫滿勞楚子，對曰：「在德不在鼎。」楚師遂退。

〔三〕厲王：西周國君，姓姬名胡，公元前八五七年至前八四二年在位。莊王：姓姬名佗，公元前六九六年至前六八二年在位，其子名胡齊，繼位後稱周僖（釐）王。天海案：此條今本闕，嚴氏輯本引此文同。考三國志張昭傳裴松之注引風俗通昭著論有此文，詳於此。可參見前引周廣業注文。

38 俗云：五月到官，至免不遷〔一〕。今年有茂才除蕭令〔二〕，五月到官，破日入舍〔三〕。視事五月，四府所表，遷武陵令〔四〕。余爲營陵令，正觸太歲〔五〕，主簿令余東北上，余不從。在事五月，還太山守〔六〕。

〔一〕「免」，嚴氏輯本注曰：「似『死』字，或『老』字。」免即免官。

〔二〕茂才：即秀才。漢代選拔官吏科目之一。東漢避光武帝劉秀名諱，改稱茂才。蕭令：蕭縣縣令。蕭縣，漢屬沛郡，今屬安徽省。

〔三〕「日」下原衍一「日」字，此據嚴氏輯本删。破日：凶日，舊曆書上標示的不吉利的日子。

〔四〕視事：任職治事，辦理政務。四府：東漢時大將軍府、太尉府、司徒府、司空府爲四府，均爲國家軍政重要機關。表：表彰。一説表奏。武陵：縣名，今屬湖南常德市。

〔五〕營陵：縣名，今屬山東淄博市。太歲：本爲古代天文學中假設的歲星。漢代稱太歲之神。數術家認爲太歲神所在方向及相反方位均不可興造、移徙、婚嫁、遠行，犯者必凶。

〔六〕在事：在職治事。太山：即泰山，此爲郡名，治在奉高，地在今山東泰安縣東北。

39　楚辭云〔一〕：「風伯，飛廉也〔二〕。」按周禮：祀風師，箕星也〔三〕。主簸揚〔四〕，能致風氣。戊戌之神作風伯，故丙戌日祀於西北〔五〕。

〔一〕「云」，今本作「説」。楚辭：騷體類文章總集，爲西漢劉向所輯，以戰國時屈原等人作品爲主。

〔二〕此二句乃用王逸注文，非楚辭正文。風伯：風神，字飛廉。楚辭離騷：「前望舒使先驅兮，後飛廉使奔屬。」王逸注：「飛廉，風伯也。」

〔三〕此上之文，今本作「謹按，周禮：以禋燎祀風師。風師者，箕星也」。風師：即「風伯」。箕星：二十八宿之一，東方蒼龍七宿之末宿。考周禮春官大宗伯鄭玄注曰：「風師，箕也；雨師，畢也。」

〔四〕「主」上，今本有「箕」字。簸揚：古人認爲箕星似簸箕形，故能簸揚而生風。

〔五〕上句今本作「戊之神爲風伯」。戊戌：此指西北方。古人以天干地支紀年月日，又以五行、方位相配合。下句「故」字下，今本有「以」字。丙戌日：是干支曆法中第二十三天。風屬火，故丙戌日祭祀西北方風伯。

40 按周禮：「雨師，畢星也〔一〕。」土中之衆莫若水，故雨稱師〔二〕。丑之神作雨師，故己丑日祀於東北〔三〕。

〔一〕「按」字上，聚學軒本有「左傳云：雨師，玄冥也」八字。此爲周禮春官大宗伯鄭玄注文。雨師：即雨神。畢星：二十八星宿之一，也叫「天口」，西方七宿第五宿。

〔二〕此句今本較此詳繁，不具引。

〔三〕此句道藏本作「故己丑日祀之」，今本作「故己丑日祀雨師於東北，土勝水爲火相也」。丑之神：丑，疑當作丑寅。古人認爲丑寅位在東北方，故東北方之神又稱丑之神。己丑日是干支曆法中第二十六天。天干之己屬阴之土，地支之丑屬阴之土，水屬陰，故己丑日祭祀東北方雨師。

41 桓帝元嘉中，京師婦女作愁眉〔一〕、啼粧、墮馬髻、折腰步、齲齒笑〔二〕。愁眉者，細而折；啼粧者，薄拭眼下似啼痕；墜馬髻，側在一邊；折腰步，足不任體〔三〕；齲齒笑，若齒痛。此事並出梁冀〔四〕。傳曰：「趙王好大眉，人間皆半額；楚王好廣領，國人皆没項；齊王好細腰，後宮有餓死者〔五〕。」京師有胡服、胡帳、胡牀、胡箜篌、胡笛、胡舞〔六〕。按：董卓時，胡兵填塞是也〔七〕。

〔一〕「師」字原脱，據聚學軒本補。

〔二〕後漢書梁冀傳載：梁冀妻孫壽「色美而善爲妖態，作愁眉、啼妝、墮馬髻、折腰步、齲齒笑」。

〔三〕任，道藏本誤作「在」。

〔四〕此句嚴氏輯本作「始自梁冀家所爲，京師翕然皆放效之」。梁冀：東漢安定烏氏人，字泊卓。爲順帝皇后之兄，繼其父爲大將軍，驕横不法。毒殺質帝，迎立桓帝，專斷朝政二十餘年。延熹二年，桓帝與中常侍單超等五人共謀，派兵捕冀，冀自殺。事見後漢書梁統傳。

〔五〕「傳曰」，嚴氏輯本無此二字。聚學軒本周廣業注曰：「後漢書馬廖傳：肅宗時上書長樂官，稱傳曰：『吴王好劍客，百姓多瘡瘢；楚王好細腰，宮中多餓死。』長安諺曰：『城中好高髻，四方高一尺；城中好廣眉，四方且半額；城中好大袖，四方全匹帛。』案淮南子曰『靈王好細腰』，注曰『楚靈王也』。此言齊王爲誤。」天海案：御覽引此數句，「人間」作「民間」，「項」作「頸」。

〔六〕此句嚴氏輯本作「靈帝好胡服、胡帳、胡牀，京師皆競爲之」。此句所列三種樂舞皆由西域傳入中原。箜篌：似瑟而小，七絃，用撥彈之，如琵琶。

〔七〕「胡」字道藏本脱，嚴氏輯本作「後董卓擁胡兵掠宮掖」。天海案：此條今本闕，嚴氏輯本引後漢書梁冀傳、御覽列文三條，與此略異。又，此下十五條今本皆無，底本聚珍本館臣案亦曰：「此下十五條今缺。」

42 靈帝宮中遊西園，駕四白駞〔一〕，躬自操轡，公卿倣效，價與馬齊〔二〕。

〔一〕上二句嚴氏輯本引御覽作「靈帝於西園宮中駕四白驢」；此句下嚴氏輯本有「馳驅周施，以爲大樂」二句。靈帝：東漢靈帝劉宏。白駞：白色駱駝。駞，「駝」之俗字。

〔二〕「公卿倣效」，嚴氏輯本作「於是公卿貴戚轉相倣效」，其下尚有「至乘軒以爲騎從」一句；下句嚴氏輯本無。

43 桓帝世謡言〔一〕：「直如弦，死道邊；曲如鉤，反封侯〔二〕。」梁冀欲樹幼主，李固欲立清河王〔三〕。梁冀遂奏〔四〕，李固死於獄中，曝屍路邊。如鉤梁冀，如弦李固〔五〕。

〔一〕聚學軒本周廣業注曰：「續漢志：順帝末，京都童謡直如弦云云。後李固幽斃於獄，暴屍道路，而太尉胡廣封安樂鄉侯，司徒趙戒廚亭侯，司空袁湯安國亭侯。案：順帝後，沖、質二帝皆短祚，梁冀因立蠡吾侯，即桓帝也，則童謡不當在桓帝世。梁冀爲大將軍，固已侯矣。胡、趙等黨附跋扈，不應未滅李賢，以爲曲如鉤，謂梁冀、胡廣等是也。」天海案：此句嚴氏輯本作「順帝之末，京師謡曰」。

謠言：此指童謠、民謠。

〔二〕此四句又見續漢書五行志、文選袁淑白馬篇注及御覽，並引風俗通。

〔三〕東漢質帝劉纘年八歲爲梁冀所立，第二年質帝中毒死，又立蠡吾侯劉志爲帝，年十五歲。事見後漢書梁冀傳。李固：字子堅，漢中南鄭人。漢沖帝時爲太尉，因主張立清河王劉蒜爲帝，忤梁冀，下獄死。清河王：即劉蒜，後因立嗣事被迫自殺。

〔四〕遂奏：終於達到目的。

〔五〕此條嚴氏輯本只引前面童謠數句，「梁冀」以下數句不見諸家所引。

44　「千里草，何青青。十日卜，不得一日生〔一〕。」此董卓字也。青青，暴盛之貌〔二〕。

〔一〕「千里草」，拆「董」字；「十日卜」，拆「卓」字。此以上所引爲漢獻帝初年京城童謠。見於續漢書五行志引風俗通，唯末句無「一日」二字。

〔二〕暴盛：突然興盛。此條嚴氏輯本不見收。

45　秦、漢以來，尊者號室作宮，已前貴賤無别〔一〕。

〔一〕「號室作宮」，道藏本、四庫本作「號作宮室」；此句嚴氏輯本作「尊者以宮爲常號」。聚學軒本周廣業注曰：「初學記作『自古宮室一也。漢以來尊者以爲帝號，下乃避之』。御覽作『弟子職曰：室中握手』。論語曰『譬如宮牆』。由此言之，宮其外，室其内也。」天海案：已，同「以」，聚學軒本正作「以」。嚴氏輯本引御覽，與此略同。

46 按世本鮌作城郭〔一〕。城，盛也；郭，大也〔二〕。

〔一〕「按世本」三字嚴氏輯本無。世本：漢志六藝略載有世本十五篇，記黄帝以來至春秋時（後人增全漢）列國諸侯大夫之姓氏、世系、居住都邑、製作等。此書在唐代已殘缺，至宋亡佚，清人有輯本。鮌：同「鯀」，傳説爲夏禹之父，封崇伯。因治水無功，被舜殛於羽山。城郭：内城外郭，此泛指城牆。

〔二〕「盛也」下，嚴氏輯本有「从土，成聲」四字。聚學軒本周廣業注曰：「初學記引曰：郭，或謂之郛，郛亦大也。」天海案：郭：通「廓」，其義爲大。嚴氏輯本引水經注，與此略同。

47 按天子有外屏，令臣下屏氣息〔一〕。

〔一〕下句嚴氏輯本脱「屏」字。外屏：皇帝的門屏，即門前屏風牆，後稱作照壁。荀子大略：「天子外屏，諸侯内屏，禮也。」聚學軒本周廣業注曰：「御覽作示人臣臨見自整，屏氣處也。」屏氣息：抑制呼吸不敢出聲，形容見天子前恭謹畏懼之情。

48 苑，同苑。苑蘊也，薪蒸之所蘊積〔一〕。

〔一〕嚴氏輯本脱二「苑」字。聚學軒本周廣業注將第二個「苑」字改作「苑」，並注曰：「舊訛苑，從初學記改。」菀：通「蘊」，鬱積；又通「苑」，苑囿，帝王的園林。薪蒸：柴草。薪爲粗柴，蒸爲柴草。詩小雅無羊：「爾牧來思，以薪以蒸。」鄭玄箋：「此言牧人有餘力，則取薪蒸。」蘊積：此指柴草聚集。又見初學記、御覽引。

49 孫子云：「金城湯池而無粟者〔一〕，太公、墨翟不能守之。」

〔一〕此孫子提及墨翟，應爲戰國時齊人孫臏，因春秋時齊人孫武在墨子前。金城湯池：形容防守堅固、不易攻破的城池。漢書蒯通傳顏師古注：「金以喻堅，湯喻沸熱不可近也。」

50 郡者〔一〕，羣也。左傳云：「上大夫受縣，下大夫受郡〔二〕。」至始皇，方以郡監縣〔三〕。縣，平也〔四〕。

〔一〕此句上，嚴氏輯本有「周制，天子方千里，分爲百縣，縣有四郡」數句。

〔二〕「左傳云」，嚴氏輯本作「故左氏傳曰」。此二句見左傳哀公二年。周書作雒「千里百縣，縣有四郡」，知周時「縣方百里，郡方五十里」，見左傳杜預注。上大夫、下大夫：周朝諸侯、卿以下有大夫，分爲上、中、下三等。

〔三〕此二句嚴氏輯本作「至秦始皇，初置三十六郡以監縣」。

〔四〕聚學軒本周廣業注曰：「水經注引作『百里曰同，總名爲縣。縣，元也，首也，从系倒首，與縣易偏矣。言當元静徭役也』。黄義仲十三州記曰：『郡者，君在左，邑在右，君爲元首，邑以載民，故取名焉。』」天海案：縣，通「懸」，此指秤錘、稱量，引申爲衡平。史記秦始皇本紀正義、類聚亦引此文。

51 傳舍〔一〕。按：使者傳言〔二〕，乃得舍於傳也。

〔一〕傳舍：古代官府爲往來公差置辦的食宿之處。

〔二〕聚學軒本周廣業校此句作「使者有傳信」，稱據文選注改。此句嚴氏輯本作「案：諸侯及使者有傳信」。

52 南北曰阡，東西曰陌〔一〕。

〔一〕二「曰」字，初學記皆引作「爲」。此二句下嚴氏輯本尚有「河南以東西爲阡，南北爲陌」二句。史記秦本紀索隱、文選注、初學記、御覽、困學紀聞等皆引此文。

53 按易傳〔一〕，上古之時，草居露宿，冬則山南，夏則山北〔二〕；有恙蟲善與人作患〔三〕，故人平居曰「無恙」〔四〕。

〔一〕聚學軒本周廣業注曰：「子夏所作。」易傳：周易的組成部分，史記稱易大傳是先秦儒生對周易所作的各種解釋。

〔二〕「上古之時」至此四句，道藏本、四庫本録在前文第三十六條下。

〔三〕「蟲」，道藏本、四庫本皆誤作「由」。恙蟲：傳説中一種叮咬人的小蟲。作患：作難，作對。史記刺客列傳司馬貞索隱引易傳：「上古之時，草居露宿。恙，齧蟲也，善食人心，俗悉患之，故相勞云『無恙』。恙非病也。」

〔四〕平居：平安無事地生活。此句道藏本作小字注文。天海案：此條道藏本、四庫本分録兩處。嚴氏輯本引匡謬正俗、藝文類聚、史記索隱、御覽等，與此文略異。

54 城門失火，禍及池魚〔一〕。俗説池與魚，人姓字〔二〕，居近城門也〔三〕。按：城門失火，取池水，故魚皆死〔四〕。

〔一〕相傳春秋時宋國城門居住一人姓池仲，名魚。城門失火，延及其家被燒，故有此説。「及」下，嚴氏輯本有「及」字。此二句藝文類聚亦引。

〔二〕「池與魚」，嚴氏輯本作「池中魚」，注曰：「中，讀曰仲。」「姓字」，聚學軒本作「姓李」，注曰：「舊訛字。」此二句類聚引作「舊説池中魚，人姓李」。

〔三〕此句類聚引作「居近城，城門失火，延及其家，仲魚燒死」。

〔四〕此三句類聚引作「謹百家書曰：宋城門失火，因汲池水以沃灌之，池中空竭，魚悉露死」。底本句下有聚珍本館臣案曰：「藝文類聚引作『城門失火，禍及池中魚』。舊説池仲魚，人姓李，居近城。城門失火，延及其家，仲焚燒死。」馬總意林録此，文意似不全。嚴氏輯本所引，文詳於此。

55 獄自三王制肉刑始有〔一〕。獄，夏曰下臺，周曰囹圄，令人思諐改惡〔二〕。獄字，二犬守言，無情狀犬亦得之〔三〕。囚字，罪人置諸圓土，故囚字從口中人〔四〕。罪字本從自，辛苦憂之〔五〕。秦皇謂辠字似「皇」，故改作「罪」〔六〕。

〔一〕此句嚴氏輯本作「周禮：三王始作獄」。三王：即夏禹、商湯、周武王。肉刑：傷殘人肉體的刑罰。聚學軒本周廣業注曰：「史遊急就篇云：『皋陶造獄，法律存。』路史注云：『肉刑，蚩尤之法，謂起禹及有苗者誤。』似獄與肉刑皆不始三王。」

〔二〕此句嚴氏輯本作「令人幽閉思愆，改惡爲善」。諐：古「愆」字，罪過，過失。聚學軒本周廣業注曰：「初學記引作『夏曰憂臺，殷曰羑里』。案：史記越世家：『文種曰：湯系夏臺，文王囚羑里。』淮南子：『紂悔不殺湯於夏臺。』則『下』與『憂』皆誤也。御覽亦作『夏臺』。」天海案：下臺，即夏臺。嚴氏輯本正作「夏臺」。夏臺本爲祭祀之臺，自史記夏本紀索隱解爲獄名，後遂作爲夏獄的代稱。囹圄：今人據甲骨文考訂，商代稱監獄爲「囹圄」。

〔三〕此上之文，嚴氏輯本作「從犬言聲，二犬所以守也」。

〔四〕「囚」下，道藏本、四庫本無「字」字。圓土：一作「圜土」，自商朝起爲監獄之名。見周禮秋官大司寇「以圜土聚教罷民」，鄭玄注：「圜土，獄城也。」此句下嚴氏輯本有「此其象也」四字。

〔五〕此上之文，嚴氏輯本引御覽作「自辛爲辠，令其辛苦憂之」。

〔六〕此條嚴氏輯本引御覽散見於四條之中，文與此多異。

56 會稽多淫祀，家貧不得牛祀者，死作牛鳴〔一〕。太守第五倫，嚴科絶之〔二〕。

〔一〕此上三句今本作「會稽俗多淫祀，或貧家不能以時祀，至竟言不敢食牛肉，或發病且死，先爲牛鳴」。會稽：東漢郡名，治在吴縣，轄地在今江蘇、浙江一帶。淫祀：不合禮制的祭祀。牛祀：牛死後，爲之作祭祀。

〔二〕此二句今本作「時太守司空第五倫到官，先禁絶之」。第五倫：京兆長陵人，官會稽太守。東漢章帝時爲司空，奉公盡節，爲漢代名臣。後漢書有傳。嚴科：嚴厲的法令。馬總録此文，似有脱誤。今本卷九怪神篇有此文，多異，可參閲。

57　桂陽太守李叔堅，少時作州從事，家有狗作人立〔一〕。叔堅曰：「此狗喻人，人行何害〔二〕？」叔堅作縣令，解冠榻上，狗戴之而走〔三〕。叔堅曰：「此狗誤觸冠，冠纓掛其耳矣〔四〕。」犬復與人竈前畜火，鄰里告之〔五〕，叔堅曰：「狗能畜火，幸不煩人〔六〕。」犬遂暴死，叔堅至大位〔七〕。

〔一〕此上之文，藝文類聚引作「桂陽太守汝南韋叔堅，少時爲從事，在家，狗人立行於家中，皆言當殺之」；今本作「汝南李叔堅，少時爲從事，在家，狗人立行，家人言當殺之」。桂陽：郡名，漢置，地在湖南長沙桂洞之南，故稱桂陽。李叔堅：汝南人，餘未詳。盧文弨拾補依類聚改作「韋叔堅」。州從事：官名，漢制州刺史之佐吏皆稱爲從事。

〔二〕此二句類聚與今本皆作「犬馬諭君子，狗見人行，效之何傷」。

〔三〕此三句類聚作「叔堅爲縣令還，解冠榻上，狗戴持走，家人驚愕」；今本作「叔堅見縣令還，解冠榻上，狗戴持走，家大驚時」。

〔四〕此三句類聚與今本作「復云：誤觸冠，冠纓掛著之耳」。

〔五〕此二句類聚作「狗又上竈，家益怪」；今本作「狗於竈前蓄火，家益怔忪」。

〔六〕此三句類聚作「復云：兒婦皆在田中，狗何能作怪」；今本作「復云：兒婢皆在田中，狗助蓄火，幸不可煩鄰里，此有何惡」。

〔七〕此二句類聚作「後數日，狗自暴死，卒無纖芥之異，叔堅至太尉，終於位」；今本作「後數日，狗自暴死，卒無纖介之異，叔堅辟太尉掾、固陵長、原武令，終享大位」。天海案：此條見今本卷九怪神篇中世間多有狗作變怪一章，又見類聚所引，文多異。

四六　商君書四卷

商鞅，戰國時衛國人，姓公孫，名鞅，亦稱衛鞅。其先事魏，不受重用，後入秦，歷任左庶長、大良造。因相秦有功，封於商，故又稱商鞅、商君。商鞅相秦十九年，輔助秦孝公變法，使秦國富强。孝公死，公子虔等誣其謀反，車裂死，族滅。史記有傳。

商君書又稱商子，漢志著録二十九篇，隋唐志以來皆著録五卷，至宋時實存二十六篇。今所傳本録目二十六篇，其中刑約、禦盗二篇有目無文，實存二十四篇。

意林録十條，均見於今本中。此以清嚴可均校本參校之。

1　夫有高人之行，見非於世〔一〕；有獨知之明，見怨於人〔二〕。

〔一〕此二句嚴氏校本作「且夫有高人之行者，固見負於世」。

〔二〕聚學軒本周廣業注曰：「怨，史記作『敖』，索隱曰：商君書作『訾』，今本作『毀』。人，原作『民』，史記同，索隱引商君書作『人』，避唐太宗諱。」天海案：「人」，本當作「民」，避唐諱改。此二句嚴氏校本作「有獨知之慮者，必見驁於民」。

2　螟螣春生秋死，一出而民數年乏食〔一〕。今一人耕百人食，有甚於螟螣矣〔二〕。

〔一〕「螟螣」下，嚴氏校本有「蚼蠋」二字；「乏食」作「不食」。螟螣：兩種食禾苗的害蟲。詩小雅大田：「去其螟螣，及其蟊賊。」毛傳：「食心曰螟，食葉曰螣。」

〔二〕此二句嚴氏校本作「今一人耕而百人食之，此其爲螟螣蚼蠋亦大矣」。

3　農者少而遊食衆，遊食者衆則農怠，農怠則治荒〔一〕。

〔一〕首句「衆」字道藏本脱；此三句嚴氏校本作「故其民農者寡而遊食者衆，衆則農者殆，農者殆則土地荒」。遊食：不務正業遊手好閑的人。治荒：田地不治，土地荒蕪。天海案：此條與下條原合爲一條，今據嚴氏校本篇次分列之。

4　以强去弱者弱〔一〕，以弱去强者强。

〔一〕此句説郛本作「以弱去弱者弱」；嚴氏校本作「以强去强者弱」。

5　上世之士〔一〕，衣不暖膚，食不滿腹，苦其心意，勞其四支〔二〕。

〔一〕此句上，嚴氏校本有「其」字。上世：上古時代。

〔三〕嚴氏校本「腹」作「腸」；「心意」作「志意」；「四支」作「四肢」。

6 古者民叢生而羣處，亂，乃立君〔一〕。

〔一〕嚴氏校本曰：「元本、范本闕『亂』字，秦本有。」下句道藏本脱「乃」字，嚴氏校本作「故求有上也」。叢生：聚集而生存。羣處：有組織地居住。亂：指社會秩序混亂。

7 蠹衆則木折，隙大則牆壞〔一〕。

〔一〕「蠹」上，嚴氏校本有「諺曰」二字；二「則」字，嚴氏校本作「而」。

8 不勝而生，不敗而亡〔一〕，自古及今，未嘗有也。

〔一〕「生」，嚴氏校本作「王」，聚學軒本亦作「王」。生與亡對舉成文，故不當作「王」，或形近而致誤。「亡」下，嚴氏校本有「者」字；「嘗」，説郛本作「之」。天海案：此條見嚴氏校本畫策第十八，文略異。原與上條合爲一條，今據嚴氏校本篇次分列之。

9 使見戰者如餓狼之見肉，則可用矣〔一〕。

〔一〕「者」字道藏本無；「使見戰者」，嚴氏校本作「民之見戰也」；「餓狼」，廖本作「狼虎」；「肉」，書鈔引作「兔」；「可」，嚴氏校本作「民」。

10 聖人制民也，如高下制水，如燥濕制火〔一〕。

〔一〕首句嚴氏校本作「聖人見本然之政，知必然之理，故其制民也」；二「如」字下，嚴氏校本有「以」字。高下：指地勢之高低。燥濕：指柴草之乾濕。

四七　阮子四卷

阮子，即阮武，字文業，陳留尉氏人。三國時從曹魏，曾任清河太守。爲人闊達淵雅，拓落有大才。著書十八篇，即爲阮子。其生平事略見三國志魏志杜畿傳與裴松之注中。阮子一書，又名阮子政論，或作正論。隋志法家有阮子正論五卷，注曰：「魏清河太守阮武撰，亡。」兩唐志皆載阮子政論五卷，亦入法家。明焦竑國史經籍志載同唐志。然此書隋志載既已亡佚，或唐時已不可見，其後史志書目僅虛列其目而已。意林録五條，疑是照鈔梁庾仲容子鈔所録，未必親見其書。因此書亡佚已久，除意林所録五條外，清人嚴可均、馬國翰亦輯有佚文十數條，惜無他書可考，現僅以嚴、馬二氏輯本參校之。

1 漁人張網於淵〔一〕，以制吞舟之魚；明主張法於天下，以制强梁之人〔二〕。立法以隄民，百姓不能干〔三〕；立防以隄水，江河不能犯〔四〕。防而可犯，則江河成災；法而可干，則百姓成害。

〔一〕「張網於淵」，書鈔引作「羅於淵」。

〔二〕「人」，書鈔引作「士」。此以上四句，馬氏輯本稱引北堂書鈔卷四十三。

〔三〕隄民：防範民衆。隄：同「堤」，本爲攔水之壩，此引申爲防範、限制。干：違犯。

〔四〕此以上四句，嚴氏、馬氏輯本皆引御覽卷六百三十八。

2 不樹者，死無棺；不蠶者，身無帛；不績者，凶無縗〔一〕。

〔一〕樹：種樹。蠶：養蠶。績：紡織，緝麻。凶：此指喪事。縗：一作衰，古代喪服，披在胸前的麻布條，服三年喪者用此。一般是臣爲君、子爲父、妻爲夫所服用。左傳襄公十七年：「齊晏桓子卒，晏嬰粗縗斬。」疏：「衰用布爲之，廣四寸，長六寸，當心。」

3 君子暇豫則思義，小人暇豫則思邪。

4 高鳥相木而集，智士擇土而翔〔一〕。

〔一〕「土」，御覽作「主」。集：本指鳥兒羣居樹上，此指棲息。翔：此指遊歷。穆天子傳卷三：「六師之人，翔畋于曠原。」郭璞注：「翔，遊也。」

5 一盜不誅，害在穿窬；修譽不誅，害在詞主〔一〕。

〔一〕修譽：追求虛名。詞主：指擅長文辭、喜歡舞文弄墨的人。

四八　正部十卷〔一〕

王逸，字叔師，南郡宜城（今湖北宜城）人。東漢安帝時任校書郎，漢順帝時爲侍中，官至豫章太守。他曾參編東觀漢記，尤擅長文學，其所著有王逸集，然多已亡佚，唯有楚辭章句十二卷行於世。本傳不載正部一書，而藝文類聚引有王逸正部論一條、王逸子二條。隋志儒家載：「梁有王逸正部論八卷，後漢侍中王逸撰。」兩唐志皆不見載，此書或亡於唐、宋之際。宋高似孫子略目録載梁庾仲容子鈔目，有「王叔師正部六卷」，而意林作十卷，説郛引此亦作十卷，未詳孰是。王逸正部論之書久佚，今無傳本，清人馬國翰據意林所録十三條輯佚文一卷，並稱是書「多勖學語，亦每論當代著作，皆確當不易」。

1　凡人矇矇冥冥，學以啓志，行以處身，進於道則成君子，非於禮則曰小人。君子之舉，履德而榮光；小人之動，陷惡而傷刑〔二〕。

〔一〕底本有聚珍本館臣案曰：「隋志正部論八卷，後漢王逸撰。藝文類聚引作王逸子，即正部也。」

〔二〕傷刑：傷身於刑法，意即觸犯刑律，受到處罰。

2　皎皎練絲〔一〕，得藍則青，得丹則赤，得蘗則黄，得涅則黑〔二〕。

〔一〕「練絲」，道藏本、四庫本誤作「練練」。聚學軒本周廣業注曰：「逸詩『皎皎練絲，在所染之』，見後書楊終傳。」練絲：白色的熟絹。

〔二〕藍：即「蓼藍」，植物名，其葉可製作染料，即靛青。丹：朱砂，可作紅色染料。蘗：即「黃蘗」，俗作黃柏，落葉喬木，皮和根可入藥，亦可作黃色染料。涅：黑泥，可作黑色染料。聚學軒本周廣業注曰：「御覽及吴淑絲賦注『涅』並作『泥』。」

3 玉不琢則南山之圓石〔一〕。

〔一〕南山：稱南山者非確指。一説爲今之祁連山，傳説盛産玉石。見漢書西域傳。圓石：即頑石。

4 穿窬之徒不避腰領〔一〕，奔北之士不憚斧鉞〔二〕。

〔一〕穿窬：穿壁越牆。腰領：腰和頸。

〔二〕「奔北」，御覽作「奔逃」；「不憚」，御覽作「不避」。奔北：敗逃。斧鉞：古代兩種兵器，此指代刑罰。

5 漢家窮天涯，究地圻〔一〕：左湯谷，右虞淵；前炎楚，後塞門〔二〕。祁連以北，黃山以南〔三〕，碣石以東，合黎以西，莫不襁負來貢〔四〕。

〔一〕究：極盡，盡頭。地圻：即地垠，大地的邊際、界限。

〔二〕湯谷：即暘谷，傳説爲日出之處。屈原天問：「出自湯谷，次於蒙汜。」虞淵：傳説爲日入之處。淮南子天文訓：「日入于虞淵之汜，曙於蒙谷之浦。」炎楚：南方國名。炎：音談，古國名，列子湯問：

「楚之南有炎人之國。」炎，一本作「啖」。塞門：泛指北方邊關。

〔三〕祁連：山名，又名白山、雪山，横貫今甘肅、青海兩省交界處。黄山：山名，在今安徽歙縣西北。

〔四〕碣石：山名，在今河北昌黎西北，東入於海。合黎：山名，在今甘肅酒泉、張掖以北。襁負：此指肩扛背馱。

6　仲尼叙書〔一〕，上謂天談，下謂民語，兼該男女〔二〕，究其表裏。

〔一〕叙書：編書。叙：按一定次序編排。

〔二〕二「謂」字，皆通「爲」。天談：即天論，上天的言論。民語：民衆的輿論。該：同「眩」，完備。男女：男女婚嫁之事。

7　淮南浮僞而多恢，太玄幽虚而少效〔一〕，法言雜錯而無主，新書繁文而鮮用〔二〕。

〔一〕淮南：書名，參見本書卷二淮南子題解。恢：虚誇而不實。太玄：書名，參見本書卷三太玄經題解。幽虚：幽深玄虚。效：驗證。

〔二〕法言：書名，參見本書卷三法言題解。新書：書名，西漢著新書者有晁錯、賈誼二人，此或指賈子新書。參見本書卷二賈誼新書題解。

8　玉符云〔一〕：「赤如雞冠，黄如蒸栗，白如脂防，黑如淳漆。」此玉之符也〔二〕。

言成雅訓，辭作典謨，此人之符也〔三〕。

〔一〕底本有聚珍本館臣案曰：「文選注：或問玉符，答曰。」天海案：文選魏文帝與鍾大理書「竊見玉書稱美玉」云云，此玉書即玉符也。李善注此，引王逸正部論「或問玉符，曰」云云，則玉符又指美玉的文理、色彩。此處當作玉書解。

〔二〕此以上之文，類聚與文選注皆引作「或問玉符，曰：『赤如雞冠，黄如蒸栗，白如豬肪，黑如純漆。』玉之符也」。

〔三〕雅訓：雅正的訓教。典謨：聖人的訓誡。尚書有堯典、大禹謨等篇，皆爲古聖賢訓誡之辭，後以典謨指代經典、法言。

9 山神曰螭，物精曰魅〔一〕，土精曰羵羊，水精曰罔象〔二〕，木精曰畢方，火精曰遊光，金精曰清明〔三〕。天下有道，則衆精潛藏。

〔一〕螭：傳説中無角的龍。此通「魑」，常與「魅」連用，爲傳説中山林裏害人的怪物。物精：怪物中的精靈。

〔二〕羵羊：土中怪羊，雌雄不分。國語魯語：「土之怪曰羵羊。」罔象：傳説中的水怪。國語魯語：「石之怪曰夔，蝄蜽；水之怪曰龍，罔象。」

〔三〕畢方：傳説中的木怪。淮南子氾論訓：「山出梟陽，水生罔象，木生畢方，井生墳羊。人怪之，聞見鮮而識物淺也。」高誘注：「畢方狀如鳥，青色，赤脚，一足，不食五穀。」遊光：傳説中的火神。清明：傳説中的金屬之神。廣雅釋天：「金神謂之清明。」

10 天以仙人曰子，衆人曰芻狗〔一〕。愛其子，私其壽；賤芻狗，聽其夭〔二〕。

〔一〕芻狗：古代祭祀時用草紮成的狗。老子：「天地不仁，以萬物爲芻狗；聖人不仁，以百姓爲芻狗。」魏源老子本義：「結芻爲狗，用之祭祀，既畢事則棄而賤之。」比喻百姓的地位低微、身份卑賤。

〔二〕私其壽：偏心而使其長壽。聽其夭：任隨其夭折短命。

11 若不學，譬如無目而視，無脛而走，無翅而飛，無口而語，不可得也。

12 桀紂雖有天子之位，而無一人之譽，猶朽株枯樹，逢風則仆〔一〕。

〔一〕仆：倒地。天海案：御覽引譙周法訓亦有此文。

13 明刑審法，憐民惠下，生者不怨，死者不恨。諺曰：「政如冰霜，奸宄消亡，威如雷霆，寇賊不生。」

四九　士緯十卷　姚信。

姚信，不見於史傳，生平事未詳。意林周廣業注稱：「信本姓嬀，字德祐，又字元直。吴興武康人，吴太常卿。丞相陸遜外甥也。」

隋志子部名家人物志注云：「梁有士緯新書十卷，姚信撰。又姚氏新書二卷，與士緯相似，亡。」兩唐志皆載士緯十卷。宋志後不見載，或此書亡佚於唐宋之際。清人嚴可均輯姚信佚文三章，不引意林。清人馬國翰採意林所録輯爲佚文一卷，稱「其書推尊孟子，亦識仁義爲中正之途。而論清高之士，則以老、莊爲上，君平、子貢爲下，擬其非倫。此所以不能醇乎儒術也」。

士緯一書早已亡佚，就意林所録七條看，其思想雜合儒、道、名、法，論人議事又兼陰陽變易之説，然斷章殘簡難以定論。

1　孔文舉金性太多，木性不足〔一〕，背陰向陽，雄倬孤立〔二〕。

〔一〕孔文舉：孔融，字文舉，曲阜人，爲孔子二十世孫。漢獻帝時爲北海相，入朝官太中大夫，因多非議曹操而被殺。金性：此喻孔融秉性剛强。木性：木性柔韌可曲。

〔二〕背陰向陽：指孔融爲人光明正大，不與陰險小人爲伍。雄倬：雄偉高大，卓然獨立。

2　絲俱生於蠶，銅等出於石。作繒則賤〔一〕，作錦則貴；鑄鈴則小，鑄鐘則大〔二〕。

〔一〕繒：絲織品的總稱；先秦稱帛，漢代稱繒；此指一般的絲絹。

〔二〕聚學軒本周廣業注曰：「見御覽，又吴淑絲賦『分貴賤於繒錦』注引之。」

3 經漸車之水，歷繞輪之沙，趾跡高下不可論〔一〕。

〔一〕漸車之水：指水勢大，將車浸濕。詩衛風氓：「淇水湯湯，漸車帷裳。」繞輪之沙：指沙土埋住了車輪。此與上句互文見義，喻指經歷了人生重大磨難。趾跡：脚跡、行跡，喻指人生的經歷。

4 凡水温則成湯，寒則成冰。冰湯異氣，而水性猶同。蠶能投練，匪湯不綿〔一〕。人性推移，蓋此比也。

〔一〕湯：沸水，開水。投練：把生絲投入熱湯中煮熟，同今之「繅絲」。綿：纏綿細長。

5 琴瑟張而鄭衛作，五色成而綺縠生〔一〕。

〔一〕鄭衛：春秋時鄭、衛兩國的音樂。綺縠：色彩華美的絲織品。

6 孟軻驅世事於仁義之域，行者步中正之塗〔一〕。

〔一〕「世事」，御覽作「世士」，聚學軒本從之。世事：世上事物。此句本意指孟子用仁義作標準來規範世上的一切事物。中正之塗：正直的道路。

7 若使南海無採珠之民，崑山無破玉之工，則明珠不御於椒室，美玉不佩於桂宮〔一〕。

〔一〕椒室：漢代皇后的宮室。用花椒和泥塗壁，取其温香多子之義。桂宮：漢代皇帝宮室名，爲漢武帝所建。此泛指皇宫。天海案：以上所録七條，馬國翰輯本皆引自意林，文同。

五〇　通語八卷〔一〕

隋志儒家載顧子新語十二卷，其下注云：「通語十卷，晉尚書左丞殷興撰，亡。」而兩唐志所録通語十卷，作文禮撰，殷興續。據周廣業考證，三國志裴松之注多次引殷基通語。吴志顧邵傳稱殷禮爲雲陽人，官至零陵太守。其子殷基曾任無難督，著通語數十篇。故聚珍本館臣案曰：「史傳及類書引之，或云殷基，或云殷興撰，未可知也。舊唐志又訛爲文禮。」黄以周案曰：「蓋殷基通語本止八卷，殷興續之爲十卷也，云『文禮』則誤矣。今書已逸，唯吴志五子傳、顧邵傳、蜀志費禕傳各注引之尚詳。」但此書隋時已亡，馬總所録，或本於梁庾仲容子鈔所載，宋高似孫子略目鈔引子鈔目仍作「殷興通語八卷」。

清人嚴可均輯有通語佚文一條，但不在意林録文之中。清人馬國翰採三國志裴注及意林所録四條，輯成佚文一卷，並據裴注題爲吴殷基撰，收入玉函山房輯佚書中，可資參閲。

1　輪者，車之跡；檝者，舟之羽。身之須道〔二〕，如此二物。

〔一〕底本目下原有聚珍本館臣案語，見題解。

〔二〕道：正道、道義。須：同「需」。

2　毁彼者，雷同而鴉噪〔一〕；稱此者，火燎而波駭〔二〕。

〔一〕雷同：隨聲附和。楚辭宋玉九辯：「世雷同而炫曜兮，何毁譽之昧昧。」「鴉」，聚學軒本周廣業注曰：「疑是鳥。」鴉噪：像烏鴉一樣亂叫。道藏本、四庫本、聚學軒本作「鳴噪」。

〔二〕火燎：烈火焚燒。波駭：驚擾震動。此二語形容稱譽某人像火燒波湧一樣猛烈。

3 或問陳蕃忠乎，答云〔一〕：「單車作討賊之斧，直階非亂世之資〔二〕。知其忠，不知其智也。」

〔一〕「答云」，聚學軒本作「答曰」。陳蕃：字仲舉，汝南平輿人，曾官樂安、豫章太守，遷爲太尉、太傅，封高陽侯。爲人剛正不阿，與竇武等人謀誅當權宦官曹節等，事敗遇害。後漢書有傳。

〔二〕單車：本指一人一車，此比喻單槍匹馬、力量單薄。直階：正直的品節。聚學軒本周廣業注曰：「此蓋指仲舉與竇武謀誅宦官曹節等拔刃入承明。事見後書本傳。時稱竇武、劉淑與蕃爲三君。張璠漢紀載時人語曰『不畏强御陳仲舉』，陶潛羣輔録作『天下義府陳仲舉』。」

4 才貴精，學貴講〔一〕。質勝文石建，文勝質蔡邕〔二〕，文質彬彬，徐幹庶幾也〔三〕。

〔一〕講：練習。論語述而：「德之不修，學之不講，聞義不能徙，不善不能改，是吾憂也。」

〔二〕石建：西漢石奮長子。史記石奮傳：「建元二年，郎中令王臧以文學獲罪，太后以儒者文多質少。今萬石君家不言而躬行，以其長子建爲郎中令。」蔡邕：陳留人，字伯喈。東漢靈帝時官拜郎中，董卓徵召爲祭酒，遷中郎將，卓敗，死獄中。邕博學多才，好辭章，工音樂書畫，著有獨斷一書。後漢書有傳。

〔三〕文質彬彬：原指文采與内容配合適當均勻，後泛指人之舉動文雅。論語雍也：「質勝文則野，文勝質則史，文質彬彬，然後君子。」注：「彬彬，文質相半之貌。」徐幹：三國時魏人，字偉長，以文學著稱，爲建安七子之一，著有中論。參見三國志王粲傳。

五一　抱朴子四十卷

外篇二十卷、内篇二十卷。葛洪，字稚川。

葛洪，字稚川，自號抱朴子，句容人，生卒年不詳。西晉惠帝時曾爲將兵都尉，太安中遷伏波將軍，以軍功封關内侯。東晉成帝咸和初年，聞交趾出丹砂，求爲句漏令。經廣州爲刺史鄧岳所留，隱居羅浮山煉丹，年八十餘歲，兀然若睡而卒。晉書有傳。

抱朴子自序稱内篇二十卷，外篇五十卷。然自隋志以來，史志書目所載卷數多不相同，惟崇文總目所載抱朴子内、外篇各二十卷，與意林注文同。清人孫星衍新校抱朴子，依葛洪自序，仍作内篇二十卷，外篇五十卷，較爲通行，今即以此本參校之。

抱朴子内篇多論神仙方藥、鬼怪變化、符箓剋治、禳邪去禍、養生延年之術，純屬魏、晉時道術家之言；外篇則論時政得失、人事臧否，又似儒家者言，故或入雜家，或列儒家。但其總旨仍以黄、老爲宗，故四庫全書列入道家。

意林録一〇九條，條數上爲全書之首，由此既可見马總對抱朴子一書的偏愛，也可見唐代對道家思想的推崇。

1 清醪芳醴〔一〕，亂性者也；紅華素質〔二〕，伐命者也。

〔一〕此句上孫校本尚有「宴安逸豫」四字。醪：濁酒。醴：甜酒。此泛指美酒。

〔二〕「紅」，孫校本作「鉛」，此句上另有「冶容媚姿」四字。紅華素質：顔如紅花，體如白玉。此泛指美色。天海案：此條見孫校本内篇暢玄。説郛本有此條，文同。

2 班、翟不能削石作芒針〔一〕，歐冶不能鑄鉛錫作干將〔二〕。

〔一〕「翟」，説郛本作「狄」，此二字可通。「石」上，御覽、孫校本皆有「瓦」字，聚學軒本據補。班翟：即公輸班（一作般，魯班）和墨翟，二人皆爲古代巧匠，此泛指能工巧匠。芒針：尖針。

〔二〕聚學軒本周廣業注曰：「吴越春秋：『干將，吴人，與歐冶子同師，俱能爲劍。闔廬使干將作劍，三月不成，其妻莫邪乃斷髮剪爪投爐中，遂鑄成劍，陽曰干將，陰曰莫邪。』越絶書：『楚王令風鬍子之吴，使歐冶子、干將作鐵劍三枚，曰龍泉、太阿、工布。』據二書，歐冶未嘗鑄干將。此蓋設言之耳。」天海案：此條見孫校本内篇論仙，文略異。説郛本有此條，文同。御覽亦録此文。

3 漢禁中起居注云〔一〕：「李少君欲去，武帝夢與同登嵩高山〔二〕。半道，有使者乘龍持節從雲中來，云：『太一請少君〔三〕。』帝曰：『少君將舍我去矣〔四〕。』數日而少君死。久之發看，唯衣冠在焉〔五〕。」

〔一〕「禁」字道藏本、聚學軒本無。禁中：皇帝内宫。秦、漢之制，皇帝之宫稱禁中。起居注：原爲官職名，由女史擔任。此專指記載皇帝日常起居的書。漢武帝時有禁中起居注，已佚。聚學軒本周廣業注曰：「隋志漢武帝有禁中起居注，乃女史之職，今不存。王楙野客叢書云：『葛洪引漢禁中起居注驗董仲舒所撰李少君家録云，知漢起居注在宫爲女史之職，自魏、晉以來，起居注皆近侍之人所録，不復取女職矣。』又云：『觀葛洪所引，知尚存於晉，至隋始亡。』據此，則馬氏脱『禁』字，而正義稱漢書者更誤矣。或曰元帝時避后父王禁名，故去『禁』字，曰漢中起居注及漢書起居，亦通。漢志有漢著記百九十卷，師古謂若今之起居注。」

〔二〕此二句孫校本作「少君之將去也，武帝夢與之共登嵩高山」。李少君：字雲翼，山東臨淄人，漢武帝時以煉丹、術數受寵信，後病死。去：離開。此指人將死去。武帝：此指漢武帝劉徹。嵩高山：即中嶽嵩山，五嶽之一，在今河南登封縣北。

〔三〕上句「來」字，孫校本作「下」；此句「太一」，孫校本作「太乙」。太一：天神名。史記封禪書：「天神貴者太一。」

〔四〕此上二句孫校本作「帝覺以語左右曰：如我之夢，少君將舍我去矣」。

〔五〕此上三句孫校本作「數日而少君稱病死，帝令人發其棺，無屍，唯衣冠在焉」。聚學軒本周廣業注曰：「少君事詳史記封禪書及武帝内傳中。正義引漢書起居文與此同。惟『帝曰』作『帝謂左右』，『數日』作『數月』，但『漢中』、『漢書』之字皆有誤。」

4 以蟻鼻之缺，捐無價之淳鈞〔一〕；分寸之瑕，棄盈尺之夜光〔二〕。朱公所以鬱邑，薛燭所以永歎〔三〕。

〔一〕蟻鼻之缺：比喻極微小的缺口。聚學軒本周廣業注曰：「逸雅『劍傍鼻曰鐔』，又『劍鼻曰璏，亦曰彘蟻蟻』。又吴越春秋『魯季孫聘於吴，闔廬以莫邪獻之，季孫拔劍之鍔中缺者大如黍米』。」「捐」，棄，原作「損」，此據道藏本、四庫本改。淳鈞：聚學軒本作「淳鉤」，古代寶劍名。見淮南子覽冥訓：「歐冶生而淳鈞之劍成。」越絶書作「純鈎」。

〔二〕此二句孫校本原在「以蟻鼻之缺」句上。聚學軒本周廣業注曰：「魏文侯投白圭以夜光之璧。見史記鄒陽傳。又良玉度尺，見韓詩外傳。」夜光：此指夜光寶石。

〔三〕「燭」，道藏本誤作「灼」。「朱」字上，孫校本有「斯」字；「永歎」下有「矣」字。聚學軒本周廣業注曰：「越絶書：『越王句踐以寶劍淳鉤示相劍者薛燭曰：客有直之者有市之：鄉二，駿馬千匹，千户之都二，可乎？薛燭曰：不可。當造此劍之時，赤堇之山破而出錫，若耶之溪涸而出銅，歐冶乃因天之精神，悉其伎巧，造爲此劍。雖傾城量金，珠玉竭河，猶不能得此一物也。』」朱公：即陶朱公范蠡。春秋時范蠡佐越王句踐滅吴後棄官至陶，稱朱公，經商致富。賈誼新書連語載有陶朱公對梁王論白璧貴賤之事。又見劉向新序。鬱邑：即悒鬱，憂愁不快貌。薛燭：春秋時越國人，以善於識别寶劍著名，事見越絶書載與越王句踐論劍之寶貴事。天海案：此條見孫校本内篇論仙，文略異。又，此與上條原作一條，道藏本、四庫本、孫校本分列，此據改。

5 猶人不學仙而學道術，乃令變形易貌〔一〕，吞刀吐火，坐在立亡〔二〕；興雲起霧，召致蛇蟲〔三〕；聚合魚鼈，入淵不溺，蹴刃不傷〔四〕。

〔一〕首句原作「猶人不學仙也」，且在上條「永歎」句下，文不相類，此從聚學軒本改「也」字爲「而」，與本條併作一條。「學」字道藏本無。此二句孫校本作「若道術不可學得，則變易形貌」。道術：方術，道家所謂變化之術。

〔二〕坐在立亡：坐在面前能馬上消失，此指用道術隱身而去。亡：通「無」。

〔三〕「蛇蟲」，孫校本作「蟲蛇」。

〔四〕「聚合」，孫校本作「合聚」；「溺」，孫校本作「沾」。天海案：此條道藏本、聚學軒本、四庫本皆與上條併作一條。

6 陳仲弓異聞記云〔一〕：「同郡人張廣定遭亂〔二〕，有女四歲不能行，棄塚中，以數月糧與之〔三〕。後三年乃還，欲收葬之〔四〕。女猶坐塚中，問其故〔五〕。女曰：『糧盡以後〔六〕，見塚角有一物，申頸吞氣，乃效之〔七〕，轉不復飢。』尋看，乃大龜也〔八〕。將女還，食食飲〔九〕。初，小腹痛，久乃習之〔一〇〕。」

〔一〕此句孫校本作「故太丘長潁川陳仲弓，篤論士也，撰異聞記云」。陳仲弓：名寔，字仲弓，許昌人。漢桓帝時爲太丘長，靈帝時爲竇武掾屬，曾遭黨錮之禍，遇赦得免，以公平正直聞名於鄉里。後漢書有傳。異聞記：書名，今已不存。

〔二〕此句孫校本作「其郡人張廣定者，遭亂常避地」。道藏本、聚學軒本、四庫本等皆脱「定」字。張廣定：傳聞之人，事不可考知。

〔三〕此三句孫校本作「有一女年四歲，不能步涉，又不可擔負，計棄之，故當餓死，不欲令其骸骨之露。村口有古大塚，上顛先有穿穴，乃以器盛縋之，下此女於塚中，以數月乾飯及水漿與之，而捨去」。

〔四〕此二句孫校本作「候世平定，其間三年，廣定乃得還鄉里，欲收塚中所棄女骨，更殯埋之」。

〔五〕此二句孫校本作「廣定往視，女故坐塚中，見其父母猶識之，甚喜，而父母猶初恐其鬼也，入就之，乃知其不死。問之從何得食」。

〔六〕此二句孫校本作「女言糧初盡時，甚飢」。

〔七〕申：同「伸」，孫校本正作「伸」；「乃」，孫校本作「試」。

〔八〕此二句孫校本作「廣定乃索女所言物，乃是一大龜耳」。

〔九〕上句孫校本無，下句孫校本作「女出食穀」。食食飲：餵食物、飲料。

〔一〇〕此句孫校本作「嘔逆久許，乃習」。天海案：此條見孫校本内篇對俗，事同而文多異。

7　太昊師蜘蛛而結網，金天據九扈以正時〔一〕，帝軒俟鳳鳴以調律，唐堯見蓂莢而知月〔二〕。

〔一〕「太昊」，道藏本、四庫本作「湯」，御覽亦引作「湯」。聚學軒本周廣業注曰：「易稱庖羲氏結繩而爲網罟，關尹子曰『聖人師蜘蛛立網罟』。舊云湯者，或據呂覽『湯祝曰：蛛蝥作網罟，今人師之』語。」太昊：即伏羲氏。傳説他見蜘蛛結網而教民編織漁網。金天：即少昊氏，也作少皞氏，名摯。爲東夷族首領，以鳥爲圖騰，任官皆用鳥名。九扈：道藏本、孫校本作「九雁」。雁是候鳥，可報農時。天海案：疑當作「九鳸」。爾雅釋鳥「扈」作「鳸」；説文引作「九雇」。本是一種候鳥，少昊氏以此爲主農事的官名。正時：調整農時。

〔三〕上句道藏本、徐本、廖本、四庫本、聚學軒本皆無，孫校本有；下句孫校本作「唐堯觀蓂莢以知月」。帝軒俟鳳鳴以調律：雲笈七籤軒轅本紀：「容成子善知音律，初爲黄帝造律曆，造笙以像鳳鳴。」蓂莢：古代傳説中的一種瑞草。據説每月初一至十五，每日結一莢；從十六日到月終，每日落一莢，故以莢的多少可推知當天的日期，故又名曆莢。

8 道能登虚躡影，飲玉醴，食翠芝〔一〕。

〔一〕「道」，疑當作「得道」或「道術」，如此文意方順，句意方全。首句孫校本作「果能登虚躡景」，句上正有「況得仙道」數句。下二句孫校本作「飲則玉醴金漿，食則翠芝朱英」。登虚：指昇天。躡影：隱身。玉醴：用玉釀成的美酒，道家認爲飲此可以長生。翠芝：翠緑色的靈芝，傳説食此可以成仙。

9 彭祖云：天上多尊官〔一〕，新仙者位卑，奉事非一也〔二〕。

〔一〕「云」，孫校本作「言」；「官」下，孫校本有「大神」二字。彭祖：傳説爲顓頊帝玄孫陸終氏的第三子，姓籛，名鏗。堯時封于彭城，因其道可祖，故稱彭祖。彭祖至商爲守藏史，至周爲柱下史，傳説歲八百。莊子逍遥遊、劉向列仙傳、葛洪神仙傳、干寶搜神記皆載之。

〔三〕此句孫校本作「所奉事者非一」。天海案：此條見孫校本内篇對俗，文略異。

10　農夫得彤弓以驅烏，南夷得衮衣以負薪〔一〕，猶世人得仙丹而不貴也〔二〕。

〔一〕「烏」，孫校本作「鳥」。彤弓：朱紅色的弓，古代帝王用來賞賜有功的諸侯。「南夷」，所見意林别本皆作「南城」，疑是「南域」之誤。衮衣：古代帝王及公侯所穿繡有龍圖的禮服。

〔二〕此句孫校本無，見書鈔引。天海案：此條與上條原併作一條，此據文意分列爲二條。

11　元君，老君師也〔一〕。

〔一〕此句孫校本作「元君者，老子之師也」。聚學軒本周廣業注曰：「御覽『太清神丹，其法出於元君。元君』云云。」元君：道教稱仙人，男仙叫真人，女仙叫元君。老君：俗稱老子爲老君，或稱太上老君。

12　世人唯競飛蒼走黄，依榮逐利〔一〕。

〔一〕此二句孫校本作「世人飽食終日，復未必能勤儒墨之業，治進德之務，但共逍遥遨遊以盡年月。其所營也，非榮則利。或飛蒼走黄於中原，或留連盃觴以羹沸」，且在「農夫得彤弓」條下。飛蒼走黄：放飛鷹，跑黄犬。此指遊獵。天海案：此第十二至十五條之序，原爲第十五、十四、十三、十二，此據道藏本與孫校本次序移正。

13　上士得道成天官，中士得道棲集崑崙〔一〕，下士得道長生世間〔二〕。

〔一〕上句孫校本作「上士得道昇爲天官」。上士：此指上等道士，「中士」、「下士」類推。天官：道士所奉三官爲天官、地官、水官。崑崙：聚學軒本周廣業注曰：「東方朔海内十洲記：崑崙號曰崑崚，在西海之戌地，北海之亥地，去岸十三萬里。山上有金台五所、玉樓十二所，西王母所治也。真官仙靈之所宗。」

〔二〕此句下聚學軒本周廣業注曰：「見御覽。是太清觀天經中丹經文。」

14 朱草莖如珊瑚〔一〕，刻之汁流如血。以玉投汁中，丸之如泥〔二〕，久即成水。以金投之曰金漿，以玉投之曰玉醴，服之長生〔三〕。

〔一〕此句孫校本作「朱草狀似小棗，栽長三四尺，枝葉皆赤，莖如珊瑚，喜生名山岩石下」。朱草：一種紅色的草，可作染料。方士附會爲瑞草。聚學軒本周廣業注曰：「選注引：朱草長三尺，枝葉皆赤，莖似珊瑚。」珊瑚：熱帶海中腔腸動物，其屍骨堆積連接，狀如樹枝。

〔二〕此二句孫校本作「以玉及八石金銀投其中，立便可丸如泥」。丸：攬，揉。

〔三〕上二「曰」字，孫校本作「名爲」。「服之」下，孫校本有「皆」字。聚學軒本周廣業注曰：「李綽尚書故實載堯時朱草生郊，所言枝葉莖色正與此同。考大戴禮明堂篇云『朱草日生一葉，至十五日生十五葉，十六日落一葉，終而復始』，是亦蓂莢之類，所謂合朔者也。當與此異。典要稱有『餌玉長生草，一名通天，價值千金』，意即抱朴子所謂朱草歟？」

15 石先生丹法：取烏未生毛者〔一〕，以真丹和牛肉飼之，長，毛羽赤色〔二〕，煞之，陰乾服之，壽五百歲〔三〕。

〔一〕此句孫校本作「取烏鷇之未生毛羽者」。石先生：煉丹方士，生平未詳。

〔二〕真丹：道士稱按其方藥所煉製的丹藥爲真丹。「飼」，道藏本、四庫本作「飴」，二字通。晉書王導傳：「薈以私米作饘粥，以飴餓者。」「飼之」，孫校本作「以吞之」。下句作「至長，其毛羽皆赤」。

〔三〕「煞」下「之」字，道藏本、四庫本脱。煞：「殺」之俗字。此上之文，孫校本作「乃煞之，陰乾百日，併毛羽擣服一刀圭百日，得壽五百歲」。

16 素顏紅膚惑其目〔一〕，清商流徵亂其聽〔二〕，此真理之德也〔三〕。

〔一〕「紅膚」，孫校本作「玉膚」；「惑」，道藏本作「或」，可通。素顏紅膚：此指女色。

〔二〕「聽」，孫校本作「耳」。清商流徵：商音清越，徵音流暢，形容美妙的音樂。

〔三〕德：教化。禮記內則：「降德於衆兆民。」鄭玄注：「德，猶教也。」此句孫校本無，御覽亦無，疑是馬總自注之文混入。

17 龍淵以靡割常新，斧斤以日用速敝〔一〕。

〔一〕「割」，道藏本、四庫本作「豁」，義同。上句孫校本作「龍泉以不割常利」。「斧斤」，孫校本作「斤斧」；「敝」，道藏本、四庫本作「弊」。龍淵：寶劍名。相傳春秋時楚王請歐冶子、干將二人鑄鐵劍三枚，一曰龍淵，二曰泰阿，三曰工布。事見越絶書。唐時避高祖李淵之諱，故龍淵改稱龍泉。

18 寸蛸泛濫跡水之中〔一〕，則謂天下無四海之廣；芒蝎宛轉果核之內，則謂天下無八極之大〔二〕。

〔一〕此句孫校本作「夫寸鮹汎迹濫水之中」。寸蛸：即土蛸。廣韻：「蛸，土蛸，毒蟲。」集韻賄韻：「蛸，土蟲名。」泛濫：本指水勢橫流，此喻任意暢游。跡水：牛蹄坑內的積水。又見抱朴子刺驕：「寸鮹游牛蹄之水，不貴橫海之巨鱗。」

〔二〕下句孫校本作「則謂八極之界盡於茲也」。芒蝎：水果殼、核內的蛀蟲。宛轉：輾轉活動。八極：八方極遠之地。

19 漏脯救飢，鴆酒止渴〔一〕，非不暫飽，死亦及之〔二〕。

〔一〕「漏脯」上，孫校本有「譬若以」三字；「漏」，廖本作「堇」；「鴆」，孫校本作「鳩」，誤。漏脯：爲漏水所沾污的隔夜之肉。古人認爲此肉爲漏水所沾污，有毒，食之可致死。魏嵇康答難養生論：「故嗜酒者自抑於鴆酒，貪食者忍飢於漏脯。」語又見抱朴子嘉遯：「咀漏脯以充飢，酣鴆酒以止渴也。」

〔二〕此句孫校本作「而死亦及之矣」。天海案：此與上條道藏本、聚學軒本、四庫本皆併作一條。

20 貴明珠而賤淵潭，愛和璞而惡荆山〔一〕，不知淵潭是明珠所出，荆山是和璧所生〔二〕。

〔一〕「璞」，孫校本作「璧」。荆山：在今湖北南彰縣西。相傳春秋時楚人卞和在荆山得到一塊璞玉，獻給楚王，琢成一塊舉世無雙的美玉，世稱和璧，或和氏璧。

〔二〕此二句孫校本作「不知淵潭者明珠之所自出，荆山者和璧之所由生也」。

21 方今士有待次之滯，官無暫曠之職〔一〕。

〔一〕「方今」二字孫校本無。待次：古代士人授官職後，須依次等待補缺。滯：鬱閉，此指積弊。暫曠：暫時空缺。

22 景風起則裘鑪息〔一〕，世道夷則奇士退。

〔一〕「景風」上，孫校本有「吾聞」二字。景風：夏至以後暖和的風。

23 肉芝是萬歲蟾蜍，頭上有丹書八字〔一〕，五月五日中時取之，以足畫地則水流〔二〕，帶之左手則辟兵〔三〕。

〔一〕上句類聚作「蟾蜍萬歲者」，孫校本作「肉芝者，謂萬歲蟾蜍」；下句類聚作「頭上有角，頷下有丹書八字再重」，「再重」，孫校本作「體重」，餘與類聚同。肉芝：即肉靈芝。道家稱千年蟾蜍、蝙蝠、靈龜、燕之類爲肉芝，食之可長壽。

〔二〕上句「中時」，類聚作「午時」，句下類聚與孫校本皆有「陰乾百日」四字；下句類聚與孫校本皆作「以其左足畫地，即爲流水」。

〔三〕此句孫校本作「帶其左手於身，辟五兵」。兵：此指兵器。聚學軒本周廣業注曰：「御覽此下云：

若敵人射己者，弓弩還自向也。」

24 行山中，見小兒乘車馬，長七八寸者，肉芝也，服之得仙〔一〕。

〔一〕「小兒」，孫校本作「小人」；末句作「捉取服之，即仙矣」。

25 千歲蝙蝠白如雪，住則倒懸，腦重故也〔一〕。

〔一〕「白」上，孫校本有「色」字；「住」，御覽與孫校本作「集」，聚學軒本從之。周廣業注曰：「御覽此下云：陰乾末服，人壽萬歲。」

26 千歲燕，窠門向北〔一〕。

〔一〕此句下御覽有「色白而尾曲，陰乾末服一頭得五百歲，此肉芝也」數句；孫校本則作「又千歲燕，其窠户北向，其色多白而尾曲，取陰乾末服一頭五百歲」。天海案：此條見孫校本内篇仙藥，意林所録過簡，文意不全。

27 雲英、雲珠、雲液、雲母、雲沙〔一〕，服之用玉水〔二〕。

〔一〕此上五種皆爲雲母别名，各以質地色澤區别命名。此文孫校本作「五色並具而多青者名雲英，宜以春服之；五色並具而多赤者名雲珠，宜以夏服之；五色並具而多白者名雲液，宜以秋服之；五色並具多黑者名雲母，宜以冬服之；但有青黄二色者名雲沙，宜以四季服之」。

〔二〕此句孫校本作「服五雲之法，或以桂葱水，玉化之以爲水」。

28 成帝獵於終南山，見一人無衣〔一〕，身生黑毛，合圍取之〔二〕，絶坑踰岸，有如飛鳥。及得，是婦人〔三〕。自云秦時宮人，關東賊至〔四〕，秦王出降，驚走入山〔五〕，垂當飢死，有老翁令食松實，遂不復飢〔六〕。乃是秦王子嬰宮人，至成帝二百許歲〔七〕。人將還，以穀食之〔八〕，毛稍脱落，轉老而死〔九〕。

〔一〕此二句孫校本作「又漢成帝時，獵者於終南山中見一人無衣服」。成帝：西漢成帝劉驁，公元前三二年至前六年在位。終南山：在今陝西西安市南，又稱南山。

〔二〕此句孫校本作「獵人見之，欲逐取之」。

〔三〕此上四句孫校本作「而其人踰坑越谷，有如飛騰，不可逮及。於是乃密伺其所在，合圍得之，乃是婦人」。絶坑踰岸：跨越水坑，跳上懸崖。

〔四〕上句孫校本作「問之，言我本是秦之宮人也」；下句「關」上有「聞」字。關東賊：此指函谷關以東農民起義軍。

〔五〕「驚」上，孫校本有「宮室燒燔」四字。

〔六〕此上三句孫校本作「飢無所食，垂餓死。有一老翁，教我食松葉、松實，當時苦澀，後稍便之。遂使不飢不渴，冬不寒，夏不熱」。

〔七〕此二句孫校本作「計此女定是秦王子嬰宮人，至成帝之世二百許歲」。秦王子嬰：秦始皇長子扶蘇之子。趙高殺秦二世胡亥，立子嬰，去帝號，稱秦王，在位四十六天，劉邦兵至，出降，後爲項羽所殺。

〔八〕此二句孫校本作「乃將歸，以穀食之」。

〔九〕此二句孫校本作「初聞穀臭，嘔吐累日乃安。如是二年許，身毛乃脱落，轉老而死」。

29 欲長生，服山精。山精，朮也〔一〕。

〔一〕此上之文，孫校本作「必欲長生，常服山精」；「朮，一名山薊，一名山精」。其下另有「故神藥經曰：必欲長生，常服山精」三句。山精：藥名。本草綱目：「朮者，山之精也，服之令人長生辟穀，故有山精、仙朮之號，服食家呼蒼朮爲仙朮。」朮：多年生草本植物，根莖可入藥，有白朮、蒼朮等數種。爾雅釋草：「朮，山薊。」疏：「本草云：一名山薊，一名山薑，一名山連。」

30 陵陽子仲服遠志二十年〔一〕，有子三十七人，讀書不忘〔二〕。

〔一〕陵陽子仲：當爲陵陽子明，古代傳説中的仙人。西漢丹陽人，姓竇，字子明。曾獲白魚，剖得丹書，論服餌之術。後住陵陽山成仙，故稱。列仙傳：「子明……止陵陽山上百餘年，遂得仙也。」陵陽：山名，在今安徽太平縣北，傳爲子明得仙之地。遠志：草藥名。高七八寸，莖細，葉橢圓形互生，夏開紫色花，根入藥。

〔二〕「讀書不忘」，孫校本作「開書所視不忘」。

31 得道聖人是黃老〔一〕，治世聖人是周孔二人〔二〕。

〔一〕「道」字道藏本、四庫本皆脱。此句孫校本作「得道之聖人，則黃老是也」。

〔三〕此句道藏本、四庫本作「世聖是周孔二人」，孫校本作「治世之聖人，則周孔是也」。聚學軒本周廣業注曰：「此當連下條。觀御覽引『棋聖』下尚有『書聖是皇象、胡昭，畫聖是衛協、張墨，巧聖是張衡、馬鈞』可見。」

32 善圍棊者，謂之棊聖〔一〕，故嚴子卿、馬綏明有棊聖人之名〔二〕。

〔一〕「棊」，道藏本、四庫本作「碁」，下與此同。此二句孫校本作「故善圍棋之無比者，則謂之棋聖」。

〔二〕此句孫校本作「故嚴子卿、馬綏明於今有棋聖之名焉」。嚴子卿：名武，字子卿，彭城人，三國時吴人，圍棋無人能比，與皇象等八人稱爲「吴下八絶」。事見三國志吴志注。馬綏明：人名，生平未詳。

33 彭祖自譽佐堯，歷夏至殷〔一〕。殷王遣宫女受房中之術，有驗，乃欲殺之，以絶其法。彭祖知之，乃逃。七十年，有人見於流沙〔二〕。

〔一〕此二句孫校本作「按：彭祖經云其自帝嚳佐堯，歷夏至殷爲大夫」。

〔二〕此上之文，孫校本作「殷王遣彩女從受房中之術，行之有效。欲殺彭祖，以絶其道，彭祖覺焉而逃去。去時年七八百餘，非爲死也。黄石公記云：彭祖去後七十餘年，門人於流沙之西見之，非死明矣」。殷王，此或指殷紂王。流沙：沙漠。

34 欲得長生，腹中清；欲得不死，腹無屎〔一〕。

〔一〕此條孫校本作「道書雖言，欲得長生，腸中當清；欲得不死，腸中無滓」。此條原在下「里語云」條下，此據道藏本調。

35 里語云〔一〕：「人在世間，日失一日，如牽牛羊詣屠所〔二〕，每進一步，去死轉近〔三〕。」

〔一〕「里語云」，孫校本作「里語有之」。

〔二〕「牛羊」下，孫校本有「以」字。

〔三〕「去」上，孫校本有「而」字。

36 老君姓李名聃，字伯陽，長九尺〔一〕，黃色，鳥喙，隆鼻，眉五寸，住金樓玉堂〔二〕。

〔一〕此上三句孫校本作「老君真形者，思之，姓李名聃，字伯陽，身長九尺」。

〔二〕「眉五寸」，孫校本作「秀眉長五寸」，其下尚有「耳長七寸，額有三理上下徹，足有八卦，以神龜爲牀」數句；末句「住」字孫校本脱，其下尚有「白銀爲階，五色雲爲衣，重疊之冠，鋒鋋之劍，從黃童百二十人」數句。

37 雞舌香、黃連、乳汁，治目中百病〔一〕。

〔一〕此條孫校本作「或以雞舌香、黃連、乳汁煎注之，諸有百疾之在目者皆愈」。雞舌香：即丁香，常綠喬木，可高達十米，産自熱帶。花和果實曬乾後有香氣，可入藥。因其種仁形如雞舌，故名。聚學軒本周廣業注曰：「嵇含南方草木狀：交趾有蜜香樹，開花白而繁，其花不香，成實乃香，爲雞舌香，漢郎官奏事則含之，即今之丁香舌也。」黄連：多年生草本植物，其根連株而色黄，故名。根可入藥，味大苦，可作清熱瀉火、消炎之用。

38　諺云：「無肥仙人、富道士。」雖能作金銀，皆自貧〔一〕。

〔一〕此條孫校本作「世間金銀皆善，然道士率皆貧，故諺云：無有肥仙人、富道士也」。

39　諺云：「書三寫，魚成魯，帝成虎〔一〕。」亦如神符，今用少驗〔二〕。

〔一〕「帝」，孫校本作「虚」，「虎」下有「此之謂也」四字。聚學軒本周廣業注曰：「埤雅引意林有『書三寫』三句，今廖本無之。」

〔二〕此二句孫校本無。考抱朴子中多講神符靈驗，此或非正文，疑馬總自注之文混入正文中。

40　白石似玉，姦佞似賢。

41　鸞不掛網，麟不墮穽〔一〕。

〔一〕此二句孫校本作「鳶不絓網，驎麟不墮穽」。

42　寸醪不能治黄河之濁，尺水不能卻蕭丘之熱〔一〕。穿舟以息漏，猛爨以止沸，不可得也〔二〕。

〔一〕聚學軒本周廣業注曰：「淮南子：阿膠一寸，不能止黃河之濁。南海蕭丘之上，有自生之火，春起秋滅。見藝文類聚引抱朴子。」又案曰：「此即東方朔所稱火山也。」天海案：此句下孫校本有數句，文繁不引。蕭丘：南海之島名。

〔二〕此三句，上二句中二「以」字，孫校本皆作「而」；「沸」下，孫校本有「者也」二字。下句孫校本無。

43 若使素士晝躬耕以餬口〔一〕，夜薪火以修業，則游夏不足多矣〔二〕。

〔一〕「晝躬耕」，道藏本、四庫本作「行耕」；「素士」下，孫校本有「則」字。素士：貧寒的士人。

〔二〕此句孫校本作「則世無視内，游夏不乏矣」。游夏：孔子弟子子游、子夏。子游，春秋時吳人。姓言名偃，字子游，長於文學，仕魯，曾爲武城宰。子夏：春秋時衛人。姓卜名商，字子夏，長於文學。相傳曾於西河講學，爲魏文侯師，又序詩傳易。均見史記仲尼弟子列傳。論語先進：「文學子游、子夏。」故游夏並稱。後世對才學出衆的人也以游夏作比。多：稱讚。

44 大廈既燒，取水於滄海〔一〕；洪潦淩空，伐舟於長川，則不及矣〔二〕。

〔一〕此二句孫校本作「大廈既燔，而運水於滄海」。

〔二〕上句「空」，孫校本作「室」；次句孫校本作「而造船於長洲矣」；末句孫校本無。

45 臣猶手足，履冰執熱，不得辭焉〔一〕。

〔一〕此條孫校本作「臣喻股肱，則手足也，履冰執熱，不得辭焉」。

46 高巖將隕〔一〕，非細縷所綴；龍門沸騰，非掬壤所遏〔二〕。

〔一〕「巖」，道藏本誤作「嚴」；「隕」，孫校本作「霣」。

〔二〕龍門：山名，在今陝西韓城與山西河津縣之間，黄河水至此東折入海，地勢險峻。掬壤：一捧土。

47 劍戟不長於縫緝，可以剸割牛馬〔一〕；錐鑽不可剸割牛馬〔二〕，而長於縫緝。材有大小，不可棄也。

〔一〕縫緝：縫補。此句孫校本無。

〔二〕此句孫校本作「錐鑽不可以擊斷」，其下另有「牛馬不能吠守，雞犬不任駕乘；役其所長，則事無廢功；避其所短，則世無棄才矣」數句。

48 六軍如林〔一〕，未必皆勇。

〔一〕六軍：周制，天子有六軍。後作爲軍隊的統稱。

49 仁者政之脂粉，刑者世之轡策〔一〕。當怒不怒〔二〕，姦臣爲虎；當殺不殺，大賊乃發〔三〕。

〔一〕此二句孫校本作「故仁者爲政之脂粉，刑者御世之轡策」。脂粉：比喻修飾、打扮。轡策：馬絡口與鞭子，比喻管束、治理。

〔二〕怒：憤怒，引申爲譴責。

〔三〕大賊：指造反、叛逆的人。

50 鑽端之火，勺水可滅〔一〕；鵠卵未乳，指掌可靡〔二〕。及其乘衝飈，燎巨野〔三〕，奮六翮，淩朝霞，雖智勇不能制也〔四〕。

〔一〕「鑽端」，孫校本作「鑽燧」；「勺水」，道藏本、四庫本作「口水」。鑽端：鑽頭。古人鑽木取火，故言。

〔二〕「乳」，孫校本作「孚」。乳：孵育。

〔三〕「巨野」上，孫校本有「而」字。衝飈：猛烈的狂風。巨野：曠野。

〔四〕此三句孫校本作「奮六羽以淩朝霞，則雖智勇不能制也」。六翮：飛禽的六支健羽。

51 委轡策而乘奔馬於險途，捨柂櫓而泛輕舟於江海，豈不險哉〔一〕？

〔一〕次句孫校本作「捨柁櫓而泛虚舟以淩波」，無「豈不險哉」一句。委：丟棄不用。柂：通「舵」。柂櫓：船舵與船槳。

52 金舟不能淩陽侯之波〔一〕，玉馬不任騁千里之跡〔二〕。

〔一〕「淩」，原作「淩」，此據道藏本改。陽侯：傳説中的波神。淮南子覽冥訓：「武王伐紂，渡於孟津，陽侯之波逆流而擊。」高誘注：「陽侯，陵陽國侯也。其國近水，休（溺）水而死，其神能爲大波，有所傷害，故謂之陽侯之波。」

〔三〕「騁」，道藏本誤作「聘」。不任：不堪，不勝。騁：馳騁。跡：行跡。引申爲行程。

53 或輸自售之寶，或賣要人之書；或父兄貴顯，望門而辟命〔一〕；或低頭屈膝，積習而見收〔二〕。

〔一〕望門：看門第。辟命：徵召，任命。

〔二〕見收：被收攬録用。

54 語曰：「舉秀才，不知書；察孝廉〔一〕，父別居；寒素清白濁如泥，高第良將怯如雞〔二〕。」

〔一〕秀才：漢代舉士科目，謂才學優秀的人。孝廉：漢代舉士科目，謂行孝廉潔的人。漢制，州舉秀才一人，郡舉孝、廉各一人。

〔二〕寒素：漢、晉時舉士科目，謂出身貧寒的士人。清白：漢、晉時舉士科目，謂家世清白、品行純潔的人。「雞」，原作「黽」，四庫本亦作「黽」，道藏本、御覽作「蠅」，此據孫校本改。高第：指豪門權貴；一説考試高中成績優異的人。天海案：此爲東漢靈帝、獻帝時諺語。

55 諺曰：「古人欲達，勤讀經〔一〕；今世圖官，免治生〔二〕。」

〔一〕「諺曰」，孫校本作「又云」；「勤讀經」，道藏本、四庫本作「勤讀書經」，孫校本作「勤誦經」。

〔三〕免治生：免，通「勉」。努力謀生。一説免除謀生之勞。

56 余謂朋友之交不宜浮雜〔一〕；面而不心，揚雄所譏〔二〕。

〔一〕「謂」，孫校本作「以」。浮雜：輕薄而不純。

〔二〕「所」，孫校本作「攸」。「面而不心」，語本揚雄法言：「朋而不心，面朋也；友而不心，面友也。」

57 明鏡舉則傾冠見，羲和照則曲影覺〔一〕。

〔一〕傾冠：帽子歪斜。見：同「現」。羲和：神話中爲太陽趕車的人，此指太陽。

58 周勃社稷之臣，不能答錢穀之數〔一〕。

〔一〕「臣」，孫校本作「骾也」；下句孫校本作「而不能答錢穀，責獄辭」。周勃：沛人，從劉邦起義，因軍功封絳侯。後與陳平誅諸吕，立文帝，安劉氏天下。事見史記、漢書本傳。

59 識珍者必拾濁水之明珠〔一〕，賞氣者必將穢藪之芳蕙〔二〕。自非懸鑒，誰能披泥抽淪玉，澄川掇沈珠〔三〕？

〔一〕「珍」，道藏本、四庫本作「珎」，乃「珍」之俗字。「濁水」，汙水，道藏本作「濯水」。

〔二〕「將」，説郛本作「捋」，聚學軒本作「探」。穢藪：穢草叢生之處。芳蕙：芳香的蘭草。天海案：此以上二句不見於孫校本，周廣業稱見於初學記；嚴可均輯本有此數句，稱是備闕卷佚文。推其文意，當與下文同屬擢才篇。

〔三〕此三句，上句孫校本作「自匪明竝懸象、玄鑒表微者」。懸鑒：懸鏡，比喻明察如鏡高懸。次句「誰」，孫校本作「焉」。披泥：分開泥沙。淪玉：埋入水中的玉石。澄川：澄清河流。

60 智大者盤桓以山峙，器小者蓬飛而萍浮〔一〕。直繩，枉木之所憎；清公，姦慝之所讐〔二〕。

〔一〕「智大者」，孫校本作「夫智大量遠者」。「器小者」，孫校本作「器小志近者」。盤桓：廣大厚重貌。以：同「而」。

〔二〕「直繩」，孫校本作「夫直繩者」。清公：清廉公正。姦慝：奸詐邪惡。

61 文王之接吕望，桑陰未移而知其可師矣〔一〕；玄德之見孔明，晷影未改而腹心以委矣〔二〕。貌望豐偉者不必賢，形氣尪狴一作「瘁」。者不必愚〔三〕。

〔一〕「吕望」，孫校本作「吕尚」。「可」，孫校本作「足」。聚學軒本周廣業注曰：「戰國策：堯見舜草莽之中，桑陰不移而授天下。列子：堯之於舜，不違桑陰。」桑陰未移：桑樹陰影還未移動，比喻時間很短。

〔二〕「以」，孫校本作「已」。玄德：劉備，字玄德。孔明：諸葛亮，字孔明。事見三國志蜀先主傳。晷影：日影。

〔三〕下句孫校本作「而形器尪瘁者不必愚」。貌望：相貌。尪㾤：醜陋癲狂。

62 伯喈識絶音之器於煙燼之餘〔一〕，平子别逸響之竹於未用之前〔二〕。

〔一〕伯喈：蔡邕，字伯喈，陳留人，東漢靈帝時拜郎中。董卓時召爲祭酒，遷中郎將。卓敗，囚死獄中。邕少博學，工辭章，精音律，善鼓琴，工書畫，有獨斷一書傳世。後漢書有傳。據後漢書、搜神記載，蔡邕曾用燒焦的桐木製成琴，名曰焦尾。絶音之器：此指無與倫比的樂器。煙燼之餘：指燒焦的桐木。

〔二〕「别」，孫校本作「剔」。平子：張衡，字平子，南陽人。通五經、天文、曆算、機械製作等。漢安帝時爲郎中，後拜尚書。曾發明過渾天儀、地動儀。後漢書有傳。聚學軒本周廣業注曰：「張衡多巧思。『别竹』事不見本傳。蓋亦伯喈椽竹之類。椽竹有二説：伏滔長笛賦言取柯亭竹爲笛，文士傳言取高遷亭竹爲籥，或以張事並繫于蔡也。」别逸響之竹：此指能識别製作具有超凡絶俗樂聲的竹子。

63 威儀如龍虎，盤旋成規矩〔一〕。

〔一〕「旋」，道藏本誤作「族」。盤旋：迴旋周轉。規矩：此比喻法度。

64 酒後體輕耳熱，冠脱帶解〔一〕。遲重者蓬轉而波偃，整肅者鹿踊而魚躍〔二〕，口訥者皆搖掌以譜聲，不競者皆裨膽以高發〔三〕。以九折同蟻封，以吕梁同牛跡〔四〕。禁之彌極，不可向也〔五〕。君若畏酒如畏疾，一作「風」。憎醉如憎大一本無「大」字。病，則無荒沈之咎矣〔六〕。

〔一〕此二句孫校本詳於此，文繁不引。

〔二〕「波偃」，孫校本作「波擾」。此二句形容平常嚴肅端莊、苯重遲緩的人飲酒後的醉態。

〔三〕口訥：口舌遲鈍，不善言談。譜聲：按曲而唱。不競者：與世無争的人。裨膽：壯膽。高發：高聲議論，發表見解。

〔四〕此二句孫校本作「以九折之阪爲蟻封」，「以吕梁之淵爲牛跡也」。九折：即九折阪，在今四川滎經縣西邛崍山。山路險阻回曲，須九折乃得上，故名。蟻封：蟻穴外的小土堆。吕梁：本爲山名，在黄河與汾河之間。此指黄河於此形成的深淵，又稱龍門淵。牛跡：牛蹄所踩之水坑。

〔五〕此二句不見於孫校本。彌極：終極。向：接近。

〔六〕此三句，上句孫校本作「若畏酒如畏風」；次句「大」字無；末句作「則荒沈之咎塞，而流連之失止矣」。荒沈：荒唐沉溺。

65　民有穴地而釀、油囊懷酒者〔一〕，法輕利重，安能令絶乎〔二〕？

〔一〕「民有」，孫校本作「至乃」，「者」字孫校本無。「油囊」，道藏本、四庫本作「酒囊」。穴地：挖地下室。油囊：油壺。

〔二〕此二句孫校本作「以此而禁，禁安得止哉」。

66　管輅頓仰三斗而清辯綺粲〔一〕，揚雄酒不離口而太玄乃就〔二〕。

〔一〕「頓仰」，孫校本作「傾仰」。管輅：三國魏平原人，字公明，明周易，善卜筮，相傳所占無不應。事見三國志方技傳。頓仰：一口氣仰頸飲酒。清辯綺粲：辯才流暢，言辭綺麗。

〔三〕「揚雄」，孫校本作「揚雲」，或爲揚子雲簡稱。聚學軒本周廣業注曰：「揚雄家貧嗜酒，好事者時載酒肴從學。又雄作酒箴，其文爲酒客難法度士，見漢書。」太玄：即太玄經，揚雄所著，參見本書卷三太玄經題解。

67 慕惡者如宵蟲之赴明燭，學惡者如輕埃之應飈風〔一〕。

〔一〕二「惡」字，孫校本作「之」。二「如」字，孫校本作「猶」。宵蟲：夜裏的飛蟲。「輕埃」，輕微的塵埃，孫校本作「輕毛」。

68 有斧無柯，無如之何〔一〕。

〔一〕下句孫校本作「其如之何哉」。柯：斧柄。

69 以傾倚屈申者爲妍媚，以風格端嚴者爲田舍，豈不惑也〔一〕？

〔一〕「屈申」，孫校本作「申脚」。二「爲」字，道藏本、四庫本皆無。「妍媚」，孫校本作「妖妍標秀」。「田舍」下，孫校本有「樸騃」二字。「豈不惑也」四字無。傾倚屈申：比喻行爲不正，舉止輕浮。田舍：即田舍翁、田舍郎的省稱，猶今「鄉巴佬」。

70 窮巷諸生，吟誦而向枯簡〔一〕，匍匐而守黄卷〔二〕。

〔一〕「生」下，孫校本有「章句之士」四字；「吟誦」，孫校本作「吟詠」。窮巷：陋巷，指貧寒人居住之地。

枯簡：指陳舊的竹簡古書。

〔二〕 黴黴：形容盡全力，詩邶風谷風：「凡民有喪，黴黴救之。」黄卷：指古舊典籍。古代用黄柏染紙防蛀，書色黄，故稱。

71 低眉屈膝，趨事豪貴〔一〕；毛成翼長，蟬蛻泉壤，自乃軒昂〔二〕，此卑碎之徒也〔三〕。

〔一〕 此句孫校本作「奉附權豪」。

〔二〕 「蛻」，道藏本、四庫本作「脱」；「自乃」，孫校本作「便自」。軒昂：倨傲。

〔三〕 此句孫校本無。「卑碎」，道藏本作「碑碎」，廖本作「猥碎」，四庫本作「鄙俗」。卑碎：卑鄙屑小。

72 昔西施以心痛卧於道側，蘭麝芬芳，人皆美之〔一〕。鄰女慕焉，人皆憎之〔二〕。猶世人效戴叔鸞、阮嗣宗也〔三〕。

〔一〕 上三句孫校本作「昔者西施心痛而卧於道側，姿顏妖麗，蘭麝芬馥，見者咸美其容而念其疾，莫不躊躇焉」。蘭麝芬芳：此形容西施身上有如同蘭花、麝香一樣的奇異香氣。

〔二〕 上句孫校本作「於是鄰女慕之」，其下有「因僞疾伏於路間，形狀既醜，加之酷臭」三句；下句孫校本作「行人皆憎其貌而惡其氣，莫不睨面掩鼻，疾趨而過焉」。慕：此指倣效。

〔三〕 此句孫校本作「今世人無戴、阮之自然，而效其倨慢，亦是醜女闇於自量之類也」。戴叔鸞：名良，字叔鸞，東漢汝南慎陽人。高才尚奇論，舉孝廉不就，隱居江夏山中。後漢書有傳。阮嗣宗：名籍，字嗣宗，三國魏尉氏人。曾爲步兵校尉，故又稱阮步兵。爲人簡慢倨傲而不拘禮法，博覽羣書，尤好老莊，因不滿司馬氏專權而縱酒談玄。

73 逢世所貴，則蹇驢蒙龍駿之價〔一〕。

〔一〕上句孫校本作「所論薦」。蹇驢：跛脚的驢。蒙：混、冒充。龍駿：駿馬。

74 狐白不可以當暑，龍艘不可以乘陸〔一〕。

〔一〕狐白：即狐白裘，集狐狸腋下白色皮毛所做的皮裘，極爲珍貴。龍艘：即龍船。乘陸：在陸地行駛。天海案：此條不見於孫校本。唯外篇省煩有「何必當乘船以登山……重裘以當隆暑乎」二句文意似此。此下至第一百「孔鄭之門」條共二十七條，不見於孫校本外篇。

75 夫良將剛則法天，可望而不可干〔一〕；柔則象淵，可觀而不可入；去如收電，可見而不可追；住如丘山，可觀而不可動〔二〕。

〔一〕法天：以天爲法。干：冒犯。

〔二〕「住」，御覽作「留」；末句「觀」，聚學軒本作「瞻」。周廣業注曰：「此下六節當出軍術篇，御覽並引之。」天海案：嚴可均輯爲抱朴子外篇軍術佚文。

76 春以長矛在前，夏以大戟在前，秋以弓弩在前，冬以刀盾在前，此行軍四時應天法也〔一〕。

〔一〕嚴氏輯本外篇軍術有此條，稱採自意林、御覽，文同。

77 太公云：從孤擊虚〔一〕，萬人無餘，一女子當百丈夫。

〔一〕聚學軒本周廣業注曰：「從孤擊虚，是以方位言之。」孤虚：古代占卜推算日時之法。以天干爲日，地支爲辰，日辰不全爲孤虚。史記褚少孫補龜策傳：「日辰不全，故有孤虚。」集解：「甲乙謂之日，子丑謂之辰。六甲孤虚法：甲子旬中無戌亥，戌亥即爲孤，辰巳即爲虚。甲戌旬中無申酉，申酉即爲孤，寅卯即爲虚。甲申旬中無午未，午未爲孤，子丑爲虚。推之甲午、甲辰、甲寅旬中並然。」

78 風鳴葉者，賊在十里；鳴條者，百里；摇枝者，四百里〔一〕；金器自鳴及焦器鳴者，軍疲也〔二〕；氣如驚鹿，敗軍氣也〔三〕。

〔一〕鳴葉：摇動樹葉發出響聲。鳴條：摇動細枝發出響聲。天海案：此以上之文，又見書鈔、御覽引，文略異。

〔二〕金器：此指兵器。焦器：軍中金屬炊具。天海案：此二句嚴氏輯本單作一條。

〔三〕此二句嚴氏輯本引御覽作「凡戰，觀雲氣如走驚鹿者，敗軍之氣也」。

79 雨露霑衣裳者，謂潤兵〔一〕；不霑衣裳者，謂泣軍〔二〕。軍兵太一在玉帳之中，不可攻也〔三〕。

〔一〕此二句嚴氏輯本作「軍始出，雨露霑衣裳者，是謂潤兵，其軍有功」。聚學軒本周廣業注曰：「初學記引有『其軍有喜』。」潤兵：潤澤軍隊，即給軍隊以恩惠。

〔二〕聚學軒本周廣業注曰：「漢書王莽傳：地皇三年四月遣王匡等征赤眉，祖都門外，天大雨霑衣，長老歎曰：『是爲泣軍。』與此説小異。」天海案：此二句嚴氏輯本作「雨不足霑衣裳者，是謂泣軍，必敗」。泣軍：爲軍隊哭泣。

〔三〕此二句嚴氏輯本引作「太一在軍帳之中，不可攻也」，並單作一條。軍兵：指戰爭。太一：天神。史記封禪書：「天神貴者太一。」玉帳：對主帥所居軍帳的美稱。

80 兵地生蟹者宜速移〔一〕。

〔一〕「移」下，嚴氏輯本有「軍」字。兵地：駐軍之地。聚學軒本周廣業注曰：「御覽引『春以長矛』至此，云出六韜。又引廣五行志曰：蟹，魚之類。水失其類，則有此孽。」

81 余嘗問嵇生曰〔一〕：「左太沖、張茂先可謂通人乎〔二〕？」君道答曰：「通人者，聖人之次也，其間無所復容〔三〕。」余聞班固云〔四〕：「呂氏望雲而知高祖所在〔五〕。」天豈獨開呂氏之目而掩衆人之目邪〔六〕？

〔一〕「問」，道藏本作「聞」；「嵇生」，嚴氏輯本作「嵇君道」。嵇生：即嵇含，字君道，西晉鞏縣亳丘人，自號亳丘子，好學能文章，舉秀才，除郎中，後累官至襄城太守。著有南方草木狀一書。

〔二〕左太沖：左思，字太沖，西晉臨淄人。貌醜口訥，博學，兼善陰陽之術，官秘書郎。構思十年，作三都賦，張華歎爲班、張之流，於是洛陽爲之紙貴。晉書有傳。張茂先：張華，字茂先，西晉范陽方城人。博學多聞，當時推爲第一。官至司空，封廣武縣侯。後被趙王倫所殺。著有博物志傳世。晉書有傳。通人：博古通今的人。

〔三〕此以上之文，嚴氏輯本引意林單作一條。

〔四〕此句道藏本、四庫本作「余問班，班云」。此指班固，東漢人，與抱朴子不同時，何能問答？「問」字當爲「聞」字之誤，而衍「班」字。

〔五〕吕氏：指劉邦妻吕雉。漢書高帝紀：「高祖隱於芒碭山澤間，吕氏與人俱求，常得之。高祖怪問之，吕后曰：『季所居，上常有雲氣，故從往，常得季。』」水經注：「漢高祖隱碭山，吕氏望氣知之。」

〔六〕聚學軒本周廣業注曰：「京房易候曰：視四方常有大雲五色具而不雨，其下賢人隱矣。案：范增使人望沛公，氣皆成龍虎，亦用此法。此下五條似出外篇，而今本闕。天中記引之。」天海案：此條嚴氏輯本採自意林，分作二條。

82　閹官無情，不得謂貞；倡獨不飲，不可謂廉〔一〕。

〔一〕「倡獨」，説郛本作「倡優」，於義爲長。倡：古代歌舞雜技類藝人。獨：尚且。

83　文王食子羹，佯不知，非甘也〔一〕。

〔一〕聚學軒本周廣業注曰：「帝王世紀：紂囚文王，烹其子伯邑考，爲羹賜之，文王食之。紂曰：誰謂西伯聖者，食其子羹而不知也。」

84 董仲舒學見深而天才鈍，以蜉蜂是神龍者〔一〕。非但不識神龍，亦不識蜉蜂。

〔一〕董仲舒：見本書卷三論衡第五十五條注。學見：即學識。天才鈍：天資遲鈍。蜉蜂：聚學軒本周廣業注曰：「御覽作蜥蜴。漢書東方朔占守宫曰：『臣以爲龍又無角，謂之爲蛇又有足，跂跂脈脈善緣壁，若非守宫即蜥蜴。』淮南子曰：『視龍猶蝘蜓。』高誘注：『蜥蜴也，或曰守宫。』則蜥蜴擬龍有由來矣，未聞蜉蜂也。當從御覽。」底本本條末有聚珍本館臣案曰：「蜉蜂未聞，太平御覽引之作蜥蜴。」

85 王仲任撫班固背曰：「此兒必爲天下知名〔一〕。」

〔一〕王仲任：王充，字仲任。見本書卷三論衡題解。後漢書班固傳李賢注：「謝承書曰：『固年十三，王充見之，拊其背，謂彪曰：此兒必記漢事。』」

86 五嶺無冬殞之木，南海、晉安有九熟之稻〔一〕。

〔一〕五嶺：山名，在廣東、廣西一帶。晉安：郡名，晉太康三年置，治在今福建福州市。九熟：多次成熟。九，非實指，泛指多數。南海：郡名，在今廣州一帶。天海案：嚴氏輯本引此，文同。又見初學記、御覽所引。

87 老君玉策曰〔一〕：「松脂入地千年作茯苓〔二〕，茯苓千年作琥珀，琥珀千年作石膽，石膽千年作威喜〔三〕。」

〔一〕「曰」，道藏本、聚學軒本、四庫本皆作「云」；聚學軒本周廣業注曰：「當有『記』字。」老君：指太上老君。玉策：書名，此指秘笈。

〔二〕此與下文四「作」字，嚴氏輯本皆作「變爲」。

〔三〕琥珀：松、柏樹脂的化石。紅色的叫琥珀，黄而透明的叫蠟珀，皆可入藥，亦作裝飾用。又見張華博物志引神仙傳：「松柏脂入地，千年化爲茯苓，茯苓化爲琥珀。琥珀一名江珠。」石膽：膽礬的別名，一名畢石，可入藥。威喜：靈芝名。又見抱朴子内篇仙藥：「松柏脂淪入地千歲，化爲茯苓。茯苓萬歲，其上生小木，狀似蓮花，名曰木威喜芝。」

88 炙鼓使鳴，絞絃令悲〔一〕，實使鼓速穿，絃早絶。一本「鼓」下有「迷」字。磨刀殺馬〔二〕，立可驗也。

〔一〕「悲」，嚴氏輯本作「急」。炙鼓：用火烘烤鼓皮，使乾燥。絞絃：把琴絃擰緊。

〔二〕磨刀殺馬：馬皮可作鼓，馬尾可作弦，故有此言。

89 蜉蜂窠作蠟，水沫作浮石〔一〕。

〔一〕「蜉蜂」下聚學軒本周廣業注曰：「初學記引此無『蜉』字，上有『燒泥爲瓦，燔木爲炭』二句，云『凡此皆去其柔脆，變爲堅剛』。」水沫：水上泡沫。浮石：岩漿凝成的海棉狀岩石，體輕，能浮於水，故名。又見於抱朴子內篇仙藥：「亦可以浮石、水蜂窠、化包彤、蛇黄合之，可引長三四尺，丸服之。」

天海案：嚴氏輯本文詳於此。又見初學記、御覽所引。

90 落星堈，謂吴時星落〔一〕。

〔一〕堈：高丘。嚴氏輯本作「岡」。落星堈：山名，在今南京市東北。相傳三國時有大星落於此，故名。

91 汲塚書云〔一〕：「黄帝仙去，其臣有左徹者〔二〕，削木作黄帝之像，帥諸侯奉之〔三〕。」

〔一〕此句嚴氏輯本作「汲郡塚中竹書言」。汲塚書：晉太康二年，汲郡人不准盜發魏襄王墓，得竹書數十車，皆爲先秦古籍，後稱這批書叫汲塚書。

〔二〕「左徹」，道藏本、四庫本皆誤作「夫徹」，汲塚書、博物志、路史皆作「左徹」。左徹：傳説爲黄帝時大臣。黄帝鑄三鼎於荆山之陽，鼎成而黄帝死，左徹取其衣冠几杖廟祀之。

〔三〕「奉」上，嚴氏輯本有「朝」字。帥：同「率」。

92 食鵠胎令人能夜書〔一〕。

〔一〕鵠胎：指天鵝蛋中尚未孵出的幼鳥。夜書：黑夜中不用燈火照明就可以書寫。

93 河伯，華陰人，以八月上庚日渡河溺死，天帝署作河伯〔一〕。

〔一〕河伯：黄河之神。聚學軒本周廣業注曰：「當作馮夷。」莊子秋水釋文：「河伯，姓馮，名夷。」又史記西門豹傳正義：「河伯，華陰潼鄉人，姓馮氏，名夷，浴於河中而溺死，遂爲河伯也。」華陰：縣名，因在太華山之北，故名。上庚日：上旬第七日。署：任命。文選注引抱朴子釋鬼有此文。天海案：釋鬼篇今佚。

94 鵝鬼。吴景帝有疾，召巫覡〔一〕，帝試之。乃殺鵝埋於苑中，架小屋，施牀帳，以婦人履著其前。巫云：「但見一白鵝，不見婦人也。」帝乃重之。

〔一〕吴景帝：三國時東吴景帝孫休，公元二五八年至二六四年在位。巫覡：古代巫師合稱，男稱覡，女稱巫。聚學軒本周廣業注曰：「吴志注引之甚詳。」

95 獼猴鬼。余友人膠永叔嘗養一大獼猴〔一〕，以鐵鎖鎖之於牀間，犬齧殺，經百日許〔二〕，見鬼者云〔三〕：「承塵上有獼猴被瘡流血〔四〕。」

〔一〕「膠永叔」，聚學軒本據御覽改作「滕永叔」，嚴氏輯本作「騰永叔」。膠永叔：人名，生平未詳。

〔二〕此上二句，嚴氏輯本作「而犬忽齧殺之，永叔使合鎖埋之，後百日許」。

〔三〕「見鬼者」，道藏本、四庫本皆誤作「鬼見者」，聚學軒本脱「鬼」字。嚴氏輯本作「有見鬼者，見獼猴走上承塵上。不悟是獼猴鬼也，驚指之曰」。見鬼者：古代有自稱能走陰見鬼的職業迷信者。

〔四〕此句嚴氏輯本作「獼猴何以被傷流血斷走乎？永叔曰：始乃知獼猴死復有鬼也」。承塵：蚊帳頂上用來承接灰塵的布幔。

96 余從祖得道，能分形〔一〕。座上有一葛公與客談話，又一葛公迎來送去〔二〕。

〔一〕從祖：叔伯祖父。分形：即道士所謂分身之術。

〔二〕上句「客」字，道藏本作「一」。葛公：葛洪的叔祖父葛玄，字孝先，三國時東吴琅琊人，學長生不死之道，後成仙，號葛仙公。事詳神仙傳。天海案：嚴氏輯本外篇引此，文同。事又見於内篇地真。

97 余見二陸之文百卷許〔一〕，似未盡也。方之他人，若江漢與潢污也〔二〕。嵇生云〔三〕：「每讀二陸之文，未嘗不廢卷而歎，恐其卷盡也。」陸子十篇，誠謂快書〔四〕。其辭富者，雖精思不可損也〔五〕；其理約者，雖鴻筆不可益也。觀此二人，豈徒儒雅之士、文章之人也〔六〕？

〔一〕此句嚴氏輯本作「嵇君道問二陸優劣。抱朴子曰：吾見二陸之文百許卷」。二陸：晉陸機與陸雲，兄弟二人同時齊名，故稱二陸。

〔二〕此句下嚴氏輯本有「及其精處，妙絶漢魏人也」，且此上與下文分列作二條。江漢：長江與漢水。潢污：低窪積水處。

〔三〕「嵇生」，嚴氏輯本作「嵇君道」。嵇生：即嵇含，字君道。

〔四〕聚學軒本周廣業注曰：「陸雲撰新書十篇，見隋志。」天海案：陸子十篇，參見本書卷六陸子題解。

快書：讀之使人感到痛快的書。

〔五〕精思：深思。御覽引作「覃思」。

〔六〕書鈔、御覽、天中記亦引此文。

98 抱朴子曰：「秦時不覺無鼻之醜，陽翟憎無癭之人〔一〕。」

〔一〕聚學軒本周廣業注曰：「御覽載崔寔政論曰：秦劓殺其民，赭衣塞路，有鼻者醜。百姓烏驚獸駭，不知所歸命。」陽翟：即今河南禹縣。聚學軒本周廣業注曰：「陽翟人多癭。淮南子：險阻氣多癭。」癭：俗稱大脖子病。

99 陸君深識文章放蕩，不作虛誕之言〔一〕，非不能也。陸君之文，猶玄圃積玉，無非夜光〔二〕。卻後數百年，若有幹跡如二陸，猶比肩也，不謂疎矣〔三〕。

〔一〕此二句嚴氏輯本引御覽作「陸君深疾文士放蕩流遁，遂往，不爲虛誕之言」，「深識」當依御覽作「深疾」，文意方順。陸君：此或指陸機。放蕩：恣意放任，没有檢束。

〔二〕「積玉」，道藏本、四庫本皆脱「積」字。玄圃：一作「懸圃」，傳説在崑崙山頂有玄圃，爲神仙居住之地。夜光：夜光璧，珍貴的寶玉。

〔三〕幹跡：幹練經歷。二陸：指陸機、陸雲。比肩：並肩，比喻人才很多。天海案：此條似有脱文，致文意不足。嚴氏輯本引書鈔、御覽，文略異。

100 孔鄭之門，耳聽口受者皆已滅絶，唯託竹素者可謂世寶〔一〕。羈鞍仁義，纓鎖禮樂〔二〕。

〔一〕孔鄭：漢朝經學家孔安國與鄭玄。竹素：竹簡、白絹。古代寫書材料，此指代書册。

〔二〕羈鞍：本爲馬絡頭與馬鞍，此借喻駕馭。纓鎖：繩索與鎖鏈，此喻捆縛、拘束。天海案：「世寶」以上御覽亦引之，嚴氏輯本引此，文同。

101 禰衡常云〔一〕：「孔融、荀彧强可與語，餘人酒甕飯囊〔二〕。」

〔一〕禰衡：字正平，平原般人。少有才辯，氣剛傲物。因侮辱曹操被逐，後爲黄祖所殺。三國志有傳。

〔二〕「荀彧」，道藏本脱「彧」字。孔融：字文舉，山東曲阜人，孔子二十世孫。漢獻帝時爲北海相，後入朝爲太中大夫。自恃高門世族，輕侮曹操，爲操所殺。孔融好士，善文章，爲「建安七子」之首。荀彧：字文若，潁川潁陰人。少有才名，初依袁紹，後從曹操，官司馬。曹操比之爲漢初張良。後守尚書令，常參與軍國大事。因反對曹操進爵魏公，飲藥自盡。天海案：此條見孫校本外篇彈禰，文有異。道藏本、四庫本録此條於「盈丈之尾」條下。

102 上世之人〔一〕，冰霜結而不寒，資糧絶而不飢〔二〕。

〔一〕此四字道藏本誤連「余友人玄伯先生」條下，孫校本作「若令上世人如木石」。

〔二〕上句道藏本、四庫本皆無「霜」字；孫校本作「玄冰結而不寒」。天海案：此條見孫校本外篇詰鮑。

道藏本、四庫本録在「余友人」條下。

103 獺多則魚擾，鷹衆則鳥亂。

104 盈丈之尾，必非咫尺之軀〔一〕；尋仞之牙，必非膚寸之口〔二〕。

〔一〕此二句孫校本作「夫見盈丈之尾，則知非咫尺之軀」。盈丈：超過一丈。咫尺：八寸爲咫，此形容很短、很小。

〔二〕此二句孫校本作「覩尋仞之牙，則知非膚寸之口」。尋仞：古代長度單位，七尺或八尺。膚寸：古代長度單位，以一指寬爲一寸，四寸寬爲一膚，形容很小的東西。天海案：此條見孫校本外篇詰鮑。

105 余友人玄伯先生〔一〕，以儒墨作城池，以機神作干戈〔二〕。

〔一〕「伯」，孫校本作「泊」。句末孫校本有「者」字。玄伯：或爲人之字，其人生平未詳。

〔二〕二「作」字，今本皆作「爲」。機神：神機妙算。天海案：此條見孫校本外篇知止。道藏本、四庫本録於「孔鄭之門」條下。

106 洪字稚川，丹陽句容人，其先葛天氏〔一〕。洪累遭火，典籍盡，乃負笈徒步，借書鈔寫，賣薪買紙，然火披覽。所寫皆反覆有字，人少能讀之〔二〕。性質容易，冠纓垢敝〔三〕。或廣衣大帶，或促身修袖〔四〕；或長裾曳地，或短不蔽膝〔五〕。時人咸稱抱朴之士，因以著書名焉〔六〕。洪貧無僕童，籬落不修〔七〕，常披榛出門，排草入室。洪性不干犯官長，不煩擾親族〔八〕。

〔一〕「洪字稚川」，孫校本作「抱朴子者，姓葛名洪，字稚川」。丹陽：郡名，漢時治宛陵（今安徽宣城），三國時移治建業（今南京）。句容：縣名，地在今江蘇句容縣，漢時屬丹陽郡。葛天氏：傳説中遠古帝王號，在伏羲氏之前。古人認爲那是理想的淳樸之世。

〔二〕此上之文，孫校本作「又累遭兵火，先人典籍蕩盡，農隙之暇無所讀，乃負笈徒步行借。伐薪賣之，以給紙筆。就營田園，處以柴火寫書。常乏紙，每所寫反覆有字，人尠能讀也」。

〔三〕性質容易：本性隨和，容易與人相處。此句孫校本作「性鈍口訥，形貌醜陋」。冠纓：帽帶；今本作「冠履」，其下尚有「衣或襤褸，而或不恥焉」數句。

〔四〕促身修袖：窄衣長袖。此二句孫校本作「或忽廣領而大帶，或促身而修袖」。

〔五〕「膝」，孫校本作「脚」。長裾曳地：長襟拖地。

〔六〕此二句孫校本作「故邦人咸稱之爲抱朴之士，是以洪著書，因以自號焉」。

〔七〕此二句孫校本作「貧無僮僕，籬落頓決」。

〔八〕上句孫校本作「洪性深不好干煩官長」；下句孫校本作「其餘雖至親者，終不以片言半字少累之也」。

107 稽君道作廣州刺史，表洪參軍〔一〕。乃非所樂，利得避身於南地也〔二〕。

〔一〕此二句孫校本作「會有故人譙國嵇君道，見用爲廣州刺史，乃表請洪爲參軍」。嵇君道：即前文所言嵇含。參軍：官職名。東漢末年有參軍事之名，即參謀軍務，簡稱參軍。

〔二〕上句「乃」，孫校本作「雖」；下句孫校本作「然利可避地於南，故黽勉就焉」。天海案：此條見孫校本外篇自叙。

108 洪年十五，大作詩賦，自謂可行於代〔一〕。至弱冠尋覽，殊不稱意，一時毁之〔二〕。

〔一〕此三句孫校本作「洪年十五六時，所作詩賦雜文，當時自謂可行於代」。「代」，疑當作「世」，或爲唐人避諱而改。

〔二〕此三句孫校本作「至於弱冠，更詳省之，殊多不稱意，棄十不存一」。天海案：此條見孫校本外篇自叙。道藏本、四庫本録在卷末。

109 洪不圍碁、摴蒱〔一〕，見人博奕，了不觀之〔二〕。

〔一〕此句孫校本無，另有「是以至今不知棊局上有幾道，樗蒱齒名」句，且在後二句之下。摴蒱：一作樗蒲，古代一種博戲，晉代尤爲盛行。以投骰決勝負，後亦指賭博爲摴蒱。

〔二〕「博奕」，孫校本作「博戲」；「觀之」，孫校本作「目眄」。了：全然、完全。天海案：此條見孫校本外篇自叙。

意林校釋卷五

五二　周生烈子五卷

周生烈，複姓周生，名烈，字文逸。原籍敦煌，稱出自堯後。路史引敦煌實録云：「烈本姓唐，外養周氏，因以爲姓。魏初張既爲梁州刺史，禮辟之，歷官博士、侍中。」其著述見晉武帝中經簿。隋志儒家潛夫論下注云：「周生子要論一卷、録一卷，魏侍中周生烈撰，亡。」兩唐志載周生烈子五卷，宋以後史志書目已多不見載，唯通志藝文略、焦竑國史經籍志等仍之，乃虚列其目而已。宋高似孫子略目録子鈔有目而無卷數，説郛本意林仍作五卷，注云：「字文逸，張角敗後，天下潰亂，故著此書。」此注文見於意林所録序文中。

清人張澍輯有周生烈子一卷九條，刊在二酉堂叢書中。馬國翰輯有周生子要論佚文一卷二十二條，意林所録十條亦在其中，可資參閲。

1　序云：六蔽鄙夫燉煌周生烈，字文逸。張角敗後〔一〕，天下潰亂，哀苦之間，故著此書。以堯、舜作幹植，仲尼作師誡〔二〕。

〔一〕聚學軒本周廣業注曰：「烈，魏志一作『列』；逸，釋文作『連』，論語疏引七録作『逸』。角，巨鹿人，靈帝中平元年起事冀州，其黨皆著黄巾，號黄巾賊。詳袁宏漢紀魏志注。」天海案：六蔽：即六種弊端。孔子認爲不學儒家經典會造成六種弊害。語本論語陽貨：「子曰：『由也，女聞六言六蔽矣乎？』對曰：『未也。』『居，吾語女。好仁不好學，其蔽也愚；好知不好學，其蔽也蕩；好信不好學，其蔽也賊；好直不好學，其蔽也絞；好勇不好學，其蔽也亂；好剛不好學，其蔽也狂。』」後來也把不學無術叫做「六蔽」。此是周生自謙之詞。張角：東漢末年黄巾起義軍的領袖，巨鹿（今河北平鄉西南）人，公元一八四年率黄巾軍起義，失敗後病死。

〔二〕幹植：根本。師誡：學習的訓誡。天海案：據文意，此條當爲周生自序之文。

2 御馬失節，其車是碎〔一〕；御天下失節，四海失墜〔二〕。桀、紂是湯、武之梯，秦、項是大漢之階〔三〕。四逆不興，則四順不昇〔四〕。

〔一〕失節：失去節制控制。是：肯定。

〔二〕「失」，説郛本作「是」。

〔三〕秦、項：指秦朝和項羽。

〔四〕四逆：指上文所及桀、紂、秦、項。他們逆天而行，故稱四逆。四順：指商湯、周武王、漢高祖劉邦、漢光武帝劉秀，他們是順天應運的帝王。此句御覽作「則三順不勝也」，如此，則湯、武與大漢爲三順也。

3 賢哲不可以色貌誘之，猶張羅恤鳳，施穽誘麟。伯樂相馬，取之於瘦；聖人相士，取之於疎。

4 聽訟不如使勿訟〔一〕，善斷不如使勿亂。

〔一〕聽訟：審理訴訟。

5 理天綱仗八柄、運元象撮衆有者〔一〕，天子也；撫人物、參天意者，三公也〔二〕；執分節、事修理者，士也〔三〕。

〔一〕天綱：指國家大法；聚學軒本作「大綱」。八柄：古代君王駕馭臣下的八種權柄，指爵、禄、予、置、生、奪、廢、誅。見周禮天官太宰。元象：即玄象，玄象即天象。撮：聚合。衆有：即萬物。尹文子大道：「大道不稱，衆有必名。」厲時熙注：「衆有，指萬物。」

〔二〕人物：民衆，百姓，一説指有才德名望的人。參：領會。三公：輔助國君執掌全國軍政大權的最高官員。尚書周官以太師、太傅、太保爲三公；西漢以大司馬、大司徒、大司空爲三公；東漢以太尉、司徒、司空爲三公。

〔三〕分節：分部門管理。修理：完善而有條理。士：卿士、大夫。

6 臨死修善，於計已晚；事迫乃歸，於救已微。

7 有階者易成基，無因者難成時〔一〕。

〔一〕階：憑藉。基：基礎。因：因緣、條件。時：時機。一説「時」通「事」。

8 鳩傅隼翼〔一〕，羔披豹皮，類似質違〔二〕，表是裏非。

〔一〕傅：通「附」，附著。左傳僖公十四年：「皮之不存，毛將安傅。」釋文：「傅，音附。」隼：鷹鷂類猛禽，兇猛善飛。

〔二〕類似：貌似。聚學軒本「類」作「貌」。

9 人者天之舌，物者神之口。天高地厚，報應故晚。辭者主之弓弩，教者君之機關。

10 矜賞若春，重罰若秋〔一〕；行禮若火，流教若水〔二〕；讓一得百，爭十失九〔三〕。

〔一〕聚學軒本周廣業注曰：「御覽引云：『行賞不洽於人是春半，半生也；行罰不威是秋半，半死也。半生之春不洽於人，半死之秋不專於義。』較此二語更醒。」矜賞：吝賞，意即輕賞。

〔二〕行禮：施行禮制。流教：傳佈教化。

〔三〕聚學軒本周廣業案曰：廖本除序外，以「御馬」、「賢哲」、「聽訟」合爲一節，無「臨死」、「鳩傅」二節。故經義考謂意林引周生烈子四條，今則倍之矣。他書所引尚十數條。如類聚「天下所以平者，政平也；政所以平者，人平也；人所以平者，心平也」；御覽「居堯舜之位而不爲堯舜之政者，猶反衣狐白，步牽騄駬」；又「舜駕五龍以騰唐衢，武服九駿以馳文塗，此上御也」；又「昔伊尹操商栝，姬公揮周機，管仲執齊鉞，范蠡奮越椎」；又「仁如春風，惠如冬日」等語，亦自精卓。天海案：此二句原另作一條，此據道藏本與上併爲一條。

五三　荀悦申鑒五卷

荀悦，字仲豫，潁川潁陰（今河南許昌）人，荀淑之孫，荀儉之子。其父早卒。十二歲時，能説春秋，尤好著述。漢獻帝時，應曹操徵召，入鎮東將軍幕府，歷任黄門侍郎，累遷秘書監、侍中等職。著有申鑒五卷等。後漢書有傳。

申鑒，隋志以來史志書目均列於儒家，今存。荀悦撰寫此書之目的，在於總結歷史經驗教訓，以供君主借鑒之用，正如政體篇所言：「前鑒既明，後復申之。」故其書名曰申鑒。四庫提要稱明黄省曾注本「引據博洽，多得悦旨」；清人吴道傳有新校本收入諸子集成中。意林録文九條，現以四部叢刊所收黄氏注本參校之。

1　序云：夫道本仁義〔一〕，五經以經之〔二〕，羣籍以緯之。前鑒既明，今又申之，故曰申鑒〔三〕。

〔一〕「序云」二字，黄氏注本無；下句黄氏注本作「夫道之本，仁義而已矣」。

〔二〕「五經」，黄氏注本作「五典」，聚學軒本同。漢武帝建元五年置五經博士，始有五經之稱。白虎通五經：「五經何謂？謂易、尚書、詩、禮、春秋也。」

〔三〕此二句黄氏注本作「後復申之，篤序無强，謂之申鑒」。前鑒：即前車之鑒。聚學軒本周廣業注曰：「此條今在政體篇首，不言序，後漢書本傳載之。」

2 君臣親而有禮，百官和而不同，此治國之風也〔一〕。禮俗不一，庶人作議，此衰國之風也。君臣争盟，大夫争名，此乖國之風也〔二〕。上多欲，下多端〔三〕，法不定，政多門，此亂國之風也。以割下作能，附上作忠〔四〕，此叛國之風也。小臣争寵，大臣争權，此害國之風也〔五〕。上不訪，下不諫，婦言用，内政行〔六〕，此亡國之風也。

〔一〕「百官」，治要與黄氏注本皆作「百僚」。和而不同：和諧而不苟同。論語子路：「子曰：君子和而不同。」治國：政治清明，國家安定。

〔二〕「争盟」，黄氏注本作「争明」；「大夫」上，治要與黄氏注本皆有「士」字。乖國：國家邪惡盛行，政治反常。

〔三〕多端：多起事端。

〔四〕二「作」字，黄氏注本作「爲」，「附」上有「以」字。割：同「害」。説文刀部段玉裁注：「尚書多假借『割』爲『害』，古二字音同也。」割下：禍害百姓。

〔五〕「害國」，聚學軒本、黄氏注本作「危國」。小臣：宫中執役的太監。

〔六〕「内政」，黄氏注本作「私政」。内政：後宫干政。

3 善禁者先禁身而後人〔一〕，不善禁者先禁人而後身。

〔一〕下「禁」字下，黄氏注本有「其」字。禁身：禁戒自己。

4 三曰致武事，四曰禁數赦〔一〕。

〔一〕「致」，聚學軒本作「禁」。上句黄氏注本作「三曰置上武之官」，下句作「四曰議州牧」；另有「十七曰禁數赦令」數語。天海案：此條下原有聚珍本館臣案曰：「時事篇十九事，三曰置上武之官，十七曰禁數赦令。此有缺誤。」

5 秦之滅學也，書朽於屋壁，義絶於朝野〔一〕。

〔一〕「朽」，黄氏注本作「藏」。滅學：滅絶儒家學説。此指秦王政下令焚書坑儒事。義：仁義、正義。朝野：朝廷和民間。

6 學聖不至聖，可以盡生〔一〕；學壽不至壽，可以盡命〔二〕。

〔一〕上句黄氏注本作「學必至聖」。「生」，同「性」，聚學軒本、黄氏注本皆作「性」。天海案：儒家認爲人、物之性均包含天理，只有至誠之人才能極盡其本性，使各得其所。

〔二〕此二句黄氏注本作「壽必用道，所以盡命」，文意與此略異。前一「壽」指長壽的方法，後一「壽」指長壽。命：天命，此指天年。

7 君子有三鑒：鑒乎前，鑒乎人，鑒乎鏡〔一〕。

〔一〕此上九字黃氏注本無，另作「世人鏡鑒，前惟訓，人惟賢，鏡惟明」。天海案：此條見黃氏注本雜言上。又見北堂書鈔所引，與此文同。

8　下不鉗口，上不塞耳，則有所聞矣〔一〕。

〔一〕此句黃氏注本作「則可有聞矣」。

9　思唐虞於上世，瞻仲尼於中古，乃知小道者足羞也〔一〕；思伯夷於首陽，想四皓於商山，乃知穢志者足恥也〔二〕；存張騫於西極，念蘇武於朔方，乃知懷安者足鄙也〔三〕。

〔一〕此句黃氏注本作「而知夫小道者之足羞也」。此與下文中三「乃」字，今本皆作「而」。小道：儒家對禮教以外的學說和技藝的貶稱。

〔二〕「思」，黃氏注本作「想」。「想」，黃氏注本作「省」。「穢志」，道藏本、四庫本作「穢妄」，聚學軒本從之。伯夷、首陽：參見本書卷二莊子第三十條注。四皓：西漢初年隱居於商山的四個隱士，分別是東園公、綺里季、夏黃公、甪里先生。四人鬚眉皆白，故稱四皓。商山：山名，在今陝西商縣東南。

〔三〕存：想。張騫：漢中城固人，曾先後兩次出使西域，因功封博望侯。漢書有傳。西極：此指西域。蘇武：杜陵人，字子卿。漢武帝時出使匈奴，被扣留十九年，寧死不屈，漢宣帝時始回。漢書有傳。

「朔方」，黃氏注本作「朔垂」，郡名。西漢元朔二年置，轄今内蒙河套西北部一帶。「懷安者」，黃氏注本作「懷誾室者」。天海案：此條見黃氏注本雜言下。

五四　仲長統昌言十卷

仲長統（公元一七九年至二一九年），山陽高平人；複姓仲長，單名統，字公理。二十歲時遊學於青、徐、冀州之間。建安十一年（二〇六年），尚書令荀悦舉爲尚書郎。曹操爲丞相，他一度入幕參軍事。後復爲尚書郎。仲長統憤世嫉俗，著論三十四篇，約十萬餘言，名曰昌言。其言時事切中利弊。後漢書有傳，並載有佚文數篇。

隋志雜家載「仲長子昌言十二卷，録一卷，漢尚書郎仲長統撰」。兩唐志皆録作十卷。崇文總目雜家録二卷十五篇。郡齋讀書志、直齋書録解題皆不載。清人嚴可均、馬國翰所輯佚文，皆引有意林所録二十條，現以治要等參校之。

1　教化以禮義爲宗，禮義以典籍爲本。常道行於百世，權宜用於一時〔一〕。高辛已往〔二〕，則聞其人，不見其書。唐、虞、夏、殷，則見其書，不詳其事。周氏以來，載籍具矣。

〔一〕此上四句與治要所録文同。此下數句治要未録，天中記引此，文同。

〔二〕高辛：即帝嚳。傳説爲黄帝子玄囂之孫。一説商朝始祖契、周朝始祖弃與堯、舜皆帝嚳之子。已往：以上，以前。

2　後嗣愚王，見天下莫與之違〔一〕，奔其私情〔二〕，騁其邪欲，君臣宣淫，上下同惡，目極角觝之觀，耳蒙鄭衛之聲〔三〕，入則耽於婦人而不反，出則馳於田弋而不還〔四〕，信任親愛，寵貴后妃〔五〕，命移運去，不自知也〔六〕。

〔一〕此二句見後漢書本傳作「彼後嗣之愚主，見天下莫敢與之違」。

〔二〕此句後漢書本傳作「自謂若天地之不可亡也，乃奔其私情」。

〔三〕「蒙」，後漢書本傳作「窮」。聚學軒本周廣業注曰：「漢書刑法志『秦樂名角抵』，又武紀元豐三年作『角抵戲，三百里内皆來觀』，注：文穎曰：『角抵者，兩兩相當角力、角技藝、射御，故名，蓋雜伎樂也。』漢武故事『未央殿中設角觝之戲』，觝與抵同。」

〔四〕「弋」，道藏本誤作「戈」。此二句後漢書本傳作「入則耽於婦女，出則騁於田獵」。

〔五〕此二句後漢書本傳作「信任親愛者，盡佞諂容説之人也；寵貴隆豐者，盡后妃姬妾之家也」。

〔六〕此二句後漢書本傳作「至於運徙勢去猶不覺悟者，豈非富貴生不仁、沈溺致愚疾邪」。

3　建旗伐鼓，高烽明候，守邊之猛將，非中國之良吏。和鑾法駕，清道而行，便辟揖讓〔一〕，諸夏之威儀，非夷狄之有也。

〔二〕和鑾：古代車上的鈴鐺。掛在車前横木上的叫「和」，掛在軛首或車架上的叫「鸞」。法駕：皇帝的車駕。清道：清除道上行人，猶警戒。古時皇帝或大官出行，要清除道上行人，加强戒備。便辟揖讓：逢迎禮讓。

4 董賢之於哀帝〔一〕，無骨肉絲髮之親，又不能傳其氣類，定其繼嗣〔二〕，以丈夫宴接之歡自成膠漆也〔三〕。

〔一〕董賢：雲陽人，字聖卿。因貌美善逢迎而受到漢哀帝寵信，任爲光禄大夫。出則與帝同車，入則與帝同卧，賞賜鉅萬，貴傾當朝。後封高安侯，官至大司馬衛將軍。後被王莽參劾，畏罪自殺。哀帝：西漢哀帝劉欣，公元前七年至前一年在位。

〔二〕氣類：血脈同源，同種同類。繼嗣：繼承王位的人。

〔三〕丈夫宴接：像女人侍奉丈夫一樣逸樂親近。膠漆：形容關係親密，難捨難分。事又見漢書董賢傳。

5 景帝〔一〕，顯位、刺史者，皆是宦臣子弟，猶如豺狼守肉，鬼魅侍疾〔二〕。曰〔三〕：「在天之内，在人之外〔四〕。」一本「曰」作「日」。

〔一〕景帝：西漢景帝劉啓，公元前一五六年至前一四一年在位。

〔二〕「侍」，道藏本作「待」。

〔三〕「曰」，嚴氏輯本作「日」，案曰：「劉子心隱作『日在天之外，而心在人之内』。」聚學軒本作缺字□。

〔四〕聚珍本館臣案稱「此節疑有訛缺」。天海案：此二句文意不明，似有脱誤。

6　人愛我，我愛之；人憎我，我憎之。

7　天下士有三俗：選士而論族姓閥閲〔一〕，一俗；交遊趨富貴之門，二俗；畏服不接於貴尊〔二〕，三俗。天下之士有三可賤：慕名而不知實，一可賤；不敢正是非於富貴，二可賤；向盛背衰，三可賤。

〔一〕閥閲：功績和經歷，此亦指世家門第。

〔二〕畏服：因敬而畏。

8　天下學士有三姦焉：實不知詳與「佯」通。不言〔一〕，一也；竊他人之説以成己説〔二〕，二也；受無名者移知者，三也。

〔一〕詳：通「佯」，假裝。

〔二〕上「説」字，道藏本、四庫本作「記」。

9　知言而不能行，謂之疾。此疾雖有天醫〔一〕，莫能治也。

〔一〕天醫：御醫。一説指神醫、仙醫。一説爲黄帝、岐伯。潛居録：「八月朔……古人以此日爲天醫節，祭黃帝、岐伯。」

10 同於我者，何必可愛；異於我者，何必可憎〔一〕。知足以立難成之事，能足以圖難致之功〔二〕。附者不黨，疏者不遺〔三〕。

〔一〕此上四句，聚學軒本無二「可」字，且單列一條。

〔二〕知：同「智」。道藏本、四庫本正作「智」。「難致之功」四字原無，據四庫本、聚學軒本補。「圖」下，底本有聚珍本館臣案曰：「句有缺文。」

〔三〕不黨：不結私黨。不遺：不遺棄。此二句底本、聚學軒本皆單列一條，道藏本未分列，從之。

11 婦人有朝哭良人，暮適他士，涉歷百庭〔一〕，顏色不愧。今公侯之宮美女數百，卿士之家侍妾數十，晝則以醇酒淋其骨髓，夜則以房室輸其血氣〔二〕。

〔一〕良人：丈夫。適：女子嫁人叫「適」。涉歷百庭：此喻嫁過很多人家，此爲誇張的説法。

〔二〕房室：此指男女交接之事。

12 人之性，有山峙淵渟者〔一〕，患在不通；嚴剛貶絶者〔二〕，患在傷士；廣大闊蕩者，患在無檢〔三〕；和順恭慎者，患在少斷；端慤清潔者，患在拘狹〔四〕；辯通有辭者，患在多言；安舒沈重者，患在後時〔五〕；好古守經者，患在不變；勇毅果敢者，患在險害〔六〕。

〔一〕山峙淵渟：比喻人的品性像山一樣峙立，像潭水一樣深沉。

〔二〕嚴剛貶絶：嚴厲剛直，貶斥人過度。

〔三〕闊蕩：寬緩放任。無檢：不知約束自己。

〔四〕端慤清潔：正直誠實、清白無瑕。拘狹：拘謹、束縛。

〔五〕沈重：深沉莊重。後時：失時、誤時。

〔六〕險害：冒險遇害。

13 疏濯胸臆，澡雪腹心〔一〕，使之芬香皓潔，白不可汙也。道德仁義，天性也。織之以成其物，鍊之以致其精，瑩之以發其光。

〔一〕疏濯：疏理清洗。澡雪：洗滌使潔淨。

14 幽間則攻人之所短，會同則述人之所長〔一〕。負我者，我又加厚焉〔二〕；疑我者，我又加信焉。難必相恤，利必相及〔三〕。

〔一〕幽間：暗處，背人之處；道藏本、四庫本作「幽暗」。「人」，聚學軒本作「己」，周廣業注曰：「據御覽改。」「攻」，道藏本、四庫本作「巧」，或誤。會同：聚在一起。此二句治要作「幽間攻人之短，會友述人之長」。

〔二〕加厚焉：更加厚待他。聚珍本館臣案曰：「天中記引此，『厚焉』下有『未有與人交者，此而見憎者也』二句」。

〔三〕「相及」，道藏本、四庫本作「相反」；此二句治要作「患難必相及」。

15 事君不爲君所知，忠未至也〔一〕；與人交不爲人所信，義未至也〔二〕。

〔一〕此句治要作「是忠未至者也」。

〔二〕「信」，治要作「知」；下句治要作「是信義未至者也」。

16 父母不好學業，惡子孫學之〔一〕，可違而學也；父母不好士〔二〕，惡子孫友之，可違而交也〔三〕。

〔一〕學業：學問事業，治要作「學問」；下句治要作「疾子孫之爲之」，嚴氏輯本同。

〔二〕「好士」，治要作「好善士」，嚴氏輯本同。

〔三〕此二句治要作「惡子孫交之，可違而友也」，嚴氏輯本同。

17 英辭雨集，妙句雲來〔一〕。愛惡相攻〔二〕，命之自然也；愜快以志，人情之所欲也〔三〕。

〔一〕英辭：華美的詞語。此二句書鈔引作「英才如雨，妙句如雲」。文選沈休文宋書謝靈運傳注引作「英辭雨下，妙句雲布」。此二句原單列一條，此據道藏本併爲一條。

〔二〕「惡」字道藏本脱；「愛」字聚學軒本脱。

〔三〕「愜快以志」，四庫本作「快愜如志」；下句「情」字四庫本無。

18 嗽舌下泉咽之，名曰胎食〔一〕。得道者生六翮於臂，長毛羽於腹，飛無階之蒼天，度無窮之世俗〔二〕。

〔一〕嗽：通「漱」。泉：口中唾液。胎食：古代道家修煉之術。後漢書王真傳：「年且百歲，視之面有光澤，似未五十者。自云周流登五嶽名山，悉能行胎息、胎食之方，嗽舌下泉咽之，不絶房室。」注：「漢武内傳曰：習閉氣而吞之，名曰胎息；習嗽舌下泉而咽之，名曰胎食。」

〔二〕無階：没有憑藉。度：超越。

19 北方寒而人壽，南方暑而人夭。如蠶寒而飢，則引日多；温而飽，則引日少〔一〕。

〔一〕此以上四句，嚴氏、馬氏輯本並引御覽，作「此寒暑之方驗於人者也。鈞之蠶也，寒而餓之，則引日多；温而飽之，則引日少。此寒温餓飽之爲修短驗於物者也」。聚學軒本周廣業注曰：「漢律曆志：『十丈爲引。引者信也。』師古讀信曰伸，言其長。」天海案：引日：拖延時日。

20 湯，契後；秦，益後；益即皋陶子也〔一〕。

〔一〕湯：即商湯。契：傳説爲商人始祖。其母簡狄吞玄鳥蛋而生契。史記殷本紀作帝嚳子，助禹治水，舜任爲司徒，居商。益：即伯益，亦稱大費，古代嬴氏各族的祖先。相傳善於畜牧和狩獵，爲禹所重用，助禹治水有功，被選爲繼承人。禹死後，禹子啓繼承王位，伯益不服被殺。秦王嬴氏被認爲是伯益的後代。皋陶：傳説爲東夷族的領袖，偃姓，舜時任刑法官，後被大禹選爲繼承人，早死而未繼位。

五五　典論五卷

魏文帝。

曹丕，字子桓，沛國譙人。建安十六年爲五官中郎將、副丞相。建安二十二年立爲世子。延康元年繼位爲魏王，當年十月登基稱帝，定國號爲大魏，改元黄初，改雒陽爲洛陽，並定都於此。

據三國志魏志載，魏明帝太和四年，曾以「文帝典論刻石立於廟門之外」及太學，共有六碑，説明曹丕本人及其後人都很重視此書。典論全書到宋代已經亡佚，今存自叙和論文爲僅有完篇。

隋志儒家載典論五卷，兩唐志仍之。宋以後史志書目多不見載。清人孫馮翼有輯本，嚴可均認爲「罣漏甚多」，於是復採各書所引，依意林次第定著佚文一卷，可資參閲。意林所録共十四條，有數條亦見於羣書治要，今據治要與嚴氏輯本參校之。

1　堯崩，舜避堯子於南河之南〔一〕；舜崩，禹避舜子於陽城〔二〕；禹崩，益避禹子於箕山之陰〔三〕。事見史記〔四〕。

〔一〕舜避堯子：事見史記五帝本紀：「舜讓，避丹朱於南河之南。」丹朱，即堯子。堯因丹朱不肖，禪位於舜。南河：即黃河。古稱黃河自今潼關以上南北流向一段爲西河，潼關以下東西流向一段爲南河。尚書禹貢：「浮於江、沱、潛、漢，逾於洛，至於南河。」

〔二〕禹避舜子：事見史記五帝本紀：「禹亦讓舜子，如舜讓堯子。」正義：「括地志：『禹居洛州陽城者，避商均，非時久居也。』」商均，即舜之子。傳説舜因商均不肖，禪位於禹。陽城：山名，在今河南登封縣北。

〔三〕傳説夏禹在位時曾提名伯益承其繼位，禹死後，伯益推讓，退隱箕山，禹子啓便繼承王位。事見史記夏本紀。箕山：山名，在今河南登封縣東南。

〔四〕此句嚴氏輯本疑是後人校語。

2 如彼登山，乃勤以求高；如彼浮海〔一〕，乃勤以求遠。惟心弗勤，時亦靡克〔二〕。

〔一〕「海」，道藏本、四庫本作「川」，嚴氏輯本同。

〔二〕「克」，道藏本、四庫本作「剋」，二字通。

3 應瑒云：「人生固有仁心〔一〕。」答云：「在親曰孝，施物曰仁。仁者有事之實名，非無事之虛稱。善者道之母，羣行之主〔二〕。」

〔二〕「仁心」，道藏本、四庫本作「人心」。應瑒：汝南人，字德璉，應劭從子。曹操徵爲丞相掾屬，後爲五官將文學。有才名，爲建安七子之一。三國志有傳。

〔三〕道之母：正道之本源。羣行之主：所有行爲之主宰。

4　序云：「佞邪穢政，愛惡敗俗〔一〕。」國有此二事，欲不危亡，不可得也〔二〕。

〔一〕「序云」二字非典論本文，嚴氏輯本無。此二句不見於今存典論自叙中。

〔二〕「亡」，道藏本、四庫本作「巳」。天海案：嚴氏輯本奸讒篇篇首引此條。

5　桓靈之際，閹寺專命於上，布衣橫議於下〔一〕。干禄者殫貨以奉貴，要名者傾身以事勢〔二〕。位成乎私門，名定乎橫巷〔三〕。由是户異議，人殊論〔四〕；論無常檢，事無定價〔五〕；長愛惡，興朋黨〔六〕。

〔一〕桓靈：東漢末年桓帝劉志與靈帝劉宏。閹寺：宦官。後漢書黨錮傳序：「主荒政謬，國命委於閹寺。」專命：不請示皇帝，自專其事，意即專權。橫議：廣泛議論。

〔二〕干禄者：求官的人。殫貨：竭盡錢財。要名者：追求名位的人。事勢：事奉有權勢地位的人。

〔三〕私門：指權豪之門。橫巷：專橫的宦官。巷，即「巷伯」，指閹官、太監。因居宮巷，掌管宮内事，故稱。

〔四〕此二句互文見義，即家家看法不同，人人議論懸殊。

〔五〕常檢：一定的約束。定價：固定的評價。

〔六〕長愛惡：助長個人的好惡。

6 夷吾侈而鮑叔廉〔一〕，此其志不同也。張竦潔而陳遵污〔二〕，此其行不齊也。

〔一〕夷吾：即管仲。參見本書卷一管子題解。鮑叔：即鮑叔牙，春秋時齊人，與管仲友善，知其賢，薦管仲代己爲齊相。事見史記管晏列傳。

〔二〕張竦：字伯松。參見本書卷三論衡第六十條注。陳遵：字孟公，少放縱不拘。漢哀帝時因功封嘉威侯，王莽時爲河南太守，更始帝時爲大司馬護軍，後爲亂兵所殺。張、陳二人事見漢書遊俠傳：「遵少孤，與張伯松俱爲京兆史。竦博學通達，以廉潔自守，而遵放縱不拘。操行雖異，然相親友。」

7 主與民有三求：求其爲己勞〔一〕，求其爲己死，求其爲己生。

〔一〕與：同「於」，對於。此與下三「爲」字，道藏本皆作「謂」，二字可通。

8 法者主之柄，吏者民之命〔一〕。法欲簡而明，吏欲公而平。

〔一〕民之命：百姓命運的主宰。

9 詩刺豔妻，書誡晨婦〔一〕。司隸馮方女有國色〔二〕，避亂揚州，袁術登城見而悦之〔三〕，遂取焉，甚寵之〔四〕。諸婦教之曰：「將軍貴人重其志節，宜數涕泣示憂愁也〔五〕。

若如此，必加重〔六〕。」馮氏後每見術垂泣，術果以謂有心，益寵之〔七〕。諸婦乃共絞殺，懸之於廁，言其哀怨自殺〔八〕。術以其不得志而死〔九〕，厚加殯殮。袁紹妻劉氏甚妒忌〔一〇〕，紹死未殯，劉氏殺其妾五人〔一一〕。恐死者有知，復能寵之〔一二〕，乃髡頭黑面，以毀其容〔一三〕。

〔一〕「豔妻」，治要作「豔女」。詩小雅十月之交「豔妻煽方處」，此詩原是譏刺周幽王因貪念美色亡國而作。「書誡晨婦」，語又見漢書外戚傳「悲晨婦之作戒兮，哀褒閻之爲郵」，顏師古注引張晏曰：「書云『牝雞之晨，惟家之索』，喻婦人無男事也。」晨婦：喻婦人干政。治要作「哲婦」。

〔二〕「有國色」，治要作「國色也」。司隸：東漢稱司隸校尉，領七郡，治河南洛陽。馮方：生平未詳。

〔三〕上句治要作「世亂避地揚州」，嚴氏輯本從之。袁術：東漢汝陽人，字公路，袁紹堂弟。漢獻帝時僭帝號，被曹操、劉備擊敗，病亡。

〔四〕取：同「娶」，治要作「納」。「甚寵之」，治要作「甚愛幸之」。

〔五〕上三句，上句治要作「諸婦害其寵，紿言」；次句作「將軍貴人有志節」，嚴氏輯本據御覽作「將軍以貴人有志」；下句治要作「當時，涕泣示憂愁」，嚴氏輯本作「但見時，宜數涕泣，示憂愁也」。「示」，説郛本作「表」。

〔六〕此二句治要作「必長見敬重」，嚴氏輯本從之；「必」字道藏本脱。

〔七〕此三句治要作「馮氏女以爲然，後見術則垂涕，術果以爲有心志，益哀之」，嚴氏輯本從之。

〔八〕此三句治要作「諸婦因是共絞，懸之廟梁，言自殺」；嚴氏輯本作「諸婦因是共絞殺，懸之廁梁，言自殺」。
〔九〕此句治要作「術誡以爲不得志而死」，嚴氏輯本從之。
〔一〇〕自此句説郛本另作一條。袁紹：東漢末年汝陽人，字本初。家自袁安後四世三公。漢獻帝時起兵討董卓，爲盟主。後在官渡敗於曹操，病死。
〔一一〕此二句治要作「紹死，僵屍未殯，寵妾五人，妻盡殺之」，嚴氏輯本從之。
〔一二〕此二句治要作「以爲死者有知，當復見紹」；嚴氏輯本據三國志袁紹傳注於「見紹」下加「於地下」三字。
〔一三〕「容」，治要、説郛本、嚴氏輯本皆作「形」。髡頭：剃光頭髮。黑面：臉上塗墨。

10　上洛都尉王琰以功受封，其妻泣於内〔一〕，恐琰富貴更取妻妾〔二〕。

〔一〕「受封」，魏志注引作「封侯」。「泣於内」，魏志注引作「哭於室」。上洛：春秋時屬晉地，漢時置郡，治在今陝西商縣。都尉：主管地方軍事。王琰：生平未詳。三國志袁紹傳注引典論曰：「上洛都尉王琰獲高幹。」
〔二〕此句魏志注引作「以爲琰富貴將更娶妾媵而奪己愛故也」，嚴氏輯本從之。天海案：此條見嚴氏輯本内誡篇，又見三國志、後漢書袁紹傳注、類聚、御覽。

11　荆州牧劉表跨有南土，子弟驕貴，以酒器名三爵〔一〕。上者曰伯雅，受七勝〔二〕；中雅受六勝，季雅受五勝〔三〕。又設大鍼於杖端，有醉者，輒以劖刺之，驗其醉醒〔四〕。

〔一〕此句嚴氏輯本作「並好酒，爲三爵」。荆州：郡名，治在今湖北襄陽。牧：州刺史、郡太守皆可稱牧。劉表：山陽高平人，字景升，東漢獻帝時任荆州刺史。跨：據有。李斯諫逐客書：「此非跨海內、制諸侯之術也。」南土：指荆南一帶。名：取名。爵：酒杯。

〔二〕此二句嚴氏輯本作「大曰伯雅，次曰中雅，小曰季雅。伯雅受七勝」。勝：通「升」，下與此同；御覽正引作「升」。

〔三〕中雅：中等酒杯，御覽引作「仲雅」。季雅：小酒杯。

〔四〕「有醉者」，嚴氏輯本作「客有醉酒寢地者」。劗：鑿、戳。聚學軒本周廣業注曰：「御覽云：『是醜於趙敬侯以筒酒灌人也。』案：東觀漢記：『王望爲太守，曰：今日歲首，請上雅壽。』是雅與伯雅之名非創自景升也。謹案：淵鑒類函載三雅洞，在常德府西。武陵記云：『昔有人鑿池，得三銅器，其下有銘曰：伯雅、仲雅、季雅。蓋漢末劉氏所製器。』又載益州記云：『三雅池在閬中。有人得三銅器，狀如杯盞，上各有篆字，一曰伯雅，二曰仲雅，三曰季雅，乃劉氏酒器。』觀此，知當日三雅之制不一而足也。」

12 人形性同於庶類〔一〕，勞則早斃，逸則晚死。

〔一〕「人」上，道藏本、四庫本皆有「然」字。形性：形體氣性。庶類：衆多的同類。

13 余喜彈碁，略盡其巧，少嘗作賦〔一〕。昔京師有東方安世、張公子，常恨不得與彼數子對之〔二〕。

〔一〕此三句嚴氏輯本引自叙篇作「余於他戲弄之事少所喜，唯彈棊略盡其巧，少爲之賦」。彈碁：漢魏時一種博戲。後漢書梁統傳注引藝經：「彈棋，兩人對局，白黑棋各六枚，先列棋相當，更先彈也。其局以石爲之。至魏改用十六子。魏文帝特好之，能用手巾角拂之，無不中。顔之推所謂雅戲也。」

〔二〕「東方安世」，道藏本、四庫本作「東方世安」。此與張公子二人事皆不詳。上句嚴氏輯本作「昔京師先工有馬合鄉侯、東方安世、張公子」，下句作「常恨不得與彼數子者對」。天海案：此條原本於魏志文帝紀注引典論自叙，御覽亦引之。

14 太子篇序云：余蒙隆寵，忝當上嗣〔一〕。憂惶踧踖，上疏自陳〔二〕。欲繁辭博稱，則父子之間不文也〔三〕；欲略言直説，則喜懼之心不達也。里語曰：「汝無自譽，觀汝作家書。」言其難也。

〔一〕首句五字非典論原文，或馬總鈔録時所加，嚴氏輯本所引亦無此句。隆寵：舊指皇上的厚愛。忝：有愧於。上嗣：君主嫡長子，後世稱太子，有權繼承君主之位。

〔二〕踧踖：局促不安貌。上疏：書面向皇上條陳己見；嚴氏輯本作「上書」。

〔三〕不文：不應當文采修飾。

五六　魏子十卷

魏朗，字少英，會稽上虞人。年輕時任縣吏，因持刀報兄仇，遂亡命陳國。後任職司徒，旋遷彭城令。東漢桓帝時以軍功徵爲議郎，又還尚書，後出任河内太守，後徵爲尚書。靈帝即位，陳蕃等謀誅宦官，事泄被害。魏朗受到牽連，急召進京，自知凶多吉少，行至丹陽牛渚山自盡。事見於後漢書黨錮傳、虞預會稽典録。

魏子一書，自隋志以來多載爲三卷。庾仲容子鈔作十卷，意林仍之。宋史志書目已不見載，或亡佚於唐宋之際。魯迅曾有魏子輯本，封面題作魏朗子，正文題作魏子一卷，共十八則，乃據諸書校録而成，惜未印行。清人馬國翰採意林所録十二條，又採文選注、御覽所引，合輯佚文一卷，收入玉函山房輯佚書，可資參閲。

1 源静則流清〔一〕，本正則末茂，内修則外理，形端則影直〔二〕。

〔一〕荀子君道曰：「原清則流清，原濁則流濁。」

〔二〕此與下三條，道藏本、四庫本併作一條。

2 天生君子，所以治小人；天生小人，所以奉君子。無君子則無以畜小人〔一〕，無小人則無以養君子。

〔一〕此句「以」字道藏本脱。畜：畜牧，比喻管理。

3 録人一善，則無棄人；採材一用，則無棄材。

4　人皆易華嶽〔一〕，以謂卑小，故登之而摧傷；難天，以謂高大，故不昇而無殃〔二〕。

〔一〕易：輕視，認爲容易。左傳僖公二十二年：「國無小，不可易也。」華嶽：高大的山。釋文曰：「嶽，本亦作山嶽。」

〔二〕難天：認爲登天很難。一説當作「藍天」。不昇：即不登。

5　鼎以希出〔一〕，而世重之；釜鐺常用〔二〕，而世輕之。

〔一〕鼎以希出：相傳夏禹收九州之金鑄成九鼎，遂以鼎爲傳國重寶。周顯王四十二年，九鼎没於泗水彭城下，世所罕見。後世便以鼎出爲祥瑞。

〔二〕鐺，御覽作「鬲」。釜鐺：鍋類炊具。

6　古有弟子病，師數往看之。師至，弟子輒起，因勞而致死。師非不仁，弟子非無禮，傷於數也〔一〕。

〔一〕此與下二條，道藏本併作一條。

7　薄冰當白日〔一〕，聚毛遇猛火，雖欲遠害，其勢不可。

〔一〕「薄」字上，馬國翰輯本有「居危殆之國，治不善之民，是猶」十二字。

8 蓼蟲在蓼則生，在芥則死〔一〕，非蓼仁而芥賊，失於本不可也〔二〕。

〔一〕「蓼蟲」上，馬國翰輯本引類聚、御覽有「君以臣爲本，以民爲根，猶室與柱梁相持也，梁不强，則上下俱亡，故」二十六字。蓼蟲：寄生在蓼草中的昆蟲，常用以比喻安於常習，不知辛苦。蓼：一種草本植物。葉味辛香，花色淡紅或白色，可入藥。芥：芥菜，二年生草本植物。

〔二〕此句下有聚珍本館臣案曰：「藝文類聚、太平御覽並作『本不可失也』。」馬國翰輯本引類聚、御覽，與此略異。

9 諺曰：「己是而彼非，不當與非争；彼是而己非，不當與是争。」

10 君子表不隱裏，明暗同度。

11 苦躬，一作「窮」。富貴之梯階〔一〕。

〔一〕苦躬：親身經歷痛苦磨難；廖本、四庫本作「苦窮」。

12 仲尼無契券於天下而德著古今，善惡明也〔一〕；鏡照醜好而人不怨，法明善惡而人不恨〔二〕。

〔一〕「德」，御覽作「得」。契券：契據，憑證，此喻憑藉，依恃。天海案：此以上御覽引之。

〔二〕此二句與上二條，説郛本所録典論下闕魏子目，目脱而文存，故連屬於典論下。

五七　人物志三卷

劉邵〔一〕。

劉邵（一作劭），字孔才，廣平邯鄲（今屬河北）人，約生於東漢建寧年間，卒於魏正始年間。建安中爲太子舍人，遷秘書郎。魏文帝時爲散騎侍郎，受詔集五經羣書作皇覽。明帝時爲陳留太守，遷散騎常侍，賜爵關内侯。魏廢帝時，專事執經講學。著有法論、人物志。三國志魏志有傳。

人物志三卷，隋志以下多列於名家。因其大旨在於論辯人材，以外見之符驗内藏之器，分别流品，研析疑似，故題名人物志。其學雖出於名家，其理仍合於儒家，兼陳黄老、申韓、公孫龍之説，故四庫全書列於雜家。今傳本爲北魏劉昞所注，四庫全書所收乃明萬曆十二年河間劉用霖刊本，分上、中、下三卷，共十二篇。意林録文僅一條，見今存本英雄篇中。

1　草之精秀者英，獸之將羣者雄〔二〕。張良是英，韓信是雄〔三〕。

〔一〕此爲意林本注。其下有聚珍本館臣案曰：「『邵』旁，魏志从力，釋文从卩。」聚學軒本周廣業注曰：「晉武帝時，又有劉劭，字彦祖，彭城人，官侍中，非作志者。『劭』旁，魏志从力，釋文从卩。」

〔二〕「英」上，四庫本人物志有「爲」字。將：率領。説郛本作「拔」，四庫本人物志作「特」。鶡冠子陸佃注：「獸之特者爲雄，草之秀者爲英。」

〔三〕此二句四庫本人物志作「可以爲英，張良是也；可以爲雄，韓信是也」。張良：參見本書卷三桓譚新論第十二條注。韓信：秦末淮陰人，初從項羽，後歸劉邦，拜大將軍，滅項羽。與蕭何、張良爲「漢興三傑」，後爲吕氏所殺。史記、漢書皆有傳。

五八 任子十卷

名奕。

明胡應麟少室山房筆叢稱：「道家惟任奕子未得考，而道家有魏河東太守任嘏撰道論十二卷（當作十卷），或字之訛。」清人周廣業曰：「今考御覽載會稽典録有云『任奕，字安和，句章人也。爲人貌寢無威儀』，則字與籍顯著，非樂安任昭先甚明。書鈔、初學記及御覽引任嘏道論或作任嘏道德論，别引任子則直稱任子，其爲兩書判然。惜行事失傳，書名並見佚於隋志耳。又汲古本吴志虞翻傳注引會稽典録山陰朱育對王府君曰：『近者文章之事，立言粲盛，則御史中丞句章任奭、鄱陽太守章安虞翻，名馳文檄，曄若春華。』頗疑任奭爲任奕之訛。句章，秦置，屬會稽郡，今寧波府慈溪縣也。南監本作奕，汲古誤作奭。」黄以周案：嚴鐵橋據魏志王昶傳注及隋志道家有任子道論，遂謂意林「奕」當作「嘏」。其實嘏自有書，名道論，非此任子也。任奕之言尚儒術，任嘏之言述黄老，其書迥别。此任子爲任奕，當以馬總原注爲正。

任子一書，魯迅曾有輯本，題東漢句章（今浙江慈溪）任奕著。輯本封面題作任奕子，正文題作任子一卷，據北堂書鈔、初學記、意林、太平御覽校録而成，共二十六則，惜未印行。

意林録任子十七條，清人嚴可均全三國文輯有任子道論佚文十一條，其中引自意林者只有三條。

清人馬國翰玉函山房輯佚書亦輯有任子佚文，均可參閱。

1 學所以治己，教所以治人〔一〕。

〔一〕此二句下，嚴氏輯本引御覽尚有「不勤學無以爲智，不勤教無以爲仁」二句。

2 喜能歌舞，怒能戰鬥。

3 一人之智，不如衆人之愚；一目之察，不如衆目之明。

4 生於治，長於治，知世之所以治者〔一〕，君子也。生於亂，長於亂，知世之所以亂者，君子也。若不知治亂之所因者〔二〕，凡民也。

〔一〕此以上三「治」字，皆謂治世、太平之世。

〔二〕「所因」，聚學軒本作「所以因」。

5 道德之懷民，猶春陽之柔物，履深冰而不寒，結木條而不折〔一〕。

〔一〕「深冰」，御覽作「淙水」，聚學軒本作「深水」。天海案：嚴氏輯本引御覽與此略同。

6 天之圓也不中規，地之方也不中矩。

7 山必有阜，河必有曲，江漢東流必有迴復〔一〕。

〔一〕江漢：長江和漢水。迴復：迂回倒流。

8 直木無陰，直士無徒，是以賢人直士常不容於世。

9 登泰山見天下之大不察細微者〔一〕，視遠故也；處高位知人主之貴不恤卑賤者〔二〕，意滿故也。

〔一〕「泰山」，道藏本誤作「奉山」；「細微」，道藏本、四庫本皆無「微」字。

〔二〕「人主」，聚學軒本作「人生」。

10 治己審，則可以治人；治人審，則可以治天下。累世一聖是繼踵，千里一賢是比肩〔一〕。

〔一〕「千里」，聚學軒本作「天下」。此二語出戰國策齊策，原作「千里而一士，是比肩而立；百世而一聖，若隨踵而至也」；又見呂氏春秋先識覽觀世：「千里而有一士，比肩也；累世而有一聖人，繼踵也。」累世：幾世。繼踵：脚跟着脚，形容人多，一個接着一個。比肩：肩挨着肩，形容人多。

11 水可乾而不可奪濕，火可滅而不可奪熱，金可柔而不可奪重，石可破而不可奪堅。

12 諺云：「富不學奢而奢，貧不學儉而儉〔一〕。」人情皆然，唯聖人能節之〔二〕。

〔一〕劉攽與王介甫書引此作「鄙語曰：富不學奢而奢，貧不學儉而儉」。

〔二〕「皆然」，道藏本、四庫本作「皆能」。天海案：此與下條，道藏本、聚學軒本皆併作一條。

13 木氣人勇，金氣人剛，火氣人强而躁〔一〕，土氣人智而寬，水氣人急而賊〔二〕。

〔一〕「躁」，意林明刊本作「燥」。

〔二〕賊：陰險邪惡。天海案：嚴氏輯本引御覽，文同此。

14 神龍不處網罟之水，鳳凰不翔罻羅之鄉〔一〕，賢人不入危國，智者不輔亂君。

〔一〕網罟：打漁的網。罻羅：捕鳥的網。

15 蕭何守文法，曹參務無苛〔一〕，相繼作相，天下獲安〔二〕。

〔一〕蕭何：西漢沛人，秦末爲沛吏，後佐劉邦建漢，論功第一，漢之律令典制多出其手。文法：法令條文。曹參：西漢沛人，秦末曾爲沛獄吏，後佐劉邦建漢。漢惠帝時，繼蕭何爲相，一遵蕭法，人稱「蕭規曹隨」。

〔二〕此與下條，道藏本併作一條。

16 武帝輕人命〔一〕，重武功，飾宮室，厚賦斂，土地益廣，德惠彌狹。

〔一〕武帝：指漢武帝劉徹。公元前一四〇年至前八八年在位。

17 桓譚云：「王者易輔，伯者難佐〔一〕。」

〔一〕桓譚：參見本書卷三桓譚新論題解。伯：同「霸」。天海案：此條聚學軒本據道藏本補。

五九 篤論四卷

杜恕〔一〕。

杜恕，字務伯，京兆杜陵（今西安市）人。尚書僕射杜畿之子，生於漢獻帝建安三年（一九五年），卒於魏嘉平四年（二五二年），年五十五歲。三國魏明帝時爲散騎侍郎，轉黄門侍郎，出爲弘農太守。齊王曹芳時轉趙相，因疾去。後爲幽州刺史，加建威將軍，使持節。因爲程喜所劾而免爲庶人，流戍章武郡，卒於徙所。恕在章武，著體論八篇，又著興性論一篇。事見三國志杜畿傳。隋志雜家蔣子萬機論下注云：「梁有篤論四卷，杜恕撰，亡。」兩唐志載同隋志，宋以後史志書目不見載。清人嚴可均、馬國翰皆輯有篤論佚文，且馬國翰認爲魏志本傳稱其議論亢直，故此書取名篤論。意林録六條，可與嚴可均、馬國翰二人所輯佚文參閲。

1 水性勝火，分之以釜甑〔二〕，則火强而水弱；人性勝志，分之以利欲，則志强而性弱〔三〕。

〔一〕此爲意林本注，説郛本「篤論四卷」下有小字注文：「杜恕，字務伯，魏杜畿子。」
〔二〕分：區別。釜甑：煮食物用的炊具。
〔三〕利欲：名利欲望。天海案：此條嚴氏、馬氏輯本所引，文同。

2　考實性行，莫過於鄉閭〔一〕；校才選能，莫善於對策〔二〕。

〔一〕「性」，聚學軒本從廖本作「推」。「考實推行」，與下文「校才選能」相對成文，廖本近是。鄉閭：鄉里。此指被考察者的故鄉。
〔二〕對策：漢以來，考試取士，以政事、經義等設問，並寫在簡策上，讓應考者對答，故稱對策。嚴氏輯本引此注云：「此二條當是興性論。」

3　陛下以謂今世無良才〔一〕，朝廷乏賢佐，豈可追望前世之稷契〔二〕，坐待後來之俊乂，可能治乎〔三〕？

〔一〕以謂：即「以爲」，底本原作「謂以」，此據聚學軒本移正。
〔二〕「望」字原脱，此據聚學軒本補。稷契：稷，傳説爲堯舜時的農官，教民耕種，又稱后稷，爲古代周之祖先。契，傳説爲帝嚳之子，曾助禹治水有功，舜任爲司徒，掌教化，爲商之始祖。
〔三〕俊乂：本指德高望重的老人，後通稱賢德之人。天海案：嚴氏輯本引此，文同。文又見魏志所引諫魏文帝疏。

4　杜氏始出帝堯，在周爲唐〔一〕。杜氏，漢世有杜周、杜欽、杜篤〔二〕。

〔一〕唐：古國名，在今山西翼城西。相傳爲祁姓，堯之後裔。後爲周成王所滅，爲其弟叔虞的封地。

〔二〕杜周：南陽杜衍人。先爲張湯廷尉史，後爲廷尉，遷御史大夫。少言重遲，外寬而内深，是西漢著名酷吏。事見史記酷吏傳。杜欽：字子夏，西漢成帝時爲武庫令，後爲大將軍王鳳幕府，國家政謀，常與計議。史稱當時善政，多出於欽。杜篤：字季雅，東漢人，杜周之玄孫。漢章帝時以從事中郎從馬防擊西羌，戰死。有明世論十五篇。天海案：此與下條道藏本原録在前「考實性行」條下、「陛下以謂」條上。嚴氏輯本引此文同。

5　畿字伯侯，魏書有傳〔一〕。畿長子理〔二〕，字務仲，少而機察，故名曰理。少子恕，字務伯〔三〕。

〔一〕畿：即杜畿，字伯侯，杜恕之父。三國時魏杜陵人，東漢末年建安中荀彧薦爲河東太守，在郡十六年，政崇寬惠，與民無爲，有政績。魏文帝時官終尚書僕射。三國志有傳。魏書：嚴氏輯本案曰：「魏書王沈撰。沈卒於晉泰始二年，恕卒於嘉平四年，魏書之成，未必在嘉平前，則叙傳晉人編附。」

〔二〕「長子」，當作「次子」，説見下注。

〔三〕「少子」，當作「長子」。考三國志魏志本傳注引杜氏新書：「恕弟理，字務仲，少而機察精要，畿奇之，故名之曰理。年二十一而卒。弟寬，字務叔。」又依其字伯、仲、叔而論，恕當爲長子，理爲次子。此或意林轉鈔之誤。嚴氏輯本引此條，全依三國志本傳注引杜氏新書之文。

6　恕在河東，坐卧恒避父住處〔一〕。恕子預，字元凱，晉書有傳〔二〕。

〔一〕河東：郡名，治在今山西夏縣西北。杜恕與其父杜畿先後任河東太守一職。杜恕之父先前曾任河東太守十六年，故有此語。

〔二〕預：杜預，字元凱，杜陵人。官河南尹、度支尚書，西晉太康元年舉兵滅吴，以功封當陽縣侯。爲人博學，多謀略，人稱杜武庫。著春秋左氏傳集解。晉書有傳。聚學軒本周廣業注曰：「此晉書王隱作。臧榮緒晉書亦有傳，見選注。觀此，知非恕所自著。」天海案：王隱，東晉人，字處叔。博學多聞，太興初招爲著作郎，後依庾亮，著晉書始成。然此晉書早佚。此上三條傳記之文，嚴可均認爲出自東晉時人所編附之杜氏新書；馬國翰輯本採入附録中，認爲非篤論正文，乃後人所附益，而被馬總載入。

六〇　體論四卷　杜恕。

杜恕在幽州刺史任上被免爲庶人，貶在章武，遂著體論八篇，又著興性論一篇，蓋興於爲己也。三國志裴松之注引杜氏新書云：「人倫之大綱，莫重於君臣；立身之基本，莫大於言行；安上理民，莫精於政法；勝殘去殺，莫勝於用兵。夫禮者，萬物之體也。萬物皆得其體，無有不善，故謂之體論。」體論四卷，隋唐志俱列於儒家，宋以來史志書目均不見載，或亡佚於唐宋之際。清人嚴可均輯羣書治要所録六千餘言，有君、臣、行、政、法、聽察六篇，又從六帖、御覽録出言、用兵二篇，並意林所録六條參校之，合爲一卷。清人馬國翰亦採類聚、意林、御覽諸書所引，輯爲一卷，收在玉函山房輯佚書中。

1 不動如山，難知如陰〔一〕。人有厚德，無問小節；人有大舉〔二〕，無訾小故。隋侯之珠，不能無纇〔三〕。

〔一〕此二句之上，治要所録各有「君之體也」四字，嚴氏輯本從之。陰：陰天，陰雲蔽日難以測知。嚴氏輯本從治要作「淵」，注云：「意林作『陰』，避唐諱，因改就孫子也。」天海案：淵，爲唐高祖李淵之名諱，治要爲魏徵等人所撰，魏徵曾與高祖同時，尚且不避，爲何遠至中唐馬總獨避？考孫子軍爭篇有此二句，文同，非避唐諱，或馬總所録原文即如此，又或今存治要已經回改。

〔二〕「舉」，通「譽」。商君書說民「任舉，奸之鼠也」，高亨注曰：「舉，當借爲譽，讚揚別人叫做譽注。」治要正作「大譽」，嚴氏輯本從之。

〔三〕「隋」原作「隨」，據四庫本改。聚學軒本周廣業注曰：「淮南子『明月之珠不能無纇』，注：『纇，絲續也。』」隋侯之珠：傳說中的寶珠。見淮南子覽冥訓高誘注：「隋侯，漢東之國，姬姓諸侯也。隋侯見大蛇傷斷，以藥傅之。後蛇於江中銜大珠以報之，因曰隋侯之珠，蓋明月珠也。」天海案：「纇」，道藏本作「類」，疑形誤。纇：絲上小結，亦指瑕疵，缺點。此條見治要，文略異。嚴氏輯本君引此，同治要。馬氏輯本引此，文同。

2 夫人臣猶如土也〔一〕，萬物載焉而不辭其重，水瀆污焉而不辭其下，草木植焉而不有其功〔二〕。

〔二〕此句治要作「夫爲人臣，其猶土乎」，嚴氏輯本同。

〔三〕「植」，治要作「殖」，嚴氏輯本從之。植：繁殖，生長。有：據有，佔有。天海案：嚴氏輯本臣引此，文同治要，馬氏輯本亦從治要。此與下條道藏本併作一條。

3　夫行者，榮辱之皁白〔一〕。

〔一〕此二句治要作「夫行也者，吉凶榮辱之皁白也」。行：人的行爲、品行。皁白：即「皂白」，黑白。天海案：此條見治要，文略異。嚴氏輯本行引此，文同治要。

4　君子居必選鄉，遊必擇士〔一〕。

〔一〕語本荀子勸學：「故君子居必擇鄉，遊必就士，所以防邪僻而近中正也。」嚴氏、馬氏輯本皆引此，文同。此與下條道藏本並作一條。嚴氏輯本收在行中。

5　至人之治也〔一〕，處國於不傾之地，積政於萬全之鄉，載德於不止之輿，行令於無竭之倉，使民於不爭之塗，開法於必得之方。庶民，水也；君子，舟也。水所以載舟，亦所以覆舟〔二〕。

〔一〕此句治要作「以至人之爲治也」。至人：本指道德修養達到最高境界的人，此指聖人、聖王。莊子逍遥遊：「至人無己，神人無功，聖人無名。」

〔二〕荀子王制：「傳曰：君者，舟也；庶人者，水也。水則載舟，水則覆舟。」又孔子家語五儀解：「夫君者，舟也；庶人者，水也。水所以載舟，亦所以覆舟。」天海案：此條除首句見治要外，餘文皆與治要不同。嚴氏輯本政引此文。

6 恕性疏惰，但飽食而已。家有書傳，頗嘗涉歷〔一〕。父憂行喪，在禮多愆〔二〕，孝聲不聞。後除中郎，又作黄門郎〔三〕。同朝友人問余志，余答曰：「見大臣議論，或黨甲苦乙所親，或黨乙謗甲所親，余處甲乙之間，幸無毀譽耳〔四〕。」

〔一〕書傳：指所有書籍。涉歷：猶涉獵，即瀏覽、閱讀。

〔二〕父憂：父親去世。行喪：舉辦喪事。愆：過失，過錯。

〔三〕聚學軒本周廣業注曰：「本傳：太和中爲散騎黄門侍郎。」中郎：官職名，爲近侍之官。秦置，漢沿襲，其長爲中郎將，亦稱中郎。黄門郎：官名，秦置，漢沿襲，亦稱黄門侍郎；東漢設專官，侍從皇帝，傳達詔命。

〔四〕毀譽：偏義複詞，此指詆謗。天海案：此條當爲杜恕體論自序之文。

六一　傅子一百二十卷

傅玄，字休奕，北地郡泥陽（今陝西耀縣東南）人，祖父傅燮，東漢漢陽太守。父傅幹，魏扶風太守，早逝。傅玄少時孤貧，舉秀才，後除郎中，參與編寫魏書。後參安東、衛軍軍事，轉温令，再遷弘農太守，領典農校尉。晉武帝時，進子爵，加駙馬都尉，遷侍中，拜御史中丞，遷太僕，轉司隸校尉。卒謚曰剛，追封清泉侯。晉書有傳。

隋志雜家載傅子一百二十卷，題晉司隸校尉傅玄撰，兩唐志仍之。宋崇文總目所録止存二十三篇，宋志載爲五卷。或此書在唐宋之際已殘缺大半，至宋末全佚。四庫全書儒家所載傅子一卷，並附録共二十五篇，乃從類聚、文選注、御覽、永樂大典諸書中録出。清人嚴可均輯有傅子佚文四卷，近人葉德輝亦有傅子輯本三卷、訂誤一卷，可參閲。

今考道藏本、廖本、徐本及四庫本、聚學軒本所刊意林，傅子目下所録之文，今本傅子皆不載，而物理論目下所録之文，又見諸書稱引，爲傅子之文。據清人周廣業所考，傅子與物理論所録之文互有錯誤，蓋傅子之卷富於物理論十倍，馬總採録不應繁簡迥異。且物理論中屢稱傅子，而本書絶無之。二書雖亡，他書所引傅子者，往往在物理論中，引物理論者，又見於傅子中。故周氏認爲，或明本意林所録此二書頁次相粘，後因脱落失簡，紊亂先後，或傳鈔倒置致誤。但因無原書可供覆覈，故周廣業意林注仍依原本之舊，未改易條文。嚴可均有意林考正一卷，認爲意林所載傅子目下之文乃楊泉物理論之文，而物理論目下之文大多屬傅子，且徐幹中論中亦有一條半屬傅子，並稱「遍蒐各書，得佚文數百條，重加排比」，依治要、永樂大典所載完整有篇名者爲二卷，意林及它書所引爲補遺二卷。今參校周廣業所注，並依嚴可均之考正，將楊泉物理論目下所屬傅子之文移於傅子目下，共得傅子之文八十一條；再將傅子目下之文移於楊泉物理論目下。此種改移，尚待方家指正。

1　夫文彩之在人，猶榮華之在草〔一〕。

〔一〕文彩：同「文采」，此指文辭，才華。榮華：草木的花。天海案：本條至八十一條，原在卷五之末物理論十六卷題下，現移置此，説見題解。嚴氏輯本補遺上卷有此條，文同。

2　天地成歲也，先春而後秋；人君之治也，先禮而後刑〔一〕。

〔一〕聚學軒本周廣業注曰：「四句本魏丁儀刑禮論。」天海案：嚴氏輯本法制篇和補遺上卷皆收此文。

3　救嬰孩之疾，而不忍鍼艾，更加他物〔一〕，以至死也。今除肉刑，危者更衆〔二〕，何異服他藥也？肉刑雖斬其足，猶能生育也。張倉除肉刑〔三〕，每歲所殺萬計。鍾繇復肉刑，歲生二千人也〔四〕。

〔一〕鍼艾：即「鍼灸」，鍼刺與艾灸。傳統中醫治病方法之一。他物：此指其他藥物。

〔二〕「危」字道藏本無，四庫本、聚學軒本皆作「死」。肉刑：傷殘人肉體的刑罰。

〔三〕張倉：一作張蒼。西漢陽武人。初仕秦爲御史，因罪逃歸。後從劉邦起兵，因功封北平侯，遷御史大夫。漢文帝時爲丞相十餘年，助文帝廢除肉刑。史記有傳。

〔四〕「二千人」，聚學軒本作「三千人」。嚴氏輯本補遺上卷引此，文同。聚學軒本周廣業注曰：「魏志鍾繇傳：太祖令復肉刑未果。文帝太和中，繇上疏言：能有奸者，率年三十至四五十，雖斬其足，猶任生育。張蒼除肉刑，所殺歲以萬計，臣欲復肉刑，歲生三千人云云。司徒王朗議以爲未便，事遂寢。時扶風太守傅幹亦作肉刑議，極言肉刑不當除。文見類聚。幹字彥林，即休奕父也。此言除肉刑死者更衆，與幹意合。疑此下數節，皆傅子之言。但元常上疏未見施行，而竟云復肉刑，知尚有脱訛也。」鍾繇：字元常，潁川人。東漢末年舉孝廉，官至侍中、尚書僕射。入魏，進太傅。著名書法家，譽之者稱秦漢以來一人而已。三國志有傳。歲生二千人：每年使二千人活命。

4 名肉刑者，猶鳥獸登俎而作肉〔一〕。

〔一〕上句道藏本作「肉刑名者」。聚學軒本周廣業注曰：「晉劉頌書曰：『肉刑於名忤聽，孰與盜賊不禁，言割截之慘，其名甚厲，其實仁也。』疑有闕文。」天海案：嚴氏輯本補遺上卷引此，文同。又，此條與上條原作一條，現據道藏本分列。

5 漢太宗除肉刑〔一〕，匹夫之仁也，非天下之仁也〔二〕。不忍殘人之體，而忍殺人，故曰匹夫〔三〕。

〔一〕此句之下，治要引傅子尚有「可謂仁乎？傅子曰」七字。漢太宗：漢文帝廟號。聚學軒本周廣業注曰：「太宗，文帝也。景帝追尊爲太宗。」

〔二〕匹夫：常人，含輕蔑意味。治要無此句，另有文詳於此，文繁不引。

〔三〕此三句治要作「今不忍殘人之體，而忍殺之，故曰匹夫之仁也」。聚學軒本周廣業注曰：「漢法肉刑有三：黥、劓、左右趾合一也。文帝改當劓者笞三百，當斬左趾者笞五百，當斬右趾者棄市。右趾者既隕其命，笞撻者往往至死。景帝定律，減笞輕捶，笞者乃得全。此云忍於殺人，蓋轉就棄市言也。晉承魏敝，政多苟且，俗尚虛蕩，休奕志在匡救，故以明刑重法爲主。胡元瑞據爲楊泉之言，遂以泉爲韓非、鄧析之流。今考北堂書鈔載傅子曰：『善惡相蒙，故齊之以刑，以綜真僞。』又曰：『法之嚴如火烈。』載物理論曰：『政寬則奸易禁，政急則奸難絶。』又曰：『爲禁令者，急之於未然，寬之於已發。』二子持論判然不同，竊疑謂『太宗除肉刑爲匹夫』者，是傅而非楊也。」

6 今有弱子當陷大辟〔一〕，問其慈父，必乞以肉刑代之。苟可以生易死也，有道之君，能不以此加百姓乎。蛇螫在手，壯夫斷其腕，謂其雖斷不死也〔二〕。

〔一〕弱子：稚子，小孩。大辟：殺頭死罪。

〔二〕蛇螫：毒蛇咬人。壯夫：勇敢的人。聚學軒本周廣業注曰：「史記田儋傳：蝮螫手則斬手，螫足則斬足，爲害身也。」天海案：嚴氏輯本補遺上卷引此，文同。

7 曹羲曰：「蓺馴駒以縿絆，御悍馬以腐索〔一〕。」今制民以輕刑，亦如此也〔二〕。

〔一〕「曹羲」，道藏本誤作「曹義」。曹羲：三國魏曹真之子，爲中領軍，以列侯侍從，出入禁中。其兄曹爽專權作威，數諫之不納，曹爽失權後連坐受誅。聚學軒本周廣業注曰：「魏曹羲有肉刑議，『御悍馬以腐索』，即漢刑法志『以鞿御悍突』之意。藝文類聚載傅玄釋法篇云『釋法任情，奸佞在下。多疑少決，譬執腐索以御奔馬』云云。又書鈔載傅玄子云安鄉亭侯曹羲爲領軍將軍，慕周公之下士，賓客盈坐。」縿絆：以絲帛作絆馬繩。悍馬：未經馴服的烈馬。

〔二〕「此」，道藏本、四庫本作「死」，嚴氏輯本從之，疑形似音近致誤。

8　但知管子借耳於天下，不知堯借人心而後用其耳目〔一〕。

〔一〕管子：即管仲。參見本書卷一管子題解。借：憑藉，利用。天海案：嚴氏輯本補遺上卷引此，文同。

9　昔燕趙之間有三男共娶一女，生四子，後争訟廷尉〔一〕。延壽奏云〔二〕：「禽獸生子逐母，宜以子還母，屍三男於市〔三〕。」

〔一〕廷尉：官名，九卿之一，掌刑獄。秦置，漢沿襲。

〔二〕延壽：即范延壽。聚學軒本周廣業案曰：「初學記載華嶠後漢書曰：『范延壽，宣帝時廷尉，以三男悖逆人倫，比之禽獸，生子屬母，以子並付母，屍三男於市。奏免郡太守令長等，無帥華之道。帝可其言。』亦見搜神記。」漢書百官公卿表：「成帝河平二年，北海太守安成、范延壽、子路爲廷尉，八年卒。」餘事未詳。

〔三〕「宜以子還母」之「子」字，道藏本、四庫本無，嚴氏輯本從御覽作「四子」；「三男」下，道藏本、四庫本有「子」字。逐：追隨。屍：殺頭陳屍示衆。御覽人事部引傅子有此文。事又見初學記、搜神記。

10　塞一蟻孔而河決息，施一車轄而覆乘止〔一〕。立法令者亦宜舉要〔二〕。

〔一〕「施」，書鈔引傅子作「掩」。施：用，安上。車轄：車軸兩頭的插銷。覆乘：翻車。

〔三〕此句書鈔作「爲法者宜舉其要」。

11 禮云：「繼父服齊衰〔一〕。」傅子曰：「母舍己父，更嫁他人，與己父甚於兩絶天也〔二〕。又制服〔三〕，恐非周孔所制，亡秦焚書以後，俗儒造之〔四〕。」

〔一〕齊衰：古代五種喪服之一，次於斬衰。用粗麻布做成。因緝邊縫齊，故稱。語本儀禮：「若是繼父之道也，同居則服齊衰期，異居則服齊衰三月。」天海案：四庫本此上單作一條。

〔二〕「與」，原誤作「舉」，此據道藏本、聚學軒本改。「己父」，道藏本誤作「兄父」。兩絶天：即兩重天。此句下聚珍本館臣案曰：「一本作『與己父絶甚於兩夫也』。注云『絶』字舊誤在『兩』字下，則是以『天』爲『夫』字耳。」天海案：四庫本此上四句單作一條。

〔三〕制服：制定服喪的制度。

〔四〕聚學軒本周廣業注曰：「禮喪服小記『繼父有同居異居之分』，正義謂：『母嫁而子不隨，則子與母之繼夫爲路人，無服也。同居服期，異居則齊衰三月。』」天海案：此條四庫本分列作三條。

12 妄進者若卵投石，逃誅者若走赴深〔一〕。

〔一〕妄進：盲目冒進。聚學軒本周廣業注曰：「墨子：以他言非吾者，猶以卵投石也。」天海案：嚴氏輯本補遺上卷引此，文同。

13 曄若春華之並發，馥若秋蘭之俱茂〔一〕。

〔一〕嚴氏輯本補遺上卷引此，文同。書鈔引此文，其下尚有「進如衆川之朝海，散如雲霧之歸山」二句。

14 樹上懸瓠，非木實也；背上被裘，非脊毛也，此似而非〔一〕。

〔一〕嚴氏輯本補遺上卷引此，文同。

15 九日養親，一日餓之，豈得言孝？飽多飢少，固非孝乎〔一〕。穀馬十日〔二〕，一日餓之，馬肥不損，於義無傷，不可同之一日餓母也〔三〕。

〔一〕上一「孝」字，道藏本脱；「乎」，聚學軒本作「子」。此二句御覽引作「寧可言飽多飢少，同爲孝乎」，於義爲長。

〔二〕穀馬：以穀喂馬。

〔三〕嚴氏輯本補遺上卷引此，文同。又見御覽引。

16 漢末有管秋陽者〔一〕，與弟及伴一人，避亂俱行。天雨雪，糧絶。謂其弟曰：「今不食伴，則三人俱死。」乃與弟共殺之，得糧達舍。後遇赦，無罪。此人可謂善士乎？孔文舉曰〔二〕：「管秋陽愛先人遺體，食伴無嫌也〔三〕。」荀侍中難曰〔四〕：「秋陽貪生殺生，豈不罪邪？」文舉曰：「此伴非會友也〔五〕。若管仲啖鮑叔，貢禹食王陽〔六〕，此則不可。向所殺者，猶鳥獸而能言耳。今有犬齧一狸，狸齧一鸚鵡〔七〕，何足怪也！昔重耳戀齊女，而欲食狐偃〔八〕；叔敖怒楚師，而欲食伍參〔九〕。賢哲之忿，猶欲啖人，而況遭窮者乎〔一〇〕！」

〔一〕管秋陽：人名，生平未詳。

〔二〕孔文舉：即孔融，字文舉，魯國（今山東曲阜）人，是孔子二十世孫，太山都尉孔宙之子。東漢文學家，「建安七子」之首。家學淵源，少有異才，勤奮好學，與平原陶丘洪、陳留邊讓並稱俊秀。獻帝即位後任北軍中侯、虎賁中郎將、北海相，時稱孔北海。在郡六年，修城邑，立學校，舉賢才，表儒術。建安元年（一九六年），徵還爲將作大匠，遷少府，又任太中大夫。性好賓客，喜抨議時政，言辭激烈，後因觸怒曹操，爲曹操所殺。

〔三〕先人遺體：父母遺傳的身體。無嫌：不應該受到憎惡。

〔四〕荀侍中：即荀彧，字文若，潁川潁陰（今河南許昌）人。東漢末年曹操帳下首席謀臣，被曹操讚爲「吾之子房」。官至侍中，守尚書令，謚曰敬侯。後因反對曹操進爵魏公，飲藥自盡。後漢書、三國志皆有傳。難：質疑，辯難。

〔五〕會友：有文才的好友。論語顏淵：「君子以文會友，以友輔仁。」藝文類聚卷四五引北齊邢邵廣平王碑文：「侍講金華，參遊銅雀，出陪芝蓋，入奉桂室，充會友之選，當拾遺之舉。」

〔六〕管仲、鮑叔：二人爲知友。參見本書卷一管子題解。貢禹：字少翁，西漢琅琊人。以明經潔行徵爲博士。漢元帝時爲諫議大夫，累官至御史大夫。王陽，名吉，字子陽，西漢臯虞人。漢宣帝時召爲博士、諫大夫。與貢禹友善。世言「王陽在位，貢公彈冠」，可見二人相交之厚。

〔七〕齧：咬。鸜鵒：即「鸜鵒」。

〔八〕重耳：春秋時晉文公，名重耳。參見本書卷二韓子第三十七條注。齊女：名齊姜，齊桓公之宗女。重耳赴齊，齊桓公以齊姜嫁之，重耳樂而忘返。齊姜與狐偃、趙衰等人合謀灌醉重耳，並載以歸。重耳覺而大怒，引戈欲殺咎犯。曰：「事不成，我食舅氏之肉。」事見史記晉世家。狐偃：字子犯，晉文公之舅，故又稱舅犯。

〔九〕叔敖：孫叔敖，春秋時楚國令尹，有賢名。參見本書卷二列子第二十三條注、卷三論衡第十八條注。伍參：春秋時楚莊王之嬖臣。莊王伐鄭，晉救之。伍參説莊王與晉戰，孫叔敖曰：「戰而不捷，參之肉其足食乎！」參曰：「若事之不捷，孫叔敖爲無謀矣；不捷，參之肉將在晉軍，可得食乎！」卒使莊王與晉戰而取勝。

〔一〇〕聚學軒本周廣業注曰：「文舉之言雖辨，於理未允。以爲鳥獸，則不當與伴，伴而相齧，則亦狸犬而已。賢哲忿欲啖人，已失之不懲。今以人爲糧，與盜跖膾肝而餔何異乎？或曰：我不食伴，伴將食我，先發制人可也。魏略載『五官將王忠昔嘗啖人，因從駕行，令取髑髏著忠馬鞍，以爲嘻笑』，則知當時啖人者多矣。」天海案：嚴氏輯本補遺上卷引此，文同。

17 見虎一毛，不知其斑〔一〕，道家笑儒者之拘，儒者嗤道家之放，皆不見本也〔二〕。

〔一〕聚學軒本周廣業注曰：「『見虎一文，不知其武，見驥一毛，不知善走』，出淮南子。」

〔三〕聚學軒本周廣業注曰：「文選注引傅子曰：道教者昭昭然，如日月麗乎天。」天海案：嚴氏輯本引此，文同。

18 止響以聲，逐影以形，姦争流蕩，不知所止也〔一〕。

〔一〕姦争流蕩：邪惡競相流佈。天海案：嚴氏輯本引此，文同。

19 傅子云〔一〕：「孟軻、荀卿若在孔門，非唯游夏而已，乃冉閔之徒也〔二〕。」

〔一〕道藏本「云」上有「曰」字，四庫本「云」作「夫」。嚴氏輯本注稱「曰」下「有脱文」。

〔二〕游夏：孔子弟子言子游、卜子夏。論語先進：「文學子游、子夏。」冉閔：孔子弟子冉有和閔子騫。冉有，名求，有才名，曾爲季氏家臣。閔子騫，名損，以孝行聞名，孔子讚之。

20 積薪若山，縱火其下。火未及燃，一杯之水尚可滅也〔一〕。及至火猛風起，雖傾河海〔二〕，不能救也。秦昭王是積薪而縱火其下〔三〕，始皇燃而方熾，二世起風而怒也〔四〕。

〔一〕「杯」，説郛本作「盃」，永樂大典、四庫本傅子附録作「盂」。

〔二〕此句聚學軒本作「雖傾河竭海」，四庫本傅子附録作「煙火行天，雖傾河竭海」，嚴氏輯本作「雖傾竭河海」。

〔三〕秦昭王：名稷，一作側，戰國時秦國國君，公元前三〇六年至前二五一年在位。

〔四〕「怒也」，永樂大典、四庫本傅子附録作「滅之」。二世：秦二世胡亥。秦始皇病死沙丘，宦官趙高挾丞相李斯矯詔立少子胡亥，是爲二世。二世在位三年爲趙高所殺。

21　秦人視山東之民〔一〕，猶猛虎之睨羣羊，何隔憚哉〔二〕？

〔一〕秦人：此指秦王嬴政。山東：戰國、秦、漢時稱崤山以東爲山東，也指秦以外六國。

〔二〕睨：斜視，含輕視之意。隔憚：阻隔和顧忌。聚學軒本周廣業注曰：「當作『何縣隔之憚哉』。蓋翻用史記田肯説高祖『縣隔千里』語。」天海案：嚴氏輯本補遺上卷引此條，文同。

22　范蠡字少伯，楚三户人也〔一〕。使越滅吴已後，乘輕舟遊五湖〔二〕。王令人寫其狀〔三〕，恒朝禮之。列仙傳云「徐人也〔四〕」。

〔一〕范蠡：人名。參見本書卷一范子題解。楚三户：楚國三大貴族。史記項羽本紀「楚雖三户，亡秦必楚」，索隱引韋昭説，三户即楚國昭、屈、景三家。

〔二〕「越」，道藏本誤作「起」。五湖：古代稱太湖爲五湖。

〔三〕聚學軒本周廣業注曰：「國語曰：『王命工以良金寫蠡之狀。』吴越春秋曰：『置之坐側。』」王：此指越王勾踐。寫：描畫。

〔四〕聚學軒本周廣業注曰：「史公素王妙論云：蠡本南陽人。」天海案：「傳」字道藏本、四庫本脱。列仙傳：舊題劉向撰，二卷。記傳説中七十一個仙人，各附讚語，體例倣列女傳，漢志不載。徐人：

徐州人。又案：嚴氏輯本補遺下卷引此條，文同。此條之下原有「傅氏之先」一條，依嚴氏輯本移至篇末。

23 楚漢之際有好事者作世本，上録黃帝，下逮漢末〔一〕。班固漢書因父得成，遂没，不言彪〔二〕，殊異馬遷也〔三〕。

〔一〕「逮」，道藏本誤作「建」。楚漢：指項羽建立的西楚和劉邦建立的西漢。世本：書名，漢志有載，司馬遷傳贊也提及此書。記黃帝至春秋時（後人增補至漢）列國諸侯大夫的氏姓、世系、居住、製作等事。此書至唐代已殘缺，至宋末亡佚。清人有輯佚本。

〔二〕班固：東漢扶風安陵人，字孟堅。其父班彪撰漢書未成，班固繼父業完成其書，故有此言。遂没，不言彪：此指班固在漢書及叙録中從未提及其父班彪，埋没了其父著書之功。

〔三〕馬遷：即司馬遷。司馬遷在史記中常稱父「太史公曰」，故與班固殊異。天海案：嚴氏輯本補遺下卷引此，文同。「遂没」以下十字，道藏本誤入徐幹中論中。

24 吾觀班固漢書，論國體則飾主闕而抑忠臣〔一〕，叙世教則貴取容而賤直節〔二〕，述時務則謹辭章而略事實〔三〕，非良史也。

〔一〕「飾」，四庫本作「餙」，異體字。國體：國家政體。主闕：君主的過失。

〔二〕世教：當世的教化之道。取容：屈從討好，取悦於人。

〔三〕時務：當世的要事。天海案：嚴氏輯本補遺上卷引此，文同。又見史通內篇書事、天中記引，略同。此條道藏本在下文第二十九條「不以位顯」句下。

25 大孝養志，其次養形。養志者盡其和，養形者不失其敬〔一〕。

〔一〕此條道藏本在第二十三條「班固漢書因父得成」句下。嚴氏輯本補遺上卷引此，文同。

26 割地利己，天下讎之；推心及物，天下歸之；以信接人，天下信之；不以信接人，妻子疑之。見疑妻子，難以事君。君子修身居位，非利名也，在乎仁義。

27 人皆知滌其器，莫知洗其心。

28 君子審其宗而後學，明其道而後行。

29 傅子曰：「學，以道達榮，不以位顯〔一〕。」或云：玄、衡以善詩至宰相〔二〕，張禹以善論作帝師〔三〕，豈非儒學之榮乎？

〔一〕此上三句，道藏本録在下文「豈非儒學之榮乎」句下。

〔二〕聚學軒本周廣業案曰：「韋二名而單言玄者，唐人剪裁古人名字往往有之。」玄衡：玄指韋玄成，字少翁，漢元帝時繼父相位，並封侯。玄成爲相七年，守成持重不及父，而文采過之。衡指匡衡，字稚圭，東海人，善説詩，漢元帝時繼韋玄成爲相，封安樂侯。事見漢書。

〔三〕張禹：字子文，軹城人，善論語，漢成帝時尊爲師，賜爵關内侯，後爲丞相。

30 墨子兼愛，是廢親也；短喪，是忘憂也〔一〕。

〔一〕兼愛：愛無差别等級，不分遠近親疏。短喪：縮短服喪的時間。古代喪禮繁多，爲父母服喪，喪期爲三年。墨子主張節葬、節喪，反對儒家厚葬重喪、勞民傷財。天海案：此條道藏本録在上文第二十四條「非良史也」句下。嚴氏輯本引此條，同道藏本次序。

31 伊尹耕於有莘，孰知非夏之野人〔一〕？吕尚釣於渭濱〔二〕，孰知非殷之漁者？遇湯、文、武〔三〕，然後知其非也。

〔一〕伊尹：名摯，商湯時賢臣。參見本書卷一孟子第十七條注。有莘：國名。商湯娶有莘氏之女，伊尹爲陪嫁的奴隸。野人：鄉野之人，農夫。伊尹原爲農奴，故有此説。

〔二〕吕尚：即姜太公。參見本書卷一太公金匱題解。

〔三〕「湯文武」，道藏本、四庫本、聚學軒本作「湯武文王」。天海案：嚴氏輯本補遺上卷引此條，文同。

32 面岐路者，有行迷之慮；仰高山者，有飛天之志〔一〕。或乘馬，或乘車〔二〕，而俱至秦者，所謂形異而實同也。

〔一〕此上四句，嚴氏輯本與下四句分列爲二條。飛天：形容志向高遠。

〔二〕此二句道藏本作「或乘馬乘車」，四庫本作「或乘馬車」。

33　若謂黄帝後方有舟檝，庖羲之時，長江大河何所用之〔一〕？經巨海者，終年不見其涯；測虞淵者〔二〕，終世不知其底，故近者不可以度遠也。

〔一〕此上三句嚴氏輯本與下文分列作二條。庖羲：即伏羲，也作宓犧。傳説爲人類始祖，在黄帝之前。

〔二〕虞淵：又稱虞泉，古代神話稱日入之處，見淮南子天文訓：「日至於虞淵，是謂黄昏。」

34　漢世賤軺車，而今貴之〔一〕。

〔一〕聚學軒本周廣業注曰：「史記平準書索隱引傅子有『漢代賤乘軺，今則貴之』，御覽作『漢世賤人乘軺』。」軺車：一匹馬所駕輕便之車。漢書顏師古注曰：「軺車，輕小之車也，漢時佐史乘之。」晉書輿服志：「古之時軍車也，一馬曰軺車，二馬曰軺傳。漢世貴輜軿而賤軺車，魏晉重軺車而賤輜軿。」

35　青與赤謂之文，赤與白謂之章〔一〕，白與黑謂之黼，黑與青謂之黻〔二〕，五彩謂之繡〔三〕。

〔一〕文：同「紋」。指色彩、花紋。章：指色彩、紋理。

〔二〕黼：古代禮服繡以黑白相間的斧形花紋。黻：古代禮服繡以黑青相間的亞形花紋。

〔三〕繡：各種色彩織成的錦繡。天海案：此爲周禮考工記文，嚴氏輯本引此，文同。

36　始皇塚令匠人作機弩，有人穿者即射之〔一〕，以人魚膏作燭〔二〕。

〔一〕機弩：古代兵器，由暗設機關控制發射的弩箭。穿：指挖掘墳墓。

〔二〕人魚膏：娃娃魚的油。史記秦始皇本紀：「以人魚膏爲燭。」

37 逐兔之犬，終朝尋兔，不失其跡，雖見麋鹿，不暇顧也〔一〕。

〔一〕終朝：一整天。麋鹿：鹿的一種，俗稱「四不像」。

38 漢高祖度闊而網疎，故後世推誠而簡直〔一〕。光武教一而網密，故後世守常而禮義〔二〕。魏武糺亂以尚猛，天下修法而貴理〔三〕。

〔一〕漢高祖：劉邦的廟號。網疎：指法網寬鬆。推誠：以誠心待人。

〔二〕光武：指東漢劉秀。教一：教化統一。網密：法網嚴密。禮義：履行禮義。禮謂人所履，義謂事之宜。

〔三〕魏武：指魏武帝曹操。糺亂：糾正混亂。「糺」，同「糾」，廖本作「紀」。修法：遵循法制。修，循也。貴理：注重獄政。理，處理刑獄。天海案：嚴氏輯本補遺上卷引此，文同。天中記引傅子有此文。

39 形之正不求影之直〔一〕，而影自直；聲之平不求響之和〔二〕，而響自和；德之崇不求名之遠，而名自遠〔三〕。

〔一〕「之正」，道藏本、四庫本作「自正」。

〔二〕平：整齊，均勻。和：和諧。

〔三〕書鈔引傅玄少傅箴有「聲和則響清，形正則影直」二句，意同此。

40 西國胡言蘇合香是獸便，中國獸便而臭〔一〕，忽聞西極獸便而香，則不信矣。

〔一〕此二句四庫本傅子附録作「西國人言蘇合，獸便也，中國皆以爲香」，嚴氏輯本作「西國胡人言蘇合香者，是獸便所作也，中國皆以爲怪，獸便而臭」。西國：此與下「西極」，皆指西域。蘇合香：一種香料，亦可入藥，係從蘇合樹中提取膠汁煉成。

41 必得崑山之玉而後寶，則荆璞無夜光之美〔一〕；必須南國之珠而後珍，則隋侯無明月之稱〔二〕。

〔一〕崑山：崑崙山，傳説盛産美玉。荆璞：楚國荆山璞玉，傳説爲楚人卞和在荆山所得。

〔二〕南國之珠：廣東合浦盛産明珠，因地處南海，故稱南國之珠。隋侯：隋侯珠，原誤作「隨侯」，説郛本作「隋珠」。

42 始皇遠遊並海，而不免平臺之變〔一〕。及葬驪山，尋見發掘〔二〕。

〔一〕並：通「傍」。史記始皇本紀：「自榆中並河以東，屬之明山。」集解引服虔曰：「並音傍。傍，依也。」平臺：秦始皇行宫名。秦始皇出巡，病死於沙丘平臺宫。沙丘在今河北廣宗縣境内。

〔二〕驪山：古代驪戎所居，故名，又名藍田山，始皇墓在山北。地在今陝西臨潼縣東南。

43　今有鉛錫之鋌，雖歐冶百鍊〔一〕，猶不如瓦刀；有駑駘之馬，雖造父駕之，終不及飛兔、絶景，質鈍故也〔二〕。土不可作鐵，而可以作瓦〔三〕。

〔一〕鋌：本爲鋼鐵礦石，此指礦石。歐冶：即歐冶子，春秋時著名冶工，以善鑄劍聞名。

〔二〕駑駘：劣馬。造父：西周穆王時善馭之人。飛兔、絶景：皆古代良馬名。景，同「影」。

〔三〕此二句説郛本、嚴氏輯本與上分作二條。

44　相者曰〔一〕：三亭九候，定於一尺之面〔二〕；愚智勇怯，形於一寸之目；天倉金匱〔三〕，以别貧富貴賤。

〔一〕「曰」字四庫本傅子附録無。相者：古代相面的人。

〔二〕三亭九候：古代相面術語。三亭，即三停。古代相士把人體及面部各分三部分，稱爲上中下三停，每停三種徵候，故稱三停九候。如果三停齊等，則爲福相。

〔三〕天倉金匱：古代相面術語。天倉，即天庭，在兩眉之間，前額中央。金匱，指兩頰。此爲富貴之相。天海案：御覽亦引此文。

45　光武鳳翔於南陽，燕雀化爲鵷鶵〔一〕；二漢之臣焕爛如三辰之附長天，長平之卒磊落如秋草之中繁霜〔二〕，勢使然也。

〔一〕鳳翔：古人認爲有鳳凰飛翔是祥瑞之兆。南陽：漢代郡名，今河南南陽市。東漢光武帝劉秀故居南陽。鵷鶵：鸞鳳一類的鳥。

〔三〕二漢：西漢、東漢。焕爛：光耀燦爛。三辰：指日、月、星。四庫本傅子附録引此句無「爛」字。長平之卒：長平，戰國時趙邑。秦大將白起大敗趙軍於此，坑殺降卒四十餘萬。磊落：衆多雜亂貌。天海案：文選注引此，文同。

46 長人數丈，身横九畝〔一〕，兩頭異頸，四臂共骨，老人生角，男女變化〔二〕，何益於賢愚耶？

〔一〕聚學軒本周廣業注曰：「穀梁傳『長狄身横九畝』，范寧注：『廣一步、長百步爲一畝。九畝，五丈四尺。』」長人：巨人，或古代傳説中長人國的巨人。洪興祖楚辭補注引山海經：「東海之外，大荒之中，有長人之國。」九畝：五丈四尺。

〔二〕男女變化：指男女性别、外貌轉化。

47 豈有太一之君坐於庶人之座〔一〕，魁罡之神存於匹婦之室〔二〕？

〔一〕太一：天神之名。史記封禪書：「天神最貴者太乙。」亦爲古星名，也叫太乙，屬紫微垣，在今天龍座内，是以古神命名的。

〔二〕「匹婦」，廖本作「正婦」。魁罡：二星名，即河魁與天罡（北斗）二星。

48 傅子曰：「諸葛亮誠一時之異人也〔一〕。治國有分，御軍有法，積功興業，事得其機；入無遺刃〔二〕，出有餘糧；知蜀本弱而危，故持重以鎮之〔三〕。若姜維欲速立其功，勇而無決也〔四〕。」

〔一〕諸葛亮：字孔明，漢末陽都人，隱居隆中。劉備三顧茅廬，出山助其建立蜀國，任丞相兼軍師，六出祁山而伐魏，因操勞過度，病死五丈原軍中。異人：才智特別出衆之人。

〔二〕「刃」，嚴氏輯本作「力」。遺刃：遺棄的兵器。

〔三〕聚學軒本周廣業注曰：「以上天中記引傅子有之。」

〔四〕上句「若」，四庫本作「之」。嚴氏輯本注云：「之，與至通。」姜維：字伯約，三國蜀天水人。諸葛亮卒後，統帥蜀軍多次伐魏。後蜀敗於鄧艾，劉禪降後，姜維僞降鍾會，圖謀復蜀，事敗被殺。決：決斷。

49 馬先生、綾機先生，名鈞，字德衡，天下之名巧也〔一〕。綾機本五十綜，五十躡；六十綜，六十躡，先生乃易十二躡〔二〕。奇文異變，因感而作〔三〕，自能成陰陽無窮也〔四〕。

〔一〕「德衡」之「德」字原脱，三國志魏志杜夔傳注引傅子序作「字德衡」，聚學軒本、嚴氏輯本皆從之，此據補。馬先生：名鈞，字德衡，三國魏扶風人。巧思絶世，曾作指南車、脚踏水車，改造了舊織綾機，故又稱綾機先生。綾機：即織綾機。綾是一種有彩色花紋的薄絲絹。名巧：著名的巧匠。天海案：此上數句，四庫本傅子附録僅作「馬生，天下之巧者也」，且在「六十綜」句之下。

〔二〕「綾機」，四庫本傅子附録作「舊機」。此上三「躡」字，原作「籋」，本義爲竹籤，於此不可解；魏志杜夔傳注引傅子序作「躡」，四庫本傅子附録從之，此據改。二「綜」字下，四庫本傅子附録有「者」字。「先生乃易十二躡」，魏志杜夔傳注引傅子序作「先生患其喪功費日，乃易以十二躡」；四庫本傅子附録作「患其遺日喪功，乃皆易以十二躡」，於義爲長。躡：古代織布機上的踏板。綜：古代織機上使經線與緯線交織的裝置。

〔三〕此二句四庫本傅子附録作「其奇文異變，用感而作」。

〔四〕此句下聚珍本館臣案曰：「一作『猶自然成形，陰陽無窮也』。」四庫本傅子無此句。聚學軒本、嚴氏輯本皆作「猶自然之成形，陰陽之無窮」。陰陽無窮：此指絲織品的正反兩面花紋變化無窮。

50　指南車見周官，亦見鬼谷子〔一〕。先生作給事中，與高堂隆、秦朗爭指南車〔二〕。二子云：「古無此車，記虛言耳〔三〕。」先生曰：「争虛空言，不如試之效也〔四〕。」言於明帝，明帝詔使作之，車乃成〔五〕。

〔一〕嚴可鈞輯本注稱「周官無此語」。指南車：相傳黃帝、周公皆有造指南車之事，其法不傳。周官：即周禮。漢代此書初出時稱周官，又稱周官經，自劉歆以後稱周禮。主要記載周代職官制度。鬼谷子：參見本書卷二鬼谷子題解。鬼谷子謀篇：「鄭人之取玉也，必載司南之車，爲其不惑也。」書鈔一百四十引鬼谷子注曰：「肅慎氏獻白雉，還，恐迷路，周公作指南車以送之也。」天海案：此二句及下句「先生作」三字，原爲單獨一條，道藏本、四庫本與上併作一條。

〔二〕「給事中」以下之文，底本原另作一條，今據聚學軒本、嚴氏輯本調，使文意暢達。此二句嚴氏輯本作「先生爲給事中，與常侍高堂隆、驍騎將軍秦朗爭論於朝，言及指南車」。句下嚴氏輯本另有「先生曰：古有之，未之思耳，夫何遠之有？二子哂之曰：先生名鈞，字德衡，鈞者器之模，而衡者所以定物之輕重，輕重無準，而莫不模哉」數句。給事中：官名。秦漢時爲列侯、將軍、謁見者的加官，常作皇帝侍從，因在殿中執事，故名。魏時或爲加官，亦作正官。高堂隆：三國時魏平陽人。魏志杜夔傳注引稱「爲魏明帝時散騎常侍」。秦朗：魏志注引稱明帝時爲驍騎將軍。

〔三〕此上三句，嚴氏輯本作「二子謂古無指南車，記言之虛也」。

〔四〕「不」下，道藏本衍「及」字。「效」上，嚴氏輯本有「易」字。

〔五〕此上三句嚴氏輯本作「於是二子遂以白明帝，詔先生作之，而指南車成」。明帝：魏明帝曹叡，公元二二七年至二三九年在位。天海案：嚴氏輯本之馬先生傳有此文，甚詳。又見於三國志魏志杜夔傳注、書鈔、類聚、初學記、白孔六帖、御覽等。

51 翻車先生居在京師，城內有地作園〔一〕，而患無水可溉，乃作翻車〔二〕，令童兒轉之，其功百倍〔三〕。

〔一〕此二句魏志注作「居京師，城內有坡可爲囿」，四庫本傅子附録作「居京都，城內有地可以爲園」，嚴氏輯本作「都城內有地，可以爲園」。翻車先生：即馬鈞，因製作翻車而得名。翻車：農具，即龍骨水車，脚踩翻板汲水灌溉。

〔二〕此二句魏志注作「患無水以溉之，先生乃作翻車」。

〔三〕此二句魏志注引作「令兒童轉之，而灌水自覆，更入更出，其巧百倍於常」。嚴氏輯本馬先生傳引此，文詳。聚學軒本周廣業注曰：「以上三節並詳魏志荀勖傳注，乃傅子序。」

52　辯上下者莫正乎位〔一〕，興國家者莫貴乎人，統内外者莫齊乎分，宣德教者莫明乎學〔二〕。秉綱而目自張，執本而末自從〔三〕。善賞者賞一善而天下之善皆勸〔四〕，善罰者罰一惡而天下之惡皆除矣〔五〕。

〔一〕辯：同「辨」。上下：尊卑等級。

〔二〕此以上嚴氏輯本單作一條。

〔三〕此二句嚴氏輯本單作一條。

〔四〕書鈔引作「善賞者賞一人而天下人勸」。勸：鼓勵。

〔五〕句下治要有「皆懼者何，賞公而罰不貳也」二句。

53　世質則官少，時文則吏多〔一〕。有虞氏官五十，夏后官一百〔二〕，殷有二百，周有三百〔三〕。

〔一〕世質：世道質樸。時文：世道崇尚文飾。四庫本傅子作「世文」。

〔二〕四庫本傅子作「夏后氏百」。有虞氏：古代部落名，以虞舜爲首領。夏后：即夏后氏，以夏禹爲首領的部落。

〔三〕聚學軒本周廣業案曰：「路史注曰『堯百官已備』，傅氏乃云官貴簡約，夏后官百不如虞之五十，蓋因記之妄。」天海案：此二句中二「有」字，四庫本傅子皆無。永典大典録傅子有此文，略異。嚴氏輯本引此，文同。

54 國典之墜〔一〕，猶位喪也。位之不建，名理廢也〔二〕。

〔一〕國典：國家大法，典章制度。墜：毁壞，衰敗。

〔二〕名理：魏晉時把確定名分、辨析事理叫做名理。

55 以譽取人，則權勢移於下，而朋黨之交用；以功進士，則有德者未必授，而凡下之人或見任也。

56 君子内洗其心〔一〕，以虚受人；外設法度，立不易方〔二〕。

〔一〕「洗」，長短經引作「虚」。洗其心：清除内心雜念。

〔二〕法度：原則。立不易方：確立不可改變的目標。

57 今人稱古多賢〔一〕，患世無人。退不三思，坐語一世〔二〕，豈不惑邪〔三〕？

〔一〕此句治要作「今之人或抵掌而言，稱古多賢」，嚴氏輯本從之。

〔二〕坐語：錯語，亂説。此二句治要作「退不自三省，坐誣一世」，四庫本傅子從之。

〔三〕「惑」，治要作「甚」。天海案：此條原與上文併作一條，據治要與四庫本傅子分作二條。嚴氏輯本補遺上卷引此，文同。

58 人之性如水焉，置之圓則圓，置之方則方，澄之則渟而清，動之則流而濁〔一〕。先王知中流之易擾亂，故隨而教之，謂其偏好者〔二〕，故立一定之法。

〔一〕渟：水停聚而平静。

〔二〕中流：指中等人品、一般的人。謂：同「爲」。

59 龍舟整檝，王良不能執也〔一〕；驥騄齊行，越人不敢御也〔二〕，各有所能。

〔一〕整檝：船槳齊備。王良：春秋時晉國善馭馬的人。

〔二〕驥騄：駿馬名。周穆王八駿中有赤驥、騄駬，此泛指駿馬。齊行：敏捷奔馳。越人：南方吴越之人，習水不習馬，故言。聚學軒本周廣業注曰：「越絶書：越人以船爲車，以檝爲馬。」

60 構大廈者，先擇匠而後簡材〔一〕；治國家者，先擇佐而後定民〔二〕。

〔一〕「而後」，治要作「然後」，下文同此。簡材：選材。道藏本作「揀材」，義同，聚學軒本從之，周廣業注曰：「舊訛『簡』。」四庫本誤作「楝材」。

〔二〕定民：安民。天海案：治要、嚴氏輯本皆有此文，文同。

61 人之學，如渴而飲河海〔一〕。大飲則大盈，小飲則小盈；大觀則大見，小觀則小見〔二〕。

〔一〕此二句書鈔作「人之學者，猶飲河海」。

〔二〕嚴氏輯本引此，文同。書鈔、御覽引此，文略異。

62 金以利用，錢以輕流，此二物飢不可食。

63 入粟補吏，是賣官也；罪人以贖，是縱惡也。

64 世富錢流，則禁盜鑄錢〔一〕；世貧錢滯，則禁盜壞錢〔二〕。

〔一〕錢流：貨幣流通。盜：私自，暗中，非法。下同此。

〔二〕錢滯：貨幣不流通，錢貶值。盜壞錢：私自毁錢幣。

65 天下之害，莫害於女飾〔一〕。一頭之飾，盈千金之價〔二〕。婢妾之服，亦重四海之珍〔三〕。

〔一〕「天下」，道藏本誤作「天子」。「莫害於女飾」，治要作「莫甚於女餝」；四庫本「飾」作「餙」。餝、餙二字皆爲「飾」之俗字。

〔二〕「一頭」，治要作「一首」。盈：超過。

〔三〕服：佩戴的首飾。「亦重」，治要作「兼」，聚學軒本、嚴氏輯本從之。

66 公卿大夫刻石作碑，鐫石作虎。碑虎崇僞，陳於三衢〔一〕，妨功喪德，異端並起〔二〕，撞亡秦之鐘，作鄭衛之樂，欲以興治，豈不難哉〔三〕？

〔一〕聚學軒本周廣業注曰：「塚祠碑獸之侈濫，莫甚於漢桓靈時。建安間曹操嘗爲厲禁，故終魏世無敢立碑者。晉武咸寧四年，亦詔禁斷。其略云：石獸碑表，既私褒美，興長虛僞，傷財害人，莫大於此。有犯者雖會赦令，皆令毀壞。」崇僞：崇尚浮華虛僞。三衢：泛指通衢，交通要道。

〔二〕異端：不合正統、離經叛道的人和事。

〔三〕興治：興盛太平。天海案：此上四句治要無，另作「衆邪之亂正若此，豈不哀哉」。嚴氏輯本此上四句單作一條，稱「疑禮樂篇文」。

67 賞不避疎賤，罰不避親貴〔一〕。貴有常名，而賤不得冒；尊有定位，而卑不敢逾〔二〕。經之以道德，緯之以仁義，織之以禮法，既成而後用之〔三〕。謂有孝廉、秀才之貢，或千里望風，承聲而舉。故任實者漸消，積虛者日長〔四〕。

〔一〕此二句嚴氏輯本單作一條，其下案稱：治體篇有「有善雖疎賤，必賞；有惡雖貴近，必誅」，與此略同。然篇次不符，疑此法刑篇文也。

〔二〕此上四句嚴氏輯本單作一條，文同。

〔三〕此上四句嚴氏輯本單作一條，文同。

〔四〕任實：依靠真才實學。積虛：積累虛名。

68 聞一善言，見一善事，行之唯恐不及；聞一惡言，見一惡事，遠之唯恐不速〔一〕。

〔一〕「不速」，道藏本、四庫本皆作「不遠」。嚴氏輯本引此，文同。

69 懸千金於市，市人不敢取者，分定也〔一〕；委一錢於路，童兒争之者，分未定也〔二〕。

〔一〕分：名份，此指歸屬。

〔二〕四庫本傅子附録稱引諸子瓊林。嚴氏輯本引此，文同。

70 三皇貴道而尚德，五帝先仁而後義，三王先義而後辭〔一〕。

〔一〕三皇：傳説中遠古帝王。史記認爲是天皇、地皇、人皇；世本認爲是伏羲、神農、黄帝。五帝：傳説中遠古帝王。一般認爲是伏羲、神農、黄帝、堯、舜。三王：指夏禹、商湯、周武王。辭：責備。左傳昭公九年：「王使詹桓伯辭於晉。」杜預注：「辭，責讓之。」「辭」，道藏本作「亂」。嚴氏輯本引此，文同。

71　鴻毛一羽，在水而没者，無勢也；黄金萬鈞，在舟而浮者，託舟之勢也〔一〕。

〔一〕勢：憑藉。聚學軒本周廣業注曰：「韓子曰：千鈞得船則浮，錙銖失船則沉，非千鈞輕而錙銖重也，有勢之與無勢也。」

72　擬金人銘作口銘曰〔一〕：「神以感通，心由口宣。福生有兆，禍來有端〔二〕。情莫多妄，口莫多言〔三〕。蟻孔潰河，淄川傾山〔四〕。病從口入，患自口出〔五〕。存亡之機，開闔之術〔六〕。口與心謀，安危之源。樞機之發，榮辱隨焉〔七〕。」

〔一〕「擬」字上，四庫本傅子附録有「傅子」二字。金人銘：刻在銅人身上的銘言。事見於説苑敬慎、孔子家語觀周，皆載孔子進周太廟，見有金人三緘其口，背有銘言曰：「古之慎言人也。」口銘：戒口慎言的銘言。

〔二〕有端：有原由。文選注引作「無端」。

〔三〕聚學軒本周廣業注曰：「淵鑒類函載傅玄口誡：『勿謂何有，積怨致咎。勿謂不傳，伏流成川。』下接『蟻孔』二句。文選注引傅子口銘作『勿謂不然，變出無聞』。」

〔四〕聚學軒本周廣業注曰：「古文苑孔融臨終詩：『河潰蟻孔端，山壞由猿穴。』」潰河：河堤潰決。四庫本傅子附録作「傎河」。「淄川傾山」，類聚作「流穴傾山」，御覽作「溜瀨沈山」，四庫本傅子附録作「溜沈獺山」，嚴氏輯本作「溜穴傾山」，聚學軒本同嚴氏。然意林諸本皆作「淄川傾山」，其義可通。淄川：即淄水，今山東新泰縣羊流河。山：此指泰山。水經注汶水：「汶水又南，左會淄水，水出泰山梁父縣東。」

〔五〕此句四庫本傅子附録作「禍從口出」。

〔六〕開闔之術：此指開口説話與閉口不言的技巧。

〔七〕「隨」，四庫本傅子附録作「存」。

73 夫有公心，必有公道〔一〕。

〔一〕治要、四庫本傅子通志篇、嚴氏輯本皆録此，文同。天海案：此與下二條原作一條，現據嚴氏輯本與文意分作三條。

74 愛己者不能不愛，憎己者不能不憎。

75 民富則安鄉重家，敬上而從教；貧則危鄉輕家〔一〕，相聚而犯上。飢寒切身而不行非者〔二〕，寡矣。

〔一〕危鄉：離鄉。一説危害鄉里。

〔二〕切：迫近，逼迫。

76 我欲戰而彼不欲戰者，我鼓而進之。若山崩河溢，當其衝者摧，值其鋒者破。所謂疾雷不暇掩耳，則又誰禦之。

77 吴起吮瘡者之膿〔一〕，積恩以感下也。史記云：「吴起吮癰〔二〕。」晝戰目相見，夜戰耳相聞，得利同勢，失利相救〔三〕。

〔一〕吴起：戰國時衛人，曾師事曾參。先仕魯，後仕魏，又奔楚。楚用爲令尹，爲將與士卒同甘苦，爲相明法令，遭楚貴族忌恨。楚悼王死後被殺。史記有傳。

〔二〕嚴氏輯本認爲「史記云吴起吮癰」七字當是按語。吮癰：用嘴吸癰瘡上的膿血。事見史記吴起傳：「卒有病疽者，起爲吮之。」

〔三〕此上四句與前文文意似不屬，嚴氏輯本引此分列二條。

78 陸田者命懸於天，人力雖修，水旱不時〔一〕，則一年之功棄矣；水田制之由人〔二〕，人力苟修，則地利可盡〔三〕。

〔一〕陸田：旱地。命懸於天：意即靠天吃飯。修：完善，此指盡力。不時：不合節令。

〔二〕「水」字四庫本傅子附録無。

〔三〕此句下四庫本傅子附録尚有「天時不如地利，地利不如人和」二句。嚴氏輯本引御覽與此文同。

79 傅子曰：「聖人之道如天地，諸子之異如四時。四時相反，天地合而通焉。」

80 人之涉世，譬如弈棋〔一〕，苟不盡道，誰無死地，但幸不幸耳〔二〕。

〔一〕「涉世」，原作「涉也」，此據道藏本改。「弈」，原誤作「奕」，徑改。

〔三〕「苟」，廖本、四庫本作「局」，或誤。盡道：窮盡棋藝。聚學軒本周廣業注稱：「『但』下脱一『幸』字。」此據補。天海案：此條道藏本録入徐幹中論中。

81 傅氏之先，出自陶唐，傅説之後〔一〕。玄字休奕，子咸，字長虞，晉書有傳〔二〕。

〔一〕陶唐：即堯。堯初封於陶（在今山東定陶縣西北），後封於唐（在今山西臨汾），故稱陶唐。傅説：殷商時人，原爲奴隸，後武丁舉爲相，佐商中興。

〔二〕「咸」，道藏本誤作「哉」。咸：傅玄子名咸，字長虞。剛簡有大節，好屬文。晉惠帝時官至御史中丞，後爲議郎長兼司隸校尉，京都肅然，貴戚懾伏。此晉書爲東晉王隱所撰，參見本書卷五篤論第六條注。嚴氏輯本認爲「晉書有傳」四字是校語誤入正文。天海案：此條原在上文第二十二條後，因此文爲傅子叙傳，依意林文例不當夾入正文之中，筆記大觀本移此條於篇首，今據嚴氏輯本移在篇末。

六二　物理論十六卷

物理論十六卷，原録在意林卷五之末，但所録之文與傅子相混，其目次亦有錯亂。傅子之下原接太元經十四卷，本注云：「梁國楊泉，字德淵。」考馬總意林，凡一人撰二書者，均依次列目録文，未曾前後分隔，如卷一太公金匱、太公六韜，卷三劉向説苑、新序，揚雄法言、太玄，卷五杜恕篤論、體論。隋志亦載物理論在前，太元經在後；説郛本録此二書相連，物理論亦在太元經之前。據此，現將物理論從卷末移傅子之下、太元經之前，以遂馬總原書體例。

物理論撰者楊泉，字德淵，梁國人，西晉徵士，其生平事皆未詳。清嚴可均全三國文稱：「泉字德淵，吴處士，入晉徵爲侍中，不就。有太元經十四卷，物理論十六卷，集二卷。」意林周廣業注稱：「藝文類聚、初學記載其贊善、五湖等賦，一稱吴楊泉，一稱西晉楊泉。又梁國爲豫州，三國時爲吴地。本注稱楊泉爲梁國人，則生當吴、晉間甚明。」周氏又曰：「惜所撰物理論早佚。其見引他書者，續漢志注一條，水經注二條，杜公瞻編珠二條，晉書律曆志一條，類聚十七條，書鈔三十條，初學記十四條，選注四條，史記索隱一條，御覽七十六條，路史、事類賦注、天中記等書共五十餘條。就管見所及，去其重複，已得大段完整者百數十條，四千餘字。而諸賦在集中者不與焉。一斑雖不足盡全豹，乃其剖悉天地人物之際，亦既彌綸羣言、精研一理矣。」

物理論一書，隋志儒家載夏侯湛新論十卷下注云：「梁有楊子物理論十六卷，楊子太元十四卷，並晉徵士楊泉撰，亡。」兩唐志仍録其目，宋以後史志書目不見録。或此二書亡於隋唐之際，其殘篇又多雜入傅子之中，故唐以後類書仍多見採引。此書多雜採秦漢諸子之説而成，上繼桓譚、王充之餘緒，下開范縝「神滅論」之先河。

考物理論目下原録之文，只首四條屬之，其下皆屬傅子。而傅子目下所録文十二條盡屬物理論。現據清人周廣業、嚴可均二人考證，將此二處録文十六條並屬於物理論目下，並以他書所引集而校之，待博洽者指正。其書早佚，清人王仁俊、孫星衍、黄奭、馬國翰等人皆有輯本。檢覈意林所録十六條，足可珍貴。

1 木大者發越，小者敷揚〔一〕。土是人之母也，故人有戀土之心〔二〕。

〔一〕木大者：此指用木製作的大型打擊樂器。木：古代八種樂器之一，爲木製打擊樂器，名柷敔。發越：指琴聲激揚。周禮春官太師：「皆播以八音：金石土革絲木匏竹。」金爲鐘，石爲磬，土爲壎，革爲鼓，絲爲琴瑟，木爲柷敔，匏爲笙竽，竹爲簫管。宋沈括夢溪筆談樂律一：「琴雖用桐，然須多年木性都盡，聲始發越。」敷揚：傳佈宣揚，引申爲聲音輕揚。

〔二〕此條至第十二條，原録在傅子目下。

2 買鄰人價貴宅。宅可買，鄰不可得也〔一〕。

〔一〕初學記引物理論作「處宅者先定鄰焉」，御覽引物理論作「買鄰之值貴於買宅也」。天海案：道藏本、四庫本此條與上條併作一條。

3 冠堯之冠，行桀之行，亦桀也；服桀之服，行堯之行，亦堯也。處市井之肆，服君子之服，在小人之中，行賢哲之事，猶夜行珮珠玉也，亦灼然矣〔一〕。

〔一〕灼然：明亮耀眼貌。道藏本此條與下三條併作一條。

4 蜘蛛作羅，蜂之作窠，其巧亦妙矣，況復人乎〔一〕。

〔一〕「羅」，御覽引作「羅網」。御覽引物理論詳於此文，文繁不録。

5　黄金累千，不如一賢〔一〕。

〔一〕類聚、唐類函、御覽皆引此二句，或稱「諺曰」，或稱「語曰」。

6　人而無廉，猶衣服之無殺，食味之無酸醎〔一〕。

〔一〕無廉：無廉恥。殺：音曬，衣服縫邊叫殺。論語鄉黨：「非帷裳，必殺之。」注：「殺，縫也。」醎：同「鹹」。末句「無」字道藏本、四庫本皆脱。

7　郭林宗謂仇季智曰〔一〕：「子嘗有過否？」季智曰：「暮飯牛，牛不食〔二〕，搏牛一下〔三〕。」

〔一〕「仇季智」，道藏本、四庫本皆作「仇智季」。郭林宗：郭泰，字林宗，東漢人，博學有德，善處世事和品評人物。後漢書有傳。仇季智：名覽，一名香，字季智，陳留考城人。東漢延熹中，年屆四十，選爲蒲亭長，考城令王涣署爲主簿，後資助入太學。於太學中通過同郡符融認識郭林宗。學畢歸家，州郡並請，皆以疾辭。後徵方正，遇疾而卒。事見後漢書本傳。

〔二〕此二句，御覽引作「吾嘗飯牛」。飯牛：喂牛。

〔三〕「搏牛一下」，聚學軒本周廣業注曰：「事類賦注作『一搏牛耳』。」並案曰：「御覽及賦注引此文並作卞子。考隋唐志無卞子書，其人亦不能詳。然要非傅子之言也。御覽牛類引物理論李文成以帛書飯牛事，即在卞子後，則亦非楊氏之言。觀後秦子一條，疑意林尚有卞子一家，而後乃錯出於此也。」

8　語曰：「士非璧也，談者謂價耳〔一〕。」談者之口猶愛憎之心〔二〕。

〔一〕類聚引此文作「士非玉璧，談者爲價」。謂：同「爲」；爲價，爲之評價。「士」，原作「土」，此據類聚改。御覽引此文與類聚同。

〔二〕猶：通「有」。此與上條，道藏本併作一條。

9　智慧多則引血氣〔一〕，如燈火之於脂膏。炷大而明，明則膏消；炷小而暗，暗則膏息。息則能長久也〔二〕。

〔一〕引：用，耗費。

〔二〕聚學軒本周廣業認爲御覽引此文稱秦子，大概錯簡於此。

10　雄聲而雌視者〔一〕，虚僞人也；氣急而聲重者，敦實人也。

〔一〕雄聲：説話聲音像男人。雌視：像女人一樣偷看人。

11　蒙恬築長城〔一〕，人不堪苦，白骨山積。乃有歌曰〔二〕：「生男慎勿舉，生女哺用脯〔三〕。不見長城下，白骨相撑拄〔四〕。」一作「根柱」。

〔一〕此句御覽引作「始皇起驪山之塚，使蒙恬築長城」。蒙恬：秦始皇時官内史。秦統一六國後，率兵三十萬築長城。始皇死，趙高謀立二世胡亥，矯詔賜死蒙恬。史記有傳。

〔二〕此以上水經注引作「秦始皇使蒙恬築長城，死者相屬，民歌曰」。

〔三〕「哺用脯」，道藏本作「餔用餔」。餔，通「哺」，餵食；亦通「脯」，乾肉。四庫本「脯」作「餔」，二字通。舉：撫養。

〔四〕此句水經注引作「屍骸相支拄」。「撐拄」，道藏本、廖本作「棖柱」，義同。三國魏陳琳飲馬長城窟行：「生男慎莫舉，生女哺用脯。君不見長城下，死人骸骨相撐拄。」即化用此民謡。水經注河水、御覽樂部皆引此，文略異。

12　作黄金者，是方士取草屑合金燒之，故草屑燃，金落下〔一〕。

〔一〕聚學軒本周廣業注曰：「博物志云：『積草三年燒之，津液下流爲錫。』古謂錫爲赤金，此云黄金，未詳。」天海案：此條乃揭穿方士騙人之術，周氏之注甚無謂。以上十二條，原録在傅子目下，現據嚴氏考證移此。

13　欲定天下而任小人者，猶欲捕麞鹿而張兔罝，不可得也〔一〕。

〔一〕聚學軒本周廣業注曰：「御覽引物理論有此文，末句作『兔罝不能系麋鹿，猶小人不能任大事』。」罝：捕兔的小網。麞：即獐子。鹿屬，似鹿而小，無角，黄黑色。天海案：此條至第十六條，原録在物理論篇首。

14 忿飚焚衣〔一〕，其損多矣；忿爨之熱〔二〕，推甑而棄之，損益多〔三〕。

〔一〕飚：暴風。

〔二〕「熱」，道藏本、四庫本作「熟」，或字誤，或其上脱「未」字。爨：燒火煮飯。此句下原有聚珍本館臣案曰：「太平御覽引物理論作『忿爨之未熟，覆甑而棄之，所吉亦多矣』，語意亦通，則『熱』當爲『熟』，上增『未』字。」

〔三〕此二句御覽引作「覆甑而棄之，所害亦多矣」。甑：音贈，古代瓦制的煮飯鍋。

15 語曰：「上不正，下參差。」古者所以不欺其民也。割剥富强〔一〕，以養貧弱。何異餓耕牛乘馬而飽吠犬，棄干將而礪鉛刃也〔二〕？

〔一〕割剥：掠奪，殘害。

〔二〕「刃」，聚學軒本作「刀」。

16 論語，聖人之至教，王者之大化〔一〕。鄉黨篇則有朝廷之儀、聘享之禮〔二〕。堯曰篇則有禪代之事〔三〕。

〔一〕聖人：此指孔子。至教：最好的教科書。大化：廣大深入的教化。

〔二〕鄉黨：論語第十篇。聘享：聘問獻納。諸侯之間通問修好叫聘，諸侯向天子進獻方物叫享。

〔三〕堯曰：論語第二十篇。禪代：古代帝王讓位於賢者，也叫禪讓。

六三　太元經十四卷

梁國楊泉，字德淵〔一〕。

隋志、舊唐志均載太元經十四卷，唯新唐志載爲太玄經十四卷，劉緝注。梁金樓子、子鈔並作太元經。馬總意林依子鈔録作太元經十四卷，不當有誤。聚學軒本周廣業案曰：「御覽引金樓子曰：『桓譚有新論，華譚亦有新論，揚雄有太玄經，楊泉亦有太元經。或曰揚子但有太玄經，何處復有太元經，由不學使然也。』據此，則是書在梁世已屬罕有。隋志以爲亡書，宜矣。新舊唐志及鄭夾漈藝文略雖列其目，恐亦見名不見書者耳。唐人注書，集類絶少稱引，惟御覽載有數條，曰『神農冬耕，被服純青』；又曰『鸞鳳不還於竹實，騶虞不移於生物，醜婦以明鏡爲害，無所逃其陋』；又曰『雌雞鳴晨，雄雞宛頸，隨後隨井，河伯徐州』；又一條曰『素纓之鴨，翰音之雞，望視之兔，白蹄之豕，短喙之狗，修頸之馬，君子之貌，異也』。『望視』以下，初學記引作蔡氏化論；天中記鴨類引之亦云出太元經。意二子所見略同，故文亦相類歟。至胡元瑞謂舊唐書以楊泉爲唐人。考之舊志，物理論、太元經二書並列儒家，在夏侯湛新論後，華譚新論前，並未嘗誤爲唐人，胡氏不知據何本而云然也。東雅堂本韓集進學解注引太元經曰『山川福庫而毗高』，此字避宋廟諱，非楊泉書也。御覽揚雄書自作『玄』，楊泉書作『元』。」又案稱：「昔桓譚論揚子雲玄書云：『玄者，天也，道也。聖賢制法作事，皆引天道爲本統。故宓犧氏謂之爲易，老子謂之道，孔子謂之元，而揚子謂之玄。』然則二字均言天道，德淵殆一取孔子之『元』以名書也。今佚。」

據隋志載，太元經與物理論二書皆亡於隋唐之際。清人馬國翰輯有佚文一卷，其中亦採意林所録六條，收入玉函山房輯佚書中，其序稱：「此書倣揚子雲太玄爲之，亦擬易之類也。」

1　怒如烈冬，喜如温春。

〔一〕聚學軒本周廣業案曰：「梁國屬豫州，三國爲吴地。晉永嘉之亂，淪没石氏，故元帝僑立南豫州。本注稱泉爲梁國人，則生當吴、晉間甚明。」天海案：此文爲馬總意林本注，可參見前文物理論題解。梁國：漢高祖五年（前二〇二年）改碭郡爲梁國，治在睢陽（今河南商丘南）。

2　鸞雛鳳子，養甡高峙〔一〕，隱耀深林，不食滓穢〔二〕。

〔一〕養甡（音申）：養育衆多。高峙：比喻出類拔萃。魏陳琳檄吴將校部曲文：「近魏叔英秀出高峙，著名海内。」

〔二〕隱耀：隱藏光彩。滓穢：污濁的食物。

3　内清外濁，弊衣裹玉。

4　十里九坎，牛馬低昂〔一〕。

〔一〕十里九坎：指平川多坑窪，高低不平的地勢。低昂：高低起伏。

5　天氣左轉〔一〕，星辰右行；陰陽運度，報返相迎〔二〕。

〔一〕天氣：古人指清輕之氣，猶今大氣。

〔二〕陰陽運度：日月運行的軌跡。報返：一往一復。

6　强梁者亡，掘强者折〔一〕，大健者跛，大利者缺〔二〕。激氣成風，湧氣成雨，濁霧成雪，清露成霜。

〔一〕聚學軒本周廣業注曰：「掘强，謂强梁也。見漢書淮南王安傳。」天海案：掘，同「倔」，説郛本作「倔」。掘强：直傲不屈。强梁：强横不法。老子：「强梁者不得其死。」

〔二〕此句以下説郛本與下四句分列作二條。大健：特别健步，意即特别善走。跛：跌倒。大利：特别鋒利。此指刀刃特别鋒利。二「大」字皆读作「太」。

六四　化清經十卷

隋志儒家載袁子正論十九卷，其下注曰：「化清經十卷，蔡洪撰，亡。」兩唐志録作清化經。宋史志書目多不見載，唯高似孫子略目録子鈔目有化清經一（或「十」字之訛）卷。此書或亡佚於隋唐之際。

世説新語劉孝標注引蔡洪集録云：「洪字叔開，吴郡人，有才辯，初仕吴朝，太康中本州從事舉秀才。」王隱晉書云：「洪仕至松滋令，其書稱經，蓋擬易而作，曰化清，亦楊泉大元類也。」然此書早佚，蔡洪生平事亦不甚詳。清人馬國翰云：「初學記、廣韻、書鈔、御覽等書間引之，或稱清化經，或稱化清論者，經後立論，如易之有傳，其實爲一書。」並採輯佚文一卷，收在玉函山房輯佚書中。嚴可均全晉文亦輯有蔡洪佚文三篇，可資參閲。意林録化清經僅三條，他書皆不見引。

1　濁者不信淵之清，而甘濯其濁矣〔一〕。

〔一〕「淵」下，道藏本、四庫本衍二「生」字；「其」，道藏本、四庫本皆作「之」。

2　動則虎發，静如鱗潛；若彼赫赫，若此洋洋〔一〕。

〔一〕鱗潛：龍潛深水。鱗，指代龍。赫赫：聲勢顯赫貌。洋洋：舒緩自得貌。

3　將飛者翼伏，將奮者足跼，將噬者爪縮，將言者口默，將文者且朴〔一〕。

〔一〕奮：猛然用力。足跼：腿屈不伸。聚學軒本周廣業案曰：「鍾惺古詩歸録此，無『將言者』句，題曰『古諺古語』，蓋未知所出也。」又案曰：「右所録可謂明於物理矣。御覽又載其二條曰『伏龍非我馬，白日非我燭，藏之然之，保此二材』，又曰『水戰之鴨，何必白纓？盈俎之雞，何必長鳴』，語意與此相類。」

六五　鄒子一卷

鄒子一書，隋唐志不載，高似孫子略目録子鈔注云：「一卷，其書多論漢人，恐是閏甫。」清人馬國翰認爲意林録鄒子於蔡洪化清經下、孫毓成敗志上，此二人皆晉人，則鄒子自亦同時人，故此鄒子當爲晉人鄒湛之書。考晉書本傳，言鄒湛所著詩及論事議二十五首，爲時所重，足見有撰述行世，又與蔡洪、孫毓同在晉初，故丁國鈞補晉書藝文志便以鄒子爲鄒湛所撰。聚學軒本周廣業案曰：「鄒子不見隋志、唐志，無可考。晉書文苑傳有鄒湛，字潤甫，南陽新野人，元康時官少府，著詩及論事議二十五首，爲時所重。隋志載其集三卷。子捷，字太應，亦有文才，與二陸並爲賈謐所用。此鄒子未知即其人否。若漢志陰陽家之兩鄒子，一爲談天之衍，鄭司農説論語『鑽燧改火』引之，作鄹子，文心雕龍作騶子，一爲鄒奭。漢初更有鄒陽。胡元瑞謂三書並名鄒子。又論衡稱東蕃鄒伯奇有檢論，謂『桀、紂之惡不若亡秦，亡秦不若王莽』，又曰『東蕃鄒伯奇字元思』；此則王充同時人。今據藝文類聚引鄒子曰『董仲舒勤學三年，不窺園乘馬，不知牝牡』；書鈔、初學記並引鄒子曰『朱買臣孜孜好學，不覺雨之流粟』；御覽引鄒子曰『昔邢高、吕安飲於市，仰天泣，傷相知晚』，則既非戰國時人，並非漢之陽與伯奇矣。今佚。」

鄒湛，字潤甫，南陽新野人，仕魏，歷通事郎太學博士。西晉泰始初年轉尚書郎，入爲太子中庶子。太康中拜散騎常侍，後轉少府，元康末年卒。所著詩及論事議二十五首。晉書有傳。

嚴可均全晉文輯其佚文五條，馬國翰鄒子輯本採意林所録二條、御覽所引四條合爲一卷，收入玉函山房輯佚書，皆可參閲。

1 欲知其人，視其朋友。蒺藜在田，良苗無所措其根；佞邪在朝，忠直無所容其身。

2　寡門不入宿，臨甑不取塵〔一〕，避嫌也。

〔一〕上句事見漢書陳遵傳，載陳遵酒醉寡婦家，左阿君留宿，司直陳崇劾奏曰「禮，不入寡婦之門。而湛酒溷肴，亂男女之别」，乃免遵官，語或本此。下句事見吕氏春秋審分覽任數，載孔子斷糧於陳、蔡之間，弟子顔回討米煮飯，煙塵落入鍋中，棄之可惜，故取而食之，因此孔子懷疑他背師偷吃，不敬師長。家語亦載此事。周廣業注曰：「陸機君子行『掇蜂滅天道，拾塵惑孔顔』，亦此意。」

六六　成敗志三卷

孫毓，字仲。

隋志儒家載袁子正論十九卷，其下附注：「孫氏成敗志三卷，孫毓撰，亡。」兩唐志仍之，「毓」作「敏」。隋志經部又載毛詩異同評十卷，題晉長沙太守孫毓撰，又有孫毓注春秋左氏傳義注十八卷。宋高似孫子略目載子鈔目云：「孫敏成敗志三卷，字休明。」清人丁國鈞補晉書藝文志著録孫氏成敗志三卷，孫毓撰，稱見七録、兩唐志著録。

聚學軒本周廣業案曰：「釋文：毓字休朗，北海昌平人，晉豫州刺史。隋志云晉汝南太守，又云長沙太守，武帝咸寧間人。有毛詩評、左傳注等書，又有七廟會議，見通典。此云字仲，蓋有脱誤。隋唐志三卷，今佚。」又案曰：「魏志别有孫毓，泰山人，青州刺史觀字仲台之子，亦爲青州刺史，見孫霸傳及注。非此人也。」本注「孫毓，字仲」下，有聚珍本館臣案語，幾乎全鈔周氏案語。或「仲」乃「休」之誤，其下又脱「朗」字；或將其父仲台之字脱「台」字，後又誤録於此。然此書早佚，皆未可詳考。清人嚴可均全晉文輯有孫毓佚文十三篇，前有作者小傳云：「毓字仲，泰山人，魏時嗣父爵吕都亭侯，仕至青州刺史（見魏志臧霸傳）。一云字休明，北海昌平人（見經典釋文叙録），入晉爲太常博士，歷長沙、汝南太守。有毛詩異同評十卷，春秋左傳注二十八卷，孫氏成敗志三卷，集六卷。」此乃嚴氏雜糅史料不加甄别而爲之，未足憑信。清人馬國翰亦輯孫氏成敗志佚文一卷，並稱：「此書以成敗立名，蓋欲昭法誡以訓世也。」然無原書可考。意林僅録文二條，以見示後人。

1　水性雖能流，不導則不通〔一〕；人性雖能智，不教則不達；學猶植也，不學將落〔二〕。

〔一〕「導」，説郛本作「道」，二字可通。導：疏導。

〔二〕植：通「殖」，生長，繁殖。聚學軒本作「殖」。落：衰敗，落後。説郛本有此條，不録後二句。

2　密者，天地之際會〔一〕，成敗之機要。故陰陽不密，則寒暑不能以成歲〔二〕；棟宇不密，則九層不可以庇身〔三〕。

〔一〕密：周密，緊密。際會：交接，會合。

〔二〕「則」，道藏本、四庫本作「者」。陰陽：晝夜。

〔三〕棟宇：此泛指樓房建築。九層：此泛指高樓。

六七　古今通論三卷　王嬰。

隋志儒家載袁子正論下附注：「古今通論二卷，松滋令王嬰撰，亡。」兩唐志作三卷，而宋高似孫子略目引子鈔目則作「王嬰通論三卷」。此書今不存。

王嬰，史傳不載。據清人周廣業意林注稱：「嬰，字仲豪，山陽人，與同郡范巨卿式友善。謝承後漢書稱其交友推誠據信，不負言誓。世但傳巨卿與汝南張劭、長沙陳平子爲石交死友，猶未盡也。」周氏還疑隋志載王嬰爲松滋令或因連及蔡洪化清經，誤將蔡洪官職録於王嬰名下。

清人馬國翰輯有佚文一卷，稱王嬰爲晉人，其字里未詳。此書前亡後存，隋志載二卷，至唐增至三卷，或唐人得其遺篇而分之，或後人有所附益，皆莫能詳。馬國翰還認爲此書「主考覈而時涉緯讖，如説地理數用河圖之類。後漢諸儒風尚如此。然則嬰蓋晉初人也」。然此書早佚，史志亦無可考，意林録文僅二條，其生平事闕疑。

1　崑崙東南方五千里，謂之神州〔一〕。州中有和羹鄉，方三千里，五嶽之域〔二〕，帝王之宅，聖人所生也。

〔一〕神州：泛指中原。史記騶衍傳：「中國名曰赤縣神州。」

〔三〕「和羹」，御覽引此作「和美」，廖本亦同。「域」，御覽作「城」。和羹：本指用調味配製羹湯，後比喻君臣同心協力治理國政。此和羹鄉喻中原爲禮義之邦，君臣合心，政治調合，社會安寧。此語原出尚書説命：「若作和羹，爾惟鹽梅。」作「和美」者，或因形近而誤，或因不明喻意而妄改。

2　倉頡造書，形立謂之文，聲具謂之字〔一〕。字者，取其孳乳相生〔二〕。在於竹帛謂之書。

〔一〕許慎説文解字叙：「倉頡之初作書，蓋依類象形，故謂之文；其後形聲相益，即謂之字。字者，言孳乳而浸多也。」倉頡：又作蒼頡，傳説爲黄帝時史官，是首創漢字的人。形立：此指漢字依事物形象寫成。聲具：讀音具備。

〔二〕「孳乳」，道藏本誤作「華乳」。孳乳：滋生增益。

六八　中論六卷

徐偉長作，任氏注。

徐幹，字偉長，北海劇人。建安時爲司空軍謀祭酒掾屬、五官將文學。以文學著稱，爲建安七子之一。魏志稱徐幹卒於建安二十二年，而中論原序又稱卒於建安二十三年，未知孰是。隋志儒家載徐氏中論六卷，注曰：「魏太子文學徐幹撰，梁目一卷。」兩唐志載同隋志。四庫全書所收宋曾鞏編校本缺復三年喪與制役二篇，可見此書宋時已非完帙。清人周廣業意林注認爲「今存者宋大理正石邦哲校本，二卷二十篇。任氏未詳，疑即作序者，今佚」。又案曰：宋曾子固序云「貞觀政要太宗稱有復三年喪」，而今此篇闕。考魏志文帝言「幹著中論二十餘篇」，以是知所傳止二十篇者非全書。李獻民則謂「別本有復三年喪、制役二篇，子固特未之見」，是宋有二十二篇也。但本書無名氏序係偉長同時人，固云二十篇。文選注引文章志亦云「幹著書二十篇，號曰中論」，與魏志不符。王弇州讀中論又云十一篇，則不可解也。

意林道藏本中論目下録文僅四條，且其中有一條半屬於傅子之文。聚學軒本意林注、四部叢刊本已將其誤入物理論「天地合而通焉」句下之十四條半移於中論，並將屬於傅子之文者移入傅子，由此意林共録文十七條。現據四庫全書所收宋曾鞏校本參校之。

1　倚立而思遠，不如速行之必至〔一〕；矯首而徇飛，不如修翼之必獲〔二〕；孤居而願智，不如積學之必達〔三〕。

〔一〕「倚立」，曾氏校本作「倦立」；「行之」，道藏本作「行而」。

〔二〕矯首：抬頭，亦即翹首。徇飛：謀求飛翔。修翼：修整翅膀；曾氏校本作「循雌」。

〔三〕「積學」，曾氏校本作「務學」。願智：祈求聰明。

2　君子不卹年之將暮，而憂志之有倦〔一〕。

〔一〕「暮」，曾氏校本作「衰」。卹：憂念。暮：意指晚年、衰老。倦：懈怠。

3 道之於人，甚簡且易〔一〕，不若採金攻玉涉艱難也〔二〕。

〔一〕此二句曾氏校本作「道之於人也，其簡且易耳」；又「甚簡」以下十二字，道藏本原誤入物理論「天地合而通焉」條下。

〔二〕此句曾氏校本作「其修之也，非若採金攻玉之涉歷艱難也」。聚學軒本周廣業注曰：「後十四條舊皆錯在物理論『天地合而通焉』下，今正之。」天海案：此條見曾氏校本修本篇，文略異。

4 路不險，則無以知馬之良；任不重，則無以知人之材〔一〕。

〔一〕材：才能。聚學軒本作「才」，曾氏校本作「德」。天海案：此條見曾氏校本修本篇，文同。

5 君子相見，非但興善，將以攻惡〔一〕，惡不廢則善不興〔二〕。

〔一〕此三句曾氏校本作「故君子相求也，非特興善也，將以攻惡也」。

〔二〕此句下治要與曾氏校本皆有「自然之道也」一句。天海案：此條見治要、曾氏校本虚道篇，文略異。

6 療暑莫如親水〔一〕，救寒莫如重裘，止謗莫如修身〔二〕。

〔一〕「水」，曾氏校本作「冰」，其下另有「信矣哉」三字，且在「修身」句下。

〔二〕「救寒」上，曾氏校本有「故語稱」三字。聚學軒本周廣業注曰：「此引古語。魏志王昶戒子書引『救寒』二句作『諺曰』；『修身』作『自修』。」天海案：此條見曾氏校本虚道篇，文略異。

7 善釣者不易淵而殉魚〔一〕，君子不降席而追道〔二〕。

〔一〕「殉魚」，道藏本作「釣」，無「魚」字。殉魚：求魚。

〔二〕「降」，道藏本作「隣」，誤。降席：下席，離開座位。此比喻降低身份。

8 小人恥其面不如子都，君子恥其行不如舜禹〔一〕，故小人貴明鑒，君子尚至言〔二〕。

〔一〕此二句曾氏校本作「小人恥其面之不及子都也，君子恥其行之不如堯舜也」。子都：古代美男子的通稱。詩鄭風山有扶蘇：「不見子都，乃見狂且。」孟子告子上：「不知子都之姣者，無目者也。」

〔二〕「貴」，曾氏校本作「尚」。明鑒：明鏡。至言：至理名言。天海案：此條見曾氏校本貴驗篇，文略異。

9 射以平志，御以和心〔一〕，書以綴事，數以理煩〔二〕。

〔一〕射：拉弓射箭，古代六藝之一。射箭時，目光要平視前方，心志不能過高過低，方能中的，故有此語。御：駕馭車馬，古代六藝之一。駕車時想要保持車馬平穩前進，就要心氣平和，不能急躁冒進。

〔二〕書：原指六藝中的六書之學。周禮地官大司徒：「三曰六藝：禮、樂、射、御、書、數。」鄭玄注：「書，六書之品。」賈公彥疏：「六書者，先鄭云：象形、會意、轉注、處事、假借、諧聲。」此專指文字書法。綴事：記事，叙事。數：算術、數學，古代六藝之一；原作「教」，形誤，據曾氏校本改。孔子用六藝來教授學生，此條只録四藝，然曾氏校本藝紀篇在此四句上尚有「禮以考敬，樂以敦愛」二句。

10 利口者如激風之至〔一〕，暴雨之集，不論是非，不識曲直〔二〕，期於不窮，務於必勝〔三〕。

〔一〕此句道藏本無「口者」二字；曾氏校本作「利口者苟美其聲氣，繁其辭令，如激風之至」。利口者：指善於舌辯之人。

〔二〕「識」，道藏本作「議」；「暴」上，曾氏校本有「如」字；下二句曾氏校本作「不論是非之性，不識曲直之理」。

〔三〕「務於」，道藏本作「激放」，疑誤。天海案：此條見曾氏校本覈辯篇，文略異。

11 辯者别也，言其善分别事類〔一〕，非謂言辭捷給而凌善人也〔二〕。

〔一〕此二句曾氏校本作「辯之爲言，别也，爲其善分别事類而明處之也」。

〔二〕此句曾氏校本作「非謂言詞切給而陵蓋人也」。捷給：口辭敏捷。天海案：此條見曾氏校本覈辯篇，文略異。

12 聖人蹈機握杼，織成天下之化〔一〕，使萬物順焉，人倫正焉〔二〕。

〔一〕「握」，道藏本誤作「掘」。「之化」二字道藏本脱。蹈機握杼：脚踩織布機，手握織布梭，比喻聖人掌握教化的關鍵。化：造化，指自然與人類社會的變化規律。

〔三〕此條見曾氏校本爵録篇，又見治要，文皆同。

13 登高而建旗，則所視者廣〔一〕；順風而奮鐸，則所聞者遠〔二〕。非旌色益明，鐸聲遠長，所託得地〔三〕，而況富貴施政令乎〔四〕。

〔一〕「旗」，治要與曾氏校本皆作「旌」；「視」，道藏本作「示」。莊子應帝王「嘗試與來，以予示之」，釋文：「示之，本作視。崔云：視，示之也。」下句治要作「則所示者廣矣」，曾氏校本作「則其所視者廣矣」。

〔二〕「奮」，曾氏校本作「振」；下句曾氏校本作「則其所聞者遠矣」。奮鐸：搖鈴。

〔三〕首句「色」下，治要、曾氏校本有「之」字；次句治要作「非鐸聲之益長」，曾氏校本作「鐸聲之益遠也」；下句治要與曾氏校本皆作「所託者然也」。

〔四〕此句治要與曾氏校本皆作「況居富貴之地而行其政令者也」。天海案：此條語本荀子勸學：「登高而招，臂非加長也，而見者遠；順風而呼，聲非加疾也，而聞者彰。」

14 良農不患疆場之不修，而患風雨之不節〔一〕；君子不患道德之不建，而患其時之不至〔二〕。

〔一〕「場」，原誤作「埸」，此據道藏本、曾氏校本改。詩小雅信南山：「中回有廬，疆場有瓜。」疆場（音易）：田界。不節：無節制，不調和。

〔三〕上二「而」字原脱，此據道藏本補。此句曾氏校本作「而患時世之不遇」。天海案：此條見曾氏校本爵禄篇，文略異。

15 聖人之世不交遊也，周道衰，而交遊興〔一〕。古之交也近，今之交也遠〔二〕；古之交也求賢，今之交也爲名〔三〕。

〔一〕上句曾氏校本作「民之好交遊也，不及聖王之世乎」；古之不交遊也，將以自求乎」；下句曾氏校本作「及周之衰，而交遊興矣」。周道：西周王朝的道統。

〔二〕此句下曾氏校本尚有「古之交也寡，今之交也衆」二句。

〔三〕此二句曾氏校本作「古之交也爲求賢，今之交也爲名利而已矣」。天海案：此條散見於曾氏校本譴交篇，文略異。

16 取士不由鄉黨，考行不本閨閾〔一〕；多助者則稱賢才，少愛者則謂不肖〔二〕。

〔一〕上句「士」字道藏本脱。鄉黨：猶鄉里。「閨閾」，曾氏校本作「閥閲」。閨閾：閨房、内室。閥閲：指功績和經歷，於義爲長。

〔二〕此二句曾氏校本作「多助者爲賢才，寡助者爲不肖」。天海案：此條見曾氏校本譴交篇，文略異。

17 馬必待乘而後致遠〔一〕，醫必待使而後愈疾〔二〕，賢者待用而後興理〔三〕。

〔一〕此句治要作「有馬必待乘之，然後遠行」；曾氏校本「然」作「而」，餘同治要。

〔二〕「使」下，治要有「之」字。「使」，曾氏校本作「行之」。

〔三〕「理」，聚學軒本周廣業注曰：「原作『治』，避唐諱。」天海案：此句治要作「至於有賢則不知，必待用之而後興治也」，曾氏校本作「至於有賢則不知，必待用之而後興治者，何哉」。興理：即興治，興盛太平。此條見治要、曾氏校本亡國篇，文略異。

六九　唐子十卷

名滂，字惠潤，生吳太元二年。

隋志道家載唐子十卷，注云：「吴唐滂撰。」兩唐志、鄭樵通志略、焦竑國史經籍志所載同隋志。宋高似孫子略目録子鈔目亦有唐子，注云：「十卷，傍字惠潤。」清人侯康補三國藝文志稱：「意林引唐子有『大晉應期，一舉席捲』之語，則滂已入晉。意林又稱滂生於吴太元二年，下距吴亡時年僅三十，其入晉宜也。而隋志仍繫之吴，豈其入晉未仕，猶當爲吴人耶？」可見唐滂生於吴，吴亡後入晉是確實可信的。唐子一書早佚，類聚、文選注、御覽等書所引又多不見於意林。就意林所録十九條看，其説多沿襲黄老，且不乏儒家仁德禮智孝之類的説教。

唐滂生平事不詳，亦無史傳可考。唐子一書，唐宋以後佚而不存。清人馬國翰輯有佚文，收入玉函山房輯佚書，可參閲。

1 舟循川則游速，人順路則不迷。

2 大木百尋，根積深也；滄海萬仞，衆流成也；淵智達洞，累學之功也〔一〕。

〔一〕淵智：智謀深沉。達洞：同「洞達」，通達深察。天海案：此與下二條，道藏本、四庫本併作一條。

3 君子以道成冠，以道成輿。出門不冠則不敢行，行非輿則不可步〔一〕。

〔一〕聚學軒本此與下條併作一條。

4 有父不能孝，有兄不能敬，而論人父子之義、昆弟之節，猶彎弓而自射也。

5 人性苟有一孝，則無所不包，猶樹根一植，百枝生焉。

6 或問齊桓、晉文優劣。唐子答曰：「論功則桓兄而文弟，論德則文兄而桓弟。」

7 大晉應期〔一〕，一舉席捲，猶震霆摧枯，千鈞壓卵，無餘類矣〔二〕。

〔一〕大晉：此指西晉。應期：指西晉的建立是順應天命輪回運轉的週期。

〔二〕震霆：驚天霹靂。聚學軒本周廣業注曰：「書鈔引曰『將者專命千里，總帥六師，攻如電擊，戰如風行』，又曰『猶震霆』云云。」

8 人多患遠見百步，而不自知眉睫。知眉睫者，復不能察百步也〔一〕。

〔一〕此條又見御覽引。此與下五條，道藏本、四庫本併作一條。

9 君子守真仗信，遭時不容，雖有訕辱之恥、幽垢之謗，猶傷體毛耳〔一〕。

〔一〕訕辱：誹謗、侮辱。幽垢：暗中被人垢駡。體毛：身體膚髮。

10 鷹隼羣飛，鳳凰遠遊；小人成列，君子深藏〔一〕。

〔一〕此與下條，聚學軒本併作一條。

11 諺曰：「脂粉雖多，醜面不加〔一〕；膏澤雖光，不可潤草。」

〔一〕不加：不施用。道藏本作「可加」。

12 古人目短於自見，故以鏡觀形；心短於自治，故以禮自防。

13 君子不以昏行易操，不以夜昧易容〔一〕。

〔一〕昏行：暗中行走。此指暗處的行爲。夜昧：黑夜中看不清楚。聚學軒本作「夜寐」；聚珍本館臣案曰：「一本作『寤』。」劉晝新論有「蘧瑗不以昏行變節，顏回不以夜浴改容」，句意與此略同。

14 夫士有高世之名，必有負俗之累〔一〕；有絶羣之節，必嬰謗嗤之患〔二〕。白骨擬象〔三〕，魚目似珠，遥聽遠望，無不亂也。

〔一〕「士」，道藏本、四庫本作「自」。高世：超越世俗。負俗：違背世俗，遭人譏諷。累：憂患。

〔二〕絶羣：出類超羣。嬰：遭受。謗嗤：譭謗和嘲笑。

〔三〕白骨擬象：死人骨頭倣製成象牙。聚學軒本周廣業注曰：「戰國策曰：白骨擬象，珷玞類玉。」

15 禍福相轉，利害相生，如循環而運丸耳。其兆不可見，其端不可覺。

16 良將如山如淵〔一〕，人不知其慼，亦不知其歡。

〔一〕「淵」，御覽引作「泉」。

17 將勿離旗鼓，師之耳目〔一〕。

〔一〕「旗鼓」，道藏本、四庫本作「鼓旗」；聚學軒本作「旍鼓」。此條御覽引作「旍鼓者，將之耳目也」。

旗鼓：戰鼓指揮軍隊進擊，軍旗指揮軍隊行動。耳目：軍隊聽鼓聲進擊，看旗幟指向行動。

18 暴至之榮，智者不居；守財不施，謂之錢奴。

19 佐鬥者傷，預事者亡〔一〕。

〔一〕預事者亡：預先謀事的人逃跑。一説亡爲死亡。

七〇　秦子二卷

隋志雜家時務論十二卷下附注云：「秦子三卷，吴秦菁撰，亡。」兩唐志仍之。宋高似孫子略目載子鈔目則作秦子二卷。宋史志書目多不載，其書疑亡於隋唐之際。秦菁其人，史傳無考，亦不詳其字里、生平。明楊慎丹鉛總録引二條與苻子同列，云：「二子之姓名，人罕知。」清人侯康補三國藝文志載秦子三卷，題吴秦菁撰，並據意林所引顧彦先語稱：「彦先者，顧榮之字。榮仕吴爲黄門郎，後及事晉元帝。秦菁與之同時，亦吴末人也。類聚多引此書。」

清人馬國翰以意林所録五條爲主榦，並採書鈔、類聚、御覽諸書所引，輯爲秦子佚文一卷，收入玉函山房輯佚書，可資參閱。

1　欲顯白於雪中，馳光於日下，不可得也。〔一〕

〔一〕類聚、御覽並引作「今欲馳光日下，顯白雪中，不可得也」。

2　顧彦先難云〔一〕：「有味如醽〔二〕，而不醉人；其味如黍〔三〕，飲之則醉，何也？」秦子曰：「醉在小人，不在君子。吾欲錦中而紵表，不欲繡外而麻裏，猶論者寧匱於辭，不匱於理。」

〔一〕「顧」，原誤作「顔」。顧彦先：名榮，字彦先，先仕吴爲黄門侍郎，後入晉，與陸機、陸雲兄弟並稱爲「三俊」。後拜郎中，歷遷廷尉正。晉元帝時加散騎常侍。晉書有傳。

〔二〕醽：音靈，一種味道濃烈的美酒。

〔三〕黍：此指黍酒，味淡。馬國翰輯本引此，文同。其下又引書鈔「顧彦先曰：有味如醲，飲而不醉；無味如荼，飲而醒焉。醉人何用也」數句。

3 遠難知者，天；近難知者，人。

4 因斧以得柯，因柯以成用。種一粟則千萬之粟滋，種一仁則衆行之美備矣。

5 鍼雖小，入水則沈；毛雖大，入水則浮，性自然也〔一〕。

〔一〕「然」，道藏本、四庫本作「能」。

七一　梅子一卷

隋志儒家晉夏侯湛新論十卷下注云：「梅子新語一卷，亡。」其後史志書目不見載。唯宋高似孫子略目載梁庾仲容子鈔有梅子新書一卷，注云：「按其語，晉人也。」然撰者名字、生平事皆未詳。清人丁國鈞補晉志載：「梅子新論一卷，見七録，是書隋志無撰人名。據意林『晉人撰』之文，知爲陶書。御覽九百六十二及九百六十七均引梅子，又卷二十三引梅陶書，卷六百四十九又引梅陶自序。按梅陶書，梅子，其自序當亦在是書中。」並注云：「陶字淑真，見世説方正篇注。」聚學軒本周廣業案曰：「御覽引梅子二則，曰『弘農宜陽縣金門上竹爲律管，河内葭莩以爲灰，可以候氣』云云；又曰『王莽畏漢高有靈，令虎賁拔劍四面斬高廟，以桃湯赤鞭灑屋』。考上事亦見物理論，下事載漢書。意其言故雜家之流，惜名字早湮耳。隋志總集有晉光禄大夫梅陶集九卷。陶字叔真，汝南西平人，仕至尚書。其集亦佚不傳。惟初學記載自序云：『嘗爲御史中丞，以法鞭太子傅曰：堂高由陛，皇太子所以尊於上者，由我奉王者法，其可枉道曲媚乎？』晉書陶侃傳稱：陶與侃有舊，陶書與曹識云『陶公機神明鑒似魏武，忠順勤勞似孔明』，蓋亦伉直喜甄别者。又書鈔、御覽並載梅陶書云：『古人就食於安里，今三川米流出門，無如今年豐也。若以古人用之，則累之儲也。』豈梅陶書即梅子歟？陶兄賾，字仲真，豫章太守，古文尚書是所奏上也。二梅晉書無傳，不能知其是否，故附以俟考。梅子書今佚。」

清人馬國翰輯有梅子新論佚文一卷，稱：「梅氏撰，名字、里爵皆無考。據其書稱阮籍，知爲晉人而已。」意林録文僅一條，道藏本、説郛本、四庫本、四部叢刊本皆置於卷五秦子之下、物理論之上，而聚學軒本則置於卷五之末，今從聚學軒本。

1　伊尹、呂望、傅説、箕子、夷、齊、柳惠、顔淵、莊周、阮籍〔一〕，易地而居，能行所不能行也。阮籍孝盡其親，忠不忘君，明不遺身，智不預事，愚不亂治〔二〕。自莊周已來，命世大賢〔三〕，其惟阮先生乎。按其書，晉人也〔四〕。

〔一〕伊尹：商湯賢臣。參見本書卷一孟子第十七條注。吕望：參見本書卷一太公金匱題解。傅説：參見本書卷五傅子第八十一條注。箕子：參見本書卷三新論第三十五條注。夷齊：參見本書卷二莊子第三十條注。柳惠：春秋時魯國大夫展禽，魯僖公時人，字季。因食邑柳下，謚惠，故稱。又與伯夷並稱夷惠。顔淵：參見本書卷二莊子第十條注。莊周：參見本書卷二莊子題解。阮籍：三國魏尉氏人，字嗣宗。曾爲步兵校尉，故又稱阮步兵。博覽羣書，尤好莊老。身處魏晉易代之世，不滿司馬氏代魏，故縱酒談玄，以求自全。以文學著名，爲竹林七賢之一。三國志、晉書皆有傳。

〔二〕遺身：超然物外，避世隱居。預事：參預國事。亂治：擾亂法治。

〔三〕命世：當世著名。

〔四〕聚學軒本周廣業注曰：「魏志稱：『嗣宗倜儻放蕩，行己寡欲，以莊周爲模。』梅子之言，意正相合，但與伊尹諸人並衡，似非倫也。」天海案：此六字當爲馬總自注之文，底本原作大字録入正文，似不妥。

意林校釋卷六

照宋刻全本補。

天海案：馬總意林今已難見全璧。五卷本共録子書七十一家，其中鶡冠子、王孫子二書有目無文，且各卷所録多寡不一，最多者爲卷一、卷五，各録二十家，最少者爲卷四，只録七家，宋高似孫子略目録梁庚仲容子鈔目稱「馬總意林一遵庾目」，但子鈔總目只一百零七家，而意林五卷加此補刻之卷六，總計爲百十二家，除新序在卷六重出外，實録百十一家，比子鈔總目多出四家。且意林卷一之道德經、苗卿子，卷六之幽求子、干子、華譚新論、孫綽子，共六家不見於子鈔總目；而子鈔之牟子、吴普本草經二家又不爲意林所録。不知何者爲是？李遇孫稱卷六照宋全本補刻，但宋本今已難見，實不可考，且補刻之卷六所録多達四十餘家，每家所録不過寥寥數語，此又與前五卷大不類，倒與今存説郛本意林卷末所録大致不差。此或非意林原本，或好事者依子鈔目輯録而成，或有人移説郛本卷六而續之，然無確據可考，姑存疑。意林明刊本（道藏本、徐本、廖本），清聚學軒本、聚珍本、四庫本皆爲五卷，此卷六乃清人李遇孫補刻，有後序原附於卷末，現移此。其序云：「卷二補二家，本有目無文。卷六全補，共四十一家，内有目無文十三家。勤圃先生所採逸文略見於此。惟袁準正書『太歲在酉』一條此轉失去，大都宋本亦不全矣。此從選樓鈔得成完璧，實爲可寶，惜周先生未見也。嘉慶丙子四月李遇孫識。」

七二　萬機論八卷　蔣濟。

蔣濟，字子通，楚國平阿（今安徽懷遠縣常墳鎮孔崗）人。於漢末出任九江郡吏、揚州別駕，後被曹操聘爲丹陽太守，不久升任丞相府主簿、西曹屬，成爲曹操的心腹謀士。魏文帝繼位後出任右中郎將；魏明帝繼位後出任中護軍，封關内侯；曹芳繼位後出任領軍將軍，封昌陵亭侯，又任太尉。隨司馬懿誅殺曹爽之後，晉封都鄉侯。謚號景侯。三國志有傳。

隋志雜家載蔣子萬機論八卷，蔣濟撰。舊唐志仍之。新唐志、宋志皆作十卷。宋陳振孫直齋書録解題作二卷，題魏太尉平河蔣濟子通撰。清人嚴可均、馬國翰皆輯有萬機論佚文，但皆未引意林所録此條。馬國翰認爲蔣子萬機論乃取尚書「一日二日萬機」之義，其所著之文皆「講肄禮服，評騭人物，兼言兵陣之事」。意林録文一條，爲清人李遇孫所補刻，四部叢刊本收入卷六中，與説郛本卷六所録相同，可參閲。

1　甲作乙婦，丙來殺乙，而甲不知。後甲遂嫁與丙作妻，生二子，丙乃語甲，甲因丙醉殺之〔一〕，並害二子。於義剛烈，則寬死否？參者云〔二〕：「女子潔行專一，不以鼓刀稱義〔三〕。今又改嫁，已絶先夫之恩；親害胞胎，又無慈母之道也〔四〕。」

〔一〕「醉」下，説郛本有「而」字。

〔二〕參：古代臣子向皇上奏事稱「參」。說郛本作「答」。
〔三〕鼓刀：屠宰時擊刀有聲稱爲鼓刀。此指執刀殺人。
〔四〕此條治要、周廣業意林附編、嚴馬二氏輯本皆不見引。

七三　法訓八卷　名周〔一〕。

譙周，三國蜀巴西郡西充人，字允南。諸葛亮領益州牧，命爲勸學從事，後官至光禄大夫。因勸蜀後主劉禪降魏，入魏後封陽城亭侯。入晉後拜騎都尉，封義陽亭侯。其著述除法訓八卷外，還有論語注十卷、五經然否論五卷、古文考二十五卷、五教志五卷。三國志有傳。隋志儒家載譙子法訓八卷，注云：「譙周撰，梁有譙子五教志五卷，亡。」兩唐志載同隋志。宋史志書目多不見載，是書或亡佚於唐宋之際。清人周廣業意林附編輯有佚文十八條，馬國翰輯有佚文一卷十三條，均可參閲。馬國翰認爲「此書稱法訓，擬於古之格言，亦如揚子雲書稱法言之類」。意林補刻卷六所録五條，不見於周、嚴、馬三家輯佚文中。

1　公人好人之公，私人好人之私〔二〕。

〔一〕「周」，原誤作「用」，此據說郛本改。
〔二〕公人：官府之人。私人：指個人。

2 念己之短，好人之長，近仁也。

3 有財不濟交，非有財也；有位不舉能〔一〕，非有位也。

〔一〕「不」下，説郛本有「知」字。位：地位、職位。

4 相憎者能生無辜之毁，相愛者能飾無實之譽。

5 君子好聞過而無過，小人惡聞過而有過〔一〕。

〔一〕「君子好聞過」，語本孟子公孫丑上：「子路，人告之以有過，則喜。」

七四　五教五卷　譙周。

隋志儒家載譙子法訓八卷，注云：「梁有譙子五教志五卷，亡。」兩唐志仍録其目。宋高似孫子略目録子鈔目有譙周五教五卷，在法訓八卷之下，注云：「並是禮記語。」可見此書大概是摘録禮記而成。原書隋時已不存，四部叢刊本所載李遇孫補刻卷六列此目於新序下、周髀上，有目無文，與説郛本所載同。然據意林體例，凡一人二書者，皆依次列目，且子鈔亦列此書於法訓之下。爲統一體例，現將此目移至法訓之下，文原闕。

七五　新言二卷

吴太常顧譚，字子默〔一〕。

隋志儒家載顧子新語十二卷，吴太常顧譚撰。舊唐志作五卷，新唐志則作新論五卷。宋高似孫子略目録子鈔目作顧譚新言二卷，注云：「字子默，吴太常。」其引宋鄭樵通志略又作顧子新語十二卷，吴太常顧譚撰。此外，宋史志書目多不見載。說郛本意林作新言二卷，注云「吴太常顧譚，字默造」，與四部叢刊本李遇孫補刻卷六注文相同。據此可知，新言或又名新語，或稱新論，爲三國時吴人顧譚所撰。

顧譚，字子默，三國時吴郡人，豫章太守顧邵之子，官太常，平尚書事。後受讒害貶斥交州，發憤著新言二十篇。事見三國志本傳。其後史志書目載書名卷次各不同，或脱失散佚所致，或校本編次有異，因此書早佚，不可查考。李遇孫補刻卷六載此不標卷數，與意林全書體例不合，故此據子鈔目與說郛本所録之目，補「二卷」二字於目上。

清人周廣業意林附編輯有顧子十二條，乃合顧譚、顧夷二人佚文共存之。嚴可均全三國文輯有顧譚佚文二條，馬國翰亦輯有顧子新言一卷八條。然李遇孫補刻卷六所録一條，不見於上述三家輯本中。

1　刑者小人之防，禮者君子之稔〔二〕。佞人之入，雖燃膏莫見其清也〔三〕。

〔一〕「子默」，說郛本、四部叢刊本皆作「默造」，梁庾仲容子鈔目作「子默」。考三國志本傳，正作「子默」，故據改。

〔二〕防：提防，防範。「稔」，説郛本作「檢」。稔：熟悉，熟知。

〔三〕下句説郛本作「然膏莫見其消也」。佞人：花言巧語、阿諛奉承的人。燃膏：燃油，即點燈照明。

七六　鍾子芻蕘五卷　士季。

鍾子，名會，字士季。説郛本作「名士季」，誤。潁川長社（今河南長葛東）人。魏正始中爲秘書郎，後遷尚書中書侍郎。高貴鄉公曹髦即位，賜爵關内侯，拜衛將軍，遷黄門侍郎，封東武亭侯，以討諸葛誕功遷司隸校尉。因與鄧艾征蜀有功，官至司徒，封縣侯。滅蜀後，與姜維謀自立政權，後爲部下所殺。魏志有傳。

隋志雜家蔣子萬機論下注云：「芻蕘論五卷，鍾會撰，亡。」兩唐志仍之，宋史志書目多不見載。此書早佚，今已不存。書名芻蕘論，乃作者自謙之詞。割草叫芻，打柴叫蕘，芻蕘指割草打柴的人，語出詩大雅板：「先民有言，詢於芻蕘。」説郛本有鍾子芻蕘五卷，録文二條，李遇孫補刻録作一條，文同。清人嚴可均、馬國翰另輯有佚文，可參閲。

1　珪玉棄於糞土，鉛錫列於和肆〔一〕。觀者以鉛錫是真，珪璧是僞〔二〕。膠之與漆，合而不離；煙之與水，離而不合。

〔一〕珪玉：即玉圭，古代帝王、諸侯朝聘或祭祀時手中所執玉器。此泛指美玉。下文「珪璧」同此。和肆：陳列與出售寶石的店鋪。

〔二〕以上四句，説郛本單作一條。

七七　典語十卷

陸景。

陸景，字士仁，陸抗次子，三國時東吴吴郡人。尚公主，拜騎都尉，封毗陵侯，後拜將軍中夏水軍督。王浚東下吴，景與兄陸晏俱遇害，時年三十一歲。其祖陸遜乃吴國名將，其弟陸機、陸雲皆有才名。

隋志儒家顧子新語下注云：「典語十卷，典語别二卷，並吴中夏督陸景撰，亡。」兩唐志俱作典訓十卷。羣書治要録有陸景典語七篇；宋高似孫子略目録子鈔作「陸景典論十卷」。可見此書原名典語，後有稱典訓、典論者，其實一也。

李遇孫補刻卷六所載典語之文僅二條，説郛本蘇子後所録陸景典論係重出，所録之文當歸蘇子。清人嚴可均輯治要所録七篇，並它書所引十條，合爲典語佚文一卷；馬國翰亦輯有典語佚文十一條，合爲一卷，均可參閲。

1　榮辱所以化君子，賞罰所以禦小人。受金行穢〔一〕，非貞士之操；背主事讐，非忠臣之節。唯高帝用陳平，齊桓用管仲耳〔二〕。

〔一〕行穢：品行污穢。一説當作「行賄」。

〔二〕高帝：此指漢高祖劉邦。陳平：秦末陽武（今河南原陽）人。少家貧，好黄老之術。先從項羽，後歸劉邦，多出奇謀。建漢後，封曲逆侯，歷任惠帝、吕后、文帝時丞相。齊桓：即齊桓公。管仲：參見本書卷一管子題解。

2 拘烏獲之手，雖錙銖不能勝〔一〕；掩離婁之目，雖崇岱不能睹〔二〕；絆騄驥之足，雖跬步不能發〔三〕；斷鴻鵠之翮，雖尋常不能奮〔四〕。

〔一〕錙銖：古代最小的重量單位，常比喻極輕微細小之事物。「錙銖」，説郛本作「銖兩」。烏獲：戰國時秦國大力士，與任鄙、孟説皆以勇力聞名，仕秦武王至大官。亦作力士之通稱。事見史記秦本紀。勝：任，此指拿起來。

〔二〕崇岱：崇高的泰山。説郛本作「嵩岱」，於義爲長。離婁：一作「離朱」。古代傳説眼睛最明亮的人。孟子離婁上：「離婁之明，公輸子之巧，不以規矩不成方圓。」漢趙岐注：「離婁者，古之明目者，蓋以爲黄帝之時人也。黄帝亡其玄珠，使離朱索之。離朱即離婁也，能視於百步之外，見秋毫之末。」

〔三〕騄驥：古代駿馬名，此泛指駿馬。跬步：半步。説郛本作「武步」。

〔四〕翮：鳥的翅膀。尋常：古代八尺爲尋，倍尋爲常。此指一般的高度或距離。奮：奮起而飛。

七八　默記三卷

吴大鴻臚張儼，字子節。

張儼，字子節，三國時吴人。弱冠知名，歷顯位，以博聞多識拜大鴻臚。吴孫皓寶鼎元年出使晉，弔祭晉文帝，及還，病死途中。事略見吴志孫皓傳及注引吴録。

隋志雜家傅子下有注曰：「嘿記三卷，吴大鴻臚張儼撰，亡。」兩唐志仍之。宋高似孫録子鈔目有張儼默記三卷，注曰：「字子節，吴大鴻臚卿。」宋史志書目不見載。嚴可均全三國文輯有張儼默記述佐篇，稱引自蜀志諸葛亮傳。馬國翰輯張儼佚文，除述佐篇外，又引武侯後出師表一篇，認爲裴松之注引漢晉春秋載此文，稱此表不見於武侯集中，乃出張儼默記。意林所録文一條，上三家輯本皆不録。

1　堯舜不能化朱均，使爲善〔一〕；瞽瞍不能染重華，使行惡〔二〕。

〔一〕朱均：堯子丹朱、舜子商均，皆以不肖被逐，故二人並稱。事見史記五帝本紀。

〔二〕鼓瞍：虞舜之父目盲而愚頑，故稱。史記五帝本紀作「瞽叟」。重華：虞舜之名。見尚書舜典：「曰若稽古帝舜，曰重華，協於帝。」染：薫染，影響。天海案：説郛本亦只録此一條，文同。

七九　新言五卷

裴玄。

裴玄，字彦黄，三國吴下邳人。有學行，官至太中大夫，與嚴畯友善。其子裴欽與太子孫登遊處，登稱其文采。事略見吳志嚴畯傳。

隋志雜家傅子下附注：「裴氏新言五卷，吳大鴻臚裴玄撰，亡。」别有新言四卷，注云：「裴立撰。」兩唐志只録裴玄新言五卷，而無裴立，疑立乃玄字之訛。宋高似孫子略目載子鈔目亦作「裴玄新言五卷」，注云：「字彦黄，吳大夫。」此書不見於宋史志書目。是書早佚，今已不存。清人周廣業意林附編案稱：「大鴻臚之銜亦與吳志不同。諸書引裴氏，有作新語者，有作新言者，或當時本有異名，要非裴立之言。若世説新語注引裴子有堅石挈脚枕琵琶、文度挾左傳逐鄭康成等條，乃河東裴榮所撰語林也。裴松之謂裴啓作語林，故劉孝標疑榮别名啓，其他注引只作裴啓語林。隋志亦但稱裴啓語林，不曰裴子，亦不復言裴榮。閲者宜别白焉。」

周廣業意林附編輯有裴氏新言佚文十一條，馬國翰輯有佚文八條，皆未引意林所録二條，可參閲。

1 鷙鳥之擊，必俛其首〔一〕；猛獸之攫，必匿其爪。虎豹不外其牙，噬犬不見其齒〔二〕。故用兵者，示之以柔，迎之以剛；見之以弱，乘之以强。

〔一〕鷙鳥：猛禽，如鷹鷂之類。俛：同「俯」，低頭，俯首。

〔二〕噬犬：善咬人的狗。見：同「現」，顯現，暴露。下文「見」同此。

2 烏鳶之卵不毁〔一〕，則鳳凰至；誹謗之言不誅，則忠言達。千里之隄，以螻蟻之穴漏；百材之屋，以突隙之煙焚〔二〕。

〔一〕烏鳶：即烏鵲、烏鴉。

〔二〕突隙：煙囱的縫隙。天海案：説郛本亦只録此二條，文同。

八〇　正書二十五卷　袁準。

袁準，字孝尼，三國時魏陳郡人。因世事多險，故常恬退而不敢求進。著書十餘萬言，論治世之務。論易、周官、詩、書、傳五經滯義，顯聖人之微言，以傳於世。晉泰始中，官至給事中。其所著儀禮喪服經注一卷、正論十九卷、正書二十五卷、集二卷，今皆不存。事見魏志袁渙傳注引。

隋志儒家載袁子正論十九卷，注云：「袁準撰。梁又有袁子正書二十五卷，袁準撰，亡。」可見此二書皆爲袁準所撰。兩唐志著録除正論作二十卷外，餘皆與隋志同。羣書治要引録袁子正書十七篇，題袁淮撰，疑淮乃準字之訛。袁準此二書宋史志書目多不見載，或已亡於唐宋之際。

清人周廣業意林附編輯有袁準正書佚文二十四條、正論佚文十五條；清人嚴可均從治要輯袁子正書十七篇，於它書又採佚文二十五條，併爲一卷；馬國翰亦輯有袁準正書佚文一卷、正論佚文二卷，皆可參閲。李遇孫補刻卷六録正書文二條、正論文一條，與説郛本所録文多同，然不見於周、嚴、馬三家輯本中。

1　交接廣而信衰於友，爵禄厚而忠衰於君。

2 曾子妻將適市〔一〕，兒隨啼。謂兒曰：「吾還，與汝殺犬〔二〕。」妻還，曾子援弓將射犬。妻曰：「向與兒戲乎〔三〕。」曾子曰：「教化始於童昏，若之，何其以訓耶〔四〕？」

〔一〕曾子：即曾參。參見本書卷一曾子題解。

〔二〕「與」上，説郛本有「當」字。

〔三〕「乎」，説郛本作「爾」。

〔四〕童昏：年幼無知。國語晉語四：「聾聵不可使聽，童昏不可使謀。」若之：你這樣做。説郛本作「若欺之」。訓：法則，榜樣。天海案：説郛本亦只録此二條，文略異。

八一　正論十九卷　袁準，字孝尼。

正論爲袁準所撰，説見上文正書題解。此目下注文原作「袁□，字耀卿」。説郛本正論十九卷下小字注文又作「名奂，字耀卿」。考三國志袁涣本傳，涣字曜卿，陳郡扶樂人。性清静，舉動有禮。初爲郡功曹，劉備治豫州舉爲茂才。後歸曹操，遷梁相。魏初爲郎中令，行御史大夫事。袁準是他第四子，才名最著。未聞袁涣有書傳世。説郛本「涣」誤作「奂」，「曜」誤作「耀」，故將袁準此書誤屬其父袁涣名下。可惜意林原本已不存，不知是本注之誤，還是後録者致誤，皆莫能詳考。但正論十九卷確爲袁準所撰，而非袁涣之書，史志書目已有明載，不應有誤，故改注文作「袁準，字孝尼」。

李遇孫補刻卷六止録正論文一條，且與説郛本録文略異，可參閲。

1 鴟抱鼠而仰號，恐鵷鶵之奪己〔一〕。

〔一〕「鴟」，説郛本作「鴔」，注曰：「鴔，音玄，燕鳥也。」「己」，説郛本作「也」。鴟：即鴟鵂，俗稱貓頭鷹，晝伏夜出，捕食鼠、麻雀類小動物，是益鳥。古人常認爲是惡鳥。鵷鶵：鳳凰一類的鳥。此條語本莊子秋水所載「惠子相梁」一事，其文有「鴟得腐鼠，鵷鶵過之，仰而視之曰：嚇」數句，可參閲。

八二　蘇子十八卷

名淳，衛人也。

隋志道家唐子下注曰：「梁有蘇子七卷，晉北中郎參軍蘇彦撰，亡。」兩唐志載同隋志。宋高似孫子略目録子鈔目有蘇子，注云：「八卷，自云魏人。」説郛本所録書名卷次同此，注云：「名淳，魏人也。」「名淳」無可考；「魏人」，李遇孫補刻意林卷六作「衛人」。「十八卷」應是「八卷」之誤。蘇子一書早佚，蘇子事亦無可考。蘇彦、蘇淳，史傳皆不載。參以隋志與子鈔所載，此蘇子當屬道家，作八卷近是，李遇孫補刻作十八卷，或屬筆誤。注云魏人，又任晉職，或由曹魏入晉，故作魏人近是。底本注作「衛人」，乃音同致誤。姑且存疑。

清人李遇孫補刻卷六録蘇子二條，「蘭以芳致燒」條天中記引之，另一條不見諸書所引。

1　蘭以芳致燒，膏以肥見焫〔一〕；翠以羽殃身，蚌以珠碎腹〔二〕。女惡蛾眉，士惡多口，由來尚矣〔三〕。

〔一〕致：遭致。周廣業意林附編引作「自」。焫：音弱，點燃。

〔二〕翠：翠鳥。其羽毛色彩美，多作裝飾用。蚌：此指珍珠蚌。意林附編作「蜯」，音義同。「碎腹」，說郛本作「破腹」，意林附編引作「致破」。

〔三〕此上三句，意林附編不録，説郛本有，文同。蛾眉：指代美女。多口：多言善辯，王符潛夫論交際：「士貴有辭，亦憎多口。」天中記蘭類引作「勝己」。

2　周之管蔡，秦之趙高〔一〕，其惡何比？吾欲比之狗馬，狗馬能致遠伏狩；吾欲比之虎豹，虎豹則君子愛其文章〔二〕；吾欲比之蝮蛇，蝮蛇則療偏枯之疾〔三〕；吾欲比之鴆鳥，鴆鳥又能去公子牙而安魯國〔四〕。惟有青蠅、蒼鼠覆國殘家可比〔五〕。

〔一〕管蔡：管叔，周文王三子姬鮮；蔡叔，文王五子姬度；二人不滿周公旦代替成王執政，於是糾集紂王子武庚發動武裝叛亂，史稱管蔡之亂或三監之亂（武王建周，將商舊地分爲三部，讓其弟管叔、蔡叔、霍叔各監一部，稱爲「三監」）。周公旦大破叛亂軍隊，誅管叔、武庚，蔡叔被流放。趙高：秦始皇時任中車令，秦始皇死後與李斯合謀篡改詔書，立始皇幼子胡亥爲帝，並逼死始皇長子扶蘇。秦二世即位後趙高設計陷害李斯，並自任爲丞相。後派人殺死秦二世，不久被秦王子嬰所殺。

〔二〕文章：此指虎豹皮毛斑斕的花紋色彩。

〔三〕二「蝮蛇」，説郛本皆作「烏頭附子」。偏枯：中醫病名，即半身不遂。

〔四〕鴆鳥：生活在嶺南一帶，比鷹略大，羽毛大都是紫色的，腹部和翅尖則是緑色的。五經異義説其毒性源於其食物。鴆鳥最喜歡以毒蛇爲食物，而且最喜歡蝮蛇頭。鴆鳥吃下毒蛇後，鴆腎會分泌出含有强烈氣味的黏液，將蛇毒分解出來。最後，這些毒粉隨着汗水滲透到鴆鳥的皮膚和羽毛上。正因如此，鴆鳥的羽毛含有巨毒。公子牙：莊公三十二年，莊公病篤，想立公子般爲太子，又擔心其他臣子有意見。就詢問自己的兄弟公子牙、季友。公子牙有立慶父之意，季友則要立公子般。於是，莊公讓季友派人賜鴆酒給公子牙，公子牙飲鴆而死。事見左傳莊公三十二年。

〔五〕青蠅、蒼鼠：此比喻卑污的小人。天海案：此與上條原併作一條，據文意當分列。説郛本此條録於蘇子之後，陸景典語目下，顯然有誤。因陸景典語已見於鍾子目下，不當重出。

八三　世要十卷

桓範，字元則，魏大司農。

桓範，字元則，東漢末年沛國人。建安末年入丞相曹操府。魏文帝繼王位，爲羽林左監。魏明帝時歷任中領軍尚書，遷征虜將軍、東中郎將，使持節都督青、徐二州諸軍事。後免，尋爲兗州刺史，轉冀州牧，不赴。正始中拜大司農，後因曹爽事牽連被誅。事附魏志曹爽傳注。

隋志法家有世要論十二卷，注云：「魏大司農桓範撰。梁有二十卷，亡。」舊唐志載有桓氏代要論十卷，新唐志載同隋志。宋史志書目多不見載，此書或亡於唐宋之際。嚴可均輯有佚文一卷；馬國翰亦輯有佚文一卷，凡二十五則。

意林説郛本有世要十卷，其目下小字注文作「柳範，字元則，魏大司農」，「柳」當爲「桓」字之訛。

李遇孫補刻意林卷六録文四條，與説郛本略異，可參閲。

1 加脂粉則嫫母進，蒙不潔則西施屏〔一〕。今學亦如此，學之脂粉亦厚矣〔二〕。

〔一〕嫫母：古代傳説中的醜婦。荀子賦：「嫫母、力父，是之喜也。」楊倞注：「嫫母，醜女，黄帝時人。」西施：古代越國美女。屏：同「摒」，斥退。

〔二〕脂粉：比喻粉飾和僞裝。天海案：嚴氏、馬氏輯本引此句文同；書鈔、御覽作「學者，人之脂粉也」。説郛本有此條，文同。

2 伐一樹，除一苗，猶先看可伐而除之，況害人而不詳審也〔一〕。

〔一〕説郛本有此條，文同。

3 遇不遇，命也；善不善，人也〔一〕。君子能修善，而未必遇；小人不能修善，未必不遇〔二〕。

〔一〕遇：機遇。古人稱能被君主賞識重用爲遇合。善：此指德優才賢。天海案：此以上見文選注引，文同。嚴氏、馬氏輯本亦只引於此。

〔三〕「未」上，説郛本有「而」字。

4 中才之人，知隨年長〔一〕，事以學增，故年長則智廣，疑缺二字。智廣則見博〔二〕。

〔一〕知：同「智」，説郛本正作「智」。

〔二〕此句「智廣」二字原闕，此據説郛本補。

八四 陸子十卷 名雲，字士龍，晉人。

陸子，名雲，字士龍，西晉吴郡人。十六歲時舉賢良，吴亡，十年不仕。晉武帝末年，與兄陸機入洛陽，辟公府掾，爲太子舍人。後任清河内史，世稱「陸清河」。文才與兄陸機齊名，時稱「二陸」。史稱其文章不及陸機，而持論過之。陸機、陸雲，同時爲成都王司馬穎所害。陸雲著有陸子新書十卷、集十二卷。晉書有傳。

隋志道家唐子下注云：「陸子十卷，陸雲撰，亡。」兩唐志載同隋志，宋史志書目多不見載。高似孫子略目引子鈔目及鄭樵通志藝文略載同隋志。清人周廣業意林附編輯有佚文二條，嚴可均全晉文輯有佚文四卷，馬國翰輯有佚文一卷，均可參閲。

1 水則有波，釣則有磨，我入便之〔一〕，無如之何。物動而釁已，將形而行跡〔二〕。

以絃在木而音和〔三〕，絲在繡而服美。神觸物而機駭〔四〕，情遭變而思易。

〔一〕「我入便之」，説郛本作「我欲更之」，於義爲長。

〔二〕此二句説郛本作「物動而釁已彰，未形而跡已朕」，於義爲長。釁：音問，徵兆。形：顯露。跡：跡象。荀子勸學：「故聲無小而不聞，行無隱而不形。」

〔三〕「絃」上，説郛本無「以」字。木：此指琴瑟等樂器。

〔四〕機駭：弩機突然觸發，比喻迅疾。文選揚雄長楊賦：「猋騰波流，機駭蠭軼。」李善注：「機駭蠭軼，言其疾也。」

八五　新論十卷

夏侯湛，字孝若，晉散騎常侍。

夏侯湛，字孝若，譙國譙人，魏征西將軍夏侯淵曾孫，美容儀，才華富盛，早有名譽。與潘岳友善，時人謂之「連璧」。晉泰始中，舉賢良方正，拜郎中，選補太子舍人，轉尚書郎，出爲野王令。除中書侍郎，出爲南陽相，遷太子僕。晉惠帝即位，進散騎常侍。著有新論十卷、集十卷，今皆不存。事見晉書本傳。隋志儒家載新論十卷，注云：「晉散騎常侍夏侯湛撰。」兩唐志載同隋志，宋史志書目多不見載。清人嚴可均輯新論殘句僅「爪生於肉，去爪而肉不知」二句。馬國翰輯有新論佚文一卷，採自晉書本傳所載抵疑一篇及它書所引文六條，可參閲。

1 爪生於肉，去爪而肉不知〔一〕；髮生於皮，去髮而皮不知〔二〕。萬物之在天地，同爪髪之在身體，皆統於神明，不可亂也。

〔一〕爪：此指人的手指甲、脚趾甲。此二句見御覽引夏侯子，嚴、馬二氏輯本亦引之。

〔三〕此二句又見御覽所引新論。天海案：説郛本有此條，文同；馬氏輯本引之，文同。

2 擇才而官之，則明主不用不肖之臣〔一〕；擇主而事之，則君子不事昏闇之主。

〔一〕「不用」，説郛本作「不畜」。

八六　析言十卷

張顯。

隋志雜家載傅子，其下附注：「析言論二十卷，晉議郎張顯撰，亡。」其下另載有張顯古今訓十一卷。舊唐志不載張顯析言，却載誓論三十卷，張儼撰。宋史志書目不載此書。張顯字里、生平事不可考知。

清人周廣業意林附編認爲：舊唐志誤將「析言」二字連寫作「誓」字，又將「顯」字誤爲「儼」字，與古今訓合爲三十卷，故有此誤。新唐志又沿舊唐志之誤，在張儼默記下載誓論三十卷，又載張明誓論二十卷、古訓十卷。余按「張明」疑是避唐中宗李顯名諱而改，「誓論」顯然是析言論之訛。意林附編輯有張顯析言佚文四條，嚴可均全晉文輯有佚文一條，馬國翰輯有張顯析言論佚文四條，皆與意林所録此條不同，可參閲。

1　被仁義作府庫〔一〕，食道德作棃棗。古人有言：君不稽古〔二〕，無以承天；臣不稽古，無以事君。始皇、李斯是已〔三〕。

〔一〕被：依靠。依文意似當做「備」。府庫：貯藏財貨及武器的倉庫。此指代財富。説郛本作「枕仁義作莞簟」，未知孰是。

〔二〕稽古：考察古人古事。

〔三〕「已」，説郛本作「也」。李斯：楚國上蔡人，爲郡小吏，後入秦，秦王任爲丞相。始皇死後，受趙高脅迫，矯詔立胡亥爲秦二世。後被趙高誣謀反而被處死。

八七　幽求子二十卷　杜夷，字行齊〔一〕，晉國子祭酒。

杜夷，字行齊，盧江灊人。世以儒學稱，少而恬泊，操尚貞素，居其貧窘，不營產業。博覽經籍百家之書，曆算圖緯，無不畢究。晉惠帝時三察孝廉，懷帝時徵拜博士，皆不就。晉元帝時又除國子祭酒，以疾辭，未曾朝謁。明帝即位，夷上表請退，詔未許。年六十六病卒，贈大鴻臚，謚曰貞子。著有幽求子二十篇。晉書有傳。

隋志道家載杜氏幽求新書二十卷，題杜夷撰。舊唐志載杜夷撰幽求子三十卷，新唐志不見載。宋高似孫子略目引鄭樵通志略有幽求子二十卷，題杜夷撰，但所引子鈔目卻未録此書。

清人嚴可均輯有佚文六條，不稱幽求子。馬國翰採得佚文二十六條，輯爲杜氏幽求新書佚文一卷，並稱「其説道清淡，以無爲爲家，宗旨老氏」，故列入道家，可參閲。

1 凡人既飽而後輕食，既煖而後輕衣。夫臨觴念戚〔二〕，則旨酒失甘；對饗思哀，則嘉餚易味。

〔一〕「行齊」二字原闕，此據晉書杜林傳補；説郛本作「子楷」，未詳所以。

〔二〕「夫」，原作「服」，屬上句，此據説郛本改。「戚」，原作「感」，或字誤，此據説郛本改。

2 裘以嚴霜見愛，葛以當暑見親〔一〕。

〔一〕説郛本有此條，文同。

3 玉以石辨，白以黑昭，故醜好相昭〔一〕。

〔一〕「相昭」之「昭」，原作「招」，此據説郛本改。昭：對照鮮明。

4 從山林視朝廷，猶飛鴻之與雞鶩〔一〕。

〔一〕「視」，原作「猶」，涉下文而誤，此據説郛本改。山林：此指隱居山林的隱士。飛鴻：指天鵝，或大雁。鶩：野鴨。

5 獵者嗜肉，不多於不獵者。及其淩崗巒，超溪壑，而有遺身之志耳〔一〕。

〔二〕凌：凌駕。此指登上。説郛本作「陵」，意同。超：跨越。説郛本作「越」。遺身：忘身，把生死置之度外。

八八　干子十卷

名寶，字令升。

干寶，字令升，新蔡人。少勤學，博覽書記。晉元帝時召爲著作郎，後領國史，以家貧求補山陰令，遷始安太守。王導請爲司徒右長史，遷散騎常侍。著晉紀二十卷，其書簡略，直而能婉，咸稱良史。干寶又性好陰陽術數，撰集古今神祇靈異變化，名爲搜神記，共二十卷。事見晉書本傳。隋志儒家志林新書下附注曰：「干子十八卷，干寶撰，亡。」兩唐志儒家又載干寶正言十卷、立言十卷。宋史志書目多不載干子一書。是書或佚於隋唐之際。清人丁國鈞補晉書藝文志載作干子十八卷，並稱「唐志載正言十卷、立言十卷，當即此十八卷之本」。周廣業意林附編輯干子佚文僅三條，嚴可均、馬國翰二人亦輯有干子佚文，皆可參閱。

1　執杓而飲河者，不過滿腹；棄室而灑雨者，不過濡身〔一〕。

〔一〕「室」，説郛本作「笠」。灑雨：此指淋雨。濡：打濕。天海案：此與下條原併作一條，此據説郛本分作二條。

2　勢弱於己，則虎步而凌之〔一〕；勢强於己，則鼠行而事之〔二〕。此姦雄之才也〔三〕，亦且小人。

〔一〕「而凌之」，説郛本作「以陵之」。虎步：本指舉步雄健有氣勢，此形容威武。

〔二〕鼠行：鼠性膽小，行走時左顧右盼。此形容人小心翼翼做事。此二字原作「躐行」，於義不通，此據説郛本改。

〔三〕姦雄：指詭詐多變、盜名欺世的野心家。

八九　新論十卷

華譚，字令思〔一〕，仕晉。

華譚，字令思，廣陵江都人。父、祖均仕吴。晉太康中舉秀才，對策第一。除郎中，遷太子舍人，本國中正。後遷廬江内史，加綏遠將軍，封都亭侯。建興初，晉元帝命爲鎮東軍諮祭酒，在府無事，乃著書三十卷，名曰辨道。後轉丞相軍諮祭酒，領郡大中正，薦干寶、范珧於朝，乃上書求退。太興初轉秘書監，後加散騎常侍，永昌初免。卒年七十餘，贈金紫光禄大夫。事見晉書本傳。

隋志儒家夏侯湛新論下附注：「新論十卷，晉金紫光禄大夫華譚撰，亡。」兩唐志仍之。宋史志書目多不載，高似孫子略目録子鈔目亦不載此書。或晉書本傳所言辨道三十卷早佚，後人輯爲新論十卷，且又亡於隋唐之際。清人嚴可均、馬國翰皆有輯本，可參閲。

1　干雲之枝，不育於邱垤之巔〔二〕；徑寸之珠，不產於渟污之渚〔三〕。

〔一〕本注原作「字令恩」，形近而誤，據晉書本傳改。

〔二〕干雲：高聳入雲，形容樹木高大。邱垤：小土丘。

〔三〕渟汚：不流動的死水塘。渚：水中沙洲。

九〇　志林二十四卷　虞喜〔一〕。

虞喜，字仲寧，會稽餘姚人。少立操行，博學好古。晉穆帝時，朝廷凡有大事商協，常遣使諮訪。虞喜淡泊功名，終老不仕，專心經傳，兼覽讖緯。著有安天論以難渾、蓋説。又釋毛詩略，注孝經，爲志林三十篇。凡所注述，數十萬言。年七十六卒。晉書有傳。

隋志儒家載志林新書三十卷，注云：「虞喜撰。」新舊唐志載志林新書二十卷、後林新書十卷。宋高似孫子略目引子鈔目作「虞喜志林二十四卷」。説郛本、李遇孫補刻本注文皆題撰者爲「盧達」，此應有誤。

志林此書今已不傳，清人嚴可均輯有佚文五篇；馬國翰亦輯佚文三十七條，合爲一卷，並稱其書「多雜論故事，長於考據」。李遇孫補刻卷六録文僅一條，與説郛本同。

1　東海之魚墜一鱗，崑崙之木落一葉，聖人皆能知之〔二〕。

〔一〕「虞喜」，原作「盧達」，考史志書目，作「虞喜」爲是，據正。説見題解。

〔二〕「落」，原作「棄」，此據説郛本改。「聖」，原作「世」，此據説郛本改。此條御覽亦引之。

九一　孫子十二卷

名綽，字興公，仕晉。

孫子，名綽，字興公，太原中都人。其祖父孫楚曾仕於魏、晉，其兄孫統亦並知名。孫綽博學善屬文，少以文才垂稱，當時文士以綽爲冠。仕東晉除著作郎，後徵拜太學博士，遷尚書郎。王羲之引爲右軍長史，遷永嘉太守、散騎常侍，領著作郎，拜衛尉卿。事見晉書孫楚傳。

隋志道家載孫子十二卷，題孫綽撰，兩唐志載同隋志。宋高似孫引録鄭樵通志略有孫綽子十卷，但所録子鈔目卻未載此書。宋史志書目多不見載，或此書亡於隋唐之際。

清人嚴可均全晉文載有孫綽小傳，並輯有孫綽佚文二卷，中有孫子佚文二十一條。馬國翰亦輯有孫子佚文二十二條，並稱「書詮玄旨，有飄飄欲仙之致」。李遇孫補刻卷六録文僅三條，與説郛本同，亦可見其旨本老莊。

1　教之治性〔一〕，猶藥之治病。疾若倒懸〔二〕，而求藥於崑崙之山，是身後也〔三〕。

〔一〕治性：修養品性。

〔二〕倒懸：倒掛高懸。比喻病情十分危急。

〔三〕身後：死後。晉書張翰傳：「使我有身後名，不如即時一杯酒。」天海案：説郛本有此條，文同。

2 大明光乎天〔一〕，燈燭何施焉〔二〕？時雨濡乎地，溉灌何用焉〔三〕？

〔一〕此句原作「大光明乎天」，嚴氏輯本引御覽作「大光明天者」，馬國翰輯本引御覽作「火光明於天者」，此據説郛本改。大明：兼指日月。易乾卦：「雲行雨施，品物流形，大明終始，六位時成。」李鼎祚集解引侯果曰：「大明，日也。」禮記禮器：「大明生於東，月生於西。」管子内業：「鑒於大清，視於大明。」房玄齡注：「大明，日月也。」

〔二〕「焉」，原作「矣」，説郛本、御覽皆作「焉」，據改。

〔三〕「濡」，説郛本作「霈」。「溉灌」，説郛本作「灌溉」。時雨：應時之雨。天海案：此與下條原作一條，現據説郛本分爲二條。

3 朱門之家，鬼守其闕〔一〕；多藏之室，人窺其牆。

〔一〕下句説郛本作「鬼闞其室」。朱門：指代豪門權貴。闕：過失。

九二　義記十卷　名夷。

隋志儒家志林新書下注云：「顧子十卷，揚州主簿顧夷撰，亡。」未見載有義記十卷。兩唐志皆作顧子義訓十卷，顧夷撰。宋高似孫子略目所引鄭樵通志略亦作顧子義訓十卷。此外，宋史志書目不見載此書。説郛本意林亦作義訓十卷，注曰「名夷」。可知顧子又名義訓。李遇孫補刻卷六題作義記，或因避唐宗室李思訓之名諱而改，或傳鈔之誤。

顧夷，隋志只稱「揚州主簿」，通志略注爲晉人。其字里、生平事皆不可考。意林附編輯有顧子佚文十二條，乃將顧譚、顧夷二人佚文合併載之；注明屬義訓者五條，外七條稱顧子，而不知孰譚孰夷？馬國翰輯有義訓佚文十二條，皆可參閱。李遇孫補刻卷六録義記文五條，與説郛本略同。

1　衣煖而忘百姓之寒，食美而忘百姓之飢〔一〕，非人也〔二〕。

〔一〕「煖」，同「暖」，説郛本作「温」。「百姓」，説郛本作「天下」。

〔二〕人：此處作「仁」解；説郛本正作「仁」。荀子修身「體恭敬而心忠信，術禮義而情愛人」，王先謙集解引王引之曰：「人，讀爲仁，愛仁猶言仁愛。」

2　假天下之目以視，則四海毫末可見；借六合之耳以聽，則八表之音可聞〔一〕。

〔一〕六合：天地四方爲六合，此指所有人。八表：八方之外，喻極邊遠的地方。天海案：此與上條原作一條，此據説郛本分作二條。

3　國無道而尸大位〔一〕，可恥也。國有道而有抱關擊柝，亦可恥也〔二〕。

〔一〕尸：居，如尸主居其位而不任事。古代祭祀，以臣下或死者的晚輩充當死者的神靈，叫做尸主。後來以畫像、牌位代替，尸主之制便廢棄。

〔二〕「可」字原脱，此據説郛本補。抱關擊柝：指守門打更的小吏。柝：古代打更用的木梆子。

4 遊女見人悦之，則自謂逾於西施；桀紂見人尊之，則自謂過於禹湯。

5 登高使人意遠〔一〕，臨深使人志清。

〔一〕「意遠」，周廣業意林附編、馬國翰輯本皆作「意遐」。

九三　諸葛子一卷

隋志雜家蔣子萬機論下附注云：「梁有諸葛子五卷，吴太傅諸葛恪撰，亡。」兩唐志未録。周廣業意林附編輯有諸葛子佚文三條，案稱諸葛子名恪，字元遜，琅琊陽都人，吴大將軍諸葛瑾之子。官太尉，加荆州、揚州牧，督中外諸軍事，後爲孫峻所殺。吴志有傳。

馬國翰亦輯有諸葛子佚文一卷，題諸葛恪撰，並稱「論者以及時爲主，語意多從叔父亮出師表化出」。考嚴氏全三國文所輯諸葛亮佚文，軍有七禁一章引自御覽，其「禁盜」、「禁酒」之語與意林所録文意頗合，疑意林所録或諸葛亮之文誤入其中，惜無確證，尚待博識者辨之。

1 縱盜飲酒〔一〕，非翦惡之法；絶纓加賜〔二〕，非防邪之萌。

〔一〕縱盜飲酒：事見説苑復恩。其文載春秋時秦穆公丢失駿馬，發現被人盜殺吃肉，穆公不僅不責罰他們，還賞酒給他們喝。後秦與晉戰，穆公被圍困，幸得盜馬人拼死解圍。

〔三〕絶纓加賜：事亦見説苑復恩。其文載春秋時楚莊王宴羣臣，日暮酒酣，燈燭熄滅之時，有人暗中調戲莊王之美姬，其美人趁勢扯斷那人冠纓，告莊王清查此人。莊王命羣臣皆扯斷冠纓，然後點燈痛飲。後二年楚與晉戰，有人奮力拼殺以救護莊王，問之，乃酒宴之夜絶纓之人。

九四　要言十四卷

隋志法家世要論十二卷下附注云：「又有陳子要言十四卷，吴豫章太守陳融撰，亡。」兩唐志載同隋志。宋高似孫子略目録鄭樵通志略與隋唐志同，但所録子鈔目則只作「陳子要言十四卷」，不言撰者姓名、職官。此書或亡於隋唐之際。陳融史書無傳，生平事無可考，僅據吴志陸瑁傳知陳融爲陳國人，卑貧有志，曾與陸瑁交遊，又宋書禮志稱「吴侍郎陳融奏東郊頌」，皆語焉不詳。清人周廣業意林附編輯佚文一條，馬國翰輯文亦僅二條，皆與意林所録不同。

1　食穀而鄙田，衣帛而笑蠶，豈不惑耶〔一〕？

〔一〕二「而」字説郛本無。末句馬國翰輯本引御覽作「是惑也」。田：種田之人。蠶：養蠶之人。

九五　苻子二十卷

名朗。

苻子，名朗，字元達，前秦苻堅從兄之子。幼懷遠操，不屑時榮。苻堅稱之曰：「吾家千里駒也。」

徽拜鎮東將軍、青州刺史，封安樂男。後降晉，詔加散騎侍郎。後因忤王忱兄弟，被殺害。著有符子數十篇行於世，屬老莊之流。其行事詳見世説新語劉孝標注，又見晉書載記。

隋志道家載符子二十卷，注云：「東晉員外郎符朗撰。」兩唐志載爲三十卷，高似孫子略目録引通志略與子鈔皆同隋志。考晉書苻朗傳，知隋唐志皆將「苻」誤作「符」，説郛本、四部叢刊本等亦皆誤爲「符」，今據正。

苻子一書似佚於唐宋之際。周廣業意林附編輯其佚文四十六條，馬國翰亦輯有佚文一卷四十多條，並稱：「楊慎丹鉛總録以苻子與秦子並論，以爲不特世無其書，並罕知其姓名。王世貞駁之，謂其書道藏有之。今通檢道藏全書，實無苻子。」又認爲「中多春秋遺事，足資參考，文筆頗似抱朴子」。

1　水生於石，未有居山而溺者；火生於木，未有抱木而焦者〔一〕。

〔一〕此句「木」字，周廣業意林附編引作「樹」。

九六　神農本草六卷

隋志醫方家載神農本草八卷，注云：「梁有神農本草五卷，華佗弟子吴普本草六卷。」另載神農本草三卷，雷公撰。兩唐志醫術類亦載神農本草三卷。宋高似孫子略目録子鈔目有神農本草經六卷，其下載吴普本草經六卷。

神農本草經雖託名神農，但不見載於漢志，而始見於阮孝緒之七録，且書中所載郡縣地名多爲東漢所屬，故其成書年代或在兩漢之際，不會遲於魏晉之時。原書或亡佚於唐宋，其内容散見於後世其他著作之中，如宋人唐慎微所撰證類本草三十卷，就比較完整地保存了該書的内容。明代以後刊印的多種神農本草，均爲後世輯佚本。

周廣業所輯意林逸文中存文一條，稱引自路史後紀炎帝紀注所引馬總意林，與李遇孫補刻卷六所録文略異，可參閲。

1　神農稽首再拜〔一〕，問於太一小子曰〔二〕：「自鑿井出泉〔三〕，五味煎煮，口別生熟，後乃食咀〔四〕。男女異利，子識其父〔五〕。曾聞太古之時〔六〕，人壽過百，無殂落之咎，獨何氣使然耶〔七〕？」太一小子曰：「天有九門，中門最良〔八〕，日月行之，名曰國皇，字曰老人〔九〕，出見南方，長生不死〔一〇〕，衆耀同光。」神農乃從而嘗藥，以救人命〔一一〕。

〔一〕李遇孫補刻本與説郛本此句脱「神農」二字，此據四部叢刊本意林逸文與聚學軒本意林逸文補。稽首：古代跪拜禮，叩頭至地。

〔二〕太一：天帝之別名。史記天官書：「中宮天極星，其一名者，太一常居也。」正義：「泰一，天帝之別名也。」又作「太乙」、「泰乙」。聚學軒本周廣業注曰：「路史本文作泰乙。」小子：周官名，掌祭祀。周禮夏官：「小子、下士二人，史一人，徒八人。」或指帝王身邊的近侍之臣。

〔三〕「自」字，説郛本、四部叢刊本與聚學軒本所採意林逸文皆無。

〔四〕「食咀」，四部叢刊本意林逸文作「含咀」。

〔五〕「其父」，聚學軒本意林逸文誤作「甚父」。異利：區别。利，同「離」。荀子非十二子「忍情性，綦谿利跂」，楊倞注：「利與離同。」

〔六〕「太古」，聚學軒本、四部叢刊本意林逸文作「上古」。

〔七〕殂落：死亡。尚書堯典：「二十有八載，帝乃殂落，百姓如喪考妣。」下句聚學軒本、四部叢刊本意林逸文作「獨何氣之使耶」。

〔八〕九門：傳説上天之道有「九門」。中門：即黄道。史記天官書：「月行中道，安寧和平。」「良」，聚學軒本周廣業注曰：「書鈔作『長』。」

〔九〕二「曰」字，四部叢刊本與聚學軒本意林逸文皆無。國皇：星名。史記天官書：「國皇星大而赤，狀類南極。」正義：「國皇星者大而赤，狀類南極老人。去地三丈，如炬火。」老人：也叫南極星，爲壽星。晉書天文志：「老人一星，在弧南，一曰南極。」

〔一〇〕此二句四部叢刊本意林逸文作「老人出現其方長生，長生死」；聚學軒本意林逸文作「老人出現，其方長生」。

〔一一〕此二句四部叢刊本意林逸文與聚學軒本逸文皆作「神農從其嘗藥，以致人命」；説郛本「其」下有

「言」字。

九七　相牛經一卷　甯戚。

甯戚，春秋時齊國大夫。其籍貫説法不一，清道光平度州志認爲「甯戚，萊之棠邑人」，管子、吕氏春秋、史記則認爲「甯戚，衛人」。甯戚出身微賤，早年懷才不遇，曾爲人挽車喂牛，直到得遇齊桓公和管仲，才被齊桓公舉火授爵，拜爲大夫，後又官授大司田，分管齊國農業，成爲齊桓公的股肱之臣，與管仲、鮑叔牙等一起輔佐齊桓公成爲春秋五霸之首。

相牛經一書，漢志不載，隋志五行家載有相馬經一卷，注云：「梁有伯樂相馬經、齊侯大夫甯戚相牛經，亡。」兩唐志農家均載有甯戚相牛經一卷。宋高似孫子略目引子鈔雖有相牛一卷，但不題撰者姓名。宋趙希弁郡齋讀書後志載相牛經一卷，引其序曰：「甯戚傳之百里奚，漢世河西薛公得其書以相牛，千百不失其一。至魏高堂生又傳晉宣帝，其後秘之。細字薛公注也。」趙氏似親見此書，爲何漢志不見著録？考漢志形法類有相六畜三十八卷，疑魏晉時好事者依託古人、離析此書而爲之，惜相六畜與相牛經二書皆已亡佚，無從考之。四部叢刊本與説郛本俱存目而無文，清人馬國翰有相牛經輯佚文，收入玉函山房輯佚書，可參閲。

九八　相馬經二卷　伯樂。

伯樂，本爲天星名，掌馭天馬。春秋時秦穆公臣孫陽以善相馬而著名，故人稱伯樂。孫陽，春秋中期部國（今山東省成武縣）人。少懷大志，離開故土，到達秦國，成爲秦穆公之臣。孫陽以相馬之術得到秦穆公信賴，被封爲伯樂將軍。莊子釋文曰：「伯樂姓孫，名陽，善馭馬。」史傳未聞孫陽著書事。

相馬經一書，漢志不載，僅形法類有相六畜三十八卷。隋志五行類載有相馬經一卷，注云：「梁有伯樂相馬經……亡。」兩唐志農家皆載有伯樂相馬經一卷，宋高似孫子略目引子鈔目有二卷，不題撰者姓名；崇文總目有相馬經一卷，亦不題撰者姓名；宋趙希弁郡齋讀書後志載伯樂撰相馬經二卷。此亦同於相牛經，或魏晉時人依託古人、離析漢志中相六畜而爲之，惜原書皆亡，無可查考。一九七三年十二月在湖南長沙馬王堆三號漢墓出土了帛書相馬經，證明伯樂相馬經確爲秦漢之際的著作。它爲研究我國畜牧史提供了漢初關於相畜方面的材料，也證實了我國古代相馬術有着悠久的歷史。

清人馬國翰有輯文，可參閲。四部叢刊本與説郛本俱載目而無文。

九九　相鶴經一卷　浮邱公。

此書漢志不著録，隋志五行類載相馬經下附注：「淮南八公相鶴經、浮丘公相鶴書……亡。」兩唐志皆載浮丘公相鶴經一卷。宋高似孫子略目録引子鈔目有相鶴經一卷，不題撰者姓名。宋趙希弁郡齋讀書後志有相鶴經一卷，題浮丘公撰。其傳云：「浮丘公授王子晉，後崔文子學道於子晉，得其文，藏於嵩山之石室，淮南公採藥得之，乃傳於世。」説郛卷十五録相鶴經一卷，引文二條，文末稱：「其經本浮丘伯授王子晉，崔文子學道於子晉，得其經，藏於高山石室，淮南八公採藥得之，遂傳於世。」此與郡齋讀書後志所記略同，或陶宗儀與趙希弁皆録文選注之引文。因相鶴經一書早佚，無可查考。

據傳，浮丘公爲黄帝時仙人，與容成子交遊，或爲列子中所稱壺邱子；一説爲周靈王時人，與王子晉吹笙騎鶴，遊嵩山；或稱爲浮丘伯，其説不一。浮丘當爲複姓，而失其名。漢時又有齊人浮丘伯，是荀子門人，授詩楚元王、申公等人，但不聞有相鶴經一書傳世。王子晉是周靈王太子，事見逸周書太子晉。太子晉又稱王子喬，王子喬爲傳説中仙人。文選注引列仙傳云：「王子喬者，太子晉也。道人浮丘公接以上嵩高山。」似太子喬、王子晉原爲一人，淮南公或淮南八公原指淮南王劉安的門客，後傳爲神仙。列仙傳舊題漢劉向撰，今人多認爲是漢末人僞託。據此可知，浮丘公相鶴經一書至遲是魏晉時人依託之作，且浮丘公其人乃傳説中人物而已。

聚學軒本載周廣業意林逸文有相鶴經文一條，稱引自馬驌繹史、文選注諸書，又與説郛卷十五所引略同，可參閲。四部叢刊本與説郛本意林録相鶴經皆存目而無文。

一〇〇 司馬兵法三卷 穰苴。

司馬穰苴，春秋末期齊國人。本姓田，名穰苴，曾領兵戰勝晉、燕，被齊景公封爲掌管軍事的大司馬，後人尊稱爲司馬穰苴。齊威王時，用兵多倣穰苴之法，終使諸侯朝齊。史記司馬穰苴傳曰：「齊威王使大夫追論古者司馬兵法，而附穰苴於其中，因號曰司馬穰苴兵法。」後因齊景公聽信讒言，司馬穰苴被罷黜，未幾抑鬱發病而死。

司馬法最早見於漢書藝文志禮類，稱軍禮司馬法，共計一百五十五篇。漢朝以後，在長期流傳過程中，該書多有散佚。隋書經籍志載司馬兵法三卷，此所録即今存世之司馬法。兩唐志載同隋志，録有司馬法三卷，題「田穰苴撰」；崇文總目、通志藝文略、宋志皆作三卷，亦題「齊司馬穰苴撰」；陳振孫直齋書録解題作一卷。四庫全書收有司馬法一卷四篇，今存。意林録司馬兵法僅一條。清以來學者做過司馬法的輯佚工作，如錢熙祚司馬法佚文（指海本）、黄以周軍禮司馬法考證、張澍司馬法佚文（二酉堂叢書本）等。今本司馬法較好之版本有平津館叢書所收孫吴司馬法中的司馬法和續古逸叢書所收宋本武經七書中的司馬法。今以平津館叢書本參校。

1　國雖大，戰必亡；天下雖平，天下亦危〔一〕。古者國容不入軍，軍容不入國〔二〕；國容入軍則軍亂，軍容入國則國亂〔三〕。順命上賞，犯令上戮〔四〕。

〔一〕「戰必亡」上，説郛本與平津館叢書本皆有「好」字；「平」，平津館叢書本作「安」；「天下亦危」，説郛本與平津館叢書本皆作「忘戰必危」。天海案：此上四句見平津館叢書本仁本篇。

〔二〕國容：國家制定的禮制儀節。軍容：軍隊制定的禮節、風紀、制度等。

〔三〕「軍亂」，平津館叢書本作「民德廢」；「國亂」，平津館叢書本作「民德弱」。

〔四〕「順命」，服從命令。説郛本作「用命」。上句平津館叢書本作「從命爲士上賞」，下句作「犯命爲士上戮」。天海案：此上數句見平津館叢書本天子之義篇。

一〇一　孫子兵法十卷　名武。

漢志兵權謀類有吴孫子兵法八十二篇，圖九卷，顔師古注曰：「孫武也，臣於闔閭。」隋志兵家載有孫子兵法二卷，注曰：「吴將孫武撰。」張守節史記正義依漢志所載，析十三篇爲上卷，餘爲中下二卷。杜牧又認爲孫武書本數十萬言，曹操削其繁劇，筆其精粹，以成此書。宋陳振孫直齋書録解題作孫子三卷，曰：「吴孫武撰，漢志八十二篇，魏武帝削其繁冗，定爲十三篇。世之言兵者祖孫氏，然孫武事闔閭而不見於左氏傳，未知其果何時人也。」四庫全書收孫子一卷十三篇，今存。考史記孫吴列傳：「孫子武者，齊人也，以兵法見於吴王闔廬，闔廬曰：『子之十三篇，吾盡觀之矣。』」史記載孫子兵法十三篇本在漢志之前，故孫子十三篇當爲可信。

李遇孫補刻意林雖只録目而無文，但孫子兵法之刊印流傳甚爲廣泛，歷代注家、研究者甚夥。今通行本有宋人吉天保所集孫子十家注、中華書局上海編輯所影印宋本十一家注孙子、中華書局新編諸子集成所收楊丙安十一家注孫子校理等，皆可參閲。

一〇二　黄石公記三卷

此書漢志不載。隋志兵家載黄石公三略三卷，注云：「下邳神人撰，成氏注。梁又有黄石公記三卷，黄石公略注三卷。」兩唐志載同隋志。宋高似孫子略目録子鈔目作黄石公記三卷，有上中下三略。

宋趙希弁郡齋讀書後志有黄石公三略三卷，曰：「黄石公上中下三略。其書論用兵機權之妙、嚴明之決。明妙審決，軍可以生易死，國可以存易亡。經籍志曰：『下邳神人撰。』世傳此即圯上老人以一編書授漢張良者。」宋陳振孫直齋書録解題亦載黄石公三略三卷，曰：「世傳張子房受書，圯上老人曰：『濟北谷城山下得黄石，即我也。』故遂以黄石爲圯上老人。然皆附會依託也。」此黄石公或秦時隱士，或屬虚構，莫能詳。

四庫全書兵家類收黄石公三略三卷、黄石公行誉妙法三卷。四庫總目案稱：「黄石公事見史記。三略之名始見於隋書經籍志，云下邳神人撰，成氏注。唐宋藝文志所載並同。相傳其源出太公，圯上老人以一編書授張良者即此。蓋自漢以來，言兵法者往往以黄石公爲名。」又云：「今雖多亡佚不存，然大抵出於附會。是書文義不古，當亦後人所依託。」此書文義不類秦漢，漢志又不見載，疑原書早佚，後存之書或魏晉間人採輯散佚之篇連綴而成。

李遇孫補刻卷六録黄石公記文二條，與説郛本意林、四庫本三略略同。

1　與衆同好者〔一〕，靡不成；與衆同惡者，靡不傾〔二〕。

〔一〕此句原作「與衆好生者」，此據説郛本改。

〔二〕此條見今本上卷。底本原與下文併作一條，此據説郛本分作二條。

2　四民用虚，國家無儲〔一〕；四民用足，國家安樂〔二〕。

〔一〕四民：古代以士、農、工、商爲四民。此泛指所有百姓。此與下句二「家」字，今本皆作「乃」。

〔二〕此條見今本上卷。説郛本有此條，文同。

一〇三 氾勝之書二卷

氾勝之，西漢末年人，漢書藝文志注説他在漢成帝時當過議郎。祖籍在山東氾水一帶。晉書食貨志稱：「昔漢遣輕車使者氾勝之督三輔種麥，而關中遂穰。」

漢書藝文志農家類載氾勝之十八篇。隋志農家載氾勝之書二卷，題漢議郎氾勝之撰。兩唐志皆作二卷。宋史志書目多不載，是書或亡於唐宋之際。

李遇孫補刻卷六所録氾勝之書二卷，存目無文。意林説郛本亦作氾勝之書二卷，存目無文。

一〇四 相貝經一卷

此書漢志不載，隋志五行類附注於相馬經下，稱亡，未言卷數與撰者。兩唐志均作一卷，亦未載撰者。宋高似孫子略目録引梁庾仲容子鈔目作貝書十卷，亦不題撰者。説郛本意林作相貝經一卷，題「琴高」撰，但存目無文。説郛卷十五另録相貝經一卷，題漢朱仲撰，引文十一條，其後注云：「館閣書目載相貝經一卷，不知作者。」清人周廣業意林附編輯有相貝經佚文一條，略同説郛卷十五所引，案稱：「楊升庵言相貝經係嚴助作，見初學記。今考之，實朱仲作，非嚴助也。宋高似孫緯略曰：『師曠有禽經，浮丘公有鶴經，雖畜及蟲魚，亦俱有經。惟朱仲所傳相貝經，怪異是也。仲所説貝，十倍爾雅釋魚、漢志五貝。但既名爲經，其文當不止此。』」

今考琴高，傳爲戰國時趙人，能鼓琴，爲宋康王舍人，修煉長生之術，遊於冀州、涿郡之間三百餘年。後入涿水取龍子，與弟子期日還。至時，果乘鯉而出，留月餘，復入水去。事見法苑珠林引搜神記、列仙傳，又見抱朴子。朱仲，史傳無考，乃傳説中仙人。嚴助，西漢武帝時舉賢良對策，擢爲中大夫，後拜官會稽太守，入爲侍中，坐與淮南王私交而棄市。漢書有傳。如此，琴高、朱仲乃傳説中人物，嚴助係漢武帝時人，藝文類聚云嚴助得朱仲此文，豈非寓言？且琴高事始見於魏晉間人之書中，或南北朝人倣漢志五貝之文，依託古人而成此書。因其書早佚，無可查考。

李遇孫補刻卷六存目而無文。清人馬國翰輯有貝書佚文，可參閲。

一〇五　淮南萬畢術一卷

此書漢志不載，隋志五行類灶經下附注淮南萬畢經、淮南變化術各一卷，稱亡。舊唐志五行類載淮南王萬畢術一卷，題劉安撰；新唐志載同，但不題撰者。崇文總目雜占類所載同新唐志，子鈔所載與意林同。

此爲占卜之書，傳爲淮南王劉安撰。但漢志不載，始見於隋志，又書名略異，顯爲後人依託之作。李遇孫補刻卷六録文七條，與説郛本略同，一似江湖術士語，真假虛實令人莫辨。清人茅泮林有輯本，仍題作淮南萬畢術，可參閲。

1 首澤浮針，取頭中垢，塞針孔置水中則浮〔一〕。

〔一〕首澤：指頭上分泌之油垢。天海案：此條與下條原併作一條，此據説郛本分列。

2 燒角入山，則虎豹自遠，惡其息也〔一〕。

〔一〕息：氣息，氣味。説郛本作「臭」。

3 取大鏡高懸，置水盆於其下，則見四鄰矣〔一〕。

〔一〕此與下二條原併作一條，此據説郛本分列。

4 取沸湯置甕中，密以新縑，沈井中三日成冰〔一〕。

〔一〕「井」字原脱，據説郛本補。密：密封。縑：雙絲織成的細絹。

5 取鴻毛縑囊貯之，可以渡江不溺。

6 馬好嚙人，取殭蠶塗其上唇，即差〔一〕。

〔一〕「殭」，同「僵」，説郛本作「僵」。殭蠶：乾死的蠶，可入藥。差：同「瘥」，病癒。

7 取門冬、赤黍〔一〕，漬以狐血，陰乾之；欲飲酒者，取一丸置舌下以含之〔二〕，令人不醉。

〔一〕門冬：植物名，即麥門冬，可入藥。赤黍：紅色的小米。

〔二〕上句「欲」字説郛本無；下句作「一丸置舌下，以酒吞之」。

一〇六　博物志十一卷　張華，字茂先。

張華，字茂先，范陽方城人。先仕魏，後入晉，官至司空。博聞强記，當時推爲第一。因贊成伐吴有功，封廣武縣侯。後因不附從趙王司馬倫謀廢賈皇后，被殺。著有博物志十卷、雜記十六卷、集十卷。除博物志尚存外，餘皆失傳。晉書有傳。

隋志雜家載張華博物志十卷，舊唐志小説家同，新唐志小説家載博物志十卷、列異傳一卷，雜家載張公雜記一卷。崇文總目、郡齋讀書志、直齋書録解題、高似孫子略目録引子鈔，載博物志皆作十卷，唯意林作十一卷，或筆誤所致。今傳本博物志十卷，分類記載異物、奇境以及殊俗、瑣聞等，多有神仙方術之故事，這些對於研究中國古代文學和歷史是有參考價值的。

清人周心如、王仁俊有輯補本，近人范寧有校證本。四部叢刊本與説郛本意林皆存目而無文。

一〇七　竹譜一卷　戴凱之。

戴凱之，正史無傳。據有關零星記載，僅能略知其出身於武昌寒門，做過參軍。公元四六六年，曾被鄧琬派遣爲南康相。他以數千人固守南康，結果戰敗遁走。也許就在這年，他由南康越大庾嶺或沿南嶺輾轉逃至交州，從此隱匿於世。竹譜的成書年代約在劉宋末年甚至更晚。

隋書經籍志史部譜系類中有竹譜一卷，不著撰者名氏。舊唐志農家有竹譜一卷，始題戴凱之之名，然不著時代。崇文總目、子鈔載同唐志，宋志作三卷。晁公武郡齋讀書志稱：「凱之，字慶預，武昌人。」又引李淑邯鄲圖書志謂：「不知何代人。」左圭百川學海題曰：「晉人，而其字則曰慶豫。」預、豫音近，未詳孰是。四庫全書載一卷，稱「晉戴凱之撰，並自注。所記竹類七十有餘，皆叙以四言韻語，詞爲古雅，非唐以後人所能。其注中所引晉以前書，多存古義，亦足以旁資考證」。四部叢刊本與説郛本意林皆存目而無文。

一〇八　筆墨法一卷　韋仲將。

韋誕，字仲將，三國魏京兆人。善隸、楷。魏太和中爲武都太守，以能書留補侍中。韋誕爲張芝弟子，以能書著名。相傳魏國寶器銘題多韋誕所書。誕仕至光禄大夫。嘉平三年卒，年七十五。事附見於魏志劉劭傳。

筆墨法一書不見載於史志書目。蕭子良有答王僧虔書曰：「仲將之墨，一點如漆。」梁武帝評其書曰：「如龍威虎振，劍拔弩張。」韋誕又善製筆墨，著有筆經一卷，今不傳。北宋太宗年間，蘇易簡撰有我國最早記録文房四寶的專著文房四譜，其中就有關於韋仲將筆墨方與墨法的記載。元人陸友墨史一書稱：「後魏賈思勰齊民要術有韋仲將筆方合墨法。晁説之墨經並舉韋仲將墨法、後魏賈思勰法，二法本無大異，而晁氏兩書之。」由上可知，韋仲將確實撰有筆墨法一書，專論筆墨製作與使用方法，只不過書名有異罷了。惜其書史志不載，又無原書可考。

李遇孫補刻卷六僅録文一條，與説郛本同。

1　筆用羊青作心，名曰羊柱〔一〕。以兔毫衣羊青，使中心高〔二〕，並去其䘚毛，使毛不髯茹也〔三〕。

〔一〕羊青：黑色羊毛。名：取名。原作「明」，此據説郛本改。羊柱：用羊毛作中柱。

〔二〕此句「中」字説郛本無。衣：包裹。

〔三〕䘚毛：雜亂不齊之毛。髯茹：筆毛彎曲糾纏貌。齊民要術筆墨引韋仲將筆方：「先次以鐵梳梳兔毫及羊青毛，去其䘚毛，蓋使不髯茹。」天海案：説郛本有此條，文同。又案：賈思勰，北魏時任高陽郡（今山東臨淄西北）太守，所著齊民要術是我國第一部農業百科全書。在日本京都高山寺發現的北宋天聖年間崇文院刻本齊民要術現藏於日本京都博物館，書中附載了韋仲將筆墨法的有關内容，現鈔録如下：

筆法：韋仲將筆方曰：「先次以鐵梳梳兔毫及羊青毛，去其䘚毛，蓋使不髯茹。訖，各别之。皆用梳掌痛拍整齊毫鋒端，本各作扁，極令均調平好，用衣羊青毛——縮羊青毛去兔毫頭下二分許。然後合扁，捲令極圓。訖，痛頡之。以所整羊毛中截，用衣中心，名曰『筆柱』，或曰『墨池』、『承墨』。復用毫青衣羊青毛外，如作柱法，使中心齊，亦使平均。痛頡，内管中，寧隨毛長者使深。寧小不大。筆之大要也」。

合墨法：「好醇煙，擣訖，以細絹篩——於内篩去草莽若細沙、塵埃。此物至輕微，不宜露篩，喜失飛去，不可不慎。墨一斤，以好膠五兩，浸梣皮汁中。梣，江南樊雞木皮也；其皮入水緑色，解膠，又益黑色。可下雞子白一去黄五顆。亦以真珠砂一兩，麝香一兩，别治，細篩，都合調。下鐵臼中，寧剛不宜澤，擣三萬杵，杵多益善。合墨不得過二月、九月，温時敗臭，寒則難乾潼溶，見風自解碎。重不得過三二兩。墨之大訣如此。寧小不大。」

一〇九　周髀一卷

周髀又稱周髀算經。髀即股，在地上立八尺之表爲股，表影爲勾，因書中使用勾股術測算天體運行里數，周就是圓，髀就是股；又相傳成書於周公，故稱爲周髀。書中記載周公與商高的談話，其中就有畢氏定理的最早文字記録，即「勾三股四弦五」，亦被稱作商高定理。唐初選舉科目有「明算」，國子監有算學、周髀、九章等書，都稱爲算經。

隋志天文類始載周髀一卷，題趙嬰撰。舊唐志載同隋志，新唐志天文類則載作趙嬰注周髀一卷，甄鸞注一卷。宋志曆算類有趙君卿周髀算經二卷。崇文總目亦作二卷，趙君卿注，甄鸞重述，李淳風注釋。宋高似孫子略目録引子鈔目作周髀三卷，題撰者趙裴，字君卿。四庫全書從永樂大典中輯出周髀算經二卷，音義一卷，提要稱「注内屢稱爽，蓋趙君卿之名，隋唐志之趙嬰之訛」，並認爲「注引靈憲乾象，則其人在張衡、劉洪後也」。清人侯康補後漢書藝文志天文類有趙爽周髀算經一卷，注云：「字君卿，一名嬰。」

據晉書天文志載：「蔡邕所謂周髀者，即蓋天之説也。其本庖犧氏立周天曆度，其所傳則周公受於殷高，周人志之，故曰周髀。」此書先秦典籍絶少言及，始見於隋志，疑其成書於兩漢，撰者已不可考。注者首推趙爽（一作趙嬰，字君卿），或東漢人，但生平事皆不可考。四部叢刊本與説郛本意林皆列目而闕其文。

一一〇　夢書十卷

漢志雜占類有黄帝長柳占夢十一卷、甘德長柳占夢二十卷。甘德是戰國時期星占家和天文學家。這兩部書署名黄帝和甘德，可能都是後人託名。「長柳」是古代一種占卜術。隋志五行類有夢書十卷，不題撰者。另記録魏、晉、隋朝的夢書有八部，共二十五卷。又有占夢書一卷，周宣等人撰。舊唐志五行類有占夢書二卷，不言作者，又三卷周宣撰。新唐志五行類有周宣占夢書三卷，又二卷。

周宣是魏晉時期的占夢家，字孔和，魏文帝曹丕服其占夢術，賜封爲中郎。周宣在歷史上影響很大，故後世有人附會爲周公解夢書。宋志就有周公解夢書三卷，周公顯然是託名。此書後亡佚，敦煌遺書中再次發現，其書在民間廣爲流傳，歷代不斷增補，可謂「解夢大詞典」。

宋高似孫子略目録子鈔目則作夢書十五卷，不題撰者。李遇孫補刻卷六列夢書十卷，或與隋志所載十卷本同爲一書，惜其書早佚，不可考知。四部叢刊本與説郛本意林皆列目而無文。清人孫馮翼問經堂叢書有夢書輯佚本，可參閲。

一一一　九章算術一卷

九章算術是我國古代一部重要的數學典籍，作者不詳，成書約在公元前三世紀到前一世紀之間。西漢時張蒼、耿壽昌等人曾據舊文遺殘删補。流傳至今的乃是晉人劉徽、唐人李淳風九卷注本，内容分爲方田、粟米、衰分、少廣、商功、均輸、方程、赢不足、勾股等九章，即對這九類問題的計算解答，故稱爲九章算術。書中講到的負數、最小公倍數和聯立一次方程的解法，遠早於印度和歐洲，可見我國數學發展的早期成就。

漢志載數術書共一百九十家，稱「雖有其書，而無其人」。九章算術或在其中，亦未可知。隋志曆數類載劉徽撰九章算術十卷，另稱爲九章者尚有九家。舊唐志曆算類只存劉徽九章重差圖一卷，另有徐岳九章算經一卷，甄鸞撰九卷。新唐志又作徐岳九章算術九卷，李淳風注九卷。宋高似孫子略目録引子鈔目作二卷，不題撰者。清人李遇孫補刻意林卷六録作一卷，而説郛本意林則録爲九章算法一卷，皆不知所據爲何本。今存九章算術有汲古閣影宋鈔本，四庫全書九卷本。四庫本係戴震從永樂大典中録出，認爲是周禮保氏之遺法，經漢張蒼删補校正，後人有所附益，晉人劉徽、唐人李淳風爲之作注，並稱「自周髀以外，此爲最古之算經」。清人丁國鈞補晉書藝文志曆數類有九章算術十卷，題劉徽撰，注云：「日本見在書目有九章九卷，云劉徽注，當即此書。」

四部叢刊本與説郛本意林皆列目而無文。

附録

一　意林逸文六條

海寧周廣業輯〔一〕

以下六條意林逸文並注與案語，皆從聚學軒本周廣業意林注中録出，四部叢刊本刊入時已有改動。周廣業所輯意林逸文原有六條，其中相鶴經一條採自類聚、文選注、初學記等書，並不出自意林，故四部叢刊本删去此條，並删去了各條相關校注與案語。由於聚學軒本内容更爲完整，故採用之，而不再重出四部叢刊本。

1　鶡冠子云：扁鵲兄弟三人並醫，魏文侯問孰最善，扁鵲曰：「長兄神眎，故名不出家；仲兄神毫毛，故名不出門；臣鍼人血脈，投人毒藥，故名聞諸侯〔二〕。」錦繡萬花谷後集醫類注云：「出意林。」案：是條見鶡冠子世賢篇，文與此稍異，蓋馬氏節録爲然也，今其目尚在第二卷中，而書盡亡闕，幸尚見於他説，急録之。

2　神農稽首再拜，問於太一小子曰：路史本文作「泰乙」。「鑿井出泉，五味煎煮，口别生熟，後乃含咀。男女異利，子識其父。曾聞上古之時人壽過百，無殂落之咎，獨何氣之使耶？」太一小子曰：書鈔引本草經無「小」字。「天有九門，中道最良，書鈔作「長」。日月行之，名國皇，字老人，原脱「老」字，從神農本草經補。老人出現，其方長生。長生不死，原無「不」字，從本草經補。衆曜同光。」案：史記天官書：「國皇星大而赤，狀類南極，所出其下，起兵。」説與此異。神農從其嘗藥，以致本草經作「救」。人命〔三〕。路史後紀炎帝紀注引唐馬總意林。案：路史九頭、五龍等十紀，每述馬總之説。此據總所著通曆之文，非意林也。然通曆不見録於唐志曆算類，困學紀聞云通曆五卷，起太昊，訖隋，假公子問答。

3 袁準正書：太歲在酉，乞漿得酒；太歲在巳，販妻鬻子，則知災祥有自然之理〔四〕。施元之注蘇東坡次韻孔毅父久旱詩引馬總意林。五色線載朝野僉載云：「太歲在午，人馬食土；歲在辰巳，貨妻賣子；歲在申酉，乞漿得酒。」

4 相鶴經：鶴者，陽鳥也，而遊於陰。藝文類聚、文選注俱無「者」字，初學記、毛晉詩疏廣要有；又選注無「而遊於陰」句。因金氣并火金以自養。初學記、選注、廣要「并火金」俱作「火精」，於義爲長。選注無「以自養」三字。金數九，火數七，初學記此下接「故七年小變，十六年大變，百六十年變止，千六百年形定，體尚潔，故色白，聲聞天，故頸赤」云云。選注此下接「十六年小變，六十年大變，千六百年形定」。故知稟其純陽也。生二年而毛露，而黑點易；廣要作「子毛落而黑毛易」。三年頂赤，而羽翮具；廣要「而」作「爲」，「具」訛「其」。七年小變，而飛薄雲漢；復七年舞應節，而晝夜十二時鳴，鳴則中律；百六十年大變，而不食生物，故大毛落而叢毛生，廣要「叢」作「茸」。乃潔白如雪，故泥水不能汙。選注作「二年落子毛，易黑點；三年頭舞應節，晝夜十二鳴；六十年大毛落，茸毛生，色雪白，泥水不能汙；百六十年雌雄」云云。或節純黑而腦盡成膏矣。廣要「節」作「即」，「腦」作「緇」。復百六十年變止，而雌雄相視，目睛不轉則有孕，千六百年形定。初學記此下云「體尚潔，故色白，聲聞於天」云云。飲而不食，胎化而產。廣要此四字在「同羣」下。與鸞鳳同羣，爲仙人之騏驥矣。夫聲聞於天，故頂赤；選注無「胎化」以下二十四字。食於水，故喙長；軒於前，故後指短；棲於陸，故足高而尾彫；翔於雲，故毛豐而肉疏。選注此下接「行必依洲渚，止必集林木，蓋羽族之宗長、仙人之騏驥也」，無「大喉」至「沖霄」一段。且大喉以吐故，脩頸以納新，故天養初學記作「故主大壽」。不可量，所以體無青黃二色者，木土之氣內養，故不表於外也。是以行必依洲渚，止不集林木，初學記此下接「其相瘦頭朱頂」云云。蓋羽族之清潔者也。其相瘦頭朱頂則沖霄，露眼黑選注作「赤」。睛則視遠，隆初學記作「高」。鼻短喙則少瞑，選注「喙」作「口」，「瞑」作「眠」。⿰骨圭頰⿰骨乇耳則知時，初學記：⿰骨圭，故解反；⿰骨乇，得宅反。廣要：⿰骨圭，又音「諧」。長頸竦身選注作「頭銳身短」，初學記「竦」作「促」。則能鳴，鴻肩鸞膺選注作「四翎亞膺」，初學記作「鸞膺」，廣要作「鴻翅鴿膺」。則體輕，鳳翼雀尾初學記作「毛」。則善飛，龜背鱉腹則伏産，軒前垂後則會舞，高脛麤節則足力，選注「麤」作「疏」，「足」作「多」。洪髀纖指則好翹〔五〕。選注作「能作」。初學記「纖指」下接「云此相之備者也。鳴則聞於天，飛則一舉千里。鶴二年落子毛，易黑點，三年産伏，復七年雙翮具，復七年飛薄雲漢，復七年舞應節，復七年晝夜十二時鳴中律，復百六十年不食生物，復大毛落，茸毛生，雪白或純黑，泥水不污，復百六十年雌雄相視，目睛不轉而孕，千六百年復飲而不食，鸞鳳同爲羣，聖人在位則與鳳凰翔於甸」。廣要「好翹」下云：「聖人在位，則鳳凰翔於郊甸。」右馬驌繹史〔六〕。

案：隋志：梁有淮南八公相鶴經、浮邱公相鶴書各二卷。據文選鮑照舞鶴賦注云〔七〕：「相鶴經者，出自浮邱公，公以經授王子晉。崔文子者，學仙於子晉，得其文，藏於嵩山石室，及淮南八公採藥得之，遂傳於世。」然則八公之經即浮邱之書，非各有二卷也。焦山瘞鶴銘曰「相此胎禽，浮邱著經」，知浮邱早有經名矣。諸書稱引藝文類聚、初學記俱作「淮南八公相鶴經」，詩疏廣要作「浮邱伯相鶴經」，其實一也。黄長睿謂原書久軼，惟馬總意林及李善文選注鈔出大略，陳真靖所書相鶴經即此本也。俗誤録入王荆公集〔八〕，又多錯午，而陳所書最爲精善。今真靖筆蹟既不傳，王荆公集亦無有。嘗見續百川學海目録列此書，仍署「王安石」名，而書亦訪求未得，獨馬驌繹史所載視選注爲詳，文義完美，雖未知與真靖所書何如，宛斯精博，所據必有善本。且長睿已言原書久軼，則今所有相鶴經孰非出自意林者乎。因以繹史爲主，取選注及諸書異同，附注其下，其善否亦自可辨也。

5 叔敖作期思陂，而荆土用贍。天中記陂類引意林。案：後漢書：「王景爲廬江太守，郡界有楚相孫叔敖所起芍陂稻田。」水經「肥水入芍陂」注：「芍陂周百二十許里，在壽春縣南八十里，言楚相孫叔敖所造，即期思陂也。」淮南子曰：「孫叔敖作期思之水，灌雩婁之野。期思，楚下邑。」荀子曰：「楚之孫叔敖，期思之鄙人也。」陳朱瑒與徐陵書曰：「孫叔云亡，仍芍陂而植楸檟。」

6 蘭以芳致燒，膏以肥見焫，翠以羽殃身，蚌以珠破腹。女惡蛾眉，士惡勝己，由來尚矣〔九〕。天中記蘭類引意林。案：此當是蘇子之文，詳後附編。

右計六條，皆今本所闕者。路史注一則見神農本草經，而羅氏不記書名，未知僕射從何録出。其文古奥，此爲墳典無疑。相鶴經據東觀餘論而録，雖未必與陳真靖所書悉合，要不甚相遠。天中記所載意林率同廖本，蓋其時已無完帙，然亦有兩條絶異者。必別有據依。自惟固陋，不能博考，先就所見集之，亦虬龍片甲、鳳凰一毛也。俟博洽者重爲增益焉〔一〇〕。

〔一〕周廣業，清海寧人，字勤補，號耕厓，乾隆時舉人。他是所知第一個爲意林作注之人，不僅輯有意林逸文六條，還輯有意林附編，總名曰意林注，又稱意林翼，由貴池劉世珩刊入聚學軒叢書第五集。此外周廣業另有蓬廬詩文集、孟子四考等。「海寧」，四部叢刊本誤作「海昌」。

〔二〕此條又見李遇孫補刻意林卷二闕文，而文略於此。本書已將此條逸文補入卷二鷃冠子中。

〔三〕此條又見李遇孫補刻意林卷六，亦見於説郛本。參見本卷六神农本草。

〔四〕周廣業意林附編輯有袁準正書逸文二十四條、正論逸文十五條，本書後附之，可參閲。

〔五〕説郛本意林、李遇孫補刻意林卷六皆録相鶴經一卷，存目而闕文。文獻通考稱今本相鶴經自意林鈔出，永樂大典、風俗通姓氏篇題曰出馬總意林，然今本無之。説郛本十五卷另録有相鶴經一卷，與周廣業所輯此條大同小異，可參閲。

〔六〕「驌」，原誤作「繡」，後同。

〔七〕「照」，原誤作「昭」。

〔八〕「荆」，原誤作「舒」。

〔九〕此條又見李遇孫補刻意林卷六，亦見於説郛本。參見本書卷五蘇子。

〔一〇〕此爲周廣業案語，亦見於四部叢刊本意林逸文後。

二　意林附編

海寧周廣業輯

意林附編刊於聚學軒本第五集意林注之後，爲周廣業所輯。周廣業意林注所輯意林附編諸子十八家，除王孫子、牟子二家外，其餘之目已見於李遇孫補刻卷六中，但所録之文皆採引他書，與意林無涉。爲便於讀者查檢，現依次編其目録於下，諸子各條並注文案语均詳録於後：

（一）王孫子五條（春秋王孫巧心）
（二）牟子（東漢牟融，闕文）
（三）蔣子十九條（三國曹魏蔣濟）
（四）譙子十八條（三國由蜀入晉譙周）
（五）鍾子七條（三國曹魏鍾會）
（六）張儼默記二條（三國吴）
（七）裴氏新言十一條（三國吴裴玄）
（八）袁準正書二十四條（三國曹魏袁準）
（九）袁子正論十五條（三國曹魏袁準）
（一〇）蘇子十一條（西晉蘇彦）
（一一）陸子二條（西晉陸雲）

（一）王孫子

1 楚莊王攻宋，將軍子重諫曰：「今君廚肉臭而不可食，罇酒敗而不可飲，而三軍之士皆有飢色，欲以勝敵，不亦難乎？」莊王曰：「善。請有酒投之士、有食饋之賢、行軍中之有飢乏者，加五倍之賜。」藝文類聚，下同；「行軍中」三句從太平御覽添。

2 衛靈公坐重華之臺，侍御數百，隨珠照日，羅衣從風，仲叔敖御覽作「圉」。入諫曰：「昔桀行此而亡，御覽作「桀行此而滅，紂用此以亡」。今四境内侵，諸侯加兵，土地日削，百姓乖離，今君内寵無乃太盛歟。」靈公再拜曰：「寡人過矣。微子言，社稷幾傾。」於是出宮女之不進者數百人，百姓大悅。子夏聞之曰：「可謂善受諫也。」「子夏」二句亦從御覽添。

3　昔衛君重裘累茵而坐，見路有負薪而哭者，問曰：「何故也。」對曰：「雪下衣薄，是以哭之。」於是衛君懼，見於顏色，曰：「爲君而不知民，孰以我爲君？」於是開府金，出倉粟，以賑貧窮。吳淑事類賦注誤作孫子。

4　桀紂爲君，從愚妾之言，違長者之諫，衣温而忘天下之寒，食美而忘天下之飢，或身放南巢，或頭縣赤旆，斯亦無他也，但不節財而暴民也。御覽，下同。「身放」四句亦見北堂書鈔。

5　趙簡子獵於晉陽之山，撫轡而歎，董安於曰：「今遊獵樂也，而主君歎，敢問何也？」簡子曰：「汝不知也，吾食穀之馬數千，多力之士數百，以獵獸也，吾恐鄰國養賢以獵吾也。」孔子聞之曰：「簡子知所歎也。」

(二) 牟子

案：東漢有兩牟子，皆名融。一章帝時人，後漢書傳云：「牟融，字子優，北海安邱人，少博學，以大夏侯尚書教授門徒，爲豐令，司空范逡薦之明帝，擢司隸校尉，歷司空，經明行高，甚得大臣節。肅宗即位，以爲太尉，録尚書事。建初四年薨。」隋志儒家有牟子二卷，注云「後漢太尉牟融撰」，是也。一漢末人，不詳其字，所著理惑論自序略云：「牟子於經傳、諸子靡不好之，惟不信神仙不死之書，以爲虛誕。靈帝崩後，天下擾亂，獨交州差安，牟子將母避世交阯。時人多學神仙辟穀之術，牟子常以五經難之，比之孟軻距楊、墨。年二十六歸娶。蒼梧太守聞其守學，謁請署吏，不就。荆州牧優文處士，辟之，復稱疾不起。牧弟爲豫章太守，爲中郎將笮融所殺，牧遣騎都尉劉彦將兵赴之，恐道阻塞，請牟子假塗於零陵、桂陽，會其母亡，卒不果行，久之，退念，以辯達之故，輒見使命，方世擾攘，非顯己之秋，於是以鋭志佛、道，兼研老子五千文。世俗多非之者，以爲背五經而向異道，遂以筆墨之間略引聖賢之言證解之，名曰牟子理惑」云。二人生不同時，出處志趣各異。據隋志所載，明是太尉所作，乃舊唐志牟子二卷入道家，在登真隱訣、同光子下。新唐志入神仙家，在孫綽、符朗之下，則又爲理惑論無疑。胡元瑞以鄭樵通志仍列儒家，因謂意林所録非理惑論。然考之羣書所引牟子，如世説新語注、文選頭陀寺碑注中顧微吴地記及廣弘明集顯宗開佛化内傳、廣韻「佛」字注，並有「漢明帝夜夢神人」一條。太平御覽、天中記亦屢稱牟子，皆出自理惑論，而太尉之書絶不一見稱引。且太尉事實，袁宏後漢紀、東觀漢紀、司馬彪續漢書俱載之。初未嘗言其著書，即其通大夏侯尚書，陸德明釋文雖嘗述之，而書疏不載其説，豈其書僅存於隋，在當世已不甚顯，故不再傳而遽亡耶？抑宋初修五代史志者止據宋遵貴所收隋世秘閣目録書之，不暇深考其人，遂以後之牟融訛爲前之牟融耶？今意林殘缺，無由證爲誰何之筆，胡氏臆爲揣測，難爲定論，而理惑論在弘明集者，裒然首列。凡三十七篇，分爲上下，其題下有小注，一云蒼梧太守牟博傳，不得其解。案：世説新語注先引牟子曰，後言牟子傳記，又言牟子傳；廣弘明集亦言牟子紀傳，是此書在梁世亦稱傳矣。今其文炳著，言似佞佛，意主通經，因而存之，實佳文也。

（三）蔣子

名濟，字子通，楚國平阿人。魏文帝踐阼，出爲東中郎將，上萬機論，帝善之。入爲散騎常侍，歷官至領軍將軍。事見本傳。隋志蔣子萬機論八卷，舊唐志同，新唐志、宋志俱十卷。按文獻通考二卷，引陳氏書録云：館閣書目十卷，五十五篇。今惟十五篇，恐非全書。則宋世已無足本矣。今佚。

1　許文休者，文休，名靖。大較廊廟器也，而子將名劭。貶之。若實不貴之，是不明也，誠令知之，蓋善人也。蜀志注。

2　許子將褒貶不平，以拔樊子昭而抑許文休，劉曄難曰：「子昭拔自賈豎。魏志注引汝南先賢傳云：「劭始發明子昭於貨幘之市。」年至七十，蜀志注作「耳順」。退能守静，進不苟競。蜀志注作「進能不苟」。濟答曰：「子昭誠自幼至長，容貌完潔，然觀其插齒牙，樹頰頦，蜀志注音「該」，御覽作「摇牙拊頰」。吐脣吻，自非文休之敵。」世説新語注。

3　夫土地者，百姓之所蹈也。殊無兩歧之形矣，而談者强謂之異體也。北堂書鈔，下同。

4 夫兵者變化之物，而遷移倚伏之事也。或守法而得用。故知兵者，性知者也。用兵，性能用之也。

5 秦穆公伐晉，及河，將勞軍，醪唯一鍾，蹇叔曰：「一杯御覽別引符子作「一米」。可以投河而醪也。」穆公乃以一醪投河，三軍皆取飲之。參御覽。

6 士有一餐而倒戟，義所驅也。

7 魚麗鵝鸛之陣，進退有節。

8 莊周婦死而歌。夫通性命者，以卑及尊，死生不悼，周不可論也。夫象見子皮，無遠近必泣，周何忍哉？初學記。

9 許文休東渡江，乃在障氣之南。文選注：「障」與「瘴」同，一作「嶂」。

10 黃帝養民之初，路史作「黃帝初立」。盡性愛民，不好戰伐，而四帝各以其方色稱號。路史注云：以青、赤、白、黑爲號，若蚩尤爲赤帝、朱宣爲白帝之類。交共謀之，邊城日警，介冑不釋。黃帝歎曰：路史作「帝乃焦然歎曰：朕之過淫矣」。「夫君危於上者，民不安於下，主失其國者其臣再嫁，原作「用嫁」，此參路史。厥病之由，非養寇耶。今處民萌之上，而四盜抗衡，迭震於師，何以哉。」乃正四軍，即營壘以滅四帝。參用路史。向令黄帝不龍驤虎變，而與俗同道，則其臣民嫁於四帝也。御覽，下同。

11 項羽若用范增之策，則平步取天下也。

12 吴、越争於五湖，用舟楫而相觸，怯勇共覆，鈍利俱傾。

13 夫虎之爲獸，水牛之爲畜，殆其兵矣。夫虎爪牙既鋒，膽力無伍，至於即豕也，卑俯而下之，必有扼喉之獲。水牛不便速，角又喬竦，然處郊之野，朋遊屯行，部隊相伍，及其寢宿，因陣反禦。若見晛虎抵角，牛希晛害矣。若用兵，恃强必鑒於虎，居弱必誡於水牛，可謂攻取，居城而守必能全者也。中有訛脱字。御覽此類頗多，無别書可校者，悉仍其舊。

14 知兵之將，國之行主，民之司命，古者重之，後世無逮焉。吕尚雖知，孫武雖曉，樂毅雖賢，白起雖武，與以齊之朽骨、吴之縻骸、燕之消骼、秦之腐肉，豈能餔其糟粕，復得生而使之哉？固當出我民之最，擇其知勇之長者，用其循略。「循」字疑。雖有百萬之師，臨時吞敵在將也。

15 語曰：「兩目不相爲視。」昔吴有二人，共評王者，一人曰「好」，一人曰「醜」，久之不決。二人各曰：「爾可求入吴，目中則好、醜分矣。」王有定形，二人察之有得失，非苟相反，眼睛異耳。

16 諺曰：「學者如牛毛，成者如麟角。」書鈔引抱朴子云：「學而牛毛，成而麟角。」言其少也。

17 猛虎不處卑勢，勁鳥一作「摯鳥」。不立垂枝。亦諺語。

18 聖不獨立，智不獨治，神武之王亦須佐輔。

19 太史遷云：「顔回雖篤行，不遇仲尼，不能彰其名也。」故五尺之童德擬大舜，使在他門，未必及此也。夫甘羅少回六歲，獲河東五城，萬乘郊迎而佩印，雖所宏非道義，然當秦之時，染詐諼之風也。使羅在孔門治某之訓，亦可聞一知十乎？曰：「未必也，昔齊欲伐魯，回求説陳常，孔子不許，遂使子貢。子貢一出，破齊，强晉，亡吴，鬬越，存魯。夫顔子與賜程智比才相校於十，至於此事，而丘不使也。」

20 五帝官天下，故傳之賢；三王家天下，故傳之子；今指天子爲官家，則猶言帝王也。天中記。

（四）譙子

名周，字允南，巴西西充國人，蜀漢建興中勸學從事，遷太子家令，入晉爲騎都尉，本傳稱所撰法訓、五經論、古史考之屬百餘篇。隋志儒家譙子法训八卷，注云：「梁有譙子五教志，亡。」諸書所引皆法訓也。新舊唐志法訓並八卷，今佚。

1 今有挽歌者，蓋高帝召齊田横，至於户鄉亭，書鈔、選注、御覽引作「至於尸鄉」。案：史記作「尸鄉」，荀悦漢紀作「尸鄉亭」。自刎奉首，從者挽至於宫，不敢哭而不勝哀，故爲歌以寄哀音，彼則一時之爲也。「鄰有喪，舂不相」，引挽人銜枚，孰樂喪者邪。世説新語注。案：劉氏注引此及辨證甚詳，劉氏虞殯、紼謳之説，段柯古、王伯厚輩皆勦用之。

2 人之所以貴者，以其禮節也。人而無禮者，其獼猴乎，雖人象而蟲質也。初學記，下同。

3 羊有跪乳之禮，雞有識時一作「朝」。之候，鴈有庠序之儀，人取法焉。

4 善耕者足以謹字疑。地，待時而動；善射者調弓定準，見可而發；君子善養，其人足用。

5 好學以崇智，故得廣業；力行而卑體，故能崇德。是以君子居謙而宏道，然後德能象天地。

6 利物誘人，猶飄風之加草也，惟直慎者然後不回。御覽，下同。

7 桀雖有天子之位，而無一人之譽，猶朽木枯樹逢風則仆也。

8 劉項方争，父戰於前，子鬬於後。

9 王者居中國，何也？順天地之和，參天中記。而同四方之統也。

10 一産二子者，當以後生者爲兄，言其先胎也。案：公羊傳、風俗通、西京雜記並有此說。答曰：「此野人之鑿語耳，君子不測暗，安知其胎之先後也。」

11 或曰：「有人母有疾，使其妻爲母作粥，妻不肯，乃以刀擊之，夷其面，可以爲孝乎？」曰：「以刃擊妻，其親必駭而憂及之，何有於孝。」

12 或曰：「君子處陋巷之中，奚樂也？」曰：「樂得其親，樂得其友，樂聖人之道也。」

13 貪者難爲惠，苛煩者難爲恭，君子以禮而已矣。

14 齊交曰：「夫交之道，譬之於物，猶素之白也，染之於朱則赤，「夫交之道」句及此句並依藝文類聚添。染之於藍則青，遊居交友，字據天中記改。亦人所染也。韓起與田蘇處，而成好仁之名；甘茂事史舉，用顯齊、秦之功；曹參師蓋公，致清淨之治；竇長君兄弟出於賤隸，謹恭師友，皆爲退讓君子。」語曰「蓬生麻中，不扶自直」，此言雖小，可以喻大。交而得其人，千里同好，固於膠漆，堅於金石，藝文類聚此下接「貢公之於王吉，可謂推賢矣」二句。窮達不阻其分，毀譽不疑其實。案：節首「齊交」二字蓋篇名。

15 夫孝行之本，替本而求末，未有得之者也。如或得之，君子不貴矣。烏猶有反哺之心，況人而無孝心乎。

16 唐虞之衣裳文法，禹稷之溝洫耕稼，人至今被之。

17 以道爲天下者，猶乘安舟而由廣路。安舟難成，可久處也；廣路難至，可常行也。

18 乘船曲折，不失其度，是善乘舟者。

19 朝發而夕異宿，勤則菜盈傾筐，且苟無羽毛。不織不衣，不能茹草飲水；不耕不食，安可以弗自力哉？ 賈思勰齊民要術，亦見元司農農桑輯要。按元史列傳「暢師文，字純甫，平陽人。世祖至元二十三年拜監察御史，上所纂農桑輯要書」，即此書也，明徐獻忠有書。後一首見長谷集。

（五）鍾子

名會，字士季，潁川長社人。魏太傅繇小子，仕至司徒。本傳言會死後，於其家得書二十篇，名曰道論，而實刑名家也。其書似會。隋志雜家亡書有鍾會芻蕘論五卷，殆即道論歟？新舊唐志五卷，焦氏經籍志作芻蕘語，誤。焦志舛誤非一，大抵鈔襲舊目，未嘗見書也。

1 國之稱富者在乎豐民，非獨謂府庫盈、倉廩實也。且府庫盈、倉廩實，非上所降，皆資於民，民困則國虛矣。初學記。

2 吴之玩水若魚鱉，蜀之便山若禽獸。文選注。御覽引作顧譚新言。

3 凡人之結交宜誠，德不忘哀，達不棄窮，不疑惑於讒搆，不信受於流言，經長歷遠，久而逾固。而人多初隆而後薄，始密而終疎，斯何故也？皆由交情不發於神氣，道數乖而不同，權以一時之術取倉卒之利；有貪其財而交，有慕其勢而交，有愛其色而交，三者既衰，疎薄由生。御覽，下同。

4 莠生似禾，鍮石像金。

5 焚林成煙，其狀如雲。

6 秋風至而寒蟬吟。埤雅。

7 賢者之處世，猶金玉生於沙礫，豫章產於幽谷，下不進之於上，則無由而至也。天中記。

（六）張儼默記

儼字子節，吳郡吳人。少有才名，嘗在驃騎朱據坐，賦犬曰：「守則有威，出則有獲，韓盧、宋鵲，書名竹帛。」據賞異之。早歷顯位。孫皓寶鼎初，以博聞多識拜大鴻臚。使晉，與僕射羊祜、尚書何禎結縞帶之好。及還，道病卒。事詳張勃吳録。勃即儼之子也。隋志雜家亡書有吳大鴻臚張儼默記三卷，新舊唐志同。蜀志諸葛亮傳注載亮上後帝表「先帝慮漢、賊不兩立」云云，裴松之謂此表亮集所無，出張儼默記，又別引默記述佐篇八百餘言，近人張受先輯三國文已具録之。而上後帝表尤膾炙人口，俗所謂後出師表也。若藝文類聚、文選注所引儼請立太子師傅表恐出集中，以隋志總集類又有吴侍中張儼集一卷也，今並不録。

1　漢光武體亞聖之才，執文武之略，聰明仁德，應時而出，破赤眉，擒張步、隗囂之徒，羣凶夷滅，華夏肅清。初學記。

2　論諸葛亮、司馬宣王二相優劣，曰：「漢朝傾覆，天下分崩，二公並遭值際會，託身明主。孔明起蜀漢之地，蹈一州之土，方之大國，蓋有九分之一也。提步卒數萬，長驅祁山，慨然有飲馬河、雒之志。仲達據天下十倍之地，杖兼併之衆，據帝城，擁精鋭，無擒敵之意，務自保而已。使彼孔明若此而不亡，則涼雍不解甲，中國不釋鞍，勝負之勢亦已決矣。方之司馬，不亦憂乎？」趙蕤長短經。

（七）裴氏新言

名玄，字彦黄，下邳人，有學行，仕吴至大中大夫。子欽，亦有翰采，事見吴志嚴畯傳。隋志雜家傳子下注云：裴氏新言五卷，吴大鴻臚裴玄撰。别有新言四卷，注云裴立撰。新舊唐志皆但列裴玄新言五卷，而無「裴立」。疑玄、立字訛，隋志誤以一書分爲二也。大鴻臚之銜亦與吴志不同。諸書引裴氏有作新語者，有作新言者，或當時本有異名，要非裴立之言。世説新語注引裴子，有「堅石挈脚枕琵琶」、「文度挾左傳逐鄭康成」等條，乃河東裴榮所撰語林也。裴松之謂裴啓作語林，故劉孝標疑榮别名啓，其他注引用祇作裴啓語林。

隋志亦但稱裴啓語林，不曰「裴子」，亦不復言「裴榮」，閱者宜别白焉。

1 俗間有土公之神，云土不可動。玄有五歲女孫卒得病，詣市卜，云「犯土」。即依方治之，病即愈，然後知天下有土神矣。藝文類聚，下同。案：容齋隨筆云：後漢書：「安帝時皇太子驚病不安，避幸乳母王舜舍聖，太子廚監邴吉以爲舜聖舍新繕脩，犯土禁，不可久御。」然則營宅犯土，古有其説矣。

2 正朝，縣官殺羊，懸其首初學記引裴玄新語作「頭」。於門，又磔雞以副之，「副」舊作「副」。據初學記。俗説以厭厲氣。玄以問河南伏君，伏君曰：「是日也，二字參御覽，又事類賦注作「是月」也。土氣上昇，草木萌動，羊齧百草，雞啄五穀，故懸二物助生氣。今人殺羊雞，自作不祥。」此九字從御覽增。五月五日集五綵、五繒，謂之「辟兵」。初學記引裴玄新語。不解，以問伏君，伏君曰：「青、赤、白、黑謂之四面，黄居中，名曰『襞方』，綴之以複，以示婦人養蠶之功也。傳聲者誤以爲『辟兵』。」「不解」下出御覽。

3 若薦其君，將有所乞，請中謝言，臣誠惶誠恐，頓首死罪。文選注引裴子新語。

4 譬猛虎浮水，不如鳧鴨；騏驎登木，不如猿猴。御覽引裴玄新言，下同。

5 漢祖驂三龍而乘雲路，振長策而驅天下。三龍，人傑也。

6 龍潛之水，乘雲躍鱗；虎嘯之聲，因風奮烈。達則振纓朝堂，窮則身親南畝。

7 尹氏之鏡，數睫照形，蒸食曾不如三錢竹篳。

8 丹涓有一言之善，晉侯賜萬頃田，辭而不受，晉侯曰：「以此易彼善也。於子猶有所亡，寡人猶有所得。」此條引作裴氏新書。

9 管仲奪伯氏駢邑三百，使之飯疏食，没齒無怨言。若管氏取以營私，則一邑不可奪也。何晏注論語，據孔安國説云：「言其當理也。」與此意合。

10 孝子欲親，云我已食；欲親，云我不寒，此漫孝也。

11 虎豹無事行步者，若將不勝其軀；鷹在衆鳥之間，若睡寐然，故積怒而後全剛生焉。然則越之所以滅吴，用此道也。埤雅引裴氏新書。

（八）袁準正書

準字孝尼，陳郡人，魏郎中令涣之幼子，忠信公正。以世事多險，故常恬退不敢求進，著書十餘萬言，論治世之務。晉泰始中，爲給事中。見魏志注引袁氏世紀等書。魏志「袁渙，陳郡扶樂人」，而世説新語注引世紀言「陳郡陽夏又」，今從之。隋志：袁子正論十九卷，袁準撰，注云：「梁又有袁子正書二十五卷，袁準撰，亡。」新舊唐志正書卷同於隋，正論則二十卷。三國志注引袁子甚多，不能辨其爲正書、正論，且文顯不復著，就其可據者分别列之。「準」或作「准」，避劉宋順帝諱而改，至趙宋又避寇萊公名也。

1　禮者，兼仁義也。北堂書鈔。

2　或云：「故少府楊阜豈非忠臣哉？」答曰：「然，可謂直士，忠則吾不知也。魏志注此下甚詳。夫爲人臣，見人主失道，指斥其非，魏志注作「直訴」。而播揚其惡，可謂直士，未爲忠臣。故司空陳羣則不然，其談論終日，未嘗言人主之非，書數十上，而外不知。君子謂陳羣於是乎長者。」藝文類聚，下同。

3　歲比不登，唯得賣棗栗瓜梨，凡不給之物，若甘蔗之屬，皆可權禁。「凡不給」下從御覽添。

4　禮者何也？緣人情而爲之節文者也，嚴父愛親之情也，尊親敬長之義也。初學記。

5　古者命士已上皆有冠冕，故謂之冠族。文選注，下同。

6 立德、蹈禮，謂之英。子産、季札，人之英也。

7 滑釐曰：「今當凶年，有欲與子隋侯之珠者，又有欲與子一鍾之粟者，子將何擇？」釐曰：「吾取粟，可以救窮。」御覽，下同。

8 語曰：「歲在申酉，乞漿得酒。歲在辰巳，嫁妻賣子。夫盛衰交代，豐荒相半，天之常道也。」此條御覽引作正論，今據蘇詩注改正。

9 堯避舜於濟陰，今定陶有堯冢，信乎。

10 桀紂有民路史注引無「紂」字、「民」字。左億、右億之衆，四嶽、三塗之險，京北、京南之固，及在鳴條之野，一朝而失天下。

11 聖人之治也，若平地焉，聾盲跛蹇皆能履之；法若邱陵也，非有逸足，不能超也。

12 唯聖知聖，唯賢知賢，信乎。楊子曰：「莊周何人哉？」袁子曰：「大而不檢，重而畏禍，智人也。」

13 孔子稱蘧伯玉「國無道，可卷而懷也」，今李膺在濁世之中，皦然與世殊塗，此西山餓夫之儔耳，卒死於非罪，焉得爲雅人。

14 李膺言出於口，人莫得違也。有難李君之言者，則鄉黨非之。禮，君子與人同輿載，則名聞天下。

15 學莫大於博，行莫過乎約。聖人者，天下之大智也。博學以聚之，兼聽而辨之。

16 非所事而强學，猶以百萬之師積之可濟之中，其用舟楫，固不如江漢之良。

17 申屠剛諫光武，以頭軔輪，馬不得前。予曰：「光武近出，未有得失，而頭軔輪，此過也。」

18 方丈之食，不過一飽；綈袍之繡，不過一煖。

19 牛馬之爲人駕乘者，非樂負千鈞之重、行千里之險，鞭策痛矣。

20 袁子曰：「吾嘗與陳子（舊訛「矛」，從天中記。）息於鄴東門之外，見一老父方坐而食，其子受之蒜，食必有餘，欲棄則惜，欲持去則暑，遂盡食。於是火辛螫其腸胃，兩目盡赤。陳子笑之。「笑」舊作「哭」，從天中記。吾謂曰：子之家中牛羊數千而不敢食，天暑有暍死者而後食之，病子之軀亦猶是也。」

21 以雲母飾犢車，謂之「雲母車」。臣下不得乘。三句廣韻引作傅子。時以賜王公，又晉氏有三望車、四望車。事類賦注，下同。

22 漢世賤輅車而貴輜軿，魏晉賤軿車而貴輅車。

23 尚書佩契刀，囊執板，加簪筆焉。富大用事文類聚新集引袁子正書。

24 虎頭高峙，貉頭尖鋭，鹿頭側長，犀頭高廣。埤雅引袁子。

（九）袁子正論

1 公羊高道論塗説之書，孔穎達春秋正義曰公羊、穀梁之書，道論塗説之學，妄生襃貶，蓋本諸此。欲以鄉曲之辨論聖之經，非其任也。北堂書鈔，下同。

2 天地者帝王所受，設祀而敬之。

3 河內青稻，新城芳秔，彫胡細弱，游梁精美。

4 蒸豚、炮鼈、烹鵝、炙鴈、遼東、細粒、寒鴿、蠵鴈。藝文類聚又云：「長安九醞，中山清酤。」

5 魏家置吏部尚書，專選天下百官。夫用人，君之所司，不可以假人者也。使治亂之柄參御覽。制在一人之手，權重而人才難得，居此職稱有此才者，未有一也。

6 國之大祭有五：禘、祫、郊、祖宗、報。禮郊特牲：「祭有報焉。」注謂：「若穫禾報社。」此五者禮之大節也。初學記，下同。案：此本國語展禽之言。

7 良醫療病，攻於腠理。

8 明堂、宗廟、太學，禮之大物也。事義不同，各有所爲，而世之論者，合以爲一體，取詩書放逸之文、經典相似之語推而致之，不復考之人情，驗之道理，失之遠矣。夫宗廟之中，人所致敬，幽隱清淨，鬼神所居，而使衆學處焉。饗射其中，人鬼慢黷，死生交錯，囚俘截耳，瘡痍流血，以干犯鬼神，非其理也。且夫茅茨采椽，至質之物，建日月，乘玉路，以處其中，象箸玉杯，而食於土簋，非其類也。如禮記先儒之言明堂之制：四面，東西八丈，南北六丈。禮，天子七廟，左昭右穆，又有祖宗，不在數中。以明堂之制言之，昭穆安在？若又區別，非一體也。夫宗廟，鬼神所居，祭天而於人鬼之室，非其處也。明堂法天之宮，非鬼神常處，故可以祭天，而以其祖配之，配其祖父於天位可也，事天而就人鬼，則非義也。自古帝王必立大小之學，以教天下。有虞氏謂之上庠、下庠；夏后氏謂之東序、西序；殷謂之右學、左學；周謂之東膠、虞庠，皆以養老乞言。明堂位曰：「瞽宗，殷學也，周置師保之官，居虎門之側，然則學宮非一處也。」文王世子：「春夏學干戈，秋冬學羽籥，皆於東序。」又曰：「秋學禮，冬讀書，禮在瞽宗，書在上庠。」此周立三代之學也，可謂立其學，不可謂立其廟。然則太學非宗廟也。又曰：「世子齒於學，國人觀之宗廟之中，非百姓所觀也。」王制曰：「周人養國老於東膠，不曰『辟廱』。殷人養國老於右學，養庶老於左學。」宗廟之事，不應與小學爲左右也。辟廱之制，圓之以水。圓象天，取生長也；水潤下，取其惠澤也；水必有魚鱉，取其所以養也。是故明堂者，大朝諸侯講禮之處，宗廟享鬼神歲覲之宮，辟廱大射養孤之處。太學，衆學之居；靈臺，望氣之觀；清廟，訓儉之室，各有所爲，非一體也。古有王居明堂之禮，月令則其序也。天子居其中，學士處其内，君臣同處，死生參並，非其義也。大射之禮，天子張三，大侯九十步，其次七十步，其次五十步。辟廱處其中，今未知辟廱廣狹之數。但二九十八，加之辟廱，則徑三百步也。凡有公卿、大夫、諸侯之賓，百官侍從之衆，殆非宗廟中所能容也。禮，天子立五門，又非一門之間所能受也。明堂以祭鬼神，故亦謂之廟。明堂、太廟者，明堂之内太室，非宗廟之太廟也，於辟廱獻捷者，謂鬼神惡之也。或謂之學者，天下之所學也；總謂之宫，大同之名也。生人不謂之廟，此其所以别也。先儒曰：「春秋，人君將行，告祭宗廟，反獻於廟。」王制釋奠於學，以訊馘告，則太學亦廟也。其上句曰：小學在公宫南之左，大學在郊。明大學非廟，非所以爲證也。周人養庶老於虞庠，虞庠在國之西郊，今王制亦小學近而大學遠。其言乖錯，非以爲正也。左氏云：公既視朔，遂登觀臺，以其言遂，故謂之同處。夫遂者，遂事之名，不必同處也。馬融云：明堂在南郊，就陽位，而宗廟在國外，孝子之情也。古文稱明堂陰陽者，所以法天道、順時政，非宗廟之謂也。融云：告朔行政，謂之明堂。夫告朔行政，上下同也，未聞諸侯有明堂之稱也；順時行政，有國者皆然，未聞諸侯有居明堂者也。齊宣王問孟子：「人皆謂我毁明堂，毁諸己乎？」孟子曰：「夫明堂者，王者之堂也，王欲行王政，則勿毁之矣。」夫宗廟之政，非獨王者也，若明堂即宗廟，不得曰夫明堂，王者之宗廟也。且説諸侯而教毁宗廟，爲人君而疑於可毁與否，雖復淺丈夫未有是也。孟子古之賢士，而子思弟子，去聖不遠，此其一證也。尸子曰：「昔武王崩，成王少，周公踐東宫，祀明堂，假爲天子。」明堂在左，故謂之東宫。王者而後有明堂，故曰祀明堂。假爲天子，此又其證也。詩靈臺篇孔穎達正義。案：明堂、辟廱、靈臺，異同分合，説者聚訟，孔氏詳引之，而以袁説爲正，其前數行禮記明堂位正義亦引之。觀袁此論，則其於經學淹貫精深可見。通檢十三經正義引正論，止此一條，故亟録之。宋景文集規蔡邕明堂議引之多所删改，非本文也。

9 堯、舜之民比屋可封，非盡善也，猶在防之水非不流也。桀、紂之民比屋可誅，非盡惡也，猶在壑之水非不停也。御覽，下同。

10 兵有三勇：主愛其民者勇，有威刑者勇，賞信於民者勇。故仁愛加於下，則有必死之民。

11 今有卿相之才，居公之位，脩其政治，以寧國家，未必封侯也。今軍政之法，斬一牙門將者封侯。夫斬一將之功，孰與安寧天下者乎？安寧天下者不爵，斬一將之功者封侯，失賞之意也。

12 春秋：鄭莊公封母弟於京，蔡仲曰：「都城過制，國之害也。」其後卒相攻伐，國内大亂。故過度則有强臣之禍，鄙小則有微弱之憂。秦以列國之勢而併天下，自以由諸侯而起也。於是去五等之爵而置郡縣，雖有親子母弟，皆爲匹夫，及其政衰，匹夫一呼而天下去。及至漢家見亡秦以孤特亡也，於是大封子弟，或連城數十，廓邑千里，自關以東皆爲王國，力多而權重，故亦有七國之禍。

13 封禪之説，唯周官有王大封之文。齊桓公欲封禪，聞管仲言而止。焚燎祭天，皆王者之事，非諸侯之所爲也，是以學者疑焉。後秦一主、漢二君，修封禪之事，其制爲封土方丈餘，崇於泰山之上，皆不見於經。秦漢之事未可專信。管仲云：禹禪會稽，告天則同，祭地不得異也。會稽可禪，是嶽皆可封也。夫洛陽者，天地之所合；嵩高者，六合之中也，六合，路史注作「天地」。今處天地之中，而告於嵩高可也，奚必於泰山？

14 或曰：「同姓不相娶，何也？」曰：「遠别也。」曰：「今之人外内相婚，禮歟？」曰：「中外之親，近於同姓，同姓且猶不可，而况中外之親乎。古人以爲無疑，故不制也。今以古之不言謂之可婚，不知禮者也。」或曰：「國語云『同德則同姓，同姓雖遠，男女不相及；異德則異姓，異姓雖近，男女相及』，斯言何故也？」曰：「司空季子有爲而言也，文公將求秦以反國，不敢逆秦故也。」

15　太祖破吕布，袁涣在軍中，陳羣父子見，上拜，惟袁涣獨高揖不爲禮，上嚴敬之。魏志注引袁氏世紀，言是準自叙此，則準叙其父之高節如此也。

16　伏羲畫八卦，觸類而長六十四卦。陳耀文經典稽疑。

（一〇）蘇子

名彦。案：隋志道家亡書梁有蘇子七卷，晉北中郎參軍蘇彦撰。新舊唐志並七卷，胡元瑞以雜家别有蘇道爲疑。但志書立言六卷，蘇道撰，未嘗云蘇子。是意林所引，非蘇道明矣。彦行事無考。隋志總集有集十卷，書鈔、藝文類聚載其「枘榴枕、邛竹杖」等銘，出集中。

1　車渠、馬瑙出於荒外，今冀州之土，曾未得其奇也。藝文類聚。

2　蜀郡鄧公呼吸成霧。初學記。「郡」字從御覽添。祝穆事文類聚「郡」作「都」。

3 人生一世，若朝藝文類聚作「曉」。露之託歲華紀麗作「寄」。於桐葉耳，其與幾何？後漢書注。

4 行務應規，步慮投矩。文選詩注。「慮」，一本作「當」。

5 人而不學，譬之視肉而食。史記索隱。案：莊子：「人不學，謂之視肉；學而弗用，謂之緝囊。」

6 天子坐九重之内，樹塞其門，旒以翳明，衡以隱聽，鑾以抑馳。御覽，下同。

7 夫帶方寸之印，拖丈八之組，戴貂鶡之尾，建千丈之旗，遊五里之衢，走卒警蹕叫呼而行者，諸侯之所謂榮華，時俗之所謂富貴也。

8 不食八珍，何以知味之奇？不爲學文，何以知世之資？

9 立君臣，設尊卑，杜將漸，防未萌，莫過乎禮；哀王道，傷時政，莫過乎詩；導陰陽，示悔吝，「示」字從書鈔補。莫過乎易；明善惡，知廢興，吐辭令，莫過乎春秋；量遠近，賦九州，莫過乎尚書；知人情，動風俗，莫過乎樂；治刑名，審法術，莫過乎商韓；載百王，紀治亂，莫過乎史漢。孟軻之徒，「孟」或作「式」，然句恐有誤。溷淆其間。

世人見其才易登，其意易過，於是家著一書，人書一法，雅人君子投筆硯而高視。參天中記。

10 房麗者，趙之賢人，立東門外，有行商車轄亡，麗告之，未悟，復告之，商人怒曰：「吾轄自亡，何須汝告？」惠加於己而反怒之，吾欲比此於草木有心矣。

11 蘭以芳自燒，膏以肥自焫，翠以羽自殃，蚌以珠致破。二句書鈔引之，「致破」作「破體」。象以牙喪身，不能去其白；薰以芳自燒，不能去其香。此條首四句與天中記所載意林正同。案：漢書龔勝傳：「勝卒，楚老父弔之曰：『薰以香自燒，膏以明自煎。』」楊雄太元賦云：「薰以芳而致燒兮，膏含肥而見焫；翠羽微而殃身兮，蚌含珠而擘裂。」蘇彥蓋用其語。困學紀聞引御覽誤爲蘇秦，因惜秦能爲此言，而不能保其身。且云漢書楚老父之言本此，不知漢志縱横家蘇子久亡，故他書述蘇秦語，直云「蘇秦曰」。惟藝文類聚引蘇子一條，有曰：「微生與婦人期，不來，水至，抱梁柱而死。」案：史記秦對燕王語，與此大同小異，當是秦之言。然此事實出莊子盜跖篇，疑「蘇」爲「莊」字之訛。書鈔「蚌以珠破體」下又云：「是以公孫賀得丞相而啼泣，知滿之有毁，朝之有暮。」

（一一）陸子

名雲，字士龍，吴郡吴人，吴丞相遜之孫、都護抗之幼子也。天才儁異，善屬文，時號「隱鵠」，與兄機齊名。仕晉爲清河太守，或云清河内史，轉右司馬。晉書本傳稱其撰新書十篇行世。隋志道家亡書有陸子十卷，陸雲撰。新舊唐志並同。抱朴所謂快書也。長兄景，字士仁，著典語。機，字士衡，嘗作子書未成云。

1 三皇垂策，一作「拱」，御覽、埤雅並作「策」。而五帝掣手；「掣」一作「垂」，御覽、埤雅並作「掣」。唐虞按轡，禹湯馳轅；楊升菴集引此，下有「五霸要駕，六國摧輈」二句。雖使周公御衡，仲尼促節，固不已也。初學記。案：此即孝經鉤命訣「三皇步，五帝馳；三王驟，五霸騖」之意。抱朴子亦云：「三皇步，五帝驟，霸王以來，載馳載騖。」

2 欲水之清，則勿涉；欲林之茂，則勿獵。御覽。埤雅引陸子曰：「乾鵲噪而行人至，蜘蛛集而百事喜。」據西京雜記爲陸賈語，然今新語無之。

（一二）張顯析言

隋志雜家亡書有析言論二十卷，晉議郎張顯撰。別有古今訓十一卷，張顯撰。舊唐志失載古今訓，而併「析言」之字爲「誓」，又訛「顯」爲「儼」，因云「誓論三十卷，張儼撰」。新唐志仍之，以「誓論」繫「默記」下，復云：張明誓論二十卷，古訓十卷。其改「顯」爲「明」，自是避唐中宗諱，不足爲異。所異誓論、張儼，一誤再誤耳。篇籍散亡，史文沿襲，舉一例百，是正良難矣。

1 謁者僕射李明，清達有高才，多識前代格言，爲楊雄、司馬之儔也。北堂書鈔。

2 萬雀不及一鳳凰，衆星不如一明月。藝文類聚。

3 古諺：堯舜至聖，心如脯腊；桀紂無道，肥膚三尺。御覽。案：鄧析子曰：「堯舜至聖，身如脯腊；桀紂無道，肥膚三尺。」…堯若腊，舜若腒。」

4 高辛氏初生，自言其君氏，御覽作「民」。終無迷謬也。路史注。

（一三）干子

名寶，字令升，新蔡人。晉元帝時著作郎，著晉紀，官至散騎常侍。晉書有傳。隋志儒家亡書有干子十八卷，干寶撰。舊新唐志載干寶正言十卷、立言十卷，意即干子，而書名無古據，又卷帙分合多少不同，未能審其是否。「干」姓，俗多訛爲「于」。宋儒楊廷秀尚不免此誤云。

1 諸葛瞻雖智不足以扶危，勇不足以拒敵，而能外不負國，內不改父之志，忠孝存焉。蜀志注，下同。

2 姜維爲蜀相，國亡主辱，弗之死，而死於鍾會之亂，惜哉。非死之難，處死之難也。是以古之烈士，見危授命，投節如歸，非不愛死也，知命之不長，而懼不得其死也。案：裴氏注三國志引干寶晉紀、干寶搜神記甚多，皆舉書名，唯蜀志載此二條，直云「干寶曰」。寶别無評論國志之書，而干子行世不及傅子、袁子等之著，故彼得稱「子」，此獨變文稱名，猶譙周傳注引孫綽語，今見御覽，自稱「孫子」也。

3　陸終生子文，坼剖而産。此史記楚世家文，以意補之。先儒學士多疑此事，譙允南通才達學、精覈理數者也，作古史考，以爲作者妄記，廢而不論。余亦尤其生之異也。然按六子之世，子孫有國，升降六代，數千年間，迭至霸王。天將興之，必有尤物乎。若夫前志所傳，脩己背坼而生禹，簡狄胸剖而生契，歷世久遠，莫足相證。近魏黄初五年，汝南屈雍妻王氏生男，從右胳下水腹上出，而平和自若，數月創合，母子無恙。路史：孔羡表黎陽掾屈雍妻王，以十月十二日生男云云。斯蓋近事之信也。以今況古，固知注記者之不妄也。天地云爲陰陽變化，安可守之一端、概以常理乎？詩云「不坼不副，無災無害」，原詩人之旨，明古之婦人嘗有坼剖而産者矣。又有因産而遇災害者，故美其無害也。裴駰史記集解。案：是條亦首揭「干寶曰」。路史餘論孳生坼疈之説實本諸此。所以知出干子者，集解述諸家之注例皆稱名，其旁引仍標某書而不名。如應劭風俗通則必云風俗通曰，不概云應劭曰也。干寶搜神記亦然。寶既未嘗注史，裴所引亦更無別條。非干子之文，而何稱干寶者，乃用其祖注三國志法耳。若宋書五行志所稱「干寶曰」，係晉紀之文，劉昭續漢五行志注所載論「語擿輔像」一段，亦出干子。以事涉機祥，不録。

(一四)顧子

隋志儒家：顧子新語十二卷，吴太常顧譚撰。其亡書有顧子十卷，晉揚州主簿顧夷撰。新舊唐志：顧子新論五卷，顧譚撰；顧子義訓十卷，顧夷撰。案：吴志：「譚，字子默，吴郡吴人，豫章太守劭之子，官太常，平尚書事，坐讒間，徙交州。發憤著新言二十篇，其知難篇蓋以自悼歎也。」世説新語注引顧氏譜曰：「夷，字君齊，吴郡人，少府卿霸之子。辟揚州主簿，不就。」此云顧子，未知其爲譚歟，夷歟？夫言論篇卷，三史既迭變其文，義訓、顧子，二志復各異其名。而諸書所引，或曰顧子，或曰義訓，執一以求，猶刻舟與膠柱也。今爲兩存，而詳注之。

1　或問：「今之寺門有鼓，何爲？」顧子曰：「夏禹懸鼓於門，以納諫者，此遺風也。」北堂書鈔。

2　不諫則危君，諫則危身，是故賢人君子，上不敢危君，下不敢危身，三諫不從則去矣。初學記。

3　登高使人意遐，臨深使人志清。選詩注。

4　昔梁邱據之諫景公也於房，晏子之諫景公也於朝，然晏子之忠著於竹素，梁邱之佞於今不絶。亦惟公平正直者，聖之所先矣。御覽，下同。

5　夫哀、樂、喜、怒、愛、憎、欲、懼，人之情也。當其哀也，則欲哭泣擗踴；遇其樂也，則欲荒淫流湎；逮其喜也，則欲歡笑鼓舞。荒淫則傷義，鼓舞則虧風。

6　非其道，壺漿不可受；是其道，雖天下不可讓。

7　昔宋人臨萬仞之淵，釣數寸之鱗，魚將含釣，不知膝之日進，有傾墮而死，能誘也。以上七條俱引顧子。

8　假天下之目以視，則四海毫末可見。

9　或曰：「三墳、五典、八索、九丘，蓋聖人之陳跡耳，子何好焉？」顧子曰：「上紀五帝之盛，下述百王之義，粲粲如列宿，落落如連珠。二句書鈔引顧子。雖復退居窮處，簞食瓢飲，未始失其樂矣，予何得無好乎？」

10　人有善於射而高於顧子，顧子曰：「子之射雖百中，不若我之彈。」或曰：「何以爲然？」顧子曰：「子之所射，射貍之皮；我之所彈，彈狐之心。」以上三條俱引顧子義訓。

11　顧子天中記作「顧夷子」。與子華遊東池，子華曰：「水有四德，池爲一焉。沐浴羣生，澤流萬世，是仁也；揚清激濁，滌蕩滓穢，是義也；柔而難犯，弱而能勝，是勇也；導江疏河，變盈流謙，是智也。」顧子曰：「我得汝於池上矣。」藝文類聚、御覽引顧子、天中記稱「顧夷子」，是亦義訓之文。

12　顧子謂子華曰：「爾有四樂，頗知之乎？」子華曰：「未之知也。」子曰：「二親具存，是爾一樂；兄弟無故，是爾二樂；夫和妻柔，是爾三樂；被褐加玉，是爾四樂。」子華曰：「華乃有五，遇千載之會，而登夫子之堂，則華之五樂也。」御覽引顧子。據稱子華，則亦當爲義訓。

（一五）諸葛子

名恪，字元遜，琅琊陽都人，吴大將軍瑾之子。官太尉，加荆揚州牧，都督中外諸軍事，爲孫峻所殺。吴志有傳。隋志雜家亡書有諸葛子五卷，吴太傅諸葛恪撰。新舊唐志不載。

1　魏基五儁。北堂書鈔，下同。案：王應麟小學紺珠載魏佐命臣三十二人，曹真、曹休、夏侯尚等是也。此云五儁，未詳。據魏志，程昱、郭嘉、董昭、劉曄、蔣濟同傳，當是此五人。又晉書云：薛兼，丹楊人，少與同郡紀瞻、廣陵閔鴻、吴郡顧榮、會稽賀循齊名，號爲五儁。此吴人，又在晉世，非諸葛所云也。

2 鼓洪爐以燎毛髮，傾五嶽以壓枯朽。

3 若能力兼三人，身與馬如膠漆，手與箭如飛虹，事類賦「欻爾虹飛」注引作「虹」。誠宜寵異。御覽。

（一六）陳子要言

隋志法家亡書有陳子要言十四卷，吴豫章太守陳融撰。新舊唐志並同。案：陳子無考，惟吴志陸瑁傳云：陳國陳融單貧有志，瑁與交遊。又宋書禮志稱吴侍郎陳融奏東郊頌而已。要言見引他書亦甚少。

1 棄晨雞，俟鳳警，亦猶棄當世之實才，須世人之執政也。事類賦注。

（一七）苻子

名朗，字元達，略陽人，堅之從子也。爲青州刺史，降晉，元帝除員外散騎侍郎，爲王沈所殺。朗博識，善别味，食雞知棲半露，食鵝知其黑白，雅好談虚語玄。著苻子數十篇，蓋老莊之流也，事詳世説注及晉書載記。隋志道家二十卷，新舊唐志俱三十卷。

1 朗家焚，原作「楚」，天中記作「家罹楚」。朗棄千金之劍，抱苻子而趨，謂曰：「何夫子棄大而存小乎？」朗不應。句參御覽。夫千金利劍，剖割之所存，荀子之書，大道之所居焉。北堂書鈔，下同。

2 至人之道也，原作「不」，從初學記。如鏡有明有照，有引有致。

3 有澤火者，冠霞笠，兼莎裳、褐衣，御覽一作「澤文，冠葭蘆之笠，納鹿之履，莎裳」云云。緩步而去。

4 堯舜之智，桀紂以爲不智，堯舜以爲智，惡知堯舜之非桀紂，桀紂之非堯舜乎？藝文類聚，下同。

5 不安其昧而樂其明，是猶夕埤雅作「文」。蛾去暗，赴燈而死也。

6 許由謂堯曰：「坐於華殿之上，面雙闕之下，君之榮，顧亦已足矣。」以上從御覽。堯曰：「坐於華殿之上，森然而松生於棟；立於櫺扉之内，霏焉而雲生於牖；雖面雙闕，無異乎崔嵬之冠蓬萊；雖背墉墎，御覽作「一墎」。路史注引先聖本紀作「郭」。無異乎回巒之縈崑崙，余安知其所以安？」御覽作「所以不榮」。

7 堯以天下讓巢父，巢父曰：「君之牧天下，亦猶余之牧孤犢。君牧天下，余牧孤犢，是各有其所牧矣。君焉用惴惴然以所牧而與余？余無用天下爲也。」於是牽犢而去。

8 禹讓天下於奇子。奇子曰：「君言路史注作「之」。佐舜勞矣。鑿山川，通河漢，路史注作「濟」。首無髮，股無毛，故舜以勞報子。我生而逸，不能爲君之勞矣。」

9 太伯將讓其國於季歷，謂其傅曰：「大王欲以一國之事嗣我，我其羞之。吾聞至人不君一世，而萬世以之君；不貴一代，而萬代以之貴。吾焉能貴乎一國而賤乎萬代哉？」乃去其國。句從路史注補。

10 晉公子重耳奔齊，與五臣遊乎大澤之中，見蜘蛛布網曳繩，執豸食之。公子乃撫僕之手，駐駟而觀之，顧其臣舅犯曰：「此蟲也，智之德薄矣，而猶役其智，布其網，曳其繩，執豸以食之。況乎人之智，而不能廓垂天之網，布絡地之繩，以供方丈之御，是曾不如蜘蛛之智，可謂人乎。」舅犯曰：「公子愼勿言，若終行之，則有邦有嗣也。」

11 齊景公好馬，使善畫者圖而訪之，殫百乘之價，朞年而不得，像過實也。今使好賢之君考古籍以求其人，雖百年不可得也。參御覽。

12　東海有鼇焉，冠蓬萊而游於滄海，騰躍而上，則干雲之峰。邁事類賦注作「峻極」。於羣嶽，沈没而下，則隱天之邸，潛御覽有「嶠」字，事類賦注作「嶠」。於重泉。有蚍蟻別本引作「紅蟻」，誤。聞而悦之，與羣蟻相要乎海畔，欲觀鼇之行。月餘未出，羣蟻將返，遇長風激浪，崇濤萬仞，海水沸，地雷震。羣蟻曰：「此鼇之將作也。」數日風止雷默。海中隱起如岊，其高槩天，或遊而西。羣蟻曰：「彼之冠山，何異乎我之戴粒也？逍遥壤封之巔，歸伏乎窟坎韻府羣玉作「穴」。之下。此乃物我之適，自然而然，何用數百里勞形而觀之乎？」參御覽、天中記。

13　觀於龍門，有一魚奮鱗鼓鬐而登乎龍門，而爲龍；又一術士淩波蹈流而不陷，摇鈴行歌，飄浪於龍門，而終日棲遲而不化。彼同功而事異，跡一而理二，何哉？無乃魚以實應，人以僞求乎？

14　朔人獻燕昭王以大豕，曰：「養奚若？」使者曰：「豕也非大圊不居，非人便不珍，今年百二十歲，邦人謂之『豕仙』。」王乃命豕宰養六十五年，大如沙墳，足如不勝其體。王異之，令衡官橋而量之，折十橋，豕不量；又命水官舟而量之，其重千鈞，其巨無用。燕相謂王曰：「奚不饗之？」王乃命宰夫膳之。夕見夢於相曰：「造化勞我以豕形，食我以人穢，吾患其生久矣。今仗君之靈，得化吾生，始得爲魯津之伯，浮舟者食我以粳粉之珍。欣君之惠，將報子焉。」燕相遊魯津，有赤黿奉璧一云「夜光珠」。而獻。參初學記、御覽。

15 有驢仙者，享五百歲，負乘而不輟，歷無定主，大驛於天下。初學記，下同。

16 楚之交子，魯之周子，齊之狂子，三子相與居乎泰山之陽，處乎環堵之室，蓽門不扉，蓋茨不翳，而絃歌不輟。

17 盛魄重輪，六合俱照，非日月能乎。御覽，下同。

18 水生於石，未有居山而溺者；火生於木，未有抱樹而焦者。爲道者日損而月章，爲名者日章而月損。

19 黄帝將適昆虞之邱，中路逢容成子，乘翠華之蓋，建日月之旗，驂紫虯，御雙鳥。黄帝方命避路，容成子曰：「吾將釣於一壑，棲於一邱。」

20 黄帝謂其友無爲子曰：「我勞天下矣，疲於形役，請息駕於玄圃，子且待之。」無爲子曰：「焉能棄我之逸而爲君之勞？」乃攀龍而俱去。

21 舜禪夏禹於洞庭之野。

22 桀觀炮烙於瑶臺，謂龍逢曰：「樂乎？」龍逢曰：「樂。」桀曰：「觀刑而樂，何無惻怛之心乎？」對曰：「刑固苦矣。然天下苦之，而君樂之。君，心也，臣爲股肱，孰有心悦而股肱不悦者？」「觀刑」下參路史。桀曰：「聽子諫。諫得，我功之；不得，我刑之。」龍逢曰：「臣觀君之冕非其冕也，而冕危石；臣觀君之履非履也，而履春冰。未有冠危石而不壓、履春冰而不陷者也。」桀乃笑而應之曰：「子知我之亡而不自知其亡，子且就炮烙之刑，吾觀子亡不亡。」龍逢行歌曰：「造化勞我以生，佚我以炮烙。」布武而趨，乃赴火而死。路史發揮辨之曰：「危石、春冰言之不倫，豈逢之語？而炮烙之事，考之書，乃紂之行，不聞爲桀也。荀子云云，吾不敢盡信。」廣業案：荀子寓言，或致失實，如此條及下「武王讓天下」之類是也。然此猶惡居下流之意。岐封之讓明屬傅會，以既採自御覽，不妨取備博聞也。若廣弘明集所引「老氏之師名釋迦、文殊」等語，則不得不從芟汰矣。

23 武王以天下讓岐封子，岐封子曰：「孰匆匆然以天下爲事乎？君往矣，余不忍聞之。」

24 玄冥子謂由有子曰：「子有師乎？」由有子曰：「吾將以萬物爲師矣。」

25 春秋華林傳曰：「不知不言，其所以仁。」

26 惠子家窮，餓數日不舉火，乃見梁王。王曰：「夏麥方熟，請以割子可乎？」惠子曰：「施方來，遇䆗川之水長，有一人溺流而下，呼施救之，施應曰：『吾不善游，方將爲子告急於東越之王，簡其善游者以救子，可乎？』溺人曰：『我得一瓢之力則活矣，子方告急於東越之王，簡其善游者以救我，是不如求我於重淵之下、魚龍之腹矣。』」

27 齊魯争汶陽之田，魯侯有憂色。魯有隱者周豐往見，曰：「臣嘗晝寢，愀然聞羣虱之鬭乎衣中，甘臣膏腴之肌，珍臣項脅之膚，相與樹黨，争之日夜不息，相殺者大半。口父止之曰：『我與爾所慮不過容口，奚用竊争交戰爲哉？』羣虱止。今君有七百里地，爲君之臣亦已足矣。而以汶陽數步之田惑君之心，曾不如一虱之知，竊爲君羞之。」魯侯曰：「善。」

28 齊景公謂晏子曰：「寡人既得寶千乘、聚萬駟矣。方欲珍懸黎、會金玉，其得之耶？」晏嬰曰：「臣聞琬琰之外有鳥曰金翅，民謂之羽豪。其爲鳥也，非龍肺不食，非鳳血不飲。其食也，常飢而不飽；其飲也，常渴而不充；生未幾何，夭其天年而死。金玉之珍乃爲君之患也。」

29　鄰人謂展禽曰：「魯聘夫子，夫子疑脱「無喜色」三字。三黜無憂色，何也？」禽曰：「春風鼓，百草敷蔚，吾不知其茂；秋霜降，百草零落，吾不知其枯。枯茂非四時之悲欣榮辱，豈知吾心之憂喜？」二句從事類賦注補。

30　鄭人有逃暑於孤林之下，日流影移，而徙袵以從陰。至暮，反席於樹下。及月流影移，復袵以從陰，而患露之濡於身，其陰逾去，其身逾濕，是巧於用晝而拙於用夕。奚不處曜而辭陰，反林避露？此亦愚之至也。

31　趙之相者林氏有九子，皆賢，國人美而稱之，號曰「九德之父，十德之門」。趙王疾之，使擇其果之煩者伐之。其父曰：「果之茂者猶伐之，況其人乎？吾將以爾爲累矣。去之則免。」乃攜老持子逃於白雲之巘，終身不返，趙人思之。

32　方外曰：太公涓路史：呂涓，字子牙，爲太公望師尚父。釣於隱溪五十有六年矣，而未得一魚。魯連路史注作「季連」，下同。聞之，往而觀焉。太公涓跪路史注作「踞」。石隱崖，且不餌而釣，仰詠俯吟，及暮則釋竿。其膝所處若背，其跗觸岸若路。魯連曰：「釣所以取魚，無魚何釣？」太公曰：「不見康王父之釣耶，念蓬萊釣巨海，摧岸投綸五百年矣，未嘗得一魚，吾方之猶一朝耳。」參路史注。案：節首「方外」是篇名。

33 魏文侯見宋陵子，三仕不碩。文侯曰：「何貧？」陵子曰：「王見楚之富者乎，牧羊九十九而願百。嘗訪邑里故人，其鄰人貧，有一羊，富者拜之，曰：『吾羊九十九，今君之一，盈我成百，則牧數成矣。』鄰與之。從此觀之，富者非富，貧者非貧也。」

34 晉之射者桓氏，世傳於楚，善以道假乎射焉。常以其所不射而射之，患晝之不足以卒歲，故以夜而燭之。

35 顔子有疾，三日不食。問之，曰：「吾師也，食非丹不食，茹非芝不食，故七百歲。」「子何不吮瑤以延生、咀藥以養齡也？」

36 富者陶朱公喪其中子，鄰人往弔之，朱公方擁膝蹲踞，捧頭而笑，鄰人云：

「聞有喪，將唁子之哀。」朱公曰：「生不致哀，死而唁，何鄰人之不通也。」

37　漢王聞宋滕子方牧羊於巨澤，鼓而歌南方之詩。使者進謂宋滕子曰：「漢王聞先生之賢，使使者致命於先生，而委國政焉。」宋滕子矍然而顧，謂使者曰：「是何言歟？今漢王待四海之士，與十羣之羊，其於職同也，奚以異乎？而大王廢其牧羊之任，委以四海之政，是錯亂天位，倒置人倫。滕不願爲也。」乃逃於陰山之陽。

38　天羅廓矣，野人猶有罥翳之勤。

39　吾與元子觀東海，釋駟而升乎嘏山，未中路而忘馬，苻子使人求之不獲，使鬼索之而獲。苻子曰：「六合不可忘，故知良馬在其中矣。請以六合之觀觀之也。」參事類賦注。

40　務光自投盧川，盧川之伯參事類賦注。以赤鯉送之。

41　木生蝎，蝎盛而木枯；石生金，金曜而石流。

42　苻子與元子登於太山，參事類賦注。下臨千仞之淵，上蔭百丈之松，蕭蕭然，神王乎一邱矣。海録碎事引無「乎」字。

43　言不出乎耒鋸，心不過乎俗人，猶木犬守户，瓦雞司晨。

44　心能善知人者如明鏡，善自知者如淵蚌。「淵」字從天中記。鏡以曜明，故鑒人；蚌以含珠，故内照。

45　羿嘗從吴賀北遊，見雀焉，賀命之射，羿曰：「生乎？其殺之乎？」賀請左目，羿中厥右，恥之。由是每進，妙中高出天下，迨事夏王。以上從路史。王使羿射於方尺原訛「豕」，路史作「冢」。之皮、徑寸路史作「征南」。之的，命曰：「射中則賞子以萬金之貲，不中則削子十邑之地。」羿容無定，氣戰於胷中，援弓而射之，不中，更射之，又不中。王謂傅彌仁曰：「斯羿也發無不中，而與之賞罰則不中的者，何也？」傅彌仁曰：「若羿者，喜懼爲之災，萬金爲之患矣。能遺其喜懼，去其萬金，則天下之人皆不愧於羿矣。」夏王曰：「吾聞子之言，始得無欲之道。」

46　魯侯欲以孔子爲司徒，將召三桓而議之。乃謂左丘明曰：「寡人欲以孔子爲司徒，而授以魯政焉，將欲謀諸三子。」左丘明曰：「孔某，其聖人與？夫聖人佐政，過者離位焉。雖欲謀，其將弗合乎。」魯侯曰：「吾子奚以知之？」丘明曰：「周人有愛裘而好珍羞，欲爲千金之裘，而與狐謀其皮；欲具少牢之珍，而與羊謀其羞。言未卒，狐相率逃於重邱之下，羊相呼藏於深林之中。故周人十年不製一裘，五年不具一牢，何者？周人之謀失之矣。今君欲以孔某爲司徒，召三桓謀之，非亦與狐謀裘、與羊謀羞哉？」於是魯侯遂不與三桓謀，而召孔某爲司徒。天中記參繹史。正楊載升菴所引苻子，起「周人有製重裘而好珍羞」，訖「周人之謀失之矣」。案：苻子早入道藏，其書在明世宜尚有存者，然晦伯譏楊引此不知爲左丘明語，而末更以孔子、晏嬰爲證，是豈真見苻子者耶？又關龍逢「危石、春冰」等語明出苻子，升菴乃謂載在太平總類，而羅泌收之，是則博如升菴，竟未得見苻子矣。晦伯雖有此議，亦不顯言苻子存否。觀其纂天中記所引苻子，要皆本書鈔以下諸書，又射類載羿射雀誤中事，注云出帝王世紀，御覽不載，更不及「夏王命羿」一節。夫謂御覽不載射雀事，信然。謂只出世紀，則未也。據路史夷羿傳先言羿學射於吉甫，注云見世紀，次言從吴賀及夏王云云，注云見苻子，則知射雀之事不僅在世紀甚明。晦伯誠見苻子，何不徑引苻子原文，更爲詳盡耶？由此言之，晦伯亦非真見苻子矣。

（一八）相貝經

藝文類聚云：相貝經，朱仲受之於琴高，琴高乘魚浮於海河，水産必究，仲學仙於高，而得其法，又獻珠於漢武，去不知所之。嚴助爲會稽太守，仲又出，遺助以徑尺之貝，並致此文於助。

黄帝、唐堯、夏禹三代之貞瑞，詩疏廣要作「正瑞」，蓋依宋人避諱改本。靈奇之秘寶，其有次此者：貝盈尺，狀如赤電黑雲，謂之「紫貝」；素質紅黑，謂之「朱貝」；廣要作

「珠貝」，下「朱明目」同。青地緑文，謂之「綬貝」；黑文黄蓋，類聚作「畫」，廣要同。謂之「霞貝」；紫愈疾，朱明目，綬清氣障，廣要「清」作「消」。霞伏蛆蟲，雖不能延齡增壽，其禦害一也。復又下此者：鷹喙蟬脊，以逐温去水無奇功，貝大者如輪；文王得大秦貝，徑半尋；穆王得其殼，懸於昭觀；秦穆公以遺燕鼂，可以明目察遠，宜玉宜金。南海貝如珠礫，或白駮，其性寒，其味甘，止水毒。浮貝使人寡，無以近婦人，黑白各半是也。濯貝使人善驚，無以親童子，黄唇黑點，類聚無「點」字。齒有赤駮是也。雖貝使病虐，廣要「使」下有「人」字。黑鼻無皮是也。曥貝使胎消，勿以示孕婦，赤帶通脊是也。慧貝廣要作「惠貝」。使人善忘，勿以近人，赤熾内殼赤絡是也。醟貝使童子愚、女人淫，有青唇赤鼻是也。碧贝使童子盜，脊上有縷，句脣是也；雨則重，霽則輕。委貝使人志强，夜行伏迷鬼狼豹百獸，赤中圓是也；雨則輕，霽則重。

案：楊升庵言相貝經係嚴助作，見初學記。今考之實朱仲作，非嚴助也。高似孫緯略曰：「師曠有禽經，浮丘公有鶴經，雖畜及蟲魚，亦俱有經。惟朱仲所傳相貝經，怪奇是也。」中所説「貝」，十倍爾雅釋魚、漢志五貝。但既名爲經，其文當不止此。且首言黄帝、唐堯之貝，既無可考，禹貢揚州之織貝，不過方物。説文曰：「寶者，貨貝而寶龜。」明貨之非之。而此言貞瑞秘寶，是必別一種貝，特文有脱落，故不詳耳。蓋原書已軼，此特意林所引。升庵之言必自有據，姑就繹史所載録之，當更考諸宋人説部也。

右計十八家，其十七家惟王孫子本書有録，皆洪容齋所稱不傳之書，舊爲意林所引，而今闕逸者也。相貝經據楊升菴而録，亦非贅附。夫子流照，軫存者寥寥，幸得見採意林，而仍不免散亡，良可嘆惜矣。今既難盡追求，而又不忍聽其湮没，於是旁考他書，零星摭拾，張惶補苴，多至數十條，少或一條；文顯者省，義疑者闕；參互羣籍，擇善而從；兼爲詳其名字、事蹟，雖不能光復舊觀，庶幾窺全豹於一斑耳。

三　兩唐書馬總本傳與韓愈祭文

（一）舊唐書馬總傳

馬總，字會元，扶風人，少孤貧好學，性剛直，不妄交遊。貞元中，姚南仲鎮滑臺，辟爲從事。南仲與監軍使不叶，監軍誣奏南仲不法，及罷免，總坐貶泉州別駕，監軍入掌樞密。福建觀察使柳冕希旨欲殺總，從事穆贊鞫總，贊稱無罪，總方免死。後量移恩王傅。

元和初，遷虔州刺史。四年，兼御史中丞，充嶺南都護、本管經略使。總敦儒學，長於政術，在南海累年，清廉不撓，夷獠便之。於漢所立銅柱之處，以銅一千五百斤特鑄二柱，刻書唐德，以繼伏波之跡。以綏蠻功，就加金紫。

八年，轉桂州刺史、桂管經略觀察使，入爲刑部侍郎。裴度宣慰淮西，奏爲制置副史。吴元濟誅，度留總蔡州，知彰義軍留後。尋檢校工部尚書、蔡州刺史，兼御史大夫，充淮西節度使。總以申、光、蔡等州久陷賊寇，人不知法，威刑勸導，咸令率化，奏改彰義軍曰淮西，賊之僞跡，一皆削蕩。

十三年，轉許州刺史，忠武軍節度，陳、許、溵等州觀察處置等使。明年，改華州刺史、潼關防禦、鎮國軍等使。

十四年，遷檢校刑部尚書，鄆州刺史，天平軍節度，鄆、曹、濮等州觀察等使，就加檢校尚書左僕射，入爲户部尚書。長慶三年卒，贈右僕射。

總理道素優，軍政多暇，公務之餘，手不釋卷。所著奏議集、年曆、通曆、子鈔等書百餘卷，行於世。

（二）新唐書馬總傳

馬總，字會元，係出扶風，少孤窶，不妄交遊。貞元中，辟署滑州姚南仲幕府。監軍薛盈珍誣南仲不法，總坐貶泉州別駕。盈珍入用事，福建觀察使柳冕希旨欲誅之，會刺史穆贊保護，乃免，徙恩王傅。

元和中，以虔州刺使遷安南都護，清廉不撓，用儒術教其俗，政事嘉美，獠夷安之。建二銅柱於漢故處，鑱著唐德，以明伏波之裔。徙桂管經略觀察使，入爲刑部侍郎。十二年，兼御史大夫，副裴度宣慰淮西。吴元濟禽，爲彰義節度留後。蔡人習僞惡，相掉訐，獷戾有夷貊風，總爲設教令，明賞罰，磨治洗汰，其俗一變。始奏改彰義爲淮西。尋擢拜淮西節度使，徙忠武，改華州防禦、鎮國軍使。李師道平，析鄆、曹、濮等爲一道，除總節度，賜號天平軍。長慶初，劉總上幽鎮地，詔總徙天平，而召總還，將大用之，會總卒。穆宗以鄆人附賴總，復詔還鎮。二年，檢校尚書左僕射，入爲户部尚書。

總篤學，雖吏事倥傯，書不去前，論著頗多。卒，贈右僕射，謚曰懿。

（三）韓愈　祭馬僕射總文

維年月日，吏部侍郎韓愈，謹以清酌庶羞之奠，敬祭於故僕射馬公十二兄之靈。惟公弘大温恭，全然德備。天故生之，其必有意。將明將昌，實艱初試。佐戎滑臺，斥由尹寺。適彼甌閩，鮠𩨚跋躓。顛而不踣，乃得其地。於泉於虔，始執郡符。遂殿交州，抗節番禺。去其螟蟊，蠻越大蘇。擢亞秋官，朝得碩士。人謂其崇，我勢始起。東征淮蔡，相臣是使。公兼邦憲，以副經紀。殲彼大魁，厥勳孰似？丞相歸治，留長蔡師。茫茫黍稷，昔實棘茨。鳩鳴雀乳，不見梟鴟。惟蔡及許，舊爲血仇。命公並侯，耕借之牛。束其弓矢，禮讓優優。始誅鄆戎，厥墟腥臊。公往滌之，茲惟樂郊。惟東有猘，惟西有虺。顛覆朋鄰，我餘有幾。㟧崒中居，斬其脊尾。岱定河安，惟公之躂。帝念厥功，還公於朝。陟於地官，且長百寮。度彼四方，孰樂可據。顧瞻衡鈞，將舉以付。惟公積勤，以疾以憂。及其歸時，當謝之秋。賀問未歸，弔廬已萃。未燕於堂，已哭於次。昔我及公，實同危事。且死且生，誓莫捐棄。歸來握手，曾不三四。曾不濡翰，酬酢文字。曾不醉飽，以勸酒胾。奠以叙哀，其何能致？嗚呼哀哉，尚饗！

（録自韓昌黎全集，中國書店一九九一年據一九三五年世界書局本影印）

四　歷代著録、題記、序跋

（一）新唐書藝文志雜家類

馬總意林一卷。

（二）宋崇文總目雜家類

意林三卷。

（三）宋趙希弁郡齋讀書志後志卷二

意林三卷。右唐馬總會元撰。初梁潁川庾仲容取諸家書術數雜説凡一百七家，鈔其要語爲三十卷。總以其繁略失中，增損成三軸。前有戴叔倫、楊伯存兩序。

整理者案：「楊」爲「柳」之誤。

（四）宋　高似孫　子略目

子鈔，梁諮議參軍庾仲容，潁川人。子鈔百十有七家，仲容所取，或數句，或一二百言，是有以契其意入其用而他人不可共用者也。馬總意林一遵庾目，多者十餘句，少者一二言，比子鈔更爲取之嚴、録之精且約也。戴叔倫序其書曰：「上以防守教之失，中以補比事之闕，下以佐屬文之緒。有疏通廣博、潔凈符信之要，無僻放拘刻、譤蔽邪蕩之患，亦足以發其機、寫其志矣。孔子曰：『雖小道，亦有可觀。』是於諸子未嘗廢也。聖人既遠，承學易殊，義向之少純，言議之多詭，則百氏之爲家，不能盡叶乎一，亦理之所必然也。當篇籍散闕、人所未見之時，而乃先識其名，又得其語，斯足以廣聞見，助發揮，何止嘗鼎臠、啖雞蹠也？陸機氏曰『傾羣言之瀝液，漱六藝之芳潤』，是庶幾焉。」總，唐貞元中任評事，字會元，扶風人。

（五）宋　陳振孫　直齋書録解題卷十

意林三卷，唐大理評事、扶風馬總會元撰。以庾鈔增損裁擇爲此書。總後宦達，嘗副裴晉公平淮西者也。

（六）宋 洪邁 容齋續筆卷十五 計然意林

計然意林。予按唐貞元中，馬總所述意林一書，鈔類諸子百餘家，有范子十二卷，云：「計然者，葵丘濮上人，姓辛，字文子。其先晉國之公子也。爲人有内無外，狀貌似不及人，少而明，學陰陽，見微知著，其志沈沈，不肯自顯，天下莫知，故曰『計然』。時遨遊海澤，號曰『漁父』。范蠡請其見越王，計然曰：『越王爲人鳥喙，不可與同利也。』」據此，則計然姓名出處皎然可見。裴駰注史記，亦知引范子。北史蕭大圜云：「留侯追蹤於松子，陶朱成術於辛文。」正用此事。曹子建表引文子，李善注以爲計然，師古蓋未能盡也。而文子十二卷，李暹注，其序以謂范子所稱計然。但其書一切以老子爲宗，略無與范蠡謀議之事，意林所編文子正與此同。所謂范子，乃别是一書，亦十二卷。馬總只載其叙計然及他三事，云「餘並陰陽曆術，故不取」，則與文子了不同，李暹之説誤也。唐藝文志范子計然十五卷，注云「范蠡問，計然答」，列於農家，其是矣，而今不存。唐世未知尊孟氏，故意林亦列其書而有差不同者,如「伊尹不以一介與人,亦不取一介於人」之類。其他所引書,如胡非子、隨巢子、纏子、王孫子、公孫尼子、阮子正部、姚信士緯、殷興通語、牟子、周生烈子、秦菁子、梅子、任奕子、魏朗子、唐滂子、鄒子、孫氏成敗志、蔣子、譙子、鍾子、張儼默記、裴氏新言、袁準正書、袁子正論、蘇子、陸子、張顯析言、干子、顧子、諸葛子、陳子要言、苻子諸書,今皆不傳於世,亦有不知其名者。

(七)明　胡應麟　少室山房筆叢卷三

庾仲容子鈔今世不傳,僅馬總意林行世。按宋晁氏讀書志凡百七家,三卷。余所得本卷五,而所引僅六十餘家,蓋又亡其半矣。其書多裁割前人言語,洪景盧據所引,疑古孟子與今不同,非也。按景盧稱世不傳書三十餘家,今意林亦僅存半。其書名則諸史藝文、諸家書目往往可徵。因録景盧語而考列其下作者,大都亦因概見云。整理者案:此下原録洪邁容齋續筆計然意林,因上文已録,故此不引。

隨巢子六篇,胡非子三篇,並見漢藝文志,注皆云:「墨翟弟子也。」纏子不載漢志,而意林引用二條皆與董無心論難語。無心,戰國人,著書辟墨子、纏子,蓋亦戰國墨之徒也。王孫子一篇，見漢志儒家，注：「名巧心。」劉勰雕龍末所稱王孫巧心即此。公孫尼，七十子門人，其書兩見漢志，一儒家二十八篇，一雜家一篇。今意林所引，但有公孫文子而無公孫尼，不知其儒家、雜家也。阮子正部、政論，魏清河太守阮武撰；姚信書名士緯，梁人信又有新書二卷，並見鄭氏通志藝文略。阮法家，姚名家也。通語十卷，晉尚書左丞殷興撰；正部論八卷，後漢侍中王逸撰，並見隋志儒家注中。牟子二卷，後漢太尉牟融撰，鄭志仝列儒家，今載弘明集者，非也。周生烈，魏人，三國志有傳，隋志作周生子要論，亦見儒家。秦子三卷，吴秦菁撰，見隋志雜家。梅子一卷，中言阮步兵，意林以爲晉人，或近之。隋志作梅子新論。魏朗三卷，後漢會稽人，見隋志儒家。唐子十卷，吴唐滂撰，見隋志道家。鄒子，漢志有三，戰國衍、奭，漢鄒陽。據意林所引百餘言，不類戰國，或當是陽書也。孫氏成敗志三卷，吴孫毓撰，見隋志。蔣子者，魏蔣濟，萬機論八卷，見雜家。譙子者，蜀譙周，法訓八卷，見儒家。鍾會芻蕘論五卷；默記三卷，吴大鴻臚張儼撰；新言五卷，吴大鴻臚裴玄撰；析言論三十卷，晉議郎張顯撰，並見隋志雜家。顯又有古今訓十一卷，亦見雜家。正論十九卷，正書二十五卷，並袁準撰，見儒家。蘇子者七卷，晉征北參軍蘇彦撰；　陸子者十卷，晉清河守陸雲撰，並附道家。然雜家又有蘇道立言六卷，陸澄政論十二卷，不知意林所引，果道家、雜家也？　干子十八卷，晉干寶撰；　顧子十卷，晉揚州主簿顧夷撰，並附見儒家。然吴太常顧譚有新語十二卷，亦稱顧子。諸葛子五卷，吴太傅諸葛恪撰，見雜家。然儒家又有武侯集誡二卷，亦諸葛也。陳子要言十二卷，吴豫章太守陳融撰，見法家。苻子二十卷，東晉員外郎苻朗撰，見道家。惟任奕子未得考，而道家有河東太守任嘏撰道論十二卷，或字之訛也。

按：景廬謂諸書今皆不傳於世，此殊失考。諸書非至宋始不傳，自隋世已湮没。考隋經籍志，洪所列三十餘家，存者惟魏朗、唐滂、蔣濟、譙周、袁準、苻朗、顧譚、任嘏十餘家。隨巢一卷，胡非、公孫尼各一卷，蓋不過十之三。自餘皆梁世所有，隋一不存。修史者附見其目，列注自明。鄭漁仲一概鈔入，不復辨其有亡，大誤後學。若馬氏意林所録，自是從仲容子鈔纂出。諸子本書雖亡，其引用於子鈔者，唐世故在。洪雅名博洽，然於諸史藝文志不甚究心，故有此誤，正與論太平御覽書目同科。

今意林六十家，洪所列外，尚有一二僻者。化清經十卷，蔡洪撰；篤論四卷，杜恕撰；物理論十六卷，楊泉撰，並隋世已亡，附見諸子注中。又體論四卷，亦杜恕撰；傅子百二十卷，傅玄撰，並隋世尚存者。此外有湘東王鴻烈十卷，楊偉、桑丘長生書二卷，陸澄缺文十三卷，張顯古今訓十一卷，盧辯稱謂五卷，桓子一卷，何子五卷，郭子三卷，隋世或存或亡，今率湮没無考。太抵唐以前子書僻者，略盡此矣。

（八）清 乾隆 題意林四絶句

集録裁成庾潁川，意林三軸用兹傳。
漫嫌撮要失備載，嘗鼎一臠知味全。
都護安南政不頗，用儒術致政平和。
奇書五卷銅柱二，無忝祖爲馬伏波。
六經萬古示綱常，諸子何妨取所長。
節度豈徒務占畢，要知制事有良方。

五卷終於物理論，太元經下已亡之。設非天一閣珍弆，片羽安能欣見斯。

乾隆甲午仲夏御筆，乙未五月十有九日草莽臣鮑廷博恭録。整理者案：四部叢刊本只録前三首，後一首據聚學軒叢書本補。

（九）四庫全書總目提要

意林五卷，江蘇巡撫採進本。唐馬總編。

唐書總本傳但稱係出扶風，不言爲何地人。其字唐書作會元，而此本則題曰元會，均莫能詳也。傳稱其歷任方鎮，終於户部尚書，贈右僕射，謚曰懿。陳振孫書録解題稱總仕至大理評事，則考之未審矣。初，梁庾仲容取周秦以來諸家雜記凡一百七家，摘其要語爲三十卷，名曰子鈔。總以其繁略失中，復增損以成此書。宋高似孫子略稱：「仲容子鈔，每家或取數句，或一二百言。馬總意林一遵庾目，多者十餘句，少者一二言，比子鈔更爲取之嚴、録之精。」今觀所採諸子，今多不傳者，惟賴此僅存其概。其傳於今者，如老、莊、管、列諸家，亦多與今本不同，不特孟子之文，如容齋隨筆所云也。前有唐戴叔倫、柳伯存二序，與文獻通考所載相同。唐志著録作一卷，叔倫序云三軸，伯存序又云六卷。

今世所行有二本，一爲范氏天一閣寫本，多所佚脱，是以御題詩有「太元以下竟亡之」之句。此本爲江蘇巡撫所續進，乃明嘉靖己丑廖自顯所刻，較范氏本少戴、柳二序，而首尾特完整。然考子鈔原目凡一百七家，此本止七十一家。洪氏載總所引書尚有蔣子、譙子、鍾子、張儼默記、裴氏新書、袁凖正書、袁子正論、蘇子、張顯析言、干子、顧子、諸葛子、陳子要言、苻子諸書，此本不載。又通考稱今本相鶴經自意林鈔出，而永樂大典有風俗通姓氏篇，題曰出馬總意林，此本亦並無之。合計卷帙，當已失其半，並非馬總之原本矣。然殘璋斷璧，益可寶貴也。

（一〇）清 胡玉縉 四庫提要補正

黄以周子叙意林校本叙云：唐志一卷，「一」蓋「六」字之訛。元明以來流傳之本，卷二殘闕兩家，卷六全缺四十一家。以仁和汪家禧所藏照宋本書六卷爲最完善，世間罕見其書。諸家所據校者，一爲道藏本，一爲四明范氏天一閣鈔本，一爲明廖自顯刻本。其書皆止五卷，無六卷。五卷之末或誤以物理論爲傅子，以傅子爲中論，以傅子、中論爲物理論。或又割唐子之半以當傅子，又羼越傅子之文入物理論中。諸家有據廖氏所刻校以天一閣本者，今之聚珍本爲乾隆館閣諸公所校者是也。有據天一閣所鈔校以聚珍本者，今之周廣業所校本得於緑飲鮑氏者是也。有補卷二之逸文、輯卷六之遺子者，今之張氏借月山房所刻陶鏡寰校本是也。有據道藏本考定其次、補其闕目者，嚴可均所校四録堂本是也。有據照宋本以校周本、補完全書復歸六卷者，李遇孫補校本、汪遠孫復校本是也。總覈各書，天一閣鈔本凡六十二家，嘉靖廖刻本凡七十有一家。周校本於廖刻本外採輯逸文五條，張刻本又於七十一家外採録逸子五家，李、汪兩家均依照宋本補足，凡得一百一十一家。今參考諸家，以借月山房爲主云云。

縉按：黄氏復輯意林中所録逸子之語散見於古籍者凡四十四種，各爲之叙。提要稱洪氏載總所引書有袁淮正書、袁子正論，實皆袁準。作「準」，一作「淮」，而「淮」即「準」之誤也。

（一一）清 陶貴鑒 鈔校意林跋

是書久無刊本，缺誤實多。就其存者六十九家，大半今所不傳，不特庾氏子鈔藉此可得大概也。予來京城，楊静岩姊丈出鈔本見示，因與伯兄松岩共加讐勘，頗有糾正。録而藏之，以待好古之君子登之梨棗。庶馬氏津逮儒林之微，更藉以傳遠爾。嘉慶庚申仲冬上浣鏡寰陶貴鑒識。

（一二）清 張海鵬 刊刻意林跋

唐馬氏意林一書，本梁庾仲容子鈔增損而成，文約趣深，爲藝林所寶。近世藏書之家，范氏天一閣爲最富，所藏只鈔本而多脱誤。明嘉靖間廖氏有刻本，較范氏鈔本爲完整，而與宋高似孫所稱意林一遵子鈔書目者缺三十六種，目存而書缺者又二種。蓋是書久無刊刻之家，流傳者絶少，傳而簡編脱佚者復多，故全璧罕覯。今幸際右文之朝，蒐採岩穴，是編得入秘府，而占畢者猶未得遍窺也。吾邑楊舍人静岩從日下得館閣諸公校定底本，别録一册，攜歸見示，以余方雪鈔露校，嗜刻古書，屬付梓，以廣其傳。撫卷玩索，不啻錫我百朋。而舍人愛素，好古之意，亦從可識矣！嘉慶甲子冬杪虞山張海鵬識。

（一三）清　海甯　周廣業　意林注叙略

緑飲鮑君家有賜書，好古，孜孜不倦，近者恭録御覽天一閣范氏本意林一書，備載四庫館校□，復爲參考道藏，逐條標列異同。廣業假以來，反復校寫數過，更參以别本，證以原書，尚有訛異者數條。不揣固陋，殫慮校對，謹爲推演擴充於篇段字句間，依文附綴，不能自知當否也。

乾隆己亥秋七月。

（一四）清　仁和　汪遠孫　校意林跋

海昌周耕厓先生校本書，名下詳注撰人姓氏、爵里及著書大略。其書今存者，逐條備注篇名，取便覆檢，後附逸文五條。嘉興李君金瀾鈔自先生門人查康齋，余從李君借鈔，惜弟三卷全缺，弟二卷缺六十條，弟五卷缺「一百一」一條。李君即取聚珍本補之，聞先生哲嗣紀君能守楹書，必有全本，當假以補録其弟六卷暨弟二卷鶡冠子二條、王孫子一條。李君從家選樓先生借鈔選樓照宋本，補耕厓先生未之見也。選樓有意林翼，剌取古籍中所引諸子之逸者補馬氏所未備。稿藏横河許氏，燬於火，遂不傳。

道光戊子八月七日遠孫校畢並識卷尾。

（一五）清　烏程　嚴可均　校意林跋

唐馬總因梁庾仲容子鈔作意林，其列名及戴叔倫序，稱總字元會，唐書本傳作會元，誤也。總歷任方鎮，終戶部尚書，贈右僕射，見本傳。成書時官大理評事，見戴序；陳振孫以爲總後仕至大理評事，誤也。戴序作於貞元二年，云「裁成三軸」。明年柳伯存序云「六卷」，又云其本「且曰編録所取，先務於經濟，次存作者之意」。蓋初稿甚略，旋增廣之。唐志作「一卷」，「二」蓋「六」之誤。宋時著録作「三卷」，其初稿本乎，抑合併之乎？今世流傳以道藏五卷本爲稍舊，惜殘闕不完。以目録校之，卷二莊子後有鶡冠子、王孫子，今本鶡冠子全闕，而所載王孫子皆莊子「雜篇」

也。卷三説苑後有新序，今本新序全闕。卷五次序與目録傎到不符，又中論、傅子、物理論三家文皆羼越，以物理論爲傅子，以傅子爲中論，以傅子、中論爲物理論；有數十條皆錯者，有半句在此、半句在彼者。蓋由所據本破爛零落，隨手黏聯，匀分五卷，實則原書六卷，今本不足四卷也。以高似孫子略校之，王逸正部後當有牟子一家，末卷當有蔣濟萬機論至筆墨法三十七家，今僅存原書十分之六耳。總所見諸子，亡者大半。斷圭殘璧，足供考訂之資，因據家本莊子、中論及各書所引物理論、傅子，移歸原所，並補目録之闕，别爲一卷，附道藏本後。其餘譌脱尚多，讀者自能互證得之。

嘉慶乙亥冬月。

（一六）清　黄以周　意林八校本叙

意林六卷，唐扶風馬總元會編。首有戴叔倫、柳伯存二叙。戴叙作於貞元二年五月，云「裁成三軸」。明年夏，柳叙云「六卷」。蓋三軸者，猶今之所謂三篰也。篰分二卷，故有六卷。柳叙又云：「扶風爲余語其本尚，且曰編録所取，先務於經濟，次存作者之意。」此馬氏自道編書之意云爾。自「且曰」譌作「且日」，後人遂謂馬氏初稿甚略，旋增廣之，豈其然與！唐志作「一卷」，「一」乃「六」字之誤。宋時箸録作「三卷」，蓋沿戴叙「三軸」之言而誤。其書實有六卷，尚有宋本可據。

今世流行之本，卷二佚二家，卷六全闕四十家。仁和汪選樓照宋本，書六卷，子百一十一家，備最完善，世間罕見是書。

校讎家所依據者，一爲道藏本，一爲范氏天一閣鈔本，一爲嘉靖廖德潛刻本，其書皆五卷，無六卷。而范氏鈔本，傅子以下其文俄空。廖氏刻本卷目雖具，書中删節綦多，故其書自名語要。惟道藏本五卷較爲完備，而誤以莊子爲王孫子，又誤以物理論爲傅子，以傅子爲中論，以傅子、中論爲物理論，其失亦與廖刻等。乾隆間館閣諸公所校，皆據天一閣本。又參考道藏、廖刻本，出王孫子之文以歸莊子，截物理論之文以歸中論，是正舊謬，昭若星日。其書之頒行天下者，今謂之聚珍本。其别校本之流傳人間者，往往與聚珍本文有出入。一時學者又據以復校，訂其異同，有若海昌周耕厓校本，有若虞山張氏所刻陶鏡寰校本；其據道藏本考定其次，補其闕目者，有若烏程嚴鐵橋校本；其據照宋本以校周校本，補完其書，勒成六卷者，有若李金瀾補校本、汪小米過校本；其校刻照宋本弟六一卷以行世者，有若蔣氏别下齋本。總覈諸家，得見照宋本全書者，止李、汪二人。蔣氏又衹見其弟六一卷，而李據宋本以補周校本，惜僅考其章節之分及書題之注，文字異同既未深校，間有據以改正者，溷書于周校本，亦不爲標識。汪過校時，照宋本已燬於火，周、李兩家所校文又難爲區别，無由定其若而爲宋本字，惟章節書題等處，特别之曰李注，以箸宋本之舊，則宋本之不盡見於今者，又以李氏未諳校讎之法也。

今據汪氏過校本攷之，照宋本之優於近刻者固多，其書之不足恃亦復不少。通考俩今本相鶴經自意林鈔出，永樂大典有風俗通姓氏篇，題曰出馬總意林，施注蘇詩引袁準正書「大歲在酉」一條，亦俩出意林，照宋本並無其文，則馬氏原書散逸已多，照宋本亦非其全也。卷三新序之文，溷入説苑，不爲標題，别標題新序於卷六筆墨法之後，又不録其文，卷五序目與書羼襍不倫，李校是書絶不言照宋本之有異同，是豈李氏失檢歟？抑亦照宋本之誤亦同今本也。

仁和許君益齋得汪氏過校本，將付諸梓，病其各家校注溷襍，體例未善，以周爲之繙閲數四，得其端緒。周、李兩家校注可别者，别之曰周校本，曰李校照宋本；其有不可區以別者，則曰周、李校本；周、李所校皆不箸其所出，其有引某書某卷作某者，汪小米所校也，則又别之曰汪校本。

丁君松生又出其家藏廖刻嚴校數種，以周爲之更加董正，以成是書。諸家校語悉備載之，曰藏本者，據嚴校也；曰陶校者，據張本也；曰周校、李校者，據汪本也。割舊題物理論十一事歸入中論，遵聚珍本也；改舊題傅子爲物理論，割物理論九十二事爲傅子，又從嚴校本也。周校已無足本，竊取其例，於中論諸書亦詳注篇名，所以闡發聚珍本改定之意也。偁古籍之引傅子者，以証舊題傅子之爲物理論，所以明嚴校之有據，且以箴陶校歸物理論於唐子之失也。每書標題下識其卷帙篇目之多少，古今之存佚，以見隱括。其條舉者，有本書則校以本書，本書之佚者又參校唐宋類書所偁引，以明文字異同。此皆以周所增注以補諸家之闕也。讎校既畢，又輯馬氏所録諸子之佚者坿諸卷後，此又仿汪選樓意林翼之意也。

光緒五年己卯秋定海黄以周識。

（一七）王重民 中國善本書提要

1　意林五卷，二册（北圖），明萬曆間刻本〔十行二十二字（22.2×14.3）〕。原題「扶風馬總元會編」。據徐元太序，此本從道藏録出，而郭子章刻之，故與聚珍版互有勝負。卷内有「温陵黄俞邰氏藏書印」、「平江貝氏文苑」、「貝墉」、「千墨弇藏」等印記。徐元太序「萬曆十六年（一五八八）」。戴叔倫序「貞元二年（七八六）」。柳伯存序「貞元三年（七八七）」。

2　意林語要五卷，二册（北圖），明嘉靖間刻本「九行二十字（19.5×12.3）」。唐馬總輯。廖自顯序云：「余以其傳未廣，圖梓有待。雲中於守敖請終厥美。」則此本爲於敖校刻於大同者。大同爲北邊重鎮，蓋軍備既增，而文化亦因以提高焉。廖自顯序「嘉靖八年（一五二九）」。於敖跋「嘉靖八年（一五二九）」。

（上海古籍出版社一九八三年版）

五　主要參考文獻書目

意林主要參校本（凡例中已列者不録）

學津討原本意林五卷、補遺一卷，上海商務印書館一九三五年涵芬樓影印清張海鵬曠照閣嘉慶刻本。

指海本意林五卷，清錢熙祚輯，一九三五年上海大東書局影印清道光刻本。

意林全譯，王天海撰，貴州人民出版社一九九七年七月第一次印刷。

意林校注，王天海撰，貴州教育出版社一九九八年六月第一次印刷。

歷代史志與書目

史記，司馬遷撰，裴駰集解、司馬貞索隱、張守節正義。

漢書，班固撰，顔師古注。

後漢書，范曄撰，劉昭補志，李賢注。

三國志，陳壽撰，裴松之注。

晉書，房玄齡等監修。

隋書，長孫無忌撰。
舊唐書，劉昫撰。
新唐書，歐陽修撰。（以上八種皆用中華書局一九九七年二十四史縮印本）
日本國見在書目録，藤原佐世撰。
子略目，高似孫撰
崇文總目，王堯臣等編。
國史經籍志，焦竑輯。
補續漢書藝文志，錢大昭撰。
補後漢書藝文志，侯康撰。
補三國藝文志，侯康撰。
補晉書藝文志，丁國鈞撰。
補晉書藝文志刊誤，丁辰述撰。（以上九種皆用臺灣新文豐出版公司一九八四年印叢書集成新編第一册）
春秋經傳集解，杜預撰，四部叢刊影宋本，上海商務印書館一九三五年版。
國語，韋昭解，清黄丕烈劄記。見士禮居黄氏叢書，廣陵書社二〇一〇年版。

戰國策，劉向編，高誘注，四部叢刊影印元刻本，上海商務印書館一九三五年版。
吴越春秋，趙曄撰，四部叢刊影印明刻本，上海商務印書館一九三五年版。
崇文總目，王堯臣、王洙、歐陽修等編撰，上海古籍出版社一九九五年影印本。
郡齋讀書志，晁公武撰；附志、後志，趙希弁編。
初遂堂書目，尤袤撰。
通志藝文略，鄭樵撰。
直齋書録解題，陳振孫撰。（以上四種用中華書局宋元明清書目題跋叢刊本，二〇〇六年）
漢藝文志考證，王應麟撰，北京大學圖書館藏元至元六年刻本。
少室山房筆叢，胡應麟撰，中華書局明清筆記叢刊本，一九六四年。
欽定四庫全書考證，王太嶽等撰，書目文獻出版社一九九一年版。
四庫全書總目，永瑢等撰，中華書局一九六四年影印本。
四庫全書簡明目録，永瑢等撰，中華書局一九六三年排印本。
增訂四庫全書簡明目録標注，邵懿辰撰，邵章續録，中華書局一九六三年。
書目答問補正，范希曾編，中華書局一九六三年。

販書偶記，孫殿起録，上海古籍出版社一九八一年。
敦煌古籍敘録，王重民編，中華書局一九七九年。
華陽國志校補圖注，常璩撰，任乃强注，上海古籍出版社一九八七年。
文選，蕭統編，李善注，中華書局一九七七年影印胡克家刻本。
北堂書鈔，虞世南撰，天津古籍出版社一九八八年。
藝文類聚，歐陽詢撰，上海古籍出版社一九九九年。
初學記，徐堅撰，中華書局二〇〇四年。
白孔六帖，白居易撰，孔傳續撰，上海古籍出版社一九九二年。
太平御覽，李昉撰，中華書局一九六〇年。
説郛，陶宗儀編，上海商務印書館一九二七排印本。

經傳及諸子著述

十三經注疏，阮元校勘，中華書局一九八〇年影印本。
四書五經，北京中國書店二〇〇九年影印宋、元人注本。
四書章句集注，朱熹撰，上海書店一九八七年影印國學基本叢書本。

黄侃手批白文十三經，上海古籍出版社一九八三年影印本。

春秋左傳集解，杜預注，上海人民出版社一九七七年。

容齋隨筆，洪邁撰，上海古籍出版社一九七五年。

漢魏叢書，程榮輯，上海涵芬樓一九二五年影印明萬曆程氏刻本。（其中涉及意林所録諸子十二家）

四庫全書子部，上海古籍出版社影印文淵閣本。（其中涉及意林所録諸子四十五家）

羣書治要，魏徵撰，四部叢刊影印日本尾張藩刻本。（其中涉及意林所録諸子四十五家）

四部叢刊子部，上海商務印書館一九三六年縮印本。（其中涉及意林所録諸子四十家）

二十二子，浙江書局彙刻本，上海古籍出版社一九八五年縮印本。（其中涉及意林所録諸子十七家）

百子全書，上海掃葉山房石印本。（其中涉及意林所録諸子三十七家）

諸子集成，上海書店一九八六年影印世界書局本。（其中涉及意林所録諸子二十六家）

叢書集成新編第十八册、二十册、八十一册，臺灣新文豐出版公司印行。（其中涉及意林所録諸子三十一家）

全上古三代秦漢三國六朝文，嚴可均編，中華書局一九五八年。（其中涉及意林所録諸子

五十八家）

玉函山房輯佚書，馬國翰輯，清光緒刻本。（其中涉及意林所載諸子六十家，且皆爲四庫全書所不收者）

案：上列各叢書中涉及意林所載諸子書共四百多種，此外還參考了諸子單行本一百多種，總計約在五百餘種以上。爲節省篇幅，諸子書目未一一録出，讀者自可依其愛好檢尋之。